COURS

DE CODE PÉNAL

ET LEÇONS

DE LÉGISLATION CRIMINELLE.

COURS

DE

CODE PÉNAL

ET LEÇONS

DE LÉGISLATION CRIMINELLE,

EXPLICATION THÉORIQUE ET PRATIQUE

PAR

A. BERTAULD,

PROFESSEUR A LA FACULTÉ DE DROIT DE CAEN,
BATONNIER DE L'ORDRE DES AVOCATS A LA COUR D'APPEL,
MEMBRE DE L'ASSEMBLÉE NATIONALE.

QUATRIÈME ÉDITION,

REVUE, COMPLÉTÉE ET MISE AU COURANT DE LA LÉGISLATION
ET DE LA JURISPRUDENCE JUSQU'EN 1873.

PARIS,

IMPRIMERIE ET LIBRAIRIE GÉNÉRALE DE JURISPRUDENCE.
COSSE, MARCHAL et BILLARD, IMPRIMEURS-ÉDITEURS,
LIBRAIRES DE LA COUR DE CASSATION,
Place Dauphine, 27.

1873

AVANT-PROPOS

Le livre dont je publie la quatrième édition conserve, malgré de nombreuses retouches et d'importantes additions, son caractère originel et sa primitive physionomie ; il est la reproduction d'un Cours dans lequel le professeur s'efforçait d'allier au droit l'histoire et la philosophie politique.

Les développements que cet ouvrage a reçus à trois dates successives, qu'ils aient été suscités par des changements de législation, qu'on a quelquefois le tort de négliger, ou par les nouveaux travaux des juristes et publicistes, toujours bons à consulter, sont l'expression d'une inspiration qui n'a pas varié.

J'ai trop le souci de l'intérêt de l'enseignement pour m'être résigné à ne faire qu'une réimpression.

La loi du 27 juin 1866, qui modifie les art. 5, 6 et 7 du Code d'instruction criminelle, m'a semblé digne d'une leçon. J'ai tenu compte de nos lois nouvelles sur les circonstances atténuantes, sur les délits de presse, sur la contrainte par corps en matière criminelle, sur le renvoi sous la surveillance de la haute police, qui est encore, à

l'heure actuelle, l'objet d'un projet de révision, sur la déportation, etc....

La législation étrangère, à laquelle j'ai fait une part
beaucoup plus large que dans les éditions précédentes,
m'a fourni l'occasion de rapprochements qui, si je ne
m'abuse, offriront de l'utilité. Le Code pénal italien, le
Code pénal belge, le Code pénal de l'empire d'Allemagne,
ont principalement excité mon attention. Ce dernier Code,
promulgué le 31 mai 1870, sous le titre de *Code pénal de
la Confédération du nord de l'Allemagne*, et étendu, avec son
nouveau titre, par une loi du 22 avril 1871, à tout le territoire du nouvel Empire, n'a guère encore attiré l'examen
de la science française. J'ai suivi la traduction qu'un jeune
magistrat, M. Ribot, a publiée dans l'ANNUAIRE DE LA LÉGIS-
LATION ÉTRANGÈRE.

J'ai essayé de donner plus de précision encore aux idées
que je défends sur le fondement de la pénalité, en me
séparant, avec plus de fermeté, de l'école, trop accréditée
en France, qui confond le droit avec la morale.

La question si importante et vraiment capitale, non pas
seulement du principe du droit de punir, mais du principe
du droit en général, réclamerait un livre à part. Je n'ai pu
lui accorder assez de place pour l'approfondir ; je l'ai
plutôt indiquée qu'étudiée. Mon but sera atteint si je fais
comprendre qu'elle domine et prime tous les problèmes de
la science sociale.

A. BERTAULD.

Versailles, 10 février 1873.

PRÉFACE

DE LA TROISIÈME ÉDITION.

———◦———

Le *Cours de Code pénal* dont je publie la troisième édition est, dans ma pensée, comme le titre que je lui restitue l'indique, un ouvrage tout à la fois théorique et pratique.

Il est un ouvrage théorique, puisqu'il ne se borne pas à expliquer le sens des textes et à analyser les applications qu'ils ont reçues, les difficultés qu'ils ont soulevées dans la doctrine et la jurisprudence ; il recherche leur origine historique et leur fondement rationnel, et cette étude n'a pas seulement pour objet d'éclairer la lettre, mais d'en faire apprécier l'esprit et la portée ; elle a assurément ce but, et aura, je l'espère, ce résultat ; mais elle a encore un autre but : c'est de montrer le lien intime qui unit la science du droit, et en particulier la science du droit pénal, à la philosophie, à la politique, à toutes les sciences sociales et économiques dont la civilisation ne relève pas comme simple tributaire parce qu'elle leur doit la vie, et que tous ses développements, tous ses progrès sont leur œuvre.

Mon Cours est un cours théorique, parce qu'il suppose des principes arrêtés sur la grande et toujours renaissante question des droits des individus et des droits de l'Etat, des limites de la liberté et de l'autorité, du caractère de la souveraineté, du principe et de la mission du gouvernement, du rôle de la société dans la destinée humaine, et que de ces principes, il fait constamment usage pour prendre parti dans les controverses auxquelles il se mêle, pour résoudre les questions qu'il agite.

Mon Cours de Code pénal est un ouvrage pratique, parce que les idées spéculatives n'y sont jamais isolées de leurs conséquences, parce qu'elles sont incessamment rapprochées des solutions qu'elles justifient, modifient ou contredisent, parce qu'au lieu d'être un objet de luxe et de curiosité, elles sont un instrument actif de contrôle ou d'interprétation.

Mon Cours est un ouvrage pratique, parce qu'il ne bouleverse pas l'économie de nos lois, qu'il suit et s'approprie presque toutes leurs divisions, qu'il interroge tous leurs interprètes, sans distinction entre ceux dont les tendances sont des plus humbles, et ceux qui revendiquent et méritent le titre de publicistes, parce qu'il recueille, il classe et discute toutes les opinions et fait aux décisions judiciaires, et surtout aux arrêts de la Cour de cassation, la large place qui leur appartient.

Il est bien entendu que j'explique, non ce que j'ai fait, mais ce que j'ai voulu faire. Je rends compte de mon plan et de ma méthode. Malgré le bon accueil fait à mes deux premières éditions, malgré tous mes efforts pour les améliorer, je ne me fais pas l'illusion d'avoir suffi à la tâche. Ce n'est pas une raison pour me dispenser d'explications sur le parcours que j'ai entrepris, sur les lignes que j'ai adoptées, sur les auxiliaires auxquels j'ai eu recours pour assurer ma marche.

Je dois dire surtout à qui s'adresse dans mon opinion mon Cours de Code pénal.

Produit de plusieurs années d'enseignement, il est destiné à seconder l'enseignement ; je l'ai composé dans un but qui n'a rien d'exclusif ; mais il s'adresse surtout aux élèves de nos écoles. C'est à eux qu'il m'a semblé important de démontrer la nécessité de ne point interrompre leurs études littéraires, d'en conserver au contraire l'habitude et le goût, parce qu'elles sont d'un grand secours pour l'étude du droit, parce qu'elles sont plus qu'utiles, qu'elles sont souvent indispensables pour l'intelligence de l'œuvre législative et que sans elles, sans leurs inspirations, les légistes sont condamnés à n'être que des hommes d'une très-médiocre valeur ; c'est aux jeunes hommes qui conquièrent ou ont déjà conquis leur grade dans nos facultés, mais qui ne sont pas encore entrés dans la vie militante, qu'il convient de rappeler que l'histoire, la philosophie, l'économie politique se relient à la législation, qu'elles ne sont pas seulement des voisines, qu'elles ne sont pas seulement des alliées, des parentes éloignées, mais qu'elles sont des sœurs, et que la sœur qui commande, qui dispose des moyens coercitifs, n'est pas l'aînée, ni même peut-être la sœur la plus influente ; si elle juge le présent en dernier ressort, elle n'est pas maîtresse de l'avenir ; pour elle les discussions ne sont jamais closes ; elle se réforme elle-même, lorsqu'on réussit à la convaincre qu'elle s'est trompée ; à côté, sinon au-dessus de son pouvoir officiel, elle reconnaît des pouvoirs consultatifs, des pouvoirs de contrôle qui la limitent et au besoin la redressent.

C'est aux jeunes légistes auxquels les carrières actives s'ouvrent ou vont s'ouvrir, qu'il faut bien faire comprendre que ce n'est pas avec des manuels ou avec des compilations plus ou moins habilement résumées qu'on se prépare

efficacement aux épreuves universitaires et à l'exercice des
professions libérales dont les intérêts de fortune, d'honneur, d'existence viennent quotidiennement demander le
conseil ou la protection. Serait-ce au moment où l'enseignement philosophique, après quelques années, non point
de disgrâce, mais de découragement, reprend, avec son
nom, une plus grande autorité, qu'il serait besoin d'insister
sur les immenses avantages de l'union que, dans ma chaire
et dans mes livres, je n'ai cessé de réclamer entre toutes
les sciences politiques et morales? A aucune époque je n'ai
encouru de reproche pour avoir proclamé que la science
du droit est une science sociale et que, de toutes les branches du droit, le droit pénal est la branche dont la séve
s'alimente le plus avec les éléments des systèmes qui se
disputent l'empire sur nos âmes, c'est-à-dire finalement,
le suprême empire sur nos actions; on ne m'a jamais
blâmé de recommander la lecture de MM. Guizot, Villemain, Cousin, Jouffroy, Rossi, Augustin Thierry comme
le plus excellent moyen d'initiation à une étude qui n'est
aride que pour ceux qui la rétrécissent ou plutôt la muti-
lent, sous prétexte de la simplifier ; je n'ai pas même songé
à demander d'absolution pour quelques renvois aux *Lois* de
Platon, à la *Politique* d'Aristote, à la *République* de Cicéron,
voire même aux *Essais* de Montaigne.

L'instruction publique en France a toujours eu des représentants d'un esprit trop élevé pour qu'on eût à solli-
citer des lettres de grâce en faveur de doctrines qui professent la souveraineté sociale de la raison, qui annoncent
ses progrès parce qu'elles y croient, qui ne séparent pas
plus le présent du passé qu'elles ne le séparent de l'avenir,
qui distinguent les lois du droit, mais qui respectent d'autant plus les lois qu'elles ne leur apparaissent pas avec un
caractère arbitraire et contingent, mais bien comme

l'expression de principes supérieurs, comme les reflets d'un type qu'elles s'efforcent de reproduire avec une fidélité de plus en plus sévère.

Ces doctrines, qui n'ont point, que je sache, rencontré d'adversaires, que des sympathies glorieuses ont protégées, semblent encore aujourd'hui prendre plus d'ascendant, et la dignité conseille de ne pas défendre ce qui triomphe.

Je veux seulement rappeler quelques mots de la préface de 1859, pour témoigner de la persistance de mes convictions. « J'ai continué à citer les philosophes, les historiens, les publicistes, et j'ai surtout demandé aux écrivains contemporains la preuve des affinités entre la littérature et le droit public. La science qui s'isole se condamne à être incomplète; l'interprète qui se cantonnerait dans l'examen des lois en vigueur, qui resterait étranger au mouvement des sciences politiques et morales, courrait grand risque de ne pas comprendre les textes, parce qu'il renoncerait aux lumières qui les éclairent. Il est des principes et des notions qui sont comme l'âme de la législation. »

Le Cours de Code pénal s'adresse aussi à la magistrature et au barreau. Si je crois qu'il n'y a de praticiens intelligents que ceux qui sont en mesure de demander une direction, des principes de conduite aux théories, je l'ai appris des magistrats et de mes anciens; la routine ne tient guère devant la réflexion; en face de la science, elle se déconcerte aussi facilement dans les affaires, au milieu des intérêts aux prises, que dans l'arène académique.

Dans une lettre à M. de Beaumont, Rousseau écrivait : « La France est un royaume si vaste que les Fran-

« çais se sont mis dans l'esprit que le genre humain ne
« devait point avoir d'autres lois que les leurs ; leurs par-
« lements et leurs tribunaux paraissent n'avoir aucune
« idée du droit naturel ni du droit des gens ; et il est à
« remarquer que dans tout ce grand royaume où sont
« tant d'universités, tant de colléges et tant d'académies,
« et où l'on enseigne, avec tant d'importance, tant d'inuti-
« lités, il n'y a pas une seule chaire de droit naturel. —
« C'est le seul peuple de l'Europe qui ait regardé cette
« étude comme n'étant bonne à rien. »

Ce langage ne serait plus vrai de nos jours : au palais
comme à l'université, on croit au droit naturel, c'est-à-
dire à la raison, comme règle des rapports sociaux, et si
ce droit n'a pas l'honneur d'une chaire spéciale, c'est
vraisemblablement qu'on considère qu'il domine l'enseignement tout entier et qu'il a un interprète dans toutes
les chaires.

Le Cours de Code pénal s'adresse aux praticiens, parce
que s'il contient une exposition dogmatique, il aborde
les questions pratiques, les questions que les tribunaux
et les commentateurs ont examinées ; il les débat à nouveau, en s'inspirant tantôt des législations précédentes
et des législations étrangères contemporaines, tantôt des
livres des meilleurs publicistes. « L'opinion que les théories et les solutions d'un professeur ne sauraient être
bien comprises qu'à la condition d'être rapprochées des
théories et des solutions contraires ou seulement différentes, n'a cessé de faire ma règle. Des doctrines qui,
étudiées successivement et à part, sembleraient identiques,
apparaissent, par le contact et la comparaison, chacune
avec une physionomie propre et des traits distinctifs ;
n'est-ce pas témoigner dans ses idées ou trop de foi ou
pas assez de foi, que de s'obstiner à ne pas les confronter

avec des idées rivales ou voisines ?.... La théorie sur les
bases du droit de punir n'est pas pour moi une vérité spéculative qu'on puisse laisser de côté après l'avoir adoptée
ou établie; elle domine toutes mes leçons, et elle exerce
sur l'ensemble et sur les détails une incessante action;
tout est marqué de son empreinte et est vis-à-vis d'elle un
objet ou un moyen de contrôle.

« C'est l'inspiration de cette théorie qui caractérise
mon enseignement, et qui m'a permis peut-être de lui
donner de l'unité et de la cohésion, bien que je me sois
astreint à suivre l'ordre des matières tracé par le
Code (1). »

Ce que j'écrivais en 1855 de l'amnistie, de la grâce, de
la réhabilitation, de la prescription, de l'action publique,
de la prescription de la peine, je puis l'appliquer à la
territorialité et à la personnalité des lois pénales, à l'extradition, à l'effet rétroactif, à la classification et au non-
cumul des peines, à l'imputabilité, à la récidive, aux circonstances atténuantes, à la complicité. — Ce sont les
parties du Code pénal qui mettent le plus en jeu les principes sur lesquels repose le droit de punir et qui permettent le moins de négliger les théories diverses que les explications de ce droit font naître. Elles donnent à l'utilité
d'études philosophiques, que certains criminalistes dédaignent, le caractère de l'évidence; elles m'ont fourni
beaucoup d'arguments pour combattre le système qui fonde
la légitimité des peines sur la justice morale limitée par
l'utilité sociale.

1791, 1795, 1808, 1810, 1832, 1848, 1852, 1854,
1863: voilà les dates auxquelles ces matières sont asso-

(1) Préface de ma seconde édition.

ciées. Montesquieu, Rousseau, Beccaria, Filangiéri, Bentham, Kant, M. Guizot, voilà les noms qui s'y rattachent comme inspiration générale... Et que d'autres noms considérables j'aurais à saluer si je comptais, depuis Lepelletier de Saint-Fargeau et Merlin jusqu'aux orateurs du Corps législatif et du gouvernement, les noms des hommes éminents, des jurisconsultes profonds qui ont pris part aux réformes législatives!!! L'histoire, la philosophie du droit sont tout à fait ici à leur place et dans leur plus incontesté domaine ; leurs titres sont indéniables ; les titres de celui qui s'est fait leur organe sont malheureusement moins bien établis. Toutefois, ceux qui n'ont pas dédaigné de suivre mes travaux reconnaîtront qu'ils ont tous un commun caractère, une grande unité de tendances, et que la *Philosophie politique de l'histoire de France* (1861), et *la Liberté civile* (1863), comme l'*Introduction à l'histoire des sources du droit* (1860), m'ont fait vivre dans une atmosphère favorable à l'étude du droit pénal. Toute ma série d'études critiques sur les publicistes contemporains est au moins un témoignage que j'ai encore plus lu que je n'ai cité, que j'ai comparé beaucoup de théories et qu'enfin si je me suis permis de les apprécier et de les appliquer, ce n'est pas sans avoir été longtemps en contact avec elles.

La révision du 13 mai 1863 a été pour moi l'objet d'un laborieux examen ; la nouvelle rédaction des articles 57 et 58 du Code pénal sur la récidive, sera, comme la science profonde et la haute raison du signataire de la circulaire officielle du 30 mai 1863 l'ont proclamé, une source de grandes perplexités ; les modifications apportées au système de l'art. 463, sur les circonstances atténuantes, soulèveront aussi des doutes. J'ai conscience d'avoir fait de sérieux efforts pour contribuer à préparer une interprétation qui ne sera l'affaire ni de quelques jours ni de quel-

ques hommes ; il ne convient ni de demander, ni d'attribuer à un travail individuel un résultat qui ne saurait
appartenir qu'à un travail collectif; des systèmes divers,
contradictoires, sont déjà soutenus; fidèle à ma méthode,
qui est d'ailleurs, dans ma conviction, l'accomplissement
d'un devoir de justice, j'ai, en indiquant les dissidences,
laissé à chacun son bien, le mérite de ses idées. —
Quand je profite des études d'autrui, je ne me crois pas,
par des motifs de réserve envers les noms, dispensé de dire
ce que je dois et à qui je dois. La pratique contraire ne se
justifie-t-elle pas par un scrupule honorable, par le désir
de s'abstenir et aussi de s'affranchir de toute polémique
même scientifique ? A Dieu ne plaise que je blâme cette
mansuétude et cette prudence ! Les vigoureux jurisconsultes du xvie siècle avaient moins de ménagements; je ne
voudrais ni faire, ni voir revivre leurs âpres susceptibilités et leur émulation haineuse ; mais je persiste à penser,
et ma conviction est au moins désintéressée puisque je
ne réclame pas la réciprocité, qu'en personnifiant les
théories par le rappel de leurs auteurs, on a la chance
de jeter plus d'intérêt sur la discussion et qu'il est très-
facile d'écarter toute expression désobligeante ou seulement trop vive. Mes objections dans les discussions de
mon livre ne sont pas des lettres sans adresse; leurs des-
tinataires sont connus ; la généalogie et la filiation des
idées ont leur importance; si on sacrifiait trop l'individualité à la puissance collective, si on abolissait le souvenir de tous les essais particuliers, n'aboutirait-on pas
à une sorte de communisme, le communisme scientifique ?

COURS DE CODE PÉNAL.

PREMIÈRE LEÇON.

PROLÉGOMÈNES. — Objet du Cours. — Son importance. — Ses rapports. — Ses éléments. — Conditions de l'étude du Droit pénal. — Philosophie. — Histoire. — Utilité de l'histoire du Droit pénal. — Réfutation d'une opinion de Boitard. — Une question philosophique et deux questions historiques. — Ouvrages à consulter.

QUESTIONS PHILOSOPHIQUES. — Qu'est-ce que le Droit pénal? — Sa définition peut-elle être séparée de la définition du Droit en général? — Six définitions rejetées. — Définition adoptée. — Tendances de l'école historique et de l'école révolutionnaire. — Différences entre le Droit et la morale. — Variabilité du Droit. — La morale est-elle immuable? — Confusion entre la morale et le Droit. — Critique de diverses définitions du Droit naturel. — Différences entre la loi religieuse et la loi morale. — Qu'est-ce que le Droit pénal?

MESSIEURS,

Je suis chargé de vous enseigner le Droit pénal, ou plutôt de vous initier au moyen de l'étudier.

Le Droit pénal met en jeu les intérêts les plus chers de l'homme, ses intérêts d'honneur, de liberté, quelquefois même d'existence. Il expose ces intérêts, mais c'est pour les

Importance du Droit pénal.

1

sauvegarder. Il est tout à la fois une menace et une protection.

Le Droit pénal a toujours occupé une grande place dans la vie des sociétés ; il facilite ou entrave leur développement, suivant qu'il est ou n'est pas en rapport avec leurs besoins ; il est la partie du Droit le plus en rapport avec la religion et avec la morale, qui ne l'ont cependant pas pour sanction, mais qui réagissent puissamment sur lui.

Je n'ajoute pas que le Droit pénal a de grandes affinités avec la politique, puisque, s'il se lie à toutes les parties du Droit, il se lie principalement au Droit public.

Toute législation pénale résout explicitement trois questions :

1º Quels sont les faits à imposer ou à interdire à peine d'un châtiment social?

2º Quels sont les châtiments sociaux applicables?

3º Quels sont les moyens, les procédés à organiser pour juger les auteurs des faits ou des omissions punissables, et pour leur appliquer les châtiments sociaux ?

Les lois qui résolvent les deux premières questions sont les lois pénales proprement dites, les lois de fond.

Les lois qui résolvent la troisième question sont les lois de forme, les lois de procédure.

Enfin toute législation pénale suppose résolue, plutôt qu'elle ne résout, une question qui domine tout le système pénal, à savoir *en vertu de quels principes les peines sont infligées.*

Le législateur ne se rend pas toujours un compte exact de ces principes ; cependant il est certain, que ce soit ou non le résultat d'une volonté réfléchie, que les principes qui servent de base, de justification au pouvoir de punir, exercent une influence considérable sur la détermination des faits, ou omissions punissables, sur la détermination des pénalités, et sur l'organisation de la procédure établie pour l'application de ces pénalités.

Ainsi, dans le Droit pénal il y a quatre questions : trois questions résolues explicitement, une question résolue impli-

citement : c'est la question mère, c'est la question fondamentale.

La science de la législation pénale n'est pas seulement la
connaissance d'une collection de textes ; c'est aussi, c'est surtout la connaissance de l'esprit qui est sous ces textes, de
l'esprit qui les anime et doit diriger leur application.

Conditions de l'étude du Droit pénal.

L'étude de cette législation ne saurait être séparée de
l'étude de son fondement philosophique et rationnel et de
l'étude de ses précédents historiques.

Isolée de son fondement philosophique, la loi pénale,
la loi pénale proprement dite, la loi de fond, ne serait
qu'une nomenclature aride de commandements et de prohibitions sans raison et sans cause, qu'une série de menaces
sans justice et sans moralité. La loi de forme, la loi de
procédure ne serait qu'un réseau de précautions, qu'un ensemble d'embûches combinées pour assurer à la pénalité sa
proie.

Isolée de ses précédents historiques, la loi pénale perdrait
son meilleur commentaire ; elle serait obscure et incomplète.
Une règle n'est bien connue, n'est bien appréciée qu'autant
qu'on sait son origine, sa filiation ; qu'on assiste à son développement et qu'on est en mesure de placer chacune de ses
modifications en face des circonstances au sein desquelles
elle s'est produite.

Je sais bien qu'un professeur, qui a beaucoup fait pour le
Droit pénal, et qui eût fait plus encore si la mort ne l'eût trop
tôt enlevé à une science sur laquelle il a su jeter tant d'intérêt, Boitard, a écrit que l'étude et la connaissance de l'ancien Droit criminel importaient assez peu à l'intelligence et à
l'application pratique de notre Droit actuel. Il a donné de ce
jugement deux raisons, qui pourraient laisser dans vos esprits
des préventions que je tiens à combattre.

Objections de Boitard.

« 1° Les lois pénales, a-t-il dit, doivent être appliquées à la
lettre ; elles ne sauraient être élargies, complétées avec des
textes anciens ;

« 2° Le Droit pénal est subordonné aux temps, aux mœurs,

aux révolutions; il a rarement des racines dans le passé; il est en général exclusivement l'œuvre du présent. La Révolution de 1789 notamment, en matière criminelle, contrairement au système suivi pour les matières civiles, a fait table rase et construit un édifice tout nouveau. »

Réfutation. Je reprends et je discute chacune de ces deux raisons :

1° La loi pénale doit être appliquée à la lettre. — Cette première raison, si elle était fondée, dépasserait de beaucoup les conséquences que Boitard en a déduites. Non-seulement elle écarterait l'étude des précédents, mais elle exclurait tout commentaire et tout enseignement; Boitard faisait plus qu'ébranler sa chaire, il la sapait par sa base. Si la loi pénale dit tout, et dit tout clairement, si elle est parfaitement comprise sans secours, à quoi bon un professeur qui l'interprète et en expose les principes? Ouvrez et lisez vos codes, voilà toute votre tâche, Messieurs; elle sera, sinon amusante, au moins facile. Mais malheureusement pour vous, votre tâche est plus lourde que ne l'a cru Boitard. Le cours de Droit pénal n'est pas un cours de luxe, et l'excellent livre de Boitard n'est pas une superfluité.

Gardez-vous de croire, en effet, que le Droit pénal exclut toute interprétation. Sans doute il ne comporte pas d'interprétation extensive : mais il admet, mais il appelle l'interprétation explicative, l'interprétation à l'aide de laquelle on découvre le vrai sens, la pensée exacte, la portée de ses dispositions : *Omnis interpretatio vel declarat, vel extendit, vel restringit* (1). Or, justement parce qu'en cette matière les erreurs d'interprétation sont plus graves qu'en aucune autre, il importe de ne point répudier les ressources dont usent les jurisconsultes sur les autres parties du Droit.

2° La seconde raison de Boitard, pour dédaigner le secours des précédents, c'est que le Droit pénal n'est pas un Droit

---

(1) M. Faustin Hélie (Introduction au livre *des Délits et des Peines* de Beccaria, p. 64) a assigné à l'interprétation pénale le caractère et les limites que nous avons ici indiqués. Nous ne saurions trop recommander la lecture des dix excellentes pages qu'il a consacrées aux règles dont l'interprète des lois pénales doit s'inspirer, pages 55 à 65.

traditionnel, c'est que le nôtre surtout est exclusivement le fils de la Révolution de 1789.

Cette seconde raison repose sur une erreur de fait. Sans doute, les lois pénales portent toujours l'empreinte du système politique contemporain de leur rédaction, et nos lois pénales actuelles sont marquées au coin des idées dont l'avénement date de 1789.

Mais s'il y a dans les lois pénales des éléments qui changent, se transforment, en traversant les âges et les révolutions politiques, il en est d'autres qui sont durables, permanents, qui survivent à toutes les vicissitudes des temps, et ces derniers éléments sont le fond de toute législation pénale.

Nous avons vu, en effet, que toute législation pénale résout explicitement trois questions : — la question des faits et omissions punissables, — la question des pénalités, — la question des moyens pour découvrir les faits et omissions et pour en punir les auteurs.

Eh bien! sur la première question, la conscience humaine, la conscience des gouvernants et des gouvernés ne s'est jamais radicalement trompée, parce qu'il s'agit, au fond, de la distinction impérissable du bien et du mal, et du danger du mal; sans doute, la conscience humaine a pu subir l'entraînement de préjugés, se laisser aller au courant de certaines opinions fausses et, par suite, déclarer punissables des faits socialement et même moralement innocents; mais ces erreurs accidentelles, dues à l'état des mœurs et des esprits, n'ont jamais constitué qu'une exception.

Sur la seconde question, les erreurs ont été plus nombreuses et plus graves; des pénalités excessives ont trop souvent trouvé place dans la législation.

Ce n'est guère que sur la troisième question que les changements politiques ont exercé une action tout à la fois brusque et prépondérante.

La Révolution de 1789, spécialement, n'a pas tout renversé en matière pénale; on pourrait même dire qu'elle n'a rien construit tout à fait à neuf. Même dans l'institution et l'organisation des juridictions pénales, elle a beaucoup emprunté aux siècles antérieurs, et nos lois actuelles de procédure n'ont été qu'une heureuse et transactionnelle alliance entre le système d'instruction publique qui avait prévalu jusqu'au xvi⁰ siècle et le système d'instruction inquisitoriale et secrète, qui avait dominé depuis le xvi⁰ siècle jusqu'à la Révolution.

Quant aux lois de fond, le cercle des prohibitions a été restreint et la sphère de la liberté humaine élargie. Les pénalités ont été adoucies, mais les incriminations qui ne sont pas une affaire de circonstance, celles qui reposent sur les nécessités de toute société, subsistent aujourd'hui comme dans le passé, et par conséquent l'étude de leurs conditions, de leurs éléments, a le plus grand caractère d'utilité.

Il y a dans notre procédure pénale actuelle une foule de règles qui ne peuvent être bien saisies qu'en les rapprochant des règles dont elles dérivent, ou qu'elles remplacent, ou qu'elles modifient seulement.

Si l'histoire des pénalités anciennes a moins d'importance juridique, elle a un grand intérêt philosophique, et elle est d'ailleurs un puissant auxiliaire pour distinguer ce qui est variable, accidentel, contingent, de ce qui est essentiel et indépendant des circonstances de fait et d'époque.

Au reste, si Boitard a contesté l'importance des études historiques pour l'intelligence et l'application pratique de nos lois pénales, deux savants criminalistes, dans les ouvrages desquels je puiserai souvent des inspirations, MM. Faustin-Hélie et Ortolan, ont prouvé, par le plus décisif des arguments, par l'application de la méthode qu'ils recommandent, la valeur des secours que peut fournir l'histoire.

M. Faustin-Hélie notamment, dans l'Introduction de son *Traité de l'instruction criminelle*, a élevé l'un des plus beaux et des plus utiles monuments de la science contemporaine.

C'est donc à la double lumière de la philosophie et de l'histoire que j'essaierai d'éclairer ce cours. Cette méthode ne me permet pas d'aborder directement et immédiatement les textes du Code pénal et du Code d'instruction criminelle.

Ce n'est pas que je veuille entreprendre l'histoire complète et détaillée de toutes les solutions qu'ont reçues en France les quatre questions que soulève toute législation pénale. Ce travail demanderait trop de temps, et l'étude qui ne doit être pour nous qu'un *moyen* deviendrait le *but*. Je ne veux pas sacrifier le principal à l'accessoire.

Mes prolégomènes se borneront à l'examen des trois questions suivantes :

Examen de trois questions comme prolégomènes

1° Qu'est-ce que le Droit pénal, et comment se lie-t-il aux autres parties du Droit? N'a-t-il pas le même principe qu'elles?

2° Quelles ont été les sources successives de la législation pénale en France, c'est-à-dire quels ont été les monuments législatifs ou autres qui l'ont traduite ?

3° Quels ont été les principes, les idées qui ont animé ces diverses sources ?

Sous ces trois questions j'essaierai de grouper toutes les notions, y compris les indications bibliographiques nécessaires pour suivre fructueusement l'explication des textes de nos Codes.

Ces prolégomènes vous sembleront longs peut-être, mais ils seront pour vous, pour l'avenir de vos études juridiques, d'une grande utilité. Je n'épargnerai ni soins ni fatigues pour les rendre exacts et en corriger l'aridité.

Je vous demande, à titre de collaboration, une attention patiente et je serais presque tenté de dire sympathique; je veux que les liens qui m'unissaient à vos devanciers revivent entre nous.

Sur la philosophie du Droit pénal, je vous invite à lire un article de M. de Broglie, dans la *Revue française*, numéro de septembre 1828 (*du Système pénal et du Système répressif en général*); le *Traité du Droit pénal* de M. Rossi, ouvrage publié en 1829, et l'Introduction philosophique au *Cours de législation pénale comparée*, de M. Ortolan (1).

Ouvrages à consulter.

(1) Voir aussi l'Introduction de M. Faustin Hélie à la 2ᵉ édition du *Droit pénal* de M. Rossi, — l'Introduction du même auteur à la nouvelle édition *des Délits et des Peines* de Beccaria, — un rapport de M. Odilon-Barrot à l'Académie des sciences morales sur le *Droit pénal* de M. Rossi

Sur l'histoire du Droit pénal, je vous invite à lire l'Introduction du *Traité de l'instruction criminelle*, par M. Faustin-Hélie ; le discours de rentrée, prononcé par M. Dupin à la Cour de cassation, le 3 novembre 1847 ; l'Introduction historique au *Cours de législation pénale comparée* de M. Ortolan ; deux articles de M. Ortolan sur les sources de notre ancien Droit pénal, que la *Revue de législation et de jurisprudence* a recueillis (année 1848, tome Iᵉʳ, p. 21 et p. 161, (1).

Voilà pour la spécialité du Droit pénal ; mais ce Droit se lie trop étroitement aux autres parties du Droit, particulièrement au développement des institutions, pour ne pas réclamer l'étude de l'*Histoire générale du Droit* et surtout de l'*Histoire du Droit public*.

C'est assez vous dire que l'*Histoire du Droit français* et l'*Histoire du Droit civil de Rome, et du Droit français* de M. Laferrière, les travaux de M. Guizot, ses leçons sur l'*Histoire de la civilisation en Europe et en France*, son *Histoire des Origines du Gouvernement représentatif en Europe*, et surtout ses *Essais*, si substantiels, *sur l'Histoire de France*, m'ont été et vous seront d'un grand secours (2).

J'examine dès aujourd'hui la première question de mes prolégomènes :

Qu'est-ce que le Droit pénal ?

La définition du Droit pénal ne peut être séparée de la définition du Droit en général.

Cette question est dominée par une question plus générale : qu'est-ce que le Droit ? — En effet, si le Droit n'est pas antérieur et supérieur aux volontés humaines, s'il dérive des volontés, au lieu d'être leur règle, le Droit pénal, qui est la sanction principale des autres parties du Droit, n'est lui-même

(1856), — trois articles de M. Franck : *Des Principes philosophiques du Droit pénal* (*Revue contemporaine*, t. 28, p. 626, et t. 29, p. 5 et 193). Nous examinons la théorie de M. Franck dans un des chapitres de l'étude que j'ai publiée sous ce titre : *La Liberté civile* (1863).

(1) Voir aussi l'*Essai sur les lois criminelles des Romains*, de M. Laboulaye, l'*Histoire du droit criminel chez les Romains*, de Walter, traduite par M. Picquet-Damesme, et l'*Histoire criminelle des peuples anciens et modernes*, par Albert du Boys.

(2) On peut consulter mon *Introduction à l'histoire des sources du Droit français* (1860), et ma *Philosophie politique de l'histoire de France* (1861).

soumis à aucunes conditions indépendantes des volontés; il n'est qu'une arme dans la main de la force. — Si, au contraire, le Droit est une règle que l'homme n'a pas faite, mais qu'il subit, le Droit pénal, qui sauvegarde cette règle, n'est pas une œuvre arbitraire, il est assujetti à des principes de raison et de justice:

Qu'est-ce donc que le Droit?

On a donné du Droit six définitions, dont chacune est l'expression d'un système.

Six définitions du Droit.

1° Le Droit, c'est la volonté du pouvoir social, régulièrement promulguée, que le pouvoir soit un ou multiple, qu'il soit concentré dans une main ou réparti entre plusieurs;

2° Le Droit, c'est la volonté contemporaine de la majorité;

3° Le Droit, c'est l'accord de la volonté de tous;

4° Le Droit, c'est la règle prescrite par l'utilité commune, par l'utilité du plus grand nombre;

5° Le Droit, c'est la tradition, c'est la règle qui a gouverné les ancêtres, qui remonte aux origines d'une société;

6° Enfin le Droit, c'est la règle des rapports sociaux qu'imposent la raison et la justice.

Je reprends chacune de ces définitions et je la discute:

1° Le Droit est-il la volonté du pouvoir social régulièrement promulguée?

Rejet de ces six définitions.

La volonté du pouvoir social, c'est la loi. — Mais la loi n'est pas le Droit; la loi, c'est une formule qui a la prétention plus ou moins sincère d'exprimer le Droit; la preuve que la loi n'est pas le Droit, c'est qu'on la tient pour plus ou moins bonne, suivant qu'elle traduit plus ou moins fidèlement le Droit.—Donc, la loi ne crée pas la règle qui la juge, la règle qui sert de mesure à sa valeur.

Si le pouvoir, par cela seul qu'il est le pouvoir, créait le Droit, ce ne pourrait être qu'en vertu de la force, et toutes les consciences s'accordent à reconnaître que la force n'est pas le Droit.

Enfin, si le Droit était pour une société l'œuvre du pouvoir qui la gouverne, il n'y aurait pas de Droit réglant les rapports des sociétés entre elles, puisqu'elles n'ont pas de supérieur commun.

2° Le Droit, est-ce la règle qui résulte de la volonté contemporaine des majorités?

S'il en était ainsi, le Droit n'aurait aucun élément stable, permanent, universel. Le Droit dirait le pour et le contre suivant les fluctuations capricieuses des minorités devenant des majorités.

A quel titre d'ailleurs la volonté des majorités serait-elle, par elle-même et indépendamment de toute condition de justice et de raison, la règle? A titre de force? Mais est-ce que la force et le Droit sont la même chose?

3° Le Droit serait-il la règle résultant de l'accord des volontés de tous?

D'abord il est évident que cet accord n'est pas réalisable, qu'il est d'une impossibilité absolue. En second lieu, pour que cet accord fût un lien, une règle obligatoire, il faudrait admettre qu'il existe, en dehors de cet accord, un principe supérieur, un principe naturel, en vertu duquel il serait interdit de violer ses engagements; et ce principe où serait-il, si le Droit c'est la convention? La prétention même de puiser l'idée du Droit dans la volonté de tous implique que tout changement dans ces volontés, toute dissidence qui survient fait périr le Droit et rend aux dissidents leur indépendance. En effet, cette prétention ne peut reposer que sur ceci, que l'individu n'a d'autre règle que sa volonté et que, par suite, l'association ne peut avoir d'autre règle que la volonté unanime de ses membres;—mais, de même que l'individu cesse d'être lié par sa volonté de la veille, quand cette volonté s'évanouit, s'il n'est lié que par sa volonté, l'association ne pourrait conserver de règle qu'autant que l'unanimité persisterait.

4° Le Droit, est-ce la règle que prescrit l'utilité commune, l'utilité du plus grand nombre?

Mais pourquoi l'utilité du plus grand nombre, à ce seul titre d'utilité, et s'il n'y a aucun principe d'obligation en dehors d'elle, serait-elle fondée à exiger le sacrifice des intérêts individuels? Sans doute l'utilité du plus grand nombre devrait rallier la majorité et lui assurer l'espèce de triomphe que donne la force. Mais nous avons déjà vu que la volonté de la majorité et la force qui peut s'y attacher ne constituent pas le Droit; la force peut dompter, enchaîner les volontés individuelles; mais si, par ruse, ces volontés particulières lui échappent ou si elles parviennent à donner le change et à se faire accepter comme volonté générale, elles sont à l'abri de tout reproche, et elles reprennent leur indépendance et leur souveraineté.

5° Le Droit est-ce la tradition, la règle qui a gouverné les ancêtres, qui remonte à l'origine d'une société? Mais, avec cette théorie, le Droit tout entier serait immobile; il ne répondrait pas aux besoins nouveaux : stationnaire, malgré les développements et les progrès de la civilisation, au lieu de les favoriser et de les accélérer, il les entraverait. Comment d'ailleurs la volonté des premières générations pourrait-elle enchaîner les générations nouvelles? D'où lui viendrait cette puissance? De son ancienneté? Sans doute une volonté qui a traversé les siècles, toujours respectée, qui a pour elle la consécration du temps, a une grande autorité. Mais pourquoi? justement parce qu'elle ne s'impose pas; parce qu'elle est forte du libre acquiescement des âges successifs; en tant qu'elle n'est que la volonté des fondateurs primitifs, elle ne saurait être présentée comme un lien. Serait-ce comme expression de la volonté divine que la règle qui a gouverné les ancêtres, qui a présidé à la formation d'une société, aurait l'autorité du Droit? Où, quand, comment aurait-on constaté, saisi ce prétendu témoignage de la volonté de Dieu?

N'est-il pas d'ailleurs évident que si l'ancienne loi, à raison de changements survenus dans les rapports sociaux, cesse d'être juste, elle cesse par cela même d'être conforme à la volonté de Dieu, qui est la justice absolue?

Les quatre théories qui voient le Droit dans la volonté du pouvoir, dans la volonté des majorités, dans le concours de toutes les volontés, dans l'utilité du plus grand nombre, appartiennent à l'école matérialiste qui ne date pas du XVIIIᵉ siècle, mais qui a compté des adeptes à peu près à toutes les époques. Cette école a existé avant et depuis Socrate, et elle s'est perpétuée par des représentants plus ou moins célèbres, parmi lesquels nous ne citerons que Bacon, Hobbes et Locke jusqu'à Bentham, qui a été de nos jours son organe le plus accrédité.

Pour quiconque croit que la destinée humaine ne s'accomplit pas tout entière en ce monde, qu'elle a l'immortalité devant elle, ces quatre théories ont un vice commun : elles sont la négation de la loi morale, de la loi morale qui n'est pas la même chose que le Droit, mais qui le domine ; elles sont la meilleure justification du despotisme, despotisme de la multitude ou despotisme plus concentré. Elles attribuent, en effet, soit à des volontés, soit à une utilité générale, affranchie de toute règle, dont la reconnaissance serait toujours à la merci de volontés, elles-mêmes sans règle, une indépendance absolue, une souveraineté sans contrôle, une souveraineté que la volonté des individus ne saurait leur donner sur eux-mêmes, et qu'elle ne saurait à plus forte raison leur donner sur leurs semblables, du moment où l'on admet l'existence de Dieu, dont la raison éternelle est supérieure à toutes les volontés.

La théorie qui voit le Droit dans les précédents mériterait le même reproche, si, pour elle, les lois primitives d'un peuple n'étaient que la seule expression de la volonté des ancêtres ; mais ce n'est pas à titre de volontés humaines qu'elle les tient pour saintes et inviolables ; elle voit dans ces faits comme le témoignage de la volonté de Dieu, un ensemble de conditions providentielles au sein desquelles une société est, à peine de suicide, condamnée à se mouvoir : l'école historique professe donc le spiritualisme, mais un spiritualisme qui fausse la vérité parce qu'il l'exagère.

6° On a dit enfin, et cette définition est beaucoup meilleure : le Droit c'est la règle des rapports sociaux qu'imposent la raison et la justice.

Cette dernière définition est-elle irréprochable ? ne laisse-t-elle pas trop de place à des usurpations du pouvoir humain sur le pouvoir de Dieu, à des restrictions exagérées, illégitimes de la liberté humaine?

La raison et la justice absolues ne conseilleraient-elles pas de ne garantir, de n'admettre que la liberté du bien et de proscrire radicalement, sans condition, sans réserve, la liberté du mal?

Or le pouvoir social n'a pas de titre pour paralyser, même dans ses abus, la liberté qui n'attente pas à une autre liberté. La liberté de chacun n'a, ne doit avoir en ce monde pour limite, devant le législateur humain, que la liberté des tiers.

On peut donc définir le Droit : *la règle qui assure, en les conciliant, la liberté de chacun et la liberté de tous.*

Définition adoptée.

Nous ne répudions pas comme fausse la définition d'après laquelle le droit *est la règle des rapports sociaux qu'imposent la raison et la justice.*

Nous la répudions comme équivoque et comme offrant des chances de méprise.

Nous en adoptons une qui renferme un *criterium* à l'aide duquel on peut discerner ce qui est socialement raisonnable et juste, comme règle des rapports sociaux. Sans ce *criterium*, sous la couverture de la raison et de la justice, tantôt un despotisme religieux, tantôt un despotisme philosophique pourrait tenter d'envahir la société.

L'école historique incline à tenir pour raisonnable et juste la tyrannie du passé. L'école révolutionnaire proclame raisonnable et juste la tyrannie des idées dont sa volonté plus ou moins éclairée est de faire la loi de l'avenir.

Tendances de l'école historique et de l'école révolutionnaire.

Qu'est-ce que le raisonnable et le juste moralement? C'est une question de religion ou de philosophie.

Qu'est-ce que le raisonnable et le juste socialement? C'est une question de Droit.

Si le Droit était la morale, il dirait tout ce qu'elle dit, et s'il n'était qu'une portion de la morale, il ne dirait pas sans doute tout ce qu'elle dit, mais il ne dirait que ce qu'elle dit.

Différences entre le Droit et la morale.

S'il ne dit pas tout ce qu'elle dit, et dit sur certains points plus qu'elle ne dit, c'est qu'il est autre chose, c'est qu'il a un autre objet et vraisemblablement un autre principe.

Le Droit a un autre objet que la morale.

La loi morale est la loi qui nous prescrit tous nos devoirs, ceux qui n'ont pas trait directement à la société, comme nos devoirs envers Dieu, nos devoirs envers nous-mêmes, aussi bien que nos devoirs envers nos semblables. Cette loi régit non-seulement nos actions, mais encore nos pensées, en tant que nous sommes maîtres de ces pensées et que nous nous y arrêtons volontairement.

L'observation de cette triple nature de devoirs importe sans doute à la société ; cependant ces devoirs n'ont pas tous pour elle le même degré d'importance. Ainsi d'abord nos pensées, si mauvaises qu'elles soient, tant qu'elles ne se traduisent pas au dehors, qu'elles ne revêtent point le caractère d'un acte, ne troublent pas les rapports des hommes entre eux ; elles ne portent pas atteinte au droit, c'est-à-dire à la légitime liberté d'autrui. La société n'aura donc point à nous demander compte de nos pensées, alors même qu'il serait en son pouvoir de les saisir et de les constater.

Il faut dire la même chose de l'oubli de nos devoirs envers Dieu et envers nous-mêmes; cet oubli ne saurait être considéré comme la violation d'un droit appartenant à un de nos semblables, c'est-à-dire comme une atteinte à un rapport social.

La société doit donc nous laisser une indépendance absolue pour nos pensées et une indépendance absolue vis-à-vis de nous-mêmes et vis-à-vis de Dieu. La société n'exige rien de nous à ce triple point de vue, parce qu'elle n'a pas un intérêt assez impérieux pour avoir le droit de contraindre notre liberté, qui n'a de limites que les nécessités de la conservation et du légitime développement de l'ordre social.

Mais tous les devoirs que la loi morale nous prescrit envers nos semblables ne peuvent pas même nous être imposés au nom de la société; ils ne sont des devoirs socialement exigibles qu'autant qu'ils ont pour corrélation un droit que la raison et la justice reconnaissent au profit d'un tiers. Ainsi l'aumône est un devoir dont les pauvres n'ont aucun titre pour réclamer l'exécution.

Le Droit, s'il reproduit un certain nombre de prescriptions de la morale, ne reproduit que celles de ses prescriptions dont l'observation ne saurait sans danger pour la société être laissée à notre libre arbitre.

Le Droit a pour objet direct la liberté dont il est le gardien, et c'est dans le droit de chacun à la liberté, compatible avec la sociabilité, c'est-à-dire dans le droit pour chacun de développer ses facultés dans une mesure qui n'exclue pas le développement de la liberté d'autrui, que se résument tous les droits individuels. S'il s'occupe des devoirs corrélatifs, et s'il promet de pourvoir à leur accomplissement, c'est accessoirement aux droits individuels et parce que ces droits ne seraient pas des droits s'ils n'avaient pas la sanction de moyens coercitifs.

La morale a trait principalement aux devoirs, soit qu'ils correspondent, soit qu'ils ne correspondent pas à des droits. Elle impose ces devoirs pour eux-mêmes, non pas seulement en vue de la vie terrestre, mais en vue d'une vie ultérieure.

Le Droit ne règle que notre vie présente.

Quand le Droit et la morale adressent les mêmes commandements, et ils sont souvent d'accord, ils répondent à deux intérêts distincts : le Droit a en vue les actions qu'il prescrit ou prohibe, la morale regarde les intentions ; le Droit prévient les mauvais résultats, la morale les mauvais désirs.

Si le Droit s'occupe quelquefois des intentions, ce n'est qu'accessoirement aux actions, et pour déterminer le degré d'imputabilité.

Le Droit, qui, nous l'avons dit, n'a pas de prise sur la pensée, n'a pas même de prise sur les actions, en tant qu'elles ne nuisent qu'à leurs auteurs. Il ne régit les actions qu'en tant qu'elles sont une atteinte aux droits d'autrui.

La morale a un autre principe que le Droit. Elle est l'œuvre directe de Dieu, dont elle assure les fins.

Le Droit, qui relève sans doute de Dieu, parce que Dieu, en

imposant à l'homme, sa créature, la vie en société, a voulu une règle sans laquelle aucune société ne pourrait vivre. Mais Dieu a laissé aux hommes le soin de rechercher la meilleure, la plus équitable règle de leurs rapports sociaux, et la meilleure et la plus équitable est celle qui, sans ébranler le lien social, réserve à chacun, à ses risques et périls, la plus large part de liberté.

Le Droit ne saurait avoir de prescriptions contraires aux prescriptions de la loi morale : oui certainement; Dieu, ayant voulu que l'homme vécût en société, a voulu, ce qui est une condition de toute société, une règle de la vie sociale. Comment cette règle de la vie sociale pourrait-elle être incompatible avec la loi morale qui doit présider au jugement souverain de la vie à venir?

Variabilité
du Droit.

Le Droit, ce n'est pas une règle fixe, immobile. Il subit des variations avec le temps, les circonstances, avec le degré de moralité, d'intelligence, de culture du peuple auquel il s'applique. Le lot du pouvoir, la souveraineté, le lot des gouvernés, la liberté, non-seulement n'ont pas toujours, *en fait*, mais ne doivent pas avoir, *en droit*, la même mesure.

Les institutions et les lois, qui sont comme les instruments et les organes par lesquels le Droit se réalise, sont imparfaites comme toute œuvre humaine ; elles ne répondent jamais complétement à tous les besoins du pays pour lequel elles sont faites.

Mais ces besoins eux-mêmes se modifient, et par suite le Droit idéal, le Droit type que la législation doit s'efforcer de reproduire, n'est pas à l'abri de vicissitudes. Les changements, les altérations dans les relations dont il est la règle entraînent des changements dans ses prescriptions. Ses applications, sous le coup des nécessités pratiques, précèdent de beaucoup la découverte de son principe. Excessives le plus souvent, quelquefois insuffisantes, elles témoignent non-seulement de l'impuissance humaine à atteindre l'idéal, mais de la lenteur à le voir sous son vrai jour. La diversité des définitions tentées du Droit confirme ce témoignage.

La distinction entre la loi et le Droit a été un premier progrès.

La détermination des caractères du Droit devait devenir ensuite l'objet à poursuivre. La reconnaissance de plus en plus exacte des droits de l'individu et des droits de l'Etat, c'est-à-dire de la part à faire et à la souveraineté sociale et à la liberté humaine, dans des conditions données et toujours variables de civilisation, c'est là une tâche qui restera toujours au-dessus des bonnes intentions, des lumières et du travail persévérant du meilleur des législateurs.

La loi morale est-elle affranchie de ces conditions de variabilité, de ces vicissitudes auxquelles le Droit est soumis?

La loi morale est-elle immuable?

Dans l'homme de tous les pays et de tous les âges, il y a un sentiment qui se perpétue: c'est l'invincible sentiment de la différence entre le bien et le mal, c'est l'invincible sentiment de l'obligation morale de faire le bien et de fuir le mal.

Sans doute ce qui, dans l'esprit de l'un, est le bien, est le mal, n'est pas toujours le bien, n'est pas toujours le mal dans l'esprit de l'autre.

Ce qui apparaît comme le bien, comme le mal, dans un pays, dans un temps, n'apparaît pas constamment avec le même caractère dans un autre pays, dans un autre temps.

Mais si la détermination du bien et du mal ne se fait pas absolument chez tous, partout et à toutes les époques de la même manière, la diversité, qu'elle tienne aux personnes, aux lieux, aux siècles, n'exclut pas l'universalité et l'immuabilité du sentiment qui sert à chacun de *criterium* pour se juger et pour juger autrui.

La loi en vertu de laquelle la conscience affirme la distinction entre le bien et le mal, l'obligation du bien est une loi permanente et nécessaire de la nature humaine. Si cette loi varie dans ses applications, elle est invariable dans son principe (1).

Voltaire a très-bien dit : « La loi fondamentale de la mo-

(1) Voir Scherer, *Mélanges de critique religieuse*, page 12.

rale agit sur toutes les nations connues ; il y a mille différences entre les interprétations de cette loi, en mille circonstances; mais le fond est toujours le même, et ce fond est l'*idée du juste et de l'injuste.* »

Confusion
entre la morale
et le Droit.

Ces derniers mots nous porteraient à croire que Voltaire a confondu la morale et le Droit. Le fond de la loi morale, c'est l'idée *du bien et du mal;* le fond du Droit, c'est l'idée *du juste et de l'injuste.*

Les témoignages de la confusion dont nous soupçonnons Voltaire sont plus saillants sous la plume de beaucoup de philosophes, de publicistes et de jurisconsultes.

Ce que nous nommons simplement le Droit, c'est ce que beaucoup d'écrivains appellent le *Droit naturel,* Droit sur lequel de tout temps on a beaucoup disserté, sans être arrivé à le nettement définir.

Bien des causes ont contribué à perpétuer l'obscurité ; mais il en est une dont l'influence est incontestable ; les auteurs qui ont discuté sur l'origine et le caractère du Droit naturel, ne se sont point le plus souvent entendus sur la chose dont la définition était l'objet de leurs débats. Ainsi un grand nombre de ceux qui ont écrit sur le *Droit naturel* ont appliqué cette expression non-seulement à la loi qui doit gouverner la société, mais à la loi morale (1).

Pour distinguer du Droit *positif* le Droit *idéal,* que les législateurs et les sociétés doivent avoir toujours en vue, il semble que l'on eût prévenu bien des controverses, bien des erreurs, si l'on eût remplacé l'appellation du *Droit naturel* par l'appellation beaucoup plus exacte de *Droit social.*

Critique
de diverses
définitions
du
Droit naturel.

Montesquieu dit que le *Droit naturel,* c'est la raison humaine, en tant qu'elle gouverne tous les peuples de la terre (2).

Il faudrait d'abord ajouter à titre de restriction : et en tant qu'elle s'impose comme règle obligatoire des relations sociales. D'ailleurs nous ne croyons pas que ce caractère d'universalité soit une condition sans laquelle on ne puisse considérer une

(1) Notamment M. Jouffroy, *Cours de Droit naturel,* première leçon.
(2) *Esprit des lois,* liv. I, ch. III.

loi comme faisant partie du *Droit naturel*. Sans doute la soumission générale a une règle ; son acceptation, indépendante des circonstances de temps et de lieu, est une puissante garantie que l'observation de cette règle est conforme à la nature de l'homme, à sa destinée, et qu'elle est nécessaire au maintien et au perfectionnement des rapports sociaux ; mais tous les éléments du *Droit naturel* ou *Droit social* n'obtiennent pas simultanément, et dans l'espace et dans le temps, ces témoignages authentiques de respect et d'acquiescement, et les éléments qui sont méconnus ici ou là, à telle ou telle époque de la vie des nations, n'en font pas moins partie de ce Droit dont la conquête est le but de la civilisation.

Le reproche que nous adressons à la définition de Montesquieu s'applique généralement à la définition d'après laquelle le *Droit naturel* est l'ensemble des lois que la raison éternelle a gravées dans tous les cœurs.

Ce caractère d'universalité, de perpétuité, nous savons bien que, dans son éloquente définition, Cicéron l'avait déjà attribué au Droit naturel : *Nec erit alia lex Romœ, alia Athenis, alia nunc, alia posthac, sed et omnes gentes et omni tempore una lex et sempiterna et immutabilis continebit.*

Il y a sans doute dans le *Droit naturel* ou *social* des dispositions dont l'autorité a été admise partout et toujours ; les principes fondamentaux n'ont guère même rencontré de contradicteurs, et les déviations ou dérogations ne se sont ordinairement produites que dans les applications. Toutefois, il y a dans le *Droit naturel* des dispositions qui se sont dérobées à la raison imparfaite de l'homme ; il y a enfin des dispositions qui ne sont commandées, comme règle des rapports sociaux, que par suite des développements que la civilisation a amenés dans ces rapports en faisant triompher les principes de la liberté civile.

Nous n'admettons pas davantage, bien entendu, la définition qui déclare *lois naturelles* les lois qui régiraient les hommes alors même qu'ils ne seraient pas en société.

La société n'étant pas l'œuvre volontaire de l'homme, mais

le résultat d'une loi de la nature, les règles qui maintiennent les rapports sociaux en présupposent l'existence, et par conséquent elles sont de l'essence du Droit naturel, bien loin d'être en dehors de lui.

D'Aguesseau a donné du Droit naturel une définition qui se rapproche plus de la vérité : « Ce que l'on appelle le Droit, considéré en général, n'est autre chose que l'assemblage ou la suite des règles par lesquelles nous devons faire le discernement de ce qui est juste et de ce qui ne l'est pas, pour nous conformer à l'un et nous abstenir de l'autre. »

Mais quel est le principe qui préside à l'établissement de ces règles ? D'Aguesseau indique que l'objet du Droit est la félicité et le perfectionnement de la société qu'il doit régir.

Pour nous, l'objet du Droit et sa mesure, ce n'est pas le perfectionnement de la société, c'est la liberté.

Enfin, d'Aguesseau a négligé d'indiquer que le Droit ne confie pas au libre arbitre l'observation de ses règles, et qu'il est de son essence d'avoir à son service des moyens de contrainte pour imposer l'obéissance.

Différences entre la loi religieuse et la loi morale. Si le Droit ne se confond pas avec la loi morale, il ne se confond pas non plus avec la loi religieuse.

Comment la loi morale et la loi religieuse se différencient-elles ?

La loi morale est attestée par la conscience et la raison ; l'homme reconnaît et ne peut point ne pas reconnaître qu'il existe une règle à laquelle sont soumises non-seulement ses actions, mais encore ses pensées, ses affections; que cette règle, la raison la découvre, mais ne la crée pas, parce qu'il est impossible que l'homme cumule les deux rôles contradictoires de supérieur faisant la loi, et d'inférieur tenu d'y obéir.

L'homme, à travers la règle, voit, par le seul déploiement de ses facultés, le législateur, c'est-à-dire la raison souveraine, dont sa raison relève et n'est qu'une émanation (1), l'homme remonte de l'effet à la cause; c'est le procédé contraire qui

---

(1) *Lex vera atque princeps, apta ad jubendum et vetandum, est ratio recta summa Jovis.* (Cicéron.)

conduit à la religion; la religion, Dieu la révèle et l'impose comme l'expression de sa volonté.

La religion, d'ailleurs, renferme, indépendamment des vérités qui confirment les vérités de la loi morale, d'autres vérités, des dogmes et des préceptes de Droit positif auxquels la raison humaine livrée à sa seule puissance n'atteindrait pas. Elle fait principalement, sur ces vérités de toute nature, appel à la foi ; ce n'est pas qu'elle dédaigne la raison, puisque la raison seule peut discerner, entre diverses religions, quelle est la véritable.

Mais la religion, une fois admise, commande plutôt qu'elle ne cherche à convaincre. Sans doute la religion, sans que nous nous en rendions toujours compte, exerce une influence considérable sur l'idée que nous nous formons de la loi morale, parce que la religion a contribué à développer, à fortifier, à mûrir notre raison, la raison de nos maîtres, de nos devanciers, et qu'en un mot, elle est au fond de l'éducation que nous recevons de tout ce qui nous entoure.

Quoi qu'il en soit, l'idée de la religion, et l'idée de la morale sont, non pas deux idées indépendantes, mais deux idées distinctes (1).

M. Guizot, qui assigne pour fondement au Droit la morale (2) et M. de Rémusat (3) affirment que l'extinction de l'idée religieuse dans l'humanité anéantirait l'idée du Droit.

La pensée de M. Guizot et de M. de Rémusat avait été celle de Vico, t. Ier, p. 205. Ce n'était pas celle de Grotius, (Prolégomènes, § 11), ni de Leibnitz (Oudot, n° 720), ni de Montesquieu (4).

---

(1) Voir *Somme théologique de saint Thomas*, quest. 91, art. 1, 2, 4 et 5 (t. III de la traduction Drioux), sur la distinction entre la loi naturelle et la loi divine.

(2) *Méditations sur la religion chrétienne*, p. 77 et 78.

(3) *Revue des Deux-Mondes*, numéro du 1er août 1867, p. 762 et 764, *De la Philosophie contemporaine*.

(4) *Lettres persanes*, Usbek à Rhedi. « Ainsi, quand il n'y aurait pas de Dieu, nous devrions toujours aimer la justice, c'est-à-dire faire nos efforts pour ressembler à cet être dont nous avons une si belle idée, et qui, s'il existait, serait nécessairement juste; libres que nous serions du joug de la religion, nous ne devrions pas l'être de celui de l'équité. »

Suivant M. Caro, le besoin qu'éprouve l'individu de vivre en société pour développer ses facultés et sa destinée terrestre suffit, abstraction faite de l'existence de Dieu et de la promesse d'une vie à venir, pour expliquer le Droit.

Oui, précisément parce que la liberté humaine n'a pas de garantie humaine en dehors du Droit, le Droit est une nécessité humaine, légitime au même titre que la liberté ; le Droit est inséparable de la liberté, parce qu'il est la condition de la coexistence de la liberté de chacun avec la liberté de tous.

Oui, le Droit dérive directement de la sociabilité et de la liberté ; mais de qui dérivent la sociabilité et la liberté ?

Si le Droit, et c'est notre pensée, dérive de Dieu, qui a fait l'homme sociable et libre, il n'en dérive que médiatement, et c'est encore une différence qui fait du Droit une loi à part, qui n'est ni la loi morale ni la loi religieuse. — Le Droit n'est pas athée, parce qu'on lui reconnaît un principe propre, et une sanction indépendante des sanctions morales et religieuses.

Qu'est-ce que le Droit pénal ? Eh bien ! le Droit pénal est la sanction spéciale, non pas de la religion, non pas de la loi morale, mais d'une loi que la religion et la morale fortifient sans se confondre avec elle. Comment étudier le moyen sanctionnateur, sans se rendre un compte exact de la règle sanctionnée ? Le Droit criminel, a dit Rousseau, est moins une espèce particulière de Droit qu'une de ses faces (1).

(1) *Contrat social,* liv. II, chap. XII.

DEUXIÈME LEÇON.

SUITE DES PROLÉGOMÈNES. — QUESTIONS HISTORIQUES. — Division en cinq périodes.

1° *Sources du Droit pénal du Vᵉ au XIᵉ siècle :* Élément germanique. — Loi salique. — Loi des Ripuaires. — Loi des Burgondes. — *Lex salica emendata.* — Capitulaires.

Élément romain : *Breviarium Aniani; Papiani Responsa;* Controverse quant aux compilations de Justinien. — Droit canon : *Codex canonum Ecclesiæ universæ; Corpus canonum* ou *Codex vetus Ecclesiæ Romanæ;* Fausses Décrétales.

2° *Caractère de la loi pénale :* Était-elle *territoriale* ou *personnelle ?* Était-ce la loi d'origine de l'offensé ou de l'offenseur qui était appliquée? — Principe de la pénalité. — Des guerres privées. — Des limites successives apportées au droit de *vengeance individuelle* — Des *Compositions.* — Du *Wehrgeld* et du *Fred.* — Régularisation, mais non suppression du droit de vengeance. — Preuves.

———

MESSIEURS,

Quelles ont été les sources de la Législation pénale en France ?

Quels ont été les principes, quelles ont été les idées qui ont animé ces sources ?

Rappel des deux questions historique des prolégomènes.

Voilà les deux questions historiques de nos prolégomènes.

Ces deux questions embrassent une période de quatorze siècles, c'est-à-dire l'histoire de monuments bien divers, de nombreuses vicissitudes, de grandes transformations.

Ne pas diviser ce long travail de tant de siècles, ce serait se condamner à la confusion.

Division
en cinq périodes
des
quatorze siècles
de l'histoire
du Droit pénal
en France.

Je diviserai les quatorze siècles, objet de notre étude, en cinq périodes inégales, et j'examinerai nos deux questions dans chacune de ces périodes.

Première période : du vᵉ au xiᵉ siècle. — Je l'appellerai la *période Germanique.*

Deuxième période : du xiᵉ au xiiiᵉ siècle. — C'est la *période Féodale.*

Troisième période : du xiiiᵉ au xviᵉ siècle. — C'est la *période de transition et de rénovation,* je serais presque tenté de l'appeler la *première période Française.*

Quatrième période : du xviᵉ siècle jusqu'en 1789. — C'est la *période Royale par excellence,* la *période des Ordonnances.*

Cinquième période : de 1789 jusqu'à nos jours.

Aujourd'hui, j'examine :

Période du vᵉ
au xiᵉ siècle.

1° Quelles ont été les sources de la Législation pénale en France du vᵉ au xiᵉ siècle?

2° Quels ont été les principes, quelles ont été les idées qui ont animé ces sources ?

Sources pendant
cette période.

I. — Quelles sont les sources de notre Droit pénal du vᵉ au xiᵉ siècle, c'est-à-dire pendant les périodes mérovingienne et carlovingienne, dont je ne fais qu'une seule période?

Pour bien vous faire suivre les détails que j'ai à vous donner sur les monuments législatifs de cette période, je dois vous rappeler brièvement certaines notions historiques.

Vous savez tous qu'au vᵉ siècle le territoire, qui est devenu depuis la France, était occupé, non par une population une, homogène, mais par des races très-diverses d'origine, dont chacune a apporté son contingent à l'œuvre si lente et si laborieuse de notre nationalité; aucun de vous n'ignore qu'avant l'ère chrétienne, la Gaule, qui comprenait déjà trois races distinctes, les Belges au nord, les Celtes au centre, les Aquitains au midi, avait été conquise par les Romains, et était restée, malgré de nombreuses tentatives de soulèvement, sous leur domination jusqu'à l'époque des invasions germaniques.

Avant l'établissement territorial des Francs, la domination romaine avait été refoulée, moins par la force des armes que

par l'effet de négociations ; elle avait fait place, au sud de la
Loire, au royaume des Visigoths ; à l'est, au royaume des Burgondes, c'est-à-dire à des tribus germaniques, mais converties au
christianisme.

Précédée d'incursions rapides qui s'étaient fréquemment renouvelées depuis le iiiᵉ siècle, d'incursions sans lien entre elles,
qui n'annonçaient qu'une pensée de pillage et non une pensée
de conquête, l'invasion des Francs Saliens eut sans doute un
caractère de violence que n'avait pas eu l'occupation des Visi-
sigoths et des Burgondes. Toutefois, cette invasion n'eut ni
pour résultat ni pour objet de détruire radicalement, brutale-
ment, la société gallo-romaine tout entière, et d'implanter une
organisation et des institutions absolument nouvelles. La conquête se fit, non d'un seul coup, mais graduellement, et si elle
causa beaucoup de ravages et de dévastations, elle ne se proposa pas pour but l'extermination des vaincus. Aussi les conquérants s'exposèrent-ils à se laisser sinon vaincre, au moins
puissamment modifier par les idées, les mœurs, la foi religieuse
et la supériorité de civilisation des populations conquises.

Les Francs Ripuaires, c'est-à-dire les Francs des bords de
la Meuse, de la Moselle et du Rhin firent-ils, au viiiᵉ siècle,
comme une seconde invasion ? Conquirent-ils les Francs Saliens, et formèrent-ils comme une seconde couche germanique
sur la première couche, qui s'était laissé trop imprégner de l'é-
lément romain ? — M. Guizot dit oui, dans ses *Essais sur
l'histoire de France* (1) et dans sa dix-neuvième leçon sur
l'*Histoire de la civilisation en France ;* M. Chateaubriand dit
non, dans sa Préface des *Études historiques* (2). Quoi qu'il en
soit, que les Francs Ripuaires aient seulement vécu à côté des
Francs Saliens, ou qu'ils aient réussi à se superposer à eux,
nous constatons la présence d'un élément de plus auquel va
correspondre un élément législatif.

Il est bien évident qu'on chercherait vainement l'unité des

(1) *Troisième essai*, p. 49 et suiv.
(2) *Préface*, p. 67, édit. Pourra, 1834.

sources législatives là où l'unité nationale ne subsistait pas et devait résulter seulement du travail des siècles, opérant sur les éléments les plus variés. Nos Codes ont, comme nous, des aïeux d'origine tout à fait diverse. Toutefois, deux éléments principaux semblent résumer les autres éléments : l'élément germanique et l'élément gallo-romain; voilà le fonds de notre Droit public et de notre Droit privé, voilà le fonds de notre Droit pénal. La lutte de ces deux éléments, ses vicissitudes, la fusion qui en est le dénoûment, voilà l'histoire de notre Droit tout entier.

Elément germanique.

Dans quels monuments l'élément germanique s'est-il spécialement produit? — Dans la loi salique, dans la loi des Ripuaires, dans la loi Gombette et dans les Capitulaires.

Loi salique.

Qu'était, à proprement parler, la loi SALIQUE? Était-ce une série de dispositions impératives, puisant leur force dans la volonté d'un pouvoir public, promulguées officiellement, ou n'était-ce qu'un ensemble de coutumes, de traditions, un recueil de décisions dû à quelque prud'homme ou légiste? — Avait-elle été rédigée avant l'invasion germanique et en langue teutonique, ou ne le fut-elle qu'après l'invasion en langue latine? — De quelle époque date la première rédaction latine?

Toutes ces questions sont très-controversées entre les savants. En France, MM. Guizot, Pardessus, Laferrière, notamment, les ont discutées après beaucoup d'auteurs allemands; nous devons rester étrangers aux débats qu'ont soulevés les deux premières questions.

Quant à la dernière question, l'opinion qui semble la plus plausible est que la loi salique fut publiée dans le vᵉ siècle sous le règne de Clovis, dans l'intervalle de l'an 488 à l'an 496.

Loi proprement dite ou coutume, elle dominait dans la France occidentale, c'est-à-dire dans la Neustrie. Mais cette source importante de l'élément germanique ne se présente déjà plus dans sa pureté; l'élément germanique a déjà subi les effets du voisinage et du contact de l'élément romain.

Cette source est surtout importante pour le Droit pénal qui y tient presque toute la place, puisque sur 408 articles il en a pour sa part 343 (1); il est vrai que, d'après l'opinion de M. de Savigny, dans son *Histoire du Droit romain au moyen âge*, ce qui nous a été transmis sous le nom de *loi salique* n'est qu'un extrait incomplet qui ne traitait que des matières les moins importantes (2).

Quant à loi des Ripuaires, elle a une origine moins ancienne; elle n'a été rédigée selon les uns qu'au vie siècle, c'est-à-dire de 511 à 534, et, selon les autres, dont l'opinion est admise par M. Guizot, qu'au viie siècle, de 613 à 628. Elle contient, d'après le système le plus accrédité de distribution, 277 articles, sur lesquels on en compte 164 relatifs au Droit pénal, et 113 relatifs à d'autres matières. Dans cette loi, l'élément germanique a subi, plus encore que dans la loi salique, l'action de l'élément romain. Quelques dispositions même de la loi des Ripuaires se réfèrent à ce droit.

Loi des Ripuaires.

Cette observation semble contredire le système de M. Guizot, qui voit dans l'élément ripuaire un renouvellement de l'élément germanique que l'élément salien avait cessé d'exprimer. M. Guizot ne se fait pas l'objection; mais il est évident que sa réponse serait dans la date de la rédaction de la loi des Ripuaires, qui est postérieure à la rédaction de la loi salique, et qui par suite a subi, plus encore que la loi salique, l'empreinte de la loi romaine.

Un troisième monument, dans lequel l'élément germanique joue encore un grand rôle, c'est la loi des Burgondes, vulgairement appelée *loi Gombette*, qui a été publiée, soit tout entière sous le règne de Gondebaud, soit seulement pour partie sous ce règne, et pour partie postérieurement, mais avant que la Bourgogne fût tombée sous la domination des Francs, c'est-à-dire avant l'année 534. Pour cette loi, il est certain que ce n'est pas une simple collection de coutumes : c'est l'œuvre officielle d'un pouvoir régulier qui promulgue ses commande-

Loi Gombette.

____

(1) M. Laferrière (*Histoire du Droit civil de Rome et du Droit français*, t. III, p. 216) compte dans cette loi, 412 articles, dont 356 relatifs à des matières pénales.

(2) *Histoire du Droit romain au moyen âge*, traduction Guenoux, t. Ier, p. 98.

ments; elle témoigne déjà de progrès plus grands dans la civilisation, et elle porte plus fortement l'empreinte du Droit romain. Elle contient 182 articles de Droit pénal sur 354.

Loi des Visigoths. Je ne parle pas de la loi des Visigoths, qui paraît avoir été rédigée en l'an 466, parce que les Visigoths furent expulsés en 507 par Clovis et furent rejetés sur l'Espagne et que leur loi, très-supérieure à la législation contemporaine, n'a eu qu'une influence très-indirecte sur nos propres lois. Je renvoie, pour tous ces détails, aux neuvième et dixième leçons de M. Guizot sur l'*Histoire de la civilisation en France.* Ceux qui voudraient se reporter aux textes pourraient consulter les *Barbarorum leges antiquæ* de Canciani et les diverses leçons de la loi salique, publiées en 1843 par M. Pardessus avec dissertations (1).

Révision de la loi salique. En l'année 768, Charlemagne publia une édition, revisée et augmentée, de la loi salique; en 803, il promulgua des additions et modifications aux lois Salique et Ripuaire (2).

Additions postérieures. Louis le Débonnaire et Charles le Chauve publièrent eux-mêmes des dispositions destinées à être incorporées et ajoutées à ces mêmes lois. Ces dispositions modificatives ou additionnelles sont renfermées dans des ordonnances appelées Capitulaires (3).

Capitulaires. Le mot *capitulaire,* c'est-à-dire écrit divisé en petits chapitres, a été employé, comme appellation commune, pour désigner des documents très-divers par leur nature et par leur source. Il s'appliquait aussi bien aux documents émanés de l'autorité écclésiastique qu'aux actes du pouvoir politique; toutefois ce titre sert plus particulièrement à désigner les ordonnances des rois des deux premières races.

---

(1) On peut consulter encore la *Lex salica,* publiée par M. J. Maskel, Berlin, 1850, dont la *Revue de législation et de jurisprudence* a rendu compte, 1850, t. III, p. 349.

(2) Il faut lire le chap. IV, liv. IV, de l'*Histoire du Droit civil de Rome et du Droit français de M. Laferrière,* t. III, p. 72-109, et les Appendices 1, 2, 3, 4, 5 et 6 du même volume, ainsi que le chap. VI, même livre, p. 234-252.

(3) Eginhard, sur Charlemagne, chap. 29.

Les Capitulaires, dont Baluze a publié la meilleure édition, ne sont pas tous des monuments législatifs ; des actes d'administration, des instructions adressées à des fonctionnaires, des décisions sur des contestations particulières, des nominations, des grâces figurent au nombre des Capitulaires et sous ce titre.

Quant à ceux des Capitulaires qui constituent des dispositions législatives, ils sont rédigés tantôt à la suite des assemblées dites *Champs-de-Mars* ou de *Mai*, à la suite des placités généraux, — tantôt avec le concours des hommes les plus considérables parmi les laïques et parmi les ecclésiastiques, — tantôt avec le concours des hommes les plus considérables d'une de ces classes seulement, — tantôt sans aucun concours.

Les Capitulaires qui n'avaient pas été soumis à la délibération des placités différaient-ils des lois ? Oui, dit M. Pardessus ; ils n'avaient qu'une autorité provisoire ; œuvre de la volonté royale, ils étaient révocables par le seul fait de cette volonté. Les lois, au contraire, délibérées dans les placités, ne pouvaient être révoquées qu'avec l'adhésion des placités, *consensu omnium*.

Nous croyons peu, pour notre compte, au pouvoir législati des assemblées, sous les deux premières races. Les rois pouvaient bien demander des conseils, et même de l'autorité morale, à de grandes assemblées plus ou moins régulièrement convoquées ; mais ils ne reconnaissaient pas de pouvoir dominant, ou seulement limitant leur propre pouvoir. Nous préférons sur ce point l'opinion de M. Guizot (*Essais sur l'histoire de France*, 4e essai, chapitre III), à l'opinion de M. Pardessus. Ce qui distinguait, suivant nous, la *loi* de l'*ordonnance*, ce n'était pas l'autorité dont elle émanait, la plus ou moins grande solennité avec laquelle elle avait été rendue ; ce n'était pas même le titre sous lequel elle était promulguée, c'était l'*objet* qu'elle se proposait.

Devait-elle être appliquée à toutes les populations sans distinction d'origine ? — C'était une *loi*.

Ne contenait-elle que des dispositions spéciales à tel ou tel élément de la population ? — C'était une simple *ordonnance*.

Le seul règne de Charlemagne fournit 65 Capitulaires, contenant 461 articles, sur lesquels 130 traitent du Droit pénal.

M. Guizot, dans sa vingt et unième leçon sur l'*Histoire de la civilisation en France*, a présenté le tableau synoptique de ces Capitulaires, et a distribué, sous huit chefs de législation, toutes les matières qu'ils règlent.

Élément romain.

Quelles ont été les sources de l'élément romain pendant cette période ?

Subdivision de cet élément.

Cet élément doit être subdivisé ; il comprend : l'élément de l'ancienne Rome, l'élément purement *civil* et l'élément de la Rome nouvelle, l'élément religieux, l'élément *canonique*.

Éléments de l'ancienne Rome.

Les sources de l'élément purement civil sont : 1° le *Breviarium Aniani*; 2° le *Papiani responsum*, et 3° peut-être les *Compilations de Justinien.*

Breviarium Aniani.

Le *Breviarium Aniani* est un recueil de dispositions de la loi romaine publié dans le royaume des Visigoths, de l'année 466 à l'année 484 ; il se compose : 1° du Code Théodosien; 2° des Novelles des empereurs Théodose, Valentinien, Marcien, Majorien et Sévère ; 3° des Institutes de Gaïus; 4° des *Receptæ sententiæ* du jurisconsulte Paul ; 5° du Code Grégorien et du Code Hermogénien ; 6° du fragment du *Liber responsorum* de Papinien ; 7° enfin d'une partie qui, sous le titre d'*Interprétation*, est distincte des textes ou de l'extrait des textes, sauf en ce qui concerne les *Institutes* de Gaïus. Le *Breviarium* avait été rédigé pour servir de règle entre les Romains.

Papiani responsum.

2° Le *Papiani responsum* ou *Papien* avait été rédigé en 517, sous Sigismond, pour les sujets romains dans le royaume des Burgondes. Il correspond pour la distribution des matières à la loi Gombette (1).

Le Bréviaire et le Papien, après que les Francs eurent sou-

---

(1) Sur l'erreur de Cujas, relativement à ce livre, et sur l'origine du titre, il faut lire le chap. vii de l'*Histoire du Droit romain*, de M. de Savigny. Voir toutefois Esbach, *Introduction à l'étude du Droit*, 3e édition, p. 228.

mis les Burgondes et expulsé les Visigoths, restèrent en vigueur dans l'ancien royaume des Burgondes et des Visigoths, et dans les parties de la Gaule en dehors de l'ancien royaume des Burgondes et des Visigoths. Tout porte à croire que le Bréviaire et le Papien furent la règle entre les sujets romains.

Je vous renvoie à M. Guizot dans sa onzième leçon de son *Histoire de la civilisation en France.*

3° Les *Compilations de Justinien* se répandirent-elles dans les Gaules vers la fin du vıᵉ siècle ou dans le vıɪᵉ ? C'est un point controversé : les Novelles de Justinien contenues dans l'abrégé du patrice Julien, n'étaient-elles pas au moins connues et invoquées ?—C'est encore un point controversé.

Compilations de Justinien.

Nous n'avons pas à examiner ces questions. Cazeneuve, M. de Savigny (1), M. Laferrière (2), M. Troplong (3), entre autres, les ont discutées, et nous devons, et par des raisons de méthode et par des raisons d'incompétence, nous abstenir de nous prononcer sur leurs dissentiments.

Quelles étaient les sources de l'élément Canonique ? Elles furent au nombre de deux.

Éléments de la Rome nouvelle. Droit canon.

1° Le *Codex canonum Ecclesiæ universæ.* C'était une traduction latine que fit faire le pape saint Léon , dans le vᵉ siècle, de la collection grecque des conciles de Nicée, Constantinople, Ephèse, Chalcédoine, auxquels on ajouta le recueil du concile de Sardique.

2° Le *Corpus canonum* ou *vetus Codex, Ecclesiæ Romanæ* était une collection entreprise vers la fin du même siècle, par le moine Denis le Petit, mais qui ne s'est accréditée en France

---

(1) II, 108.

(2) *Histoire du Droit français,* édition de 1838, I, p. 37 et suiv. — Et *Histoire du Droit civil de Rome et du Droit français,* III, p. 67 et suiv.

(3) Préface du *Contrat de mariage,* p. 82.

Voir aussi le compte rendu d'un travail récent et les conclusions de M. Laferrière dans le Recueil si intéressant de l'Académie de législation de Toulouse, 1851-52, t. I, p. 65-69, où l'on trouve le parallèle des théories de MM. Savigny et Laferrière.

Conf. Montesquieu, *Esprit des lois,* liv. XXVIII, chap. xLII, p. 128 (édit. Lefèvre), et M. Giraud, *Essai sur l'histoire du Droit français au moyen âge,* t. I, p. 229.

que dans le vIII^e siècle, à la suite du don qui en fut fait à Charlemagne par le pape Adrien. Elle est devenue le code de l'Eglise gallicane, et a reçu plus tard la sanction de saint Louis, dans la Pragmatique-sanction.—Louis XIV l'a fait réimprimer.

Nous ne parlons pas des *fausses Décrétales* répandues et accréditées de 836 à 857 sous le nom d'Isidore de Séville, bien qu'elles aient exercé une assez grande influence ; elles paraissent être l'œuvre du diacre Benoît (*Benedictus levita*), de Mayence, l'auteur des faux Capitulaires.

Je vous renvoie pour les détails sur ces sources à *l'Histoire civile de Rome et du Droit français de M. Laferrière*, t. III, chap. IX, p. 437-464.

Caractère de la loi pénale. En quel sens les lois étaient-elles personnelles ?

Je vous ai montré plusieurs lois coexistantes ; chacune de ces lois avait-elle une part d'autorité en matière pénale. ?

La loi salique ne régissait-elle que les Francs Saliens ? la loi ripuaire, que les Ripuaires ? la loi Gombette, que les Bourguignons ? la loi romaine, que les Gallo-Romains ?

Pour bien comprendre cette question il faut deux notions, une notion du passé et une notion du présent.

En matière civile, vous savez que les lois du ve au xie siècle avaient un caractère tout *personnel ;* que les Francs étaient régis par la loi des Francs ; les Bourguignons par la loi des Bourguignons, et les Gallo-Romains et les ecclésiastiques, quelle que fût leur origine, par la loi romaine. Vous savez encore que, lorsque le débat s'élevait entre deux parties d'origine diverse, c'était la loi du défendeur qui faisait la règle.

Le principe de la personnalité avait-il, en matière pénale, la même portée qu'en matière civile ? Nos lois pénales actuelles ont, comme caractère prédominant, un caractère territorial ; elles régissent non-seulement les nationaux, mais tous ceux qui résident sur le sol français, à quelque nation qu'ils appartiennent. C'est la disposition de l'art. 3 de notre Code civil. Les étrangers, sur notre sol, sont protégés par nos lois pénales ; ils doivent compte à la loi des actions qu'ils accomplissent sous son empire.

Ce principe de la territorialité pouvait-il être appliqué du Ve au XIe siècle? Mais quelle était la loi territoriale?

Les quatre éléments auxquels correspondaient les quatre lois coexistantes, l'élément Salien, l'élément Ripuaire, l'élément Bourguignon et l'élément Romain n'étaient pas parqués chacun dans un rayon déterminé; ils coexistaient un peu pêle-mêle, et l'élément romain surtout était partout en présence de chacun des autres éléments.

Mais si le principe de la *territorialité* était inapplicable, le principe de la *personnalité* pouvait-il au moins recevoir son application? On comprendrait, à la rigueur, que la loi d'origine eût fait la règle, quand la partie lésée et l'auteur de l'acte incriminé auraient eu une origine identique. Mais quand la partie lésée et l'auteur de l'acte incriminé avaient une origine diverse, quelle est la loi à laquelle on aurait pu s'attacher? La loi d'origine de l'offensé? Mais c'eût été le contre-pied du principe adopté en matière civile. C'était, en effet, la loi du défendeur qui faisait la règle, et ici on eût adopté la loi du demandeur. Se fût-on attaché à la loi d'origine de l'offenseur? Mais l'offensé n'aurait pas eu, pour sa garantie, la loi dont il eût subi les effets, s'il l'avait lui-même violée. Est-ce que ce résultat eût été juste?

D'ailleurs, quelle loi eût-on appliquée en matière pénale aux étrangers, à ceux qui n'étaient pas des régnicoles?

Cette grave question n'a pas été éclaircie, et semble même n'avoir pas beaucoup préoccupé les savants. — M. de Savigny (*Histoire du Droit romain au moyen âge*, chap. III, t. Ier, p. 122) l'a soulevée; il professe, en principe, que la composition due pour un délit se réglait suivant la condition de l'offensé. C'eût été là une bien évidente dérogation à la règle du Droit civil, d'après laquelle, jusqu'au Xe siècle au moins, on devait suivre la loi du défendeur.

Toutefois M. de Savigny cite un texte de la loi salique qui prouve qu'en cas de vol par un Romain au préjudice d'un Franc, l'amende était de 62 *solidi*, et qu'au cas de vol par un Franc, au préjudice d'un Romain, l'amende était de 30 *solidi*.

Ainsi la loi salique aurait été, dans un cas, applicable en raison de la qualité de l'offensé, et, dans l'autre cas, en raison de la qualité de l'offenseur.

Il nous paraît difficile d'admettre avec M. Guizot (25e leçon sur l'*Histoire de la civilisation en France*) (1) que le principe de la personnalité ait régi les matières pénales. Que ce principe ait réglé la forme des actes, la conséquence attachée par voie de présomption aux contrats ; qu'il ait réglé l'ordre des successions, gouverné les familles et les propriétés, tout cela est conforme aux conséquences d'une conquête qui ne se proposait pas pour but la destruction des vaincus, mais réclamait seulement le partage du sol en se faisant un peu la part du lion.

Nous croyons avec M. Pardessus (2), avec M. Aug. Thierry (3), qu'au-dessus des lois spéciales de chaque race, il y avait une loi commune générale qui régissait les habitants de tout le territoire sans aucune distinction d'origine.

Il n'est pas possible que le pouvoir, qui gouvernait les conquérants, s'en soit remis à la loi des vaincus pour déterminer ce qui leur était permis et ce qui leur était défendu.

Aussi M. de Savigny lui-même (4) reconnaît-il que, dans les Capitulaires, il y en avait qui avaient un caractère général, et s'appliquaient, par exemple, sous Charlemagne, à l'empire tout entier, sans distinction entre les peuples d'origine diverse, tandis que d'autres avaient un caractère spécial, et n'é-

---

(1) T. II, édition de 1846, p. 256. Voir dans le sens de M. Guizot, Du Boys, *Histoire du Droit criminel des peuples modernes*, p. 341.—L'auteur des *Lettres historiques sur les fonctions essentielles du Parlement* (Amsterdam, 1753, p. 46); Montesquieu, *Esprit des lois*, liv. XXVIII, ch. IV; M. Guizot, *Histoire des Origines du Gouvernement représentatif*, t. Ier, p. 246; de Petigny, *Etudes sur l'époque mérovingienne*, t. III, p. 347, ont soutenu que chacun pouvait prendre la loi qu'il voulait. M. Augustin Thierry, *Récits des temps mérovingiens*, chap. II, p. 73 à 76, réfute et rudoie cette opinion. Dans le sens de M. Thierry, Savigny, *Histoire du Droit romain*, t. Ier, p. 110; et Pardessus, 2e dissertation, p. 443, 444, 445 et notre introduction à l'*Histoire des sources du Droit*, p. 128 à 138.

(2) 2e dissertation, p. 446 et suiv.

(3) *Histoire du tiers-état*, 2e édition, I, ch. Ier, p. 6.

(4) *Histoire du Droit romain*, t. Ier, p. 122.

taient faits que pour s'ajouter à telle ou telle loi ou pour la modifier (1).

Mais quelle était cette loi supérieure aux autres lois spéciales ? C'était la loi de la conquête primitive ; la loi salique, la LOI proprement dite. C'était, ce semble, la loi ripuaire sous la seconde race, si l'avénement des Carlovingiens s'explique par une seconde invasion germanique.

Loi
prédominante

Mais pourquoi donc avons-nous parlé des autres lois en matière pénale? — D'abord parce qu'il est vraisemblable qu'en thèse générale, au moins, elles étaient suivies comme loi quand l'offensé et l'offenseur avaient la même origine, et qu'il ne s'agissait que de faits qui ne s'attaquaient pas à l'existence du pouvoir, ou à la répression desquels le pouvoir croyait ne pas avoir d'intérêt bien direct ;—en second lieu, parce que les lois spéciales, comme les éléments auxquels elles correspondaient, ont apporté chacune leur contingent à l'œuvre de notre législation.

Ainsi le Droit pénal des Bourguignons dont M. Guizot (2) a constaté avec tant de soin la supériorité (au moins comme loi de fond) sur les anciennes coutumes germaines, ce Droit, dans lequel on rencontre, à côté de la *composition*, des peines corporelles et même des peines morales, a dû avoir, comme instrument de progrès, une part d'action. C'est ainsi que nous avons parlé du Droit romain et du Droit canon comme Droit pénal, bien qu'ils n'aient guère pu être appliqués à ce titre que dans quelques immunités ecclésiastiques (3).

II. — Quels sont les principes qui ont dominé le Droit pénal du ve au xie siècle ? En d'autres termes, quels sont les principes qui ont présidé à l'exercice du droit de punir?

---

(1) Nous rejetons l'opinion de du Cange, qui ne voit dans les Capitulaires que des suppléments, des appendices des différentes lois spéciales aux populations d'une certaine origine. — L'opinion de du Cange a été brillamment développée dans la *Revue de législation*, t. III de la 1re série. —Article de M. Jamet, p. 241.

(2) Dixième leçon sur l'*Histoire de la civilisation en France*.

(3) M. Laferrière, *Histoire du Droit civil de Rome et du Droit français*, t. III, liv. IV, ch. VIII, sect. 4, § 2, p. 428.

Principes
du Droit pénal
pendant
la période du vᵉ
au xıᵉ siècle.

Des principes qui ont présidé à l'exercice du Droit de punir, il en est qui ont été contemporains de tous les âges de notre histoire. Il en est d'autres, au contraire, qui n'ont eu qu'un temps, qu'un moment, et qui ont bientôt cédé leur place à des principes supérieurs, témoignage d'une civilisation en progrès.

Les principes contemporains de tous les âges de notre histoire sont ceux qui expliquent pourquoi les violateurs des devoirs parfaits, des devoirs exigibles, des devoirs auxquels correspondent des droits, peuvent être atteints par un châtiment. — L'homme est libre, et partant responsable; voilà le principe qui n'a jamais varié.

Mais à quel titre les hommes, considérés individuellement ou collectivement, sont-ils investis du droit d'infliger à un autre homme le châtiment même mérité? C'est là le point auquel les siècles ont apporté bien des solutions successives, qui ont été chacune un progrès, mais dont aucune peut-être n'est la vérité.

Le châtiment a été tour à tour une vengeance individuelle, puis une vengeance collective, puis une vengeance tout à la fois sociale et religieuse, et de plus un moyen d'intimidation; puis enfin un simple moyen de défense; puis un acte d'utilité publique; puis un acte de justice morale, et la dernière de ces six solutions n'est pas encore acceptée universellement de nos jours.

Quelle est celle de ces idées qui a dominé le Droit pénal du vᵉ au xıᵉ siècle?

Guerres privées.
Vengeance
individuelle.

Pour répondre à cette question, il faut remonter aux traditions germaniques, dont Tacite s'est fait l'historien. Il n'y avait, chez les Germains, que les crimes contre la chose publique qui fussent l'objet de pénalités proprement dites (1). Les attentats contre la propriété ou la personne des particuliers ne

(1) Tacite, *Germania*, ch. xıı. —Mignet, *Mémoires historiques, introduction de l'ancienne Germanie dans la société civilisée,* édition Charpentier, 1854, p. 132. — Ozanam, *Les Germains avant le Christianisme,* ch. ııı, *les Lois,* p. 122.

provoquaient pas de répression dans un intérêt d'ordre général ; c'était une affaire purement privée entre, d'une part, l'offensé et sa famille, et, d'autre part, l'offenseur et sa famille. La répression même des attentats à l'autorité, à la propriété ou à la personne du chef, n'était que l'expression d'un intérêt individuel. L'idée d'un pouvoir personnifiant des intérêts collectifs, les incarnant en quelque sorte, ne précède pas la civilisation et n'apparaît que très-faiblement dans l'enfance des sociétés (1).

Cependant aussitôt que le pouvoir eut acquis quelque fixité et accru son influence avec ses moyens d'action, il ne tarda pas à reconnaître que les guerres privées et ces appels incessants à la force, comme instrument du rétablissement de l'ordre, avaient pour résultat d'entretenir le désordre et entravaient son propre développement à lui-même, en compromettant son avenir.

La loi ne supprima pas, d'abord et sans transition, le droit de vengeance individuelle ; elle respecta longtemps le principe ; elle le limita et se contenta de le subordonner à de nombreuses conditions ; elle proclama d'abord l'inviolabilité de la maison de l'offenseur. La vie de l'offenseur lui-même n'était pas inviolable, elle n'était pas abritée contre les représailles des parents de la victime ; mais l'offenseur ne pouvait pas être poursuivi dans son foyer, sous peine d'une amende égale à sa valeur personnelle, si la poursuite avait lieu sans préméditation, — sous peine d'une amende neuf fois égale à sa valeur s'il y avait préméditation.

La loi, après avoir proclamé l'inviolabilité de la maison de l'offenseur, proclama l'inviolabilité de certains lieux publics déterminés : de l'église, d'abord, — du *mallum*, — du marché ; et de là le droit d'asile qui a joué un si grand rôle dans le moyen âge.

Après avoir interdit ou au moins suspendu la vengeance en de certains lieux, la loi interdit et suspendit la vengeance en de

Limites successives apportées au droit de vengeance individuelle.

(1) Tacite, *Germania*, ch. XXI.—Mignet, *ibid.*, p. 128.

certains temps : les jours de fête et pendant des périodes en-
tières consacrées par la foi religieuse, comme pendant l'Avent.

Enfin, la loi finit par interdire et suspendre le droit de vengeance individuelle en présence des représentants de l'État ou
en présence des représentants de l'Église (1).

Composition. Ce n'était pas assez : la loi voulut paralyser le droit de vengeance individuelle même dans les lieux et dans les temps où
il pouvait se déployer librement. Pour faire taire ce sentiment
de la vengeance, elle s'adressa au sentiment de la cupidité.

Dans les délits en général, la loi ne vit que le côté matériel,
le préjudice causé, et elle tarifa, — d'après une échelle calculée
sous l'empire d'idées très-complexes, — les diverses indemnités
pécuniaires que l'offensé ou sa famille aurait droit de réclamer
en renonçant à la vengeance privée ; mais elle n'osa pas imposer l'acceptation de ces indemnités comme prix de l'offense
reçue.

Controverse sur l'histoire des compositions. N'intervint-elle que comme médiatrice, offrant une transaction fixée à l'avance, mais laissant à l'offensé et à l'offenseur
une égale liberté d'opter pour la guerre privée ? C'est là l'opinion que professe M. Guizot dans sa neuvième leçon sur l'*Histoire de la civilisation en France.*

Ne réserva-t-elle pas seulement cette option entre la guerre
privée et l'acceptation d'une indemnité pécuniaire à l'offensé et
à sa famille, et ne garantit-elle point dès l'origine son intervention efficace pour contraindre l'offenseur au paiement du
wehrgeld, si ce mode de réparation était agréé? (2)

Si nous ne nous abusons, voici comment se réalisa l'intervention du pouvoir social.

Primitivement, les compositions et leur quotité n'avaient été
qu'une affaire de convention. Plus tard, le pouvoir fit effort
pour régulariser et imposer ce qui était resté dans le domaine

(1) Lehuërou, *Hist. des Inst. mérovingiennes et carlovingiennes*, t. II,
ch. IV, p. 370.—Voir aussi Du Boys, p. 84 à 120.

(2) Voir en ce sens M. Augustin Thierry, *Récits des temps mérovingiens*,
2ᵉ récit, et M. Du Boys, *Histoire criminelle des peuples modernes*, p. 180.

des libertés individuelles. Il institua des juridictions pour juger les crimes privés, et conséquemment :

1° Pour prononcer la condamnation au paiement des compositions ;

2° Pour assurer, par la force, l'exécution de la condamnation, si elle était possible, et, à son défaut, pour faire subir à l'offenseur la mort ou l'esclavage.

Il dépendit d'abord des offensés de ne pas saisir les juridictions, de ne pas se plaindre, et de garder pour eux le soin de se faire justice.

Plus tard les offensés ne conservèrent le droit de vengeance personnelle qu'autant qu'ils l'exerçaient incontinent, au moment même de l'offense, c'est-à-dire au moment où le délit était flagrant.

Plus tard enfin, ce droit leur fut complétement enlevé, et la composition fut aussi bien une loi pour les offensés que pour les offenseurs.

Indépendamment de la composition qui profitait aux offensés, il y avait une amende, le *fredum*, qui profitait à la juridiction saisie, et qui était en quelque sorte la rémunération de l'intervention du pouvoir. Mais ce *fredum*, et ceci est très-remarquable, devait être payé, non pas directement à la juridiction qui en avait prononcé condamnation, mais à la partie lésée, à la partie poursuivante qui en faisait la remise au pouvoir (1), sans doute parce qu'il était censé avoir fait son affaire et avoir agi pour elle en vertu d'une sorte de mandat.

A quelle époque la *composition* fixée par la puissance publique devint-elle obligatoire et pour l'offensé et pour l'offenseur? Ne fut-ce qu'au viiie siècle, comme le soutient M. Guizot? Nous serions porté à croire que ce principe s'est introduit plus tôt, sinon dans les faits, dans la pratique, au moins dans le Droit.

Au milieu des désastres de l'anarchie des vi^e et viie siècles,

_____

(1) Mlle de Lézardière, *Théorie des Lois politiques*, part. III, liv. III, ch. **v**, t. II, p. 90.

le principe a bien pu rester sans puissance, bien qu'il fût écrit dans la loi.

Régularisation,
mais
non suppression
du droit
de vengeance.

Quoi qu'il en soit, et quelle que puisse être la date de son avénement comme Droit, ce principe est-il exclusif de l'idée de vengeance personnelle? Comme inspiration de la législation pénale, l'idée de vengeance personnelle n'est-elle pas déjà remplacée par l'idée plus haute d'une vengeance publique au nom et au profit de l'ordre général?

La pensée qu'un intérêt plus large que l'intérêt individuel doit présider à la répression des délits commence peut-être à poindre; mais cette pensée n'était certainement pas encore le fond et la vie du Droit pendant cette période.

L'idée de ce que nous appelons aujourd'hui l'État, c'est-à-dire de cette unité nationale qui représente à la fois les gouvernants et les gouvernés, ne pouvait exister parce que la chose n'existait pas, et que son image ne fit qu'apparaître dans les tentatives de Charlemagne, dans des œuvres qui ne trouvèrent pas de continuateurs.

Le pouvoir n'intervenait dans la répression qu'à titre de force supérieure, et pour ne pas être compromis, atteint par la lutte désordonnée des forces individuelles.

Voilà la pensée qui dominait la justice exercée au nom du roi. A cette pensée s'en joignait une autre dans les justices privées, dépendances des grands alleux, des bénéfices et des immunités ecclésiastiques; c'est que les justiciables étaient, pour le supérieur justicier, une richesse, un bien, un élément en quelque sorte patrimonial, et qu'il fallait garantir la propriété, hommes et choses, de ces luttes anarchiques au sein desquelles elle pouvait dépérir.

Un fait pour nous est la preuve décisive que l'idée de vengeance privée domine la répression sous les deux premières races, bien qu'il s'y mêle déjà peut-être un autre élément; c'est le genre de preuve qui prévaut dans les jugements.

Sans doute la preuve, à l'aide de témoins du fait reproché à l'offenseur qui le conteste, n'est pas proscrite; elle est admise, elle est même d'abord préférée aux autres genres de preuves; mais elle est bientôt dédaignée et repoussée comme indigne de confiance, à cause des nombreux exemples de parjure.

La preuve par des cautions, par des *conjuratores* qui attestent l'innocence de l'accusé ou la véracité de l'accusateur; la preuve demandée à Dieu, sous l'influence ecclésiastique, au moyen des épreuves de la croix, du fer chaud, de l'eau bouillante, sont négligées; le duel judiciaire est chargé presque exclusivement de résoudre toutes les questions.

Le pouvoir ne prévient pas les combats individuels, il les régularise.

En admettant avec Montesquieu (1), avec M. Laferrière (2), que la loi salique ne reconnût pas le duel judiciaire, il est certain que ce genre d'épreuves ne tarda pas à prendre de l'extension, qu'il s'incorpora à la coutume générale des Francs, et qu'au moins, sous la deuxième race, il occupa la principale place, pour ne pas dire une place presque exclusive dans la procédure (3).

On peut faire deux objections pourtant :   Objections.

1° Le duel judiciaire était le moyen de preuve le plus accrédité, non-seulement en matière criminelle, mais en matière civile, et dès lors on ne saurait, de son adoption, légitimement conclure qu'une seule chose, à savoir: que du ve au xie siècle, les intéressés étaient les principaux artisans de la justice qu'ils demandaient, et que la force jouait un grand rôle dans cette justice ;

2° A partir du règne de Charlemagne au moins, comme l'établissent et un capitulaire de 789 et un capitulaire de Louis le Pieux de 819, la répression, même pour les délits qui, à

---

(1) *Esprit des lois*, l. XXVIII, ch. **XIV**.

(2) *Histoire du Droit civil de Rome et du Droit français*, t. III, p. 230. Voir aussi M. Du Boys, p. 240.

(3) *Esprit des lois*, liv. XXVIII, ch. **XVIII**. — Mlle de Lézardière, *Théorie des lois politiques de la monarchie française*, part. III, liv. III, ch. **XVI**, t. II, p. 102, et aux *Preuves* des ch. **XV** et **XVI** du même tome; p. 506-513. — Voir M. Du Boys, *ibid.*, p. 241, 242, qui cite Grégoire de Tours; l. VII, ch. **XIV**.

cette époque, n'étaient considérés que comme privés, pouvait avoir lieu d'office, non pas sans doute à la requête d'un magistrat créé *ad hoc*, mais à la requête du dépositaire du Droit de justice, du chef de la juridiction ; ce qui semble indiquer qu'un intérêt en dehors de l'intérêt de la partie lésée servait de base à l'accusation (1).

Réponse.

— Réponse :

De quoi s'agit-il ? — De déterminer entre ces deux idées, à savoir, la vengeance individuelle qui assurait incontestablement la répression avant que le principe des compositions fût admis comme obligatoire, et la vengeance publique qui a dominé plus tard, laquelle a prévalu du v° au xi° siècle.

L'idée de vengeance était, avant, pendant et après l'époque que nous étudions, le fondement de la pénalité. Eh bien ! établir que du v° au xi° siècle, une place large, prépondérante était faite à l'élément personnel et à la force individuelle, n'est-ce pas établir que l'intérêt de l'offensé avait le pas sur tout autre intérêt et que la vengeance individuelle était limitée, régularisée, affranchie de ses excès plutôt que supprimée (2) ?

D'ailleurs, — et Montesquieu en a fait la remarque (3), — le duel judiciaire est une preuve qui appartenait originairement et exclusivement à la procédure pénale. — La procédure civile l'a empruntée, et a fini par se la rendre commune.

J'ajoute que, lorsque plus tard le duel judiciaire succombera sous les efforts persévérants de l'Église, il se renfermera dans les matières criminelles, ne servira plus que pour l'application de quelques graves pénalités (4).

Or, si le duel judiciaire a été, avant tout et par-dessus tout, un instrument répressif, comment ne fournirait-il pas

---

(1) On peut voir dans le sens de l'objection une dissertation très-curieuse dans le *Droit public de la France, éclairci par les monuments de l'antiquité,* de Bouquet, avocat au Parlement, t. Ier, p. 130-165.

(2) Ozanam, *ibid.*, p. 123 et 124.

(3) *Esprit des lois*, l. XXVIII, ch. **xviii**.

(4) Ordonnance de 1260 et Ordonnance de 1306. Voir M. Beugnot, p. 113, de sa notice sur Beaumanoir.

quelque révélation sur la pensée qui présidait à la répression ?

Quant à la seconde objection, je ne conteste pas que du ve au xie siècle, à l'idée de vengeance individuelle, ne soient venus se joindre des éléments étrangers, et notamment le désir de profiter des amendes, des *freda*, et peut-être aussi, dans une certaine mesure, le besoin de réprimer le désordre.

Toutefois, la poursuite, quant aux crimes qui n'étaient pas considérés comme des crimes publics, n'était pas une obligation, mais une simple faculté pour le dépositaire du droit de justice, et, chose à noter ! ce n'était guère que dans ces poursuites, qui n'étaient pas l'expression d'un intérêt purement privé, qu'en l'absence de témoins, la preuve par le serment des conjurateurs était appliquée, et que le duel judiciaire n'était pas mis en pratique : tant il est vrai que le jugement demandé au courage et à la force se liait à l'idée de vengeance individuelle (1)!

Ensuite la poursuite d'office n'était pas la poursuite ordinaire et normale, mais une poursuite exceptionnelle, subsidiaire, pour le cas où l'offensé ou sa famille ne prendraient pas l'initiative.

Je recommande à ceux d'entre vous qui ne dédaignent pas les curiosités scientifiques et les antiquités du Droit, quatre articles de M. Kœnigswarter sur la *vengeance*, les *compositions*, le *serment*, les *ordalies* et le *duel judiciaire* (2).

L'exception qui ne permettrait pas de s'affranchir, par des compositions, des peines attachées à certains crimes, était déjà, je le reconnais, une sorte d'acheminement à l'idée de vengeance sociale.

Ce que je crois, c'est que les éléments étrangers à l'idée de vengeance individuelle n'étaient pas véritablement l'explica-

(1) Mlle de Lézardière, *Théorie des lois politiques de la monarchie française*, part. III, liv. III, ch. x et xvi, t. II, p. 96 et 103.

(2) *Revue de législation*, — 1849, t. II, p. 117, 357 ; t. III, p. 344. — 1850, t. Ier, p. 5. — On peut consulter aussi les *Origines du Droit français*, de M. Michelet, p. 51-56 et p. 339-353.

tion générale et fondamentale de la poursuite, et qu'ils n'avaient qu'une influence secondaire et accidentelle.

Ce que je crois, c'est que les matières pénales étaient dominées par cette pensée, que Cicéron a si énergiquement traduite : *Natura partes habet duas, tuitionem sui et ulciscendi jus* (1).

(1) Cicéron, Top. CXXIII.

TROISIÈME LEÇON.

SUITE DES PROLÉGOMÈNES. — DEUXIÈME PÉRIODE, DU XIe AU XIIIe SIÈCLE. —
Ce qui la caractérise. Fractionnement de la souveraineté.—Sa subordi-
nation à la propriété. — Cause de l'absence de sources législatives proprement dites.—Où faut-il chercher des témoignages du Droit?—Pourquoi la loi n'était-elle, à proprement parler, ni *personnelle* dans le sens
de la période précédente, ni *terrienne* dans le sens de notre *territorialité* actuelle? Pourquoi la loi pénale applicable était-elle la loi du domicile de l'agent?
Origine de la division de la France en *Pays de Coutumes* et *Pays de Droit
écrit.*—Graves altérations que subit le système des compositions.
Principe de la pénalité : Dissidence avec M. Ortolan.
TROISIÈME PÉRIODE, DU XIIIe AU XVIe SIÈCLE. — Mouvement politique de
cette période, qui se lie intimement avec le progrès des sources pénales.
— Essais d'institutions générales. — Tentative de législation générale
correspondante. — Principales ordonnances qui traitent du Droit pénal.
— Monuments spéciaux.
Nouveau caractère du principe de la pénalité. — L'idée de vengeance pu-
blique tend à remplacer l'idée de vengeance individuelle et l'idée acces-
soire de vengeance seigneuriale.—La preuve par *Gage de bataille* décline.
— La poursuite d'*office* devient la règle.—Origine et développement de
l'institution du ministère public.
Principe du *Ressort.* — *Cas royaux.*
Principe de la *Prévention.*
Principe de la *Compétence* véritablement *territoriale.*

MESSIEURS,

J'essaierai d'embrasser dans cette leçon deux périodes de
l'histoire du Droit pénal : la période des xie et xiie siècles,
c'est-à-dire la *période féodale,* et la période des xiiie, xive et

Période des xi^e
et xiie siècles,
et période
des xiiie, xiv^e
et xve siècles.

xvᵉ siècles, c'est-à-dire la période que j'ai appelée la *période de transition et de rénovation*.

J'aborde la période des xiᵉ et xiiᵉ siècles, et je m'adresse deux questions :

1° Quelles sont, pendant les xiᵉ et xiiᵉ siècles, les sources du Droit pénal ?

2° Quels principes ont animé ces sources ?

Cette période de deux siècles est très-importante pour l'histoire du Droit en général et pour l'histoire du Droit pénal en particulier. Elle se distingue par trois caractères, dont le premier semble exclusif de l'importance que je lui attribue :

1° Dans la période des xiᵉ et xiiᵉ siècles, on ne rencontre pas de sources législatives proprement dites.

2° La loi pénale revêt un nouveau caractère. Voici ce caractère : Je me suis attaché dans ma dernière leçon à vous démontrer que, dans la période précédente, l'application de la loi civile et celle de la loi pénale n'étaient pas dominées par le même principe ; que la loi civile variait avec les races, c'est-à-dire était *personnelle*, tandis que la loi pénale, sans être une loi *territoriale*, s'appliquait, sans distinction d'origine, à toutes les populations soumises au même pouvoir, aux vaincus comme aux vainqueurs. La loi pénale, c'était la loi commune, la loi de la conquête, la loi salique, au moins dans la période mérovingienne.

Dans la période que nous abordons, la loi pénale n'est plus une loi générale planant au-dessus des lois spéciales ; ce n'est pas non plus une loi *personnelle*, c'est-à-dire subordonnée à l'origine du justiciable, ce n'est pas non plus une loi *territoriale* à proprement parler, c'est-à-dire une loi subordonnée au lieu du délit ; c'est une loi subordonnée au domicile de l'auteur du délit ; c'est là un principe tout nouveau et dont je vais essayer de bien vous faire connaître la cause.

Origine
de la division
de la France
en pays
de Coutumes
et en pays
de Droit écrit.

3° C'est aussi pendant cette période que germent et se développent les principes qui ont divisé, sous le rapport du Droit, la France en *pays de Coutumes* et en *pays de Droit écrit*.

L'explication de ces changements, de ces principes nouveaux, nous devons la chercher dans l'organisation politique dont le triomphe imprime à cette période un caractère si profondément original; c'est la période féodale par excellence, la période dans laquelle la féodalité empreint toutes les institutions, toutes les lois de son cachet.

Vous savez que sous les successeurs de Charlemagne la souveraineté, bien loin de se centraliser et de se fortifier, s'était affaiblie et morcelée en fractions multipliées; elle tendait à se localiser en autant de petites sociétés qu'il y avait de propriétés territoriales importantes, concentrées dans une même main.

La souveraineté se divise et se localise.

Les propriétaires d'alleux, c'est-à-dire de terres originairement affranchies de toute sujétion en dehors de la souveraineté politique, les possesseurs de bénéfices, c'est-à-dire de terres concédées à temps ou à vie, ou même transmissibles à titre héréditaire, mais concédées à certaines conditions, et à charge de devoirs déterminés envers le concédant; enfin les grands officiers publics qui n'avaient qu'un pouvoir d'administration délégué, étendaient ou dénaturaient leur titre et se constituaient chacun centre d'autorité : les propriétaires d'alleux dans leurs propriétés primitivement libres; les possesseurs de bénéfices, dans le domaine qu'ils affranchissaient du caractère précaire qu'il avait eu; les officiers publics, dans le domaine qu'ils s'appropriaient, usurpaient la souveraineté politique, puis ils hiérarchisaient au-dessous d'eux des propriétaires relevant de leur souveraineté *territoriale, patrimoniale,* et liés, non plus par des relations purement *personnelles,* mais par des relations *réelles* dépendant des terres qu'ils possédaient.

La souveraineté, au lieu de dominer principalement les personnes et accessoirement les propriétés, se subordonnait à la propriété et allait en dériver. C'est là la révolution dont le changement de dynastie, en 987, ne fut que l'achèvement et en quelque sorte la garantie.

Le souverain du duché de France reçut de ses vassaux le

titre de roi, et les souverains de six autres duchés, des duchés de Normandie, de Bourgogne, de Bretagne, d'Aquitaine, de Gascogne et de Lorraine ; ces souverains, qui étaient, sinon des égaux *en puissance* au souverain du duché de France, au moins des égaux *en droit*, ne lui contestèrent pas l'usurpation d'un titre dont le maintien leur semblait utile, bien qu'ils lui eussent fait perdre son ancien caractère.

Pour eux, et dans leurs espérances au moins, ce qui devait dominer, dans le roi parvenu, c'était le suzerain, c'est-à-dire le couronnement de l'édifice qu'ils construisaient sur la propriété, et non un pouvoir politique dominateur (1).

Chacun des sept duchés était divisé en un grand nombre de comtés et de vicomtés, lesquels comportaient, sous des appellations très-diverses, beaucoup de subdivisions.

Les domaines ecclésiastiques dépendant des évêchés et des abbayes, étaient englobés dans ce système, avaient une place dans cette hiérarchie, et leurs possesseurs reconnaissaient des supérieurs féodaux en même temps qu'ils avaient des vassaux.

Les confédérations de bourgeois, appelées communes, étaient elles-mêmes entrées dans ce cadre, sans distinction entre les communes du Midi, les communes du Centre et les véritables communes, les *communes jurées* du Nord ; sans distinction entre les communes qui devaient leur origine aux anciennes

---

(1) « Car, combien que ce grand prince eût occupé le titre de roi, si « n'en avoit-il presque que le nom, parce que, tout de la même façon que « lui en son endroit, aussi chaque gouverneur de province se maintenoit « estre vrai titulaire du lieu qui étoit demeuré sous sa charge. Et n'y « avoit presque ville de laquelle quelque gentilhomme de marque ne se a fust enseigneurié : chose que ce roi nouvellement installé fut contraint « de passer par connivence, n'ayant pas de quoi répondre, comme autre- « fois avoit eu un Pépin encontre Eudes, duc d'Aquitaine, qui voulut faire « à l'avénement de lui le semblable. Par quoi Capet, plus fin que vaillant, « et qui par astuce seulement étoit arrivé à la couronne, fit au moins mal « qu'il put une paix avec tous ses grands ducs et comtes qui commencè- « rent dès lors à le reconnoître seulement pour souverain, ne s'estimant « au demeurant guère moins en grandeur que lui. » (Pasquier, *Recherches de la France*, Œuvres choisies, ch. x, édit. Feugère.) — Voir M. Guizot, *Histoire de la civilisation en France*, 30e leçon, t. II, p. 391. — M. Mignet, *Mémoires historiques ; Formation territoriale et politique de la France,* p. 164 à 167.

municipalités romaines, dont elles se prétendaient les héri-
tières, les communes qui devaient leur origine au libre octroi
du seigneur roi ou des autres seigneurs, et les communes qui
s'étaient créées elles-mêmes en demandant à l'insurrection des
titres que des transactions, sous le nom de *Chartes*, avaient
couronnés. Ces communes étaient ordinairement vassales d'un
seigneur laïque ou ecclésiastique (1).

Le fractionnement et l'éparpillement de la souveraineté
expliquent trois choses :

Conséquences du fractionnement de la souveraineté.

1° L'absence de sources législatives proprement dites pendant
cette période;

2° Le principe que la loi pénale applicable était la loi du
domicile de l'auteur du fait incriminé (2);

3° Le principe en vertu duquel la France a été divisée plus
tard en *pays de Droit écrit* et en *pays de Coutumes*.

1° Le fractionnement et l'éparpillement de la souveraineté
expliquent l'absence de sources législatives proprement dites.

La souveraineté était trop voisine, trop rapprochée de ceux
sur lesquels elle s'exerçait, pour avoir besoin de ces formules
écrites sans lesquelles les juridictions, chargées d'appliquer une
loi générale, seraient exposées à y être infidèles par ignorance.
Il en fut de la justice comme de la souveraineté : elle fut attachée à la propriété. Le législateur, c'était le propriétaire; le
justicier, ce fut aussi le propriétaire. La justice, c'était la dette
de la propriété (3).

Il y eut une justice attachée à chaque degré de cette hiérarchie des propriétés. Eh bien! là où il y avait une justice correspondante à chaque petite souveraineté, là où la justice et
la souveraineté étaient confondues, il n'y avait pas besoin de
loi écrite. La loi, c'était l'usage modifié dans une certaine
mesure par la volonté du seigneur justicier.

La loi écrite, non-seulement n'était pas un besoin, mais eût
été un obstacle au déploiement de la souveraineté. Pourquoi

(1) Voir M. Mignet, *ibid.*, p. 170 à 173.
(2) Du Boys, *ibid.*, p. 283-284.
(3) Lerminier, *Philosophie du Droit*. 3ᵉ édit., p. 140.

l'indépendance seigneuriale se serait-elle assujettie, enchaînée elle-même en se traduisant, en s'immobilisant dans des prescriptions législatives? C'était bien assez pour la souveraineté seigneuriale de respecter ce fonds commun d'usages et de traditions qui avaient présidé à l'organisation de la féodalité et à son développement.

On ne songe guère d'ailleurs à rédiger des coutumes quand elles se forment et quand elles acquièrent naturellement, et en dehors de tout effort artificiel, de la consistance. C'est lorsqu'elles ne sont plus en voie de progrès, lorsque, abandonnées à elles-mêmes, elles perdent de leur force et de leur influence, qu'elles sont d'ordinaire recueillies.

Le plus souvent, l'œuvre de leur rédaction a non-seulement pour résultat, mais pour but, de les transformer par l'introduction de modifications et d'améliorations qui ne se seraient pas produites spontanément.

Aussi, n'y a-t-il de sources écrites contemporaines de la période que nous étudions, de sources tout à fait indigènes, que des chartes communales. C'est dans ces chartes, où sont déposés beaucoup de principes de Droit pénal, que nous trouvons, entre autres principes, ce principe fondamental, que la justice compétente et la loi applicable sont, sauf le cas de *délit flagrant*, la justice et la loi, non du lieu du délit, mais du domicile de l'auteur du délit, principe contre lequel combattront plus tard, du XIIIᵉ au XVIᵉ siècle, les jurisconsultes de la royauté.

Monuments du Droit féodal. Mais l'expression la plus complète et la plus fidèle du Droit féodal, pour les matières pénales comme pour les autres matières, se trouve, non dans les monuments indigènes, mais dans les monuments étrangers, dans des monuments rédigés à la suite de la conquête de l'Angleterre par les Normands, et de la conquête de Jérusalem par Godefroy de Bouillon.

Il semble que, pour suppléer aux racines qui lui manquaient dans le pays où il voulait s'acclimater, le Droit féodal, ainsi transporté en Angleterre et en Orient, avait senti le besoin de s'écrire et de se formuler.

Leis et Custumes. Quoi qu'il en soit, les lois de Guillaume le Conquérant ont été rédigées, de 1066 à 1087, en français normand, avec une traduction latine, sous le titre de *Leis et Custumes*.

Les Assises de Jérusalem avaient été rédigées de 1099 à 1187 ; le *Recueil* authentique fut perdu lors de la prise de Jérusalem par Saladin. La rédaction de Saint-Jean-d'Acre, due principalement à Philippe de Navarre et à Jean d'Ibelin, est de 1250 à 1266 ; mais elle est l'expression de traditions et de pratiques des xie et xiie siècles.

Assises de Jérusalem.

Il faut ajouter à ces monuments un monument tout à fait étranger : l'ouvrage connu sous le titre de *Consuetudines feudorum*, ouvrage imprimé à la suite du *Corpus juris*, dans lequel on a recueilli la jurisprudence féodale en Lombardie, de 1158 à 1168.

Consuetudines feudorum.

Il y a cependant des monuments indigènes qui donnent des indications précieuses sur les xie et xiie siècles. Ce sont des collections faites et des travaux exécutés pendant le xiiie siècle. Ces travaux sont trop voisins de la période précédente pour ne pas être des témoins importants. Ce sont : 1° *Les établissements et coutumes, assises et arrêts de l'Échiquier de Normandie*. On discute sur la date à laquelle remontent ces établissements.

Établissements et coutumes, assises et arrêts de l'Échiquier de Normandie.

Quant aux assises, elles ont été tenues de 1234 à 1236 à Caen, à Falaise et à Bayeux.

Les arrêts de l'Échiquier de Normandie ont été rendus à Rouen, à Caen et à Falaise, de 1207 à 1245. Toutes ces pièces sont rédigées en vieux français : M. Marmier les a publiées en 1839.

2° *Le Conseil de Pierre de Fontaines à son ami et à tous les autres :* cet ouvrage date de 1254 à 1270. Pierre de Fontaines fut bailli de Clermont et maître des requêtes sous saint Louis.

Conseil de Pierre de Fontaines à son ami et à tous les autres.

3° *Les Établissements de saint Louis :* cet ouvrage est plutôt une compilation sur ces Établissements que la reproduction de ces Établissements eux-mêmes ; il date de 1270.

Établissements de saint Louis.

4° *Les Coutumes de Beauvoisis*, par Philippe de Beaumanoir :

Coutumes de Beauvoisis.

cet ouvrage date de 1283. M. le comte Beugnot en a donné une nouvelle et excellente édition en 1842.

Ces trois derniers monuments scientifiques n'ont pas pour objet de reproduire, et ne reproduisent pas, en effet, le Droit féodal dans toute sa pureté. Leurs auteurs, sous les inspirations du Droit romain, modifient et amendent le Droit, objet de leur étude.

Compilations de Justinien.
Pendant cette période au moins, il est certain que les Compilations de Justinien s'étaient répandues en France, comme le prouvent et le *Decretum* d'Yves de Chartres, l'élève de ce Lanfranc qui dirigea avec tant d'éclat l'enseignement en Normandie, dans l'abbaye du Bec et dans le monastère de Saint-Étienne de Caen, et le recueil de Petrus, intitulé *Petri exceptiones legum Romanorum*, ouvrages qui tous deux ont préparé en France l'action, ou plutôt, comme l'a si bien dit M. Laferrière, *l'apostolat juridique* de l'école de Bologne (1).

Droit canon.
Le Droit canonique eut un monument pendant cette période : la collection des *Décrétales* faite par Gratien en 1151 ; elle est appelée *décret*.

Pourquoi la loi pénale applicable était-elle celle du domicile de l'agent ?
2° J'ai dit que le fractionnement et l'éparpillement de la souveraineté expliquent comment prévalut, en matière pénale, un principe de nivellement et de fusion, le principe que la justice compétente et la loi applicable, sauf le cas de *délit flagrant*, étaient la justice et la loi, non du lieu du délit, mais du domicile de l'auteur du délit.

J'ai dit que la souveraineté était subordonnée à la propriété et en dérivait ; la loi et la justice étaient donc l'expression de la propriété. Chaque souveraineté locale avait, par suite, le droit de revendiquer les hommes qui lui étaient soumis pour les juger, c'est-à-dire pour les proclamer coupables ou innocents.

Les serfs étaient jugés par le propriétaire auquel ils appartenaient ; les colons, par le maître, le seigneur de la propriété

---

(1) Voir M. de Savigny, *Histoire du Droit romain au moyen âge*, traduction de Guenoux, t. II, p. 82, édit. de 1839 ; et l'*Histoire du Droit français* de M. Laferrière, t. IV, p. 277.

qu'ils cultivaient; « entre eux et leur seigneur il n'y a pas de juge, fors Dieu, » dit Pierre de Fontaines (1).

Les hommes libres étaient jugés savoir :—les bourgeois, par la justice de la commune dont ils faisaient partie;—les nobles, par le seigneur dont ils relevaient, mais par le seigneur présidant un certain nombre de leurs pairs, leurs égaux dans l'échelle féodale. L'origine individuelle s'effaçait devant la loi personnelle du souverain.

3° J'ai dit que le fractionnement et l'éparpillement expliquent le principe en vertu duquel s'est faite plus tard la division de la France en *pays de Coutumes* et en *pays de Droit écrit*.

On comprend que les usages qui prévalaient dans chaque agrégation féodale s'imprégnaient plus ou moins de l'élément germanique ou de l'élément romain, suivant l'importance comparative de nombre et d'influence des races. Au nord l'élément germanique était prédominant; au midi, l'élément gallo-romain était prédominant : de là, plus tard, au nord les *pays de Coutumes*, et au midi les *pays de Droit écrit*.

Quel est le principe qui domine le Droit pénal pendant cette période? Le système des compositions, ce système, si profondément empreint de l'idée de vengeance individuelle à laquelle il porte cependant une première atteinte, est grandement entamé et tend à disparaître.

Principes du Droit pénal pendant les xi° et xii° siècles.

Les crimes désignés sous la dénomination de *trahison* et de *foi mentie*, les attentats aux liens hiérarchiques de la féodalité sont punis de mort et de la privation, sous le titre de *commise*, du fief ou de la subdivision du fief, source du droit violé. Cette peine, spéciale aux rapports féodaux, n'est pas seulement un accessoire de la peine de mort; elle est aussi édictée comme peine principale. Les atteintes moins graves aux devoirs de la féodalité sont punies d'amendes.

Les crimes d'assassinat, de viol, de rapt, d'incendie, de vol, de recel sont, en général, punis de mort; toutefois, le consen-

(1) Voir M. Guizot, *Histoire de la civilisation en France*, 8° leçon; M. Laferrière, *Histoire du Droit français*, t. IV, p. 476-495.

tement de la partie lésée, avec l'adhésion du seigneur direct et de son suzerain, pouvait convertir la peine capitale en peine pécuniaire.

Les délits moins graves n'entraînaient que des réparations en argent au profit des parties lésées, et des amendes au profit du seigneur justicier (1).

M. Ortolan considère qu'à cette époque le principe de la *vengeance seigneuriale* a remplacé le principe de la *vengeance individuelle.* Deux motifs nous portent à penser que le principe de la vengeance seigneuriale était bien loin de constituer un principe exclusif et même un principe prédominant.

1° C'est d'abord la persistance du combat judiciaire, des gages de bataille ;

2° C'est le fait que la partie lésée conserve le droit de réclamer l'application de la pénalité, qu'elle dispose de l'action répressive, et que la poursuite d'office à la requête du juge n'est qu'une exception, que cette poursuite n'a lieu qu'à défaut de poursuite individuelle.

Période du XIIIᵉ au XVIᵉ siècle.

J'arrive à la période du XIIIᵉ au XVIᵉ siècle, et je m'adresse encore ces deux questions :

1° Quelles sont les sources du Droit pénal du XIIIᵉ au XVIᵉ siècle ?

2° Quels principes ont animé ces sources ?

Mouvement politique.

I.—Je veux d'abord jeter avec vous un regard sur le mouvement politique qui caractérise cette période.

Nous avons vu, dans la période précédente, la féodalité partout victorieuse et partout morcelant, avec la souveraineté, la loi et la justice.

C'est à une réaction que nous allons assister ; c'est un effort vers l'unité, c'est une œuvre de centralisation qui vont se développer devant nous.

La féodalité avait construit la royauté capétienne à son image, et avait cru la condamner à n'être qu'une haute et suprême seigneurie.

_____

(1) *Théorie des lois politiques,* deuxième partie, liv. I, ch. I, II, III et IV, p. 17 et suiv.

A partir du xiii° siècle, la royauté ose être infidèle aux traditions de son origine ; aidée des souvenirs et des notions du Droit romain, qu'elle veut faire revivre et propager, elle revendique un rôle plus actif, des attributions plus larges ; elle veut se mouvoir, non-seulement en dehors des règles, mais même contrairement aux règles de l'organisation féodale qu'elle avait mission de maintenir et dont elle semblait n'être que le couronnement. Elle convertit son Droit un peu trop désarmé de suzeraineté, en un véritable pouvoir central, attirant à lui, pour les gouverner, toutes les forces de la société ; elle se présente comme l'instrument qui doit donner satisfaction aux besoins généraux, comme le symbole de l'ordre public, la personnification de l'unité nationale.

Trois essais d'institution générale correspondent à cette tentative que fait la royauté pour ressaisir et concentrer les véritables droits de la souveraineté politique, à savoir : le Parlement, — les États Généraux, — et les Assemblées des notables.

Avant le xiii° siècle, le roi de France avait eu, à un double titre, une grande cour féodale, d'abord parce qu'il était le suzerain de ses vassaux directs, des vassaux du duché de France, — et en second lieu parce qu'il était le suzerain des grands vassaux, c'est-à-dire des possesseurs des grands fiefs, dont se composaient les autres duchés.

Eh bien ! l'ancienne cour féodale, la royauté la convertit, sous le nom de *Parlement*, en une institution complexe, tout à la fois politique, administrative et judiciaire.

Institution judiciaire, le Parlement était juge, non plus seulement de tous les rapports *féodaux*, mais de tous les intérêts qui, par leur importance, pouvaient, *de plano*, ou sous forme d'*appel*, s'élever jusqu'à lui.

Institution politique et administrative, le Parlement était en quelque sorte un conseil toujours en disponibilité pour la royauté.

Le Parlement ne devait pas conserver longtemps cette double nature ; il devait bientôt se séparer en deux juridictions distinctes : la juridiction administrative, sous le nom de *Conseil du roi,* et la juridiction judiciaire proprement dite, qui conservera le nom de *Parlement.*

Les grands vassaux et même les vassaux directs du roi, qui ne voulaient pas, suivant le mot de Pasquier « *troquer leur épée contre une écritoire,* » se tinrent à l'écart de l'institution judiciaire proprement dite, et firent place à une classe d'hommes d'étude et de science, qui servirent sans doute activement la royauté, mais furent en revanche puissamment secondés par elle dans leurs efforts pour conquérir au sein du pays le rôle prépondérant (1).

Au commencement du xive siècle, les États Généraux apparaissent, et les trois ordres, clergé, noblesse, bourgeoisie ou tiers-état, sont constitués, puisqu'ils ont une représentation. La première convocation est de 1302.

Cette ébauche du gouvernement représentatif dont la constitution n'eut rien de régulier et de définitif, dut sa naissance à un intérêt *fiscal et politique.* — La royauté associait la bourgeoisie aux délibérations de la noblesse, d'abord dans un intérêt *fiscal* : il s'agissait d'introduire l'innovation de l'impôt public, et il était prudent d'obtenir l'assentiment de ceux sur lesquels il devait surtout peser. — Enfin, la royauté avait un intérêt *politique* à constater l'avénement, comme force sociale, d'une classe dont elle se réservait de se faire un appui, dans ses luttes contre la papauté et contre la noblesse (2) ; elle affai-

---

(1) Boulainvilliers, *Lettres sur les anciens parlements de France,* Lettre IV, p. 153-155, de l'édit. de Londres de 1753. — M. Mignet, *Mémoires historiques,* p. 184 à 186.

(2) « De manière que celui a bien faute d'yeux, qui ne voit que le rotu-
« rier fut exprès ajouté, contre l'ancien ordre de la France, à cette assem-
« blée; non pour autre raison, sinon d'autant que c'étoit celui sur lequel
« devoit principalement tomber tout le faix et charge, afin qu'étant en ce
« lieu engagé de promesse, il n'eût puis après occasion de rétiver ou
« murmurer. Invention grandement sage et politique : car comme ainsi
« soit que le commun peuple trouve toujours à redire sur ceux qui sont
« appelés aux plus grandes charges, et qu'il pense qu'en découvrant ses
« doléances, on rétablira toutes choses de mal en bien, il ne désire rien
« tant que l'ouverture de telles assemblées. D'ailleurs se voyant honoré
« pour y avoir lieu, et chatouillé du vent de ce vain honneur, il se rend
« plus hardi prometteur à ce qu'on lui demande; mais ayant une fois pro-

blissait d'ailleurs, ainsi que l'indique très-bien M. Mignet, les gouvernements particuliers au profit d'un gouvernement général, par la diminution de l'isolement des classes (1).

De grandes assemblées, dites *Assemblées de notables*, où figurent de droit les grands vassaux de la couronne et les vassaux directs du roi, auxquels se joignent les grands personnages que la royauté appelle près d'eux, forment, à côté des États Généraux, une autre institution mal définie, irrégulière aussi, mais ayant, comme celle des États Généraux, un caractère tout nouveau de généralité.

Des tentatives de législation générale doivent correspondre à ces essais d'institutions générales. C'est pendant cette période que la royauté ne concentre plus son autorité législative dans les pays dits de *l'obéissance le roy*, — qu'elle la transporte et l'établit graduellement, sous prétexte d'ordre public, dans les domaines des grands vassaux, ses égaux du xie siècle, qui apprennent, par expérience, que la suprématie du titre peut contribuer à former la suprématie de puissance.

Tentatives de législation générale.

Quatre ordonnances surtout doivent figurer, comme monuments ayant un caractère de généralité, au nombre des sources du Droit pénal pendant cette période.

Principales ordonnances sur le Droit pénal.

1° Une ordonnance de Philippe VI, de décembre 1344, traitant de la procédure pénale ;

2° Une ordonnance du 3 mars 1356, rendue sur les doléances et les réclamations des États Généraux, pendant la captivité du roi Jean, par le lieutenant général du royaume, devenu plus tard Charles V ;

3° Une ordonnance de 1453 de Montil-les-Tours, sous Charles VII ;

4° Une ordonnance de mars 1498, sous Louis XII, sur la réformation de la justice en général, et spécialement sur la ré-

---

« mis, il ne lui est pas puis après loisible de résilir de sa parole, pour « l'honnête obligation qu'il a contractée avec son prince en une congréga- « tion si solennelle. » (Pasquier, *Recherches de la France*, Œuvres choisies, édition Feugère, ch. xi, p. 63 et 64.)

(1) *Mémoires historiques*, p. 189-190.

forme de la procédure pénale. Dans cette ordonnance, la procédure secrète, inquisitoriale se substitue, sous le nom de *Procédure à l'extraordinaire*, à la procédure accusatoire qu'elle n'exclut cependant point encore (1).

Monuments spéciaux.

Ces monuments généraux dominaient, mais n'excluaient pas les monuments spéciaux. Il faut donc, même pendant cette période, ne pas négliger l'étude des chartes des communes.

Il ne faut pas non plus négliger les Coutumes pour lesquelles commence l'ère des rédactions écrites.

L'ordonnance de Charles VII, d'avril 1453, prescrivait, dans son art. 125, la rédaction de celles qui n'étaient pas encore rédigées.

Il faut aussi consulter, pour cette période, la compilation des arrêts du Parlement de Paris, commencée par Jean de Montluc, et qui comprend la période écoulée depuis 1254 jusqu'en 1318. C'est cette compilation, si connue sous le titre d'*Olim*, qui a été de nos jours l'objet des travaux de Klimrath et de M. Beugnot.

Monuments de doctrine.

Les autres principaux monuments de doctrine, indépendamment du *Conseil* de Pierre de Fontaines que j'ai déjà cité, des *Établissements* de saint Louis, et de Beaumanoir sur les Coutumes de Beauvoisis, sont au nombre de sept :

1° *Le Livre de justice et de Plet*, ancien Droit de France comparé avec le Droit romain, de la fin du XIII° siècle ;

2° *Stylus Parlamenti in suprema Parisiensi curia*, de Guillaume Dubreuil, publié en 1330 ;

3° *Les Décisions de Messire Jean des Mares*, dont la date de publication est inconnue, mais qui remontent au delà de 1382 ;

4° *Les anciennes Constitutions du Châtelet de Paris*, que de Laurière a publiées en 1699 ; elles sont postérieures aux Établissements de saint Louis ;

5° *Les Coutumes toutes notoires et jugées au Châtelet de Paris*, qui embrassent la période depuis 1300 jusqu'en 1384 ;

6° *Le Grand Coutumier de Charles VI*, ouvrage d'un auteur

(1) Voir sur les progrès de la procédure inquisitoriale, M. Ortolan, *Revue de Législation*, 1848, t. Ier, p. 180.

anonyme imprimé pour la première fois en 1515, et dont Charondas Le Caron a donné une neuvième édition en 1598. Il traite notamment dans son second livre des délits, et dans son quatrième, des peines. Il est du commencement du xvᵉ siècle ;

7° *La Somme rurale de Jean Boutillier*, qui a eu un grand nombre d'éditions dans les xvᵉ et xvɪᵉ siècles. La *Somme rurale* est postérieure au *Grand Coutumier de Charles VI*. Elle est beaucoup plus large, comme corps doctrinal, que ne semblerait l'indiquer son titre, et elle traite notamment, dans de nombreux chapitres, des matières pénales (1).

Le Droit canonique compte quatre monuments :

Droit canon

1° *Un recueil supplémentaire des Décrétales*. Il était divisé en cinq livres et s'appelait l'*Extra*. Grégoire IX l'avait fait rédiger ; il date de 1234.

2° Boniface VIII fit ajouter aux cinq livres de la collection grégorienne un sixième livre ; on l'appela *Sexte*. Il fut publié en 1298.

2° Clément V fit recueillir et Jean XXII publia, en 1317, des *Décrétales*. On les appela *Clémentines*.

4° *Les Extravagantes* : cette collection comprend vingt *décrétales* de Jean XXII et d'autres *décrétales*, notamment de Sixte IV.

II. — Quels principes animent les sources du Droit pénal pendant cette période.

Principes du Droit pénal pendant les xɪvᵉ, xvᵉ et xvɪᵉ siècles.

A partir du xɪɪɪᵉ siècle, un nouvel esprit s'empreint dans le Droit pénal ; il n'exclut pas sans doute d'une manière absolue les idées de vengeance individuelle et de vengeance seigneuriale, mais il les restreint en se faisant une place qu'il agrandit et fortifie sans relâche.

Les crimes, dans l'enclave de quelque seigneurie qu'ils fussent commis, dans l'enclave de la seigneurie royale ou dans l'enclave de la seigneurie des grands vassaux, étaient un trouble,

(1) Sur ces monuments il faut lire, notamment, M. Laferrière, *Histoire du Droit français*, t. VI, depuis la p. 327 à la p. 341.

une atteinte à la sécurité générale dont la royauté se constituait gardienne. Ils devaient donc être réprimés au nom de l'intérêt général qu'ils attaquaient ; et, puisque les mœurs, les traditions du temps attachaient et ne pouvaient pas ne point attacher l'idée de vengeance à la répression, l'idée de vengeance publique devait bientôt prévaloir.

Déclin de l'idée de vengeance individuelle. L'idée de vengeance individuelle s'efface surtout pendant cette période.

Deux faits en sont, pour nous, l'irrécusable témoignage :

Premier fait : La preuve par gage de bataille, de règle générale qu'elle était, devient une exception. Même en matière criminelle, elle cesse d'être admise :

1° Dans le cas où le crime est flagrant et notoire ;

2° Dans le cas où la preuve de la culpabilité ou de l'innocence peut être facilement obtenue par témoins ;

3° Quand il s'agit de ces crimes trop infamants pour laisser à leurs auteurs l'espérance de s'en laver par les armes : pour le crime de vol par exemple (1).

Second fait : Le Droit d'accusation, conféré à la partie lésée, et qui était la principale et ordinaire garantie de la répression avant le xiiie siècle, est subordonné à des conditions pleines de périls pour l'accusateur.

L'accusateur subira, en cas de non-condamnation, la peine qu'eût subie l'accusé s'il eût été convaincu (2). C'était tuer le Droit que de le placer sous de pareilles menaces ! La poursuite d'office, qui était l'exception, devient le droit commun : l'intérêt général conquiert tout le terrain que perd l'intérêt individuel.

Institution du ministère public. C'est cette révolution dans le droit de poursuite qui fit grandir pendant cette période l'institution du ministère public, cette institution qui s'est conservée jusqu'à nos jours.

Quelle fut l'origine précise de cette institution ? Dut-elle sa

---

(1) Ordonnance de Philippe le Bel de 1306.

(2) « Si tu veux appeler celui-ci de meurtre, tu seras ouï ; mais il convient que tu te lies à souffrir telle peine que ton adversaire souffrirait, « s'il en était atteint. » (Ordonnance de saint Louis.)

naissance aux intérêts purement privés des seigneurs justiciers, qui devaient se faire représenter par des procureurs pour leurs causes privées? Dut-elle sa naissance à un intérêt fiscal que le seigneur justicier, ne voulant ou ne pouvant représenter lui-même, fit représenter par un officier public, son mandataire? Dut-elle sa naissance à un intérêt public, à l'intérêt de la sécurité générale? C'est une question très-débattue entre les historiens du Droit. Ce qui est certain, c'est que le mandataire d'intérêt privé ou d'intérêt public fut bientôt constitué le représentant de l'ordre général près de la juridiction à laquelle il était attaché; qu'il fut le dépositaire de l'action publique; qu'il eut le droit et le devoir de mettre en mouvement cette action, indépendamment de toute initiative des intérêts privés.

Il y eut des *procureurs du roi* dans toutes les juridictions royales, dans les Parlements, dans les bailliages et les sénéchaussées (1). Il y eut des *procureurs seigneuriaux* dans les justices seigneuriales et des *promoteurs* dans les Cours d'église.

Mais, de ce que l'intérêt individuel n'a plus le premier rôle dans la répression, est-il permis de conclure que c'est l'intérêt général qui prédomine? peut-être la prédominance appartient-elle à l'intérêt seigneurial.

Quatre faits nous semblent témoigner de la prédominance d'un intérêt supérieur à l'intérêt seigneurial :

1° La royauté transforme la cour féodale qu'elle avait comme suzeraine, en tribunal suprême et régulateur, planant au-dessus de toutes les juridictions des seigneurs et même au-dessus des Cours d'église. Elle attribue à ses juridictions un droit souverain de réformation sur toutes les décisions rendues en matière criminelle, de quelque source qu'elles émanent. C'est le principe actif et énergique appelé le principe du *ressort*. La

Témoignages de la prédominance d'un intérêt supérieur à l'intérêt seigneurial.

Principe du ressort.

---

(1) Ordonnance du 25 mars 1302, art. 15.—Ordonnance de juillet 1319, art. 7.—Ordonnances des 28 décembre 1355, mars 1360, 20 juillet 1367, 22 novembre 1371.—Ortolan et Ledau, *Le Ministère public*, INTRODUCTION, p. 21 et suiv.—Faustin Helie, *Instruction criminelle*, t. Iᵉʳ, p. 459. — Montesquieu, *Esprit des lois*, liv. XXVIII, ch. XXXV.

royauté se constitue ainsi juge d'appel, d'une manière générale et absolue, de toutes les questions pénales: Elle reprend
ainsi possession d'un élément de souveraineté dont la procédure par gage de bataille avait singulièrement favorisé l'usurpation de la part des *justices terriennes*, puisque le *jugement
de Dieu* excluait tout recours.

Cas royaux.   2° La royauté, par ses légistes, invente les *cas royaux*, dont
elle réserve la connaissance à ses officiers, à ses baillis, à ses
sénéchaux, ou même directement à son Parlement.

Tous les *cas royaux*, dans l'enclave de quelque seigneurie
qu'ils se commettent, sont de la compétence exclusive des juges
royaux.

Qu'étaient les *cas royaux ?*

Les jurisconsultes de la royauté se gardèrent bien d'en donner une définition limitative.

Les *cas royaux*, c'étaient les crimes qui pouvaient être considérés comme une atteinte aux droits du roi, ou une offense
contre son autorité. Voilà une définition élastique et partant
commode.

La liste de ces crimes fut d'abord peu nombreuse, puis elle
alla s'élargissant ; elle subit toutes les vicissitudes de la lutte
de la royauté contre la féodalité. Quand la royauté était forte
et victorieuse, il n'y avait guère de crime qu'on ne pût faire
rentrer dans les *cas royaux*. C'était, a-t-on dit, faire acte d'u-
surpation sur les justices seigneuriales ; non, c'était ressaisir
un des éléments les plus importants de la souveraineté qui s'é-
tait fractionnée dans les périodes précédentes.

Principe   3° Les jurisconsultes et les officiers judiciaires de la royauté
de la prévention. inventèrent et accréditèrent un autre principe également très-
fécond : le principe de la *prévention*.

Qu'est-ce que le principe de la *prévention ?*

C'était un principe en vertu duquel les juridictions royales
pouvaient, sous prétexte de retard dans la poursuite par les justices seigneuriales, se saisir, par l'effet de la priorité de leurs
diligences, de la répression de crimes dont elles n'étaient pas

naturellement juges, et dont la connaissance ne leur était réservée à aucun titre.

La royauté était censée rendre une justice refusée par mauvaise intention, ou au moins par négligence. La justice, c'était une dette royale que les rois s'empressaient d'acquitter. C'était l'ancienne *défaute de Droit*, l'évocation, pour déni ou impossibilité de justice, agrandie et métamorphosée ; le Droit d'évocation n'était plus subordonné qu'à l'initiative des juridictions royales (1).

4° Les jurisconsultes de la royauté invoquèrent souvent et finirent par faire triompher le principe de la *compétence territoriale*. Ce principe fut une grande conquête, mais cette conquête coûta bien des efforts.

Principe
de la compétence
territoriale.

Ce principe était trop hostile à l'organisation féodale pour parvenir à s'imposer sans de rudes combats. Il fut conquis par la royauté, puis perdu par elle, puis reconquis.

Considérez, en effet, l'importance de ce principe : si la répression du crime appartenait à la juridiction des lieux où il avait été commis, et non à la juridiction du domicile de l'agent, c'est que le lien qui attachait le justiciable au seigneur était rompu, au moins sous le rapport de la répression.

C'est que le seigneur ne pouvait plus revendiquer la justice sur ses hommes comme une conséquence de son droit de propriété ou de sa supériorité féodale.

Que disait-on en faveur du principe de la *territorialité ?*

On disait que la *compétence territoriale* offrait plus de facilités pour la preuve, pour l'instruction, pour la recherche des éléments de conviction, et qu'elle offrait d'ailleurs plus de garanties de sévérité, parce qu'il serait plus difficile de soustraire le coupable à la répression sur le théâtre du crime, au milieu des intérêts qu'il avait lésés, que là où il avait laissé ses influences de famille ou de patronage. Mais, si ces excellentes raisons pré-

(1) M. Faustin Hélie, *De l'Instruction criminelle*, t. Ier, p. 319 ; Pardessus, *Essai historique sur l'Organisation judiciaire*, p. 190 et suiv. ; M. Laferrière, *Histoire du Droit français*, t. IV, p. 98. — Conf., Montesquieu, *Esprit des lois*, liv. XXVII, ch. XXVIII.

valurent, c'était donc qu'on se préoccupait plus de l'intérêt de la vengeance *sociale* que de l'intérêt de la vengeance *seigneuriale*, puisqu'on foulait aux pieds les règles et les traditions de l'organisation féodale pour faire prévaloir les nécessités d'ordre public.

Cette idée ressort non-seulement des faits, mais elle s'écrit elle-même et s'affirme expressément dans les monuments scientifiques ou législatifs contemporains.

On lit dans la rubrique du chapitre 30 des Coutumes de Beauvoisis : *De pluriex meffès et quele venjance doit estre prise de chascun meffet*, etc., etc.

Dans le corps de ce chapitre, au n° 61, on lit encore :

« Bonne coze est que on queure au devant des malfeteurs
« et qu'ils soient si radement pusni et justicié selon lor meffet,
« que por le doute de le justice li autre en prengnent exemple,
« si que il se gardent de meffère. Et entre les autres meffès
« dont noz avons parle ci-dessus, li uns des plus grans et dont
« li segneurs se doivent penre plus près de penre vengeance,
« si est des aliances fetes contre segneurs ou *contre le commun*
« *porfit*. »

Les *Établissements* de saint Louis avaient déjà donné pour l'une des bases de la peine l'intérêt de l'exemplarité : « Car li mauvais lessent à mal fere pour la peur de la peine et li bon pour avoir l'amour de Dieu. »

En résumé les *appels*, les *cas royaux*, la *prévention* et la *compétence territoriale*, voilà les principes auxquels je reconnais l'idée nouvelle qui s'empare de la répression.

Ce qu'il importe de remarquer, c'est la corrélation intime entre le principe en vertu duquel la peine est infligée et le mouvement politique.

Lorsque le travail commencé au xiie siècle par Louis le Gros, poursuivi par Philippe-Auguste, saint Louis, Philippe le Bel, au xiiie siècle, eut fait de la royauté une magistrature suprême, en dehors et au-dessus de la féodalité, un pouvoir central, dont l'action réglementaire, partout présente, s'étendait, sans tenir compte de la diversité des domaines qui morcelaient la France, sur tout ce qui était susceptible d'être ramené à des conditions de fixité et d'unité, la pénalité a revêtu elle-même le caractère de généralité ; elle est devenue un instrument public, une force sociale.

QUATRIÈME LEÇON.

SUITE DES PROLÉGOMÈNES.—QUATRIÈME PÉRIODE, DU XVIᵉ SIÈCLE A 1789.—
Caractère politique de cette période. — La souveraineté royale. — Dans
quels actes cette souveraineté se traduisait-elle? — *Ordonnances, édits,
lettres patentes, déclarations du Roi.* — *Arrêts du Conseil.* — En principe
la souveraineté royale était-elle absolue?—De l'*enregistrement* des Parlements. — Des *arrêts de règlement.* — Principales ordonnances sur le
Droit pénal. — Du Droit romain, des Coutumes, du Droit canon comme
sources du Droit pénal. — Indications bibliographiques.
L'idée de *vengeance publique* domine-t-elle le Droit pénal?—L'idée de *vengeance divine* et l'idée d'*intimidation* ne s'introduisent-elles pas dans la
législation?—Influence de chacun des principes qui animent les sources
du Droit pénal. — Témoignage des faits législatifs. — Témoignage de la
science juridique. — Mouvement philosophique.

MESSIEURS,

*Période
du XVIᵉ siècle
à 1789.*

Nous avons constaté, dans la dernière période, des essais et
des efforts de centralisation et d'unité ; nous avons vu la royauté
s'aidant d'institutions générales pour généraliser son action et
pour lutter, 1° contre la féodalité, à laquelle elle veut reprendre
les lambeaux épars de la souveraineté ; 2° contre la suprématie
ecclésiastique, à laquelle elle ne veut pas soumettre *sa souveraineté politique.*

Mais la période de lutte et de combat doit précéder la période de triomphe et de victoire.

*Caractère
de cette période.*

C'est dans la période de triomphe et de victoire que nous
entrons ; je l'ai appelée la *période royale par excellence,* la
période des ordonnances.

Du xiii⁰ au xvi⁰ siècle, je ne vous ai cité que quatre monuments généraux de Droit pénal s'appliquant à toutes les parties du territoire français.

Du xvi⁰ siècle à 1789, nous n'allons plus guère voir, en matière pénale au moins, que des monuments généraux, que des monuments émanés de la souveraineté royale.

La royauté a vaincu la féodalité et conquis son indépendance temporelle ; elle a vaincu ou va vaincre même les instruments dont elle s'était servie, à savoir : les Parlements, les États Généraux, les Assemblées des notables, dont elle a bien accepté le secours, mais dont elle ne veut pas subir la domination. *[Souveraineté royale.]*

Sur les ordonnances, j'examinerai deux questions :

1° Les ordonnances avaient-elles toutes le même titre et le même caractère ?

2° L'autorité législative des ordonnances, quel que fût leur titre, n'était-elle pas subordonnée à l'enregistrement des Parlements ?

Première question : Les ordonnances se divisaient en *ordonnances* proprement dites, en *édits*, en *lettres patentes* et en *déclarations*. *[Monuments législatifs.]*

1° Les *ordonnances* étaient des lois qui avaient un grand caractère de généralité, qui embrassaient un ensemble de matières diverses.

Quant à la forme, les *ordonnances* commençaient toujours par ces mots : *A tous présents et à venir, salut.* Elles étaient signées du Roi, visées par le chancelier et scellées du grand sceau en cire verte. Leur date, en général, n'indiquait que l'année et le mois ; elles étaient rendues avec plus ou moins de solennité : quelquefois par le Roi sur les remontrances des États Généraux, quelquefois par le Roi en assemblée des notables, quelquefois par le Roi sur l'avis de commissions choisies dans son Conseil et dans le Parlement de Paris, quelquefois par le Roi sans aucune de ces garanties, et, comme on le disait, *du propre mouvement du Roi.* *[Ordonnances.]*

2° Les *édits* étaient des lois qui réglaient une matière spé- *[Édits.]*

ciale, comme le poison, la banqueroute, le rapt, le péculat, le duel ; soit que cette matière spéciale n'eût pas été réglée dans les ordonnances antérieures, soit que l'on sentît la nécessité de déroger aux ordonnances.

Les édits commençaient aussi par ces mots : *A tous présents et à venir, salut;* ils étaient signés du Roi, visés par le chancelier et scellés du grand sceau en cire verte.

La date n'était que l'indication de l'an et du mois. Toutefois, certains édits n'étaient scellés que de cire jaune, et quelques-uns portent la date du jour du mois.

Déclarations du Roi. 3° Les *déclarations du Roi* étaient des lois interprétatives des ordonnances et des édits, ou indicatives des moyens suivant lesquels ces ordonnances et ces édits devaient recevoir leur exécution.

Lettres patentes. 4° Les *lettres patentes* n'étaient que par exception des sources de législation ; elles n'étaient habituellement que des concessions de grâces, de priviléges à des particuliers, et se terminaient d'ordinaire par ces mots : *sauf en autre chose notre droit et l'autrui en toutes;* mais aussi quelquefois elles réglaient des points d'intérêt général, soit en créant des dispositions nouvelles, soit seulement en les rappelant. Elles devaient avoir la même formule que les édits et étaient revêtues du même sceau.

Au lieu de commencer par ces mots : *A tous présents et à venir, salut;* elles commençaient par ceux-ci : *A tous ceux qui ces présentes lettres verront.* Elles étaient scellées de cire jaune, et la date indiquait non-seulement l'année et le mois, mais encore le *jour* du mois.

Arrêts du Conseil. 5° Les *arrêts du Conseil* étaient les décisions rendues au nom du Roi et réputées son œuvre, bien qu'elles fussent de fait l'œuvre d'un Conseil supérieur divisé en plusieurs bureaux ayant chacun un nom spécial : *Conseil d'État, Conseil des finances, Conseil privé* ou *Conseil des parties.* Les arrêts de ce Conseil cassant ou revisant les arrêts du Parlement, pour violation des lois du royaume, n'étaient admis comme lois qu'autant qu'ils étaient revêtus des formalités des *lettres patentes,* sauf dans les matières de finances ou dans celles qui se rattachaient au domaine du Roi, comme le règlement des frais en matière criminelle.

SECONDE QUESTION : L'autorité législative des ordonnances n'était-elle pas subordonnée à la condition de leur enregistrement par les Parlements? Non ; les Parlements n'ont jamais été armés du droit de *veto* à l'encontre de la souveraineté royale.

Pouvoir
des Parlements

Les ordonnances étaient envoyées aux Parlements pour les enregistrer : mais cet enregistrement n'était considéré que comme un moyen de publicité.

Les ordonnances n'étaient pas envoyées seulement aux Parlements, mais encore aux autres pouvoirs administratifs et judiciaires qui étaient chargés de leur exécution. Elles étaient envoyées, non pas seulement aux juridictions supérieures, mais même aux juridictions inférieures qui les reçurent dans l'origine directement.

Quelle fut donc l'origine de la prétention, si souvent élevée par les Parlements, d'imprimer aux ordonnances, par l'enregistrement, le caractère de loi ?

Quelques ordonnances dans leurs formules finales autorisaient les Parlements à suspendre l'enregistrement de leurs dispositions pour le cas où ils jugeraient que ces dispositions nouvelles auraient sur le droit en vigueur ou sur l'intérêt général, un résultat contraire aux prévisions et aux intentions royales. Les Parlements étaient ainsi autorisés à provoquer une déclaration confirmative ou rectificative.

La faculté dont les Parlements avaient été investis accidentellement, de réclamer un nouvel examen se convertit naturellement en droit de remontrance. Si les remontrances n'étaient pas admises, le Roi adressait des *lettres de jussion*, et l'ordonnance devait être enregistrée dans la teneur de sa forme primitive ou avec les modifications admises.

Origine
de la prétention
des Parlements.

Quelquefois le Roi lui-même venait en personne ordonner l'enregistrement, qui avait alors lieu en *lit de justice*.

L'ordonnance de 1566, dite de *Moulins*, déclara que les remontrances ne pourraient être faites qu'après l'enregistrement.

Une déclaration de 1641, dont le préambule, nous dirions

aujourd'hui l'exposé de motifs, garde l'empreinte de l'énergique volonté de Richelieu, proclame la souveraineté absolue de la royauté.

Une déclaration du 24 février 1673 renouvela la disposition de l'ordonnance de 1566 ; une déclaration du régent du 15 septembre 1715 fit revivre momentanément le droit de remontrance avant l'enregistrement. Mais des lettres patentes du 26 avril 1718 impartirent bientôt un court délai dans lequel les remontrances devaient se produire, à peine d'être considérées comme non avenues, et décidèrent que si le Roi ordonnait l'enregistrement nonobstant les remontrances, même faites dans le délai, l'enregistrement devait avoir lieu ou serait réputé fait.

Arrêts de règlement.

La part des Parlements dans l'action législative se bornait à ceci : ils pouvaient rendre des *arrêts de règlement* qui étaient obligatoires dans leur ressort; mais d'abord ces arrêts de règlement ne pouvaient pas déroger à la loi; ils pouvaient, dans le silence de la loi, consacrer des règles jurisprudentielles. Ils pouvaient aussi statuer sur des points qui leur avaient été réservés par des ordonnances ou des édits; ils pouvaient enfin édicter les dispositions nouvelles, qui leur semblaient réclamées par quelques nécessités pressantes; mais ces dispositions ne consacraient qu'une *règle provisoire*, et comme elles l'annonçaient elles-mêmes, elles n'étaient établies que *sous le bon plaisir du Roi*, c'est-à-dire qu'elles étaient subordonnées à la condition que le Roi ne manifesterait pas une intention contraire (1).

Principales ordonnances relatives au Droit pénal.

Je dois vous faire connaître le titre, ou au moins la date des principales ordonnances rendues en matière pénale, depuis le commencement du xvi⁰ siècle jusqu'en 1789. De plus, je veux vous faire connaître les ouvrages doctrinaux qui ont commenté cette partie de la législation.

Les principaux monuments directs de la souveraineté royale sur le Droit pénal pendant cette période, sont :

(1) Voir sur le rôle des Parlements en France le chap. VIII de ma *Philosophie politique de l'histoire de France*.

L'édit de *Crémieux*, du 19 juin 1536, *sur la juridiction des baillis, sénéchaux et autres juges présidiaux, et des prévôts, et autres juges inférieurs*, sous François Ier.

L'ordonnance de *Villers-Cotterêts, sur le fait de la justice et l'abréviation des procès*, d'août 1539, œuvre du chancelier Poyet, sous François Ier : cette ordonnance règle la procédure en matière criminelle.

L'ordonnance d'*Orléans*, de janvier 1561, œuvre du chancelier l'Hospital, sous Charles IX ; elle est déclarée rendue en conformité du vœu des cahiers des États d'Orléans.

L'ordonnance de *Roussillon*, de janvier 1563, œuvre du chancelier l'Hospital, sous Charles IX.

L'ordonnance de *Moulins*, de février 1566, œuvre du chancelier l'Hospital, sous Charles IX. L'intitulé de ces deux ordonnances énonce qu'elles ont été rendues sur les remontrances des États d'Orléans.

L'ordonnance de *Blois*, de mai 1579, sous Henri III, rendue à la suite des premiers États de Blois.

L'ordonnance de janvier 1629, dite *Code Marillac* ou *Code Michaux*, du nom de Michel Marillac, garde des sceaux sous Louis XIII, et président de la commission qui la rédigea ; elle est rendue *sur les plaintes des États assemblés à Paris en 1614, et de l'Assemblée des Notables, réunie à Rouen et à Paris en 1617 et 1626*. Elle rencontra de la part de plusieurs Parlements une résistance bien vive, accrue encore par la chute de Marillac, sacrifié à l'inimitié de Richelieu ; cependant elle résume et complète les grandes ordonnances du xvi° siècle (1).

L'ordonnance criminelle d'août 1670, sous Louis XIV, préparée dans des conférences où le premier président de Lamoignon et l'avocat général Talon défendirent les idées de modération et d'humanité contre l'âpre rigueur de Pussort.

Déclaration du 5 février 1731, *sur les cas prévôtaux et présidiaux.*

(1) Bazin, *Histoire de France sous Louis XIII*, 2° édition, t. II, p. 149 et 150. — Caillet, *De l'Administration en France sous le ministère du cardinal de Richelieu*, p. 193.

Déclaration du 24 août 1780, sous Louis XVI, abolissant la question préparatoire.

Déclaration du 1er mai 1788.

Je néglige à dessein les monuments spéciaux sur la *religion prétendue réformée*, sur le *duel*, sur le *vagabondage et la mendicité*, sur les *faillites et banqueroutes*, sur le *faux*, etc.

Autres sources du Droit pénal. Les autres sources du Droit pénal étaient le Droit romain, les Coutumes et le Droit canon.

Dans les pays de *Droit écrit*, le Droit romain, — dans le silence des ordonnances et des autres monuments de législation générale, œuvre directe ou indirecte de la souveraineté royale, — constituait la loi commune.

Mais le Droit romain, dans les pays de Droit écrit, n'excluait pas l'application de la législation royale ; il était dominé par elle, et cela était vrai, surtout en matière pénale.

Dans les pays dits de *Droit non écrit*, les Coutumes étaient aussi dominées par l'application de la législation royale, qui était toujours prépondérante. Elles n'excluaient pas même d'une manière absolue l'application des principes du Droit romain.

Le *Recueil des Coutumes de France*, considéré comme le plus complet, est celui de Bourdot de Richebourg, publié en 1724.

Je vous l'ai dit, l'histoire de notre Droit, c'est la lutte de l'élément de l'ancienne Rome et de la Rome nouvelle avec l'élément germanique. Il ne devait y avoir nulle part ni victoire ni défaite absolue et sans réserve ; mais il y eut, suivant la diversité des lieux, et suivant la diversité des matières du Droit, prépondérance de l'un ou de l'autre.

Dans les matières pénales, qui se lient si intimement au Droit public, le Droit romain et le Droit canonique prévalurent. Les lois romaines, cette arme de la bourgeoisie et des légistes, cet instrument de centralisation et d'unité, et les lois canoniques si supérieures, comme raison et comme justice, aux autres monuments de législation contemporaine, devaient naturellement s'empreindre dans l'œuvre de la souveraineté royale (1).

Voici les principaux monuments de doctrine pour cette période de l'histoire du Droit criminel.

Monuments doctrinaux.

1° La *Pratique judiciaire pour l'instruction et décision des causes criminelles et civiles*, par Lizet, premier président au Parlement de Paris. Cet ouvrage a été publié pour la première fois en 1603.—Mais l'auteur était mort en 1554.

2° La *Pratique judiciaire tant civile que criminelle*, par Jean Imbert, publiée en 1552, en latin, et publiée depuis en français.

3° L'*Ordre, Formalité et Instruction judiciaire dont les anciens Grecs et Romains ont usé ès accusations publiques, conféré au style et usage de France, divisé en quatre livres, dont le dernier traite des procès faits aux cadavres, cendres, à la mémoire, aux bêtes brutes, choses inanimées et aux contumax*, par Pierre Ayrault. Cet ouvrage a été composé de 1587 à 1591.

4° *Traités des matières criminelles*, par Guy Rousseau de la Combe, 1741 (2).

5° *Code criminel*, par François Serpillon, 1767.

6° *Traité de la Justice criminelle en France, où l'on traite de tout ce qui concerne les crimes et peines, tant en général qu'en particulier*, par Jousse, 1771.

7° Les *Lois criminelles de France dans leur ordre naturel*, par Muyart de Vouglans, 1780.

Je ne cite que les principaux ouvrages. Je vous renvoie, pour de plus amples détails, à la *Bibliothèque choisie des livres de Droit*, par Camus, édition de M. Dupin.

En regard des œuvres des jurisconsultes, je veux vous indiquer les principaux ouvrages qui ont propagé les idées de réforme en matière pénale.

Œuvres des publicistes.

---

(1) Un recueil de Droit canon, approuvé par une bulle de Grégoire XIII, du 1ᵉʳ juillet 1580, le recueil que l'Eglise tient pour officiel, fut publié en 1582.

(2) La première édition parut en 1732, sans nom d'auteur.

MONTESQUIEU.   —*Esprit des Lois*, 1749, liv. VII, chapitre vii jusqu'au chap. xxi. — Livre XII, chapitre iv jusqu'au chap. xix.—Livre XIV, chap. xii.—Livre XXV, chap. xii.

J.-J. ROUSSEAU.—*Contrat social*, 1756.

BECCARIA.   —*Des délits et des peines*, 1764. Traduit par l'abbé Morellet.

VOLTAIRE.   —*Commentaire sur Beccaria*, 1766.

SERVAN.   —Avocat général au Parlement du Dauphiné. *Discours sur l'Administration de la Justice criminelle*, 1767.

MABLY.   —*De la Législation ou Principes des Lois*, 1776.

BERGASSE.   —*Discours sur l'humanité des juges dans l'administration de la justice criminelle*, 1776.

LETROSNE.   —*Vues sur la justice criminelle*, 1778.

BERNARDI.   —*Discours sur la Législation criminelle*, 1780.

MARAT.   —*Plan de Législation criminelle*, 1780, Neufchâtel; Paris, 1790.

BRISSOT DE WARVILLE.—*Théorie des Lois criminelles*, 1781.

LACRETELLE.   —*Discours sur le préjugé des peines infamantes*, 1784.

DUFRICHE DE VALAZÉ.—*Lois pénales*, 1784.

ROBESPIERRE.   —*Discours* couronné par la société royale des arts et sciences de Metz, sur les questions suivantes :

Quelle est l'origine de l'opinion qui étend sur tous les individus d'une même famille une partie de la honte attachée aux peines infamantes que subit le coupable ? etc., etc., 1785.

DUPATY.   —*Plaidoyer dans l'Affaire des trois Roués*, 1786.

FILANGIERI (1). La *Science de la législation*, 1786, et années suivantes.

_____

(1) Sur Filangieri, voir M. Villemain, *Huitième leçon du Cours de littérature sur le* xviiie *siècle.*

Quelles idées ont dominé le Droit pénal, depuis le xvi° siècle jusqu'en 1789 ?

Principes
du Droit pénal
pendant
la période
du xvi° siècle
jusqu'en 1789.

Des idées assez complexes inspirent et dominent le système pénal du xvi° siècle jusqu'en 1789.

On a dit que *la vengeance publique* était l'âme et le fond de cette législation jusqu'à la Révolution.

L'idée de *vengeance publique* a pu sans doute conserver une large part d'influence, mais elle n'a pas été exclusive.

Deux autres idées sont venues s'y joindre :

1° L'idée de *vengeance divine* ;

2° L'idée que la peine est un *instrument d'intimidation sociale,* un moyen de terreur qui a surtout pour objet d'empêcher les crimes ou au moins d'en diminuer le nombre.

L'idée de *vengeance publique,* l'idée de *vengeance divine,* et l'idée que la peine est un *instrument d'intimidation,* ont laissé chacune son empreinte dans la législation pénale.

L'idée de *vengeance* explique : 1° le secret de la procédure succédant à la publicité ; 2° l'absence de garantie pour les accusés, l'absence d'un défenseur ; 3° l'adoption de la torture comme moyen de découvrir la vérité, moyen emprunté, non pas, comme on l'a trop dit, aux juridictions ecclésiastiques, mais bien au Droit romain, qui l'avait lui-même emprunté au Droit attique. Il importe qu'aucun coupable n'échappe à la *vengeance sociale* : tout est sacrifié à ce but.

L'idée que la royauté est chargée de la *vengeance divine* et est dépositaire du *Droit de glaive* explique les usurpations du pouvoir humain sur la justice de Dieu ; elle explique comment la loi sociale a atteint directement et en son nom de purs faits de conscience, et entrepris, de son chef, avec la pénalité pour instrument, une œuvre de prosélytisme. — Sans doute, et bien antérieurement, le blasphème, la magie, le sortilége, avaient été l'objet d'incriminations et de répressions. Mais c'est que les faits, les actes, punis sous ces qualifications, constituaient des atteintes extérieures à la religion, partie intégrante des lois de l'Etat, et apportaient un trouble à l'ordre social (1).

Sans doute aussi l'hérésie, c'est-à-dire la profession d'une foi en dehors de la foi consacrée par l'autorité catholique, avait été frappée par la justice séculière et elle avait même été classée parmi les *cas royaux*; mais l'intervention du pouvoir politique se bornait à appliquer une peine sociale au trouble social résultant des faits que la juridiction ecclésiastique déclarait, d'après le Droit canonique, constitutifs du crime d'hérésie. Le pouvoir politique n'assumait pas sur lui la responsabilité d'attacher le caractère d'hérésie punissable à telle ou telle infraction aux devoirs religieux. Il laissait cette tâche à l'Eglise, et se chargeait seulement de suppléer à l'insuffisance des peines spirituelles (2).

La définition des délits, en matière de foi, eût semblé un empiétement du pouvoir temporel sur le pouvoir spirituel, et la liberté de conscience y gagnait, parce que l'Eglise, plus éclairée et plus libérale, subordonnait l'existence du délit à des conditions de publicité, de scandale et d'opiniâtreté. Les juridictions ecclésiastiques offraient plus de garanties que toute autre juridiction.

Si les Juifs avaient été souvent proscrits, expulsés du royaume, ce n'était pas comme non catholiques, mais comme convaincus, en vertu de quelque présomption générale qui les atteignait collectivement, d'usure, d'empoisonnement et d'autres crimes. D'ailleurs, jusqu'au décret du 27 septembre — 13 novembre 1791, les Juifs avaient toujours été considérés comme étrangers, et placés comme tels en dehors de nos lois (3).

----

(1) Voir les Capitulaires et l'ordonnance de saint Louis, de 1264. Comparer M. Guizot, XXIᵉ leçon.

(2) Beaumanoir, *Cout. de Beauvoisis, des Courts d'Eglise*, art. 2. — Tome I, p. 157; édition Beugnot.

(3) Voir aussi décret du 28 janvier 1790.

« L'hérésie doit être distinguée de l'infidélité; ceux qui n'ont jamais admis la vérité chrétienne sont des infidèles et non des hérétiques, par exemple, les Turcs ou les Juifs..... L'hérésie consiste donc à *se séparer* de

La législation contre les protestants, dans quelques-unes de ses dispositions au moins, cette législation heureusement exceptionnelle, est trop empreinte de l'idée que la royauté est la représentation de Dieu.

Que la royauté pût, dans le principe, proscrire, comme un trouble social, toute manifestation extérieure, toute entreprise contre la foi nationale, c'est ce qu'il est difficile de contester (1); si, en effet, le droit d'admettre ou de ne pas admettre la profession publique d'un culte est encore au xixe siècle assez généralement reconnu à l'État, à plus forte raison ce droit ne semblait-il pas controversable à une époque où l'unité catholique dominait la société tout entière. — Mais le droit n'allait pas jusqu'à violenter les consciences à l'aide de la pénalité. La royauté, qui personnifiait déjà l'unité politique, semblait vouloir personnifier l'unité religieuse.

Les deux idées de *vengeance publique* et de *vengeance divine* combinées, se fortifiant l'une par l'autre, expliquent comment l'intensité de certaines peines a été portée jusqu'au luxe de la cruauté : la vengeance et l'expiation ne pouvaient jamais aller trop loin.

Le *désir préventif* et l'*idée d'intimidation* expliquent comment, pour certaines incriminations, pour celles de lèse-majesté et de parricide, par exemple, la peine était appliquée même à des insensés et à des fous dont la folie remontait aux faits poursuivis ; — comment, en matière d'accusation de lèse-majesté, des peines étaient appliquées à des enfants innocents du crime de leur père ;—comment, non-seulement en matière de lèse-majesté et de duel, certaines poursuites se faisaient et les peines s'appliquaient contre la mémoire du défunt et même contre son cadavre ; il ne s'agissait pas de *punir*, mais de *faire des exemples*. C'était la pratique de cette pensée de Quin-

---

l'Eglise, non par les mœurs, mais par les opinions et la doctrine. » (Paul Janet, *Histoire de la philosophie morale et politique*, t. II, p. 53.)

(1) *Sic*, Rousseau, Lettres à M. de Beaumont; édit. Auguis, t. VII, p. 115 et 116. — « Quand on est maître de recevoir dans un État une nouvelle religion ou de ne pas la recevoir, il ne faut pas l'y établir. » (Montesquieu, *Esprit des lois*, liv. XV, ch. x.)

tilien : « *Omnis pœna non tam pertinet* AD DELICTUM *quam*
AD EXEMPLUM. »

Ces trois idées que nous signalons ne sont pas seulement
dans les faits législatifs ; elles sont formulées par la science
contemporaine.

DOMAT, dans son *Traité des lois*, a paraphrasé, en parlant
du Prince, le texte : « *Non sine causâ gladium portat, Dei*
« *enim minister est, vindex in iram ei qui malum agit.* Et
« comme c'est Dieu même qu'ils (les princes) représentent
« dans le rang qui les élève au-dessus des autres, il veut qu'ils
« soient considérés comme tenant sa place dans leurs fonctions,
« et c'est par cette raison qu'il appelle lui-même des dieux
« ceux à qui il communique le droit de gouverner les hommes
« *et de les juger*, parce que c'est un droit qui n'est naturel
« qu'à lui.

« C'est pour l'exercice de cette puissance que Dieu met
« dans les mains de ceux qui tiennent la première place dans
« le gouvernement l'autorité souveraine et les divers droits
« accessoires pour maintenir l'ordre dans la société, suivant
« les lois qu'il y a établies.

« C'est pour cet ordre qu'il leur donne le droit de faire les
« lois et les règlements nécessaires pour le bien public, *selon*
« *les temps* et *selon les lieux*, et *la puissance d'imposer des*
« *peines aux crimes* (1). »

ARGOU, dans son *Institution au Droit français*, livre III,
chap. XXXVIII, dit :

« La *vengeance* est défendue aux hommes, et il n'y a que le
« Roi qui la puisse exercer par ses officiers, *en vertu du pou-*
« *voir qu'il tient de Dieu.* »

JOUSSE, dans son *Traité de la justice criminelle*, voit surtout
dans les peines un *moyen de défense* ; il dit dans sa Préface :

---

(1) *Traité des Lois*, publié en 1689, chap. IX, n° 7. Calvin avait déjà
dit dans son *Institution chrétienne* : « Les magistrats sont ministres de
« Dieu pour servir à son ire et *prendre vengeance* de ceux qui font mal. »
Et au XIXᵉ siècle, Châteaubriand reproduit encore cette idée : « Vous avez
« saisi ce *glaive* que le souverain du ciel a confié aux princes de la terre
« pour assurer le repos des peuples. »

« Le premier objet des lois, en établissant ces peines, et qui
« regarde tous les criminels en général, à la réserve de ceux
« qui sont condamnés au dernier supplice, est de *corriger les*
« *coupables que l'on punit, afin qu'ils s'attendent à de nou-*
« *velles peines s'ils retombent dans de nouveaux crimes.*

« Le second, qui ne regarde que les grands crimes et ceux
« qui sont punis du dernier supplice, est de mettre ceux qui
« en sont coupables hors d'état de commettre de nouveaux
« troubles dans la société, en les punissant de mort ou d'une
« autre peine capitale.

« Et le troisième, qui est commun à toutes sortes de peines
« et de supplices est l'*exemple,* afin de contenir par la vue et
« la crainte des peines exercées sur des coupables, ceux qui
« ne sont pas retenus par d'autres motifs et qui ne s'abstien-
« nent de faire le mal que par crainte (1). »

Ainsi la pensée d'amendement n'était encore qu'un moyen
préventif.

MUYART DE VOUGLANS, dans son *Traité des lois criminelles*
(publié en 1780), liv. II, tit. 1er, § 5, dit :

« Aussi, ce pouvoir que l'on appelle *Droit de glaive,* parce
« qu'il s'étend sur la vie des hommes, ne pouvait appartenir
« qu'à cette autorité suprême *que la divine Providence com-*
munique au souverain. »

SERVAN, dans son discours sur l'administration de la justice
criminelle (1767), avait déjà protesté contre l'idée de vengeance
assignée comme base à la pénalité :

« Et voilà véritablement le grand but de la justice crimi-
« nelle, *un exemple pour l'avenir,* plutôt que la vengeance du
« passé : la vengeance est une passion, et les lois en sont
« exemptes ; elles punissent sans haine et sans colère ; elles
« punissent même avec regret, et ce n'est pas sans peine qu'el-
« les consentent à perdre un citoyen par le châtiment, après en
« avoir perdu quelque autre par le crime. »

L'auteur du discours préliminaire, qui sert d'introduction à

_____

(1) Jousse, *Justice criminelle,* 1771, Préface, p. 3.

la nouvelle édition des *Décisions* de Denisart, de Varicourt, parle encore de *vengeance et d'exemplarité;* mais les termes qu'il emploie sont un témoignage d'un grand progrès.

« Remarquez, dit-il, que l'objet de la loi n'est pas qu'il y ait « une peine appliquée dès qu'il a existé un crime ; mais son « vœu est de punir le coupable et nul autre. Cette réflexion, « qui paraît fort simple, mérite néanmoins d'être faite très-sé- « rieusement. *Pour arrêter les crimes, il faut des exemples;* « *mais personne ne doit servir d'exemple que le coupable.* Il « faut que la société soit *vengée* du crime qui l'a attaquée ; mais « cette *vengeance* est celle de la loi, froide, impartiale, qui ne « poursuit ni ne favorise personne. C'est plutôt de l'impulsion « d'une sorte de nécessité que de celle d'une volonté libre, que « doit résulter l'action de ses ministres.—Leurs jugements « sont *l'acquit d'une dette.* Ils *doivent* tout ce qu'ils font ; ils « *doivent* à l'innocent la conservation de ses jours, *au coupable,* « *la peine de son crime.* Or, il n'y a point d'acte qui soit plus « inaccessible aux passions que *l'acquit d'une dette.* »

Ces lignes étaient écrites en 1783.

L'idée que la peine avait, entre autres buts, celui de corri-ger le coupable, s'était déjà produite, comme idée accessoire, dans les siècles précédents : mais l'idée que la société *doit* la peine et *paie une dette* en l'infligeant, cette réminiscence de Platon, ravivée par saint Augustin, saint Chrysostome, Gro-tius, Selden, Leibnitz, Pascal, est toute nouvelle dans notre Droit pénal français, et ce n'est qu'au xɪxᵉ siècle qu'un de nos grands écrivains, dans son argument sur le Gorgias, la remet-tra en lumière (1).

A l'encontre des principes qui ressortaient des faits législa-tifs et des théories juridiques qui les interprétaient, se forma, dans le courant du xvɪɪɪᵉ siècle, une théorie, instrument de

---

(1) Platon, trad. Cousin, t. III, p. 167. M. Faustin Hélie, *Introduction à Rossi,* p. 34, 35, 36 et 58; *Introduction à Beccaria,* p. 20 et 21. L'au-teur nie que Platon ait assigné pour mission à la peine l'expiation des dé-lits; il n'attribue cette idée qu'à Démosthène et à Plutarque. Leibnitz a recueilli et adopté l'idée de Platon. Théodicée, 1ʳᵉ partie, § 73.

combats et de révolutions. — Elle n'est qu'un élément d'une théorie philosophique dominante à cette époque sur l'origine de la société et des pouvoirs sociaux.—La société n'était qu'un *contrat* par lequel les hommes s'étaient entendus pour faire cesser l'état de nature dans lequel ils jouissaient d'une indé-pendance affranchie de toutes les règles, et dans laquelle ils n'avaient que leur force individuelle pour se protéger contre les forces individuelles qui pouvaient les assaillir. Le pouvoir était une création humaine, l'œuvre de la volonté générale, qui faisait la loi. C'était un mandataire, un serviteur, chargé de mettre à exécution la volonté commune.

Le pacte social avait pour fin la conservation des contrac-tants ; or les associés qui avaient voulu la fin, avaient voulu né-cessairement les moyens. Les peines étaient au nombre de ces moyens indispensables au maintien de la société. Chaque in-dividu avait consenti, pour que le corps social se chargeât de protéger sa vie, sa liberté, sa fortune, à lui confier la disposi-tion de sa fortune, de sa liberté, de sa vie même, pour le cas où il porterait atteinte à la vie, à la liberté, à la fortune des autres individus qui s'étaient associés sous la même condi-tion.

Les peines n'étaient donc, dans ce système, que le contin-gent éventuel que les associés s'obligeaient à supporter pour former l'assurance mutuelle : c'était le gage de la sécurité de tous.

« Le traité social a pour fin la conservation des contractants ;
« qui veut la fin veut aussi les moyens, et ces moyens sont
« inséparables de quelques risques, même de quelques per-
« tes. Qui veut conserver sa vie aux dépens des autres doit la
« donner pour eux aussi, quand il le faut. Or, le citoyen n'est
« plus juge du péril auquel la loi veut qu'il s'expose ; et, quand
« le prince lui a dit : Il est expédient à l'Etat que tu meures,
« il doit mourir, puisque ce n'est qu'à cette condition qu'il a
« vécu en sûreté jusqu'alors, et que sa vie n'est plus seulement
« un bienfait de la nature, mais un don conditionnel de
« l'Etat.

« La peine de mort infligée aux criminels peut être envisa-
« gée à peu près sous le même point de vue. — *C'est pour n'ê-*
« *tre pas la victime d'un assassin que l'on consent à mourir si*
« *on le devient.—Dans ce traité, loin de disposer de sa propre*
« *vie, on ne songe qu'à la garantir, et il n'est pas à présumer*
« *qu'aucun des contractants prémédite alors de se faire pen-*
« *dre* (1). »

Ainsi, l'aliénation éventuelle de sa vie n'est pas, de la part
de chaque associé, un suicide conditionnel ; c'est l'organisation
d'un moyen efficace de défense.

Cette idée courante de *Contrat social*, appliquée par Rousseau à la pénalité, Beccaria se l'appropria, et la développa dans
un livre *ad hoc*, avec cette conclusion pratique, que chaque individu n'avait dû ni pu concéder que ce qui était indispensable
au maintien de l'organisation sociale.

Les nouveaux principes se faisaient jour et commençaient à
s'écrire dans la législation quand la Révolution de 1789 ar-
riva (2).

---

(1) J.-J. Rousseau, *Contrat social.* — *Du droit de vie et de mort,* l. II,
chap. V.

Si l'idée du *Contrat social* domine la philosophie politique et la philosophie pénale du XVIIIᵉ siècle, elle n'est pas toutefois sans précédents, et
Bossuet lui-même, en combattant la doctrine de la souveraineté du peuple,
avait dans sa controverse avec Jurieu proclamé que si la souveraineté n'appartenait pas au peuple, elle venait de lui, et il dérivait les droits du souverain d'une cession faite par les individus. « Il ne faut pas non plus
« s'imaginer que la souveraineté ou la puissance publique soit une chose
« comme subsistante, qu'il faille avoir pour la donner ; elle se forme et ré-
« sulte de la cession des particuliers, lorsque, fatigués de l'état où tout le
« monde est le maître et où personne ne l'est, ils se sont laissé persuader
« de renoncer à ce droit qui met tout en confusion, et à cette liberté qui
« fait tout craindre à tout le monde, en faveur d'un gouvernement dont on
« convient. » (Bossuet, 5ᵉ Avertissement sur les Lettres de M. Jurieu,
§ 49.)

(2) Voir la déclaration du 24 août 1780 et la déclaration du 1ᵉʳ mai 1788.
—Introduction à la réimpression du *Moniteur,* p. 311.

CINQUIÈME LEÇON.

SUITE DES PROLÉGOMÈNES. — CINQUIÈME PÉRIODE DEPUIS 1789. — Tableau résumé des monuments législatifs. — Action des théories politiques sur les fondements du Droit pénal. — Conséquences du principe du Contrat social. — Législation de la Constituante. — Code du 3 brumaire an IV. — Bentham, Kant, de Pastoret. — Codes de l'Empire. — Exagération de M. Lerminier. — Restauration. — Traces de l'influence de l'École éclectique. — Réforme du 28 avril 1832. — Triomphe du principe que la pénalité est fondée sur la justice morale limitée par l'utilité sociale. — Monuments législatifs postérieurs à la révolution de 1848.

———

MESSIEURS,

Quelles ont été les sources du Droit pénal depuis 1789 ?

L'histoire des sources du Droit pénal depuis 1789 jusqu'à nos jours, ce serait l'histoire de nos diverses révolutions politiques, non-seulement dans leurs formules législatives, mais dans les autres faits extérieurs, et surtout dans les causes qui les ont dominés. — Une analyse serait nécessairement incomplète et même infidèle. Les omissions et les lacunes inévitables fausseraient l'appréciation, et cette appréciation elle-même serait difficile à saisir, parce que les éléments sur lesquels elle porterait, isolés de l'ensemble dans lequel ils ont eu leur part d'action, ne pourraient être qu'imparfaitement connus.

Il n'y a pas, pour nous, de moyen terme entre une histoire complète et détaillée de notre Droit pénal depuis 1789 et une

Sources du Droit pénal depuis 1789.

simple nomenclature des principaux monuments dans lesquels il s'est produit.

Nous nous bornons à cette nomenclature :

Constituante.

PRINCIPALES LOIS DE LA CONSTITUANTE.

26 août 1789. *Déclaration des droits.*

8-9 oct.—3 nov. 1789. Décret sur la réforme de quelques points de la jurisprudence criminelle.

21 janvier 1790. Décret qui abolit le privilége en matière de crime; déclare tous les coupables égaux devant la loi pénale; proclame la *personnalité* de la peine, et supprime la confiscation à titre universel.

16—26 mars 1790. Décret qui abolit les *lettres de cachet.*

19 juillet 1791. Loi sur la procédure municipale et correctionnelle.

3 sept. 1791. Constitution qui consacre l'institution du jury d'accusation et l'institution du jury de jugement.

16—29 sept. 1791. Code d'instruction criminelle.

25 sept.—6 oct. 1791. Code pénal. Il supprime les peines perpétuelles, en maintenant la peine de mort; ne laisse au juge aucune influence sur la quotité du châtiment dont le taux est invariable; ne punit la tentative que par exception, et seulement lorsqu'il s'agit d'assassinat et d'empoisonnement. (Lepelletier de Saint-Fargeau fut le rapporteur de cette loi.)

26 et 27 sept. 1791. Décret qui abolit la *marque.*

29 sept.—21 oct. 1791. Décret, en forme d'instruction, pour la procédure criminelle.

Voilà la part de la Constituante.

ASSEMBLÉE LÉGISLATIVE.

Assemblée législative.

20—25 mars 1792. Décret qui établit un nouvel instrument de supplice. —Invention du médecin Guillotin.

CONVENTION.

Convention.

27 juillet — 2 sept. 1792.
30 août — 3 sept. 1792.
19 mars 1793.

Rétablissement de la confiscation à titre universel, comme pénalité *politique.*

25 oct. 1795 (3 brumaire an IV). Code des délits et des peines (646 articles, —dont 53 sur la pénalité et 593 sur la procédure). (Merlin est le rapporteur de cette loi.)

26 oct. 1795 (14 brumaire an IV). Décret par lequel la Convention, à sa dernière heure, vote l'abolition de la peine de mort pour l'avenir, mais à dater du jour de la paix générale.

DIRECTOIRE.

Directoire.

22 prairial an IV. Loi qui punit la tentative de la peine édictée contre le crime.

CONSULAT ET EMPIRE.

28 mars 1801. Des arrêtés des consuls nomment des commissions pour préparer un projet de Code criminel. — La commission est composée de MM. Vieillard, Target, Oudard, Treilhard et Blondel.

8 nivôse an X (29 déc. 1801). Loi qui maintient la peine de mort.

Du 5 juin 1804 au 20 déc. 1804. Un projet, contenant tout à la fois la pénalité et la procédure, est discuté dans 25 séances du Conseil d'État.—Il était divisé en 1169 articles.

Napoléon préside le Conseil, et prend une vive part à la discussion.

Après une interruption de quatre ans, deux projets distincts, l'un d'Instruction criminelle, l'autre de Code pénal, sont substitués au projet primitif abandonné.

(M. Target est le rédacteur des observations sur le projet de Code criminel.)

(M. Oudard est le rédacteur des observations sur la procédure.)

Du 30 janv. au 30 oct. 1808. Le *Code d'instruction* est discuté au Conseil d'État.

Du 17 nov. au 16 déc. 1808. Il est décrété en *neuf* lois.

Du 4 oct. 1808 au 18 janv. 1810. Le *Code pénal* est discuté au Conseil d'État.

Du 12 au 20 fév. 1810. Il est décrété en *sept* lois.

La section de législation au Conseil était composée, pendant la discussion de ces deux Codes, de :

MM. Treilhard, président, Albisson, Berlier, Faure, Réal, auxquels avaient été adjoints le premier président de la Cour de cassation et le procureur général, MM. Muraire et Merlin.

Les orateurs du gouvernement devant le Corps législatif furent : MM. Treilhard, Berlier, Faure et Réal.

Les Codes pénal et d'instruction criminelle furent déclarés exécutoires à partir du 1ᵉʳ janvier 1811 (1).

Les peines de la *marque* et de la *confiscation* sont rétablies.

RESTAURATION.

1814. Charte qui maintient le Code pénal et le Code d'instruction criminelle de l'Empire et abolit la confiscation à titre universel.

7 mai 1819. Loi sur la presse.

(1) Voir M. Ortolan, *Introduction historique*, sect. IV et V, p. 167-220. —M. Dupin, *Discours de rentrée*, du 23 novembre 1847, p. 16 à 34.

25 mars 1822.   Loi sur la répression et la poursuite des délits commis par la voie de la presse ou par tout autre moyen de publication.

24 juin 1824.   Loi qui réalise quelques améliorations en matière pénale, et fait un premier essai du système des *circonstances atténuantes*.

2 mai 1827.   Loi qui augmente les garanties résultant de l'institution *du jury*.

Révolution de 1830.

RÉVOLUTION DE JUILLET 1830.

8 octobre 1830.   Loi sur l'application du jury aux délits de la presse et aux délits politiques.

29 avril 1832.   Loi qui revise le Code pénal et le Code d'instruction criminelle, et apporte de notables améliorations à la législation pénale.

10 avril 1834.   Loi sur les associations.

9 sept. 1835.   Loi sur les Cours d'assises, et loi modificative de certains articles du Code d'instruction criminelle.

Révolution de 1848.

. RÉVOLUTION DE FÉVRIER 1848.

26—29 fév. 1848.   Décret qui abolit *la peine de mort en matière politique*.

6—8 mars 1848.   Décret qui abroge la loi du 9 septembre 1835.

18—22 avril 1848. Décret qui étend la réhabilitation aux condamnés correctionnels.

7—12 août 1848.   Décret sur la composition du jury.

18—20 oct. 1848.   Décret relatif à la majorité du jury.

4—10 nov. 1848.   Constitution qui maintient ou rétablit (art. 5) l'abolition de la peine de mort, pour crime politique.

19—22 juin 1849.   Loi sur les clubs et autres réunions publiques.

27—29 juillet 1849. Loi sur la presse.

11 oct. — 19 et 27 Loi modificative des art. 414, 415 et 416 du Code
nov.—1er déc. 1849.   pénal.

2—9 janv. 1850.   Loi qui modifie l'art. 472 du Code d'instruction criminelle.

8—16 juin 1850.   Loi sur la déportation.

19—27 déc. 1850.   Loi relative au délit d'habitude d'usure.

27 mars. — 1er }   Loi sur la fraude dans les ventes de marchandises.
avril 1851. }

8 et 12 déc. 1851. Décret concernant les individus placés sous la surveillance de la haute police et reconnus coupables d'avoir fait partie d'une société secrète.

31 déc. 1851. — 3 Décret qui défère aux tribunaux de police correction-
janv. 1852.   nelle la connaissance de tous les délits prévus par les lois sur la presse et commis au moyen de la parole.

Constitution des 14-22 janvier 1852.

CONSTITUTION DES 14-22 JANVIER 1852.

17—23 fév. 1852.   Décret organique sur la presse.

3—6 juillet 1852. Loi sur la réhabilitation des condamnés.

EMPIRE.

25—30 déc. 1852.	Constitution.
	Art. 1er de la Constitution. L'Empereur a le droit d'accorder des amnisties.
4—10 juin 1853.	Loi sur la composition du jury.
9—10 juin 1853.	Loi sur la majorité du jury.
10—15 juin 1853.	Loi qui modifie les art. 86 et 87 du Code pénal ; elle concerne les attentats contre la famille impériale, et édicte des peines contre les offenses publiques contre l'Empereur et sa famille.
10—15 juin 1853.	Loi sur les pourvois en matière criminelle.
30 mai-1er juin 1854.	Loi sur l'exécution de la peine des travaux forcés.
31 mai-3 juin 1854.	Loi portant abolition de la mort civile.
21 mars 1855.	Loi qui modifie l'art. 253 du Code d'instruction criminelle.
4 avril 1855.	Loi qui modifie l'art. 94 du Code d'instruction criminelle.
13 juin 1856.	Loi sur les appels des jugements des tribunaux correctionnels.
17—31 juillet 1856.	Loi qui modifie plusieurs dispositions du Code d'instruction criminelle.
9 juin — 4 août 1857.	Code de justice militaire pour l'armée de terre.
27 février 1858.	Loi relative à des mesures de sûreté générale.
28 mai 1858.	Loi modifiant l'art. 259 du Code pénal.
4—13 juin 1858.	Code de justice militaire pour l'armée de mer.
12 juin 1860.	Décret impérial relatif à l'application des lois pénales et d'instruction criminelle en Savoie et dans l'arrondissement de Nice.
18 avril — 13 mai 1863.	Loi modificative de 65 articles du Code pénal.
20 mai 1863.	Loi sur l'instruction de flagrants délits devant les tribunaux correctionnels.
14 juillet 1865.	Loi sur la mise en liberté provisoire.
27 juin 1866.	Loi modificative des art. 5, 6, 7 et 487 du Code d'instruction criminelle.
29 juin 1867.	Loi modificative des art. 443, 444, 445, 446 et 447 du Code d'instruction criminelle.
22 juillet 1867.	Loi sur la contrainte par corps en matière criminelle.
11 mai 1868.	Loi sur la presse.
6 juin 1868.	Loi sur le droit de réunion.

GOUVERNEMENT DE LA DÉFENSE NATIONALE.

14-17 octobre 1870.	Décret qui remet en vigueur le décret du 7 août 1848, sur le jury, en le modifiant par des dispositions transitoires.
24—31 oct. 1870.	Décret qui abroge le décret des 8-12 septembre 1851, sur les individus placés sous la surveillance de la haute police, et les individus reconnus coupables

d'avoir fait partie de sociétés secrètes, ainsi que la loi du 27 février 1858, dite de sûreté générale.

27 nov. 1870. Décret modificatif des 3 derniers paragraphes de l'article 463 du Code pénal, revisé par la loi des 18 avril-13 mai 1862.

ASSEMBLÉE NATIONALE.

Assemblée nationale.

15 avril 1871. Loi sur la presse.

17—21 juin 1871. Loi sur le droit d'amnistie et le droit de grâce.

19—23 septembre 1871. Loi qui abroge l'art. 3, § 3, de la loi du 22 juillet 1867.

14-23 mars 1872. Loi qui établit des peines contre les affiliés de l'*International*.

23 mars-3 avril 1872. Loi qui désigne les nouveaux lieux de déportation.

Nouveaux principes du Droit pénal.

La Révolution de 1789 était plus qu'une révolution *politique*, c'était une révolution *sociale;* elle essaya de traduire en fait et de réaliser dans la pratique, dans ce qu'elles avaient de bon et dans ce qu'elles avaient de désastreux, les théories philosophiques qui avaient ruiné les bases de l'ancienne société française et de la monarchie absolue qui en avait été la dernière expression. Elle voulut donner à la société nouvelle, pour unique fondement, le principe que la société était *un contrat*, la loi *un contrat*, la création du pouvoir, le résultat d'un *contrat;* elle dut, pour être logique, et ce n'était pas par la logique qu'elle péchait, donner pour base à la pénalité le principe du *contrat social*, ce principe que Rousseau, Beccaria, Voltaire, Mably avaient accrédité dans la philosophie, et que Servan et Dupaty, comme magistrats, Linguet, Élie de Beaumont, Target et Lacretelle, comme avocats, avaient transporté dans le monde judiciaire. On pouvait de ce principe faire découler la pénalité de deux manières : ou bien le Droit de punir, dont le pouvoir social était investi, était le droit que chaque individu avait cédé sur lui-même, pour le cas où il violerait le contrat ; ou bien c'était le droit que chaque individu avait de se défendre contre ses semblables, en cas d'agression, dont il s'était dessaisi. Chacune de ces idées, qui dérivaient du contrat social, eut ses adeptes ; la première fut surtout adoptée par les philosophes et les publicistes ; la seconde fut surtout adoptée par les jurisconsultes.

Prix de la protection stipulée ou instrument de défense, voilà ce que fut la peine; elle ne fut plus l'instrument d'une vengeance sociale, l'instrument d'une vengeance divine, un instrument d'intimidation.

Je veux vous montrer l'idée nouvelle se substituant à chacune des trois idées qu'elle remplace.

Plus de vengeance sociale... donc plus de torture, plus de peines atroces, plus de mutilations, mais des garanties pour les accusés. «La loi ne doit établir que des peines strictement et évidemment nécessaires. » Art. 8 de la Déclaration des Droits de l'homme, du 26 août 1789.

Plus de vengeance divine... donc plus d'empiétements de la part du pouvoir humain sur le pouvoir de Dieu, plus de crimes de lèse-majesté divine, plus de crimes contre la foi. Le principe de la liberté de conscience est proclamé; nul ne doit être inquiété pour ses opinions même religieuses, pourvu que leur manifestation ne trouble pas l'ordre public établi par la loi (art. 10 de la Déclaration du 26 août 1789).

Plus de pensée d'intimidation... donc, plus de poursuites contre le cadavre ou seulement contre la mémoire, plus de peines étendues à la famille du coupable. Le grand principe de la personnalité de la peine est proclamé; la peine n'a de droits que sur le crime, et le crime est personnel (art. 2 du décret du 24 janvier 1790); les délits et les crimes étant personnels, le supplice d'un coupable et les condamnations infamantes quelconques n'impriment aucune flétrissure à la famille. L'honneur de ceux qui lui appartiennent n'est nullement entaché, et tous continueront d'être admissibles à toutes sortes de professions, d'emplois et de dignités.

Le principe du *contrat social*, appliqué aux matières pénales, entraîne encore d'autres réformes. Le privilége et l'inégalité semblaient inhérents à l'ancienne organisation sociale. Depuis longtemps la féodalité avait été détruite comme pouvoir politique, mais elle avait laissé des traces profondes et avait encore une grande influence sociale.

Le privilége et l'inégalité s'étaient introduits jusqu'en matière de crime et de pénalité; il y avait des peines pour les

Influence du principe du Contrat social sur la pénalité.

gentilshommes et des peines pour les roturiers. Les roturiers condamnés à mort périssaient par la potence, et les gentilshommes condamnés à la même peine subissaient la décollation ; toutefois le principe s'était introduit longtemps avant la Révolution, qu'*où le noble serait convaincu d'un vilain cas, il serait puni comme un vilain* (1). Eh bien ! du moment où la société était un contrat, où la loi et le pouvoir n'étaient que le résultat d'un contrat, chacun était réputé avoir stipulé au même titre, s'être soumis à la même condition, avoir subi le même sacrifice et réclamé les mêmes garanties ; de là l'égalité de la peine, quel que fût le rang des coupables (art. 1ᵉʳ du décret du 21 janvier 1790) : «Les délits du même genre seront punis par le même genre de peine, quels que soient le rang et l'état des coupables. »

Avant la Révolution, la plupart des peines étaient *arbitraires*, c'est-à-dire laissées à la discrétion du juge, qui pouvait ainsi, par passion ou par faveur, exagérer la sévérité ou l'indulgence jusqu'à l'abus le plus monstrueux.

Le principe du *contrat social* excluait tout arbitraire dans les peines ; il excluait même l'existence d'un *maximum* et d'un *minimum* dans la peine attachée à chaque genre de crime. Du moment, en effet, où la peine n'était qu'un moyen de défense sociale, elle ne devait pas être mesurée sur le degré d'immoralité de l'agent, elle devait être mesurée sur le danger que le crime faisait courir à la société. Or, tous les crimes qui ont matériellement les mêmes caractères font courir à la société le même danger. Ce sont là les réformes dont le Code pénal des 25 sept.-6 octobre 1791 contient l'application (2).

Loi de procédure. Quant à la loi de procédure, elle commença une œuvre d'éclectisme ; elle emprunta à la procédure antérieure au

_____

(1) *Institutes coutumières* de Loysel, liv. VI, tit. II, règle 19. *Recueil des ordonnances*, t. Iᵉʳ, p. 173-184 ; Delaroque, *Traité de la noblesse*, page 270 ; *Sur l'inégalité des peines à Rome*, voir le Code théodosien, liv. IX, tit. XXI ; le *Digeste*, liv. XLVIII, tit. VIII, *ad legem Corneliam de sicariis et veneficiis*.

(2) Voir toutefois le décret des 19-22 juillet 1791 sur la police municipale et correctionnelle.

xvi° siècle le principe que chacun devait être jugé par ses pairs, et elle institua un double jury, non-seulement un jury pour juger les accusés, mais encore un jury pour mettre les inculpés en accusation ; elle emprunta encore à la procédure antérieure au xvi° siècle le principe de la publicité de l'instruction, du débat oral ; elle lui emprunta enfin le principe que la partie lésée pouvait mettre en mouvement l'action répressive (1). Elle n'emprunta à la procédure du xvi° siècle le principe de l'information secrète que pour l'information préparatoire, et elle garda l'institution du ministère public ; en sorte que la répression eut pour garantie et l'intérêt privé et l'intérêt général.

Mais le Droit pénal, comme la constitution politique, reposait sur un principe matérialiste. Or, il n'est pas donné au pouvoir de l'homme de paralyser, de comprimer, de refouler les désastreuses conséquences qu'un mauvais principe recèle. Ces conséquences doivent tôt ou tard se produire. *Dangers du principe matérialiste.*

Si la peine est un moyen de défense sociale, c'est un moyen de guerre. C'est là ce que vit bien la logique de la Convention : aussi, sous prétexte de défense, elle fit de la guerre, de l'extermination lâche et implacable ; on ne jugeait pas, on prenait des mesures de salut public. La société, ou plutôt ceux qui l'opprimaient, avaient pour champion le bourreau et pour arme la guillotine. Sous le Directoire, les déportations sans jugement furent encore l'application de cette idée, que la peine était un moyen de guerre défensive.

Le Code du 3 brumaire an iv ne fut guère, quant à la pénalité au moins, que la reproduction du Code des 25 septembre—6 oct. 1791 ; il donne lieu aux mêmes observations (2). *Code du 3 brumaire an iv.*

Sous le Consulat et sous l'Empire, c'est-à-dire à une époque de réorganisation sociale, d'autres idées se firent jour et réclamèrent leur part d'influence.

Bentham, sans s'occuper de la question d'origine de la société, qu'il traitait de question oiseuse, fondait le Droit de punir *Bentham.*

_____

(1) Loi du 16 septembre 1791, tit. Ier, de la *Justice criminelle*, de *l'Institution des jurés.*

(2) Voir toutefois l'art. 646 du Code pénal du 3 brumaire an iv.

sur l'*utilité du plus grand nombre*, en dehors et indépendamment de toute idée supérieure de raison et de justice.

Kant. En Allemagne, Kant fondait le Droit de punir sur une idée de *justice absolue*, en dehors et indépendamment de toute idée d'utilité sociale; c'était le contre-pied de la théorie de Bentham. Le mal devait être expié, parce que c'était le mal, et non parce qu'il était nuisible à la société : « Si la société civile se dissolvait du consentement de tous ses membres, si par exemple un peuple habitant une île, se décidait à se séparer et à se disperser dans un autre monde, le dernier meurtrier qui se trouverait en prison devrait d'abord être exécuté afin que chacun portât la peine de sa conduite et que le sang versé ne retombât point sur le peuple qui n'aurait pas réclamé cette punition, car il pourrait être considéré alors comme le complice de cette violation publique de la justice (1). »

L'homme était puni pour lui-même, et non au profit des autres comme moyen de sécurité sociale.

Le Droit pénal pourrait alors avoir non-seulement le même centre, mais la même circonférence que la morale.

M. de Pastoret. Puis il y avait la théorie du Droit de défense, qui s'amendait et se tempérait par une idée morale. — Cette théorie, dont le plus célèbre représentant fut M. de Pastoret (2), ne reculait devant l'idée d'intimidation qu'autant qu'elle n'était pas nécessaire.

Ce fut en présence de ces trois théories que le projet de Code pénal fut discuté.

Le Code
de l'Empire est-il
l'expression
d'un principe
philosophique
déterminé ? De quelles idées se sont inspirés les rédacteurs du Code de l'Empire ?

Un publiciste distingué, M. Lerminier (3), a écrit que leur œuvre présentait l'*anarchie éclatante des principes les plus contraires*. Il y a de la vérité dans ce langage, mais il y a aussi de l'exagération.

La *Théorie du Contrat social* et la *Théorie de Bentham* sont

(1) Traduction Barni, p. 201.
(2) Les *Lois pénales* avaient paru en 1790.
(3) Introduction générale à l'*Hist. du Droit*, ch. xx, p. 289. — Voir aussi M. Hello, *Revue de législation*, t. XI, p. 479.

l'inspiration prédominante. Nous en verrons la preuve dans les dispositions du Code. Quelques mots de M. Target nous la révèlent :

« Que les crimes soient prévenus, voilà ce qui est d'une
« haute importance ; après le plus détestable forfait, s'il pou-
« vait être sûr qu'aucun crime ne fût désormais à craindre,
« la punition du dernier des coupables serait une barbarie
« sans fruit, et l'on ose dire qu'elle dépasserait le pouvoir de
« la loi : *Pœna non irascitur, sed cavet* (SÉNÈQUE). La gravité
« des crimes se mesure donc, non pas tant sur la perversité
« qu'ils annoncent, que sur les dangers qu'ils entraînent (1).»

Toutefois, par une heureuse inconséquence, le Code de l'Empire permet aux juges de faire la part de la moralité de l'agent, en établissant pour chaque peine *un maximum et un minimum.*

Quant à la loi de procédure, les Codes de l'Empire conti-nuèrent l'œuvre d'éclectisme ; ils appliquèrent et le principe de l'instruction secrète et le principe de l'instruction orale et publique ; — ils supprimèrent le jury d'accusation, et ne maintinrent que le jury de jugement ; ils ne laissèrent pas, en matière de crime, le Droit d'accusation aux intérêts privés.

La Restauration élargit la place qui avait été faite à l'idée de justice morale. —Elle n'entreprit aucune réforme générale des lois pénales ; elle ne fit que des innovations partielles ; elle fit le premier essai des circonstances atténuantes, c'est-à-dire qu'elle pensa que, si le danger social était l'une des bases de la mesure de la peine, il y en avait une autre, à savoir, le plus ou le moins d'immoralité de l'agent.

Action de la Restauration sur l'œuvre impériale.

C'est que, sous la Restauration, se développait et s'ac-créditait une école philosophique nouvelle, l'école qui a eu pour illustres représentants MM. Royer-Collard, Guizot, de Broglie, Cousin, de Rémusat. Cette école s'occupa beaucoup du Droit de punir ; elle subordonna ce Droit à quatre condi-tions :

(1) Observations de M. Target sur le *Code pénal*, Locré, t. XXIX, p. 8.

1° Que le fait incriminé fût contraire à la loi morale ;

2° Qu'il fût contraire à l'ordre social ;

3° Que la peine ne dépassât jamais le degré d'expiation qu'exigeait la loi morale ;

4° Qu'elle n'atteignît pas même ce maximum, si l'intérêt social ne l'exigeait pas.

A ces quatre conditions, suivant la nouvelle école, le pouvoir social était dépositaire et mandataire de la justice de Dieu. Ce sont les idées de Bentham et de Kant se limitant, qui forment le fond de cette théorie. M. Rossi en a été le brillant et quelquefois l'éloquent vulgarisateur.

Réforme du 28 avril 1832. La Révolution de juillet amena cette école au pouvoir, et ce sont ces principes qu'elle a essayé de réaliser dans la réforme du 28 avril 1832.

Je n'essayerai pas de dire quelles idées ont animé les monuments successifs du Droit pénal depuis 1848.—Ces idées ont été très-diverses, et peut-être un peu mêlées. — Elles appartiennent à un temps trop voisin de nous ; elles sont trop liées au présent pour tenter leur appréciation.

Ce que je puis, ce que je dois apprécier, au point de vue philosophique, ce sont les principes qui ont successivement dominé le système pénal français jusqu'à la Révolution de 1848 :—à l'idée de vengeance individuelle a succédé l'idée de vengeance publique ; — l'idée de vengeance publique s'est fortifiée ou aggravée par la pensée de vengeance divine ; — enfin, l'exemplarité du châtiment et l'intimidation qu'il produit ont été comme une égide dont la société a cru avoir besoin pour se sauvegarder.

La fiction du contrat social ébranle, puis enfin renverse les vieilles bases de la pénalité. La pénalité est la condition de l'assurance mutuelle. Le matérialisme prévaut dans le Droit pénal, comme partout. Il produit une théorie qui demande à l'*utilité* du plus grand nombre la justification du châtiment social. — Le spiritualisme réagit ; il se traduit et s'exagère dans le système de *justice absolue ;* la peine est une *dette* envers cette justice. La réaction irait presque jusqu'à faire revivre l'idée de vengeance divine. Diverses tentatives sont faites pour concilier le principe de l'utilité sociale et le principe de la justice morale. — Chacune de ces tentatives de conciliation a une part d'influence ; l'une d'elles surtout, celle qui se relie à la philosophie éclectique, devient prépondérante.

Voilà les idées au mouvement desquelles j'ai essayé de vous faire assister.

Sans doute l'histoire de ces idées, de leur action, c'est le plus sûr, c'est le meilleur des jugements ; mais je n'ai fait ni pu faire leur histoire à proprement parler. Je ne vous ai présenté que quelques aperçus historiques ; je ne me suis attaché qu'aux conséquences générales, je ne les ai pas suivies dans leurs développements.

L'appréciation philosophique, c'est-à-dire l'appréciation au point de vue rationnel et juridique de chacune des idées qui ont servi de base au Droit de punir, c'est le complément indispensable de mes *prolégomènes*.

Les principes qui servent de fondement aux lois pénales ne sont pas, en effet, des abstractions stériles ; si leur étude n'était utile qu'au législateur, je pourrais la négliger ; mais elle est d'un grand secours pour l'interprète, et, sur un grand nombre de questions pratiques, de questions controversées, c'est à ces théories, pour lesquelles une école qui croit que toute la science est dans les textes professe tant de dédain, que je demanderai souvent des solutions.

Cette étude critique des diverses théories du Droit de punir fera l'objet de ma prochaine leçon.

SIXIÈME LEÇON.

Suite des Prolégomènes. — Appréciation philosophique des divers principes assignés à la pénalité. — Pensée de vengeance *individuelle, sociale* ou *divine*. — *Exemplarité* et *intimidation*. — *Contrat social*. — Deux théories produites par le principe du *Contrat social*. — L'une adoptée par les philosophes, l'autre par les jurisconsultes. — Droit de punir résultant de l'assentiment présumé de l'infracteur. — Droit de *défense* appartenant à la société, de son chef et en dehors de toute convention. — Utilité du plus grand nombre, affranchie de toute loi supérieure. — *Justice morale absolue*. — *Justice morale limitée par l'utilité sociale*. — École éclectique. — Système de M. Ortolan. — Objections : le principe de la pénalité ne doit pas être cherché en dehors de la société. Il est une conséquence du droit de souveraineté, inhérent à l'idée de la société.

———

Messieurs,

Intérêt
de la question
de principe
du droit de punir.

Je vous ai dit que l'étude des principes sur lesquels peut se fonder le Droit de punir n'est pas seulement une étude d'homme politique et de législateur, que c'est encore une étude de légiste, une étude indispensable à l'intelligence des textes, à leur saine application.

Je ne vous ferai pas longtemps attendre mes preuves. — J'entamerai dans ma prochaine leçon l'explication du Code pénal, et immédiatement je demanderai à la théorie, que je vais aujourd'hui essayer de justifier, des moyens d'interprétation ; aux théories que je vais combattre, des objections contre leurs solutions.

Huit systèmes sont à examiner : — Le système de la *vengeance*, qu'elle soit individuelle, sociale ou divine ; le système de l'*intimidation ;* le système du *contrat social* sous ses deux faces ; le système de l'assentiment du coupable à la peine ; le système de la *défense* appartenant à la société, de son chef et indépendamment de toute convention ; le système de l'*utilité du plus grand nombre;* le système de la *justice absolue ;* le système de la *justice limitée par l'utilité sociale*, et enfin le système de la justice morale combiné avec l'intérêt de la conservation sociale.

Je puis être très-bref sur le principe de la *vengeance*, si tant est qu'on puisse appeler l'idée de vengeance, qu'elle soit ou ne soit pas individuelle, un principe.

Un seul mot d'abord de la *vengeance individuelle*, qui se présente la première dans l'ordre chronologique :

Si l'individu ne peut se faire justice à lui-même, parce que la justice dont il serait l'intermédiaire serait, indépendamment de lui, trop personnelle, c'est-à-dire trop partiale, trop passionnée, et qu'elle cesserait d'être de la justice, à plus forte raison, ne peut-il exercer une justice individuelle qui ne se présente pas comme une justice, mais qui s'annonce comme une *vengeance*. Il n'y a pas, d'ailleurs, de société véritable avec les luttes brutales, les conflits sanglants qu'entraîne l'absence d'une médiation supérieure.

La *vengeance* par le pouvoir, au nom et du chef des individus lésés, serait moins désordonnée, sans doute, mais logiquement, elle serait encore excessive et sans mesure. L'idée de *vengeance publique*, au nom du pouvoir et dans l'intérêt collectif, est déjà meilleure ; toutefois, cette idée est encore exclusive de modération et d'équité, puisqu'elle ne fournit aucun moyen de déterminer le point exact, qui ne saurait être dépassé.

Le principe de l'*intimidation* , considéré isolément et en dehors de tout autre principe qui le corrige et le limite, conduit logiquement à l'énormité dans les peines ; il permet de sacrifier sciemment l'innocence ; il doit la laisser périr sous le coup de préventions mal fondées et d'apparences accusatrices, puisque le supplice de l'innocent aura tous les effets salutaires d'*exemplarité* qu'il en attend.

Le principe qui fait dériver le Droit de punir d'une *convention* présente cette convention sous deux aspects et sert de base à deux systèmes :

1° Pour les uns, chaque individu, en entrant dans l'association, ou en s'y soumettant par sa résidence sur le sol, qui est le théâtre de son développement (1), s'engage à subir la perte soit de sa liberté, soit même de sa vie, s'il viole les lois. Ce sacrifice éventuel qu'il consent, c'est le prix de la protection qu'il demande à l'association ;

2° Pour les autres, la société, en punissant, exerce le Droit de défense qui appartenait à chaque individu, dans l'état extrasocial, Droit dont elle a obtenu la cession, pour le mettre en mouvement du chef de chacun et du chef de tous.

Ces deux systèmes ont un vice commun, leur vice originel ; ils font de la société un contrat volontaire, accidentel, exprès ou tacite, formé par les uns, ratifié par les autres, les successeurs, un contrat qui fait cesser un prétendu *état de nature.*

Cette hypothèse est démentie par l'histoire, et d'une manière plus décisive encore, par la nature de l'homme, par la sociabilité. Une fiction est mauvaise par cela seul qu'elle est une fiction. La fiction du contrat social, en dérivant la société, la loi, le pouvoir, de la volonté des individus, détruit ce qu'elle prétend fonder, puisque, si la somme des souverainetés individuelles forme la souveraineté générale, il n'y a pas de motif pour que ces souverainetés individuelles s'abîment dans cette souveraineté de leur création et ne reprennent capricieusement l'exercice de leur indépendance. Cette fiction a le tort de chercher la source du Droit en dehors de la société, dans l'homme considéré isolément, abstraction faite des liens providentiels qui l'unissent à ses semblables, comme si l'idée de Droit n'impliquait pas celle de relation : *Nemo sibi debet hoc verbum* debere *non habet nisi inter duos locum* (Sénèque, *De beneficiis* , liv. V, chap.

(1) Rousseau, *Contrat social,* liv. IV, ch. II.

viii). (Sénèque parle, bien entendu, de devoirs exigibles, c'est-à-dire de *devoirs* auxquels correspondent des *Droits*.) « L'idée de Droit emporte celle de relation », a écrit, dans une concise formule, M. Guizot, qui, à son insu peut-être, traduisait une pensée déjà si bien exprimée par Sénèque (1).

M. Guizot reproche éloquemment à l'école philosophique d'avoir méconnu cette vérité, et, à notre [sens, son reproche doit s'appliquer surtout à l'école du contrat social.

La fiction du contrat social n'a pas même le mérite de favoriser la liberté politique ; elle conduit,—suivant que, pour elle, l'abdication des volontés individuelles est ou n'est pas irrévocable,—au despotisme ou à l'anarchie. Ses conséquences sont toutes différentes, selon qu'elle a pour interprète Hobbes ou Locke.

La fiction du contrat social aurait, en Droit criminel, le grave inconvénient de désarmer la société vis-à-vis des étrangers qui traverseraient le territoire, seulement comme voyageurs, et qui ne pourraient être considérés comme membres de l'association. Il n'y aurait contre eux aucun Droit de souveraineté ; il n'y aurait que le Droit de guerre.

Chacun de ces deux systèmes a d'ailleurs un vice spécial.

Voyons d'abord le système qui dérive le Droit social de punir du consentement même de l'agent puni. Ce système est celui de Rousseau et de Philipps (2).

La concession que l'individu aurait faite, à l'association, du droit de disposer de sa liberté, de sa vie même, serait-elle valable ? Oui, dit Rousseau, l'individu n'a pas eu pour but de compromettre, d'aliéner les plus précieux de ses biens ; il a voulu leur assurer une garantie plus efficace que celle qui était en son pouvoir.—Soit ! son vœu était de vivre et non de se suicider ; mais le résultat de la convention ne peut-il pas être l'anéantissement ou la restriction des biens qu'il a voulu sau-

---

(1) M. Guizot, *Histoire du Gouvernement représentatif en Europe*, t. II, 18ᵉ leçon.

(2) Rousseau, *Contrat social*, liv. II, ch. v et liv. I, ch. vi et vii.—Philipps, *Des pouvoirs et des obligations des jurys*.

vegarder? Eh bien ! de deux choses l'une :—ou l'on admet qu'il y a des principes de morale supérieurs aux conventions, des principes qui les rendent obligatoires, et ces principes défendent d'engager, de jouer sa liberté sous quelque condition que ce soit ; ou bien l'existence de ces principes supérieurs est déniée, et alors rien ne peut lier l'individu à l'exécution de la convention que la force. Mais si la société n'a pour elle et ne peut avoir que la force, à quoi bon parler de convention ? — En un mot, et ce dilemme nous semble invincible, si le droit naturel n'est pas un vain rêve, la condition spéciale est nulle, et si le droit naturel est un rêve, il n'y a pas de droit naturel qui puisse suppléer la force.

Suivant Kant on n'est pas puni pour avoir voulu la punition, mais pour avoir voulu une action punissable (1).

Puffendorf avait déjà dit: Personne ne se soumet volontairement à une peine. Les lois ne sont pas des conventions.

Le système qui voit dans le Droit social le Droit de défense individuelle, cédé et transporté à la société, est le système professé par Voltaire (2), Mably (3), Blakstone (4), Vattel (5), Burlamaqui (6), Filangieri (7) ; c'est le système de Merlin, qui s'écarte ainsi des idées de Rousseau, bien qu'il adopte, comme lui pour point de départ l'hypothèse du contrat social (8).

« Il n'est pas exact de dire que, dans la formation du con-
« trat social, chaque associé donne à la société le droit de le
« faire mourir. C'est une idée contre nature. Chaque associé ne
« donne à la société que le droit qu'il a d'empêcher qu'on ne
« le prive de la vie ; et ce droit, comme on l'a déjà dit, emporte

(1) Traduction Barni, p. 204.
(2) Commentaires sur Beccaria.
(3) *Principes des lois*, liv. III, ch. IV.
(4) Liv. IV, ch. I.
(5) *Droit des gens*, liv. Ier, ch. XIII, t. Ier de l'édition Pradié-Fodéré, p. 443-453.
(6) Burlamaqui, *Principes du droit de la nature et des gens*, édition Cotelle, 1821, t. II, p. 739.
(7) Filangieri, liv. IV, ch. II.—Voir aussi liv. IV, ch. V.
(8) Beccaria, qui fait remonter le droit de punir à la fiction du *Contrat social*, ne se prononce pas nettement entre les deux systèmes.

« celui de tuer son ennemi, s'il ne peut la conserver que par
« ce moyen. Si la société le fait mourir lui-même, ce n'est
« point par l'effet de la concession qu'il lui a faite de son droit ;
« c'est parce que les autres associés ont apporté dans la société
« le même droit qu'il avait lui-même ; en cédant ce droit à la
« société, ils l'ont mise à portée d'en faire usage contre lui
« lorsqu'il le mériterait (1). »

Merlin déclare encore que le Droit de mort est pour la société
le droit de tuer un ennemi qu'elle ne peut conserver sans danger.

Ce système n'explique pas le Droit de punir qu'il prétend
justifier.

En effet, le droit de défense individuelle n'a d'autre durée,
d'autre mesure, que le péril qui naît de l'attaque ; il commence
avec l'agression et finit avec elle ; il ne peut que désarmer l'a-
gresseur, mais il n'autorise pas à lui infliger une expiation.

Le Droit de défense individuelle, d'ailleurs, s'exerce aussi
bien et avec la même légitimité contre une force aveugle que
contre une force libre, contre un être sans intelligence et sans
moralité que contre un agent responsable parce qu'il est intelligent et moral.

Mais si le Droit de la société n'est que le Droit des individus
qui la composent, il aura la même nature et les mêmes limites. Le Droit social se réduira au Droit de résistance contre les
malfaiteurs ; il s'étendra peut-être jusqu'à la faculté de les placer dans l'impossibilité de renouveler leurs attaques, mais il ne
saurait légitimement aller au delà ; il sera d'ailleurs applicable
aux animaux et aux fous furieux.

Le Droit de punir n'existe pas, ou il est autre chose que
cela (2).

Un troisième système a essayé de déduire la légitimité de la
peine, de l'adhésion, en dehors de toute idée d'origine con-
tractuelle de la société, de l'infracteur qui a connu la menace de

Présomption
d'assentiment.

____

(1) Merlin, *Répert.*, vᵒ *Peine*, nᵒ 7.
(2) Voir, sur la différence du Droit de défense et du Droit de punir, l'article de M. de Broglie, *Du Système pénal et du Système répressif en général,* dans la *Revue française,* numéro de septembre 1828.

la loi, et s'est soumis à l'exécution de cette menace en violant ses prescriptions. C'est la théorie de Grollmann. Feuerbach a très-bien répondu : « Parce que je sais à l'avance le mal qu'un « tiers veut me faire, ce tiers a-t-il le droit de me faire ce mal? « Parce que cette prescience du mal que l'on réserve est un « nouveau motif pour m'abstenir de l'acte, s'ensuit-il que l'on « soit fondé à m'infliger ce mal? Je sais que des assassins m'at- « tendent dans un certain lieu, et j'ai dès lors une raison puis- « sante pour ne pas m'y rendre ; j'y vais néanmoins ; est-ce que « la connaissance que j'avais à l'avance du guet-apens rendra « légitime l'attentat de ces assassins? » (1)

L'assentiment présumé du coupable à la peine ne saurait constituer le titre du pouvoir pour l'infliger.

Système de la défense indirecte. D'après un quatrième système, le Droit de punir, c'est un Droit que la société puise dans sa propre nature; la société existe parce qu'elle est une loi de l'humanité, et que l'homme, comme on l'a dit, n'a jamais été surpris se développant en dehors d'un état social plus ou moins imparfait. L'homme vit partout en société, remarque Montesquieu ; donc il est né pour la société. Eh bien! la société, fait primitif et universel, a le droit de se défendre pour se conserver. Ce Droit de défense diffère des Droits de défense individuelle, comme la société diffère elle-même des individus qui la composent : or, ce Droit de défense spécial, *sui generis*, qu'elle n'emprunte à personne, s'exerce à l'aide de la pénalité. Le châtiment, voilà l'arme avec laquelle la société combat le mal qui est son ennemi. Le Droit de défense, ainsi compris, participe sans doute au caractère de la guerre, mais il en est distinct.

La guerre, c'est un moyen accidentel et transitoire; il a pour but la paix ou la conquête.

L'exercice du Droit de punir, c'est pour le pouvoir la mission permanente et normale; c'est le principal moyen de maintenir

---

(1) Appendice du Code pénal du royaume de Bavière. Prolégomènes du traité de Feuerbach, p. 380.—Le Code de Bavière est aujourd'hui rempla- cé, en vertu d'une loi du 22 avril 1871, par le Code de la Confédération de l'Allemagne du Nord, devenu le Code pénal de l'empire d'Allemagne.

l'ordre. Son application, en effet, détourne du crime et prévient ainsi le retour du mal; la violation de la loi est châtiée, non pour elle-même, mais à raison des effets salutaires que le châtiment peut produire.

Ce système a d'abord un vice de terminologie; il reconnaît que le Droit qu'il qualifie de *Droit de défense* n'a rien de commun avec le Droit de défense individuelle, et cependant il emploie une appellation commune; c'est là une source de confusion qui peut malheureusement ne pas s'arrêter aux mots, et qui risque de s'introduire dans les faits.

En second lieu, ce système oublie de justifier l'application de la pénalité à l'agent même qu'elle frappe. Il développe les avantages de cette application, le bien qui en résulte pour la société, dans l'avenir; mais l'utilité de la chose n'en établit pas la justice. Il y a plus: le châtiment d'un innocent contre lequel des apparences trompeuses auraient excité l'opinion de la foule aurait tous les résultats d'intimidation. Est-ce à dire que la société, pour se défendre des dangers à venir, pourrait sacrifier sciemment l'innocence?

Enfin, si ce système se pique de logique, il doit mesurer la pénalité, non à la gravité intrinsèque du crime, mais à ses chances de retour; il ne doit non plus reculer devant aucun excès de rigueur.

Pour me résumer, ce système a le tort de demander la justification du Droit de punir à un élément qui entre bien dans les fondements de ce Droit, mais ne les constitue pas seul. Il juge avec raison que l'intérêt de conservation de la société est un intérêt légitime, et il en conclut que tout ce que cet intérêt commande participe à sa légitimité. Je ne blâme pas la conclusion; je constate seulement qu'en négligeant certains éléments qui jouent un rôle important dans le Droit de punir, et en mettant en saillie un élément qui appelle des limitations, ce système court risque de s'égarer et d'arriver à des injustices. Il se préoccupe trop de l'effet et ne s'attache pas assez au fondement du droit et à la légitimité du moyen de produire cet effet. Il ne se sépare du système qui fonde le Droit de punir sur l'utilité du plus grand nombre, qu'en ce qu'il puise dans le fait de la société un titre et un droit pour poursuivre la réalisation de cette utilité.

Système
de l'utilité
du plus grand
nombre.

Un cinquième système fonde le Droit de punir sur l'utilité du plus grand nombre affranchie de toute loi supérieure (1).

La société, dans ce système, frappe l'agent, soit parce qu'il a préféré son intérêt à l'intérêt social, soit parce qu'il n'a pas compris que son intérêt bien entendu s'identifiait avec l'intérêt dont le pouvoir se dit le représentant. Il est puni soit parce qu'il manque de jugement et de prévoyance, soit parce que, en ce qui le concerne au moins, il calcule mieux que le pouvoir.

S'il se trompe, ce n'est que par ignorance ou défaut d'esprit; que la société l'instruise ou l'éclaire; et, après tout, à quel titre l'obligerait-on au bonheur? S'il a raison contre la société, il subit la violence de la force; dans aucun cas il n'y a prise à la pénalité (2).

Ce système, c'est la négation du Droit pénal, parce que c'est la négation de tout Droit.

Système
de la
justice absolue.

L'élément omis dans le système que je viens de discuter est l'élément qui prédomine dans le système qui s'offre maintenant à mon examen.

C'est l'idée de justice; ce système ne lui fait pas une part. Il lui accorde une domination absolue : il y a, dit-il, une distinction essentielle entre le bien et le mal, entre le juste et l'injuste; intelligent, l'homme reconnaît cette distinction; libre et moral, l'homme a conscience qu'il a le pouvoir et le devoir de faire le bien et le juste, d'éviter le mal et l'injuste. Si l'homme a des devoirs, il mérite quand il les accomplit, il démérite quand il les viole, et ses actions sont un titre soit à une récompense, soit à un châtiment. Le châtiment, c'est une *dette* que la société est chargée de payer, qu'elle y ait ou n'y ait pas intérêt, partout où il y a trouble à l'ordre moral. L'idée d'expiation est inséparable de l'idée de faute, c'est donc justice que quiconque

(1) *Atque ipsa utilitas justi propè mater et æqui.* Horace, sat. 3, liv I.
(2) Voir M. Cousin, t. II, 17ᵉ leçon, 1ʳᵉ série, p. 218, et même tome, p. 249, édition de 1847.

a failli soit puni. La société doit être au service des exigences de la justice.

Il est facile d'établir qu'il est juste qu'à un moment ou à un autre le violateur de la loi morale soit rétribué suivant ses œuvres; mais ce qu'il est difficile d'établir, à mes yeux, c'est que la société soit chargée, et, chargée, sans limite et sans réserve, du soin de cette rétribution. D'abord, si le devoir de la société est de punir toutes les violations de la loi morale, son devoir aussi sera de rémunérer tous les actes qui y seront conformes; or, il est évident que cette rémunération serait au-dessus de ses forces et de ses ressources; en second lieu, chaque bonne action serait un titre à un salaire immédiatement exigible, en sorte que la vertu du désintéressement devrait être rayée de la liste des vertus humaines.

Réduite à la mission de châtier les violations de la loi morale, la société succomberait encore à la tâche : d'abord elle ne pourrait atteindre les résolutions qui, aux yeux de la loi morale, sont des infractions tout aussi punissables que les volontés réalisées, et même parmi les volontés qui se sont traduites en faits, il en est beaucoup qui lui échapperaient. Mais, au nom de quel droit la société frapperait-elle les actes qui ne compromettent pas son existence, qui n'entravent pas son développement? Comment sa mission aurait-elle plus d'étendue que son intérêt? Serait-ce pour paralyser la liberté humaine? La société est justement faite pour mettre cette liberté à l'épreuve, pour la protéger dans son exercice, sous la seule condition que la liberté de quelques-uns ne s'imposera pas à la liberté des autres, et qu'ainsi le lien social ne sera pas pour ceux-ci la servitude, pour ceux-là le despotisme.

Si le Droit était la même chose que la morale, le Droit pénal serait chargé de sanctionner la morale tout entière, sans égard à l'importance ou à la non-importance sociale de ses préceptes. Il faudrait même aller plus loin : le Droit pénal devrait sanctionner la religion que le pouvoir proclamerait vraie; plus de libertés d'aucun genre, pas même la liberté de conscience! Le bien ou ce qui serait officiellement déclaré tel deviendrait exigible, par contrainte! Même pour nos devoirs envers nous et envers Dieu, nous relèverions du pouvoir social!!! (1).

L'amnistie, la grâce ne seraient plus dans le domaine du pouvoir. Qu'importe que l'intérêt social commandât la remise de la peine, ou même, avec l'oubli du crime, l'absence de toutes poursuites propres à en raviver le souvenir? L'intérêt social s'effacerait devant l'obligation absolue de faire payer la dette de la justice morale.

Non-seulement la société a le droit et le devoir de punir toutes les infractions à la loi morale, si la justice sociale se propose la réalisation de la justice absolue : mais le coupable lui-même a droit à la peine, il doit avoir qualité pour en provoquer l'application.

Un éloquent philosophe, M. Cousin, dans son Cours de 1817 et de 1818, semblait aller jusque-là (2) :

« Le mérite est le Droit naturel, que nous avons d'être ré-
« compensés ; le démérite, le Droit naturel qu'ont les autres
« de nous punir, et, si l'on peut parler ainsi, le Droit que
« nous avons d'être punis. Cette expression peut sembler pa-
« radoxale ; cependant elle est vraie. Un criminel qui, ou-
« vrant les yeux à la lumière du bien, comprendrait la néces-
« sité de l'expiation, non-seulement par le repentir intérieur,
« sans lequel tout le reste est vain, mais encore par une souf-
« france réelle et effective, correspondante au bonheur réel
« et effectif que la vertu mérite, un tel criminel aurait le
« droit de réclamer la peine qui seule peut le réconcilier avec
« l'ordre. »

(1) « Ce qui n'offense pas la société n'est pas du ressort de la justice. C'est entreprendre sur la clémence de Dieu de punir sans nécessité. » (Vau-venargues, réflexions et maximes, 164 et 165). Nous dirions, nous, que c'est au moins entreprendre sur la justice de Dieu.

(2) *Des vrais principes de morale*, 20ᵉ leçon, première série, t. II, page 307. M. Oudot, *Conscience et science du devoir*, t. I, p. 213, a écrit que la punition est *pour le coupable non-seulement un devoir passif, mais un droit ou devoir actif.* Montaigne a dit au contraire : « Joint que ce n'est pas au criminel de se faire fouetter à mesure ; c'est au juge qui ne met en compte de châtiment que la peine qu'il ordonne et ne peut attribuer à punition ce qui vient à gré à celui qui le souffre. » *Essais*, liv. II, ch. XII.

Kant n'était pas allé aussi loin; il n'avait pas adopté sans tempérament le système de la justice absolue. Pour lui le droit n'est qu'une partie de la morale. Il classe les devoirs en devoirs *de droit*, devoirs qui sont *exigibles*, et en devoirs *de vertu* pour l'accomplissement desquels la société n'a pas le droit de contrainte.

« Tous les devoirs sont ou *des devoirs de droit(officia juris)*, c'est-à-dire des devoirs susceptibles d'une législation extérieure ou des *devoirs de vertu (officia virtutis, s. ethica)*, c'est-à-dire des devoirs qui ne comportent point une législation de ce genre. Ces derniers échappent à toute législation extérieure parce qu'ils se rapportent à une fin, qui est en même temps un devoir (ou qu'il est de notre devoir de poursuivre). Il n'y a pas en effet de législation extérieure qui puisse faire que l'on se propose un certain but (car c'est là un acte intérieur de l'esprit). On peut sans doute prescrire ainsi des actions extérieures qui y conduisent, mais non pas contraindre le sujet à les prendre pour fin (1) ».

Pour Kant le principe fondamental du droit, c'est ce qu'il appelle le devoir de vivre en société. Dans son système les droits individuels sont, non pas la cause, mais la conséquence des devoirs exigibles. C'est le contre-pied de l'idée que nous développons, à savoir que les devoirs exigibles sont la conséquence des droits sociaux. L'idée de Kant est une suite de sa confusion entre le droit et la morale ou du moins une portion de la morale.

L'idée d'expiation morale, dont Kant fait le seul fondement du Droit pénal et à l'aide de laquelle on peut étendre si abusivement la portée de ce droit, est-elle, je ne dis pas le seul élément, mais un des éléments de la pénalité sociale? Si la nécessité d'une expiation morale est une condition de l'application de la pénalité, il faut admettre que Dieu n'exerce jamais sa justice en ce monde, ou qu'il s'interdit au moins de l'exercer avant l'intervention de la justice sociale. En effet, le pouvoir

(1) *Kant*, traduction Barni, p. 57.

qui représente la société n'a aucun moyen de vérifier si l'agent qu'il va punir n'a pas déjà, en dehors de lui et des pénalités de son Code, subi moralement la peine de sa faute, une peine peut-être plus cruelle que celle dont la loi humaine le menace.

En second lieu, le pouvoir social acquît-il la certitude que l'expiation morale a précédé son action, s'arrêterait-il? et devrait-il s'arrêter? Non, et j'essayerai bientôt de dire pourquoi.

Système
éclectique. Un septième système, le système éclectique, fonde le droit de punir sur la nécessité, d'après la justice morale, d'une expiation morale. Seulement, cette école se garde de reconnaître la nécessité d'une pénalité sociale partout où elle constate l'existence d'un fait entraînant la nécessité de l'expiation. Elle n'admet la répression sociale que là où l'intérêt social la commande; mais elle ne se contente pas de cet intérêt social; elle veut de plus qu'il y ait justice morale, et que cette justice morale soit la mesure de la répression.

L'expiation étant une loi de l'ordre moral, sa réalisation par le pouvoir social, comme moyen, n'a rien que de juste, dit cette école; donc la peine est licite en soi, et le pouvoir, gardien de l'intérêt social, a qualité pour faire emploi de ce moyen, puisqu'il sauvegarde l'intérêt confié à sa vigilance. Mais ici revient mon objection : si la dette de l'expiation morale est acquittée en dehors du pouvoir social, que devient la pénalité?

Le système éclectique suppose gratuitement que Dieu a délégué au pouvoir social le droit d'exercer sur la terre, et dans la limite de son intérêt terrestre, une partie de la justice, sauf imputation dans une autre vie, à la décharge des coupables, de ce qu'ils auraient souffert en ce monde par suite de leurs fautes.

Le système éclectique suppose, au profit du pouvoir social, plus qu'une délégation; il suppose une promesse de la part de Dieu de ne pas exercer sa justice en ce monde, ou au moins de ne pas l'exercer avant l'intervention de la justice sociale (1). Or toutes ces suppositions, supérieures, je le reconnais, à la fiction du contrat social, sont cependant des fictions, et partant elles sont dangereuses; j'essayerai d'en montrer le péril en les suivant plus tard dans quelques-unes de leurs applications pratiques.

Un huitième système, qui se rapproche singulièrement tout à la fois et du système éclectique, quoiqu'il répudie la fiction d'un mandat divin, et du système de la défense indirecte appartenant à la société de son chef, prétend expliquer le droit de punir par l'idée de justice absolue, qui établit que le coupable mérite le châtiment, et par l'idée du droit de conservation, qui autorise à infliger ce châtiment (2).

Modification du système éclectique.

Ce système ne résout pas encore le problème; il l'élude : l'individu a le droit de se conserver et partant de se défendre ; a-t-il pour cela le droit de punir son agresseur, même dans les limites de ce qui est juste ? Non, il n'a que le droit de se garantir contre toute conséquence préjudiciable de l'attaque. Le pouvoir social n'a-t-il pas un droit plus étendu et d'une autre nature que le droit dont chaque membre de la société est investi? Oui, et ce droit du pouvoir social, bien qu'il tende à la conservation de la société, n'a pas les caractères du droit de défense ; il s'appelle droit de punir, c'est-à-dire droit de châtier la violation du commandement, et l'exercice de ce droit de châtiment n'est nullement subordonné à la condition que l'infraction ait causé un dommage, ne fût-ce qu'un dommage résultant du mauvais exemple. D'où donc dérive ce droit, qui est indépendant de la crainte de toute lésion matérielle ou morale? Du droit de commander, dont il est le

(1) Émile de Girardin a exagéré l'objection quand il a écrit : « La condamnation prononcée par un Dieu jugeant les hommes après leur mort, si elle était cumulée avec la condamnation de l'homme jugé par l'homme, constituerait pénalement un pléonasme faisant mentir l'axiome juridique: *Non bis in idem.* » (*Du droit de punir*, pages 51 et 52). — Non, la justice de Dieu pourrait tenir compte de l'œuvre de la justice humaine. Mais comment la justice humaine tiendrait-elle compte de l'œuvre de la justice terrestre de Dieu?

(2) Voir M. Ortolan, *Éléments du droit pénal*, p. 86 à 93.

corollaire indispensable : tout supérieur a le droit d'infliger des peines au transgresseur de son commandement, à la triple condition que les prescriptions soient légitimes, que les peines soient proportionnées à l'importance des prescriptions, et que la culpabilité de l'agent à punir soit démontrée.

Objections contre le système éclectique et contre le système de M. Ortolan. La base et la justice de la pénalité sont dans la nature et dans l'essence même de la loi. Une loi sans sanction n'est pas une loi, c'est un conseil ; eh bien ! la loi est légitime, aussi bien dans la partie qui trace la règle que dans la partie qui l'impose ; toute société implique des rapports, c'est-à-dire une loi ; et toute loi implique un moyen de conquérir l'obéissance. C'est parce que la *loi morale* est une loi, qu'elle implique l'idée d'un *châtiment moral* pour ceux qui transgressent ses prescriptions ; c'est parce que la *loi sociale* est une loi, qu'elle implique un *châtiment social ;* c'est parce que la *loi sociale* est moins étendue que la *loi morale*, que la *peine sociale* sanctionne moins de prescriptions ; c'est parce que la *loi sociale*, sans se confondre avec la *loi morale*, renferme des dispositions conformes aux dispositions d'une certaine portion de cette loi, que, dans une certaine mesure, la *peine sociale* et la *peine morale* peuvent peut-être venir à la décharge l'une de l'autre. Mais parce que le pouvoir social participe à l'infirmité humaine, que sa science est bornée comme il est borné lui-même, qu'en un mot, il n'a pas les secrets de la vie à venir, il ne doit se préoccuper que de l'intérêt social et de l'expiation sociale. Si l'expiation sociale doit compter pour quelque chose dans l'expiation due à la loi morale, c'est au suprême représentant de cette loi qu'appartient le soin de faire ce compte, parce que lui seul en possède les éléments.

Ce système n'a pas les vices que j'ai reprochés aux systèmes qui voient dans le Droit de punir un Droit de défense, *sui generis*, appartenant à la société. L'agent puni n'est pas un moyen de sécurité pour l'avenir ; il subit la peine sociale pour lui-même, et parce qu'il a violé la loi sociale ; il s'est insurgé contre la règle des rapports sociaux, il a socialement failli ; s'il obtenait l'impunité sociale, quelle qu'eût pu être l'expiation morale qu'il eût subie, au su ou à l'insu de la société, mais en dehors d'elle, la loi sociale serait convaincue d'impuissance, c'est-à-dire ne serait plus une loi, un lien coercitif.

En un mot, la pénalité est de l'essence de la souveraineté ; la pénalité sociale est socialement aussi juste que la pénalité morale.

L'agent avait la liberté et le devoir de se conformer à la loi sociale ; s'il a commis un mal social en s'écartant de cette loi, il y a démérite social, et partant prise au châtiment. La justice de la peine sociale est surtout dans la justice de la loi.

A notre sens, ce qui prédomine dans la peine, c'est le respect et le salut de la loi ; si la loi est légitime, la peine qui frappe son infracteur est elle-même légitime ; à cette seule condition, qu'elle ne dépasse pas le degré de sévérité qu'exigent l'efficacité et l'importance de la loi. Je ne mesure pas l'étendue de la pénalité sur le danger et les chances de retour des crimes que la loi frappe, je la mesure sur le caractère du commandement à sanctionner et sur le besoin d'assurer son autorité ; y eût-il certitude que l'infraction commise ne pourrait se renouveler dans l'avenir, que je ne dirais pas avec Target que le coupable a droit à l'impunité.

En un mot, la peine doit être conforme à la justice, mais à la justice sociale ; la considération des avantages qui résultent de l'application de la pénalité, comme effet préventif pour l'avenir, ne doit être que secondaire ; elle n'est pas un but, c'est une conséquence heureuse, dont la poursuite d'un autre but amène la réalisation : c'est là une seconde différence qui sépare le système que je vous propose, du système du Droit de défense, appartenant à la société de son chef.

Aussi, pour moi, le pouvoir social qui édicte les peines et qui les fait appliquer est un supérieur, un juge impartial, et non pas une partie qui, de l'agent qu'elle frappe, fait un instrument pour se défendre, par anticipation, des ennemis à venir.

Je me sépare de l'école éclectique, en ce que je ne fais pas du pouvoir social le mandataire et le délégué de la justice éternelle. Je ne le charge pas, avec M. de Broglie, d'avancer, même dans la limite de l'intérêt social, le règne de Dieu sur la terre.

Pour moi, le pouvoir social, en punissant, ne représente que la société, et n'use que de la répression sociale. Pour l'école éclectique, le *maximum* de la pénalité, c'est la mesure d'expiation que pourrait réclamer la loi morale ; mais la société doit rester en deçà de ce maximum, si l'intérêt social n'exige pas ce degré de répression ; je réponds : Comment le pouvoir humain pourrait-il déterminer la mesure d'une expiation dont il ne sait pas même la nature ? Quelle serait d'ailleurs sa base pour la punition des infractions aux dispositions de la loi sociale, qui, sans être contraires à la loi morale, n'ont pas de disposition similaire dans cette loi ?

Il semble que, pour être logique, l'école éclectique devrait demander le rétablissement des peines arbitraires ; qu'elle devrait investir le juge du pouvoir discrétionnaire de les élever ou de les abaisser, sans limites aucunes, suivant le degré de mal que l'agent s'est fait à lui-même en commettant le mal social. Cet appel spécial, pour chaque cas spécial, aux inspirations de la conscience, serait le seul moyen, non pas de deviner les secrets de la justice divine, mais de tenir compte, d'après les règles de l'appréciation humaine, de toutes les épreuves expiatoires qu'aurait pu subir le coupable en dehors de l'action sociale. Le pouvoir de tempérer les peines par l'admission de circonstances atténuantes devrait être insuffisant aux yeux de cette école (1).

Dans ma pensée, les peines doivent être édictées d'après la nature des infractions, c'est-à-dire d'après la nature des prescriptions. Seulement, comme le caractère social de ces infrac-

---

(1) C'est ce qu'a très-bien compris la logique de Henke, qui voudrait qu'on supprimât la distinction entre le juge et le législateur, afin de pouvoir mettre pour chaque cas particulier la peine en harmonie avec le degré d'immoralité du délit. (Voir *Revue germanique*, t. VII, p. 17.)

tions peut revêtir bien des nuances, suivant l'état intellectuel, le degré de liberté, les causes impulsives de l'agent, en un mot suivant les circonstances qui ont précédé, accompagné ou suivi le fait, il faut laisser au juge une certaine latitude pour qu'il puisse faire la part des considérations individuelles, et qu'il ait le pouvoir de faire fléchir ce qu'auraient de trop absolu les appréciations anticipées de la justice sociale.

Le système pour lequel le droit de punir n'est que le droit de défense ou de conservation sociale, qui mesure, lui, la pénalité, non pas sur la perversité de l'agent, non pas même sur la perversité de l'acte, mais sur le danger de la société, doit logiquement appliquer à toutes les infractions qui ont le même caractère intrinsèque une peine égale; il doit enchaîner la liberté et la conscience du juge, le déshériter de tout pouvoir discrétionnaire, remplacer le maximum et le minimum par la même et inflexible mesure du châtiment. C'était ce qu'avait compris et consacré la logique de la Constituante (1).

Le pouvoir social ne pût-il, d'après le système perfectionné de M. Ortolan, *punir un délit plus que ne le comporte la justice, alors même qu'une quantité plus forte de peine semble nécessaire pour la conservation sociale* (2), qu'au moins la peine serait légitimement appliquée à quiconque aurait été pour une société une cause de danger et de trouble, par un fait contraire à la morale, ce fait n'eût-il pas été prévu par la loi répressive, ou ce fait, à raison du lieu qui en aurait été le théâtre et de la qualité de l'agent qui l'aurait commis, ne tombât-il pas sous l'empire de cette loi. Suivant nous, celui-là seul qui viole un commandement auquel il était tenu d'obéir doit subir l'application du châtiment, sanction de l'ordre par lui enfreint.

(1) Voir, pour les développements, mon *Étude sur le Droit de punir*, 1850.

(2) *Ibid.*, 192.

SEPTIÈME LEÇON.

EXPLICATION DES TEXTES DU CODE PÉNAL. — Définitions de l'*Infraction*.
—Ses divisions.—Critique de MM. Rossi, Lerminier, Boitard.—Réponse.
—Empire de la Loi pénale comme *Loi territoriale*. — Pourquoi la Loi
pénale est applicable à l'étranger en France. — Rejet d'un motif de
M. Portalis et de M. Faustin Hélie.—Rejet d'un motif de M. Mangin. —
La Loi pénale n'a-t-elle pas un caractère *personnel ?* — Droit philosophique. — Précédents législatifs et doctrinaux. — Art. 5 et 7 du Code
d'instruction criminelle. — Effet des jugements criminels rendus à l'é-
tranger ; sont-ils opposables devant les juridictions françaises ? — Jurisprudence et doctrine.—Projet de réforme. — Controverse législative.
—La loi pénale française peut-elle atteindre les faits de l'étranger à
l'étranger ?—Droit philosophique.—Précédents.—Art. 5 du Code d'instruction criminelle.—Discussion au Conseil d'État.—Importance de la
question de principe. — Ses conséquences. — Portée du principe de la
territorialité de la Loi pénale. — Exceptions à ce principe.

MESSIEURS,

Loi de fond
et
loi de procédure.

Je vous ai dit que toute loi pénale se compose essentiellement de deux parties, d'une loi de fond et d'une loi de procédure ; — que la loi de fond a pour objet de déterminer les faits
punissables et les pénalités applicables ; — que la loi de procédure, 1° organise des institutions, chargées de découvrir et
constater les infractions, d'en rechercher, saisir et convaincre
les auteurs, de prononcer et faire exécuter les peines ; — 2° détermine le mode d'action de ces institutions, les règles auxquelles elles sont tenues d'obéir.

Il est bien évident que, des deux parties de la législation pénale, celle qui détermine les faits punissables et les pénalités est la partie qui constitue le Droit, à proprement parler. La loi de procédure n'est que le moyen, l'instrument avec lequel fonctionne la loi de fond.

La partie de la législation pénale constitutive du Droit doit donc être étudiée la première.

Le *Code pénal* de l'Empire, avec les diverses modifications qu'il a subies, notamment en vertu de la loi du 28 avril 1832, est, en France, la loi générale qui détermine les faits punissables et les pénalités. Elle est complétée par diverses lois spéciales antérieures et postérieures (art. 484, C. pénal).

Le Code d'instruction criminelle est la loi générale de procédure à l'aide de laquelle le Code pénal est mis en activité.

J'aborde aujourd'hui l'explication des dispositions préliminaires du Code pénal.

Faire ce que défendent, ne pas faire ce qu'ordonnent, *sous peine de châtiment*, les lois qui ont pour objet l'ordre social et la tranquillité publique : voilà ce qui constitue l'infraction.

Définition de l'infraction.

Le Code pénal divise les infractions en trois classes. La 1re classe se compose d'infractions peu graves qui supposent chez l'agent, non pas des intentions coupables, mais de l'imprudence ou de l'insouciance. Ces infractions s'appellent *contraventions*.

Division des infractions.

La 2e classe d'infractions se compose de faits qui supposent chez l'agent des intentions coupables, mais non une perversité endurcie, en sorte qu'il y a présomption que cet agent s'amendera, se corrigera. Ces infractions s'appellent *délits correctionnels*.

La 3e classe se compose de faits qui constituent un grand danger social, ou qui révèlent chez l'agent une immoralité si profonde qu'il est difficile d'espérer son retour au bien ou son amendement. Ces infractions s'appellent *crimes*.

Ce n'est pas là tout à fait la définition de l'art. 1er du Code pénal. — Cet article dit : — « L'infraction que les lois punissent de peines de simple police est une contravention. »

Comment le Code définit l'infraction.

« L'infraction que les lois punissent de peines correction-
« nelles est un délit; l'infraction que les lois punissent d'une
« peine afflictive ou infamante est un crime (1). »

On a vivement, amèrement même critiqué cette classification. L'objection dont elle a été l'objet peut se résumer ainsi :
Est-ce qu'il n'est pas illogique, irrationnel, de faire dépendre
la nature de l'infraction de la nature de la peine qui y est appliquée? Est-ce que ce n'est pas, au contraire, la nature de la
peine qui doit dépendre de la nature de l'infraction ? Pourquoi
faire de la conséquence la cause, et de la cause la conséquence?

Un célèbre publiciste, M. Rossi, a exprimé sur cette division de notre Code un jugement plus que sévère : « La divi-
« sion des actes punissables en crimes, délits et contraven-
« tions, division tirée du fait matériel et arbitraire de la peine,
« révèle à elle seule, ce nous semble, l'esprit du Code et du
« législateur. C'est dire au public : Ne vous embarrassez pas
« d'examiner la nature intrinsèque des actions humaines;
« regardez le pouvoir : fait-il couper la tête à un homme,
« concluez-en que cet homme est un grand scélérat. Il y a là
« un tel mépris de l'espèce humaine, une telle prétention au
« despotisme en tout, même en morale, qu'on pourrait, sans
« trop se hasarder, juger de l'esprit du Code entier par la
« lecture de l'art. 1er. » Nous ne saurions pour notre compte
accepter l'appréciation que, comme à l'envi, nos publicistes
ont reproduite (2).

_____

(1) Cette définition, d'une exactitude rigoureuse pour les infractions
prévues par le Code pénal, comporte des exceptions pour certaines infractions que des lois spéciales punissent de peines correctionnelles. Parmi
ces dernières infractions, il y en a qui, bien que réprimées _correctionnelle-
ment_, ne constituent que des contraventions et dont la répression, par
suite, n'est pas subordonnée à la constatation chez l'agent d'une intention
criminelle (Cour de cassation, 17 juillet 1857, et 11 août 1859. — _Sic_,
M. Blanche, _Études pratiques sur le Droit pénal_, première Étude, n° 4).
(2) Lerminier, _Introduction générale à l'histoire du Droit_, ch. XX;
Boitard, _Leçons sur le Code pénal_; Dupont White, Introduction _à la Liberté de John Stuart Mill_; Franck, _Revue contemporaine_, 1862, t. XXIX,
p. 194. Les objections de nos publicistes n'avaient pas empêché les rédacteurs du Code pénal prussien, du 14 avril 1851, d'adopter la méthode du
Code pénal français, en s'attachant à la nature de la peine pour caractéri-

N'est-ce pas au pouvoir social qu'il appartient de déclarer quelle est la partie de la loi morale qui doit être convertie en loi positive et sanctionnée par des pénalités? N'est-ce pas au pouvoir social, par cela seul qu'il est le pouvoir, de proportionner les peines aux infractions? Oui, incontestablement; mais s'il en est ainsi, qu'importerait que le pouvoir eût dit : tels et tels faits, dont voici l'énumération, sont à mes yeux des crimes; tels et tels faits sont à mes yeux des délits; tels et tels faits ne sont que des contraventions : donc je punirai les premiers faits de peines afflictives ou infamantes ; donc je punirai les seconds faits de peines correctionnelles; donc je ne punirai les derniers faits que de peines de simple police?

En quoi cette méthode, ce système de rédaction offrirait-il à la société plus d'avantages que le système qui s'est borné à dire : les faits que je punis de peines afflictives ou infamantes sont des crimes, etc. ?

Est-ce que ce dernier système ne suppose pas, comme le premier, que le pouvoir a fait des efforts pour apprécier le degré et l'étendue du mal social qu'il veut punir dans chaque fait incriminé?

Qu'importe qu'il se soit livré à cette appréciation, en s'adressant cette question : tel fait sera-t-il appelé crime, délit ou contravention? ou en s'adressant cette autre question : tel fait sera-t-il puni de peines afflictives ou infamantes, ou seulement de peines correctionnelles, ou même de simple police?

Sans doute, si le pouvoir social ne commandait pas, mais enseignait, s'il n'était pas législateur, mais professeur, il eût dû expliquer d'abord à quel caractère intrinsèque il reconnaissait qu'un fait était un crime ou un délit ou une contravention (1).

ser l'infraction (Voir Code pénal prussien, § 11, et art. 8 de la loi sur la mise en vigueur. M. Nypels en a publié une excellente traduction, 1862.) Le Code pénal de l'empire d'Allemagne, le Code pénal belge, et le Code pénal du nouveau royaume d'Italie, ont consacré le même système.

(1) Haus, *Observations sur le projet de révision du Code pénal belge*, t. Ier, p. 62; — *Théorie du Code pénal*, de MM. Chauveau et Faustin Hélie, t. Ier, p. 33.

Mais le Code pénal n'est pas une dissertation, c'est un commandement, et l'essence du commandement qui a autorité par lui-même exclut les développements doctrinaux qui ne puisent leur autorité que dans la libre adhésion des raisons individuelles (1).

Vous avez remarqué que le mot *infraction* est, dans la terminologie du Code pénal, l'expression générique qui désigne toutes les violations des devoirs sociaux, exigibles à peine de châtiment.

Sens divers du mot *délit*. Antérieurement au Code pénal, le mot *délit* était l'expression générique qui désignait tous les faits punissables. Ainsi, nous lisons dans le titre Ier de la Constitution du 3 septembre 1791 : « La Constitution garantit comme droits naturels et « civils :

« 1°; 2°.....

« 3° Que les mêmes *délits* seront punis des mêmes peines, « sans aucune distinction des personnes. »

C'est ce qui résulte encore de l'intitulé de la section IV du titre 1er de la 2e partie du Code pénal, du 25 septembre 1791.

Enfin, le mot *délit* avait la même portée dans la terminologie adoptée dans le Code pénal du 3 brumaire an IV.

Voici ce que nous lisons dans l'art. 1er de ce Code : « Faire « ce que défendent, ne pas faire ce qu'ordonnent les lois qui « ont pour objet le maintien de l'ordre social et la tranquil- « lité publique, est un *délit*. »

Cette définition est incomplète ; elle omet une des conditions indispensables pour qu'il y ait délit ou infraction, à savoir l'existence d'une sanction pénale.

Dans la terminologie du Code impérial le mot *délit* désigne une espèce particulière d'infraction, l'infraction punie de peines correctionnelles. Mais les habitudes du langage ont une grande puissance et elles triomphent souvent des idées systématiques. Le Code pénal qui nous régit a souvent employé le mot *délit*, non pas avec l'acception spéciale d'*infraction cor-*

_____

(1) *Velut emissa divinitus vox sit, jubeat non disputet.* Senec., *Epist.* 94.

rectionnelle, mais avec l'acception large de fait punissable ;
il l'a appliqué à des crimes proprement dits.

Nous avons examiné ce qu'est une infraction et les diverses
espèces d'infractions.

Dans quel lieu et par qui les infractions doivent-elles être
commises pour être punissables d'après la loi française ?

Étendue
de l'empire
de la loi pénale.

En d'autres termes, quelle est l'étendue de la loi pénale,
soit sous le rapport du lieu, soit sous le rapport des personnes ?

Notre loi pénale française est-elle une loi *territoriale ?* Est-
elle une loi *personnelle ?* N'est-elle pas tout à la fois *territoriale*
et *personnelle ?*

J'examine, dans cette leçon, la question, en ne tenant pas
compte de la loi du 27 juin 1866. Une leçon spéciale sera consacrée aux innovations de cette loi. C'est la méthode que j'ai
adoptée pour la loi abolitive de la mort civile, pour les circonstances atténuantes et pour la récidive.

La loi pénale est l'expression de la souveraineté qui l'édicte,
car il est bien évident que la souveraineté régit et doit régir,
sans distinction d'origine et de nationalité, toutes les personnes qui résident sur le territoire soumis à son empire ; elle ne
serait plus la souveraineté si, dans son sein, dans le pays
qu'elle gouverne et protége, le bon ordre, la sécurité générale
pouvaient être impunément troublés, s'il pouvait surgir un
acte de rébellion qu'elle fût impuissante à réprimer. Ce n'est
que le droit d'être maître chez soi.

Territorialité
de la loi pénale.

Je vous ai dit comment, du xiiie au xvie siècle, le principe
de la territorialité triompha des obstacles que lui opposa l'organisation de la féodalité, comment il parvint à supplanter le
principe que la loi pénale applicable et la juridiction compétente étaient, sauf le cas de délit flagrant, la loi et la juridiction du domicile de l'auteur du délit. La loi romaine, comme
toujours, eut son rôle dans la lutte, et elle contribua puissamment à la victoire : on se fit une arme du fragm. 3 de Paul,
au Dig. *de Officio præsidis :* — « *Habet interdum imperium*
« *et adversus extraneos homines, si quid manu commiserint :*

« *nam et in mandatis principum est, ut curet is, qui provin-*
« *ciæ præest, malis hominibus provinciam purgare, nec dis-*
« *tinguitur unde sint.* »

Le principe de la territorialité prit définitivement place dans
l'art. 1ᵉʳ, tit. Iᵉʳ, de l'ordonnance de 1670. — Tous les auteurs
qui ont écrit sur l'ordonnance l'ont facilement justifié (1).

Explication
de l'article 3
du Code civil
par M. Portalis.

L'art. 3 du Code civil a traduit d'une manière concise cette
nécessité de raison et de bon sens : « Les lois de police et de
« sûreté obligent tous ceux qui habitent le territoire. » Or, le
Code pénal est la loi de police de sûreté par excellence ; il saisit
toutes les personnes, françaises ou étrangères, leur résidence
ne fût-elle que momentanée, et il doit dominer leurs actions.
M. Portalis a justifié ce principe avec un grand bonheur d'expression : « Le pouvoir souverain ne pourrait remplir la fin
« pour laquelle il est établi, si des hommes étrangers ou natio-
« naux étaient indépendants de ce pouvoir ; il ne peut être
« limité, ni quant aux choses, ni quant aux personnes. *Il n'est*
« *rien s'il n'est tout ;* la qualité d'étranger ne saurait être une
« exception légitime pour celui qui s'en prévaut contre la puis-
« sance publique qui régit le pays dans lequel il réside. « *Ha-*
« *biter le territoire, c'est se soumettre à la souveraineté* (2). »

Critique.

Je n'admets pas, toutefois, la nécessité de cette présomption
de soumission aux lois du pays que l'étranger traverse ou habite. Cette présomption peut être une fiction ; la souveraineté,
par cela seul qu'elle est la souveraineté, s'impose et ne s'offre
pas à la libre acceptation de telle ou telle volonté individuelle ;
le maintien du pouvoir social suppose, sans doute, l'assentiment de la raison et de la conscience publique. Mais son action, tant qu'il est debout, n'est pas subordonnée à l'adhésion
de celui sur lequel elle s'exerce. J'adresserais la même objec-

---

(1) Rousseau de la Combe, *Mat. crim.*, part. II, ch. I, n. 34, p. 121.—
Il cite un arrêt du Parlement de Paris de 1731.

Jousse, *Justice crim.*, partie II, tit. II, n. 30, p. 422.

Nouveau Denisart, vᵒ *Délit*, § 4, n. 1.

(2) La citation de Portalis est empruntée au *Contrat social*, liv. IV,
ch. II.

tion à l'une des idées sur lesquelles un brillant et savant criminaliste a fondé le principe de la territorialité : « L'étranger, « *par une sorte de convention tacite*, en venant chercher pro« tection et sûreté à l'ombre des lois, est devenu le sujet de « ces lois et *s'est soumis* aux conséquences de leur violation ; « il appartient à la justice du pays (1). »

Pourquoi parler de convention tacite, présumée, là où les conventions sont sans puissance, puisqu'il s'agit de commandements d'ordre public auxquels il est défendu de déroger, et qui, partant, ont une autorité indépendante du consentement ? (Art. 6, C. civ.)

La loi pénale française ne cesserait pas d'être applicable à l'infraction de l'étranger en France parce qu'elle aurait été commise au préjudice d'un autre étranger. La pénalité n'est pas un moyen de défense, une protection pour les nationaux ; elle est la sanction du commandement de la souveraineté française. Ce commandement astreignait l'étranger sur le territoire ; si l'étranger l'a violé, la sanction est applicable, quelle que soit la qualité de la partie lésée. Il s'agit non de l'intérêt privé de cette partie, mais de l'intérêt de la loi, du respect qu'il importe de lui assurer.

L'extranéité de la partie directement lésée ne paralyse pas la loi pénale.

La loi pénale française serait-elle encore applicable si un étranger commettait, en France, une infraction au préjudice d'un étranger ne résidant pas en France ? Un étranger, par exemple, fait un faux par supposition de personne, au préjudice d'un de ses compatriotes, qui ne nous a pas demandé l'hospitalité, qui habite à l'étranger.

Infractions commises en France par un étranger au préjudice d'un étranger qui n'est pas en France.

« La *protection* que la loi française accorde aux étrangers, « dit M. Mangin (2), s'étend même à ceux qui n'habitent pas

(1) M. Faustin Hélie, *Instruction criminelle*, t. II, p. 498.—M. Massé invoque le secours de la même présomption : « Il y a un contrat tacite entre le souverain qui ouvre à l'étranger l'accès de son territoire, et l'étranger qui vient se placer sous la juridiction de ce souverain, dont il est alors le sujet temporaire pour tout ce qui regarde l'ordre intérieur de l'État. » (Massé, *Droit commercial*, I, n. 521.) Le principe de la souveraineté territoriale n'a pas besoin de cette fiction.

(2) *De l'action publique*, t. Iᵉʳ, n. 60.—Voir Abbeg, *Des crimes et des dé-*

« notre territoire; il suffit que le délit qui leur fait préjudice
« y ait été commis. »

M. Mangin cite en faveur de cette solution, que je n'ai garde
de contester, deux arrêts de la Cour de cassation des 31 janvier 1822 et 22 juin 1826.

Ce que je conteste, c'est la valeur de son motif juridique. La
loi ne réprime pas les infractions dans le but de protéger, ou
même de consoler les parties lésées; ce que la loi protège,
c'est sa propre puissance; ce qu'elle protège, c'est la société
qu'elle gouverne et qui ne peut vivre sans une loi forte et respectée.

Qu'importe la qualité de la victime? La loi a été attaquée,
elle ne doit se préoccuper que de l'agression et de l'agresseur.

Personnalité
de la loi pénale.

Si la loi pénale a essentiellement un caractère *territorial*,
ne peut-elle pas aussi avoir un caractère *personnel?*

C'est la loi civile française qui règle la capacité civile du
Français à l'étranger; le statut personnel suit le Français partout où il porte ses pas; c'est ce statut qui détermine en tous
lieux les conditions de fond auquel est subordonnée l'aptitude
juridique du Français pour contracter, pour tester, pour se
marier. Pourquoi? C'est que si la souveraineté française, en
dehors de ses frontières, n'a pas de moyens coercitifs; si, à
l'étranger, elle est paralysée dans son action par les souverainetés étrangères, ses commandements ne sont pas limités, en
ce qui concerne les nationaux, au territoire national; ils s'adressent aux personnes, et du moment où ils sont l'expression d'un
intérêt général, ils réclament partout l'obéissance; voilà ce qui
explique l'étendue des lois de capacité; le caractère absolu du
statut personnel (1). Mais est-ce que les lois pénales ne tiennent

lits commis par un étranger, §§ 23 et 24; Fœlix, *Droit international privé*,
n. 573; Massé, *ibid.*, n. 522; Ortolan, 881.

(1) Voir *Observations de la Faculté de Droit de Caen sur quelques modifications à apporter au Code d'instruction criminelle*, p. 5 et 6, 1846. —
La Faculté de Paris, dans son rapport dont M. Ortolan fut le rédacteur,
arrive à la même conclusion que la Faculté de Droit de Caen; mais elle
soutient que le droit de punir l'infraction du Français à l'étranger ne se
déduit pas de ce que la loi pénale serait une loi personnelle. *Revue de Lé-*

pas essentiellement au statut personnel ? Comment la loi, qui interdit au Français de voler ou de tuer, serait-elle condamnée à ne pas être aussi absolue que la loi qui lui interdit de faire un testament ou de contracter un mariage en dehors de certaines conditions ? Vainement objecterait-on que la souveraineté française expire sur les limites du territoire : elle ne demande pas à faire acte de puissance hors de la France ; elle n'agira sur le Français qu'en France. Autre chose est l'étendue de son empire, autre chose l'étendue de son mode d'action ; la question est de savoir si les prohibitions de la loi pénale française peuvent être rendues obligatoires pour le Français vivant à l'étranger. Il ne s'agit nullement de savoir si la souveraineté française pourra exercer sa justice hors de France, même contre un Français.

Objection contre le principe de la personnalité. Réponse.

De ce que la souveraineté civile de la loi française sur la capacité du Français à l'étranger ne peut appliquer ses sanctions qu'en France, a-t-on jamais conclu que cette loi n'existait pas hors de France comme règle des nationaux, et, qu'en dehors de la frontière, elle pouvait être impunément enfreinte ? Pourquoi l'objection qui ne limite pas la souveraineté de la loi civile limiterait-t-elle la souveraineté de la loi pénale ? Voilà ce que dit le Droit. — J'examinerai bientôt ce que dit la loi.

La loi pénale française ne peut atteindre les infractions commises à l'étranger par des étrangers, qu'elles soient ou ne soient pas commises au préjudice de nos nationaux. L'étranger, à l'étranger, ne relève pas, en effet, de la souveraineté française ; il ne lui doit obéissance à aucun titre. Qu'importe que la victime du fait, à l'étranger, soit française ? Si la pénalité était une vengeance, le pouvoir français pourrait venger ses nationaux quand il saisirait, en France, les étrangers auteurs du mal ; il pourrait peut-être infliger, en France, la pénalité à l'étranger pour un fait commis hors de France, si

Impuissance de la loi pénale française à l'encontre des actes commis à l'étranger par des étrangers.

gisl., 1847, t. IV de la Nouv. Collect., p. 206. — C'est une application du système qui prétend justifier la légitimité du droit de punir, sans la faire remonter au droit de commander.

cette pénalité était un moyen de défense ou une arme de guerre. Mais la pénalité n'est que la sanction du commandement de la souveraineté française, et ce commandement n'est pas à l'adresse des étrangers tant qu'ils restent chez eux, tant qu'ils ne viennent pas troubler le bon ordre de la société à laquelle cette souveraineté est chargée de pourvoir (1).

J'ai essayé de dire ce qu'exige le Droit.

Comment la question de la *personnalité* de la loi pénale a-t-elle été résolue?

Cette question n'était pas résolue dans le Droit romain (2). A l'époque de sa puissance, Rome, maîtresse du monde connu, n'avait pas en vérité besoin que sa loi pénale exerçât son empire en dehors de son territoire ; la loi romaine, comme loi *territoriale*, commandait *urbi et orbi*.

Principe
de la personnalité
admise dans
l'ancien Droit.

Dans notre ancien Droit, le principe que les lois pénales étaient des lois *personnelles*, suivant les Français à l'étranger et pouvant les atteindre au retour, était un principe généralement reconnu ; c'est ce qu'atteste Jousse (3), qui se prévaut de l'autorité de l'opinion de l'avocat général Talon lors d'un arrêt du 14 août 1632. La solution de Jousse était consacrée par l'art. 17, *in fine*, de l'édit de septembre 1651, et par l'art. 18 de l'édit d'août 1679 contre les duels.

On donnait de ce principe d'assez bonnes raisons ; on disait qu'il importait à l'intérêt général que les sujets d'un même Etat se conduisissent bien partout, et que nos nationaux devaient être punis quand ils avaient violé la loi nationale, en quelque lieu que cette violation se fût produite.

Jousse professait que la peine était applicable, en France, à l'infraction commise hors de France, par un Français, au préjudice même d'un étranger.]

(1) Voir *contrà* : *Rapport de la Faculté de Paris, ibid.*, p. 220 et 221. C'est encore une application de l'idée que le droit de punir ne suppose pas le droit de commander. Voir aussi *Précis du Droit des gens moderne de l'Europe*, par M. de Martens, édit. Ch. Vergé, p. 277.

(2) Faustin Hélie, t. II, p. 564.

(3) Jousse, t. Iᵉʳ, tit. II, ch. I, sect. 4, n. 36, p. 424.

Rousseau de la Combe professait la même doctrine (1).

Le Code de 1791 est muet sur la difficulté.

Le Code du 3 brumaire an IV, art. 11, déclare la loi pénale française applicable à l'infraction commise hors de France, par un Français, lorsque cette infraction emporte une peine afflictive ou infamante, et ne distingue pas entre les crimes commis au préjudice d'un Français et les crimes commis au préjudice d'un étranger.

Solution de la législation intermédiaire.

Notre question a été agitée lors de la discussion du Code d'instruction criminelle. Ce n'était cependant pas une question de procédure; elle appartenait essentiellement à la discussion de la loi du fond, puisqu'il s'agissait de déterminer l'étendue de l'empire de cette loi, de mesurer la portée de ses commandements. Mais, vous le savez, le Code d'instruction criminelle fut discuté et voté avant le Code pénal, et il n'était pas possible d'organiser les conditions de l'action publique en laissant ce problème sans solution. Voilà pourquoi il nous faut chercher le principe que nous étudions dans le Code d'instruction criminelle, où il est véritablement dépaysé. MM. Treilhard et Bérenger soutinrent, avec vigueur, le principe de la *non-personnalité*. MM. Target, Berlier et Cambacérès défendirent le principe de la *personnalité*. Ce fut ce dernier principe qui l'emporta, mais il fut singulièrement restreint et limité; il ne fut appliqué que dans trois cas.

Code d'instruction criminelle.

Il fut appliqué :

1° Aux crimes attentatoires à la sûreté de l'Etat ;

2° Aux crimes de contrefaçon du sceau de l'État, des monnaies nationales, des papiers et billets de banque autorisés par la loi (art. 5. Instr. crim.).

Dans ces deux cas, la poursuite ne fut pas subordonnée au retour du Français en France ou à son extradition. — Elle ne fut pas non plus subordonnée à la condition que le fait n'eût pas été jugé à l'étranger. (Voir discours de M. Pascalis à la Chambre des députés, *Moniteur* du 13 avril 1842.) Les dé-

_____
(1) *Traité des matières criminelles*, IIe partie, ch. I, n. 34, p. 121 de l'édit. de 1769.

lits, commis à l'étranger par des Français contre la sûreté ou le crédit de l'État, échappent à la répression de la loi française.

3° Enfin, le principe de la *personnalité* fut appliqué aux infractions commises hors de France, par un Français, bien que ces infractions ne s'attaquassent pas directement à la souveraineté française, lorsque cinq conditions concouraient :

Conditions de l'application de l'article 7. 1re CONDITION. — L'infraction commise à l'étranger devait constituer un *crime*, c'est-à-dire entraîner une peine *afflictive ou infamante*, ou *infamante* seulement.

2e CONDITION. — Il fallait que la partie lésée fût *française*.

3e CONDITION. — La partie lésée devait porter *plainte*.

4e CONDITION. — Le Français, auteur de l'infraction, n'était punissable qu'autant qu'il était de *retour* en France, et, bien entendu, il s'agissait d'un *retour* volontaire, parce que le retour volontaire a, en quelque sorte, le caractère d'un défi jeté à la loi française (1).

5e CONDITION. — L'infraction ne pouvait être poursuivie en France qu'autant qu'elle n'avait pas été *jugée à l'étranger*.

Il semble que le principe de la *personnalité* de la loi pénale eût été réduit à se rapetisser pour se faire accepter.

Observations. De ces cinq conditions, il y en a trois qui nous paraissent ne pouvoir se justifier.

Pourquoi, d'abord, la loi est-elle subordonnée à la qualité de la victime (2)? En second lieu, pourquoi la loi pénale est-elle subordonnée à une réclamation individuelle? En troisième

---

(1) Voir Mangin, *De l'act. publ.*, t. Ier, n. 70 ; Le Sellyer, t. V, n. 1986. *Contrà*, Cour d'assises de la Seine, 20 mars 1846, Devill. et Car. 47-1, 316. La Cour de cassation a jugé, le 17 juin 1870, que le Français qui a commis en pays étranger un crime puni par la loi française, peut être poursuivi et jugé en France à raison de ce crime, s'il est depuis rentré sur le sol français, encore qu'il n'y ait pas prolongé son séjour jusqu'au moment de la poursuite. Car. et Gilb., 1871-1-66.

(2) Pour corriger l'erreur de cette solution, un décret du 23 octobre 1811 dérogea au principe généralement admis, que l'extradition ne s'applique pas aux nationaux rentrés dans leur patrie. Il admet que l'on pourrait livrer des Français à une juridiction étrangère *sur de graves et légitimes motifs reconnus et jugés tels par l'Empereur.*

lieu, pourquoi le Français ne peut-il être poursuivi qu'autant qu'il revient en France ?

Est-ce que les prescriptions de la loi pénale française ne sont imposées aux nationaux qu'en faveur des nationaux ? — Si ces prescriptions étaient violées en France au préjudice d'un étranger, est-ce que la pénalité ne serait pas applicable ? — Si les prescriptions de la loi française étaient violées en France, est-ce que la répression serait subordonnée à la volonté de la partie lésée ? — Si les prescriptions de la loi pénale française étaient violées en France par un Français, est-ce que l'application de la pénalité serait subordonnée à la présence du Français, auteur de l'infraction, sur le territoire français ?

Mais si la loi que la société sanctionne, comme condition de son maintien et de son développement, impose une obligation sociale absolue, pourquoi la violation de cette obligation n'entraîne-t-elle pas toujours nécessairement l'application de la sanction pénale ?

Je sais bien qu'on peut objecter que l'autorité judiciaire française n'a ƒpas de pouvoir coactif pour obliger les témoins du pays étranger à venir déposer devant elle, qu'elle n'a pas même la faculté de se transporter sur les lieux du crime, d'y entreprendre des constatations souvent nécessaires à la découverte de la vérité, et que, sous ce rapport, l'accusation et la défense peuvent être entravées.

Mais d'abord cette objection prouve trop. La loi française ne considère certainement pas que, lorsqu'aux termes des art. 5, 6 et 7 du Code d'instruction criminelle, elle applique des pénalités à des faits commis à l'étranger, les inculpés soient dans l'impuissance de se défendre. Les art. 14 et 15 du Code civ., qui permettent de réclamer devant les tribunaux français l'exécution d'obligations contractées à l'étranger, soit par contrat, soit par quasi-contrat, soit par délit, soit par quasi-délit, supposent que des faits passés hors de notre territoire peuvent être l'objet d'une instruction utile en France.

Je ne demande pas, d'ailleurs, à la loi de rendre la poursuite toujours obligatoire, mais seulement de la rendre facultative. Le dépositaire de l'action répressive jugera, dans sa prudence, s'il importe à l'intérêt social et s'il est d'ailleurs juste, d'après les circonstances, d'appeler la répression (1).

La valeur de la quatrième condition est au moins très-discutable. Si la loi pénale française est une loi personnelle, sa violation par le Français, à l'étranger, légitime par elle seule l'application de la sanction. Ce n'est pas le retour en France de l'agent qui est punissable, c'est l'acte de rébellion qui a précédé, et cette rébellion appelle une répression sans condition aucune.

Quant à la cinquième condition, elle est facile à justifier, au moins dans un système de législation d'après lequel le principe de la *territorialité* prime et absorbe presque le principe de la *personnalité;* si le Français a été jugé à l'étranger, — qu'il ait été condamné ou acquitté, — le fait est purgé et il ne saurait, dans aucun cas, autoriser une nouvelle poursuite en France.

L'absolution, qui impliquerait l'absence relative de tout caractère délictueux dans le fait, aurait la même conséquence que l'acquittement, bien que la tolérance de la loi étrangère soit sans autorité contre la loi française, et qu'elle ne fût pas exclusive d'une poursuite en France, s'il n'y en avait eu une ailleurs; mais l'épreuve judiciaire subie, c'est-à-dire la loi étrangère appliquée, impose une réserve que ne commande pas cette loi, tant que l'application n'en a pas été essayée : il est de l'intérêt des nations de faire respecter entre elles le principe d'humanité : *non bis in idem.*

Le Français se fût-il, par son retour sur le territoire français, soustrait à l'exécution de la peine prononcée par la juridiction étrangère, que l'autorité judiciaire française n'aurait pas à intervenir. — La condamnation d'un tribunal étranger exclut une nouvelle condamnation, et la souveraineté fran-

---

(1) Voir en ce sens les *Observations de la Faculté de Droit de Caen, sur quelques modifications à apporter au Code d'instruction criminelle,* page 13.

çaise n'a pas à prêter main-forte à l'œuvre d'une souveraineté étrangère (1).

En ce qui concerne les délits, on conçoit que ces infractions ne sont pas, en général au moins, assez graves pour que la

(1) Le jugement rendu au nom d'une souveraineté étrangère, qui absout, acquitte ou même condamne un étranger, *pour un délit commis en France*, n'est pas, *en principe*, opposable à la souveraineté française et n'exclut pas l'application des pénalités qu'elle édicte. Si le droit de punir est le corollaire du droit de commander, l'application du châtiment appartient au souverain dont le commandement a été violé. La pénalité de la loi étrangère n'est pas la sanction de la loi française ; sans doute, si cette pénalité a été subie, elle pourra, *en fait*, être prise en considération, mais elle n'élève pas de fin de non-recevoir contre l'exercice de l'action répressive. Ce que nous disons du jugement rendu à l'étranger pour un fait commis en France, nous le disons par la même raison de l'amnistie, œuvre de la souveraineté étrangère.

Dans le système qui assigne pour base au droit de punir, *une dette d'expiation envers la justice morale*, on peut dire avec un savant magistrat (M. Faustin Hélie), que le prévenu une première fois jugé a au moins trouvé, quel qu'ait été le jugement, *dans les angoisses de la procédure et des débats, une certaine expiation, et que ce motif s'applique aussi bien aux jugements étrangers qu'aux jugements de nos juridictions*. L'objection déduite de l'art. 7 du Code d'instruction criminelle nous touche peu, parce que notre loi a dû facilement admettre avec l'inspiration sous laquelle elle était rédigée, toutes les considérations qui l'aidaient à limiter les principes de la personnalité. On a opposé l'autorité de Vattel, de Martens et de Heffter ; mais ces auteurs ne parlent que des jugements en matière civile, et Pinheiro-Ferreira, l'annotateur de Martens, dit très-bien : « Mais en matière criminelle le cas est tout différent. » (*Précis du Droit des gens*, t. Ier de l'édit. Vergé, p. 273, sur le § 95, liv. III, ch. III.)

Je défends facilement avec mes principes les arrêts de la Cour de cassation du 21 mars 1862 (Voir le rapport de M. Faustin Hélie et les conclusions de M. l'avocat général Savary. — Sir. et Car. 62.1.542). Voir aussi Cour de Metz, 19 juillet 1859. — Dalloz, 60.2.1. — Cour d'assises de la Moselle, 4 décembre 1867. — Dalloz, 69.2.39. — Cour d'assises du Nord, 6 août 1869. — Dalloz, 70.2.21. — Voir en sens contraire, Cour d'assises des Pyrénées-Orientales, 18 juillet 1870. — Car. et Gilb. 71.2.153. — Dans le sens de ce nouvel arrêt, Hérold, *Revue pratique*, t. XIV, p. 40.— Griolet, *Autorité de la chose jugée*, p. 225. — Faustin Hélie, *Traité de l'instruction criminelle*, t. II, n. 1042.

Je serais enclin à penser que la cinquième condition de l'art. 7 du Code d'instruction criminelle ne survivrait pas à une réforme qui proclamerait le principe de la *personnalité* de notre loi pénale : le Français ne serait pas alors affranchi, par la juridiction étrangère, de l'obligation de rendre compte, en France, de ses infractions à l'étranger. C'est ainsi que dans le cas de l'art. 5, les décisions de la juridiction étrangère ne font pas obstacle

souveraineté française entreprenne, — quand elles ont été commises à l'étranger, — la tâche d'une instruction difficile et coûteuse. — Une poursuite qui ne peut aboutir qu'à une peine correctionnelle n'est pas imposée, à peine d'atteinte à la sécurité sociale, lorsqu'il s'agit d'un fait qui s'est produit au loin et dont les nationaux ignorent vraisemblablement l'existence. Voilà pourquoi l'article 7 ne s'occupe que des crimes.

Projet de réforme.

Le 19 février 1842, M. Martin (du Nord) présenta un projet de loi qui donnait au principe de la *personnalité* de la loi pénale l'extension qu'il avait déjà reçue des législations étrangères. Ce projet fut l'objet d'une savante discussion; MM. Dupin et Berville le combattirent; MM. Odilon-Barrot, Janvier, Pascalis, Matter, Vivien, Isambert, Dugabé, en prirent la défense avec divers tempéraments; la Chambre des députés l'adopta le 14 avril 1842 (*Moniteur* des 13, 14, 15 avril 1842).

A la Chambre des pairs, MM. de Broglie, Rossi, Frank-Carré, Persil, Barthe, et aussi quoique moins explicitement, M. Portalis reprirent la thèse de MM. Bérenger et Treilhard en soutenant que, sauf exception, la règle était que la loi pénale constituait une loi exclusivement territoriale. A l'appui de cette prétendue règle, contre laquelle protestaient les traditions de notre ancien Droit, ils invoquaient l'axiome : *locus regit actum,* qu'ils dépaysaient singulièrement, puisqu'il ne s'applique qu'à la forme des actes, au mode de preuve et aux conditions exigées *ad solemnitatem.*

MM. Laplagne-Barris, Mérilhou et Villemain développèrent

à la répression de la souveraineté française (*Contrà,* Faustin Hélie, *Instruction criminelle,* t. II, p. 601, et Dutruc, *Journal du Ministère public,* t. V, p. 17). La loi du 27 juin 1866 n'a pas justifié notre conjecture.

L'intérêt des nations fera peut-être prévaloir un jour, dans leurs rapports entre elles, le principe d'humanité : *non bis in idem.* Mais ce principe constituera une exception que le législateur a seul le droit d'écrire. Pourquoi notre loi française ne s'attache-t-elle pas, pour vérifier s'il y a récidive, aux condamnations prononcées à l'étranger ? Dans ma dix-neuvième leçon je répondrai et j'essaierai de mettre en lumière les liens qui unissent les deux questions (Voir arrêt de cassation du 21 décembre 1861, Sir. et Car. 1862.1.336).

les idées de MM. Target, Berlier et Cambacérès ; ils se ralliè-
rent au principe de la personnalité. Toutefois les adversaires
du principe de la personnalité voulaient bien, par une sorte de
sacrifice fait à l'intérêt national, affranchir le droit de poursuite contre les crimes commis à l'étranger par des Français,
au préjudice de nos nationaux, de quelques-unes des conditions de l'article 7 ; ils consentaient même à introduire dans
nos lois le droit de poursuivre en France les crimes commis à
l'étranger par des Français, au préjudice d'étrangers, mais
seulement dans le cas où des traités diplomatiques réglemen-
teraient ce droit et assureraient à la France le bénéfice de la
réciprocité. Ils argumentaient principalement contre le projet
du Gouvernement, que M. Martin du Nord défendait avec une
grande puissance de logique et de raison, de difficultés d'exécution, de l'impossibilité pour l'autorité judiciaire française de
contraindre les témoins étrangers à comparaître devant elle ;
de l'extrême péril d'une instruction incomplète, uniquement
formée peut-être des dépositions à charge, qui se produiraient
avec spontanéité, mais en l'absence des dépositions à décharge,
que la défense réclamerait en vain ; de l'espèce d'injustice résultant de l'application de la loi française à des infractions
commises en dehors de nos frontières, d'abord quand la loi
étrangère ne prononcerait qu'une peine moins forte, et surtout
quand la loi étrangère ne prononcerait aucune peine, parce
qu'elle tiendrait le fait pour non délictueux et tout à fait inoffensif, au point de vue social.

Les partisans du projet répondaient que la souveraineté
française ne devait pas, à peine d'abdication, proclamer
qu'elle était impuissante contre les actes de rébellion commis à l'étranger par des Français, à l'encontre de ses prescriptions ; que la vérité du principe de la personnalité
de la loi pénale était indépendante du plus ou moins de facilité
à le vérifier et à le mettre en pratique ; que la reconnaissance
de ce principe serait salutaire, vraiment efficace, alors même
qu'il ne serait pas souvent appliqué ; qu'il serait un frein, par
cela seul qu'il serait une menace, dont la réalisation serait

toujours à craindre ; que les embarras de la preuve ne seraient pas d'ailleurs plus grands pour les crimes commis contre des étrangers que pour les crimes commis contre des Français, et que ces embarras n'avaient pas fait obstacle, en 1808, à l'adoption de l'article 7 ; qu'enfin la poursuite ne serait pas obligatoire, qu'elle ne serait que facultative, et que le ministère public tiendrait compte, dans sa prudence, des garanties qu'offrirait l'action répressive. Ils reprochaient à leurs contradicteurs de déserter le principe de la territorialité en subordonnant l'acceptation du principe de la personnalité à la condition d'une convention diplomatique, puisque cette convention ne pouvait pas créer le droit de punir, s'il n'existait pas, et que, si le droit de punir existait, il serait bien étrange qu'il dépendît de l'adhésion des gouvernements étrangers, ce qui amènerait ce singulier résultat : qu'un vol commis dans un certain pays serait punissable en France au retour du voleur, tandis qu'un assassinat, commis dans un autre pays, aurait, au retour de l'assassin, droit acquis à l'impunité. Quant à l'objection que la peine étrangère pourrait être plus faible, ou même que la loi étrangère pourrait ne prononcer aucune peine, M. Martin (du Nord) et les orateurs qui patronaient son projet la repoussaient par l'observation décisive, qu'il s'agissait de la loi française, du respect auquel elle avait droit partout de la part des Français, et que la sanction du commandement français devait être une sanction française.

La Chambre des pairs adopta la modification proposée de l'article 7 ; mais cette proposition était liée à la réforme de 19 articles du Code d'instruction criminelle, et cette réforme fut finalement rejetée dans son ensemble le 22 mai 1843.

Reproduite en 1845, la question fut ajournée. Le Gouvernement voulait obtenir l'avis des corps judiciaires et des Facultés de Droit. La Cour de cassation, vingt-quatre Cours et six Facultés de Droit se sont prononcées dans le sens de la personnalité de la loi pénale.

Le 22 août 1849, une commission était nommée pour préparer la solution du problème à soumettre à l'Assemblée législative.

En 1852, un nouveau projet, admis par le Conseil d'Etat dans ses séances des 21, 22, 30 avril et 5 mai 1852, avec un habile exposé de motifs, dû à M. Rouher, a été soumis au Corps législatif. Ce projet est encore le développement de la thèse de la personnalité (1). Il étendait même le droit de poursuite aux délits commis à l'étranger. Il investissait de plus la souveraineté française de la prérogative de poursuivre la répression des infractions commises sur le sol étranger contre nos nationaux, quand le coupable viendrait chercher un abri sur notre sol. Cette protection, stipulée en faveur des Français, serait, disait-on, la juste compensation de celle que l'étranger trouverait dans la nouvelle loi. Mais si le droit de poursuite était absolu pour les crimes commis par des étrangers, il était soumis pour les délits à des conventions diplomatiques. « Enfin « les éléments constitutifs du crime, disait-on, sont à peu « près les mêmes dans tous les pays qui vivent avec les mê- « mes mœurs et la même civilisation. Il affecte au même de- « gré la morale universelle : il n'en est pas ainsi du délit qui « le plus souvent affecte davantage l'intérêt privé : une dis- « tinction devait donc être admise pour éviter toute surprise au « préjudice de l'étranger qui vient en France, et que d'autres « lois, d'autres habitudes n'ont point averti de la qualifica- « tion d'un fait qu'il peut avoir commis antérieurement (2). »

On proclamait d'une manière absolue l'impunissabilité en France de tout fait qui ne constituerait ni crime ni délit dans le pays où il aurait eu lieu. La Commission du Corps législatif, dont M. Vernier fut le rapporteur, modifia avec l'assentiment du Conseil d'Etat quelques-unes des dispositions du projet, et notamment elle n'admit pas que le Français, pour son acte à l'étranger, ne serait pas responsable vis-à-vis de la loi française, quand cet acte serait défendu par cette loi à peine

_____

(1) Voir *Moniteur* du 2 juin 1852. Voir aussi un article de la *Revue des Deux-Mondes*, de M. Prévost-Paradol, 15 février 1866, p. 1012 ; un article de M. Thézart sur le nouveau projet de modification des art. 5, 6 et 7 du Code d'instruction criminelle (*Revue critique*, t. XVIII, p. 364).

(2) *Exposé des motifs* de M. Rouher.

de châtiment. L'immunité résultant de la lacune de la loi étrangère ne devait profiter qu'au sujet de cette loi. Le Corps législatif adopta, dans la séance du 4 juin 1852, le projet ainsi revisé ; mais le Gouvernement, après l'avoir soumis au Sénat, le retira (1).

Ces dispositions, qui n'ont que la valeur d'une œuvre doctrinale, étaient, au moins en ce qui concerne les crimes, un progrès, en tant qu'elles inscrivaient dans la législation le principe de la personnalité ; pour les délits, on comprend le doute et le scrupule ; mais n'étaient-elles pas en contradiction avec les bases du droit de punir, quand elles prétendaient soumettre l'étranger, pour des actes accomplis à l'étranger, à l'encontre d'un Français, à la loi française, sans titre à son obéissance sur un sol qui ne relevait pas d'elle ?

Comment lui appliquer, à cet étranger, la sanction d'un commandement qui n'avait aucune autorité pour lui, en supposant qu'il l'eût connu ? Sans doute le projet de la loi faisait une grande part à l'objection, en amnistiant ce qu'avait absous la loi étrangère ; la part cependant n'était pas assez grande, puisque, si le fait était punissable à l'étranger, il pouvait être puni en France de la pénalité française, fût-elle plus grave que la pénalité étrangère. Que les publicistes et les jurisconsultes, qui demandent les titres de légitimité de la peine à la combinaison de la justice morale et de l'utilité sociale, applaudissent à la pensée d'une pareille innovation, ils sont conséquents avec leur doctrine ; et M. Ortolan a été très-fidèle à son point de départ, en défendant les idées que nous combattons. Mais le projet de loi et le livre de M. Ortolan font une concession qui implique à notre sens l'inexactitude de la solution. Ils ne tiennent la répression contre l'étranger pour légitime qu'autant que cet étranger vient en France et est ainsi, par sa présence, une cause d'alarme, presque une cause de provocation, pour la société à laquelle appartient sa victime. Il est vrai que le projet de loi et le livre de M. Ortolan exigent

_____

(1) Voir *Moniteur* des 30 mai, 31 mai et 1er juin 1866. — Article de M. Prévost-Paradol, *Journal des Débats*, n. du 31 mai 1866.

la présence sur notre sol même du Français qui a commis à l'étranger un crime contre des particuliers. C'est pour faire cesser le scandale de son impunité qu'on arme la loi française.

Avec notre théorie qui ne légitime l'application de la peine que comme sanction d'un commandement que la souveraineté sociale a pu édicter, ces solutions sont injustifiables. D'une part et sans condition de retour, les Français partout, même à l'étranger, doivent respect et obéissance aux lois de la souveraineté nationale ; d'autre part, les étrangers, en tant qu'ils ont agi sur un sol non soumis à notre loi, sont à l'abri des sanctions d'une loi qui n'était pas faite pour eux, et dont par conséquent ils ont l'entière liberté de ne pas tenir compte. Leur présence en France ne leur rend pas applicable la loi française. Ne serait-ce pas en effet faire rétroagir cette loi contre eux ?

Le principe que la loi pénale française ne saurait atteindre les faits de l'étranger à l'étranger, qu'ils aient ou non été commis au préjudice d'un Français, ne prévalait pas, au moins sans contestation et sans distinction, sous l'empire de notre ancien Droit. — On allait jusqu'à controverser le point de savoir si le fait de l'étranger, commis à l'étranger contre un étranger, pouvait être poursuivi en France, quand l'auteur de la lésion et la partie lésée s'y rencontraient. — Rousseau de la Combe cite sur ce point deux arrêts, l'un du Parlement de Paris, l'autre du Parlement d'Aix, en sens contraire, et il essaye de les concilier (1). L'arrêt du Parlement de Paris du 14 août 1632 se prononce dans le sens de l'application de la loi pénale française (2); mais la poursuite ne devait pas avoir lieu d'office. Jousse approuve l'arrêt du Parlement de Paris (3). Le *Nouveau Denisart* défend la thèse contraire. Il n'admet l'application de la loi pénale française qu'autant que le crime commis à l'étranger par un étranger, au préjudice d'un étranger, a eu des suites en France (4).

Ancien Droit relativement à des faits de l'étranger à l'étranger.

(1) *Mat. crim.*, II⁰ partie, ch. I, n. 34, p. 122.
(2) Voir cet arrêt dans les arrêts de Bardel, t. II, p. 74, avec les Conclusions très-remarquables de l'avocat général Talon.
(3) Part. II, tit. II, n. 39, 40 et 41, p. 425 et suiv.
(4) V. *Délit*, § 4, n. 6.

Lorsque le fait de l'étranger avait été commis à l'étranger au préjudice d'un Français, le droit de poursuivre contre l'étranger saisi en France était-il reconnu d'une manière absolue? Jousse faisait des distinctions : si l'étranger était venu depuis fixer son domicile en France, il décidait, sans hésitation, que la loi française était applicable; il adoptait la même solution quand l'étranger était fugitif, n'avait aucun domicile. — C'était, disait-il, un vagabond qui pouvait être poursuivi dans le lieu où il était trouvé. Mais lorsque l'étranger était en France pour ses affaires, qu'il ne s'était pas dérobé à la répression de sa souveraineté, il déclarait la question pleine de difficultés, et sa conclusion n'était pas très-nette. Il cite Ayrault pour la négative; — les conclusions de l'avocat général Talon, lors de l'arrêt de 1632, pour l'affirmative, et c'est vers cette dernière opinion qu'il semble incliner (1); c'est aussi celle de Rousseau de la Combe (2); Le *Nouveau Denisart* rejette cette opinion (3).

J'insiste sur les solutions de l'ancien Droit, parce qu'elles sont de nature à vous faire comprendre toute l'importance qu'il faut attacher aux bases sur lesquelles on asseoit le droit de punir. — Expression de la vengeance publique et divine, expression même du droit de défense, la pénalité française ne devait-elle pas frapper l'étranger saisi en France, qui avait attenté aux droits du Français à l'étranger? Avec l'idée de justice morale, limitée par l'utilité sociale, on pourrait arriver au même résultat. « Le roi, disait l'avocat général Talon, a « intérêt à ce que la justice soit rendue à son sujet contre « l'étranger, » et la morale ne pourrait qu'y gagner. — Oui; mais si la pénalité n'était que la *sanction* du commandement, et si le commandement ne s'adressait pas aux étrangers en dehors du territoire français, comment les punir pour avoir violé une loi qui n'était pas la leur? — Comment les punir, par exemple, lorsqu'ils venaient, *ex post facto*, fixer leur do-

(1) *Justice crim.*, part. II, tit. II, sect. 4, n. 31, 32, 33 et 34.
(2) *Loco citato*.
(3) V. *Délit*, § 4, n. 7.

micile en France ? Du jour de leur résidence, ils étaient soumis à la souveraineté française ; mais, pour les actes anté- rieurs qui s'étaient produits sur le sol étranger, comment leur appliquer la loi française sans une véritable rétroactivité ?

L'ancien Droit français admettait unanimement que les at- tentats directs, commis à l'étranger contre l'Etat français, tombaient sous la prise de la pénalité française.

Les Codes pénal et d'instruction de 1791 furent muets sur la question ; mais un décret du 3-7 septembre 1792 mit en lu- mière les vrais principes. Ce décret proclame que les « étran- « gers prévenus de délits commis dans leur patrie n'ont pu « être légalement jugés que selon les lois de leur pays et par « leurs magistrats ; que les peines ne doivent avoir lieu que « là où les crimes ont été commis, et que ce serait tolérer une « atteinte à la souveraineté des peuples pour laquelle la « France donnera toujours l'exemple du respect, que de rete- « nir sur ses galères des étrangers qui n'ont pas blessé ses lois. »

Législation intermédiaire.

L'art. 12 du Code du 3 brumaire an IV réservait au pou- voir judiciaire la faculté de punir les étrangers qui auraient altéré ou falsifié, hors du territoire, soit la monnaie natio- nale, soit les papiers nationaux ayant cours de monnaie, ou qui auraient exposé sciemment, hors du territoire, soit des monnaies nationales contrefaites ou altérées, soit des papiers nationaux ayant cours de monnaie contrefaits ou falsifiés.

Si le droit de punir est une émanation de la souveraineté, comme le disait le décret du 3 septembre 1792, la souverai- neté française ne pouvant adresser ses commandements aux étrangers hors de France, était impuissante à faire infliger, en son nom, des pénalités contre des actes d'agression. C'était un droit de défense qu'elle avait à exercer ; ce n'était pas un droit de justice.

L'art. 13 du Code du 3 brumaire an IV déclarait qu'à l'é- gard des délits de toute autre nature, les étrangers prévenus de les avoir commis hors du territoire ne pourraient être ni punis ni jugés en France, c'est-à-dire que, comme Droit commun, il adoptait le principe du décret du 3 septembre

1792. Dans l'intérêt du crédit public, il avait fait une exception. Il avait intimé un certain ordre qu'il avait voulu rendre obligatoire pour l'étranger à l'étranger. La disposition finale de l'art. 13 offrait une singulière anomalie ; elle investissait l'autorité judiciaire française du droit de condamner les étrangers à sortir du territoire français et à ne pas y rentrer, et ce, à deux conditions : 1° que les faits commis à l'étranger fussent des atteintes aux personnes ou aux propriétés, emportant peine afflictive ou infamante; 2° qu'il fût justifié que ces faits étaient l'objet de poursuites dans le pays où ils s'étaient produits. Tous les auteurs, et notamment M. Mangin et M. Faustin Hélie, ont critiqué cette disposition. — Pourquoi charger les tribunaux français de l'application d'une mesure de police ? — Le droit d'expulsion est une mesure de haute administration, qu'une loi du 28 vendémiaire an VI (1), confirmée par une loi du 3 décembre 1849, a restituée au pouvoir exécutif. Pourquoi d'ailleurs subordonner le droit d'expulsion à la condition qu'il y aurait des poursuites dans le pays où le crime aurait été commis ?

Nous avons vu que l'art. 5 du Code d'instruction criminelle admet sans restriction et sans condition la personnalité de la loi française à l'encontre des Français qui commettraient, à l'étranger, des crimes attentatoires à la sûreté ou au crédit de l'État. Le projet de 1852 étendait le principe aux délits qui avaient le caractère prévu par l'art. 5.

Le Code d'instruction criminelle, dans son art. 6, réserve le droit de poursuite en France, contre les étrangers qui se rendraient coupables, hors du territoire français, de crimes attentatoires à la sûreté de l'État, ou de contrefaçon, soit du sceau de l'État, soit de monnaies nationales ayant cours, soit de papiers nationaux, soit de billets de banque autorisés par la loi, et ce, sous la condition que ces étrangers seraient arrêtés en France ou que le gouvernement obtiendrait leur extradition. Il assimile ainsi les étrangers, dans ce cas, aux

---

(1) Voir aussi art. 272 du Code pénal et lois des 21 avril 1832, 1er mai 1834, 26 avril 1836, 22 juillet 1838, 24 juillet 1839, 15 juillet 1840.

Français qui se rendraient coupables des mêmes faits à l'étranger. Cet article veut-il dire seulement que la poursuite contre les étrangers, dans ce cas, sera facultative? Mais d'après les termes de l'art. 5, auquel l'art. 6 se réfère, la poursuite contre les Français auteurs d'attaques directes contre l'existence ou contre le crédit de l'État n'est elle-même que facultative; or, l'art. 6 dit que la disposition de l'art. 5 relative aux Français *pourra être étendue aux étrangers.* Il n'est pas possible de croire que le législateur ait écrit qu'il serait *facultatif* d'user contre les étrangers de la *faculté* qui était créée contre les Français.

Boitard me paraît avoir bien saisi le sens de cet article. La question de savoir si la poursuite contre les étrangers peut avoir lieu n'est pas une question exclusivement judiciaire. L'extension de l'application de l'art. 5 aux étrangers est subordonnée à l'appréciation du pouvoir exécutif. Le consentement de l'administration, voilà la condition *sine quâ non* de la poursuite. C'est là, direz-vous, une anomalie? — Oui, sans doute; mais si l'art. 6 n'est pas l'exercice du pouvoir coactif inhérent à toute souveraineté, s'il n'est, dans la réalité, que l'exercice du droit de défense régularisé, confié à l'impartialité et à la modération de l'autorité judiciaire, on comprend que cette mesure dans laquelle domine, après tout, le caractère politique, ne puisse et ne doive être prise qu'avec l'assentiment du pouvoir exécutif.

Interprétation
de l'art. 6
par Boitard.

La discussion de l'art. 6 au Conseil d'État atteste bien que cette disposition, qui avait des précédents dans l'ancien Droit et aussi dans l'art. 12 de la loi du 3 brumaire an IV, apparaissait comme exorbitante.

M. Treilhard objectait, et l'objection nous paraît invincible, que l'étranger n'est pas tenu, hors de France, d'obéir à nos lois; M. Bérenger répondait que l'art. 6 n'était que la sanction d'un principe de Droit international. Mais le Droit international n'a pas de sanction applicable par l'autorité judiciaire. — M. Cambacérès semblait faire à M. Treilhard une meilleure réponse : L'étranger ne serait poursuivi qu'autant qu'il serait en France, et sa présence serait une présomption *juris et de jure* qu'il voulait tirer parti de son crime sur notre territoire, qu'il venait pour l'utiliser. Est-ce qu'une pareille présomption n'était pas dans le domaine de la loi? Oui, certainement, bien que les présomptions soient, en Droit pénal surtout, très-dangereuses, parce qu'elles ne sont bien souvent que des fictions; mais il fallait alors au moins subordonner l'application de l'art. 6 à la condition d'un retour volontaire de l'étranger en France, tandis que cet article peut être appliqué à l'étranger, dont le pouvoir français obtient l'extradition.—Est-ce qu'il y a place à la *présomption* d'intention de réaliser le profit du crime en France, quand l'étranger n'est sous le coup de notre loi que parce qu'il a été livré, sur la revendication que le pouvoir exécutif français en a fait, en le représentant comme justiciable de l'autorité judiciaire française?

Non, il n'est pas possible de faire rentrer l'art. 6 dans le Droit commun, et de le couvrir d'un principe. Il a eu pour le législateur, il doit avoir pour l'interprète, le caractère d'une exception, d'une exception qui avait de puissants motifs, sans doute, et qui a la légitimité d'un intérêt national. Exception, cet article n'est pas susceptible d'interprétation extensive.

L'étranger, dans le cas de l'art. 6, ne pourrait pas être poursuivi, comme le Français le pourrait être, par contumace. La présence de l'étranger en France doit être une présence spontanée. Si elle était la suite d'une manœuvre frauduleuse, d'une ruse ou d'un accident, comme d'un naufrage, par exemple, il faudrait dire, avec l'arrêté des consuls, du 18 frimaire an VIII, dont la pensée vaut mieux que le langage : « Qu'il est hors du Droit des nations policées, « de profiter de l'accident d'un naufrage pour livrer même « au juste courroux des lois des malheureux échappés aux « flots, etc. (1) ».

(1) Portalis au Conseil des Anciens avait mieux dit : « Des hommes naufragés ne sont donc proprement justiciables d'aucun tribunal particulier ; il ne s'agit pas de les juger, mais de les secourir ; ils sont sous la

La question de savoir si, en principe, les lois pénales sont des lois *personnelles*, n'est pas cependant sans importance, notamment pour l'interprétation de l'art. 7 du Code d'instruction criminelle. Si, en effet, cet art. 7 n'est pas une exception exorbitante ; s'il n'est qu'une restriction du Droit commun, une limitation de la vérité juridique, il doit être interprété largement ; que si, au contraire, il n'est qu'une sorte de violence faite aux principes généraux, il faut s'attacher strictement à ses termes, et se garder d'en élargir la portée. — Ainsi, s'agit-il de savoir si le désistement du Français qui a porté plainte contre le Français de retour, paralyse l'action du ministère public et fait obstacle à la poursuite ? il est nécessaire de résoudre la question du principe : il faut, avec M. Mangin (1), subordonner l'action publique à la volonté privée, si l'infraction commise à l'étranger a, sauf une restriction, un titre à l'immunité ; il ne faut pas, au contraire, hésiter à proclamer, avec M. Faustin Hélie (2), l'indépendance de l'action publique, quand elle a été provoquée, si la criminalité n'est pas une criminalité conditionnelle, et si la plainte n'a été exigée que comme une mise en demeure, suppléant celle qui résulterait du flagrant délit, de la clameur publique et de toutes les preuves que laisserait après elle l'infraction commise sur le territoire français.

S'agit-il de savoir si le crime du Français à l'étranger, au préjudice d'un Français, doit être nécessairement un crime contre la *personne* ou s'il suffit que ce crime atteigne *les biens* du Français, on ne pourra hésiter à adopter la dernière interprétation, du moment où l'on admettra le principe de la *personnalité* de la loi pénale française.

Je vous ai dit que le caractère incontesté de la loi pénale, son caractère exclusif, suivant les uns, son caractère prédomi-

---

garantie de la commisération universelle ; l'État dans lequel ils prennent un asile forcé en répond au monde entier. »

(1) *De l'action publique*, n. 70, p. 13.

(2) *Inst. crim.*, II, p. 623. — Cour d'assises de la Seine, 20 mars 1840, — Devill. et Car., 47.1.315.

nant, suivant les autres, et c'est cette dernière idée que je défends, était le caractère de la *territorialité*.

Définition du territoire. La loi pénale domine le territoire ; mais qu'est-ce que le territoire ? — Le territoire se compose de toutes les contrées soumises à la souveraineté d'un pouvoir social déterminé. — Cette souveraineté peut s'exercer au delà des frontières, c'est-à-dire au delà des limites résultant de la nature et des traités.

Mer territoriale. Ainsi, 1° la souveraineté du pouvoir social s'exerce sur la mer dite *territoriale*, c'est-à-dire sur la partie de la mer qui, à raison de la proximité de la terre, participe, en quelque sorte, à sa condition, et s'appelle *frontière maritime*. Sans doute, en principe, la mer est insusceptible d'appropriation ; elle appartient à tous les hommes et n'appartient à aucun, parce qu'aucun d'eux ne peut se l'assimiler, la conquérir, la marquer d'une empreinte durable de sa personnalité (1). — La mer, qui se dérobe au droit de propriété, ne subit, par la même raison, aucune souveraineté particulière ; c'est, comme l'a dit M. de Broglie, une sorte de territoire libre, qui ne relève d'aucune puissance ; Grotius a cherché le principe de la liberté des mers dans cette circonstance qu'elles n'ont pas de bornes certaines, de limites déterminées, ce qui n'est pas vrai, au moins de toutes les mers. — Mᵐᵉ de Staël, dont je n'oserais me faire une autorité dans cette chaire, si M. Troplong, dont les exemples sont bons à suivre, même de loin, ne l'avait citée, dans son traité *De la Prescription* (2), a signalé la véritable raison qui a échappé au savant publiciste. — « Si « les vaisseaux sillonnent un moment les ondes, la vague « vient aussitôt effacer cette légère marque de servitude, et la « mer reparaît comme elle fut au premier jour de la création. »

---

(1) *Mari quod naturâ omnibus patet, servitus imponi privatâ lege non potest* (ff. liv. VIII, tit. 4, fragm. 13). C'est parce que la mer n'appartient à aucune nation, que le crime de piraterie peut être réprimé par chaque État souverain ; il est soumis à la juridiction des pouvoirs judiciaires de toutes les nations. (Wheaton, *Éléments du Droit international*, ch. II, § 22 Pasquale Fiore, *Nouveau Droit international*, traduction *Pradier-Fodéré*, t. I, page 320. — Loi française du 10 avril 1825).

(2) Tome Iᵉʳ, n. 142.

Cette liberté souffre une exception qui est en parfait accord avec le principe : chaque État est réputé souverain de la portion de mer qui le borde, qu'il peut défendre des côtes, c'est-à-dire d'un rayon déterminé par la plus forte portée du canon.

En dedans de ce rayon, les lois pénales, les lois de police, et notamment les lois de douane, sont obligatoires pour tous.

2° La souveraineté d'un État s'exerce, même en pleine mer, sur tout navire qui porte son pavillon. Le navire est, comme on l'a très-bien dit, considéré comme une portion détachée du territoire de la nation à laquelle il appartient (1). En pleine mer, cela est vrai, sans distinction entre les bâtiments de guerre et les bâtiments de commerce. — Mais quand les navires ne sont plus en pleine mer, qu'ils sont dans les eaux réputées la propriété d'un État étranger, il faut distinguer (2).

Bâtiments de guerre et bâtiments de commerce.

Le navire de guerre qui porte une partie de la puissance publique de son pays est affranchi de toute police étrangère sur son bord. — Son équipage n'est soumis qu'à la loi nationale; sans cela la souveraineté dont il est l'une des personnifications à l'étranger serait soumise à la souveraineté étrangère. — La nation dans les eaux de laquelle est ce bâtiment de guerre peut prendre à son égard des mesures de sûreté et de surveillance ; elle peut exercer le droit de défense; mais elle ne peut exercer le droit de punir qui suppose une supériorité hiérarchique.

Quant aux bâtiments de commerce dans les eaux d'une puissance étrangère, ils ne représentent pas la souveraineté de leur pays, et partant ils sont soumis aux lois de police et de sûreté du pays dans les eaux duquel ils stationnent.

(1) Ordonnance de 1681.—Loi du 22 août 1790.—Loi u 1ᵉʳ décembre 1790. — Arrêt du 26 mars 1804. — Décret du 22 juillet 1806. —Décret du 12 novembre 1806.—Décret du 15 août 1851.—Décret du 26 mars 1852.

(2) Loi du 4 germinal an II, — art. 538, *Cod. civ.* — Grotius, *De jure belli ac pacis*, liv. II, chap. III, n. 13.—Vattel, *Droit des gens*, liv. I, chap. XXIII, § 289.—De Martens, *Précis du Droit des gens*, t. I, p. 143 à 153.— Heffter, *Le Droit international public de l'Europe*, traduit par Bergson, p. 155.

Cependant les infractions qui ne portent atteinte qu'à la discipline intérieure des bâtiments, lorsqu'elles sont commises, à bord, par une personne de l'équipage, envers une autre personne du même équipage, ou de l'équipage d'un bâtiment de la même nation, restent soumises à la loi du pays auquel le bâtiment appartient, et l'autorité locale ne doit intervenir qu'autant que son secours est réclamé ou que la tranquillité du port est compromise (1).

Armée.

3° La souveraineté du pouvoir social s'exerce en dehors même du territoire, dans tous les lieux occupés militairement en son nom et où flotte son drapeau. Ce principe a été traduit d'une manière précise et vive : « Là où est le drapeau, là est la France. » — Les art. 63 et 77 du Code de justice militaire pour l'armée de terre, sont l'expression de cette pensée : « L'armée, a dit l'éloquent rapporteur du Corps législatif, M. Langlais, c'est comme un État qui voyage (2). »

Je viens de vous indiquer l'extension que subit le principe de la *territorialité* de la loi pénale. — Voici maintenant la restriction.

Restriction du principe de la territorialité.

La restriction est encore la conséquence du même principe, et ce principe il importe d'autant plus de le mettre en lumière qu'il est, à mon sens, la meilleure explication, le plus solide fondement du droit de punir. — Les agents diplomatiques accrédités près du pouvoir exécutif français ne sont pas soumis à l'application de la loi pénale française : c'est là un principe de Droit international, c'est-à-dire d'un Droit sans sanction, puisque les nations ne reconnaissent pas de supérieur commun. Mais ce principe ne résulte pas seulement des usages et des traditions ; il résulte des nécessités communes à toutes les sociétés, et il a été reconnu par la raison de tous les temps et de tous les pays : « *Sancti habentur legati,* » disait la

(1) *Avis du Conseil d'Etat,* du 20 novembre 1806. — Ordonnance du 18 octobre 1833, art. 22. — Molinier, *Programme du cours de Droit criminel,* p. 14. — Massé, *Droit commercial,* n° 427. — Rapprocher un arrêt de la Cour de cassation du 25 février 1859 (Dev. 59.1.183).

(2) Voir aussi art. 98 et 99 du Code de justice militaire pour l'armée de mer (4-15 juin 1858).

loi 17 au *Dig. de legationibus*. Les ambassadeurs sont inviolables (1).

Mais le principe de leur inviolabilité est-il un principe absolu? — Quelques auteurs ont voulu y apporter des restrictions : ils ont dit que cette inviolabilité devait cesser quand les agents diplomatiques conspiraient contre le gouvernement près duquel ils étaient accrédités, ou qu'ils commettaient de ces crimes odieux dont l'impunité serait un scandale ou dont l'éclat appellerait une prompte répression, et cela, parce que dans ces cas les ambassadeurs devraient être réputés violer le mandat qu'ils ont reçu, et ne devaient plus être considérés comme les représentants de la puissance étrangère.

J'hésiterais beaucoup à admettre ces restrictions.

La question de savoir si l'ambassadeur étranger a abusé de son mandat à ce point que la puissance qui l'a envoyé ne le considère plus comme son mandataire, ne peut être jugée que par cette puissance ; et tant qu'elle n'est pas jugée contre lui, le mandataire non révoqué a un titre qui le couvre, parce qu'il est la souveraineté étrangère, et qu'encore une fois, entre deux souverainetés, il peut être question de défense, même de guerre, mais non de l'application de la sanction du droit de commander qui n'existe pas. — La théorie que je combats aurait bientôt tous les inconvénients qui ont fait introduire le principe de l'inviolabilité des ambassadeurs. La doctrine que je soutiens ne désarme pas le Gouvernement français : si je lui dénie le droit de *punir*, je lui reconnais le droit de *se défendre*. Le Gouvernement pourra prendre tous les moyens nécessaires pour réduire l'ambassadeur à l'impuissance de faire du mal. Il pourra l'expulser ; il pourra même le faire arrêter ; mais il ne pourra le faire juger, c'est-à-dire le soumettre à une juridiction, expression d'une souveraineté dont il ne relève pas. — Un décret du 13 ventôse an II, émané de la Convention, d'un pouvoir qu'on n'a jamais été tenté d'accuser de déférence obséquieuse pour les puissances étran-

(1) Voir sur l'application de ce principe un arrêt de la Cour de cassation, du 11 juin 1852, Devill. et Car., 52.1.467.

gères, a consacré ce principe. — Ce décret est resté en vigueur (1).

Concluons :

La loi pénale est tout à la fois une loi *territoriale* et *personnelle*, parce qu'elle est une conséquence du droit de souveraineté, qui est lui-même *territorial* et *personnel*. — Là où existe le droit de commander, existe le droit de punir. — Là où le droit de commander n'existe pas, il ne peut être question que du droit de défense (2).

(1) Voir Mangin, n° 80.
(2) Burlamaqui, édit. Cotelle, t. Ier, p. 313, etc. — *Eléments de Droit naturel*, ch. IV, *du Droit pris pour faculté, etc.*

HUITIÈME LEÇON.

EXAMEN DE LA LOI DU 27 JUIN 1866, modificative des articles 5, 6 et 7 du Code d'instruction criminelle.

Importance de la loi du 27 juin 1866. — Critique des diverses explications données du système législatif de 1808. — Motifs de la réforme. — But philosophique de notre étude. — Part d'influence des diverses théories pénales dans la discussion de la loi. — Critique d'une première objection. — Critique d'une seconde objection. — Le statut en matière pénale a-t-il un caractère autre qu'en matière civile ? — Le principe du décret du 23 octobre 1811 doit-il être réhabilité ? — Solution erronée du projet voté par le Corps législatif le 4 juin 1852. — Opinion de M. Bonjean. — Réfutation. — Extension du principe de la personnalité en matière de délits. — Le principe de la personnalité doit-il recevoir exception en matière de délits politiques ? — Condition de la poursuite en France des délits commis à l'étranger. — Objections et justifications. — Critique. — Quelle est la prescription applicable ? — Application de la maxime *non bis in idem*. — Effets de l'amnistie accordée par la souveraineté étrangère (1).

MESSIEURS,

L'empire de notre Droit pénal vient de recevoir une considérable extension ; absolu en dedans de nos frontières, il était en dehors très-limité, et subordonné à beaucoup de conditions

Importance de la loi du 27 juin 1866.

(1) Je reproduis comme leçon le texte des observations que j'ai publiées dans le tome XXIX, page 24 de la Revue critique de législation et de jurisprudence sur la loi modificative des art. 5, 6 et 7 du Code d'instruction criminelle. Je ne fais subir à ma rédaction de 1866 aucune de ces corrections de forme, aucune de ces modifications de langage dont on pourrait chercher contre mon gré l'explication dans des changements de situation : les règles de la courtoisie ne varient pas avec les destinées politiques.

restrictives. En vertu de leur caractère territorial, les lois de police et de sûreté s'appliquaient en France à tous, sans distinction de nationalité, et elles assuraient ainsi l'ordre intérieur; mais nos nationaux sortis de France, elles les abandonnaient presque à eux-mêmes et à la souveraineté étrangère dont ils recevaient l'hospitalité; en cessant de les protéger, elles semblaient perdre tout titre à leur obéissance; elles ne réservaient sans condition leur pouvoir répressif contre les crimes commis à l'étranger qu'autant qu'ils attentaient à la sûreté et au crédit de l'État (Art. 5, Code d'instr. crim.); elles le réservaient encore contre le Français sous la quintuple condition que l'infraction commise hors de France constituât un crime, que le coupable fût de retour, que la victime fût française, qu'elle portât plainte, et que le fait n'eût pas été définitivement jugé par la juridiction étrangère.

Critique des diverses explications données du système législatif de 1808. Etait-ce leur impuissance ou leur défaut d'intérêt à l'égard des infractions commises par les Français hors de France, que, sauf les deux exceptions des articles 5 et 7 du Code d'instruction criminelle, nos lois pénales reconnaissaient? Je crois qu'elles ne voulaient reconnaître que l'insuffisance de leur intérêt à la répression de faits qui s'étaient produits au loin et n'avaient pas été une atteinte directe à la sécurité nationale. Il est difficile d'admettre qu'elles aient entendu concentrer, en la localisant, la force de leurs prescriptions sur le sol français et qu'elles aient autorisé nos nationaux à s'affranchir temporairement, par un voyage, de leur souveraineté.

Il n'est pas plus aisé d'attribuer l'abstention du législateur de 1808 à la pensée que les moyens d'action manqueraient d'efficacité, le retour volontaire ou forcé du Français rebelle pouvant le restituer à la souveraineté dont il aurait violé les commandements.

La crainte de ne pas témoigner assez de respect pour les souverainetés étrangères, en s'occupant de faits dont leurs territoires auraient été le théâtre ne fournirait pas une explication plus satisfaisante; des motifs de prudence politique seraient peu conciliables avec l'esprit du temps. Le gouvernement impérial ne péchait pas par défaut d'indépendance vis-à-vis des souverains étrangers.

Nos Codes n'avaient résolu qu'une question d'opportunité, une question d'utilité nationale.

Motifs
de la réforme.

Les solutions justifiées par les convenances d'une situation, par les intérêts d'une époque, n'ont rien de fixe et d'invariable ; la répression n'est pas légitime seulement parce qu'elle est utile, mais son utilité est une des conditions de sa légitimité, et c'est surtout en matière pénale que l'inutile d'aujourd'hui peut devenir l'utile de demain.

Voilà pourquoi en 1842, en 1845, en 1852, la réforme des articles 5 et 7 du Code d'instruction criminelle a été tentée, et pourquoi aussi elle devait un jour ou l'autre aboutir.

Les relations de plus en plus étroites entre les peuples, la liberté des échanges, la facilité des communications et des voyages, la disparition des distances, la solidarité de vie commerciale et de vie intellectuelle, le travail continu de la civilisation qui nivelle les mœurs, les lois, et leur imprime un caractère de ressemblance et d'unité, sont des témoignages expressifs des besoins nouveaux de répression auxquels il s'agissait de pourvoir.

M. Nogent Saint-Laurens, dans son rapport au Corps législatif, M. Bonjean, dans son rapport au Sénat, ont brillamment et magistralement démontré qu'un crime, en quelque pays qu'il soit commis, est de nos jours une cause de trouble et d'alarme non-seulement pour la nation au sein de laquelle il s'est produit, mais encore pour la nation à laquelle appartient le coupable. C'est là une vérité désormais au-dessus de toute discussion.

C'est moins à la loi nouvelle qu'aux principes philosophiques dont elle s'est inspirée que s'adresse notre examen.

But
philosophique
de notre étude.

Les solutions législatives ont une grande importance sans doute, et leur intérêt pratique leur assure, en suffisante abondance, des interprètes.

Les théories attirent moins à elles ; dans le présent elles sont plus négligées, bien qu'à la longue leur action doive être prépondérante ; il est commode, pour se dispenser de les étudier, de les qualifier d'abstractions et de les renvoyer aux controverses de l'école. Je suis pourtant heureux de reconnaître qu'un orateur éloquent, M. Jules Favre, dans la discussion de cette loi, a dignement revendiqué les droits de la spéculation en préférant aux exemples *les théories et les raisonnements qui ne sont*, a-t-il dit, *que l'usage des facultés immatérielles que Dieu nous a données pour marcher à la conquête de la vérité* (1).

La question de l'étendue de la souveraineté pénale sous le rapport des lieux et des personnes met forcément en présence les théories qui ont entrepris de justifier le principe de la pénalité : aussi les orateurs qui ont pris part au débat, qu'ils s'en soient plus ou moins rendu compte, qu'ils aient sur ce point parlé avec plus ou moins de préméditation, ont d'une manière plus ou moins directe fait leur profession de foi.

M. Nogent Saint-Laurens, au nom de la commission du Corps législatif, a adopté l'idée de Romagnosi, de Rauter, de Giulani, de M. Franck. La société puise dans son existence même le droit de se défendre contre l'agression des malfaiteurs.

« Le droit de punir n'est que la légitime défense des sociétés contre ceux qui attaquent les personnes, les propriétés, l'ordre public, et qui troublent ainsi la sécurité générale (2). »

M. Nogent Saint-Laurens, en répondant à M. Picard, a dit encore : « Le droit de punir est la légitime défense de la société ; ce droit est organisé dans les lois répressives (3). »

Ce système, dont j'ai ailleurs essayé de mettre en lumière les vices, est l'un des moins propres à établir le droit de la société française de saisir au retour le Français qui a troublé la sécurité d'une société étrangère ; s'il ne résiste pas d'une manière absolue à l'extension qu'ont reçue nos lois pénales, il ne la favorise point et élèverait plutôt un préjugé contre elle.

(1) *Moniteur* du 31 mai 1866.
(2) *Moniteur* du 30 mai 1866.
(3) *Moniteur* du 31 mai 1866.

Il semble qu'il conviendrait de laisser à la société, dont l'ordre public a été l'objet direct d'une atteinte, le soin de se défendre; le contre-coup que peut ressentir notre société française n'est peut-être pas assez immédiat, assez énergique pour légitimer l'exercice du droit de défense.

M. Emile Ollivier a adopté le système qui fonde le droit de punir sur la justice morale limitée par l'utilité sociale.

« L'acte que j'examine a été commis en territoire étranger, que m'importe. Je ne m'en inquiète pas. Est-il contraire à la justice ? Porte-t-il atteinte à l'intérêt social ? Je le punis, sinon je l'absous. L'acte que l'on considère en lui-même est-il contraire à la justice ? Si l'acte n'est pas contraire à la justice, il échappe à la répression ; s'il est contraire à la justice, il n'y est pas par cela même soumis, car le jurisconsulte ne peut pas s'arroger les pouvoirs du prêtre, et le droit ne peut pas se confondre avec la morale. » C'est bien là, et en des termes excellents, l'expression des idées de MM. de Broglie, Guizot, Cousin, Rossi, Rémusat, etc.

Il est vrai que M. Ollivier parle aussi de la nécessité de la conservation sociale; mais cela doit s'entendre de l'utilité qui donne titre pour infliger l'expiation.

M. Lubonis s'est associé à ces idées. « Deux éléments primitifs doivent concourir à former la base de la pénalité et des poursuites, à savoir, la criminalité de l'acte et le dommage social (1). »

M. Mége s'est rallié au même système : « Le droit de punir, nous a-t-on dit, prend sa source dans deux idées complétement distinctes, complétement différentes : une pensée de justice absolue et une pensée d'intérêt. J'admets cette origine, j'admets cette appréciation du droit de punir (2). »

La théorie de la pénalité fondée sur la justice morale limitée par l'utilité sociale se concilie déjà beaucoup plus avec la répression par la loi française des actes commis à l'étranger au préjudice, soit des nationaux, soit des non-nationaux. M. Mége a

(1) *Moniteur* du 31 mai 1866.
(2) *Moniteur* du 1er juin 1866.

établi avec une grande précision que cette théorie non-seulement ne condamnait pas la loi nouvelle, mais la justifiait.

Chose singulière! c'est un des plus redoutables adversaires
de la loi, M. Jules Favre, qui a soutenu celle des théories sur
la base de la pénalité qui se prête le mieux, au point de vue
philosophique, à la défense de l'innovation qu'il combattait.

Si le droit de punir n'est qu'un corollaire du droit de commander, si sa légitimité est subordonnée à la légitimité et à
l'importance du commandement, les lois françaises qui prohi-
bent, sous de fortes sanctions pénales, le meurtre, l'incendie,
le viol, le faux, n'interdisent-elles aux Français ces crimes
que sur notre territoire ?

Elles ne seraient alors que des lois territoriales, et elles
n'auraient alors, à l'égard des regnicoles, que l'autorité qu'elles
ont vis-à-vis des étrangers ; mais ne lient-elles pas les Français
autrement que les étrangers?

N'ont-elles pas pour ceux que leur origine, leur nationalité
rendent sujets, non d'un homme, mais de la souveraineté nationale, un caractère de plus que celui qu'elles ont à l'égard
des non-nationaux, qui ne subissent notre souveraineté qu'en
tant qu'ils jouissent de sa protection et ne lui appartiennent
que par le fait de leur résidence plus ou moins longue sur
notre sol?

Des lois ne peuvent-elles pas n'avoir qu'un empire territorial sur les personnes qui ne leur doivent obéissance qu'à raison et pendant la durée de leur séjour sur le territoire
français?

Ne peuvent-elles point avoir un empire personnel sur les
Français, que leur nationalité, qu'ils conservent hors de
France, maintient partout sous la souveraineté française ?

« Le principe du droit de punir est essentiellement un acte
de souveraineté, a dit M. Jules Favre ; il s'affirme dans la
législation qui émane du souverain : le droit de punir est un
attribut du souverain. »

Avec ce point de départ, qui est le nôtre, la question se
réduit à savoir si le souverain ne commande plus légitimement

à ses nationaux et perd sur eux tout droit de contrôle, quand ils sont en dehors de la frontière.

M. Jules Favre ne s'est pas mépris sur le véritable élément de décision : aussi conteste-t-il, d'une manière absolue, à la souveraineté française le droit de réclamer des Français l'obéissance hors de France ; il lui refuse le droit de punir en dehors des frontières : cet acte appartient, suivant lui, à la souveraineté du pays où il s'est produit ; c'est le résultat d'un principe de réciprocité. La souveraineté française punit l'étranger qui viole ses lois sur le sol français ; la souveraineté étrangère doit seule pouvoir punir le Français qui vient troubler chez elle l'ordre intérieur confié à sa sauvegarde.

M. Jules Favre, dans cette argumentation, ne paraît pas avoir remarqué que la souveraineté française ne voit aucune usurpation à son détriment dans le fait de la souveraineté étrangère qui entreprend de réprimer chez elle, au retour de l'agent, son sujet, une infraction commise en France, mais que la répression de nos lois n'a pu atteindre ; la France assiste plutôt avec reconnaissance qu'avec jalousie à l'exercice d'une action répressive qui, bien loin d'ébranler, fortifie l'autorité de ses lois.

Première objection critiquée.

La France ne réclame donc pas une immunité qu'elle veuille refuser aux autres nations.

M. Mége a très-bien dit : « Nous n'allons pas faire exécuter et appliquer la peine dans le pays étranger ; nous ne substituons pas notre justice à la justice étrangère : non, nous attendons que le coupable soit de retour en France, et alors, dans sa présence, dans le mauvais exemple que sa présence y donne, nous puisons le droit de le frapper » (1).

Ce que nous voulons constater, c'est que la théorie qui fonde le droit de punir sur la nécessité de la sanction, laquelle est de l'essence du droit de commander, ou du droit de souveraineté, peut aujourd'hui revendiquer M. Jules Favre comme un de ses adhérents.

Sans doute l'éminent orateur fait produire à cette théorie

(1) *Moniteur* du 1er juin 1866.

des conséquences contraires à celles que nous en déduisons ;
il veut que la souveraineté de chaque nation expire sur la
limite de sa frontière, et nous tenons cette idée pour vraie
quand il s'agit de délinquants étrangers ; mais nous la
rejetons comme erronée lorsqu'il l'applique même aux nationaux.

Seconde
objection criti-
quée.
M. Jules Favre et M. Picard ont opposé encore à la loi une
autre objection, qui n'est peut-être que la même idée sous un
autre aspect. Suivant eux, un citoyen ne saurait être simultanément soumis à deux souverainetés, à la souveraineté de son
pays et à la souveraineté du pays dont il est l'hôte.

« On ne peut servir deux maîtres, on ne peut être sujet de
deux législations à la fois ; je passe la frontière, je suis en
Prusse, je suis soumis à la législation prussienne ; elle pèse
sur moi comme elle me protège ; en ce qui concerne la législation pénale, j'ai cessé d'être le sujet de la législation française (1).

Cette proposition affirme précisément ce qui est en question.
Qu'elle ne soit pas exacte, au moins au point de vue du droit
civil, c'est ce qui n'est pas contestable. Le Français à l'étranger
ne jouit que de la capacité que lui mesure la loi française, et
cette capacité, il n'a la liberté d'en user qu'autant qu'il n'est
pas en contradiction avec les lois d'ordre public du pays où il
se propose de contracter. Pourquoi le Français serait-il moins
étroitement lié envers la loi pénale française qu'envers la loi
civile ? Pourquoi ne devrait-il pas, hors de son pays, respect
tout à la fois à la souveraineté nationale et à la souveraineté
sous l'égide de laquelle il s'est, pour un temps plus ou moins
long, librement placé ?

Le statut a-t-il
en matière pénale
un caractère
autre
qu'en matière
civile ?
M. Jules Favre répond : « En matière civile, le statut
personnel suit l'étranger partout où il va ; en matière
pénale, l'étranger au contraire est saisi par le statut territorial. »

C'est encore là une affirmation ; ce que nous demandons,

(1) *Moniteur* du 31 mai 1866.

c'est la raison de cette prétendue différence entre les deux statuts : le statut civil et le statut pénal. Pourquoi certaines lois pénales françaises ne seraient-elles pas, comme certaines lois civiles, obligatoires pour les Français en quelque lieu qu'ils établissent leur séjour et portent leurs pas ?

C'est là l'idée que la Faculté de Droit de Caen avait exprimée en 1846, dans son rapport *sur quelques modifications à apporter au Code d'instruction criminelle ;* c'est aussi l'idée que nous avons développée dans notre précédente leçon ; et cette idée, sous la plume de l'éminent rapporteur de la loi au Sénat, vient d'acquérir une considérable autorité.

« Si la loi civile suit le Français en quelque lieu qu'il se transporte pour régler sa capacité civile, sa fortune mobilière et les autres objets compris dans le statut personnel, pourquoi la loi pénale ne pourrait-elle pas le suivre également pour les devoirs moraux dont elle contient la sanction ? » (1)

La loi pénale peut-elle revêtir un caractère personnel ? Voilà le problème ; il ne peut être éludé ; il s'impose.

Un orateur d'un esprit très-élevé, M. Emile Ollivier, a dit pourtant : « Je ne me perdrai pas dans la question de savoir si la loi pénale française est personnelle ou si elle n'est que territoriale. »

Et M. Ollivier a reproché aux jurisconsultes, *qui ont leurs obscurités comme les philosophes,* de s'être égarés dans des abstractions métaphysiques.

La question était de savoir, non pas ce qu'était *en fait* notre loi pénale, mais ce qu'*en droit* elle pouvait être.

Le droit de commander et de sanctionner le commandement expire-t-il toujours sur la frontière du souverain ? Voilà le point qu'il faut de toute nécessité aborder, et M. Emile Ollivier lui-même, en écartant la formule traditionnelle, ne l'a pas négligé, et il l'a très-bien résolu.

M. Bonjean a affirmé et très-solidement défendu le double droit de juridiction territoriale et de juridiction personnelle.

(1) *Moniteur* du 23 juin 1866.

Le décret
du 23 octobre
1844
doit-il être
réhabilité?

La haute raison de M. Jules Favre et de M. Picard leur a bien fait comprendre que les articles 5, 6 et 7 du Code d'instruction criminelle laissaient une lacune à combler; c'est à cette lacune que les deux orateurs ont songé à remédier, en demandant, avec le décret du 23 octobre 1844, que le Français coupable d'un crime à l'étranger, pût être livré à la juridiction du pays dont il avait violé les lois.

Cette idée a rencontré et dû rencontrer une vive résistance; elle avait contre elle l'opinion de la grande majorité des criminalistes français, l'autorité d'une circulaire du garde des sceaux du 3 avril 1841, l'autorité du droit européen écrit dans tous les traités d'extradition et dans divers textes législatifs, la réprobation des meilleurs publicistes, Martens, Wheaton, Heffter, Mittermaïer, enfin toutes les susceptibilités de notre honneur national.

M. le vice-président du Conseil d'État, M. de Parieu, a trouvé d'excellentes paroles pour combattre ce système, et sa voix a eu partout beaucoup d'écho.

« Il n'y a pas un pays en Europe qui ait consenti à abandonner le jugement de ses nationaux revenus sur son territoire, et ce principe, qui veut qu'un homme soit, s'il est possible, jugé sous la protection de ses antécédents, en présence de tous ceux qui le connaissent, en présence de toute sa vie, devant les juges de sa nationalité et parlant sa langue, à l'abri de la procédure de son pays, ce principe, on vous proposerait de le sacrifier, en disant qu'au lieu du projet de loi, que vous discutez, il vaudrait mieux accorder l'extradition de nos nationaux ! (1)»

Dans son rapport au Sénat, M. Bonjean a excellemment dit : « Si indigne que soit un de nos nationaux, tant qu'il n'a pas perdu cette qualité, il conserve quelques droits à la protection de son pays. »

Sans doute il importe à la bonne harmonie entre les nations, comme le dit Vattel, suivi en cela par sir John Cornewall

(1) *Moniteur* du 31 mai 1866.

Lewis, que chaque Etat présume bien de la justice des Etats voisins; mais est-ce donc ébranler cette présomption que de préférer pour nos nationaux notre justice à la justice étrangère ?

Le projet de loi voté le 4 juin 1852 par le Corps législatif investissait la souveraineté française de la faculté de pour- suivre, quand le coupable viendrait chercher un abri sur notre sol, la répression des crimes commis par des étrangers sur le sol étranger, au préjudice de nos nationaux.

Solution erronée du projet voté par le Corps législatif le 4 juin 1852.

Cette disposition, signalée à la Chambre des lords dans la séance du 14 juin 1852, par lord Brougham et lord Lyndhurst, causa de l'émotion. Le 25 juin, le comte Malmesbury annon- çait à la Chambre que le gouvernement français ne donnerait pas suite au vote du Corps législatif. Le projet de loi, envoyé au Sénat, fut en effet retiré.

Les solutions critiquées en Angleterre ne méritaient-elles pas de l'être au point de vue général de la philosophie du Droit? N'étaient-elles pas inconciliables avec les vraies bases du droit de punir, quand elles prétendaient soumettre l'é- tranger, pour des actes commis à l'étranger contre un Fran- çais, à la loi française, sans titre à son obéissance sur un sol qui ne relevait pas de sa souveraineté?

Telle était l'objection que nous formulions dès 1864 (voir notre précédente leçon).

Le gouvernement français a abandonné avec beaucoup de raison une disposition qui empiétait sur la souveraineté des autres Etats, et il est revenu aux principes du décret des 3-7 septembre 1792 et des articles 12 et 13 du Code du 3 brumaire an IV.

M. Nogent Saint-Laurens, dans son rapport, a écrit : « Nous ne punissons pas, pour les crimes ordinaires, l'étranger qui a commis un crime à l'étranger et qui s'est réfugié en France. Ce cas est celui de l'extradition, au profit de la nation à la- quelle appartient l'étranger ; mais nous punissons exception- nellement l'étranger qui a commis à l'étranger un fait trou- blant la paix publique en France. »

L'exception pour les crimes commis à l'étranger par des étrangers contre le crédit et la sécurité de l'Etat est l'expression plutôt du droit de défense que du droit de punir.

C'est l'idée de Dante Alighieri, que je m'approprie, en l'atténuant. C'est peut-être l'auteur de la *Divine comédie* et aussi du *Traité de la monarchie*, qui a assigné le premier au droit social de punir son véritable caractère. « La punition n'est pas simplement une peine infligée à l'auteur d'un mal ; elle implique de la part de celui qui l'inflige une juridiction légitime. Aussi, si la peine n'émane pas du juge ordinaire, ce n'est plus une punition, c'est plutôt une injustice. »

Ce n'est pas une injustice si ce n'est qu'une défense légitime, et la défense est légitime si elle est nécessaire. Mais la vue de Dante est exacte, et la philosophie pénale eût dû en faire plus tôt son profit.

Opinion de M. Bonjean.— Réfutation.

M. Bonjean a semblé ne pas s'associer au scrupule dont le silence de la loi nouvelle, sur ce point, était un témoignage ; et il n'a pas dissimulé ses préférences pour le projet de 1852. « N'est-ce pas un spectacle qui révolte la conscience et la raison que celui de cet étranger qui, après avoir assassiné un Français sur le sol d'un des Etats voisins, vient chercher un asile dans la patrie même de sa victime, insultant par sa présence et son impunité à la légitime douleur des proches et des amis ? Si la justice française est incompétente du chef de l'assassin, *pourquoi ne serait-elle pas compétente du chef de la victime ? car enfin n'est-ce pas pour l'Etat un devoir de protéger et de venger un de ses nationaux ?*

Sans doute ce devoir est impossible à remplir quand le coupable étranger reste en son pays ; mais lorsque spontanément il revient en France, quand il jouit des droits que nos lois civiles accordent si libéralement aux étrangers, quand il vient se placer sous la protection de la loi française, quel principe serait violé si cette même loi lui demandait compte du sang versé ?

M. Bonjean a lui-même très-bien formulé le principe, bien qu'il lui dénie son nom et son titre, pour ne lui donner que la qualification d'objection : « On aura pensé sans doute que la loi française n'a empire sur cet étranger, ni comme loi personnelle, puisqu'il n'est pas Français, ni comme loi territoriale, puisque le fait punissable a été consommé hors de France. » « Ces raisons, ajoute le profond jurisconsulte, peuvent satisfaire ceux qui, dans les affaires de ce monde, ne considèrent que les principes abstraits, *quelquefois un peu arbitraires*, posés par les publicistes. »

Je ne puis m'accoutumer à croire que le principe qui fonde le droit de punir sur la souveraineté territoriale ou sur la souveraineté personnelle ne soit qu'une règle arbitraire et factice. Le droit de punir n'implique-t-il pas nécessairement le droit de commander ? La société emprunte-t-elle à la partie lésée le droit de la venger ou seulement de la défendre ? Peut-on même dire que la peine soit l'exercice du droit de défense appartenant à la société de son chef ?

Toutes ces questions ont été étudiées, non-seulement par les criminalistes allemands, auxquels M. Bonjean renvoie, mais par les criminalistes français, et elles sont, sinon précisément résolues, au moins très-élucidées. Les Codes de Wurtemberg, de Bade, de Hanovre, du royaume de Saxe, de Zurich, de Lucerne, de Thurgovie, n'ont pas entraîné par leur exemple le législateur français ; nous persistons à penser qu'il convient de nous en applaudir. Le gouvernement restera armé du droit d'expulser de notre territoire l'étranger dont la présence lui semble offrir un danger (1).

Voilà un droit, un vrai droit pour toute souveraineté, un droit qui se rattache, non pas au droit de commander, mais au droit de se défendre.

M. Guizot a très-bien caractérisé ce droit : « On ne saurait non plus admettre que pour l'expulsion d'un étranger comme dangereux, une procédure préalable et l'intervention des formes ou du pouvoir judiciaire soit nécessaire. C'est un droit de

---

(1) Lois des 29 vendémiaire an VI, 21 avril 1832 et 3 décembre 1849.

police qui appartient à l'autorité publique et dont elle use suivant sa conviction (1). »

Extension
du principe
de la personnalité
aux délits. L'extension du principe de la personnalité de la loi pénale aux délits commis par le Français à l'étranger se concilie facilement avec la pénalité, expression du droit de défense, avec la pénalité, expression de la justice morale limitée par l'utilité sociale. Elle est surtout en parfait accord avec la pénalité, sanction du commandement, et elle en est en quelque sorte la conséquence logique.

Toutefois l'application du principe est une question de prudence législative : n'y a-t-il point intérêt pour une société à ne point connaître, à ne point voir, afin de n'avoir point à les réprimer, des infractions qui se sont produites hors de son sein, et qu'elle ne tient point pour très-graves, puisqu'elle ne les punit que de peines correctionnelles ?

C'est là que se présente une appréciation de fait délicate qui peut inquiéter les esprits les plus fermes.

Je veux dire seulement que le motif déduit de ce que, parmi les délits, il en est qui, par la perversité qu'ils supposent chez l'agent et par l'alarme qu'ils produisent, ont plus d'importance sociale que les crimes, accuse notre législation et en appelle la réforme au point de vue de la classification des infractions. Je serais aussi peu touché, je l'avoue, de la considération que les lois de plusieurs peuples voisins punissent les délits commis en France par leurs nationaux, au préjudice des Français. Notre intérêt, quand la souveraineté française a eu le droit de commander, peut seul restreindre ou élargir l'application du droit de punir.

Le principe
de la personnalité
doit-il recevoir
exception,
en matière
de délits ? Le principe de la personnalité étendu aux délits, y avait-il une raison d'exception pour les délits politiques ? De raison philosophique, scientifique, il n'y en avait point incontestablement. Mais n'y avait-il pas une question de convenance et de mesure ? Le jury sortirait de son rôle purement théo-

(1) Dépêche du 15 août 1844 de M. Guizot à M. de Jarnac, affaire Pritchard, *Mémoires pour servir à l'histoire de mon temps*, tome VII, p. 91.

rique s'il se plaçait sur le terrain de l'opportunité; il peut seulement faire remarquer que, pour la solution de ce point, il importait de ne pas confondre dans l'argumentation, comme quelques orateurs ont semblé le faire, les crimes politiques et les délits politiques.

La répression par la loi française des délits commis par les Français à l'étranger a été subordonnée à la condition que ces délits fussent punis par la loi territoriale étrangère. Cette condition, que peuvent recommander certaines considérations d'équité, est un principe difficile à justifier. Elle paraît surtout heurter le système qui dérive le droit de punir du droit de commander. Pourquoi la souveraineté française s'incline-t-elle devant une autre souveraineté? Pourquoi subit-elle, ou, si l'on veut, s'inflige-t-elle des restrictions qui ne sont pas son œuvre? Logiquement, avec ce point de départ, ne devrait-elle pas appliquer la pénalité de la loi étrangère, quand cette pénalité est plus douce? Logiquement, ne devrait-elle pas appliquer la prescription de l'action publique, d'après la loi étrangère, quand cette prescription est plus courte?

La principale objection n'a pas échappé à la sagacité de M. Émile Ollivier, et lui, qui s'était rallié à la théorie de la justice morale, limitée par l'utilité sociale, s'est ici rattaché à la théorie plus simple et beaucoup moins théocratique de la souveraineté, comme fondement de la pénalité, pour rejeter une condition suspectée d'aboutir à une mutilation de la souveraineté française :

Conditions de la poursuite en France des délits commis à l'étranger. — Objections et justifications.

« Lorsqu'un législateur détermine quels sont les faits qui sont punissables, et qu'il les distingue de ceux qui ne le sont pas, quelle est la seule autorité qu'il doive interroger? Évidemment la sienne. Ne serait-ce pas puéril d'entendre un législateur nous dire : Vous m'avez chargé de rédiger votre Code pénal; je ne me suis pas borné à consulter mon bon sens, la justice, la lumière de ma propre conscience, puis à prononcer? Je m'en suis remis au législateur des pays voisins, je considérerais comme délit tout ce qu'il lui plaira de qualifier ainsi? Mais à l'instant même, répondrons-nous, vous avez

11

cessé d'être législateur ; vous avez abdiqué la souveraineté nationale, déserté votre rôle, humilié votre peuple ; comme on l'a dit, *une nation ne tient que d'elle-même le droit de punir, et il n'appartient qu'à elle d'en déterminer les limites.*

On ne saurait mieux dire, et j'eusse seulement désiré que M. Emile Ollivier eût indiqué, quant à la mesure de la pénalité et à la prescription de l'action publique, les conséquences que le respect de la souveraineté étrangère pouvait entraîner.

M. Emile Ollivier a fait une autre objection qui a moins de gravité peut-être, mais qui pourtant est encore considérable ; la culpabilité d'un agent et l'imputabilité pénale d'un fait varient avec les circonstances topographiques, et la vérité d'en deçà est l'erreur d'au delà.

« Un fait qualifié délit par notre loi est commis à l'étranger par un Français, sera-t-il punissable ? Vous connaissez la loi. Que vous répond-elle ? Ni oui ni non ; je n'en sais rien ; cela dépendra. Mais de quoi cela dépendra-t-il ? De la loi étrangère. Il sera punissable, s'il en est ainsi, de la loi étrangère, sinon il ne le sera pas. Mais, si le même fait est innocent en Belgique et coupable en Suisse, il sera à l'abri de poursuites si l'accusé est resté dans le premier pays ; il y sera soumis s'il a agi dans le second, et ainsi de suite, il pourra arriver qu'il soit innocent s'il passe une troisième frontière, et coupable dès qu'il en aura franchi une quatrième (1). »

Il est bien évident que, dans la pensée de M. Emile Ollivier, l'adoption partielle de la maxime *Locus regit actum,* quant aux délits des Français à l'étranger, ne fait pas dépendre l'application de la pénalité française de la loi du pays d'où revient le coupable, mais de la loi du pays où il a violé les prescriptions du législateur français.

M. Emile Ollivier objectait encore que l'influence et les entraînements du milieu dans lequel le délinquant avait agi, pouvaient atténuer, amoindrir la culpabilité individuelle, appeler

(1) *Moniteur* du 31 mai 1866.

un abaissement de peine, mais ne pouvaient exclure la culpabilité absolue résultant de la révolte contre la loi.

Cette argumentation, irréprochable sous le rapport de la logique, était-elle décisive? Le droit, ou si l'on veut, le devoir de punir n'existe pour une souveraineté que sous la condition d'une utilité sociale et dans les limites de cette utilité. Or est-il utile de punir en France un fait qui ne s'élève pas à la hauteur d'un crime et qui a pour excuse l'immunité que lui accorde la loi du pays où il s'est accompli? L'acte inoffensif pour la souveraineté territoriale qui le tolère intéresse-t-il assez la souveraineté d'origine de l'agent pour motiver une poursuite au retour en France?

M. le vice-président du Conseil d'État, M. de Parieu, s'est placé à un autre point de vue pour expliquer la restriction au principe de la personnalité en matière de délits : « Le but de la loi, a-t-il dit, est de compléter les garanties de la société française, compromises par le retour dans son sein du coupable, *et de compléter aussi les garanties désirables pour les sociétés étrangères, et le plus souvent voisines, à la juridiction desquelles l'agent s'est dérobé.* Or, le second but manque lorsque la société sur le territoire de laquelle le fait se produit ne le punit pas.

J'hésite à admettre cette explication qui assigne à la souveraineté française le rôle d'auxiliaire de la souveraineté étrangère contre nos nationaux. Le droit d'une souveraineté se mesure sur ses besoins et sur ses intérêts; elle n'a pas de services à rendre.

Critique.

J'aime mieux dire avec M. Lubonis qu'un délit qui est puni par la loi française et par la loi territoriale offre une présomption de très-sérieuse gravité et réclame une répression ; il constitue une infraction à un double commandement.

La souveraineté française n'abdique pas, a dit M. Lenormant, commissaire du gouvernement : « Le juge français n'appliquera que la loi de son pays. Si dans certains cas elle est plus sévère, dans d'autres elle le sera moins. » La question de la prescription ne peut pas faire de doute. a-t-il ajouté.

Je rappellerai que, lors de la loi de 1852, un honorable député avait présenté un amendement pour qu'il fût inséré dans la loi que la prescription ne commencerait qu'à partir du jour du retour en France. Cet amendement a été repoussé et le principe général maintenu ; il en est de même aux termes du projet qui nous est soumis.

Quelle est la prescription applicable ?

« La prescription a pour point de départ le moment où le fait a été commis, et c'est bien entendu la loi française et non la loi étrangère qui régira la prescription (1). »

En cas de délit commis par un particulier français ou étranger, la poursuite ne peut être intentée qu'à la requête du ministère public ; elle doit être précédée d'une plainte de la partie offensée ou d'une dénonciation officielle à l'autorité française par l'autorité du pays où il a été commis.

C'est le texte du § 4 de l'art. 5 de la nouvelle loi ; M. Lenormant l'a très-bien justifié.

Application de la maxime non bis in idem.

Le § 3 de l'art. 5 n'a été l'objet d'aucun débat.

Qu'il s'agisse d'un crime ou d'un délit, aucune poursuite n'a lieu si l'inculpé prouve qu'il a été jugé définitivement à l'étranger.

« Poursuivre un fait réprimé, écrit M. Nogent-Saint-Laurens, dans son rapport, ce serait violer la maxime banale *non bis in idem*. »

La fin de non-recevoir contre la poursuite n'est pas subordonnée à la condition que la peine ait été exécutée, ou qu'il en ait été fait remise par la grâce du pouvoir étranger.

La souveraineté française n'est pas à la disposition de la justice étrangère ; elle ne prête pas main-forte aux condamnations qui n'ont pas été prononcées en son nom ; — mais pourquoi tient-elle compte des condamnations du juge étranger, ou de ses arrêts d'acquittement ?

Dans la rigueur du droit, l'application de la sanction attachée aux commandements de la souveraineté étrangère ne désintéresse pas la souveraineté française ; c'est à nos lois qu'ap-

---

(1) *Moniteur* du 1er juin 1866.

partient la mission de punir la désobéissance qu'elles n'ont pu prévenir, et la satisfaction, peut-être dérisoire, qu'une loi étrangère a reçue, n'est pas, en principe, un témoignage suffisant de l'autorité et de la puissance de notre souveraineté.

Si le droit de punir est le corollaire du droit de commander, c'est le souverain, dont le commandement a été violé, qui doit infliger le châtiment.

Aussi notre jurisprudence proclame-t-elle que le jugement rendu au nom d'une souveraineté étrangère, qu'il absolve, acquitte ou condamne un étranger, *pour un délit commis en France*, ne fait pas obstacle à la poursuite et à la répression de la justice française (1).

« L'intérêt des nations fera peut-être prévaloir un jour, dans leurs rapports entre elles, le principe d'humanité *non bis in idem*. Mais ce principe constituera une exception que le législateur a seul le droit d'écrire. »

M. Bonjean, dans son rapport au Sénat, a pensé que, contrairement aux règles suivies pour les jugements civils, la loi nouvelle reconnaît aux arrêts rendus par les tribunaux criminels étrangers l'autorité de la chose jugée. N'a-t-il pas exagéré la portée d'une solution qui n'est, nous le croyons du moins, qu'une exception? Suivant nous, cette expression n'est pas encore l'expression du droit commun. — Qu'on convertisse l'exception en règle, nous le voulons bien, et nous l'espérons, parce que la logique n'est pas la seule inspiration que doive consulter la philosophie pénale.

L'amnistie promulguée par la souveraineté étrangère avant tout jugement couvrirait-elle le Français pour les délits, ou même pour les crimes commis hors de France (2)?

Effet de l'amnistie accordée par la souveraineté étrangère.

---

(1) Cass., 21 mars 1862.—Dev., 1862.1.541.

(2) L'art. 5 dit : « Tout Français qui, hors du territoire de France, s'est rendu coupable d'un fait qualifié délit par la loi française, peut être poursuivi et jugé en France si le fait est puni par la législation du pays où il a été commis. »

L'amnistie avant jugement écarte la possibilité de la vérification de l'existence de l'infraction par les juridictions déléguées de la souveraineté dont cette amnistie est l'œuvre; mais elle n'enlève pas au fait son caractère

La logique dit non.

L'humanité dit oui.

La question n'est pas sans importance, surtout en matière politique.

Pour les délits, par l'amnistie, ils cessent d'être punissables à l'étranger. Donc ils sont légalement impunissables en France.

Pour les crimes, notre loi ne semble restreindre son indépendance qu'en face d'un jugement définitif de la juridiction étrangère ; l'amnistie prévient le jugement, elle ne le supplée pas.

J'ai voulu faire pour la loi modificative du Code d'instruction criminelle ce que j'ai entrepris pour la loi du 13 mai 1863. J'ai essayé de me rendre compte du progrès ou du mouvement, pendant une période de trois ans, des idées sur les principes fondamentaux de la philosophie pénale.

Comment la science du Droit n'attacherait-elle pas une considérable importance à des débats qu'ont animés et éclairés des juristes profonds, d'éloquents orateurs, et des publicistes d'une importante autorité ? L'œuvre parlementaire ne comporte pas

de fait punissable. Par suite, elle ne saurait avoir d'effet contre la souveraineté française, qui n'a pas, elle, reconnu le danger ou l'impuissance de son action répressive. La souveraineté étrangère a prononcé la suspension de sa loi et non la suspension de la loi française.

Il faut dire de l'amnistie accordée par la souveraineté étrangère ce que nous avons dit de la prescription de l'action publique, quand cette prescription n'est accomplie que dans les conditions de la loi de l'étranger ; cette prescription n'est pas opposable en France : contre la poursuite en France, il n'y a que la prescription dans les termes de la loi française qui soit une protection.

Les délits commis à l'étranger par des Français ne sont impunissables sur notre territoire qu'autant que la loi étrangère ne les considère pas comme des délits ; il ne suffit donc pas qu'ils aient *cessé* d'être punissables à l'étranger pour n'être plus punissables en France, il faut qu'aucune punition ne soit écrite dans la loi étrangère.

Au contraire, l'amnistie après condamnation, la grâce, la prescription de la peine n'empêchent pas que le fait ait été définitivement jugé, et, par conséquent, elles sont exclusives de toute poursuite en France. Il convient d'appliquer la disposition de l'art. 5 ainsi conçue : «Toutefois, qu'il s'agisse d'un crime ou d'un délit, aucune poursuite n'a lieu si l'inculpé prouve qu'il a été définitivement jugé à l'étranger. »

sans doute la rigueur doctrinale de l'enseignement; mais en revanche, elle a l'éclat qui assure non-seulement aux vérités qu'elle consacre, mais encore à celle qu'elle préjuge ou qu'elle se borne à indiquer, le succès qui fait souvent défaut aux thèses de la logique la plus serrée.

NEUVIÈME LEÇON.

EMPIRE DE LA LOI PÉNALE SOUS LE RAPPORT DU TEMPS.—Questions de rétroactivité.—Lois de fond.—Art. 4 du Code pénal.—Questions diverses. — Lois de pure forme. — Lois admettant ou rejetant un certain genre de preuve, ou changeant la majorité nécessaire pour la condamnation. — Lois de compétence. — Lois qui transportent la répression de certaines infractions d'une juridiction à une autre juridiction. — Lois qui instituent des juridictions nouvelles et même des juridictions d'exception. — Quelle est l'influence de la loi nouvelle qui saisit une juridiction de la connaissance d'un certain genre d'infractions sur les infractions déjà déférées à la juridiction ancienne ? — Lois qui introduisent ou suppriment une voie de recours. —Lois de prescription.

MESSIEURS,

Étendue de l'empire de la loi pénale sous le rapport du temps.

J'ai examiné l'étendue de l'empire de la loi pénale sous le rapport du territoire et sous le rapport des personnes.

J'examine aujourd'hui quelle est l'étendue de son empire sous le rapport du temps.

L'art. 2 du Code civil proclame que la loi ne dispose que pour l'avenir et qu'elle n'a pas d'effet rétroactif. Ce principe est-il applicable aux lois pénales ?

Division de la question.

Cette question est complexe :

1° Ce principe est-il applicable aux lois de fond ?

2° Ce principe est-il applicable aux lois de procédure ?

3° Ce principe est-il applicable, soit aux lois qui fixent la durée de la prescription de l'action répressive, soit aux lois de prescription relatives à l'exécution de la peine ?

Il y a une question qui domine toutes ces questions. Quel est, dans notre Droit pénal, le caractère du principe de la non-rétroactivité? Ce principe est-il aujourd'hui un principe *constitutionnel*, c'est-à-dire un principe non-seulement liant le juge, mais liant ou ayant au moins titre pour lier le législateur? N'est-il, au contraire, qu'un principe *législatif*, un principe dont on doit présumer l'admission dans le silence de la loi, mais auquel la loi a le pouvoir de déroger ?

Il y a, sous ce rapport, deux phases dans notre législation depuis 1789.

Dans la Constitution du 3 septembre 1791 (art. 8), dans la Constitution du 24 juin 1793 (art. 14), dans la Constitution du 5 fructidor an III (art. 14), le principe de la non-rétroactivité est un principe *constitutionnel ;* mais dans la Constitution du 22 frimaire an VIII, dans la Charte de 1814, dans la Charte de 1830, dans la Constitution de 1848, le principe de la non-rétroactivité n'est plus un principe *constitutionnel ;* il n'est qu'un principe *législatif* auquel le législateur n'est plus tenu d'obéir, mais est seulement *réputé* obéir, quand il ne déclare pas le contraire.

Les Constitutions des 14 janvier, 2 et 25 décembre 1852, ont-elles restitué au principe de la non-rétroactivité le caractère que trois de nos Constitutions lui avaient d'abord imprimé? Un auteur, M. Duvergier, a pensé que l'art. 1er de la Constitution du 14 janvier 1852, *confirmant et garantissant les grands principes proclamés en 1789, et qui sont la base du Droit public des Français*, se réfère nécessairement à la déclaration des Droits du 26 août 1789.

Mais l'art. 1er se réfère au Droit public en vigueur, et je vous ai dit que le principe de la non-rétroactivité n'est plus qu'un grand principe de raison et de justice, présumé écrit dans la loi, mais non au-dessus de la loi (1). Quoi qu'il en

_____

(1) M. Duvergier, sur l'art. 7 de la loi du 10 février 1858, a abandonné sa théorie.—Voir sur le caractère de la rétroactivité Macaulay sur Hallam.

soit, il y a des principes qui puisent leur force et leur titre à l'inviolabilité dans la conscience publique.

Ceci dit, je reprends mes trois questions :

Loi pénale de fond. PREMIÈRE QUESTION. — Le principe de la non-rétroactivité est-il applicable aux lois pénales de fond ?

Cette question doit être subdivisée : 1° Les lois qui introduisent des incriminations nouvelles, ou des pénalités plus graves, peuvent-elles rétroagir ?

Au point de vue philosophique, cette question doit être résolue affirmativement ou négativement, suivant que la pénalité sera considérée comme un instrument de défense appartenant à la société, ou seulement comme la sanction nécessaire d'un commandement du pouvoir social. Si le droit de punir s'exerce, non pas en vue du passé, et comme la répression de la violation d'un commandement, mais en vue de l'avenir, et pour prévoir le retour de faits dangereux à l'ordre social, il ne faut pas hésiter à appliquer la loi nouvelle, quand elle est une meilleure arme défensive.

En effet, la punition des faits antérieurs à la promulgation de la loi qui les prohibe est tout aussi propre à servir d'exemple que la punition des faits postérieurs à cette loi; et, quant à l'aggravation de la pénalité, pourquoi appliquer un châtiment jugé insuffisant, quand le pouvoir en a un plus efficace à sa disposition? Voilà ce que dit la logique.

M. Rauter (1) le reconnaît; mais la logique recule parfois devant les conséquences d'un principe, sans consentir à confesser que le principe est faux.

Que si la peine n'est légitime que comme conséquence du commandement, la conséquence ne peut précéder la cause et les incriminations nouvelles, et les aggravations de pénalité ne peuvent rétroagir. *Moneat lex priusquam feriat* (2).

Essais sur l'histoire d'Angleterre, page 36 de la traduction de M. Guillaume Guizot. En Angleterre, le Parlement applique exceptionnellement et rétroactivement à certains coupables, des peines contraires au droit commun, et les actes qui ont ce caractère ont le nom de *Bill of pains and penalties*.

(1) Tome Ier, p. 55.
(2) La *Faculté de Droit de Paris*, dans son rapport sur les diverses

Le principe est écrit dans l'art. 4 du Code pénal; il était déjà écrit dans l'art. 8 de la Constitution du 3 septembre 1791 et dans l'art. 3 du Code du 3 brumaire an IV.

La loi nouvelle ne doit-elle pas au moins rétroagir, quand elle ne reproduit pas toutes les incriminations de la loi ancienne, ou qu'elle adoucit la pénalité ?

Quel que soit le caractère de la pénalité, qu'elle soit un instrument de défense ou la sanction d'un commandement, c'est-à-dire la conséquence de la violation d'un ordre ou d'une prohibition, le pouvoir n'a pas le droit de punir, quoique s'étant produit sous la loi ancienne, un fait qu'il ne regarde plus comme un danger social ou d'infliger à ce fait, qu'il juge encore punissable, une peine qui lui semble dépasser la mesure de la nécessité. Cela est évident si le principe de la défense est admis; le droit de défense ne naît que du péril de l'attaque.

Cela est certain encore dans notre système à nous qui ne voyons dans la peine qu'une sanction, parce que, du moment où la société juge qu'un certain commandement ne doit pas être maintenu, ou n'exige qu'une sanction moins énergique, elle n'a plus de titre, parce qu'elle n'a plus d'intérêt soit à une sanction quelconque, soit à une sanction reconnue excessive (1).

---

modifications à faire au *Code d'instruction criminelle*, a, toujours sous l'empire de l'idée que la légitimité du droit de punir ne dérive point du droit de commander, donné au principe de la non-rétroactivité une autre explication. Ce principe a, suivant l'opinion du savant rapporteur, uniquement pour but d'empêcher qu'un droit social aussi grave que celui de punir soit abandonné à l'arbitraire, à la discrétion du juge, et que la punition puisse jamais être créée pour une affaire spéciale ou contre une personne spéciale. *Revue de Législ.*, 1847, p. 223.

(1) Ce principe que la loi nouvelle rétroagit quand elle profite aux accusés, est écrit dans le *Code pénal* du 25 septembre 1791, IIᵉ partie, tit. III, art. 4, § 2 et 3;

Dans la loi du 25 frimaire an VIII, art. 18 et 19 ;

Dans un avis du Conseil d'État du 29 prairial an VIII;

Dans un décret du 23 juillet 1810, art. 6, et dans l'art. 276 du *Code de Justice militaire pour l'armée de terre*, du 4 août 1857.

Enfin il a été consacré par de nombreux arrêts.

Quand
la loi nouvelle
est-elle réputée
plus favorable?

Mais à quel caractère reconnaître que la loi nouvelle est plus favorable ?

La loi sous l'empire de laquelle le fait a été commis le punissait, par exemple, d'une peine *afflictive* et *infamante*, dont le maximum de durée était de 3 ans, et la loi nouvelle le punit d'une peine simplement *correctionnelle*, dont le maximum est de 5 ans et le minimum de 2 ans. Laquelle des deux lois est la plus favorable ? L'accusé, sous l'ancienne loi, ne pouvait être privé de la liberté que pendant 3 ans ; sous la loi nouvelle, il peut être privé de sa liberté pendant 5 ans (1).

Je crois que la gravité de la pénalité s'apprécie d'après son caractère, et non d'après sa durée.

Mais *quid*, si la loi nouvelle, sans changer la nature de la pénalité, abaisse le maximum et élève le minimum ?

Sous l'ancienne loi, l'emprisonnement pouvait être de 6 ans et le minimum était de 2 ans. La loi nouvelle dit que le minimum sera de 3 ans et que le maximum ne sera que de 5 ans. Si vous appliquez la loi ancienne, l'accusé court la chance de n'être condamné qu'à 2 ans ; mais, en revanche, il court la chance d'être condamné à 6 ans.

Si vous appliquez la loi nouvelle, il est garanti contre la chance de 6 ans, mais il n'a plus la chance de 2 ans.

Plusieurs systèmes se sont produits. Les uns ont dit : la loi nouvelle profitera à l'accusé en ce sens, qu'il ne pourra plus être condamné à 6 ans ; mais elle ne pourra lui préjudicier en ce sens qu'elle ne l'empêchera point de n'être condamné qu'à 2 ans (2).

D'autres on dit : il faudra laisser l'option à l'accusé ; mais il ne pourra scinder les deux législations.

M. Le Sellyer a proposé un troisième système. Il faudra calculer, a-t-il dit, si le maximum est plus abaissé que le minimum n'est élevé.

(1) Voir article de M. Lucas, *Revue de Législation, Ancienne Collection*, t. XI, p. 211 et 212.
(2) C'est le système suivi par M. Blanche, *Études pratiques sur le Code pénal*, Ire Étude, n. 33. — Dalloz, vº *Lois*, n. 372.

Si le maximum n'est que faiblement abaissé et le minimum considérablement élevé, la loi nouvelle est défavorable.—Voilà un calcul de proportion difficile.

Un quatrième système enfin dit que, du moment où le maximum de la pénalité est abaissé par la loi nouvelle, la peine est adoucie, bien que le minimum soit élevé (1).

Il semble qu'un cinquième système pourrait dire que du moment où le minimum est élevé par la loi nouvelle, cette loi constitue une aggravation.

Cette question est très-grave. Toutefois je crois que l'élévation du *minimum* ne blesse pas un droit acquis, puisqu'au moment de l'infraction l'agent n'a pu compter que le juge userait de la faculté d'abaisser la peine jusqu'à sa dernière limite ; que l'élévation du *maximum* pourrait seule être considérée comme l'atteinte à un droit, à raison de la faculté qu'elle donnerait d'excéder l'ancienne mesure assignée au châtiment.

Quelle est la législation applicable dans l'hypothèse de trois lois pénales successives dont la première, contemporaine du fait, le punit de la peine de mort, dont la seconde le punit de la peine des travaux forcés à temps, et dont la troisième, contemporaine du jugement, le punit des travaux forcés à perpétuité ?

Succession de trois lois. — Fait commis sous l'empire de la première loi.— Loi intermédiaire plus favorable que la première loi et la troisième loi. —Le fait est jugé sous l'empire de cette dernière loi.

La peine, sanction du commandement violé, c'est la peine de mort ; mais la société n'a plus besoin de la peine de mort, elle ne peut donc l'appliquer.

Mais elle a besoin des travaux forcés à perpétuité ; pourra-t-elle les appliquer ? Non. Il est survenu une loi intermédiaire qui ne punissait le fait que des travaux forcés à temps. Le retard dans le jugement ne saurait préjudicier à l'accusé ; il a eu droit à l'adoucissement de la peine (2).

Que si l'affaire était jugée par une décision en dernier res-

La loi nouvelle sans effet sur les condamnations irrévocables.

(1) MM. Chauveau et Hélie, t. Ier, p. 44, 2e édition.—M. Achille Morin, *Répertoire*, vo *Effet rétroactif*, n. 7.

(2) Cass., 9 juillet et 1er octobre 1843. — Rauter, n. 10. —Chauveau, Hélie, t. Ier, p. 41. — Le Sellyer, n. 25.

sort, que la loi nouvelle fût favorable ou défavorable, elle serait sans influence (1).

Influence de la loi nouvelle sur le mode d'exécution de la peine.

Mais la loi nouvelle peut-elle changer le mode d'exécution de la peine ? L'affirmative est évidente, quand le mode d'exécution est plus favorable. Mais *quid*, si le mode d'exécution est plus rigoureux ?

Cette question a été vivement agitée entre les meilleurs jurisconsultes de l'Assemblée législative, dans la séance du 21 avril et dans la séance du 8 juin 1850. Pour la négative on a dit : que le sort du condamné était définitivement, irrévocablement fixé par l'arrêt et par la loi en vigueur au moment de la condamnation. M. Odilon-Barrot a éloquemment développé cette idée.

M. de Vatimesnil et M. Baroche ont énergiquement soutenu que le mode d'exécution de la peine reste toujours dans le domaine du pouvoir social, et ils ont maintenu que la substitution d'un mode d'exécution à un autre n'est entachée d'aucune espèce de rétroactivité.

Il s'agissait de déterminer le mode d'exécution de la déportation ; il n'y avait pas, avant la révision du Code de l'Empire,

---

(1) Article dernier de la loi du 25 septembre 1791. — Le décret des 3 et 7 septembre 1792 n'est qu'une exception ; l'art. 19 de la loi du 25 frimaire an VIII ne statue que pour le cas où la condamnation est susceptible d'un recours.

L'avis du Conseil d'État du 7 novembre 1832 n'a rien de contraire. Voir Merlin, *Répertoire*, v° *Effet rétroactif*, sect. III, § 2, p. 603. — Le Sellyer, *Traité de la criminalité, de la pénalité, etc.*, n. 248, qui cite en sens contraire une circulaire du ministre de la justice, du 20 avril 1848, Dalloz, 48.3.65. — M. Valette est d'avis que la chose jugée n'autorise pas à appliquer des peines dont l'inutilité a été légalement reconnue. (Sur Proudhon, t. I, p. 37.)

La Cour de cassation vient de juger, mais à tort suivant nous, que le pourvoi en cassation du condamné ne l'autorise pas à se prévaloir d'un adoucissement de peine édicté depuis son retour (12 juin 1863, Dall., 63. 1.321).

Dans la discussion de la loi du 22 juillet 1867, le Ministre de la justice, M. Baroche, s'est fait un argument de la doctrine que nous combattons et qu'il a au contraire affirmée comme une vérité au-dessus de toute controverse. « Si, dans un Parlement quelconque, la peine de mort venait à être abolie, demanderait-on qu'elle fût exécutée pour les condamnations prononcées avant l'abolition ? »

de lieu de déportation. Le pouvoir exécutif convertissait la déportation en une détention perpétuelle.

Lors de la loi du 28 avril 1832, on décida législativement que, tant qu'il ne serait pas établi de lieu de déportation, le déporté serait détenu dans une forteresse, sur le territoire continental du royaume. La loi du 9 septembre 1835 décida que la détention aurait lieu soit dans une forteresse du royaume, soit dans une forteresse en dehors du territoire continental. La loi du 8 juin 1850 fixa un lieu de déportation à Noukahiva.

De là une difficulté : les condamnés à la déportation, sous les lois anciennes, pouvaient-ils être transportés à Noukahiva ?

L'article 8 consacre la négative : il dit, en effet, que ce lieu de déportation ne sera applicable qu'aux faits postérieurs à la promulgation de la loi ; à plus forte raison la loi n'est-elle pas applicable à ceux qui avaient été condamnés avant la loi.

On a considéré que c'était une aggravation de peine ; mais cela n'infirme en rien le droit du pouvoir sur la question d'exécution.

Il a été seulement législativement décidé qu'il ne s'agissait pas de la simple substitution d'un mode d'exécution à un autre

---

On aurait dû répondre que la loi abolitive aurait prévu la difficulté en usant, par une déclaration expresse, de la faculté de rétroagir, et si la loi n'avait pas eu cette prévoyance, le droit de grâce aurait réparé l'omission.

La loi des 2-31 mai 1854, abolitive de la mort civile, déclare, dans son art. 5, que les effets de la mort civile cessent pour l'avenir, à l'égard des condamnés actuellement morts civilement, sauf les droits acquis à des tiers. Sans cette disposition, la mort civile attachée aux condamnations antérieurement prononcées eût-elle été effacée ? Voir Molinier, *Programme*, p. 8. — Les lois qui refusent des droits politiques à des condamnés d'une certaine classe, s'appliquent non-seulement aux condamnations postérieures à leur promulgation, mais aux condamnations antérieures ; l'inaptitude que ces lois proclament n'est pas un supplément de pénalité ajouté après coup et une sorte de rallonge du châtiment. Ce sont des lois de capacité, et la capacité n'est jamais un droit acquis contre la souveraineté sociale. (Cass., 19 août 1850, *Journal du Palais*, 1851, t. I, page 121. — Cass., 15 avril 1868, Car. et Gilb., 68.1.184. — Cour de Douai, 6 fév. 1871, Car. et Gilb., 72.2.42.) — M. Baroche, sur la loi du jury (Assemblée nationale, séance du 7 août 1848, *Moniteur universel*, page 1913).

Si le majeur d'hier peut redevenir mineur, pourquoi l'électeur d'aujourd'hui ne pourrait-il pas être déclaré demain incapable d'élire ?

mode d'exécution, ou plutôt que cette substitution serait interdite, ce qui, loin de supposer que la règle générale était en ce sens, implique la reconnaissance qu'il était nécessaire de procéder par voie de disposition exceptionnelle.

L'article 7 proteste d'ailleurs contre l'interprétation qu'on veut déduire de cette loi.

« Dans les cas où les lieux établis pour la déportation vien« draient à être changés par la loi, les déportés seraient trans« férés des anciens lieux de déportation dans les nouveaux. » Donc la loi n'a pas adopté l'opinion de M. Barrot.

Sans doute la déportation dans un pays salubre et la déportation dans un pays insalubre, la déportation dans un pays éloigné et la déportation dans un pays rapproché, ne sont pas absolument la même chose ; mais si l'exécution n'appartenait pas au pouvoir exécutif, il ne pourrait même pas changer le régime intérieur de ses prisons, prescrire ces mesures qui sont essentiellement du domaine de l'administration. Je crois qu'en l'absence de dispositions législatives contraires, par cela seul que le pouvoir ne change pas le nom et la nature de la peine, le mode nouveau peut être appliqué sans rétroactivité.

Mais en l'absence de textes législatifs, les condamnés pourraient-ils se pourvoir devant l'autorité judiciaire ? MM. de Vatimesnil et Baroche l'ont soutenu, et ils se sont prévalus d'un arrêt de la Cour de cassation du 27 juin 1845 (Sir.45.1. 543), qui juge que tous les incidents contentieux, soulevés sur l'exécution de la peine, sont de la compétence judiciaire. Il s'agissait de savoir si, dans une condamnation de plusieurs mois d'emprisonnement, la durée du mois était de trente jours.

L'autorité judiciaire serait en effet compétente pour statuer sur le point de savoir si l'innovation métamorphose la nature de la peine et l'aggrave, ou si au contraire cette innovation ne change que le mode d'exécution. Dans le silence de la loi, l'innovation ne serait applicable qu'autant que la nature de la peine ne serait plus la même (1).

(1) Voir décrets des 27 mars, 26 avril 1852.

La loi des 22 mars–3 avril 1872, qui désigne de nouveaux lieux de déportation, est muette sur la difficulté ; elle ne renferme aucune disposition semblable à l'art. 8 de la loi du 8 juin 1850. Donc, suivant nous, elle est applicable aux faits et même aux condamnations qui ont précédé sa promulgation.

SECONDE QUESTION. — Le principe de la non-rétroactivité est-il applicable aux lois de procédure pénale ? La négative est professée par beaucoup d'auteurs d'une manière absolue ; MM. Hélie et Chauveau professent d'une manière également absolue que les lois de procédure ne régissent que les faits postérieurs à leur promulgation. Lois
de procédure.

Adopterons-nous l'une ou l'autre de ces théories radicales ? Ferons-nous, avec M. Rauter, des distinctions (1) ?

Les lois de procédure pénale doivent être subdivisées.

Ces lois se subdivisent : Subdivision.

1° En lois de pure instruction, c'est-à-dire en lois qui ne déterminent que la forme suivant laquelle une preuve d'un certain genre, pour ou contre l'accusé ou le prévenu, sera reçue ;

2° En lois d'instruction se liant à la question du fond, parce que, par exemple, elles déterminent non plus dans quelle forme telle ou telle preuve sera reçue, mais bien si telle ou telle preuve pourra être produite, ou bien quelle sera la majorité nécessaire pour la condamnation ;

3° En lois d'attribution et de compétence entre des juridictions préexistantes ;

4° En lois organisatrices de juridictions nouvelles.

Toutes ces lois sans distinction sont-elles soumises ou dérobées au principe de la non-rétroactivité ? Et d'abord *quid* des lois de pure instruction ?

Les lois de pure instruction saisissent les faits antérieurs à leur promulgation ; ces lois ne sont évidemment que des ins- Lois de pure
instruction.

_____

(1) N. 8. Un décret des 23 et 30 juillet 1850 décida que les individus condamnés à la déportation pour crimes commis antérieurement à la loi du 8 juin 1850, subiraient leur peine dans la citadelle de Belle-Isle-en-Mer.

truments pour arriver à la découverte de la vérité, à la découverte de l'innocence ou à la découverte de la culpabilité.

Or, les lois nouvelles, par cela seul qu'elles sont nouvelles, sont réputées plus propres à atteindre ce but que les lois qu'elles remplacent, puisque le législateur les a préférées. Donc, les lois nouvelles doivent être appliquées aux faits antérieurs non jugés.

Les lois nouvelles s'appliquent même aux faits antérieurs qui ont été l'objet d'un commencement de procédure, pourvu qu'il n'y ait pas eu encore de jugement définitif. Seulement, ce qui a été fait d'après les règles anciennes subsiste et conserve toute la force que lui attribuait la loi abrogée (1). Il n'y a que la continuation de la procédure qui s'opère conformément à la loi nouvelle.

Lois de procédure se liant au fond. Mais *quid* des lois d'instruction se liant à la question du fond?

La loi ancienne, par exemple, ne permettait pas, pour un certain crime, la preuve testimoniale, ou elle exigeait, pour une condamnation, la majorité des deux tiers ; la loi nouvelle admet la preuve testimoniale, elle n'exige plus que la majorité de la moitié des voix plus une.

Pour soutenir que le principe de la non-rétroactivité est applicable à ces lois, on dit que les prévenus ne peuvent pas être rétroactivement privés des garanties sur lesquelles ils ont dû compter. C'est là l'objection de M. Rauter. Cette théorie nous paraît erronée.

De deux choses l'une : ou les accusés sont innocents, ou ils sont coupables. Sont-ils innocents? la loi nouvelle doit être présumée offrir à l'innocence toutes les garanties dont elle peut avoir besoin pour triompher ; car, sans cette présomption, la loi nouvelle serait illégitime à l'égard même des faits postérieurs à sa promulgation.

Les accusés sont-ils coupables? on ne conçoit guère que

(1) Voir arrêté du 5 fructidor an IX, et arrêt du Conseil d'État, du 2 avril 1852; Devill. et Car. 52.2.476.

la culpabilité puisse avoir un droit acquis contre la société à une loi vicieuse qui lui permettrait d'échapper à la répression (1).

Quid des lois d'attribution et de compétence entre des juridictions préexistantes ?

Une loi ancienne déférait les procès de presse au jury, elle les défère aux tribunaux correctionnels ; appliquera-t-on la loi nouvelle aux faits antérieurs ? On dit que si la loi rétroagit, il y a évidemment aggravation du sort du prévenu ; ses chances d'acquittement sont moins grandes.

Réponse. Ou l'accusé est innocent ou il est coupable : innocent, la loi est absolument mauvaise si son innocence ne triomphe pas. Coupable, il n'a pas de droit acquis contre la société (2).

On a tenté une distinction pourtant, et on a dit : Ou la loi nouvelle enlève la compétence à une juridiction de Droit commun, pour l'attribuer à une autre juridiction de Droit commun, ou, au contraire, elle l'enlève à une juridiction de Droit commun pour l'attribuer à une juridiction d'exception, par exemple, pour l'attribuer à un conseil de guerre ou à une commission militaire ; dans le premier cas, la loi nouvelle rétroagit ; dans le second cas, elle ne rétroagit pas.

Je n'admets pas cette distinction. Encore une fois, si la loi nouvelle est vicieuse, le vice ne sera pas un vice de rétroactivité ; ce sera un vice beaucoup plus absolu ; si elle a eu pour but, non la justice et la vérité, mais la condamnation, elle viole non le principe de la rétroactivité, mais le principe d'une bonne organisation judiciaire.

Mais au moins les lois nouvelles d'attribution entre des juridictions préexistantes saisissent-elles les faits antérieurs à leur promulgation, lorsque ces faits ont déjà été déférés à la juridiction anciennement compétente ? Non, dans le silence de

Lois d'attribution et de compétence entre des juridictions préexistantes.

_____

(1) Cassation, 13 novembre 1835 ; Sirey, 35.1.910. — Hello, *Revue de Législ.*, t. XI, p. 483.

(2) Cassation, 10 mai 1822, Sirey, 22.1.286.—Cassation, 16 avril 1831, Sirey, 31.1.304.—*Sic*, Décret des 25-28 février 1852, art. 2.

la loi (1), et cela en vertu du principe de la loi 30 au Digeste *De judiciis : ubi acceptum est semel judicium, ibi et finem accipere debet.*

Je ne crois pas, avec M. Dupin, que ce principe veuille uniquement dire que les moyens de récusation et les moyens d'incompétence doivent être opposés *in limine litis.* Il y a, en effet, des moyens d'incompétence qui peuvent être opposés en tout état de cause ; ce sont les moyens fondés sur des considérations d'ordre public. Toutefois, la loi peut, par une disposition expresse, dessaisir une juridiction d'affaires *pendantes,* pour en saisir une autre juridiction.

Lois organisatrices de juridictions nouvelles.

Que décider pour les lois organisatrices des juridictions nouvelles ?

Le principe de la non-rétroactivité ne leur est pas applicable.

« Ceux, a dit M. Dupin, qui étaient dans les prisons des Parlements quand on a aboli les Parlements, ont dû être jugés par les tribunaux de 1790, et ils n'ont pu prétendre qu'il fallait réunir les Parlements supprimés pour les juger. » (*Moniteur* du 4 nov. 1848.)

Cependant, si les faits ont été valablement déférés à la juridiction ancienne et que cette juridiction n'ait pas été supprimée, ils resteront soumis à la juridiction qui en a été saisie; mais la loi nouvelle peut saisir les juridictions nouvelles même des procédures commencées (2).

On oppose un décret du 24 thermidor an II ; la réponse est que, devant le tribunal révolutionnaire, on n'appliquait qu'une seule peine, la peine de mort. La question de compétence emportait donc la question de la pénalité.

---

(1) *Sic,* Circulaire de M. le garde des sceaux Delangle, du 30 mai 1863. —*Contrà,* M. Blanche, n. 38.

(2) En ce sens, art. 30 de la loi du 18 pluviôse an IX ; art. 4 de la loi du 19 pluviôse an XIII ; art. 19 de la loi du 20 décembre 1815. Cassation, 12 octobre 1848, Sirey, 48.1.641.—Arrêt de la haute Cour de justice, du 8 mars 1849, Sirey, 49.2.225.—Arrêt de la Cour de cassation, du 13 mars 1850, Sirey, 50.1.226 ; Cassation, 12 septembre 1856 et 27 décembre 1856.

Les lois qui ne substituent pas une juridiction à une autre,
mais suppriment ou introduisent des voies de recours en matière pénale, sont-elles applicables aux faits antérieurs à leur
promulgation ? Oui, incontestablement. Il s'agit de lois d'ordre
public, dont le caractère, la nature propre est de saisir les faits
non consommés.

Mais seraient-elles applicables aux faits déjà jugés ? Le jugement, d'après la loi ancienne, était rendu en dernier ressort, et il acquittait le prévenu ; survient une loi nouvelle qui
autorise l'appel ; il est bien évident que le jugement est un
droit acquis, qu'une législation postérieure ne peut briser. Où
s'arrêterait-on, d'ailleurs, dans le système contraire ? Il n'y
aurait jamais de chose jugée, puisqu'on aurait toujours à
craindre l'introduction d'une voie de recours.

Ce que je dis du jugement favorable au prévenu, faut-il le
dire du jugement qui le condamne ? Le prévenu condamné
peut-il profiter de la législation nouvelle qui ouvre un recours,
pour remettre en question sa condamnation ? Le principe que
les lois pénales rétroagissent, quand elles sont favorables,
peut-il être invoqué ? Non, la loi qui adoucirait la peine depuis
que la condamnation aurait acquis un caractère définitif, ne
modifierait pas cette condamnation ; par la même raison, la
loi qui crée des recours, les crée pour des faits à juger, et non
pour des faits définitivement jugés (1).

(1) Merlin, *Répert.*, v° *Effet rétroactif*, n. 4, 5 et 6 ; et v° *Pays réunis*,
§ 4 ; *Questions*, v° *Cassation*, § 2.—Carré, *Lois sur la procédure*, n. 1647.
Quid des lois qui introduisent de nouveaux cas ou des conditions plus favorables de révision ? L'art. 2 de la loi des 29-5 juin 1867 résout la question : « Dans tous les cas où la condamnation donnant ouverture à révision
dans les termes de l'art. 443, §§ 2 et 3, serait antérieure à la présente loi,
le délai fixé par l'art. 444, pour l'inscription de la demande, courra à partir de la promulgation. » La rétroactivité eût-elle lieu de plein droit ?
M. le Conseiller d'État Pinard, dans l'exposé de motifs, a dit que du moment où la loi était une loi de faveur, maintenant le droit de révision à ceux
qui l'avaient déjà et l'accordant à d'autres qui ne l'avaient point encore, il
était équitable qu'il permît la liquidation du passé. Nous adoptons cette
solution, non pas seulement par une raison d'équité, mais par une raison
de principe.
Puisque la révision ne tient pas compte de la chose définitivement ju-

Ce que j'ai dit de la loi nouvelle qui introduit une voie de recours, je le dis de la loi nouvelle qui en supprime une. Le prévenu acquitté sous l'ancienne loi, par un jugement attaquable, ne saurait soutenir que la loi nouvelle rend le jugement définitif; le prévenu condamné sous la loi ancienne conserve, sous la loi nouvelle, son droit de recours.

Influence des lois
sur les recours
quant aux faits
déjà déférés
aux juges,
au moment
de leur
promulgation.

La loi nouvelle n'est-elle pas applicable au moins aux faits qui ne sont pas encore jugés, mais qui sont déférés aux juges? Pour la négative, il semble qu'on puisse dire que les jugements ne créent pas le droit, qu'ils le déclarent, que leur effet remonte au jour où la poursuite a été intentée; qu'ils doivent être réputés rendus le jour même où la juridiction compétente a été saisie et que par suite ils doivent être régis, quant au mode de recours, par la loi en vigueur au moment où la procédure a commencé. On pourrait argumenter en ce sens de l'art. 12 de la loi du 11 avril 1838 et de l'art. 1er, dernier alinéa, de la loi du 3 mars 1840, qui, en matière civile et commerciale, n'ont appliqué les règles nouvelles sur le ressort qu'aux procès qui n'étaient pas encore intentés.

Je crois que la loi nouvelle qui supprime ou introduit une voie de recours, est applicable aux poursuites commencées sous l'ancienne loi, tant que l'instruction n'a pas abouti à un jugement définitif; il n'y a de droit acquis, ni pour, ni contre

gée, puisqu'elle a pour objet d'y faire brèche, elle est rétroactive. Pourquoi s'arrêterait-elle plutôt devant l'autorité des décisions rendues sous l'empire de l'ancienne loi, que devant l'autorité des décisions rendues sous l'empire de la loi nouvelle? Serait-ce parce que la cause de la révision n'était pas écrite dans la loi ancienne? Mais si la cause dément la présomption de vérité pour les décisions qui appartiennent à la loi nouvelle, elle la dément pour les décisions qui appartiennent à la loi ancienne, et la loi nouvelle n'a pu introduire le cas de révision qu'en considération des erreurs dont la loi ancienne empêchait la reconnaissance officielle. Pourquoi donc se bornerait-elle à assurer la réparation des erreurs à venir? Pourquoi les erreurs du passé seraient-elles inviolables? Serait-ce par respect pour un principe dont elle serait toujours une violation partielle, le principe de la non-rétroactivité? Elle n'est pas plus astreinte à le respecter dans les lois que dans les jugements.

La révision diffère des voies de recours qui, elles, sont sans influence sur les décisions définitives.

la société. Le pouvoir garde le droit d'anéantir une garantie qu'il juge surabondante, ou d'en créer une qu'il juge nécessaire.

Les lois du 11 avril 1838 et du 3 mars 1840 contiennent, sous ce rapport, des dispositions exceptionnelles, des dispositions de pure convenance, des dispositions qui n'y ont même trouvé place que parce que le Droit commun eût entraîné une solution contraire ; elles ne prouvent pas plus contre notre principe, que l'art. 1041 du Code de procédure civile, qui ne rend ce Code applicable qu'aux procès intentés depuis le 1ᵉʳ janvier 1807, n'a infirmé le principe que, sans rétroactivité aucune, les lois d'instruction sont obligatoires du jour de leur promulgation, non-seulement pour les procès qui viennent à prendre naissance, mais encore pour les procès déjà commencés (1).

TROISIÈME QUESTION.—Le principe de la non-rétroactivité est-il applicable aux lois de prescription en matière pénale ?

Lois de prescription.

Il existe en matière pénale deux espèces de prescriptions : l'une, qui affranchit de la poursuite, c'est-à-dire de la vérification de la culpabilité ; l'autre, qui libère de l'exécution d'une condamnation prononcée. Ces deux prescriptions reposent-elles toutes deux sur le même principe ?

Deux espèces de prescriptions.

Examinons :

La prescription qui affranchit des poursuites repose sur la considération : que les preuves de l'accusation dépérissent au bout d'un certain laps de temps ; que les moyens de défense s'évanouissent, et que la société ne peut pas s'exposer à frapper un innocent. A cette considération s'en joint une autre ; la pénalité a pour but d'assurer le respect de la loi en établissant qu'elle ne peut pas être impunément violée. — Mais lorsque la violation de la loi remonte à une époque reculée, —

Controverse sur la base de ces prescriptions.

____

(1) Voir, dans le *Moniteur* du 24 février 1838, la discussion qui s'est engagée, le 23 février, à la Chambre des députés, et dans laquelle MM. Dufaure et Dupin ont mis en lumière sur ce point les véritables principes, au moins pour les matières civiles. Voir aussi l'art. 4 de la loi du 21 mai 1858, sur la *Procédure en matière d'ordre.*

quand son souvenir n'a pas été ravivé par des poursuites, elle finit par être oubliée ; — alors l'application de la sanction n'a plus le caractère de nécessité qui la légitime.

La première de ces considérations est bien évidemment étrangère à la prescription de la condamnation : l'agent a été condamné ; la société n'a plus à craindre quelque fatale méprise ; il semble qu'elle a le droit et le devoir de faire, à toute époque, exécuter la condamnation.

Pourquoi donc la prescription qui dérobe à cette exécution ? —C'est, dit la théorie en crédit, parce qu'après un certain temps le condamné a subi, non pas en nature, mais par équivalent, la mesure d'expiation que la morale était en droit d'exiger de lui ; les inquiétudes, les tourments *d'une vie incertaine et précaire,* les tortures morales, voilà l'équivalent de la pénalité. L'école qui fonde le droit de punir sur la justice morale limitée par l'utilité sociale, n'éprouve aucun embarras pour justifier cette prescription : *Non bis in idem.* Il ne serait plus moralement juste d'infliger une expiation déjà subie, et le pouvoir n'a le droit de pourvoir à l'intérêt social que dans l'intérêt de la justice morale. — Cette considération, dit cette théorie, est commune aux deux prescriptions (1).

J'insiste sur cette explication, parce que je ne l'admets pas, que je présente une explication différente, et que la diversité de ces explications entraînera la diversité des solutions sur la question de rétroactivité que j'ai à étudier.

Si la peine est une sanction, quel est le but de l'exécution de la peine ? C'est de bien établir que la sanction n'est pas seulement écrite dans la loi, qu'elle s'applique, qu'elle n'est pas une fiction, mais une réalité.

---

(1) Voir M. Faustin Hélie, *Inst. crim.*, t. III, p. 675.

> *Pœna autem vehemens, ac multo sœvior illis*
> *Quas et Cœditius gravis invenit et Rhadamanthus,*
> *Nocte diuque suum gestare in pectore testem.*
>
> (Juvénal, *Sat.* 13, vers 196.)

Dat pœnas quisquis expectat ; quisquis autem meruit expectat. (Sénèque, épitre 105, *in fine.*)

Or, quand un grand nombre d'années ont passé sur la condamnation, est-ce que le laps du temps ne produit pas sur elle ce qu'il produit sur l'infraction même non jugée ? Est-ce qu'il n'efface pas la mémoire du jugement, comme il effaçait la mémoire du fait ? Est-ce qu'il n'amortit point, est-ce qu'il ne finit pas par détruire l'intérêt de la société à l'exécution de la peine ?

Sans doute le souvenir de l'infraction condamnée vivra plus longtemps que le souvenir de l'infraction non jugée. Aussi la prescription qui abritera contre la peine, sera bien plus longue que la prescription qui abritera contre la poursuite.

Je me borne en ce moment à ces indications. Je développerai tout cela quand je m'occuperai de la prescription. Je discuterai, au point de vue juridique et rationnel, les vieux et les nouveaux systèmes.

Tout à l'heure je me borne à ce qui est indispensable pour la solution que nous cherchons.

Un texte précis résout la question de rétroactivité de la loi de prescription en matière civile. C'est l'art. 2281, C. civ. : « Les prescriptions commencées à l'époque de la publication « du présent titre seront réglées conformément aux lois an- « ciennes; néanmoins, les prescriptions alors commencées et « pour lesquelles il faudrait encore, suivant les anciennes lois, « plus de 30 ans, à compter de la même époque, seront accom- « plies par ce laps de 30 ans. »

Art. 2281 du Code civil. — Est-il applicable en matière pénale ?

Cet article comprend deux dispositions bien distinctes : la première proclame les principes que la prescription, commencée avant la promulgation de la loi ancienne, est régie par la loi ancienne. — La seconde restreint ce principe, et déclare que si, sur le temps déterminé par la loi ancienne, il reste encore plus de 30 ans à courir sous la loi nouvelle, 30 ans écoulés sous l'empire de la loi nouvelle suffiront pour le complément de la prescription.

Il faut bien déterminer l'étendue de cette restriction, et pour cela je prends deux hypothèses. — Je suppose que la prescription de la loi ancienne fût de 40 ans et qu'il se fût déjà écoulé 5 ans avant la promulgation du Code civil; aux termes du dernier § de l'art. 2281, le prescrivant n'aurait que 30 ans à attendre pour avoir prescrit.

Mais si le prescrivant comptait 15 ans de possession sous la loi ancienne, en sorte qu'il ne restât plus que 25 ans à attendre, suivant cette loi, 15 ans de possession sous le Code civil ne lui suffiraient pas. — Il faudrait qu'il complétât les 40 ans par 25 ans de possession sous le Code.

Il est bien évident que le principe qui domine l'art. 2281 est *que la loi en vigueur au moment où la prescription commence, est la seule d'après laquelle on doit déterminer toutes les conditions nécessaires pour prescrire.* — Et ce qui le prouve, c'est que la loi nouvelle n'est appliquée, en matière civile, que pour la prescription de 30 ans, et à la condition encore que les 30 ans s'accomplissent depuis la promulgation de la loi nouvelle.

Ce principe a été l'objet d'assez vives critiques. — On a dit qu'il serait bien plus équitable d'appliquer ici la rétroactivité, parce qu'une prescription inachevée n'est qu'une simple attente, une espérance qui, à la veille même de sa réalisation, peut être brisée, anéantie par un acte interruptif.

Je crois que ceux qui ont fait ces critiques n'ont envisagé qu'une des faces de la question; il est bien vrai que le prescrivant, tant qu'il n'est pas arrivé au dernier jour de la prescription, n'a pas de droit acquis, qu'il n'a qu'une expectative; mais il y a un autre intérêt qu'on doit considérer, c'est l'intérêt contre lequel on prescrit. Si la loi nouvelle change toutes les conditions de la prescription, quelle sera la position de celui auquel la prescription sera opposée? La loi ancienne exigeait 40 ans. La loi nouvelle n'en demande que 10. Si la loi nouvelle était applicable et que 10 ans eussent couru sous l'ancienne loi, tout serait fini; ce serait une surprise. Celui contre lequel on prescrivait croyait encore avoir 30 ans devant lui. Il rassemblait ses preuves; il préparait la lutte et le succès, et voilà que sa prudence serait la mort du droit qu'il voulait protéger !

Tout ce que l'on pourrait dire en faveur de la rétroactivité, c'est que la loi nouvelle aurait le pouvoir d'allonger le temps nécessaire pour la prescription, et non celui de l'abréger, parce que, si elle l'abrégeait, elle s'exposerait à ruiner des droits qui, selon la loi ancienne, pouvaient compter sur un long temps pour se faire jour.

Eh bien ! l'art. 2281 est-il applicable aux matières pénales ?

Non. — Cet article n'est applicable qu'aux matières civiles dans l'acception la plus large du terme, c'est-à-dire aux matières civiles et commerciales et à la procédure... C'est ce que révèle l'art. 2264 du Code civil. — Ce qui est certain, c'est qu'il ne régit pas, au moins directement, les matières pénales.

Comment donc sont réglées les prescriptions commencées lors de la promulgation d'une loi qui change les conditions auxquelles ces prescriptions étaient subordonnées ?

Quatre systèmes sont en présence :

PREMIER SYSTÈME. — Si l'art. 2281 n'est pas directement applicable aux matières pénales, il doit au moins être appliqué par analogie. — Il faut, en effet, tenir compte non-seulement de l'intérêt du prescrivant, mais de l'intérêt contre lequel on prescrit, et ici le prescrivant a en face l'intérêt de la partie lésée, et, ce qui est bien plus grave, l'intérêt social.

Si la loi ancienne exigeait 30 ans pour la prescription de la poursuite et que la loi nouvelle n'en exigeât que 10, le ministère public pourrait voir soudainement son action paralysée. S'il n'avait pas agi pendant 10 ans, c'est qu'il voulait agir avec certitude. — Que si la loi nouvelle augmentait le temps nécessaire pour prescrire, on ne pourrait l'appliquer au prévenu ou au condamné ; car ce serait aggraver sa situation.

DEUXIÈME SYSTÈME. — Il ne faut appliquer exclusivement ni la loi ancienne ni la loi nouvelle, mais bien les deux lois cumulativement, en tenant compte au prescrivant du temps écoulé sous l'ancienne loi, proportionnellement à la durée de la prescription sous cette loi, et en imputant le temps écoulé sous la loi nouvelle, proportionnellement à la durée de la prescription sous la loi nouvelle.

Ainsi, la prescription ancienne était de 40 ans. La prescription nouvelle est de 10 ans. — 20 ans se sont écoulés sous l'empire de la loi ancienne, 5 ans suffiront sous l'empire de la loi nouvelle. M. Merlin a professé ce système (1).

Troisième système.

TROISIÈME SYSTÈME. — Il ne faut appliquer ni exclusivement la loi ancienne, ni exclusivement la loi nouvelle, ni cumulativement la loi ancienne et nouvelle; mais soit la loi nouvelle, soit la loi ancienne, suivant que l'une ou l'autre est plus favorable au condamné.

On ne comprendrait pas que la société appliquât la loi ancienne, la prescription de 40 ans, par exemple, quand elle reconnaît que, pour les faits nouveaux, après 10 ans, elle ne peut pas poursuivre en sécurité.

Pourquoi pourrait-elle poursuivre le fait ancien pendant 40 ans?

Que si c'est la loi nouvelle qui augmente la durée de la prescription, il faut appliquer la loi ancienne, car on aggraverait, après coup, la position du prévenu et du condamné.

La prescription de la poursuite et surtout celle de la peine reposant sur l'idée que l'expiation a été subie par équivalent, on doit appliquer à la loi de la prescription le principe qui régit la pénalité elle-même. — Or, entre deux lois établissant des peines différentes, on applique la loi la plus douce (2).

Développement d'un quatrième système.

QUATRIÈME SYSTÈME. — Ce système, c'est le nôtre, applique aux matières pénales, toujours et sans distinction, la loi nouvelle, soit qu'elle abrége, soit qu'elle allonge la durée de la prescription.

La prescription de la poursuite et la prescription de la condamnation reposent principalement sur le défaut d'intérêt de la société à l'application de la sanction pénale, quand un laps

(1) Arrêts de cassation, 25 février 1808 — 29 avril 1808 — 18 août 1808, rapportés par Merlin, *Répert.*, v° *Prescription*, sect. I, § 3, n. 12.

(2) *Sic*, Cassation, 18 juin 1812. — 5 septembre 1812. — 22 avril et 6 mai 1813. — 21 août 1817. — Merlin, *eod. loc.* à la note. — Legraverend, t. Ier, p. 82. — Rauter, n. 852. — Mangin, n. 295. — Dalloz, v° *Prescription*, ch. II, sect. 4. — Lesellyer, t. VI, n. 2498. — Achille Morin, *Répertoire*, v° *Effet rétroactif*, n. 16.

de temps déterminé s'est écoulé, soit depuis l'infraction, soit depuis le dernier acte de poursuite, soit même depuis le jugement. Aucune de ces deux prescriptions n'a été établie dans l'intérêt de l'infraction ou de l'infracteur. La prescription de la poursuite suppose même que l'existence de l'infraction ou au moins le lien qui unit à elle l'infracteur, ne sont plus susceptibles d'une constatation certaine. — Dans l'incertitude et dans le doute, la société s'abstient : l'agent profite de ce scrupule social; mais le but n'a jamais été de l'affranchir d'une pénalité méritée.

Quant à la prescription de la condamnation, ce n'est pas dans une intention de faveur pour le condamné et en quelque sorte de bienfait ou de pardon, que la société édicte la prescription.

Elle ne fait remise de la peine que parce qu'elle a conscience qu'elle n'a plus de titre pour la faire exécuter, quand la condamnation ne vit plus dans le souvenir public, quand l'intérêt de l'autorité de la loi ne réclame plus le sacrifice, soit de la liberté, soit de la vie du coupable.

La société peut même considérer, dans une certaine mesure, qu'elle a intérêt à ne pas raviver la mémoire d'une infraction qui a échappé si longtemps au châtiment. L'exécution de la peine ne serait-elle pas un témoignage de l'impuissance plutôt que de la puissance de la loi? — Cela étant, si la loi nouvelle abrége la prescription, pourquoi la société conserverait-elle plus longtemps le droit de poursuivre les faits ou de faire exécuter les condamnations qui ont précédé la loi nouvelle, que les faits ou les condamnations qui la suivent?

Le quatrième système, sous ce rapport, est d'accord avec le troisième. Mais il applique la prescription la plus courte, — non pas parce qu'elle est la plus courte, — mais parce qu'elle est la dernière expression de l'opinion de la société sur son intérêt véritable.

Si la loi nouvelle allonge la prescription, c'est que la société considère qu'elle a désormais des moyens d'instruction assez sûrs pour constater la culpabilité, malgré le laps de temps qui, sous la loi ancienne, affranchissait de la poursuite.

Si la société considère que l'inexécution de la condamnation pendant le délai fixé par la loi ancienne est insuffisante pour faire oublier et le crime et le jugement, cette opinion sera réputée vraie, non-seulement pour les faits postérieurs, mais pour les faits antérieurs, et partant elle devra faire la règle, sans s'attacher à la date des infractions ou des condamnations, du moment où l'on admettra que la prescription n'est pas une générosité pour l'infracteur, mais une conséquence, soit de l'intérêt, soit au moins de l'absence de l'intérêt social.

Vainement objecterait-on le *droit acquis* à l'agent contre la poursuite ou contre l'exécution de la condamnation.

De *droit acquis*, il ne saurait y en avoir, tant que la prescription n'est pas accomplie (1), et c'est avant son accomplissement que la loi édicte des conditions nouvelles.

Vainement encore objecterait-on que, dans ce système, le ministère public peut être désarmé, par une loi nouvelle, de son droit d'action, au moment où il devrait compter qu'il avait encore un long temps pour l'exercer. En effet, cette objection ne peut s'adresser qu'à la loi qui abrége la prescription. — Elle n'est pas faite dans l'intérêt du prescrivant, mais dans l'intérêt contre lequel on prescrit. Eh bien! cette objection s'applique au troisième système comme au quatrième, puisque le troisième système s'attache à celle des deux prescriptions qui est la plus favorable au prévenu ou au condamné. — Or, l'objection n'a pas arrêté la Cour de cassation; elle n'a pas arrêté M. Merlin. C'est que l'intérêt social ne varie pas avec la date des infractions ou des condamnations, que cette date soit antérieure ou postérieure à la loi nouvelle.

Je comprends très-bien que les théories qui voient dans la prescription une protection pour le prévenu ou pour le con-

_____

(1) Si la prescription était accomplie avant la loi nouvelle, il est bien évident qu'elle constituerait *un droit acquis* à l'abri de toute atteinte. Cette proposition qu'un auteur grave a pris le soin de formuler n'est pas controversable; mais il ne s'est pas expliqué sur l'effet de la loi ancienne, lorsque la prescription n'a que commencé sous son empire, et qu'une loi nouvelle aggrave les conditions d'accomplissement. C'est la difficulté qu'il a négligée qui est l'objet de notre examen.

damné, qui ne se préoccupent que de l'intérêt individuel, optent pour celle des deux lois qui fait à l'infraction et à l'infracteur la meilleure situation.

Le principe qui régit la prescription en matière pénale est donc, suivant nous, absolument contraire au principe suivi dans l'art. 2281 pour les matières civiles. — De ce conflit de principes peut naître une difficulté pour la prescription de l'action civile naissant de l'infraction. Elle naît dans le système qui professe que l'action civile, même devant la juridiction civile, ne survit pas à la prescription de l'action publique.

Il est bien évident que si la durée de la prescription ne changeait que par suite de la transformation du caractère de l'infraction, en vertu d'une loi nouvelle, parce que, par exemple, ce qui n'était qu'un délit serait devenu un crime, la position du prévenu ou du condamné ne serait pas aggravée. (Cassation, 25 novembre 1830, Sir. 31.1.392.)

DIXIÈME LEÇON.

DE L'INFRACTION.—Pensée de l'infraction.—Consommation de l'infraction. — Degrés intermédiaires. — Droit philosophique. — Art. 2 et 3 du Code pénal. — Précédents historiques.

Confusion entre le crime *tenté* et le crime *manqué*. — Objection. — Cinq questions : 1° la résolution criminelle manifestée par des actes extérieurs, mais inoffensive dès son principe, soit par l'impuissance intrinsèque du moyen, soit par l'impossibilité du but, est-elle punissable comme la *tentative* ou comme le crime consommé *subjectivè*, qui n'a manqué son effet que par une circonstance extrinsèque, indépendante de la volonté de l'agent et autre que l'inefficacité absolue du moyen ou le défaut d'objet? — Hypothèses diverses de M. Rossi et de M. Rauter. — 2° Peut-on, à *priori* et en pur droit, différencier les *actes simplement préparatoires* et les actes qui constituent le *commencement d'exécution*, auquel la loi subordonne la criminalité de la *tentative ?* Hypothèses diverses de MM. Rossi, Rauter, Faustin Hélie et Chauveau. —Discussion. — 3° La *tentative* cesse-t-elle d'être punissable quand l'agent la suspend, dans la crainte d'être surpris, ou sous la crainte d'une dénonciation? — 4° A quels caractères est subordonnée la *tentative*, quand, par exception, elle est punissable en matière de délits? — 5° La loi pénale ne punit-elle pas quelquefois, par exception, les *actes préparatoires ?*

———

MESSIEURS,

Vous savez quelle est l'étendue de l'empire de la loi pénale sous le rapport du *lieu,* sous le rapport des *personnes,* sous le rapport du *temps.*

La pénalité est la sanction du commandement violé.

Dans quels cas le commandement sera-t-il réputé violé?

Quelles sont les conditions intrinsèques de l'infraction ?

Pour que le commandement soit réputé enfreint, faut-il que le fait qu'il avait pour but d'empêcher soit réalisé, et que le préjudice qu'il voulait prévenir soit accompli, ou suffit-il qu'il y ait constatation de la pensée de violer la loi ?

Entre la pensée de violer la loi et l'accomplissement du but final de l'agent, il y a une grande distance et des arrêts intermédiaires.

Je constate d'abord le point de départ, les degrés intermédiaires et le point d'arrivée.

1° Pensée de violer la loi ;

2° Résolution arrêtée de violer la loi ;

3° Acte préparatoire de la violation de la loi ;

4° Commencement d'exécution de la violation de la loi, suspendu par la volonté de l'agent ;

5° Commencement d'exécution de la violation de la loi, paralysé par une circonstance fortuite, par un événement étranger à la volonté de l'agent ;

6° Violation de la loi, mais sans que le préjudice que cette loi avait pour but de prévenir soit réalisé ;

7° Violation de la loi et réalisation du préjudice que cette loi avait pour objet de prévenir.

1° La pensée de violer la loi est à l'abri de la répression du pouvoir social : *Cogitationis pœnam nemo patitur*, a dit Ulpien (1).

Est-ce, comme on l'a trop dit (2), parce que le pouvoir social est impuissant à constater l'existence de la pensée, tant qu'elle est réduite à l'état de pensée ? Non, ce n'est pas parce que la pensée échappe le plus souvent à l'œil humain qu'elle n'est pas sociablement punissable.

Si ce système généralement professé était vrai, lorsque la pensée de l'infraction serait susceptible de constatation, parce que, par exemple, elle aurait été écrite dans des notes qui au-

(1) Loi 18, *Digest. de pœnis.*
(2) Boitard, n. 44.—Rauter, n. 97.—Chauveau et Faustin Hélie, chap. x, p. 375.

raient été saisies sur l'agent, elle pourrait donc être passible d'une pénalité.

La pensée est impunissable par d'autres raisons ; 1° parce qu'elle n'est pas toujours imputable à l'agent ; que la pensée qui traverse l'esprit peut bien sans doute être combattue, mais qu'il n'est pas toujours loisible de la fuir ou de l'expulser ; 2° parce que la pensée, en tant qu'elle reste à l'état de pensée et que l'agent ne s'en fait pas un moyen d'action sur autrui, fût-elle consentie et caressée, rentre essentiellement dans la souveraineté de l'homme sur lui-même, et ne saurait troubler assez la société pour réclamer une expiation sociale.

Résolution.   2° La volonté, la résolution de violer la loi quand elle s'est trahie et révélée, a déjà quelque chose qui légitimerait plus l'exercice du pouvoir répressif : d'une part, la résolution implique l'exercice de la liberté de l'agent, et, d'autre part, la résolution a une fermeté, une consistance qui sont de nature à préjudicier à la société par l'alarme qu'elles lui causent. Toutefois, et sauf des cas exceptionnels, le pouvoir social, par respect pour la souveraineté individuelle à laquelle il n'a pas encore à imputer un dommage bien sérieux, ne punit pas la résolution de violer la loi, alors même qu'il en tient les preuves dans ses mains. On n'applique pas la maxime de Loysel : *La volonté est réputée pour le fait.* Mais ce n'est pas, comme le dit l'annotateur, parce *qu'il n'est pas possible de convaincre un homme d'une mauvaise volonté, et qu'alors il serait difficile de l'en punir.*

La volonté, sans s'être encore traduite par un acte qui soit un commencement d'exécution, ou qui soit seulement un acte préparatoire, peut demeurer légalement certaine. Elle se dérobe à la répression, parce qu'elle ne cause pas un préjudice assez grave à la société.

Acte préparatoire.   3° L'acte préparatoire de la violation de la loi est l'acheminement vers l'infraction, mais n'est pas l'infraction elle-même, ni même un commencement d'exécution de l'infraction. Il consiste, par exemple, dans l'achat ou la fabrication de fausses clefs, pour s'introduire dans une maison et y commettre un vol; dans l'achat d'armes, pour commettre un meurtre; dans l'achat de substances vénéneuses, pour commettre un empoisonnement.

On a dit que les faits, les actes préparatoires, échappaient à la pénalité, parce que, considérés en eux-mêmes, ils ne pouvaient pas causer de préjudice à la société, et que la connaissance de leur but ne pouvait être que le résultat d'une induction ou d'une conjecture qui ne pouvait suffire pour légitimer l'application de la pénalité. Je ne crois pas que ce soit là la raison vraie et capitale de l'affranchissement de la pénalité pour les faits préparatoires; je suppose qu'il y ait preuve décisive, aveu, par exemple, de la part de l'agent; que les fausses clefs ont été achetées pour commettre un vol; que le poignard a été aiguisé pour commettre un assassinat; que l'arsenic a été pris pour commettre un empoisonnement : ces faits seraient-ils punissables comme cause sérieuse d'alarme? Ces faits pourraient être punis par la loi sociale, sans qu'elle dépassât la mesure de sa puissance; pourquoi donc ces faits en général ne sont-ils pas punis? Ce n'est pas par défaillance du droit social; c'est par un motif d'intérêt, par une raison d'avantage; on a pensé que l'agent, qui n'était encore qu'à la préparation de l'infraction, devait être encouragé, par l'espérance de l'impunité, à se désister de son projet criminel, et que, si minime que fût la peine de l'acte préparatoire, elle serait toujours séparée par une moins grande distance de la peine du crime, que la distance qui sépare le crime du projet.

4° Le commencement de la violation de la loi, c'est la *tentative*.   Tentative.

L'auteur de ce commencement d'exécution peut, lui aussi, s'arrêter, mais il est déjà entré dans la voie du mal; l'auteur de l'acte préparatoire n'avait, lui, qu'à ne pas commencer.

L'auteur de la tentative a quelque chose de plus à faire, il faut qu'il cesse. La présomption du repentir est donc, pour lui, moins admissible et doit être moins facilement acceptée; sa volonté criminelle a déjà eu une persévérance et une ténacité telles que la société a tout lieu de croire qu'il ne reculera pas

devant l'achèvement de son œuvre ; il faut donc un acte de l'a-
gent qui prouve l'abandon du but final.

Voilà ce que la raison indique ; mais si l'agent a abandonné
volontairement sa résolution et que le préjudice ne soit pas
causé, il doit être dans la même position que l'auteur de l'acte
simplement préparatoire.

Tentative
suspendue
en dehors de la
volonté de l'agent.

5° Que si le commencement d'exécution n'a été suspendu
que par un événement indépendant de la volonté de son auteur, une pénalité est encourue. Nous allons bientôt voir quelle
sera la mesure de cette pénalité.

6° Le fait n'est pas resté à l'état de tentative ; tous les actes
qui étaient nécessaires pour l'accomplir et le consommer, en
tant qu'ils dépendaient de l'agent, ont été accomplis et consommés ; mais le résultat final n'a pas été atteint : l'agent
voulait empoisonner un homme dont il était le présomptif
héritier ; il a empoisonné les aliments qu'il lui a servis ; les
aliments ont été pris, mais le parent, averti par ses souffran-
ces, prend à temps un antidote et se sauve ; il n'y avait plus
de place au repentir dans l'intérêt de la société, puisque le fait
matériel avait atteint sa perfection ; il y a lieu à l'application
de la pénalité,

7° La loi a été violée, et le but final a été atteint : il y a
incontestablement lieu à l'application de la pénalité. On a
beaucoup discuté sur le point de savoir si la tentative du crime
qui n'avait manqué son effet que par des circonstances indépendantes de son auteur, si le crime *manqué* et le crime qui a
atteint son but devaient être punis d'une peine identique.
Pour résoudre cette question, il semble qu'il faut bien se péné-
trer d'abord de l'idée que la peine est complétement étrangère
à l'intérêt individuel lésé, et que, par conséquent, sa mesure
ne doit pas être la mesure de la lésion individuelle. Si la
mesure de la lésion individuelle était la mesure de la peine, la
tentative de l'infraction et l'infraction manquée devraient être
punies de peines beaucoup moindres que l'infraction qui a
atteint son but. La peine n'est pas même la réparation d'un
préjudice social ; car, à vrai dire, je ne vois pas comment la

perte que la société éprouve par le meurtre d'un de ses membres est réparée, parce que le meurtrier monte sur l'échafaud ; la peine, encore une fois, n'est que la sanction de la loi. Eh bien ! la loi étant aussi bien violée par le crime manqué que par l'infraction qui a atteint son but final, il y a lieu à application de la même sanction. Mais la loi n'est pas autant violée par une tentative que par le fait consommé ; sans doute le repentir de celui qui ne s'est pas volontairement désisté n'est pas présumable ; mais enfin, il n'est pas absolument impossible. Il faut que la loi tienne compte à l'agent de cette possibilité.

Voilà les solutions auxquelles, ce semble, on arrive en se plaçant au point de vue du Droit. Il faut voir ce que dit la loi :

Notre Code pénal ne punit point la pensée de l'infraction ; il ne punit pas, en général, la résolution et même l'acte préparatoire de l'infraction ; il ne punit, en général, la tentative, qu'en matière de crimes et qu'autant qu'elle a été manifestée par *un commencement d'exécution*, et qu'elle n'a été suspendue ou n'a manqué son effet que par des circonstances indépendantes de la volonté de son auteur ; il punit la tentative punissable comme le crime même (art. 2, Code pénal) ; il ne punit la tentative de délit que par exception, à plus forte raison n'atteint-il pas la tentative de contravention : les tentatives de contraventions ne tombent sous la répression qu'autant qu'elles ont été l'objet, comme faits *sui generis*, d'incriminations distinctes.

Solution
du Code pénal.

Voici, sous ce rapport, quels ont été les précédents :

En droit romain, l'on pourrait croire, au premier aspect, que, d'après la règle générale, la tentative était punie comme l'infraction consommée ; plusieurs textes semblent favorables à cette opinion. La loi 7, au Code, *ad legem Corneliam de sicariis*, semble punir l'acte préparatoire ; mais n'était-ce pas là une exception ? La loi première, au *Digeste*, *ad legem Corneliam de sicariis*, semble aussi punir l'acte préparatoire et au moins la tentative. La loi 5, § 2, au Code, *ad legem Juliam majestatis*, et la loi 5, au Code, *de episcopis et clericis*, fortifient la même solution ; toutefois, ces textes n'étaient-ils pas des textes exceptionnels ? La loi 16, § 8, *ff. de pœnis*, l'établit

Précédents.

à mes yeux, et la loi 1ʳᵉ, § 2, *ff. de extraordin. crim.*, fournit le même argument (1).

Dans notre ancien Droit, il n'y avait que les tentatives de crimes atroces qui fussent punies comme le crime même. C'étaient les tentatives de crimes de lèse-majesté, de parricide, d'assassinat et d'empoisonnement (2).

Le Code pénal du 25 septembre 1791 ne punissait que les tentatives d'assassinat et d'empoisonnement. Il faut lire les art. 13, 15 et 16, titre II.

La loi du 22 prairial an IV étendit cette règle à tous les crimes.

La loi du 25 frimaire an VIII, dans son art. 17, étendit à certains délits l'application de la loi du 22 prairial an IV.

Le Code de l'Empire reproduit le principe de la loi du 22 prairial an IV.

Des idées bien diverses s'étaient fait jour dans la discussion.

Discussion du Code pénal.

(1) Voir aussi ff. la loi 18, liv. XLVIII, tit. 19, et ff. loi 1ʳᵃ, liv. II, tit. 2. Enfin lire d'excellentes pages de Nicolini, sur l'*Histoire du Droit pénal romain en matière de tentative* (*Revue critique*, t. 19, p. 217). — Un savant criminaliste belge, M. Nypels, a dit avec beaucoup de raison : « Il ne faut pas oublier, d'ailleurs, que les Romains n'avaient pas de *Code pénal* général, dans le sens que nous attachons à ce mot. Leur droit criminel se composait uniquement, surtout du temps de la république, de lois *spéciales*. Chacune de ces lois réglait des rapports *spéciaux* (certaine espèce de crimes), et ces dispositions étaient exclusivement applicables à *ces* crimes. Ainsi, les lois Julia *de adulteriis et de stupro*; la loi Cornelia *de falsis*; la loi Cornelia *de sicariis*; les lois Julia *de vi* et *de ambitu*; la loi Pompeia *de parricidiis*, etc., etc. On conçoit d'après cela qu'il ne pouvait y avoir de disposition *générale* sur la tentative. Lorsqu'une loi voulait punir certains actes (préparatoires ou d'exécution), que nous considérerions aujourd'hui comme tentative *du crime prévu par cette loi*, elle *décrivait* ces actes et les punissait comme constituant un crime *spécial*. Ce n'était dès lors pas une règle générale punissant les actes préparatoires ou le commencement d'exécution du crime, mais une disposition *particulière*, punissant un acte *décrit spécialement* dans la loi. Cette disposition ne pouvait conséquemment être étendue pour d'autres actes, et, *à fortiori*, ne pouvait-elle être appliquée à des crimes non prévus par la loi dans laquelle elle se trouvait. »

Voir aussi *Revue de l'Académie de législation de Toulouse*, t. 2, n. 406, article de notre collègue, M. Humbert, et même *Revue*, t. 14, p. 108 et suivantes, art. de M. Cuniac, conseiller à la Cour de Toulouse.

(2) Ordonnance de Blois, art. 195. — Ordonnance de 1670, tit. XVI, art. 4. — Édit de juillet 1682, sur les empoisonneurs de vins et autres, art. 4 et 5.

MM. de Fermon et Béranger pensaient que la tentative devait être punie d'une peine moindre que le crime ; M. Treilhard, au contraire, pensa que la peine devait être, pour la tentative, la même que pour le crime, avec cette restriction, toutefois, que, quand une peine aurait un maximum et un minimum la tentative devrait toujours être punie du minimum.

L'opinion de M. Treilhard fut adoptée, mais sans la modification, sans le tempérament qu'il proposait lui-même ; l'art. 2 punit la tentative du crime comme le crime, pourvu, bien entendu, que l'agent ne se soit pas arrêté de son propre mouvement, et l'art. 3 déclare qu'en droit commun les tentatives de délits sont affranchies de pénalités.

La question de savoir si la tentative de crime devait être assimilée au crime consommé, et être atteinte de la même peine, se reproduisit lors de la réforme de 1832. On proposa une peine moindre, pour le cas où le désistement de l'agent n'était pas devenu impossible, lorsqu'il y avait place encore pour un sentiment salutaire de crainte ou de repentir. Cette proposition, contraire aux idées de Filangieri, mais conforme à celles de Beccaria et de Bentham (1), fut rejetée, sous le prétexte que le juge pourrait toujours, par l'admission des circonstances atténuantes, différencier les deux positions.

Les art. 2 et 3 du Code de l'Empire furent maintenus : on se borna à supprimer quelques mots qui parurent une explication surabondante de ce qui constituait la tentative (2).

(1) Dans le sens de Beccaria et de Bentham, voir Rossi, t. II de l'édition publiée par M. Faustin Hélie, chap. xxx, p. 103 et suiv.

(2) Le Code pénal de la Confédération de l'Allemagne du Nord, promulgué le 31 mai 1870, étendu sous le titre de Code pénal de l'empire d'Allemagne à tout le territoire de l'Empire par la loi du 15 mai 1871, contient, dans ses art. 43, 44, 45, 46, toute une théorie sur la tentative ; il punit la tentative d'une peine moins forte que le crime ou le délit consommé. En cela, il s'écarte de l'art. 32 du Code prussien qui, à l'exemple du Code pénal français, *avait assimilé* la tentative au crime ou délit consommé. Toutefois, cette assimilation comportait une restriction : si le crime était de nature à entraîner la peine de mort, le Code pénal prussien ne punissait la tentative que de la réclusion pendant dix ans au moins. Mais les autres législations pénales de l'Allemagne ne punissaient la tentative que d'une

L'art. 2 du Code pénal confond deux hypothèses bien distinctes, l'hypothèse dans laquelle il reste encore quelque chose à faire à l'agent pour commettre le crime, où il lui serait facultatif de *suspendre* l'exécution *commencée*, et l'hypothèse où l'agent n'est plus maître de s'arrêter, parce que son œuvre, en tant qu'elle dépend de lui, est achevée, qu'il n'y a plus en suspens que le résultat, [que l'efficacité ou la non-efficacité de son action, parce qu'en un mot, pour employer la terminologie de M. Rossi, le crime est consommé par l'agent *subjectivè*.

Notre Code confond le crime *tenté* et le crime *manqué*. — Du moment où l'agent n'a pas accompli le but final, que son œuvre ait été interrompue ou qu'elle ait reçu son complément, l'art. 2 voit là une *tentative*, c'est-à-dire qu'il ne s'attache pas au degré de la violation de la loi, mais à l'existence ou à la non-existence du résultat pour déclarer le crime consommé ou non consommé : il n'y a pas de consommation pour lui, tant que le crime n'est pas parfait *objectivè ;* on peut s'étonner que cette confusion ait survécu à une réforme opérée sous l'influence d'une école qui fonde la pénalité sur la justice morale limitée par l'utilité sociale ; l'acte *tenté* ne suppose pas nécessairement chez l'agent une immoralité aussi profonde, aussi persévérante que l'acte accompli *subjectivè ;* il y a entre le crime *tenté* et le crime *manqué*, plus qu'une différence morale ; il y a une différence sociale qui devait entraîner une différence dans la pénalité. La confusion n'est que dans la peine, a écrit un criminaliste belge très-distingué, M. Haus ; mais n'est-il

peine inférieure à celle qui frappait le crime ou délit consommé. Elles étaient restées fidèles aux principes de l'ordonnance de 1532. (Voir notamment art. 40 et 41 du Code pénal de Saxe, art. 68 du Code pénal de la Hesse).—Le Code pénal belge, promulgué le 8 juin 1867, déclare, dans son art. 52, que la tentative du crime est punie de la peine immédiatement inférieure à celle du crime même.—Le Code pénal d'Italie, du 20 novembre 1859, dans ses art. 96, 97, 98, 100, 101, distingue divers degrés de tentative ; dans aucun cas, la peine n'est égale à celle qui atteindrait l'infraction consommée.—La loi pénale de Suède, du 16 février 1864, dans son chapitre xix, sur l'incendie, § 9, et dans le chapitre xx, sur le vol, § 9, n'assimile pas la tentative au crime ou au délit. (Voir Platon, *Traité des lois*, traduction de M. Cousin, liv. ix, tome VIII, pages 198 et 199.)

pas clair que la confusion dans la peine implique l'assimilation de deux faits profondément distincts (1)?

Entre le crime *manqué* et le crime consommé *objectivè*, il n'y a pas de différence morale, et il n'y a pas non plus de différence sous le rapport de la violation du commandement. L'identité de la sanction est donc imposée par la logique et la justice sociale. Vainement objecterait-on que si *le délit est achevé quant à l'agent, il ne l'est pas quant à la victime, quant à la société, quant au mal qui en constituait la fin, que le préjudice social est moindre, et que le préjudice privé peut être nul.* Cette objection de MM. Mittermaïer, Rossi, Haus, Ortolan, etc..., a le tort de mesurer le châtiment sur la matérialité du dommage, tandis que, pour quiconque déduit le droit de punir du droit de commander, la vraie mesure est dans le degré de violation de la loi (2).

Les art. 202 et 260 des Codes de justice militaire pour l'armée de terre et pour l'armée de mer, rendent applicables à toutes les infractions prévues par ces Codes, les art. 2 et 3 qui ne recevaient, antérieurement, d'application que pour les crimes de droit commun.

Sur les art. 2 et 3 du Code pénal je veux examiner cinq questions :

Examen de cinq questions.

1° La résolution criminelle manifestée par des actes extérieurs, mais inoffensive dès son principe, soit par l'impuissance intrinsèque du moyen, soit par l'impossibilité du but, est-elle punissable comme la tentative ou comme le crime consommé *subjectivè*, qui n'a manqué son effet que par une circonstance extrinsèque, indépendamment de la volonté de l'agent, et autre que l'inefficacité du moyen ou du défaut d'objet ?

2° Peut-on, *à priori* et en *pur* droit, différencier les actes simplement *préparatoires* et les actes qui constituent le *com-*

(1) Haus, *Observations de révision sur le Code pénal belge.*, p. 71.
(2) Voir dans notre sens, *Motifs du Code pénal belge, Etude de législation pénale comparée*, p. 16 et les *Exagérations* de Filangieri, liv. III, part. 2, ch. XIII.

mencement d'exécution, auquel la loi subordonne la criminalité de la *tentative ?*

3° Pour savoir si la *tentative* du crime n'est pas punissable, à raison de l'interruption volontaire de l'agent, faut-il se demander à quelle inspiration cette interruption est due?

4° Quand la loi pénale punit, par exception, la *tentative* de délit, cette *tentative* n'est-elle punissable, comme la *tentative* de crime, qu'autant qu'il y a *commencement d'exécution* non interrompue par la volonté de l'agent?

5° La loi pénale ne punit-elle pas quelquefois, par exception, des actes purement *préparatoires ?*

L'inefficacité intrinsèque du moyen ou l'impossibilité du but rendent-elles la tentative impunissable ?

PREMIÈRE QUESTION. — Un homme veut commettre un meurtre, il s'arme d'un poignard, il frappe ; mais c'est la nuit, il est sans lumière ; il ne frappe qu'un cadavre ; celui qu'il voulait tuer était, à son insu, mort d'apoplexie foudroyante ; y a-t-il tentative d'assassinat? Il n'y a pas *commencement d'exécution* d'un assassinat impossible.

La volonté criminelle existe ; mais le résultat final ne pouvait pas être obtenu. — Sans doute si le résultat eût été réalisable, sa non-réalisation n'eût pas affranchi l'agent de la pénalité. — Mais, pourquoi? Parce que la société aurait couru la chance d'un préjudice, parce qu'il y aurait un commencement d'infraction qui légitimerait l'application de la loi pénale. Mais comme on ne peut pas plus commencer à tuer, que tuer un mort, il n'y a pas prise à la pénalité.

Je dirais la même chose de celui qui, ignorant l'ouverture de la succession de son parent collatéral, dont il est l'unique héritier, s'introduirait dans une maison devenue la sienne et s'emparerait, avec effraction, en croyant les voler, des deniers qui lui appartiennent. — On ne peut se voler soi-même; — il n'y a pas de tentative de vol quand le vol est impossible.

Je suppose que l'infraction soit possible ; que l'agent n'emploie qu'un moyen en désaccord avec le but.

L'agent s'est trompé lui-même sur la portée du moyen, ou bien il a été trompé, et au lieu du moyen efficace dont il croyait user, il ne faisait, en réalité, usage que d'un instrument inoffensif.

L'agent qui a arrêté le projet de commettre un meurtre, décharge son arme, par exemple, à une distance telle que celui qu'il veut atteindre ne court aucune espèce de danger ; ou bien l'agent achète de l'arsenic ; on lui livre, par erreur, une substance non vénéneuse ; croyant administrer de l'arsenic, il administre cette substance qui n'a et ne peut avoir aucun effet nuisible.

Dans le premier cas, la *tentative* n'a pas d'effet par une circonstance à la vérité personnelle à l'agent, parce qu'il a tiré de trop loin, mais par une circonstance qui, dans son intention, ne devait pas l'empêcher d'atteindre le but final. — Il ne s'est pas désisté de sa coupable résolution.

Dans le second cas, la *tentative* n'a manqué son effet que par une circonstance ignorée de l'agent, par une circonstance qui n'est pas même le résultat de son fait.

M. Rauter écarte, dans ces deux cas, l'application de la loi pénale, et ses deux solutions sont conformes à la théorie de M. Rossi, que M. Le Sellyer a aussi suivie (1).

Pour que la société ait le droit de punir, dit M. Rossi, il faut qu'elle puisse, de la criminalité des faits, conclure la criminalité de l'intention. Or, ici les faits n'étant pas susceptibles de causer préjudice, il faudrait suivre le procédé contraire, et de la criminalité de l'intention conclure la criminalité des faits ; ce serait alors se jeter dans tous les dangers attachés à la punition de la pensée ou de la volonté.

Il faut bien évidemment écarter cet argument. Il n'est pas vrai que la constatation de la criminalité de la volonté arrêtée, ne puisse être demandée qu'au fait sous lequel elle s'est produite : c'est la volonté qui a présidé au fait qui doit le caractériser, et, par conséquent, ce n'est pas nécessairement et

---

(1) *Traité de Droit pénal*, t. II, p. xxx, ch. 310; *Traité de Droit criminel*, t. Ier, n. 101; Le Sellyer, t. Ier, n. 18; Blanche, n. 8. L'art. 301 du Code pénal définit *l'empoisonnement* : tout attentat à la vie d'une personne par l'effet de substances *qui peuvent donner la mort*, etc.

exclusivement le fait matériel qu'il faut apprécier pour juger cette volonté ; mais l'agent a-t-il commencé à violer la loi? C'est là la vraie question,

Qu'est-ce que la loi a défendu? L'empoisonnement et le meurtre, et, partant, les actes qui peuvent aboutir à l'empoisonnement et au meurtre. Elle n'a pu défendre, sous les peines de l'empoisonnement et du meurtre, des actes qui ne peuvent, dans aucune hypothèse, aboutir à l'empoisonnement ou au meurtre, puisqu'elle n'a pas puni la volonté d'empoisonner ou d'assassiner. La loi a défendu les actes dangereux, et non les mauvaises, mais impuissantes résolutions.

Si la loi punissait, comme le dit Muyart de Vouglans, *l'effort pour commettre le crime*, il faudrait rejeter les solutions de M. Rossi, de M. Rauter, de M. Le Sellyer. La résolution criminelle a pu, en effet, se manifester par des actes extérieurs, si expressifs, que le but dont l'agent se proposait l'accomplissement ait le caractère de l'évidence. — Mais si la loi s'est moins préoccupée de l'immoralité de l'agent que du danger social, là où il n'y a eu, malgré la perversité de l'intention, aucun péril, elle peut, elle doit peut-être s'abstenir de frapper.

Pour frapper logiquement, malgré l'impossibilité du but, ou malgré l'impuissance du moyen employé pour atteindre le but, il faudrait que la société proclamât que les résolutions criminelles, formées, arrêtées, sont une cause suffisante d'alarme, de trouble, pour légitimer son action ; ce principe une fois proclamé, qu'importerait que le moyen ne fût pas en rapport avec le but, ou que le but ne fût pas réalisable ?

Dans l'état actuel de la législation, je ne comprendrais pas comment on punirait comme bigame l'époux, qui, pendant l'existence d'un premier mariage, aurait contracté un second mariage, mais avec l'époux qu'il croyait abandonner ; j'emprunte l'exemple à M. Rauter, sans me charger, bien entendu, d'établir sa vraisemblance ; je l'adopte parce qu'il met le point de la difficulté dans tout son jour.

Quant à ce point, ma théorie est, vous le savez, celle des partisans du système de la justice morale, limitée par l'utilité sociale. Je dois d'autant moins hésiter à la suivre, que, pour moi, la peine n'est pas une expiation morale, mais la sanction d'un commandement, et, encore une fois, notre loi n'a pas défendu, en thèse générale au moins, les mauvaises résolutions, mais bien les actes qui pouvaient nuire.

Toutefois, remarquez-le, pour écarter la pénalité, il faut que l'impuissance du moyen ou l'impossibilité du but soient absolues; une extrême difficulté, une invraisemblance d'accomplissement n'affranchiraient pas l'agent de la responsabilité pénale ; ainsi il est hors de doute que, si l'agent qui voulait commettre un meurtre manque son coup, parce qu'une force étrangère détourne sa main, parce qu'il est maladroit ou troublé, parce que sa balle rencontre un obstacle imprévu, il y a dans le sens de la loi *tentative* qui n'a manqué son effet que par une circonstance indépendante de la volonté de son auteur, et la pénalité est applicable. C'est que, dans ce cas, la société a couru un péril et qu'elle n'a été sauvée que par un hasard heureux, par une circonstance fortuite dont l'efficacité n'avait rien de certain. Il y a eu un fait extérieur, un fait d'exécution dangereux dans son principe, un fait dont les conséquences nuisibles ont été seulement paralysées, et cela indépendamment de la volonté de l'agent. — Au contraire, quand les faits extérieurs ne renfermaient pas même le germe d'un danger, la société n'a pas à refuser de tenir compte de la bonne fortune qui a conjuré un péril absent ; elle constate que l'agent a voulu violer la loi, mais qu'il n'a pas même commencé à la violer (1).

La jurisprudence semble s'associer à la doctrine sur ces

_____

(1) *Que s'il n'y a pas d'argent dans le secrétaire qu'on force, l'illusion de l'agent et son espoir pervers manquent de l'objet du crime*, dit Nicolini, et il n'y a pas prise à la répression. Est-ce bien vrai? Rien ne prouve que le voleur ne dût faire de perquisition que dans le secrétaire...; déçu au commencement de son entreprise, il n'y avait pas d'impossibilité qu'en la poursuivant il la fit aboutir. L'irresponsabilité de la tentative doit être rigoureusement subordonnée à la certitude absolue qu'elle ne pût dans aucun cas avoir d'effet (Voir *infrà* nos développements sur ce qui constitue le commencement d'exécution du vol).

graves questions. Un arrêt de la Cour de Montpellier du 26 février 1852, juge que le commencement d'exécution, condition essentielle de toute tentative criminelle, implique la possibilité d'atteindre le but à l'aide du moyen employé, et dans l'application, que le fait de tirer des coups de feu dans la chambre d'une personne que l'agent se proposait de tuer, mais qui était absente, n'est pas du ressort de la justice humaine (1).

Dans l'espèce, le moyen en soi pouvait donner la mort ; le résultat, la mort, était chose possible ; l'absence accidentelle de la personne que l'agent voulait tuer avait seule prévenu la réalisation du but. C'est encore là une nouvelle nuance avec laquelle le problème apparaît. Ce qui explique, ce qui justifie à mes yeux la solution, c'est que, dès le principe, il n'y a pas eu chance de péril social, c'est qu'il n'y a pas eu d'*alea*. Mais que faudrait-il décider, si dans l'appartement se fût trouvée une autre personne qui eût été atteinte ? Je dirais, avec M. Rauter, (2) que la pénalité serait applicable. J'accepte cette hypothèse comme un fait accompli et je dis : Non-seulement il y a eu chance de danger, mais la chance s'est réalisée. L'assassin n'a pas commis le crime qu'il avait en vue, mais il a commis un autre crime. Objecterait-on que l'intention, quant à ce dernier crime, a manqué ? L'application de la loi pénale n'est pas subordonnée à la condition que l'auteur de l'acte ait eu un but spécial, déterminé, et que ce but spécial ait été ou ait pu être atteint. Il suffit que la volonté de tuer quelqu'un ait existé et que cette volonté ait été réalisable pour que la responsabilité pénale soit encourue.

« Un homme, dit M. Rauter, se trouvant dans son grenier,
« entend dans la rue, qu'il ne peut voir, un bruit tel qu'il est
« évident pour lui qu'il y a un grand concours de peuple ; il
« saisit un fusil chargé et tire dans la rue à tout événement ;
« s'il tue un homme dans la foule, il sera coupable de meur-

---

(1) Devilleneuve, 52.2.464.—*Contrà*, Agen, 8 décembre 1849 ; Devill. et Car., 52.2.66. — Voir aussi Dalloz, 26.1.132. — Rapprocher un arrêt de la Cour de Riom, des 4-5 avril 1855, cité par M. Blanche, n. 8.

(2) Tome Ier, p. 186, à la note.

« tre, quoiqu'il n'ait point eu le dessein de tuer cet individu,
« ni même de tuer positivement qui que ce soit ; il suffit qu'il
« ait tiré sciemment, au risque de tuer (1). »

Je veux encore compliquer la difficulté, et gardez-vous de
croire qu'il s'agisse d'un jeu d'esprit, de pures subtilités dans
lesquelles je me complaise à mettre en désaccord la logique et
la conscience ; non, non ! j'aborde devant vous, avec des hésitations et des anxiétés d'esprit que mon expression ne reflète
peut-être pas assez, des questions ardues, extrêmes, qui appellent pourtant l'étude des jurisconsultes, peut-être des solutions
législatives, puisqu'elles peuvent se traduire en questions de
vie ou de mort ; je cherche avec vous la vérité, et j'interroge
les principes du Droit.

Un homme, pour commettre un meurtre, s'arme d'un pistolet qu'il charge à balle : il tire, mais à une distance telle
qu'il est matériellement impossible que le coup porte ; le moyen
n'est pas en rapport avec le but ; mais voici ce qui différencie
cette hypothèse des hypothèses analogues que je vous ai proposées : celui sur lequel le coup de pistolet a été tiré était plus
qu'impressionnable ; il était dans de mauvaises conditions de
santé ; il éprouve une secousse si profonde qu'il en meurt ; il
meurt de peur, si vous voulez ; le but final a été atteint ; y a-
t-il là un homicide volontaire punissable ?

Ce qui fait la difficulté, c'est le concours du fait et de l'intention. M. Rauter, auquel j'ai emprunté en grande partie
mes hypothèses, en les présentant dans un ordre que je crois
plus logique, et surtout en les rapprochant, fait une distinction :

L'agent est socialement punissable, s'il a connu la faiblesse
physique et morale de sa victime et a voulu la tuer par la terreur ; il n'est pas socialement punissable s'il n'a pas compté
sur l'effet tout à fait exceptionnel de l'effroi, s'il n'a eu que
l'espérance d'atteindre matériellement la personne sur laquelle
il a déchargé son arme (2).

(1) Rauter, *Traité de Droit criminel*, t. Ier, p. 141.
(2) Rauter, t. Ier, n. 99, p. 190.

Cette solution est-elle juridique ? Je le crains ; il me semble que le commandement de la loi sociale n'a été violé qu'autant que le fait pouvait naturellement réaliser le préjudice que cette loi voulait prévenir, et qu'il n'a manqué son effet que par une circonstance indépendante de la volonté de l'agent. Dans l'espèce, le moyen, à l'encontre d'une organisation ordinaire, ne devait pas causer la mort. Le fait de l'agent, envisagé en lui-même et dans son principe, n'était pas dangereux ; il n'était pas défendu sous les peines du meurtre. L'événement impossible, d'après les règles communes, et dont le coup de pistolet a été non la cause, mais l'occasion, doit-il donner au projet du meurtre le caractère d'un meurtre accompli ?

Un agent, pendant qu'il est engagé dans les liens d'un mariage, qui n'est vicié ni d'une nullité absolue, ni d'une nullité relative qu'il ait qualité pour opposer, contracte un second mariage ; si ce second mariage est, indépendamment du vice résultant de sa coexistence avec le précédent mariage, nul d'une nullité absolue ou d'une nullité relative dont cet agent soit recevable à se prévaloir, il n'y a ni crime ni tentative de bigamie. Mais si l'un des deux mariages n'était vicié que d'une nullité personnelle aux tiers, l'annulation de l'un des mariages, résultant d'une circonstance indépendante de la volonté de celui qui s'est soumis à un double lien, n'empêcherait pas qu'il y eût tentative punissable (1).

J'en ai fini avec ces difficultés qui sont de nature à faire comprendre combien la justice sociale diffère de la justice de Dieu, et devant lesquelles cependant j'aurais reculé peut-être si elles n'eussent été remuées, avant moi, par nos criminalistes les plus autorisés : MM. Rossi, Rauter et Le Sellyer. Je ne dis

(1) Voir nos *Questions préjudicielles*, p. 128 à 135 ; *Encyclopédie du Droit*, vᵒ *Bigamie*, n. 15 et 16.—Voir aussi Le Sellyer, t. IV, p. 314 et 315 ; —et Bench, *Revue de Législation*, t. XIII, p. 133 et 134, *Ancienne Collection*, qui professent chacun, en sens contraire, une doctrine trop absolue, parce qu'ils ne font pas de distinction suivant le caractère des nullités, et sont ainsi conduits, le premier à toujours écarter, le second à toujours admettre la tentative. Comparer Rauter, t. II, n. 498, et Chauveau et Hélie, t. VI, p. 288 et 289.

pas, comme eux, que la société n'a pas le droit d'atteindre l'effort vers le crime, par cela seul que l'effort ne peut, dès le principe, aboutir à l'objet final ; mais je dis qu'elle ne devrait atteindre l'effort qu'autant qu'elle jugerait nécessaire de frapper la résolution criminelle, dès qu'elle se serait traduite par un signe extérieur.

SECONDE QUESTION. — J'examine à quels caractères on reconnaît le *commencement d'exécution* : comment les actes constitutifs du *commencement d'exécution* se différencient-ils des *actes préparatoires ?* — La loi n'a défini ni l'*acte préparatoire* ni le *commencement d'exécution* ; elle a abandonné ces questions à l'appréciation souveraine du juge. Est-ce à dire qu'il faille les négliger et ne pas essayer de tracer quelques règles, d'exposer les principes ? Aucun de nos criminalistes ne l'a pensé. Le *commencement d'exécution*, a dit M. Rossi, c'est tout acte qui met en péril le droit spécial dont la violation directe constitue le but du crime. — Le sicaire, *ambulans cum telo*, attend la victime désignée : l'existence menacée n'a encore reçu aucune atteinte ; il n'y a pas encore de tentative. La victime désignée apparaît, l'assassin porte un premier coup ; qu'importe que le premier coup ne soit pas mortel ? Si l'œuvre de la volonté n'est pas achevée, elle est commencée. L'achat du poison n'est qu'une préparation à l'empoisonnement ; mais le poison est versé dans la coupe qui va être offerte à la victime ; n'y a-t-il plus là qu'un *acte préparatoire ?* Non, dit M. Rossi : si le poison était avalé, le crime serait arrivé à sa perfection. Le résultat final pourrait bien ne pas s'accomplir ; la victime se sauverait peut-être par un antidote ; il y aurait alors un crime *manqué ;* ce ne serait pas seulement un crime *tenté* (1).

A mon sens, le point de savoir si le fait que le poison a été versé dans la coupe est un *acte préparatoire* ou un *commencement d'exécution*, n'est pas susceptible d'une solution absolue. Cette solution est subordonnée aux circonstances ; la victime

Peut-on *à priori* et en pur droit différencier les actes simplement préparatoires et les actes constitutifs du commencement d'exécution ?

(1) M. Rossi, t. II, chap. XXVIII, p. 299. Sic, fragm. 1, ff. *ad legem Corneliam de sicariis.* — Code du 25 septembre 1791, tit. II, art. 15.

était-elle là ? lui présentait-on la coupe ? ou bien la victime devait-elle venir, plus tard, chercher, elle-même, le breuvage commandé, attendu, et qui restait à sa disposition ? Je pense, comme M. Rossi, qu'il y a tentative d'empoisonnement.—Mais le poison est jeté dans la coupe, et cette coupe n'est ni offerte encore, ni laissée à la disposition de la victime désignée ; un long intervalle doit s'écouler avant le moment fixé pour la consommation de l'empoisonnement ; c'est sans doute un grand pas vers le crime ; mais le point d'arrivée est trop loin pour dire que le dénoûment soit commencé (1).

M. Rauter suppose qu'un homme résolu de donner la mort à un autre qui est séparé de lui par plusieurs pièces de l'appartement qu'ils habitent tous deux, marche armé vers la chambre où il se propose de commettre le crime ; en chemin il est arrêté. Y a-t-il *commencement d'exécution ?* M. Rauter est d'avis de l'affirmative ; toutefois, dit-il, il ne faudrait pas punir pour *tentative* d'assassinat celui qui, s'étant mis en voyage, de *Canton* en Chine, pour frapper son ennemi à *Londres*, en serait empêché par une tempête. Y a-t-il *tentative*, dans la première hypothèse de M. Rauter ? C'est une question qui dépend des circonstances ; je fais ces indications et ces rapprochements pour vous mettre en mesure de bien apprécier une théorie peut-être trop absolue, trop radicale, qui a pour elle l'autorité d'un savant criminaliste italien, Carmignani, l'autorité de savants criminalistes français, et la sanction de plusieurs arrêts.

Un homme s'introduit dans la maison d'autrui avec escalade et effraction ; mais il est découvert et arrêté avant d'avoir saisi aucun objet ; est-il passible des peines de la *tentative ?* Non, a dit notamment la Cour de Bordeaux, il n'y a pas de commencement d'exécution du vol. Le pourvoi contre l'arrêt a été rejeté, par le motif que la loi n'ayant pas déterminé les faits élémentaires et constitutifs de l'exécution, l'appréciation de la Cour de Bordeaux, *si erronée qu'elle pût être*, ne constituait

(1) Voir article de M. Calmètes, *Gazette des tribunaux*, nᵒˢ des 24 et 25 octobre **1831**, et arrêt de cassation du 29 juillet **1861**, avec la note de l'arrétiste. — Dalloz, 61.1.405.

pas une violation expresse de la loi. Je reproduis à dessein les termes de la Cour de cassation, parce qu'ils sont au moins une critique doctrinale. L'introduction de l'agent avec effraction, escalade, pouvait avoir pour objet, dit une doctrine fort accréditée, la perpétration d'un crime autre que le vol, la perpétration d'un viol, d'un rapt, d'un assassinat ; ces éléments sont en dehors d'une action criminelle déterminée ; ils peuvent l'aggraver, mais non servir à la constituer ; ils ne la commencent pas (1).

Je crois qu'il faut dire, avec M. Rossi, qu'il est impossible de déterminer, par une loi et d'une manière générale, les caractères précis auxquels on devra reconnaître, dans tous les cas, le véritable commencement d'exécution du crime et en distinguer les actes de ceux qui ne sont que préparatoires. L'introduction d'un homme dans la maison d'autrui, à l'aide d'escalade et d'effraction, n'est pas, sans doute, toujours et nécessairement, un commencement d'exécution du vol ; mais s'il s'agit, par exemple, d'un voleur de profession, déjà condamné comme voleur, qu'aucun autre but que le vol ne puisse être assigné à son introduction dans la maison, s'il était déjà

---

(1) Ulpien, fragment 21, ff. *de Furtis.*—Loi du 29 ventôse an VI, art. 3. —*Code pénal,* art. 276.—Cassation, 25 sept. 1823; Sirey, 26.1.497; Molinier, *Progr.,* p. 100; MM. Hélie et Chauveau, *Théorie du Code pénal,* t. Ier, p. 296 et suiv.; Morin, vo *Tentative,* n. 9, et Cour de Nancy, 19 fév. 1852; Dalloz, *Rec. pér.,* 1853.2.94.—Devill. et Car., 53.2.68; Cour de Bordeaux, 23 févr. 1870, Dalloz, 71.2.227. — Rapproch. Dalloz, 26.1.132. — La loi pénale du royaume de Suède, chap. XX, § 9, renferme une disposition ainsi conçue : « Sera puni, s'il n'y a pas eu vol, mais dessein de voler, pour le seul fait d'effraction, de la peine des travaux forcés pendant six mois au plus: 1o celui qui se sera introduit dans les cours, maisons, appartements ou navires, à l'aide de violences exercées contre des murs, cloisons, planchers, toits, volets, fenêtres, portes de rues ou portes intérieures, serrures ou autres objets semblables servant de fermeture; — 2o celui qui se sera introduit dans des cours, maisons, appartements ou navires, soit en escaladant des murs, cloisons, portes ou toits, soit en passant par des lucarnes, cheminées ou autres ouvertures ne servant pas d'entrée, soit en faisant usage de rossignols ou de fausses clefs ;—3o celui qui, à l'aide de violences ou de ruse, aura, sans les emporter, ouvert des armoires, caisses, écrins ou autres objets servant à la garde des effets, et fermés avec des serrures, cachets, ou autres fermetures semblables. » — Le fait est puni, non comme tentative, mais comme infraction *sui generis.*

dans l'appartement où étaient placés les objets de sa convoitise, si la consommation du crime était prochaine, presque immédiate, si, en un mot, toutes les circonstances attestent le caractère du dénoûment dont l'agent était si près, je dis qu'il y a plus qu'un acte préparatoire ; je ne puis admettre que le brigand armé, qui m'arrête sur la route, qui me demande la bourse ou la vie, échappe à la pénalité de la tentative, parce que le secours m'arrive avant qu'il ait commencé à me dépouiller. L'escalade et l'effraction avaient, dit-on, pour objet peut-être un rapt ou un assassinat ; c'est possible ; mais aussi, suivant les circonstances, ces éléments pourraient être regardés comme des commencements d'exécution de tout crime, dont ils auraient été le premier acte (1). Ils peuvent être considérés comme la première atteinte au droit spécial, dont la violation était l'objet du crime. C'est ainsi que la Cour de cassation me paraît avoir décidé, avec beaucoup de raison, que, lorsque après avoir acheté et chargé des pistolets et écrit les billets dont il se propose d'imposer la souscription par violence, l'agent fait monter en voiture la victime désignée, et est en train de la conduire dans le lieu où le crime doit se consommer, il y a commencement d'exécution et tentative d'extorsion de signature (2). L'extorsion proprement dite reste cependant tout entière à faire. — Il y a donc des faits qui, considérés isolément, ne seraient que des actes préparatoires, mais qui revêtent un caractère de commencement d'exécution par leur extrême voisinage, par leur contact avec les éléments constitutifs de l'infraction qu'il s'agit d'accomplir.

L'acte qui est la condition du vol et qui ne s'en sépare ni

(1) Voir, dans le sens de notre opinion, Bexon, *Parallèle du Code pénal d'Angleterre, avec les lois françaises,* chap. xxv, p. 145 ; Boitard, 2ᵉ leçon, n. 24, p. 38.

Rauter, t. Iᵉʳ, n. 108, p. 202.—Ces auteurs, toutefois, ne formulent pas avec une parfaite netteté leur théorie. Cass., 23 sept. 1825, *Arg.* « On « entend par tentative tout acte qui a un rapport si intime avec le méfait, « qu'il doit être envisagé comme un commencement d'exécution. » *Nouveau Code des Pays-Bas,* art. 1, § 2. — *Etude de Législation pénale comparée,* p. 27.

(2) Cassation, 6 fév. 1812.

dans le temps, ni dans la pensée de l'agent, ne peut-il pas être le *commencement d'exécution* le mieux caractérisé ?

Supposez que le voleur de profession, qui s'est introduit avec escalade et effraction dans la maison, ait déjà brisé la caisse qu'il veut vider ; proclamerez-vous encore l'innocence de cet acte préparatoire ?

Dans la séance du 21 février 1809, au Conseil d'État, M. Berlier indiquait, comme exemple d'un *commencement d'exécution de vol*, le fait d'un homme surpris *crochetant* la serrure d'une porte, *parce que le but ultérieur de cet homme était bien connu par ce seul fait.* Tout acte extérieur d'où résulte l'actualité du péril pour le droit auquel l'agent a la volonté d'attenter immédiatement, n'est-il pas, dans le sens de la loi pénale, un *commencement d'exécution* de l'infraction ?

Il y a, dans le Droit pénal, des questions d'intention de moralité, et aussi de sécurité sociale, qui dominent les faits matériels et leur impriment leur vrai caractère, au point de vue de la répression.

Je vais tout à l'heure vous montrer la jurisprudence hésitant à voir la tentative dans les actes qui sont bien plus qu'un commencement d'exécution, puisqu'ils ne laissent plus rien à faire à l'agent.

De la tentative en matière de duel.

Vous savez que, d'après une jurisprudence que nous n'avons pas à apprécier ici, l'homicide commis en duel est puni de la peine du meurtre ou de l'assassinat. Cette solution soulève des questions assez ardues de tentative. Je suppose l'existence d'un duel au pistolet ; les deux combattants échangent leur coup de feu ; mais ils ne sont pas des plus adroits, et, pour résultat, il n'y a ni mort ni blessure : dira-t-on qu'il y a tentative de meurtre ? Dira-t-on qu'il y a tentative de coups ou blessures ? Si c'est une tentative de meurtre, elle est punissable ; si c'est une tentative de coups et blessures, le fait des coups et blessures n'étant un crime, aux termes de l'art. 309, revisé par la loi du 13 mai 1863, qu'autant qu'il a été suivi de mutilation ou privation de l'usage d'un membre, cécité, perte d'un œil ou autres infirmités permanentes, et n'étant qu'un délit, quand il n'a entraîné ni la mort ni une infirmité permanente, il n'y a guère, en vérité, moyen de savoir s'il s'agit d'une *tentative* de crime ou d'une *tentative* de délit, c'est-à-dire s'il s'agit d'une *tentative* punissable.

Dans un duel au pistolet, l'un des combattants avait été blessé au bras ; l'autre combattant n'avait pas été atteint ; la balle n'avait frappé que son chapeau. La Cour de Rennes ne vit, ni dans le fait du blessé ni dans le fait de l'auteur de la blessure, une *tentative punissable*. Mais la Cour de cassation a appliqué les conséquences de sa doctrine. Elle a décidé que les deux combattants devaient être accusés de tentative de meurtre.

En effet, de deux choses l'une : ou il faut apprécier le fait par l'intention présumée, ou il faut l'apprécier par le résultat. Si on l'apprécie par l'intention présumée, celui dont la balle a atteint le chapeau de son adversaire me semble tout aussi convaincu d'une tentative de meurtre, c'est-à-dire de la volonté de donner la mort, que celui qui a fait la blessure au bras ; si l'on juge par le résultat, la blessure au bras n'est pas un meurtre (Sir. 38.1.5) (1).

Dans une autre espèce, le duel avait eu lieu avec des fleurets démouchetés, et il avait été convenu que le combat cesserait au premier sang ; un des combattants fut légèrement blessé : la Cour de cassation a décidé que le blessant était coupable de délit de coups et blessures, et que, quant au blessé, il n'était coupable que d'un fait non punissable. Cette décision peut se justifier ; la convention que le combat cesserait au premier sang était, jusqu'à certain point, exclusive de la volonté de donner la mort (Cassation, 15 avril 1838, Sir., 38.1.460).

Toutefois, les vrais principes ont-ils prévalu ?

Il n'y a pas, dans les deux cas sur lesquels la Cour de cassation a eu à se prononcer, une *tentative* proprement dite ; l'infraction a été parfaite, consommée *subjectivè*. — Il ne restait plus rien à faire à l'agent ; tout ce qui dépendait de lui était accompli ; seulement le but final n'était pas atteint. Je pense

(1) Ch. crim., 8 déc. 1848. — 20 déc. 1850. — 18 fév. 1854. — Voir M. Blanche, 4e étude, n. 473.

donc, au moins dans le cas de duel au pistolet, que la peine devait être appliquée aussi bien à celui qui avait reçu la blessure qu'à celui qui l'avait faite. — Dans la seconde espèce, si l'on décidait que le but final n'était qu'une blessure, la loi subordonnant elle-même l'existence et le caractère de l'infraction au résultat, le blessé devait être affranchi de toute responsabilité (1).

Troisième question. — Le désistement volontaire de l'agent qui revient sur ses pas et laisse son œuvre interrompue écarte la responsabilité pénale. Il n'est pas nécessaire que la volonté soit pure dans ses motifs, qu'il y ait remords, trouble ou hésitation de conscience au moins. La crainte du châtiment, l'inspiration de la peur ne vicient pas, au point de vue social, la détermination qui recule devant la consommation du crime ; la menace d'une dénonciation n'est même considérée que comme un mobile pour l'agent, que comme une excitation à user de sa liberté en un certain sens ; on ne la regarde pas comme une *contrainte,* comme la cause étrangère qui a empêché la réalisation complète de l'infraction ; le désistement n'est pas moins volontaire, M. Rauter en fait la remarque, parce qu'il a été provoqué, motivé par des raisons d'un plus ou moins grand poids (2).

Du désistement de l'agent sous l'empire d'un sentiment de crainte.

(1) Voir Ch. crim., 5 avril 1838.—21 fév. 1839.—11 décembre 1839.— 10 sept. 1840.—12 nov. 1840.—6 juill. 1849.—Ces délicates questions sont résolues par des textes dans le Code pénal belge et dans le Code pénal de l'empire d'Allemagne. L'art. 426 du Code pénal belge est ainsi conçu : « Celui qui, dans un duel, aura fait usage de ses armes contre son adver- « saire, sans qu'il soit résulté du combat ni homicide, ni blessure, sera puni « d'un emprisonnement d'un mois à six mois et d'une amende de deux « cents francs à mille francs. » L'art. 423 fait de la provocation en duel un délit spécial. Les art. 427, 428, 429, 430, graduent la pénalité suivant la gravité du résultat du duel. — Le Code pénal de l'empire d'Allemagne, dans ses art. 201 à 205, fait de la provocation en duel, et du duel en lui-même et abstraction faite de son dénoûment, des délits spéciaux; l'art. 206 aggrave la pénalité quand le dénoûment du duel a été la mort. Il fait toutefois une distinction entre le cas où le duel ne devait cesser que par la mort de l'un des combattants et le duel qui n'a pas été précédé de cette condition. — Le Code pénal d'Italie punit le duel, même lorsqu'il n'a occasionné ni homicide ni lésion personnelle. En cas de blessures ou de mort, la pénalité s'accroît avec la gravité du résultat (Voir art. 588 et 589).

(2) N. 104, *in fine.*

Un arrêt de la Cour de Paris, du 28 juillet 1848, a jugé, contrairement aux conclusions du ministère public, que l'agent qui couche en joue une personne avec l'intention de faire feu sur elle, mais qui s'arrête dans l'exécution de son projet, sous l'empire d'un sentiment d'effroi, et parce que des individus armés de fusils l'ajustent, et que l'un d'eux lui crie : « *Si tu tires tu es mort*, » est coupable de tentative. MM. Dalloz critiquent avec raison cette décision (1).

Il ne faut cependant rien exagérer ; si l'agent était, pendant qu'il consommait l'infraction, tout à coup surpris et mis en présence d'une force dont il n'eût pu avoir l'espérance raisonnable de triompher pour achever le crime, on devrait dire qu'il y a eu non pas un désistement, mais une interruption imposée, non point un acte de liberté, mais un fait de force majeure. Il y a encore là une question de fait qui domine le droit.

Le désistement ne se présume pas, quand il n'y a pas d'interruption ; mais l'interruption est présumée volontaire, et c'est à l'accusation d'établir que cette interruption n'est pas le résultat d'un accident ou de l'impuissance (2).

Du caractère de la tentative en matière de délit.

QUATRIÈME QUESTION. — Lorsque les tentatives de délits sont punissables, sont-elles régies par l'art. 2 du Code pénal ? La répression ne peut-elle les atteindre qu'autant qu'elles ont eu un *commencement d'exécution* et n'ont pas été interrompues par la volonté de l'agent ?

L'affirmative semble évidente ; cependant des arrêts de la Cour de cassation l'ont contredite ; la doctrine est unanime, sur ce point, pour maintenir les principes.

Pourquoi, en thèse générale, les tentatives de délit sont-

---

(1) Dalloz, 49.2.166. — « Si un inconnu me couche en joue au milieu d'un bois, je ne suis pas encore certain qu'il veuille me tuer ; lui laisserai-je le temps de tirer pour m'assurer de son dessein ? Est-il un casuiste raisonnable qui me refuse le droit de le prévenir ? » (Vattel, *Le Droit des gens*, édition Pradier-Fodéré, liv. III, chap. III, § 44, p. 386). — Mais les principes qui régissent le droit de défense ne sont pas applicables à la tentative au point de vue pénal.

(2) Comparer Rossi, t. III, p. 6, et le Code de Bavière, art. 58. — Voir *suprà*.

elles affranchies de pénalité ? C'est, dit le rapport fait au nom de la commission du Pouvoir législatif, *parce que l'exécution des délits peut très-bien avoir été préparée et commencée par des circonstances et des démarches, qui en elles-mêmes n'ont rien de répréhensible, et dont l'objet n'est bien connu que lorsque le délit est consommé.* Si, en matière de délits, le commencement d'exécution est, en général, trop équivoque pour autoriser la punition de la tentative, comment, quand, par exception, la loi punit la tentative, c'est-à-dire croit que les actes d'exécution seront assez caractérisés pour prévenir l'erreur sur leur signification, n'exigerait-elle pas le témoignage de ces actes extérieurs qui métamorphosent la résolution en infraction ? Comment la loi serait-elle plus sévère pour les délits que pour les crimes (1) ?

Les art. 2 et 3 du Code pénal, relatifs à la tentative de crimes et de délits, sont applicables devant les tribunaux militaires, sauf les cas où les Codes de justice militaire en auraient disposé autrement. Avant la loi des 9 juin-4 août 1857 et 4-15 juin 1858, les tribunaux militaires n'appliquaient l'art. 2 du Code pénal qu'aux crimes et délits communs, mais jamais aux crimes et délits militaires, dont la tentative pouvait rester impunie.

CINQUIÈME QUESTION. — La loi n'atteint-elle pas quelquefois et par exception des faits qui ne sont pas un commencement d'exécution, qui ne constituent pas une tentative ? L'art. 89 du Code pénal punit la proposition de complot, même non agréée ; il punit donc la résolution quand elle s'est constatée elle-même en essayant de se faire partager. Il punit, à plus forte raison, la résolution arrêtée et concertée entre plusieurs, de commettre l'attentat prévu par les art. 86 et 87 (2), et, si le complot a été suivi d'un acte commis ou *commencé* pour en préparer l'exécution, la peine est aggravée.

Du complot.

(1) *Sic*, MM. Chauveau et Hélie, t. Iᵉʳ, p. 411. — Achille Morin, *Répertoire*, vᵒ *Tentative*, n. 12 ; Blanche, n. 20. — Loi du 25 frimaire an VIII, art. 17.

(2) Voir loi du 10 juin 1853.

L'acte préparatoire, et même la tentative de l'acte préparatoire, tombent sous la répression, comme circonstance aggravante du complot.

Voilà des exceptions que l'intérêt de la sécurité sociale, inséparable de la sécurité du pouvoir, justifie.

Les articles 132, 147 et 150 du Code pénal dérogent-ils à l'article 2 de ce Code?

Le plus souvent, quand la loi veut atteindre un acte préparatoire, elle fait de cet acte l'objet d'une incrimination spéciale ; elle le punit comme infraction *sui generis*.

Est-ce un acte préparatoire que notre Code pénal frappe ainsi, à l'aide d'une incrimination exceptionnelle, dans les articles 132, 147 et 150, quand il punit la fabrication de monnaies fausses et le faux en écriture authentique ou privée ? Le véritable crime n'est-il que dans l'usage de la monnaie et de la pièce fausse ?

Oui, ont dit de savants criminalistes (1).

Comment donc ! Est-ce que le fait duquel résulte la *possibilité* du préjudice n'est pas consommé ? Est-ce qu'il y a certitude que la monnaie et la pièce fausses ne serviront qu'autant que l'infracteur ne se désisterait pas de son acte criminel et n'en abandonnerait point le profit ? Non, le faussaire peut mourir, et son héritier, dans l'ignorance du crime, en parfaite bonne foi, mettrait peut-être en circulation les monnaies contrefaites ou se prévaudrait de l'acte faux. Le faux et l'usage du faux sont deux crimes distincts : si le faux n'était que l'acte préparatoire de l'usage du faux, il n'offrirait, considéré isolément, et abstraction faite de son but, aucune chance de danger à la société. Ce qui caractérise, en effet, l'acte préparatoire, c'est qu'il ne devient dangereux que par l'accomplissement de l'œuvre coupable vers laquelle il est un acheminement (2).

_____

(1) MM. Chauveau et Faustin Hélie, *Théorie du Code pénal*, t. 1er, p. 404, 2e édition.

(2) La loi 19, Pr. dig. *de lege Cornelia de falsis* (XLVIII, 10), n'est pas contraire à notre solution ; elle ne prévoit qu'un commencement de crime dont le repentir a empêché l'achèvement : « Qui falsam monetam percusserint, *si id totum formare noluerunt*, suffragio justæ pœnitentiæ absolvuntur. »

Je ne vous entretiens pas des exceptions que reçoivent les art. 2 et 3 du Code pénal, parce que je dois me borner à l'explication des principes généraux.

ONZIÈME LEÇON.

Art. 5. — Le Code pénal ne régit pas les infractions militaires. — Transition des dispositions préliminaires au premier livre du Code pénal. — Ordre rationnel des matières. — Ordre légal. — Droit philosophique. — De la pénalité. — En quoi elle consiste. — Pour savoir quels biens elle peut entamer, faut-il distinguer entre les biens acquis et les biens naturels? — Réfutation de la théorie qui fait cette distinction. — La peine de mort est-elle illégitime? — Principales objections des adversaires de la peine de mort. — Réponse. — Historique de la question. — Législation. — Division des peines en peines applicables aux crimes, en peines applicables aux délits, en peines applicables aux contraventions, en peines applicables à plusieurs classes d'infractions et même à toutes les classes d'infractions. — Peines afflictives et infamantes. — Peines infamantes. — Le Pouvoir a-t-il le droit de déclarer certaines peines infamantes?

Art. 7 et 8 du Code pénal. — Peines *afflictives* et *infamantes.* — Peine de mort (art. 12 et 13). — Travaux forcés à perpétuité (art. 15). — Déportation. — Code de 1810. — Loi du 28 avril 1832 (art. 17). — Loi du 9 septembre 1835. — Loi du 8 juin 1850, déportation simple et déportation aggravée. — Loi des 23 mars-3 avril 1872. — Travaux forcés à temps (art. 19). — Détention (art. 20). — Réclusion (art. 21). — Peines infamantes. — Bannissement (art. 32 et 33). — Dégradation civique (art. 34 et 35). — Peines prononcées en matière de crime par les *Codes de justice militaire* pour l'armée de terre et pour l'armée de mer.

———

Messieurs,

Le Code pénal ne régit pas les infractions militaires.

Toutes les infractions aux commandements protégés par des sanctions d'ordre public ne sont pas régies par le Code pénal; ainsi les infractions que j'appellerai *militaires* ne sont pas soumises à la loi et aux juridictions de droit commun; elles subissent une loi et une juridiction exceptionnelles. C'est ce qu'indique l'art. 5 de ce Code. Les infractions sont déclarées *militaires* par la loi, soit à raison de la qualité des infracteurs, c'est la règle générale, soit à raison de leur caractère spécial, et quelle que soit la qualité des agents. Les lois des 9 juin-4 août 1857 et 4-15 juin 1858, dignes du nom de Code de justice militaire, déterminent les infractions soumises aux lois militaires. Je ne mentionne cette spécialité que pour vous avertir qu'elle ne rentre pas dans le cadre de mon enseignement. J'ai donc épuisé l'explication des dispositions préliminaires du Code pénal.

Lois des 9 juin-4 août 1857 et des 4-15 juin 1858, dites Code de justice militaire.

Vous connaissez le caractère de la loi pénale et l'étendue de son empire, le caractère que doivent avoir les faits pour tomber sous la répression. L'ordre logique appellerait l'examen des conditions que doivent remplir les *agents* pour que les infractions et tentatives d'infraction leur soient imputables ; mais les questions d'*imputabilité* ne sont pas résolues dans le premier livre ; elles sont l'objet du second livre. Le premier livre traite des *peines*. Je ne veux pas intervertir, sans nécessité absolue de méthode, l'ordre adopté par le législateur.

Transition.

La *loi*, l'*infraction*, l'*agent*, la *pénalité*, voilà l'ordre qui eût eu mes préférences ; la *loi*, l'*infraction*, la *pénalité*, l'*agent*, tel est l'ordre légal. — C'est à cet ordre qu'en général je me conformerai. J'examine donc aujourd'hui quelle est la nature de la *pénalité*.

La pénalité est un mal attaché comme conséquence à l'infraction de la loi. En quoi doit consister ce mal ? Il doit consister dans la privation ou dans la diminution perpétuelle ou temporaire d'un bien ou d'un avantage auquel, dans l'opinion commune, on attache de l'importance.

Qu'est-ce que la pénalité ?

Mais quels sont les biens dont l'homme peut être privé d'une manière totale ou partielle, temporairement ou perpétuellement, à titre de punition ? Des criminalistes ont voulu distinguer, et ils ont divisé en deux classes les biens qu'un homme peut posséder ; les biens de la première classe seraient appelés *naturels ;* ce sont : la vie, la liberté, l'intelligence. La seconde

Sur quels biens peut-elle porter ? —Diverses théories. — Discussion.

classe se composerait de biens *acquis;* ce sont : les droits de propriété, les droits de cité, les droits de famille. Suivant ces criminalistes, le pouvoir social ne pourrait anéantir ou entamer que les *biens acquis* ; il ne pourrait anéantir ou même entamer les *biens naturels.*

Cette théorie suppose qu'il existe pour l'homme des biens indépendants de la société, des biens qui ne relèvent pas d'elle, des biens qui sont au-dessus de ses lois et de ses conditions. C'est là une supposition que j'ai combattue, et qu'on ne saurait trop combattre.

Les biens que l'on appelle *naturels,* la vie, la liberté, l'intelligence de l'homme, ne peuvent se développer que dans l'état social. Pourquoi donc ces biens, qui sont sans doute de la nature de l'homme, mais de l'homme sociable, au même titre qu'il est libre et intelligent, ne pourraient-ils pas être sacrifiés avec justice, dans certains cas, à la cause de la société? Est-ce que, par hasard, les droits de propriété, de cité et de famille ne seraient que des créations arbitraires de la loi positive; que des faits accidentels et contingents, qui n'auraient pour eux que la consécration du temps, mais qui ne puiseraient pas leur raison d'être dans la nature de l'homme?

L'homme est un être libre et intelligent. Si vous proclamez inviolables sa liberté et son intelligence, pourquoi n'étendriez-vous pas la même inviolabilité aux résultats, aux conquêtes de sa liberté et de son intelligence? Pourquoi séparez-vous l'effet de la cause, la conséquence du principe? Si la société est aussi nécessaire pour sauvegarder la cause que l'effet, la cause comme l'effet sera susceptible de restrictions, en tant que ces restrictions seront nécessaires au maintien de l'ordre social.

La peine de mort est-elle légitime? — Objections. — Réfutation. Ces observations générales, en réponse à une distinction absolue, résolvent-elles une question spéciale? La peine de mort est-elle en soi une peine illégitime ? Est-elle illégitime même quand, à raison des temps, des circonstances et des mœurs, le pouvoir social a besoin de la faculté de disposer de la vie de ceux qui violent certaines de ses lois?

Rousseau, Diderot, Montesquieu, Mably, Kant, plus tard de Broglie, Rossi, Troplong ont répondu : oui; mais Beccaria, Servan, Brissot, Pastoret et plus tard Lamartine et Victor Hugo ont répondu : non. — Voltaire a plutôt formulé la question qu'il ne l'a résolue, dans son programme publié en 1777, *sur l'esprit de la justice et de l'humanité fondé à Berne :* « C'est à vous, messieurs, d'examiner dans quel cas il est équitable d'arracher la vie à votre semblable à qui Dieu l'a donnée. Vous qui travaillez à réformer ces lois, voyez avec le jurisconsulte M. Beccaria, s'il est bien raisonnable que, pour apprendre aux hommes à détester l'homicide, des magistrats soient homicides et tuent un homme en grand appareil. Voyez s'il est nécessaire de le tuer quand on peut le punir autrement, et s'il faut gager un de vos compatriotes pour massacrer utilement votre compatriote, excepté dans un seul cas : c'est celui où il n'y aurait pas d'autre moyen de sauver la vie du plus grand nombre, c'est le cas où l'on tue un chien enragé. »

La solution que semble indiquer Voltaire ressemble singulièrement à celle du plus grand philosophe de l'antiquité. « Le législateur, dit Platon, n'a qu'une loi, qu'une peine à porter contre celui dont il voit le mal incurable. Comme il sait que ce n'est pas un bien pour de pareils hommes de prolonger leur vie, et qu'en la perdant ils sont doublement utiles aux autres, devenant pour eux un exemple qui les détourne de mal faire, et délivrant en même temps l'État de mauvais citoyens, il se trouve par ces considérations dans la nécessité de punir le crime par la mort de semblables criminels ; hors de là il ne doit point user de ce remède (1). »

Pour Voltaire, pas plus que pour Platon, la peine de mort n'était essentiellement illégitime; il convenait seulement de ne pas la prodiguer.

Je ne puis, dans un cours de droit pénal, laisser absolument de côté cette question, bien qu'elle ait été souvent de nos jours débattue, et avec une grande puissance de talent, dans les

---

(1) *Les Lois,* liv. IX, traduction Cousin, p. 167.

livres, dans nos écoles, à la tribune, et qu'elle soit presque devenue un lieu commun ; je dois au moins, suivant l'exemple de Boitard, résumer la discussion ; je vous renvoie, pour les développements, à l'article de M. de Broglie dans la *Revue française* de septembre 1828, parce que c'est cet article, dont tous, philosophes, publicistes, orateurs, professeurs, se sont beaucoup inspirés, qui a le mieux réduit la question à ses véritables termes.

Pour soutenir l'illégitimité absolue de la peine de mort, on dit : L'homme n'a pas le droit de disposer de sa vie ; il la reçoit et ne se la donne pas ; il n'a pas le droit de se l'enlever par un suicide, il ne peut donc renoncer éventuellement à la vie au profit du pouvoir. Cette objection a un vice capital ; elle suppose que la société est le résultat du consentement de ceux qui la composent, et que le pouvoir social n'a de droits que ceux qui lui ont été concédés.

J'ai démontré que cette supposition est purement gratuite ; que la société n'est pas subordonnée à l'acceptation individuelle ; qu'elle est un fait indestructible, imposé par la Providence.

On a fait une seconde objection ; on a dit : La vie est un don de Dieu ; or, ce don doit être inviolable et sacré. Le législateur humain ne saurait y porter atteinte. Mais, c'est la réponse faite par M. de Broglie, réponse qu'on trouve partout reproduite, la liberté, elle aussi, est un don de Dieu ; c'est une faculté dont il a doté l'homme en l'appelant à agir, à ses périls et risques, pour le bien ou pour le mal. Est-ce donc que le pouvoir social ne pourrait paralyser une liberté dont les écarts préjudicieraient à la sûreté de la société ? S'il en était ainsi, l'emprisonnement, c'est-à-dire la privation de la faculté de locomotion, serait donc une peine illégitime ? Y a-t-il un criminaliste qui soit allé jusque-là ?

On pourrait insister dans le sens de l'objection que M. de Broglie a cru réfuter et dire que la peine de mort n'est pas à la vie ce qu'est l'emprisonnement à la liberté. Il est, en effet, difficile de contester que la société puisse suspendre l'exercice d'une faculté dont abuse contre elle l'agent qui viole sa loi. L'in-

carcération, quelque nom qu'on lui donne, réclusion, détention, emprisonnement, n'est que la suspension de la liberté
d'action qu'il ne faut pas confondre avec la liberté morale ; elle
n'est que la suspension de l'exercice d'une faculté.

La mort n'est pas, elle, la suspension d'une faculté; c'est la
suppression de toutes les facultés.

De ce que la liberté, quand elle est devenue un instrument
offensif, encourt légitimement une suspension, est-il raisonnable de tirer la conséquence qu'une faculté peut, à raison du
danger qu'elle cause et du mal qu'elle fait, être l'objet d'une
radicale suppression?

Voilà l'objection dans tout son jour.

Eh bien! cette objection n'a de force qu'en tant qu'elle
combat un argument d'une valeur douteuse, qu'elle écarte une
prétendue assimilation entre la suspension de la liberté d'action et la suppression de la vie.

Cette assimilation, nous n'hésitons pas à reconnaître qu'elle
est forcée, qu'elle paraît reposer sur une équivoque, presque
sur un jeu de mots. La liberté morale est un don de Dieu;
mais la liberté d'action, dans les limites où elle se concilie avec
la liberté de tous, n'est assurée que par la société, sans laquelle
chaque homme, réduit à lui-même, resterait exposé à l'oppres-
sion du plus fort.

Le droit à la liberté d'action ne saurait être assimilé au droit
à vie.

Mais cette concession une fois faite, n'est-il pas évident que
l'objection se réduit à un paralogisme, à l'affirmation de ce qui
est à prouver, à savoir que la société n'a pas de titre pour supprimer l'existence d'un coupable qui ne la tient pas d'elle.

Prétendrait-on qu'aucun législateur n'a jamais songé, sous
prétexte de répression, à tuer une intelligence dont le déploiement compromettrait l'ordre social confié à sa protection, et
que s'il n'a pas le droit d'enlever à l'agent la vie intellectuelle
en lui conservant la vie matérielle, il a encore moins le droit
de le priver tout à la fois et de la vie intellectuelle et de la vie
matérielle?

Mais d'abord, l'objection commence par supposer que la société aurait des moyens sûrs de séparer la vie intellectuelle de la vie matérielle, et nous pourrions nous borner à répondre que cette supposition est purement gratuite. En quoi, d'ailleurs, pourraient consister ces moyens? En tortures plus cruelles que la mort même, et l'odieuse cruauté de la peine soulèverait toutes les consciences. Ajoutez que ce monstrueux châtiment se prolongerait sur un agent qui aurait perdu le sentiment de sa responsabilité, c'est-à-dire le sentiment qui seul peut justifier l'application de la sanction sociale ; enfin, le châtiment n'atteindrait pas que le coupable, il atteindrait sa famille, et à défaut de la famille, la société, à la charge de laquelle retomberait l'idiot qu'une loi contre nature aurait fait.

De ce que la société accomplirait un acte révoltant, si elle tuait l'âme en laissant vivre le corps, si elle détruisait la personnalité humaine en respectant son enveloppe, on ne saurait conclure qu'elle excède son droit, en sacrifiant, dans le coupable de certains crimes, l'homme tout entier, à la nécessité de sauvegarder des commandements dont l'observation est la condition de son existence.

La mutilation matérielle a figuré longtemps parmi les peines ; elle a aujourd'hui disparu des Codes, comme une barbarie qui les souillait ; le châtiment ne s'attaque plus à tel ou tel organe, à l'œil, à la langue, à la main, à l'oreille, et cependant la peine de mort a survécu. N'est-ce pas parce que l'illégitimité de la mutilation matérielle n'impliquait pas l'illégitimité de la privation de la vie?

On a fait une troisième objection et l'on a dit : La tâche de la justice humaine n'est pas de punir, mais bien de défendre la société en corrigeant, s'il se peut, et en réprimant les agents qui la troublent. La mort est exclusive de toute correction et de tout amendement. Si la société a perdu tout espoir de correction et d'amendement, qu'elle enlève à tout jamais à l'agent, dont elle désespère, les moyens de nuire ; qu'elle le séquestre de son sein ; qu'elle lui enlève la vie sociale, qui est son œuvre, mais qu'elle ne lui enlève pas la vie naturelle qu'il ne tient pas d'elle.

En tant que cette objection tend à présenter tous les dons terrestres de Dieu, comme en dehors du pouvoir social, j'ai déjà répondu... En tant qu'il s'agirait du don spécial de la vie, la conscience humaine répond qu'il n'est pas d'une inviolabilité plus absolue que les autres dons de Dieu. Depuis qu'il existe des nations, l'homme enlève la vie à l'homme sur des champs de bataille, et l'effusion du sang, pour l'indépendance du territoire et de la patrie, n'a jamais constitué un crime. On reconnaît qu'il y a des guerres justes, des guerres saintes, et le courage qu'on y déploie, ce n'est pas de la férocité, c'est de l'héroïsme. La conscience humaine répond que l'homme, non-seulement dans l'intérêt social, mais même dans son intérêt individuel, peut disposer de la vie de son agresseur, s'il n'a d'autre moyen de sauver sa propre vie. Pourquoi donc l'intérêt social n'autoriserait-il pas ce qu'autorise l'intérêt individuel? D'ailleurs l'objection suppose que la société n'a pas, à proprement parler, le droit de punir, mais seulement le droit de se défendre (1).

Mais je vous ai démontré, dans mes PROLÉGOMÈNES, que le droit de défense et le droit de punir étaient deux droits distincts, qui reposent sur des bases complétement différentes. La peine est pour nous, non une défense, mais une sanction. Or, s'il est des lois sociales dont le respect ne puisse être assuré que par la peine de mort, et qu'elles soient assez importantes pour mériter une pareille sanction, la nécessité sociale est la meilleure de toutes les légitimités.

(1) M. Jules Simon, dans un livre d'ailleurs excellent, en acceptant un point de départ bien inexact, le système que la peine est un moyen de défense, légitime hypothétiquement la peine de mort : « Lorsque la société ôte la vie à un criminel, peut-elle être considérée comme agissant dans le cas de légitime défense? Si la société est dans le cas de légitime défense, elle peut tuer. La règle est pour elle absolument la même que pour les individus;—Le meurtre, accompli au nom de la loi, sera criminel, s'il n'est pas nécessaire. » (Du *Devoir*, 1857, p. 388.)—N'est-il pas à regretter que la science de la philosophie et la science du Droit se tiennent trop souvent à distance, en dépit de toutes les affinités qui les rapprochent?

On a dit encore :

Le pouvoir social ne saurait hâter l'heure à laquelle l'homme comparaîtra devant Dieu pour y être jugé selon ses œuvres; autrement on le priverait de ses chances de repentir, de ses moyens spontanés d'expiation. — Disposer de sa vie terrestre, ce serait peut-être disposer de sa vie éternelle (1). Cette objection a de la gravité et de la grandeur ; toutefois je ne la crois pas décisive : le renvoi de l'homme, par l'homme, devant Dieu, a sans doute quelque chose d'effrayant, au point de vue de la vie à venir. Cependant des considérations de l'ordre le plus élevé peuvent nous rassurer. Rien ne nous prouve que la préoccupation d'une mort certaine, à jour fixe, ne sera pas pour le condamné le meilleur, le plus salutaire des avertissements, et qu'au moment où toutes les espérances disparaissent pour lui dans ce monde, il ne se rattachera pas avec plus de ferveur et plus de ténacité à la dernière espérance qui lui reste. Rien ne prouve enfin que l'expiation qu'inflige le pouvoir social ne soit pas le seul moyen qu'ait le condamné de payer sa dette même envers Dieu.

A la justice humaine n'opposons pas la justice divine, parce que celle-ci saura toujours bien faire ses affaires et régler ses comptes. L'objection, d'ailleurs, prouve trop ; elle condamnerait la guerre ; elle interdirait de sauver sa vie en sacrifiant la vie de son agresseur.

Enfin, on a fait une dernière objection ; on a dit : La justice humaine est faillible, et elle peut appliquer, par une de

---

(1) L'objection que la peine de mort *ôte au coupable le temps du repentir*, avait été faite au XVIe siècle, dans l'intérêt des hérétiques, et elle avait été placée sous la protection de saint Paul, qui défend de juger personne avant le temps; Théodore de Bèze avait essayé de la réfuter ; Montaigne a employé la même objection contre la torture : « Quant à moi, en la justice même, tout ce qui est au delà de la mort me semble cruauté, et notamment à nous qui devrions avoir respect *d'envoyer les âmes en bon état*, ce qui ne se peut les ayant agitées et désespérées, par tourments insupportables. » (*Essais*, liv. II, ch. II.) — Fleury, dans son *Institution au Droit ecclésiastique*, IIIe part., ch. XXXVIII, a aussi expliqué que l'Église a toujours eu horreur des peines de sang, *et surtout de la mort qui ne laisse plus de temps pour faire pénitence.*

.ces méprises dont il y a plus d'un exemple, la peine de mort à l'innocence dans laquelle elle a cru trouver les apparences du crime.

La société ne doit donc appliquer que des peines réparables, pour qu'elle ait le moyen de réparer ses injustices involontaires. L'irréparable et l'irrévocable, a dit un célèbre écrivain, n'appartiennent qu'à Dieu.

Je ne crois pas qu'il faille répondre, comme on a eu le tort de le faire, que *la peine de mort, après tout, n'est qu'un moyen de renvoyer le justiciable devant son juge naturel* (1).

Je ne crois pas non plus qu'il faille dire *qu'il est possible qu'un homme, envoyé au supplice pour un crime qu'il n'a pas commis, l'ait réellement mérité pour un autre crime absolument inconnu.* Ces réponses-là ont été éloquemment châtiées par M. Villemain (vingt-troisième leçon sur la *Littérature française* au xviiiᵉ siècle) (2).

Il y a une plus grave et meilleure réponse : Tout châtiment injuste, si minime qu'il soit, est un malheur social. Est-ce à dire que, pour s'éviter la chance d'un châtiment injuste, il ne faille jamais punir? Non, sans doute. Eh bien ! si la peine de mort est nécessaire, pourquoi résisterait-on à cette nécessité, sous le prétexte de la possibilité d'une erreur? L'irréparabilité de cette peine sera sans doute un motif grave de ne l'appliquer qu'avec beaucoup de réserve ; mais ce n'est pas seulement pour la peine de mort que le doute absout ; le doute ne saurait condamner, même quand il s'agit de peines légères.

Il y a une considération qui n'est pas à négliger dans cette question : La peine de mort a traversé les siècles ; elle est écrite dans les législations de tous les temps et de tous les pays; elle a donc pour elle le témoignage de la conscience du genre humain. Sans doute la conscience s'est quelquefois trompée et

---

(1) M. de Bonald, discours à la Chambre des pairs.

(2) Delaroche-Flavin avait, au reste, dit avant M. de Maistre : *Plusieurs sont prévenus à tort et condamnés injustement, qui meurent toutefois justement, la justice divine les ayant amenés par un autre chemin à la peine qui, pour être différée, n'est pas perdue.* (*Des Parlements de France*, liv. XIII, n. 39, p. 850.)

ses erreurs ont eu de la généralité et de la durée, par exemple sur la question de l'esclavage. La force, après avoir longtemps, sous l'inspiration d'intérêts égoïstes, fait taire le droit, a pu finir par se faire l'illusion qu'elle était une nécessité sociale, et partant un fait pur d'injustice. Est-ce à dire que l'opinion persévérante des sociétés les plus diverses est dénuée d'autorité (1) ?

Cela veut-il dire, Messieurs, que la peine de mort sera toujours nécessaire ? Je n'en sais rien, mais j'espère que sa nécessité, qui s'est déjà amoindrie, finira par disparaître. Les cas dans lesquels on l'applique ont toujours été en se restreignant et en se réduisant. Mais ce n'est qu'au XVIIIᵉ siècle seulement que la théorie, qui conteste d'une manière absolue la légitimité de cette peine, a pris quelque généralité et a élevé cette question à la hauteur d'une question sociale. Antérieurement, cette légitimité n'avait été contestée que par quelques voix solitaires, par quelques Pères de l'Église, par des écrivains ecclésiastiques, et, enfin, par quelques philosophes (2).

Mais la date récente de la réclamation n'exclut nullement l'idée que par le progrès de la civilisation, l'intérêt de la liberté de chacun et de tous, dans tel ou tel pays et notamment dans le nôtre, pourra prochainement n'avoir pas besoin de la protection de la peine de mort.

L'abolition de la peine de mort a souvent été demandée.   L'abolition de la peine de mort fut demandée bien des fois dans le cours de notre première révolution ; elle fut réclamée par des hommes qui devaient bientôt en abuser monstrueusement, ou en être les victimes. Était-ce instinct et pressentiment ? Voulaient-ils une garantie contre eux-mêmes, ou pour eux-mêmes ?

Au nombre des théoriciens abolitionnistes étaient Robes-

---

(1) Je ne saurais, pour mon compte, accepter comme expression de la vérité la réponse que M. Franck a faite à l'argument déduit par M. de Broglie, l'histoire de tous les temps et de tous les pays : « Il n'y a pas une injustice, pas une erreur, en faveur de laquelle on ne puisse également invoquer l'autorité de la tradition et de l'usage. » (*Philosophie du Droit pénal*, IIIᵉ partie, chap. II.) — (Voir *suprà*, pages 18 et 19.)

(2) M. Villemain, Cours de 1827, 14ᵉ leçon, t. II, p. 30. — Faustin Hélie, *Introduction à Beccaria*, p. 82.

pierre et Marat. Il faut convenir qu'ils pratiquèrent singulièrement leur théorie (1). Malgré les observations dans le même
sens de Péthion et de Duport ; malgré le rapport de Lepelletier
de Saint-Fargeau, la peine de mort resta inscrite dans le Code
pénal de 1791. Presque sous le coup de poignard qui allait le
frapper, l'ancien rapporteur de la Constituante, devenu membre de la Convention, Lepelletier de Saint-Fargeau, le jour
même où il avait voté la mort de Louis XVI, portait à son
libraire un manuscrit dans lequel il réclamait l'abolition de la
peine de mort.

Le 23 janvier 1793, Condorcet faisait à la Convention la proposition de cette abrogation :

« Abolissez la peine de mort pour tous les délits privés,
« en vous réservant d'examiner si vous devez la conserver
« pour les crimes contre l'État, parce que les questions sont
« différentes. »

Fonfrède réclamait cette abolition, le 17 juin 1793 ;

Pelet-de-la-Lozère, le 8 brumaire an III;

Champein-Aubin, le 30 nivôse an III ;

Villetard, le 23 germinal an III.

Enfin, la commission des Onze, dont le rapport fut défendu
par Chénier, conclut à l'abolition de la peine de mort.

Le Code de brumaire an IV maintint la peine de mort;
toutefois, l'art. 612 laisse entrevoir la possibilité de son abolition.

Le 14 brumaire an IV, au moment où les pouvoirs de la
Convention expiraient, elle vota un article de loi ainsi conçu :
« A dater du jour de la publication de la paix générale,
« la peine de mort sera abolie dans la République fran-
« çaise » (2).

(1) Le cardinal de Richelieu avait soumis à l'assemblée des Notables de
1626, la proposition de modérer les peines des criminels d'État, et d'effacer
de nos Codes la peine de mort. — Nous n'avons garde de comparer ce qui
ne comporte aucune comparaison. (Bazin, *Histoire de France sous Louis
XIII*, t. Ier, p. 62.—Boullée, *Histoire des Etats-généraux*, t. II, p. 208 et
209.)

(2) Il faut lire sur cette partie de l'histoire de la question de la peine de

Le Consulat, l'Empire et la Restauration ne se sont pas char-gés de l'exécution de ce legs.

L'abolition de la peine de mort a été vainement demandée au Tribunat et au Conseil d'État en 1810. Elle a été vainement demandée en 1824.

La Révolution de juillet a failli se porter sur la question de la peine de mort l'héritière de la Convention.

Le 17 août 1830, M. Victor de Tracy réclamait, d'une ma-nière générale, l'abolition de la peine de mort, dans une pensée de générosité et de protection pour les anciens ministres de la Restauration, qui allaient être jugés.

La proposition fut accueillie, séance tenante, à l'unanimité, et fut l'objet d'une adresse au roi, qui l'accueillit avec sympa-thie. Cette proposition n'eut cependant pas de suite.

Esprit de la réforme de 1832 sur la question de la peine de mort.

Lors de la réforme de 1832, la question fut reprise, et le législateur se déchargea, si l'on prend droit par les paroles du rapporteur de la commission (1), du soin de la résoudre sur l'institution du jury, c'est-à-dire sur une juridiction qui n'en est pas une, puisqu'elle se renouvelle tous les jours, et que ses inspirations doivent nécessairement varier avec les éléments qui la composent. N'était-ce pas incliner la souveraineté so-ciale devant la souveraineté individuelle et capricieuse de douze jurés ? (2)

---

mort, les brillantes pages de M. Ortolan : *Introduction historique*, p. 185 à 191.

(1) Voir Chauveau et Hélie, t. Ier, p. 15.

(2) Le nouveau Code pénal belge, le Code pénal du nouveau royaume d'Italie, le Code pénal de l'empire d'Allemagne ont maintenu la peine de mort. Nous trouvons dans la première année de l'*Annuaire de législation étrangère*, publié par la Société de législation comparée, le renseignement suivant : « Le Reichstag avait, à la deuxième lecture, aboli la peine de mort; mais cédant aux instances de M. de Bismarck, il est revenu sur ce vote à la troisième lecture. Par suite de ce der-nier vote, la peine de mort a été rétablie dans les États suivants qui l'avaient supprimée : Oldenbourg (depuis 1849), Anhalt-Dessau (Consti-tution du 29 octobre 1848), Anhalt-Cothen (Loi du 28 mai 1850), Anhalt-Bernbourg (Loi du 1er octobre 1864), Brême (Loi du 25 juin 1849), et Saxe (Loi du 1er octobre 1868). »—Une loi du 17 septembre 1870 abolit la peine de mort dans les Pays-Bas pour tous les cas prévus par le Code pénal

Le 26 février 1838, une déclaration du gouvernement provisoire abolit la peine de mort en matière politique.

C'était le contre-pied de la proposition de Condorcet.

La Constitution du 4 nov. 1848 ratifia le décret du 26 févr.

La Constituante, en 1848, et l'Assemblée législative en 1849 ont maintenu la peine de mort, en tant qu'elle ne s'appliquait pas aux crimes politiques.

Les demandes d'abolition absolue de la peine de mort ont été repoussées sous le second Empire par le Sénat en 1854 (sur le rapport de M. Delangle), en 1861, et enfin en 1864 (sur le rapport de M. de Thorigny). Le 7 avril 1865, le Corps législatif a rejeté, à la majorité de 203 voix contre 26, un amendement de M. Jules Favre réclamant la consécration de l'inviolabilité de la vie humaine.

Le 24 janvier 1870, M. Jules Simon déposait au Corps législatif un projet de loi relatif à l'abolition de la peine de mort.

Le 3 janvier 1872, un membre de l'Assemblée nationale, M. Schœlcher, déposait une proposition tendant à l'abolition en toute matière de la peine de mort.

Le 17 février 1872, la Commission d'initiative parlementaire, dans un rapport sommaire de M. Ferdinand Boyer, a conclu à ce que cette proposition, revêtue de nombreuses signatures, ne fût pas prise en considération.

La loi du 10 juin 1853, modificative des art. 86 et 87 du Code pénal, a-t-elle fait revivre la peine de mort pour les crimes *purement politiques?* C'est un point que nous aurons bientôt à examiner (1).

ordinaire : c'est ce qui résulte de l'art. 1. — L'art. 2 est ainsi conçu : « La peine de mort est abolie dans les cas prévus par le Code pénal militaire, mais seulement pour les crimes commis en temps de paix et non en face de l'ennemi. Toutefois, la peine de mort reste en vigueur pour tous les cas de révolte, insurrection, conjuration, mutinerie, prévus par les art. 85 à 92 du Code pénal maritime, quand ces crimes sont commis en pleine mer ou dans des eaux étrangères en temps de paix. » — Une loi du 24 mai 1871 abolit la peine de mort dans le canton de Genève.

(1) Voir sur la question de la peine de mort, *Revue de l'Académie de législation de Toulouse,* t. X, p. 492, un article de M. Molinier ; même *Revue,* t. XIV, p. 52, un article de M. le conseiller Cuniac ; *Revue critique de*

Peines établies par le Code pénal.

La question philosophique ainsi résolue, j'examine quelles sont les peines établies par notre Code pénal, et comment elles se divisent.

Division.

Les peines se divisent en peines applicables aux crimes, en peines applicables aux délits, en peines applicables aux contraventions, et en peines communes à plusieurs classes ou même à toutes les classes d'infraction.

Je dis peines applicables à une des trois classes d'infraction; car les crimes, par exemple, peuvent n'être punis que de peines applicables aux délits, et ce, en vertu de la déclaration de circonstances atténuantes et de l'admission d'excuses; mais les peines applicables aux crimes ne sont jamais appliquées aux délits : les délits peuvent aussi n'être punis que de peines applicables aux contraventions : mais les peines applicables aux délits ne sont pas appliquées aux contraventions. (Voir *suprà*.)

Peines applicables aux crimes : principales, — accessoires.

Les peines applicables aux crimes se divisent en peines *principales* et en peines *accessoires*.

Les peines principales sont les peines qui frappent le condamné par elles-mêmes et directement; elles ne peuvent recevoir leur exécution qu'autant qu'elles sont expressément écrites dans la condamnation.

Les peines accessoires sont des peines qui n'ont pas besoin d'être prononcées, qui ne s'écrivent pas, qui ne doivent pas même s'écrire dans la condamnation, mais qui sont attachées, comme conséquence implicite, comme une sorte d'appendice, soit à l'exécution de certaines peines principales, soit à l'irrévocabilité de ces peines.

Peines principales applicables

Quelles sont les peines principales applicables aux crimes?

législation et de jurisprudence, t. XXXI, numéro de septembre–octobre 1867, une notice de M. Hello, et même *Revue*, t. XXXV, p. 28, et t. XXXVI, p. 155 et p. 200, trois articles de M. Charles Lucas, et la douzième leçon de M. Jules Barni : *La morale dans la Démocratie;* enfin un article du *Bulletin de Législation comparée*, 1870, page 192. — Ma conclusion est loin d'être en contradiction avec cette idée de Montesquieu : « *Que dans un État, les peines plus ou moins cruelles ne font pas que l'on obéisse plus aux lois. Dans les pays où les châtiments sont modérés, on les craint comme dans ceux où ils sont tyranniques et affreux.* » (*Lettres persanes*, Usbek à Rhédi, lettre LXXXIe).

Les peines principales applicables aux crimes se subdivisent en peines *afflictives et infamantes*, et en peines *infamantes* seulement.

Les peines *afflictives* sont celles qui s'attaquent principalement et directement aux biens physiques de l'homme, à sa vie, à sa liberté, à son patrimoine ; toute peine *afflictive* est *infamante* accessoirement, par voie de conséquence, par contre-coup.

Le peines *infamantes* sont celles qui s'attaquent principalement et directement aux biens moraux de l'homme, à son honneur, à sa position sociale, à ses droits de famille et de cité.

Toutes les peines *infamantes* sont aussi *afflictives*, parce qu'elles réagissent sur les biens physiques, sur la liberté matérielle et la fortune.

La qualification de peines *infamantes* a soulevé de vives critiques. Le déshonneur et l'infamie, a-t-on dit, ne se décrètent pas : à l'opinion, à la conscience publique, appartient la vraie souveraineté, quand il s'agit de considération ou de flétrissure : *le crime fait la honte et non pas l'échafaud*. L'application de la peine est, tout au plus, la constatation officielle de l'infraction à laquelle l'infamie peut s'attacher, mais ne s'attache pas toujours. En effet, de deux choses l'une : ou la loi, dans la peine qu'elle édicte, est d'accord avec la conscience publique, ou elle est en désaccord avec elle. Si la loi est d'accord avec la conscience publique, la peine ne créera pas l'infamie, elle la déclarera seulement ; si la loi est en désaccord avec la conscience publique, elle essaiera vainement de flétrir des actes que l'opinion protégera. Sans doute les peines ne sont pas une recommandation et un titre d'honneur ; cela est vrai, de toutes les peines, mais non pas exclusivement d'une classe de peines.

Voilà les objections que des publicistes et des jurisconsultes distingués, Benjamin Constant, Mittermaïer, Haus, Taillandier, Faustin Helie et Chauveau, Boitard, Ortolan, accréditent (1).

aux crimes.
— Division. —
Peines afflictives
et infamantes.
— Peines infa-
mantes
seulement.

Est-il rationnel
d'édicter
des peines
infamantes ?

_____

(1) *Principes de politique*, chap. IX ; Mittermaïer, *Revue de législation*, t. XIV, p. 28 ; — Haus, p. 64. — Taillandier, *Réflexions sur les lois pénales*

Je ne saurais, pour mon compte, m'associer à ces critiques que je trouve dangereuses, parce qu'elles tendent à infirmer le principe d'autorité, sans lequel aucune société ne peut vivre. Quelle est la mission du pouvoir social ? C'est de rechercher, en raison et en justice, les règles des rapports sociaux et la sanction nécessaire de ces règles. Sans doute, le pouvoir n'est pas infaillible : mais, de ce qu'il peut se tromper, doit-on en conclure qu'il se trompe toujours, et que, par suite, il est fait pour obéir et non pour commander ? La présomption n'est-elle pas au contraire, que le pouvoir, justement parce qu'il est le pouvoir, le souverain, est l'organe de la vérité et de la raison ? Cette présomption n'est-elle pas la condition de toute souveraineté ? Comment l'autorité, qui a le droit de commander, ne serait-elle pas présumée avoir titre pour déterminer l'importance de ses commandements et pour qualifier leur violation en caractérisant la peine qu'elle entraîne ?

C'est, en vérité, demander au pouvoir de ne pas avoir foi en lui, et prétendre lui imposer la loi au lieu de la recevoir, que de lui interdire le droit de mesurer les conséquences, la portée de la peine qu'il inflige. La Constituante fit donc, dans ce système, acte d'usurpation, lorsque, résistant à la pression de préjugés iniques, elle proclama le grand principe de la *personnalité* du châtiment, de la *personnalité* de la flétrissure.

Mais, dit-on, aucune peine n'est un titre à la considération ; donc toutes les peines devraient être déclarées *infamantes*. Oui, les peines, en général, nuisent à la considération de l'agent puni, mais elles n'entament pas toutes cette considération dans la même mesure.

Quelles sont   Les peines *afflictives et infamantes* sont au nombre de six :

---

de France et d'Angleterre, p. 50. — Rossi, t. III, p. 189. — Boitard, n. 39. Théorie du Code pénal, t. Ier, p. 751, troisième édition. — Ortolan, Eléments de Droit pénal, n. 1612 et 1613. « On affaiblit le sens moral de l'homme, lorsqu'on lui commande, au nom de l'autorité, l'estime ou le mépris, » a dit Benjamin Constant.

1° la mort ; 2° la peine des travaux forcés à perpétuité ; 3° la les
peines afflictives
et infamantes? déportation ; 4° les travaux forcés à temps ; 5° la détention ; 6° la réclusion. — Les peines infamantes sont au nombre de deux : 1° le bannissement ; 2° la dégradation civique.

La peine *de mort* consiste, conformément au principe de la Peine de mort. Constituante, dans la simple privation de la vie. Le condamné est décapité publiquement à l'aide d'un instrument auquel le docteur Guillotin a donné son nom (1).

La peine de mort, lorsqu'elle est appliquée au parricide, Peine
du parricide. est précédée de certains détails préparatoires qui l'aggravent. Le condamné est conduit sur le lieu de l'exécution en chemise, nu-pieds et la tête couverte d'un voile noir ; il reste exposé sur l'échafaud pendant qu'un huissier fait au peuple lecture de l'arrêt de condamnation. Avant la révision du 28 avril 1832, le parricide subissait une mutilation : ce n'était qu'après lui avoir coupé le poignet droit sur l'échafaud qu'on lui tranchait la tête ; cette mutilation a dû être et a été supprimée ! Je ne crois pas qu'on ait fait encore assez ; cette translation en chemise, pieds nus, ce voile noir, cette prolongation de l'agonie pendant la lecture de l'arrêt, ajoutent à la rigueur de la peine de mort qui, par elle-même et isolée de tout accessoire, semble la plus rigoureuse des peines que puisse infliger le pouvoir social. C'est là une vérité que les lois des 9 juin-4 août 1857 et 4-15 juin 1858 proclament. Dans le cas même où la peine de mort entraîne la dégradation militaire, on a voulu que cette peine accessoire ne reçût pas matériellement son exécution. L'appareil de la dégradation, transporté sur le lieu du supplice et précédant l'exécution de la peine de mort, ne serait, a-t-on dit, qu'une aggravation cruelle et inutile.

La peine des *travaux forcés* consistait, d'après notre Code Travaux forcés.
— En quoi con-
sistait cette peine pénal, dans une détention et dans l'obligation d'accomplir les

(1) Voir discussion au Sénat, le 28 décembre 1869, d'une pétition pour la suppression des exécutions en place publique. — « Pour nous décider à jeter bas la guillotine, il suffirait de nous la montrer », a écrit M. About, dans son livre *le Progrès*, ch. xv.

travaux matériels les plus pénibles. Les lieux où étaient enfermés les condamnés aux travaux forcés, étaient les ports de mer militaires, désignés par des ordonnances des 20 août 1828 et 9 décembre 1836. Ces condamnés traînaient à leurs pieds un boulet, ou étaient attachés deux à deux avec une chaîne, lorsque la nature du travail le permettait.

Les femmes condamnées aux travaux forcés ne portaient pas de fers, et étaient détenues dans une maison de force.

La perpétuité des peines avait été abolie par le Code pénal du 25 septembre 1791. L'Assemblée constituante avait considéré les peines perpétuelles comme plus terribles que la mort même. Cette perpétuité fut rétablie par le Code pénal de 1810: il y avait, dit-on avec raison, une trop grande distance entre la peine de mort et 20 ans de travaux forcés. Cette perpétuité a été maintenue lors de la révision du 28 avril 1832 ; la nécessité d'un degré intermédiaire entre la mort et la peine temporaire ne me paraît pas contestable ; qu'on ne dise pas qu'en enlevant au condamné toute espérance de rentrer dans le sein de la société et de se réconcilier avec elle, on lui enlève l'un des plus puissants mobiles d'amendement et de retour au bien: le droit de grâce est là ; l'espérance peut donc survivre ; sa réalisation est subordonnée à la conduite du condamné.

Une objection plus forte contre la perpétuité, c'est l'inégalité résultant des différences d'âge des condamnés. Pour le vieillard qui n'a plus que peu de temps à vivre la peine sera courte ; pour l'homme jeune, c'est tout l'avenir qu'il a devant lui qui est la mesure de son expiation. Mais la chance de l'inégalité est dans toutes les peines même temporaires, puisque pour les uns la mort peut abréger ou même prévenir l'exécution, tandis que pour les autres le châtiment peut être subi pendant toute la durée qui lui a été assignée par la condamnation. D'ailleurs, l'égalité dans les peines a toujours plus d'apparence que de réalité, la souffrance variant avec le degré de force physique et le degré de valeur morale des agents auxquels la loi l'inflige.

Le minimum des travaux forcés est de 5 ans, le maximum de 20 ans.

Le décret des 27 mars - 16 avril 1852 annonce un nouveau mode d'exécution des travaux forcés.

En quoi consiste-t-elle aujourd'hui ? — Transportation.

La loi des 30 mai-1er juin 1854 est venue déterminer ce mode d'exécution. Elle est applicable même aux condamnations antérieures, sauf l'exception des articles 6 et 8 (art. 15).

La peine des travaux forcés est aujourd'hui, dans la réalité, une transportation avec l'assujettissement au travail ; elle doit, en effet, être subie, au moins pour les hommes, dans des établissements créés par l'Empereur sur le territoire d'une ou de plusieurs possessions françaises, autres que l'Algérie. En cas d'empêchement à la translation des condamnés, la peine reçoit son exécution en France. Les transportés sont employés aux travaux les plus pénibles de la colonisation et à tous autres travaux d'utilité publique ; ils peuvent être enchaînés deux à deux, ou assujettis à traîner le boulet à titre de punition disciplinaire ou par mesure de sûreté. La transportation n'est que facultative pour les femmes ; lorsque ce mode d'exécution leur est appliqué, elles sont séparées des hommes, et employées à des travaux en rapport avec leur âge et avec leur sexe.

L'évasion des condamnés à temps est punie de deux à cinq ans de travaux forcés ; l'évasion des condamnés à perpétuité est punie de l'application à la double chaîne pendant deux ans au moins et cinq ans au plus.

Les peines des travaux forcés à perpétuité ou à temps ne peuvent être prononcées contre les individus âgés de 60 ans accomplis au moment du jugement ; elles sont remplacées par celles de la réclusion, soit à perpétuité, soit à temps, selon la durée de la peine à laquelle elles sont substituées.

La *déportation* consiste à être transporté et à demeurer à perpétuité dans un lieu déterminé par la loi, en dehors du territoire continental de la France. Cette peine était inconnue dans notre ancien Droit. Elle figure au nombre des peines afflic-

Déportation.

Historique.

tives dans le Code pénal du 25 septembre 1791 (Ire partie, titre Ier, art. 29).

Je ne veux pas vous faire l'historique de la déportation pendant la Révolution. Elle fut plutôt une mesure politique qu'une pénalité (1). Elle avait d'abord été édictée comme peine de la récidive ; mais elle ne reçut pas, à ce titre, d'exécution (2).

Le Code de 1810 maintint la déportation au nombre de ses peines ; mais la déportation, sous l'Empire et sous la Restauration, ne reçut pas plus d'exécution que sous l'empire du Code pénal de 1791. Les condamnés à la déportation restaient à la disposition du Gouvernement ; ils étaient provisoirement renfermés dans la maison du Mont-Saint-Michel, et le provisoire se perpétuait indéfiniment, faute d'un territoire convenable pour les recevoir. La loi du 28 avril 1832 régularisa cette substitution d'une peine à une autre ; elle décida, dans son art. 17, que, tant qu'il n'aurait pas été établi de lieu de déportation, ou lorsque les communications seraient interrompues entre le lieu de la déportation et la métropole, le condamné subirait à perpétuité la peine de la détention.

La loi du 9 septembre 1835 aggrava l'exécution par *équipollents* de la déportation ; elle décida, en effet, que, tant qu'il ne serait pas établi de lieu de déportation, le condamné serait détenu à perpétuité, soit dans une prison en France, soit dans une prison située hors du territoire continental, dans l'une des possessions françaises qui serait déterminée ultérieurement par une loi. Le choix entre ces deux modes de détention, en France ou hors de France, n'était pas laissé à la discrétion du pouvoir exécutif ; l'arrêt de condamnation devait exprimer le mode d'exécution. Sous ce rapport, il semble qu'il y avait déjà deux degrés dans la déportation (3).

La loi
du 8 juin 1850   Une loi du 8 juin 1850 a remplacé ces déportations fictives

_____

(1) Voir décret du 7 juin 1793.

(2) Voir l'art. 3 du titre II de la loi du 10 mars 1793, l'art. 15 de la loi du 1er germinal an III, l'art. 1er de la loi du 27 germinal an IV. Les lois des 24 vendémiaire et 11 brumaire an II instituèrent la transportation pour la répression du délit de mendicité.

(3) Un décret du 6 mars 1848 abrogea la loi du 9 septembre 1835.

par la déportation réelle ; elle établit deux degrés de déporta- tion : 1° la *déportation simple*, qui consiste à être transporté dans une des îles Marquises, dans l'île de Noukahiva ; le Gouvernement pourvoit à l'entretien des déportés, s'ils ne peuvent subvenir à cette dépense par leurs propres ressources et par les moyens de travail qu'il leur donne (art. 5 et 6) ; 2° la *déportation aggravée*, qui consiste à être détenu à perpétuité dans une enceinte fortifiée désignée par la loi hors du territoire continental de la France ; les déportés jouissent de toute la liberté compatible avec la nécessité d'assurer la garde de leur personne ; ils sont soumis à un régime de police et de surveillance déterminé par un règlement d'administration publique (art. 1er).

La vallée de Vaïthau, aux îles Marquises, est déclarée lieu de déportation pour l'exécution de la déportation aggravée.

Une loi des 23 mars-3 avril 1872 désigne la presqu'île Ducos, dans la Nouvelle-Calédonie, comme lieu de déportation dans une enceinte fortifiée ; l'île des Pins, et, en cas d'insuffisance, l'île Maré, dépendance de la Nouvelle-Calédonie, comme lieu de déportation simple pour l'exécution de l'art. 17 du Code pénal ; elle abroge les paragraphes 1 et 3 de l'art. 1er, et les art. 4 et 5 de la loi du 8 juin 1850.

L'art. 17 du Code pénal prononce contre les déportés qui rentreraient en France, la peine des travaux forcés à perpétuité, et cette peine doit leur être appliquée sur la seule preuve de leur identité (518—519, Code d'inst. crim.).

Quant aux déportés qui seraient saisis, non en France, mais dans des pays occupés par des armées françaises, ils doivent être simplement reconduits dans le lieu de leur déportation.

La peine de la déportation aggravée (1) et la peine de la dé- portation simple sont remplacées, pour les individus âgés de 70 ans accomplis, par la détention à perpétuité (art. 70—71. Nous les incorporons à la loi du 8 juin 1850 et à la loi des 23 mars-3 avril 1872).

---

(1) *Contrà* pour la déportation aggravée, Ortolan, n. 644.

Le déporté qui ne devient septuagénaire qu'après son transport dans le lieu de la déportation n'a pas droit à la commutation de peine ; c'est ce qui s'induisait par un argument *à contrario* de l'art. 72 du Code pénal, et ce qui était au reste expressément déclaré dans l'exposé des motifs de M. Faure (3 février 1810). Aujourd'hui, l'art. 72 est abrogé par l'art. 5 de la loi des 3-30 mai 1854, en sorte qu'il n'y a plus même de prétexte pour une interprétation extensive.

L'accomplissement de 70 ans depuis la condamnation n'écarterait pas de plein droit la peine légalement prononcée.

Détention. La *détention* consiste à être enfermé dans une des forteresses situées sur le territoire continental de la France. C'est une peine introduite par la réforme du 28 avril 1832 ; elle se réduit à la privation de la liberté, du droit de locomotion. Les condamnés à la détention ne peuvent être assujettis à aucun travail, et les communications, soit entre eux, soit avec leurs parents ou amis, sont formellement autorisées, sauf l'observation des règlements. Le minimum de cette peine est de cinq ans, le maximum de vingt (art. 20) (1).

Réclusion. La *réclusion* consiste dans la détention dans une maison de force, où le condamné est astreint à des travaux, mais à des travaux moins pénibles que les travaux forcés, et dont le produit peut, pour partie, être employé à son profit ; le minimum de cette peine est de cinq ans, et le maximum de dix (art. 21).

Peines infamantes. Bannissement. J'arrive aux peines seulement *infamantes*.

Le *bannissement* consiste dans la privation temporaire du droit d'habiter le territoire français. Le condamné est transporté hors de France ; il conserve sa liberté de locomotion partout ailleurs ; la durée du bannissement est au moins de cinq ans, et au plus de dix ans (art. 32). — Si le banni, avant l'expiration de sa peine, rentre sur le territoire français, il est, sur la seule preuve de son identité, condamné à la détention pour un temps au moins égal à celui qui restait à courir jusqu'à

---

(1) Ordonnance du 5 mai 1833 et du 12 janvier 1835, et décret des 17-30 mars 1858.

l'expiration du bannissement, et qui ne peut excéder le double de ce temps.

La *dégradation civique* consiste dans la privation de la qualité de citoyen français ; elle entraîne la destitution du condamné de toutes fonctions, de tous emplois ou offices publics, et le rend indigne de les remplir à l'avenir. Elle lui enlève ses droits de vote, d'éligibilité, le droit de porter aucune décoration (1) ; elle lui enlève l'aptitude pour être expert, pour être employé comme témoin dans les actes et pour déposer en justice. Cette dernière disposition est très-susceptible de critique. Ce n'est pas un droit que la loi enlève, c'est une garantie dont elle prive ceux qui pourraient avoir besoin de cette déposition. Elle enlève au condamné la capacité de faire partie d'aucun conseil de famille, d'être tuteur, curateur, subrogé tuteur, conseil judiciaire, sinon de ses propres enfants (2) ; le droit d'obtenir un permis de chasse (3), le droit de faire partie de la garde nationale, de servir dans les armées françaises, de tenir école et d'être employé dans aucun établissement public ou privé, à titre de professeur, de maître ou de surveillant (art. 34).

La dégradation civique est de sa nature une peine perpétuelle. Les juges, en la prononçant, ne peuvent en limiter la durée (art. 28, Cod. pén.) (4). Lorsque la dégradation civique est prononcée comme peine principale, il est toujours facultatif aux tribunaux d'y ajouter une peine d'emprisonnement qui ne peut excéder cinq ans ; si le coupable est un *étranger* ou un Français ayant *perdu* la qualité de citoyen, la peine de l'emprisonnement est obligatoire (art. 35).

Si une femme française a encouru la peine de la dégradation civique, devra-t-elle nécessairement être condamnée à

Dégradation civique.

Elle est naturellement perpétuelle.

La peine accessoire de l'emprisonnement est tantôt facultative, tantôt obligatoire.

(1) Ordonnance du 26 mars 1816, art. 57 et 58.
(2) La loi ne parle pas du droit d'autorisation maritale, mais l'art. 221 du Code civil décide que la femme ne peut, pendant la durée de la peine afflictive ou infamante à laquelle le mari a été condamné, ester en jugement ni contracter qu'après s'être fait autoriser par le juge.
(3) Loi du 3 mai 1844, art. 8.
(4) Cassation, 31 mars 1842 ; Devill. et Car., 42.1.987.

l'emprisonnement ? Oui, d'après M. Rauter, parce qu'elle n'a pas la qualité de citoyen actif ; non, suivant nous, parce qu'elle n'a pas *perdu* une qualité qu'elle n'a jamais eue.

Carcan. Cette peine est supprimée. Sous le Code de 1810, au nombre des peines infamantes était le *carcan*. Le condamné au carcan devait être conduit sur la place publique, et exposé aux regards du peuple pendant une heure. Au-dessus de sa tête devait être placé un écriteau portant, en caractères gros et lisibles, ses noms, sa profession, son domicile, sa peine et la cause de sa condamnation (art. 22 et 23).

Cette peine était, dans certains cas, une peine principale, en cas de récidive, par exemple (art. 56, 111, 177, 178, 228, 263). — La réforme du 28 avril 1832 a supprimé le carcan comme peine principale ; le carcan était aussi, comme je vous le dirai bientôt, une peine accessoire; il a été remplacé, en 1832, comme peine accessoire, par l'exposition publique, qui a été elle-même depuis abolie (Décret du 12 avril 1848).

Quelle est la gravité comparative des peines principales en matière criminelle? L'ordre d'énumération est-il l'ordre de gradation ? Quelle est, en un mot, l'économie de l'échelle pénale ? N'y a-t-il pas une double échelle de peines ? une échelle pénale pour les crimes communs, et une échelle pénale pour les crimes purement politiques ?

J'ajourne ces questions, parce que je les examinerai avec plus de clarté et plus d'utilité pour vous, lorsque je traiterai de l'effet des circonstances atténuantes et de l'effet de la récidive.

Peines prononcées en matière de crime par les Codes de justice militaire. Aux termes de l'art. 185 de la loi des 9 juin-4 août 1857, les peines qui peuvent être appliquées par les tribunaux militaires en matière de crimes sont : la mort, les travaux forcés à perpétuité, la déportation, les travaux forcés à temps, la détention, la réclusion, le bannissement, *la dégradation militaire*. Aux termes de l'art. 188 et 242 de ces lois, et de l'article 237 de la loi des 4-15 juin 1858, la dégradation militaire entraîne : 1° la privation du grade et du droit d'en porter les insignes et l'uniforme ; 2° l'incapacité absolue de servir dans l'armée, à quelque titre que ce soit, *et les autres incapacités prononcées par les art.* 28 *et* 34 *du Code pénal ordinaire ;* 3° la privation du droit de porter aucune décoration, et la déchéance de tout droit à pension ou récompense pour les services antérieurs.

Lorsque la condamnation à la peine de mort est prononcée contre un militaire en vertu des lois pénales ordinaires, elle entraîne de plein droit la dégradation militaire ; mais la peine de mort attachée à un fait prévu non par la loi commune, mais par la loi spéciale et exceptionnelle, c'est-à-dire à une infraction purement militaire, n'entraîne pas la dégradation militaire (art. 188 et 240).

Les peines des travaux forcés, de la déportation, de la détention, de la réclusion et du bannissement, sont appliquées conformément aux dispositions du Code pénal ordinaire. Elles ont les effets déterminés par ce Code, et emportent en outre la dégradation militaire.

DOUZIÈME LEÇON.

Peines accessoires en matière criminelle. — Définition. — *Mort civile.* — *Dégradation civique.* — *Interdiction légale.* — *Renvoi sous la surveillance de la haute police.* — Historique de la *mort civile.* — La *mort civile* existait-elle dans le Code de 1791 et le Code de l'an iv? Art. 23 et 24 du Code civil. — Art. 8 du Code pénal. — La *mort civile* est attachée à l'exécution de la déportation. — La détention, substituée par le pouvoir exécutif à la déportation, entraine-t-elle la *mort civile?* — Réforme de 1832. — Réserve du droit d'accorder aux déportés l'exercice des droits civils ou de quelques-uns de ces droits. — Sa vraie signification. — Propositions de 1834 et 1849, tendant à l'abolition de la mort civile. — La loi du 8 juin 1850 abolit la *mort civile* partiellement. — Quel est l'effet de cette loi sur les condamnations antérieures à la déportation? — A quelle époque la *mort civile* est-elle encourue? — Condamnations contradictoires. — Condamnations par contumace. — Sens de l'art. 28 du Code civil. — Loi du 2 janvier 1850. — Modification de l'art. 472. — Effet de la mort ou de l'arrestation du condamné dans la période de cinq ans depuis l'exécution fictive. — Arrestation ou comparution volontaire du condamné après les cinq ans, mais avant la prescription de la peine principale. — Mort du condamné après les cinq ans. — Art. 32 et 33 du Code civil. — *Dégradation civique.* — De quel jour date-t-elle? — Ne devrait-elle point être attachée aux peines perpétuelles? — Elle est aujourd'hui attachée à l'irrévocabilité de la déportation simple et de la déportation aggravée. — La *dégradation civique* survit-elle à la prescription de la peine principale? Effet de l'arrestation ou de la comparution volontaire du condamné par contumace avant la prescription de la peine principale. — Effet de la mort du condamné par contumace avant la prescription de la peine principale. — Dissidence avec M. Demante. — *Interdiction légale.* — Son caractère. — Elle n'était attachée qu'à des peines temporaires. — Elle est aujourd'hui attachée aux peines perpétuelles. — Commence-t-elle avant l'exécution effective de la peine? — Art. 29 du Code pénal. — La condamnation par contumace exclut-elle l'interdiction légale? — Dissidence avec quelques auteurs et notamment avec Boitard. — Effet de l'*interdiction légale.* — Mort du condamné par contumace avant la prescription de la peine principale. — Ses effets, d'après M. Demante. — Objections. — Retour sur l'art. 27, Code civil. — Étendue de l'incapacité résultant de l'*interdiction légale.*

MESSIEURS,

Je vous ai fait connaître les peines *principales* applicables aux crimes, et je me suis borné, à cet égard, à la reproduction des textes, ne trouvant pas grand profit pour vous dans de longues dissertations sur la valeur des peines établies par la loi. Je n'insiste, d'ordinaire, sur le Droit philosophique qu'autant qu'il peut me rendre des services pour l'interprétation ; qu'il peut me conduire, comme légiste, à des applications pratiques.

Vous savez que les peines en matière criminelle se divisent en *peines principales* et en *peines accessoires* : j'ai aujourd'hui à vous faire connaître les *peines accessoires ;* les peines accessoires, dans la vérité du mot, n'appartiennent qu'à la classe des peines applicables aux crimes. Il n'y a pas de peines accessoires en matière correctionnelle et en matière de police (1).

Peines accessoires en matière criminelle.

Les *peines accessoires* sont des peines qui n'ont pas besoin d'être prononcées, qui ne s'écrivent pas, qui ne doivent pas même s'écrire dans la condamnation, mais qui sont attachées comme conséquence implicite, comme une sorte d'appendice, soit à l'exécution de certaines peines principales, soit à l'irrévocabilité de ces peines.

Définition.

(1) Voir toutefois l'art. 5 de la loi du 27 février 1858, *sur les mesures de sûreté générale. :* « Tout individu condamné pour l'un des délits prévus par « la présente loi peut être, par mesure de sûreté générale, interné dans un « des départements de l'Empire ou en Algérie, ou expulsé du territoire fran- « çais. » Cette loi est abrogée par le décret des 24-31 octobre 1870.

Les *peines accessoires*, en matière criminelle, étaient, avant les lois des 31 mai-3 juin 1854, au nombre de quatre : la *mort civile*, la *dégradation civique*, l'*interdiction légale* et le *renvoi sous la surveillance de la haute police*.

Je veux continuer à vous exposer le système des peines accessoires, tel que le Code pénal le constituait, parce qu'il vous est indispensable de le connaître dans son ensemble et dans ses détails, pour pouvoir comprendre les suppressions, les additions et modifications qu'il a subies. La loi abolitive de la mort civile, notamment, s'est tacitement référée aux dispositions qui réglementaient la peine accessoire, qu'elle remplaçait par d'autres peines.

1° La *mort civile* est un legs du Droit romain. Sous notre ancien Droit, la *mort civile* pouvait résulter de trois causes : 1° de la profession religieuse dans un ordre réprouvé par les lois du royaume ; 2° de l'expatriation ; 3° de certaines condamnations judiciaires à des peines perpétuelles (Ordonnance de 1670, titre XVII, art. 29 ; ordonnance d'août 1747, titre Ier, art. 24).

La *mort civile*, par suite de la première cause, n'a pas survécu au décret du 13-19 février 1790 ; la *mort civile*, par suite de la seconde cause, a été appliquée aux émigrés par le décret du 28 mars 1793. Ce n'était pas une peine accessoire, c'était une peine principale. A partir de la loi du 4 nivôse an vIII, l'expatriation a cessé d'entraîner la *mort civile*.

La *mort civile* a-t-elle été maintenue par la législation intermédiaire, par le Code pénal du 25 septembre 1791 et par le Code du 3 brumaire an IV, comme conséquence tacitement attachée aux condamnations à des peines perpétuelles ?

La Cour de cassation, le 2 avril 1844 (1), a jugé que la condamnation à la mort naturelle entraînait la *mort civile*. Le

---

(1) Sirey, 44.1.447 ; M. Demante, *Cours analytique de Code civil*, approuve cet arrêt. M. Achille Morin émet une opinion contraire, *Répertoire*, v° *Mort civile* ; mais il ne cite pas l'arrêt de la Cour de cassation. Voir aussi Merlin, *Rép.*, v° *Déportation*, n. 6, et un remarquable article de M. Molinier, *Revue de Droit français et étranger*, 1850, p. 384.

Code de 1791 et le Code de l'an ɪv ne prononçaient pas d'autres peines perpétuelles que la mort.

La question semble, au premier aspect, bien peu digne d'intérêt ; qu'importe que la fiction s'ajoute à la réalité, que la *mort civile* accompagne la mort naturelle ?

Cela importe beaucoup, car de la solution de la question dépend le sort du testament du condamné.

La *mort civile* n'est pas, a-t-on dit, une peine isolée et indépendante ; en maintenant la mort naturelle, on a maintenu tacitement la *mort civile* qui en était la suite. Elle a survécu par cela seul qu'elle n'a pas été abrogée. Enfin on a argumenté des art. 464, 480 et 481 du Code du 3 brumaire an ɪv, qui traitent des contumaces.

Je crois qu'on peut et qu'on doit répondre que, si la mort civile est une peine accessoire, elle est cependant une peine ; que, dès lors, elle ne peut résulter que d'un texte ; que l'absence de texte est d'autant plus significative qu'il y a eu une refonte complète de l'ancien système des pénalités. Quant aux textes invoqués du Code du 3 brumaire an ɪv, ils s'appliquent même aux contumaces condamnés à des peines temporaires ; donc ils règlent un état d'incapacité qui n'équivaut pas à la *mort civile*. L'art. 482 en est la preuve surabondante, puisqu'il n'ouvre la succession du contumax qu'au moment de sa mort naturelle, ou que cinquante ans après la date de sa condamnation.

Le Code civil a rétabli la *mort civile* ; il ne l'a attachée, comme conséquence qu'à l'exécution de la mort naturelle ; mais il annonçait que la mort civile pourrait être attachée, comme conséquence, à l'exécution de certaines peines perpétuelles (art. 23 et 24, Cod. civ.). *Rétablissement de la mort civile.*

L'art. 18 du Code pénal attacha la *mort civile* aux *travaux forcés à perpétuité* et à la *déportation* ; cependant il déclara que les condamnés à la *déportation* pourraient obtenir, dans le lieu où ils seraient déportés, l'exercice des droits civils ou de quelques-uns de ces droits. Tant que la substitution de la *détention* à la *déportation* ne fut que l'œuvre du pouvoir exécutif, elle ne *A quelles peines le Code pénal l'attachait-il ?*

constituait pas une exécution légale, et, partant, elle n'entraînait pas la *mort civile*.

L'abolition de la *mort civile* fut vivement réclamée lors de la réforme de 1832. Cette question n'intéressait pas seulement la loi pénale; elle fut ajournée.

Le Gouvernement garda le droit d'octroyer la jouissance des droits civils ou de quelques-uns de ces droits aux condamnés à la *déportation*. La *déportation*, cependant, ne devait s'exécuter, vous le savez, que fictivement. La *détention* était, de fait, substituée à la *déportation*.

Le condamné à la déportation pouvait-il obtenir du gouvernement la jouissance des droits civils ? — Distinction.

Le condamné pouvait-il obtenir la jouissance des droits civils ?

Oui, incontestablement, si la concession était faite avant l'exécution de la peine; ce n'était, en effet, qu'une remise de partie de la condamnation, et la grâce aurait eu cet effet, indépendamment de toute réserve législative (art. 26, Cod. civ.).

Mais après l'exécution, c'est-à-dire après l'entrée dans la forteresse où le condamné devait subir fictivement la *déportation*, la *mort civile* était encourue, des droits étaient acquis aux tiers, et certainement la loi n'avait pas entendu investir le Gouvernement du pouvoir exorbitant d'anéantir ces droits. La réserve n'avait été faite, bien évidemment, que dans la prévision qu'un jour la *déportation* deviendrait une réalité; on pensait, avec raison, qu'il conviendrait d'appeler les déportés à la jouissance de certains droits civils, dans le lieu où la société les enverrait, pour y vivre d'une vie nouvelle.

En 1834 (1), une proposition de remplacer la *mort civile* par des incapacités restreintes fut encore rejetée; elle était l'œuvre de l'initiative parlementaire. En 1849, l'Assemblée législative fut saisie, par un de ses membres (M. Vallon), d'une proposition tendant à abolir la *mort civile :* cette proposition, objet d'un rapport favorable de M. Moulin, n'eut pas de suite. (Séance du 15 déc. 1849.)

_____

(1) Chambre des députés, 13 janvier 1834, MM. Devaux et Taillandier.

Une loi du 8 juin 1850 a été un premier pas vers cette abolition ; elle peut être considérée comme une abolition partielle. Elle n'attache plus la *mort civile* comme peine accessoire à l'*exécution* de la *déportation* ; elle attache à la *condamnation à la déportation*, la *dégradation civique* et l'*interdiction légale* dont je m'occuperai bientôt.

Modification
apportée
par la loi
du 8 juin 1850.

Il est bien évident que cette loi n'abolissait pas la *mort civile* en tant qu'elle avait été encourue par l'exécution, sous les lois antérieures, de la peine de la déportation. Mais affranchissait-elle de la conséquence de la *mort civile* l'exécution de la condamnation à la *déportation*, prononcée sous la loi ancienne, lorsque cette exécution n'avait lieu que sous la loi nouvelle ?

On pourrait être tenté de le croire : en effet, la loi nouvelle était plus favorable ; en second lieu, il ne s'agissait que de faire régir l'exécution et ses conséquences par la loi en vigueur au moment où la condamnation s'exécutait.

Il n'en est pas ainsi pourtant ; vous vous rappelez que l'art. 8 de la loi du 8 juin 1850 ne s'appliquait pas aux faits antérieurs à sa promulgation. Eh bien, quelle est la déportation dont l'exécution n'entraînerait pas la *mort civile ?* C'est la *déportation* de la loi du 8 juin 1850, c'est la *déportation* à Noukahiva ou dans la vallée de Vaïthau. L'ancienne déportation conservait tous ses effets ; l'ancienne condamnation restait avec toutes ses conséquences.

Ce n'est pas seulement l'exécution de la déportation *simple ;* c'est encore l'exécution de la déportation *aggravée*, qui n'emportait plus la mort civile.

Les effets de la *mort civile* sont indiqués dans l'art. 25 du Code civil.

Effets
de la mort civile.

Cet article est-il limitatif? N'y a-t-il pas à distinguer entre les droits naturels et les droits purement civils?

Cette question appartient plus au Code civil qu'au Code pénal. Je ne veux dire qu'un mot : c'est que l'expression de *mort civile* est bien impropre. Le condamné était si peu mort, même civilement, que la loi était obligée de prévoir le cas où il pourrait avoir des intérêts à débattre en justice, et de lui organiser une représentation.

Quand la *mort civile* était-elle encourue ?

Il fallait distinguer entre les *condamnations contradictoires* et les *condamnations par contumace.*

La condamnation était-elle contradictoire? la *mort civile* n'était encourue que du moment de l'exécution ; si le condamné mourait ou s'il obtenait soit sa grâce, soit seulement une commutation de peine avant l'exécution, il n'avait jamais été frappé de mort civile.

Quand il s'agissait de peine de mort, la *mort civile* ne datait que du moment de la mort naturelle.

S'il s'agissait de la peine des travaux forcés à perpétuité, la *mort civile* était encourue du jour de l'entrée au bagne.

Mais si les condamnations, quoique contradictoires, ne s'exécutaient pas réellement, parce que le condamné s'était soustrait à leur exécution par la fuite, de quel moment datait la *mort civile ?*

Du jour de l'exécution par effigie, répond l'art. 26 du Code civil.

Mais qu'est-ce qui constitue l'exécution par effigie des condamnations contradictoires?

Le Code d'instruction criminelle est muet sur ce point.

L'art. 472 de ce Code ne parle que de l'exécution par effigie des condamnations par contumace. Vous lirez cet article, c'est une sorte d'exposition fictive qu'il organise. On avait supprimé l'exposition réelle; une loi du 2 janvier 1850 a supprimé l'exposition fictive, et a déterminé un autre mode d'exécution des condamnations par contumace. C'est ce mode d'exécution qu'il faut transporter, par analogie, aux condamnations contradictoires, quand elles ne peuvent s'exécuter que fictivement, et ce sera du moment de cette exécution que datera la mort civile.

La condamnation dont l'exécution emportait la *mort civile* était-elle prononcée par contumace? la mort civile ne commençait qu'après l'expiration des cinq années qui suivaient l'exécution fictive, prescrite par la loi du 2 janvier 1850. Si le condamné se représentait, était arrêté ou mourait avant les cinq ans, il n'avait jamais encouru la *mort civile;* il ne pouvait l'encourir que comme suite d'une nouvelle condamnation, s'il subissait une peine à laquelle elle fût attachée.

Est-ce à dire, toutefois, qu'il aurait pu valablement exercer ses droits civils, s'il se fût représenté, eût été arrêté ou fût mort dans les cinq ans?

Non; l'art. 28 du Code civil enlève au contumax, que la mort civile ne doit atteindre qu'au bout de cinq ans, l'*exercice* des droits civils, et cet *exercice* est confié par la loi à l'administration des domaines (art. 471, Code d'inst. crim.).

Cette privation de l'*exercice* des droits civils n'était pas conditionnelle; elle n'était pas subordonnée à la non-représentation ou à l'existence du condamné pendant les cinq ans. L'anéantissement de la condamnation par l'effet, soit de la comparution volontaire, soit de l'arrestation, soit de la mort, pendant la période d'attente, n'empêchait pas que le droit d'user de la capacité civile n'eût été temporairement paralysé; il n'effaçait pas rétroactivement la privation de toute aptitude juridique *active,* parce que l'inertie à laquelle était réduit le contumax était, dans la pensée de la loi, la conséquence, non de la condamnation elle-même, mais de la contumace constatée par la condamnation, et constituait, de plus, le moyen de faire cesser cette contumace.

Les art. 29 et 31 du Code civil n'étaient, à mes yeux, qu'une explication de la véritable portée de l'art. 27 du même Code, aux termes duquel les condamnations par contumace n'emportent la *mort civile* qu'après les cinq années qui suivent l'exécution du jugement par effigie.

Je crois cependant devoir vous rappeler que l'opinion générale est que la privation de l'exercice des droits civils résultant de l'art. 28 du Code civil, était subordonnée à l'événement ultérieur de la *mort civile.* Ce n'est qu'avec beaucoup d'hésitation que je m'écarte de cette opinion, qui est celle de

M. Demolombe, et aussi celle que finit par adopter M. Demante (1).

Si l'agent se présentait après les cinq ans, et qu'il ne fût condamné qu'à une peine n'emportant pas la *mort civile*, ou qu'il ne fût pas même condamné du tout, il était rendu à la vie civile pour l'avenir, mais il n'en avait pas moins été mort pour le passé. Ainsi, un nouveau jugement, même une déclaration d'innocence, n'aurait été pour lui qu'une réparation stérile et dérisoire. Propriétaire, il ne retrouvait pas ses biens; époux, il ne retrouvait pas sa femme ; s'il se réunissait à elle, ce ne pouvait être que par le consentement de celle-ci, et il fallait que la loi intervînt pour consacrer cette union qui n'avait que l'effet d'une union nouvelle ; père, retrouvait-il ses enfants? Oui, puisqu'il rentrait pour l'avenir dans la plénitude de ses droits civils, et que la rupture de ses liens de famille ne devait pas être considérée comme un droit acquis pour les tiers ; seulement la résurrection de ces liens ne rétroagissait pas sur les conséquences accomplies dans le passé (2).

Si la condamnation nouvelle qui intervenait par suite d'une comparution ou d'une arrestation en dehors des cinq ans emportait encore la *mort civile*, cette mort datait du jour de l'expiration de la période quinquennale. Il n'y avait pas eu d'interruption dans l'intervalle qui s'était écoulé depuis la représentation volontaire ou forcée (3).

La mort du condamné par contumace, après l'expiration de la période d'attente, n'anéantissait pas la condamnation. Cela est d'évidence ; je l'indique cependant, et vous verrez bientôt

---

(1) *Cours de Droit civil*, t. I⁰ʳ, n. 227; *Cours analytique de Code civil*, p. 125 et 129. Dans le sens de la leçon, Marcadé, sur les art. 29 et 31. Voir Hanin, *Des conséquences des condamnations pénales*, p. 239, n. 316.—Duranton, t. I⁰ʳ, n. 130, et t. VIII, n. 176.—Armand Dalloz, v⁰ *Mort civile*, n. 110.

(2) *Sic*, M. Demolombe, t. I⁰ʳ, n. 232.

(3) M. Demante, *Cours analytique de Code civil*, p. 134 et 135.—Zachariæ, t. I⁰ʳ, p. 326.—Coin-Delisle, art. 30, n. 1.

Contrà, M. Demolombe, n. 229.

pourquoi, quand je m'occuperai de la *dégradation civique* et de l'*interdiction légale*, conséquences d'une condamnation par contumace.

La *mort civile* avait tous les effets de la confiscation à titre universel.

La mort civile avait tous les effets de la confiscation à titre universel.

Aux termes de l'art. 33 du Code civil, l'État héritait des biens acquis par le condamné depuis la *mort civile*, et cela, sous le prétexte qu'il n'avait plus de famille ; il n'avait plus de famille, la loi la lui avait enlevée.

L'effet, sur la *mort civile*, de la réhabilitation, de l'amnistie, de la grâce, je vous l'indiquerai quand je m'occuperai de ces matières. Je me borne, en ce moment, à vous dire qu'aux termes de l'art. 32 du Code civil, la prescription de la peine principale ne réintégrait point le condamné dans ses droits civils pour l'avenir. — C'est que la *mort civile* était une conséquence de l'exécution réelle ou fictive qui survivait, comme fait, à la prescription, et que, si le condamné n'avait pas effectivement subi la *peine principale*, il était au moins toujours resté sous le poids de la *peine accessoire*.

Renvoi. — Effets de la prescription sur la mort civile.

2° La *dégradation civique*. Vous connaissez la dégradation civique comme *peine principale*, vous la connaissez donc comme *peine accessoire ;* ses effets sont absolument les mêmes. Cette peine, comme vous le savez, ne s'attaque pas au patrimoine du condamné ; elle ne confisque aucun de ses droits pécuniaires.

Dégradation civique. — Ses effets. — Renvoi.

La *dégradation civique* était attachée par le Code pénal, et reste attachée comme conséquence à l'*irrévocabilité* de certaines peines, quand la condamnation est contradictoire ; à l'*exécution par effigie* de ces mêmes peines, quand la condamnation est par contumace.

Quelles sont les peines dont l'irrévocabilité ou l'exécution entraîne, d'après le Code pénal, la *dégradation civique ?*

D'après l'art. 28 du Code pénal, ces peines étaient des peines temporaires ; c'étaient les *travaux forcés à temps*, la *détention*, la *réclusion* et le *bannissement*. Or, la *dégradation civique* est

A quelles peines était-elle attachée accessoirement par le Code pénal ?

une peine indéfinie dans sa durée ; elle survit donc à la peine principale.

Avant la loi du 8 juin 1850, l'exécution de toutes les peines perpétuelles entraînait la mort civile ; — voilà pourquoi on n'avait pas attaché à ces peines la dégradation civique. — Mais si les peines perpétuelles étaient remises ou commuées avant l'*exécution*, la mort civile n'était pas encourue, et, suivant des auteurs graves, la dégradation civique ne l'était pas non plus, au moins dans le silence des lettres de grâce ou de commutation, puisqu'il n'y avait pas eu *condamnation* aux peines temporaires qui l'entraînent. La dégradation étant une conséquence tacitement attachée à certaines peines, je serais porté à penser qu'elle est la condition de ces peines, quand le condamné les subit en vertu de lettres de commutation (1).

À quelles peines aujourd'hui.

Aujourd'hui, les peines perpétuelles n'ont plus pour conséquence la mort civile. Elles emportent, entre autres peines accessoires, la dégradation civique et l'interdiction légale. L'article 3 de la loi du 8 juin 1850 avait déjà substitué ces peines à la mort civile, comme conséquence de la déportation.

La dégradation civique survit-elle à la prescription de la peine principale ?

La *dégradation civique* survit-elle à la prescription de la peine principale ?

Oui, il faut appliquer par analogie l'art. 31 du Code civil. Cette solution ne saurait être douteuse pour l'école qui fonde la prescription de la peine sur une *présomption d'expiation*. En effet, si la dégradation civique survit à l'expiation légale, à plus forte raison doit-elle survivre à l'expiation présumée.

J'ajourne mes explications sur l'influence de la grâce, de la commutation de peine, de l'amnistie et de la réhabilitation.

Si le condamné par contumace à une peine, dont l'exécution fictive a entraîné la dégradation civique, se présente ou est ar-

____

(1) *Sic*, Paris, 25 août 1852 ; *Pal.*, 1853.1, p. 675 ; Rauter, t. II, p. 573. — *Contrà*, Chauveau et Hélie, *Théorie du Code pénal*, p. 167, 3e édition. — La question a été résolue en notre sens par l'art. 89 du Code pénal belge.— La même question se présente pour la surveillance de la haute police. — Voir Paris, 9 février 1855, Sir., 55.2.111, et *Revue pratique*, 1871, p. 181.

rêté dans les vingt ans, sa condamnation tombe avec tous ses effets (art. 476, Cod. inst. crim.). La dégradation civique est effacée ; mais est-elle effacée pour le passé ? N'est-elle point effacée pour l'avenir seulement ?

Il n'en est pas de la dégradation civique comme de la mort civile. L'effet de la dégradation civique n'est pas suspendu pendant cinq ans ; en revanche, l'anéantissement de la condamnation par contumace, à toute époque, détruit rétroactivement la dégradation civique. Cela n'est pas sans importance ; car si, par exemple, le contumax avait été témoin dans un acte, l'acte ne serait affecté d'aucun vice. Je ne crois pas que cette solution contredise celle que j'ai admise pour la privation de l'exercice des droits civils, dans le cas de l'art. 28 du Code civil : en effet, l'incapacité de l'art. 28 n'était pas une peine accessoire attachée à une peine principale et devant, par suite, tomber avec sa cause : c'était une incapacité spéciale édictée, pour une situation temporaire, par la loi civile.

Quid si le condamné par contumace à une peine, dont l'exécution fictive a entraîné la dégradation civique, mourait dans les vingt ans ?

Un auteur grave (1) professe que la dégradation civique est rétroactivement effacée.

Il me semble bien difficile d'accepter cette solution. L'article 476 du Code d'instruction criminelle n'anéantit la condamnation par contumace qu'autant que le condamné se représente ou est arrêté dans les vingt ans. Si la mort réelle, dans les cinq ans de l'exécution par effigie, prévient la mort civile, c'est que la mort civile n'était pas encourue ; mais la dégradation civique date du jour de l'exécution par effigie. Il n'y a qu'une condition résolutoire : la représentation volontaire ou forcée.

3° *L'interdiction légale*. *L'interdiction légale* ne doit pas être confondue avec l'*interdiction* de la totalité ou de partie *des*

(1) M. Demante, *Cours analytique de Code civil*, p. 148, n. 72 *bis*; M. Demante a depuis, et avec raison, abandonné cette opinion, *Revue critique*, 1857, t. I, p. 77.

droits civiques, civils et de famille. L'*interdiction légale*, en effet, est une peine accessoire d'une autre peine afflictive et infamante. L'*interdiction des drcits civiques, civils ou de famille*, est une peine correctionnelle principale.

A quelles peines est-elle attachée ?
L'*interdiction légale* est une peine d'un caractère spécial; elle dure autant que la peine à laquelle elle est attachée. D'après l'art. 29 du Code pénal, elle n'était attachée qu'à des peines temporaires, à la peine des travaux forcés à temps, à la peine de la détention et à la peine de la réclusion. Aujourd'hui elle est attachée à toutes les peines perpétuelles.

Cette peine accessoire ne fait pas double emploi avec la peine de la *dégradation civique.* Cette dernière peine, vous le savez, laisse intact le patrimoine du condamné, et n'enlève pas même le droit d'administration de ce patrimoine; ainsi le condamné pourrait user de ce droit d'administration pour paralyser ou pour adoucir au moins la peine afflictive : l'*interdiction légale* dépouille le condamné de l'exercice de ses droits sur sa fortune; elle substitue à sa gestion une gestion étrangère.

A partir de quelle époque court-elle pour les condamnations contradictoires ?
Pour les condamnations contradictoires, l'*interdiction légale* date du jour de leur irrévocabilité.

De ce que l'art. 29 du Code pénal dit que cette *interdiction* a lieu pendant la *durée* de la peine, gardez-vous de conclure qu'elle ne commence que du jour où la peine principale reçoit son exécution effective. Si le condamné contradictoirement s'évade, se soustrait à la peine principale, il ne conquiert pas, par sa résistance à la loi, l'exercice du droit d'administration; c'est dans ce cas surtout qu'il importe de ne pas lui laisser la disposition de ressources qui encourageraient et alimenteraient sa désobéissance. Mais l'*interdiction légale* ne survivrait pas à la prescription de la peine; elle ne survivrait pas davantage à la commutation de la peine afflictive et infamante en une peine correctionnelle.

Est-elle une conséquence des condamnations par contumace ?
L'*interdiction légale* est-elle une conséquence des condamnations par contumace aux peines perpétuelles, aux travaux forcés à temps, à la détention et à la réclusion?

Non, dit-on généralement (1).

Cette opinion est contraire aux termes de l'art. 29 du Code pénal, qui ne fait pas de distinction. Il n'est pas vrai que la dernière disposition de cet article soit inapplicable, parce que l'art. 471 du Code d'instruction criminelle pourvoit autrement à l'administration des biens : la loi n'a pas voulu laisser à la famille du condamné l'administration d'une fortune dont elle eût pu faire un emploi contraire aux intérêts de la justice ; elle a séquestré les biens, justement pour avoir une garantie meilleure de l'interdiction qu'elle prononce. Mais l'art. 471 n'exclut pas l'organisation d'une tutelle pour l'exercice des actions qui seraient étrangères au patrimoine et sans résultat pécuniaire.

L'*interdiction légale* n'est pas attachée aux peines qui ne sont qu'infamantes.

Quel est l'effet de l'*interdiction légale ?*

Effet de l'interdiction légale.

Une théorie dit que l'*interdiction légale* n'enlève au condamné que le droit d'administrer ses biens, qu'elle lui laisse le droit de disposition entre-vifs et testamentaire (2). Le condamné n'aurait pas les revenus, mais pourrait se procurer le capital ; il aliénerait et toucherait le prix.

Il est vrai que cette théorie n'est admise par quelques auteurs qu'avec un tempérament : les actes de disposition ne recevraient pas d'exécution au préjudice du séquestre ; non, mais l'acte apparent cacherait l'acte véritable, et si le condamné ne recevait pas tout le prix, il en recevrait une partie. Quel encouragement pour les simulations et les fraudes !

_____

(1) Chauveau et Faustin Hélie, t. 1er, p. 168 ; Aubry et Rau sur Zachariæ, 3e édit., t. 1er, p. 318.—M. Demante, *Revue critique*, 1857, t. 1er, p. 77, qui a abandonné l'opinion contraire professée dans son *Cours analytique*, n. 72 *bis*.—Duranton fils, *Revue pratique*, t. V, p. 5 à 15.—Blanche, n. 146 et 149.—Voir notre réfutation de l'article de M. Duranton, *Revue pratique*, t. V, p. 131 à 135. Voir *infra*, notre treizième leçon.—L'art. 21 du Code pénal belge n'attache l'interdiction légale qu'aux condamnations contradictoires, mais l'art. 20 attache cette interdiction à toute condamnation à la peine de mort.

(2) Achille Morin, v° *Interdiction*.

Une seconde théorie dit que l'*interdiction* enlève au con·
damné l'aptitude juridique pour faire tous les actes qui peu·
vent être faits par intermédiaire, par représentant, mais qu'elle
lui laisse l'exercice des droits qui sont exclusivement person·
nels, le droit de se marier, de faire un testament ; on ne sau·
rait considérer ces droits comme des moyens de se créer des
ressources (1).

Je crois que le condamné à une peine qui emporte l'*inter·
diction légale* est, pendant toute la durée de sa peine, inca·
pable de tous les actes de la vie civile ; si la loi n'a nulle part
indiqué les conséquences de l'*interdiction légale*, c'est qu'elle
s'est référée aux conséquences de l'*interdiction judiciaire*;
c'est qu'elle a entendu assimiler, quant aux effets, les deux
interdictions.

Sanction
de l'incapacité
résultant
de l'interdiction
légale.
Quelle est la sanction de cette incapacité générale résultant
de l'*interdiction légale?*

Une théorie dit que les actes faits par l'interdit, légalement
sont des actes boiteux, qu'ils sont opposables aux tiers, mais
qu'ils ne sont pas opposables à l'interdit ; c'est-à-dire que l'in·
capacité, qui est une peine, va devenir une protection : elle
profiterait à celui contre lequel elle aurait été prononcée!

Une autre théorie, qui est le contre-pied de la première, dit
que la nullité est proposable par les tiers et non proposable par
l'interdit ; alors les tiers contracteront avec l'interdit, à des
conditions tellement avantageuses pour eux, qu'il y aurait toute
certitude qu'ils n'opposeront jamais la nullité. Le but de la loi
ne sera pas atteint : pourquoi donc s'écarter de l'art. 1125 du
Code civil ?

Je crois, avec MM. Demolombe et Demante, que la nullité

---

(1) M. Demolombe, n. 192 ; M. Valette sur Proudhon, t. II, p. 554;
M. Demante, t. Ier, n. 72 *bis*. —Ortolan, *Éléments de droit pénal*, n. 1557.
—Aubry et Rau sur Zachariæ, t. Ier, p. 313 et 315.—Voir dans notre sens :
M. Troplong sur l'art. 902 du Code civil, n. 525. — M. Molinier, *Revue de
Droit français et étranger*, 1850, p. 484.—M. Coin-Delisle, sur l'art. 912.
n. 5.—M. Pont (*Traité du Contrat de mariage*, 2e édition, p. 39, et p. 50,
n. 52) enseigne que l'interdit peut se marier, et, à la note, sa logique le
conduit à valider le mariage du condamné à une peine perpétuelle.

des actes faits par l'interdit est opposable et par l'interdit et par les tiers. La nullité est une nullité d'intérêt social; il faut qu'elle puisse être opposée par tout le monde pour qu'elle ait de l'efficacité (1).

J'ai dit que l'*interdiction légale* ne survivait pas à la prescription de la peine principale. Mais la prescription efface-t-elle l'interdiction légale pour le passé ?

' Influence de la prescription de la peine sur l'interdiction légale.

Non, l'*interdiction légale*, comme la mort civile, comme la dégradation civique, a été subie, et on ne prescrit pas contre une peine qui s'exécute.

La mort du condamné, avant les vingt ans de la condamnation par contumace, efface-t-elle l'*interdiction légale* pour le passé ?

Oui, dit un savant professeur; et il applique sa théorie sur la dégradation civique (2).

Je ne puis encore accepter cette solution. La condamnation par contumace n'est pas anéantie par la voie du condamné dans les vingt ans.

Mais, au moins, l'arrestation du contumax ou sa comparution volontaire dans les vingt ans efface-t-elle rétroactivement l'*interdiction légale?*

Oui, il faut appliquer l'art. 476 du Code d'instruction criminelle.

Cette solution est-elle conciliable avec celle que j'ai proposée pour la privation de l'exercice des droits civils, quand le condamné à une peine emportant mort civile se représente ou meurt dans les cinq ans?

Il semble que non ; la contradiction n'est qu'apparente : la privation des droits civils de l'art. 27 du Code civil n'est pas la suite d'une peine principale qui n'aura jamais été encourue; elle est la conséquence de la contumace, que cette contumace soit ou ne soit pas imputable au condamné ; l'*interdiction légale*, au contraire, est subordonnée, elle, à la con-

___

(1) Voir le *Code pénal* du 25 septembre 1791, tit. IV, art. 2. — Cassat., 25 janvier 1825; Sirey, 25.1.345; Molinier, *ibid.*, p. 485.
(2) M. Demante, t. Ier, p. 143.

dition que la peine principale ait frappé l'agent et ait été méritée par lui. Voilà ce qui explique la différence de nos deux solutions.

4° Le *renvoi sous la surveillance de la haute police.*

1° Quel est le caractère de ce *renvoi* (1) ?

2° Par quelle loi est-il aujourd'hui régi ?

3° Devrait-il être maintenu dans nos Codes ?

1° Le *renvoi sous la surveillance de la haute police* est-il une peine ? On le conteste ; c'est, dit-on, une restriction de liberté qui pèse sur le condamné à la suite du châtiment, c'est une mesure de prévention ; la société prend une garantie contre les crimes ou délits futurs ; la *surveillance* n'est pas l'expiation, la répression de la faute précédemment punie ; elle n'est qu'une assurance contre une faute nouvelle.

En faveur de cette thèse on argumente des art. 44, 100, 108 et 136 du Code pénal, qui appliquent la surveillance au condamné *qui aura subi sa peine*, ou qui sera exempt de toute peine.

Voici notre réponse : la *surveillance* est inscrite au chapitre des peines ; et elle n'a pas seulement le nom, elle a le caractère d'une peine ; elle est écrite dans la condamnation qui se fonde sur le passé et non sur l'avenir ; elle y est écrite tacitement ou expressément, suivant qu'elle est ou une peine accessoire ou une peine complémentaire, que la peine complémentaire soit obligatoire ou facultative.

Le *renvoi sous la surveillance* est répressif, puisqu'il fait

_____

(1) Dans l'ancien droit, il existait une peine spéciale et non accessoire, qui avait beaucoup d'analogie avec le *renvoi sous la surveillance de la haute police* ; c'était la peine de l'*interdiction de lieu.* On l'appliquait aux auteurs de menaces ou injures graves pouvant entraîner des inimitiés capitales : cette peine a été abolie par le Code pénal du 25 septembre 1791, art. 35, Ire partie, tit. 1er. N'a-t-elle pas été ressuscitée sous un autre nom ?

On trouve le *renvoi sous la surveillance de la haute police* écrit dans le sénatus-consulte organique du 28 floréal an XII ; la haute Cour de justice prononçait le renvoi contre les accusés acquittés, mais *suspects.* — Un décret du 19 ventôse an XIII applique cette peine aux forçats libérés.

Le décret du 17 juillet 1806 l'aggrava en enlevant au condamné le choix de sa résidence.

peser sur le condamné libéré de la peine principale une gêne très-onéreuse ; on objecte qu'il est préventif ; mais l'effet préventif n'est-il pas un des buts de la répression ?

2° Les effets du *renvoi sous la surveillance de la haute police* ont été successivement réglés (nous ne parlons pas encore des origines) par trois lois, le Code de 1810, la loi du 28 avril 1832, et un décret des 8-12 septembre 1851, que quelques-uns croient encore en vigueur, et que d'autres plus nombreux considèrent comme légalement abrogé.

Loi en vigueur.

Le Code de 1810 établissait comme règle générale que le condamné soumis à la *surveillance* demeurait à la disposition du Gouvernement, qui avait le droit d'ordonner, soit son éloignement d'un certain lieu, soit sa résidence continue dans un lieu déterminé d'un des départements de l'Empire. Toutefois le condamné libéré pouvait échapper à toute surveillance en fournissant un cautionnement dont le quantum devait être fixé par l'arrêt de condamnation.

Il semblait résulter de ce texte que le condamné avait un droit acquis à l'affranchissement de toute surveillance en fournissant un cautionnement. Cependant le Conseil d'État, les 4 août et 20 septembre 1812, décida deux choses :

1° Que, lorsque le cautionnement n'était pas déterminé par l'arrêt de condamnation, le ministère public et la partie civile avaient seuls droit de faire réparer cette omission, en ressaisissant la juridiction qui avait statué ;

2° Que, dans le cas même où la quotité du cautionnement avait été déterminée, il dépendait du Gouvernement et de la partie civile, en ne réclamant pas la somme indiquée, d'enlacer le condamné dans les liens de *la surveillance de la haute police*.

Ainsi entendu, le droit du condamné était presque illusoire ; j'ajoute à cela que l'avis du Conseil d'État pouvait donner lieu à une difficulté : si l'option appartenait au Gouvernement et à la partie civile, en cas de désaccord sur l'exercice de cette option, à qui définitivement appartenait le choix ?

La loi du 28 avril 1832 supprimait au profit des surveillés la contrainte qui pouvait leur être imposée de résider dans un lieu déterminé, et le Gouvernement pouvait enlever aux condamnés le droit de résider ou même de se présenter dans certains lieux ; en dehors de la zone de prohibition, le condamné avait la faculté de se choisir un domicile ; mais il n'avait plus la faculté de se racheter de la surveillance au moyen d'un cautionnement. Le condamné devait déclarer, avant sa mise en liberté, le lieu où il irait se fixer, et il ne pouvait le changer sans préalablement faire connaître le nouveau lieu où il se proposait de résider.

D'après l'art. 3 du décret des 8-12 décembre 1851, l'effet du renvoi sous la surveillance de la haute police était de donner au Gouvernement le droit de déterminer le lieu dans lequel le condamné devrait résider, après qu'il aurait subi sa peine. L'art. 1er de ce décret armait le Gouvernement du pouvoir de faire transporter à Cayenne ou en Algérie, par mesure de sûreté générale, tout individu placé sous la surveillance de la haute police reconnu coupable de rupture de ban. La durée de la transportation était de cinq années au moins et de dix ans au plus.

Dans la session de 1870, le Corps législatif fut saisi, en vertu de l'initiative parlementaire, d'une proposition d'abrogation du décret des 8-12 décembre 1851 et des lois dites de sûreté générale des 9 juillet 1852 et 27 février 1858.

Le Gouvernement ne s'associa qu'en partie à cette proposition. Il demanda l'abrogation du décret des 8-12 décembre 1851, et de la loi du 27 février 1858 ; mais il n'abandonna pas la loi du 9 juillet 1852.

Le 17 juin 1870, l'abrogation du décret des 8-12 décembre 1851 fut votée à l'unanimité par le Corps législatif.

Au Sénat, après une discussion qui aboutit au renvoi à la Commission de la loi votée par le Corps législatif (1), M. de Marnas, le 18 juillet, donna lecture de dispositions ainsi conçues :

_____
(1) Séance du 14 juillet 1870.

« Art. 1ᵉʳ. Le décret-loi des 8-12 décembre 1851 est abrogé.

Art. 2. L'art. 44 du Code pénal est remis en vigueur dans les termes suivants : L'effet du renvoi sous la surveillance de la haute police sera de donner au Gouvernement le droit de déterminer le lieu dans lequel le condamné devra résider après qu'il aura subi sa peine.

L'administration déterminera les formalités propres à constater la présence continue du condamné dans le lieu de sa résidence. »

La révolution du 4 septembre rendit la sanction du Sénat impossible.

Un décret daté de Paris du 24 octobre 1870, pendant le siége, décret inséré au *Bulletin des lois* de Paris, mais non reproduit dans le *Bulletin* de la délégation de Tours et de Bordeaux, ni dans le *Journal officiel*, déclare :

« Art. 1ᵉʳ. Le décret du 8 décembre 1851 et la loi du 27 février 1858 sont abrogés.

Art. 2. L'effet du renvoi sous la surveillance de la haute police sera *ultérieurement* réglé. »

Si ce décret n'est pas considéré comme régulier, nous sommes sous l'empire du décret des 8-12 décembre 1851.

S'il est régulier, sommes-nous sous l'empire de l'art. 44 de la loi du 28 avril 1832 ?

A notre sens, le décret des 8-12 décembre 1851 est valablement abrogé. La souveraineté ne comporte ni vacance ni intermittence ; le Gouvernement de la défense nationale a cumulé avec le pouvoir exécutif le pouvoir législatif.

Une Commission de l'Assemblée a été instituée pour signaler ceux des décrets définitifs de ce Gouvernement qu'il serait urgent de rapporter ou de modifier, ce qui implique que tous ces décrets auront eu au moins une autorité intérimaire.

Mais l'abrogation du décret des 8-12 décembre 1851 a-t-elle entraîné un retour à l'art. 44 de la loi du 28 avril 1832 ?

On soutient, dans le sens de la négative, que les auteurs du décret du 24 octobre 1870 ont exprimé la volonté de régler ultérieurement l'effet du renvoi sous la surveillance de la haute police et, par conséquent, de ne pas laisser cet effet sous l'empire d'une loi antérieure.

Cette idée a prévalu dans le rapport déposé à l'Assemblée nationale, dans sa séance du 24 février 1872, et la Commission de révision des décrets du Gouvernement du 4 septembre arrive à cette conclusion qu'il n'existe aujourd'hui aucune disposition légale réglementant l'une des mesures qui intéressent au plus haut degré la sûreté générale.

Nous ne saurions, pour notre compte, accepter cette conclusion : de ce que le décret du 24 octobre 1870 suppose que l'effet de la surveillance sera ultérieurement réglé, il ne résulte nullement qu'en l'état et jusqu'à la promulgation de dispositions nouvelles, la législation abrogée en 1851 ne reprenne son empire ; elle n'avait perdu son autorité que par suite du décret des 8-12 décembre 1851 ; ce décret une fois rapporté, elle revit forcément et détermine les conséquences d'une pénalité qui n'a jamais été l'objet d'une abrogation.

Une circulaire du 4 novembre 1871, du ministre de l'intérieur, donne au décret du 24 octobre 1870 l'interprétation que nous lui attribuons.

Objections contre le renvoi. — 3° Le *renvoi sous la surveillance* a, comme peine, soulevé, surtout dans ces derniers temps, de sérieuses objections. Par les difficultés d'existence qu'il crée aux libérés, il expose peut-être la société, plus qu'il ne la dérobe, aux récidives.

Mais si l'on peut lui reprocher de former sans discernement et aux risques d'entraver leur retour au bien, une classe de suspects, en réserve pour le châtiment, on ne saurait contester qu'il est une puissante garantie de répression.

M. de Molènes a écrit : « Quelque jour on supprimera la *surveillance*, non-seulement comme inutile, mais comme inhumaine et dangereuse. »

Je désire qu'un bon système pénitentiaire vienne bientôt justifier cette prévision d'inutilité.

Les révisions successives dont le renvoi sous la surveillance de la haute police a été l'objet, ont donné lieu à quelques questions transitoires.

Quel est le sort de l'agent condamné sous l'empire du Code de 1810, libéré avant la loi du 28 avril 1832 ?

Il peut se soustraire a la surveillance de la haute police en fournissant le cautionnement. La loi de 1832 ne peut lui enlever le droit acquis en vertu de la loi qui a présidé à sa condamnation ; elle ne saurait rétroagir à son préjudice. La même solution est applicable au condamné sous l'empire de la loi de 1810, qui n'a été libéré que sous l'empire de la loi de 1832 ou sous l'empire du décret des 8-12 décembre 1851.

La peine de *la surveillance* succède sans doute à la peine principale ; cependant ce n'est pas la loi sous laquelle elle commence, mais la loi contemporaine de la condamnation qui la régit; que si le condamné, qui a le droit de s'affranchir de *la surveillance* par le cautionnement, ne peut en fournir un, la *surveillance* sera réglée non par la loi de 1810, mais par la loi de 1832, qui lui laisse plus de liberté (1). On n'aurait pu lui appliquer l'art. 3 du décret des 8-12 décembre 1851, qui n'est fait que pour l'avenir (2).

Le Code de 1810 portait qu'en cas de rupture de ban, le condamné subirait un emprisonnement administratif dont la durée ne pourrait excéder le temps pendant lequel il devait rester sous la *surveillance de la haute police* sous la loi de 1832, qui, en ce, n'a jamais été abrogée; la rupture de ban continue de faire encourir l'emprisonnement; seulement cette peine, dont le maximum est de cinq ans, doit être prononcée par les tribunaux correctionnels.

(1) Voir avis du Conseil d'État du 7 novembre 1832, et un arrêt de la Cour de cassation du 18 mai 1833. — Comparer M. Blanche, n. 196.

(2) *Contrà*, M. Blanche, n. 197; il essaye d'écarter les art. 3, 4 et 5 du décret avec la loi du 30 mai 1854 sur les travaux forcés, et avec la circulaire du ministre de la police du 1er septembre 1852 (Dalloz, 52.3.29). La question est de savoir s'il y a ou non aggravation de la peine ou simplement règlement d'exécution; le décret est muet; la loi du 30 mai 1854 est expresse, et les exceptions des articles 6 et 8 mettent en lumière la pensée dont elle est l'expression; nous nous bornons à rappeler la controverse législative qui s'est engagée à l'occasion de la loi du 8 juin 1850, entre M. Barrot, d'une part, et d'autre part, MM. de Vatimesnil et Baroche. (Voir notre septième leçon.) — Comparer un arrêt de la Cour de cassation du 22 janvier 1863 (Devill. et Car., 63.1.272).

Quelle sera donc la peine encourue si le condamné, qui subit la peine de la *surveillance de la haute police*, par suite d'un jugement rendu sous la loi de 1810, est surpris en rupture de ban depuis la loi de 1832 ?

Je pense que la peine portée par la loi de 1832 sera applicable ; car s'il est de principe que les lois défavorables ne rétroagissent pas, la rupture de ban constitue, sous la loi de 1832, un délit spécial. Que l'obligation de ne pas se soustraire aux regards de la police résulte d'une loi antérieure ou de la loi de 1832, peu importe : le non-accomplissement de l'obligation sous cette dernière loi ou sous la loi nouvelle constitue un délit, le délit de rupture de ban ; partant, ce sera toujours l'emprisonnement judiciaire qu'on appliquera ; mais la transportation menaçait, à titre de moyen de sûreté, tous ceux qui rompraient leur ban depuis la promulgation du décret des 8-12 décembre 1851.

M. Blanche considère que la transportation n'est pas une peine, mais est une mesure de sûreté que le Gouvernement pouvait appliquer à tous ceux qui auraient été déclarés coupables de rupture de ban, même à ceux dont la peine aurait été prononcée avant le décret du 8 décembre 1851. La présomption, pour nous, c'est que le décret ne rétroagissait pas. La rétroactivité est réputée exclue par cela seul qu'elle n'est pas expressément réservée. Il est vrai que la faculté de transporter est confiée à l'administration ; mais elle est une conséquence de la condamnation pour rupture de ban, et ne semble pas pouvoir, sans rétroagir, être attachée après coup à des condamnations antérieures.

Point de départ de la surveillance.
Le renvoi sous la surveillance de la haute police ne commence que du jour où le condamné est libéré de la peine principale : aussi l'art. 47 du Code pénal n'attache-t-il *le renvoi sous la surveillance de la haute police* qu'à des peines temporaires, aux travaux forcés à temps, à la détention et à la réclusion. De là MM. Chauveau et Faustin Hélie (1), M. Ortolan (2),

(1) Tome Ier, p. 167, 3e édit.
(2) *Eléments du Code pénal*, n. 160.

ont conclu que, lorsque les peines perpétuelles sont commuées en peines temporaires, emportant la surveillance, la peine accessoire n'est pas encourue, à moins d'expression contraire dans les lettres de commutation ; l'agent n'a pas, en effet, été *condamné* à la peine qui entraîne le renvoi sous la surveillance de la haute police, et l'art. 47 semble exiger la *condamnation*.

Je vous ai déjà fait remarquer que la peine accessoire, dérivant non de la *condamnation*, mais de l'irrévocabilité ou de l'*exécution* de la peine principale, suit cette peine, de quelque titre qu'elle résulte ; si la peine des travaux forcés à perpétuité était convertie en peine des travaux forcés à temps, est-ce que l'agent, pendant la durée de cette dernière peine, ne serait pas dans les liens de l'interdiction légale (1) ?

Je vous ai dit que le *renvoi sous la surveillance de la haute police* est la conséquence tacite de toute condamnation aux travaux forcés à temps, à la réclusion, à la détention et au bannissement; attachée aux trois peines afflictives temporaires, la *surveillance* est perpétuelle (art. 47) ; attachée à la peine infamante seulement, la *surveillance* n'a qu'une durée égale à celle de la peine principale (art. 48).

A quelles peines la surveillance est-elle attachée accessoirement ?

Le renvoi sous la surveillance de la haute police est une peine *complémentaire*, obligatoire dans toute condamnation pour crimes ou délits intéressant la sûreté intérieure ou extérieure de l'Etat ; cette peine n'est pas *accessoire*, puisqu'elle doit être prononcée, et est d'ailleurs attachée, non à la nature de la peine principale, mais à la nature de l'infraction, quelle que soit la peine applicable ou appliquée, ne fût-ce qu'une peine correctionnelle.

L'art. 49 ne fixe pas la durée de cette surveillance. L'art. 49 employant les mots *même surveillance*, un auteur a conclu de ces mots que la surveillance attachée aux infractions contre la sûreté de l'Etat était temporaire, comme la surveillance accessoire de l'art. 48. On a répondu, avec beaucoup de

Durée de cette peine.

(1) Cour de Paris, 9 février 1855, Dev. et Car., 55.2.111. — Blanche, n. 200.

raison, que l'art. 48, employant déjà les mots *même surveillance*, se réfère à l'art. 47, qui s'occupe d'une surveillance perpétuelle. L'expression *même* se réfère donc à la nature de la peine de la surveillance, et non à sa durée.

La question de durée ne se présentera pas, quand la peine de l'infraction, prévue par l'art. 49, sera l'une des peines des travaux forcés à temps, de la détention, de la réclusion ou du bannissement, puisque cette durée sera alors déterminée soit par l'art. 47, soit par l'art. 48. — Mais quand, à raison de l'admission des circonstances atténuantes pour les crimes, ou à raison du caractère de l'infraction qui ne constituera qu'un délit, la peine appliquée sera une peine correctionnelle, que devra-t-on décider?

Puisque la loi est muette, je crois que de ce silence on peut conclure que le juge est autorisé à prononcer une surveillance perpétuelle ou temporaire. Cette question appartient aux peines communes à plusieurs classes d'infractions, et je ne l'ai placée ici que parce qu'elle sera pour vous d'une intelligence plus facile.

Le renvoi sous la surveillance de la haute police est quelquefois une peine complémentaire facultative (art. 50, 307, 347, 326, 335, 401, 416, 419, 420, 444, 452, etc.).

Elle est
imprescriptible.

La peine de la *surveillance* est imprescriptible, si long que soit le délai pendant lequel le condamné est parvenu à se soustraire aux obligations qu'elle impose; quand elle n'est que temporaire, son exécution ne peut être cependant réclamée que pendant la période qui est assignée à sa durée et qui suit ou l'expiration, ou la prescription, ou la remise de la peine principale (1).

Peine
de la marque.
Abolie par la loi
du 28 avril 1832.

Je ne vous parle pas de la *marque*, que l'art. 19 du Code de 1810 attachait comme peine accessoire à la peine des travaux forcés à perpétuité, et que l'art. 56 attachait à la récidive,

---

(1) *Contrà*, M. Blanche, n. 208, en cas de prescription de la peine principale dont la surveillance est l'accessoire. Mais la prescription a-t-elle plus d'effet que la grâce, et la grâce efface-t-elle les incapacités? (Voir *infrà*, mes leçons sur la prescription.)

lorsque la récidive entraînait la substitution des travaux forcés
à temps à la peine de la réclusion.

Cette peine a été abolie par la loi du 28 avril 1832. Ce cachet et, comme on l'a si bien dit, ce signalement d'infamie,
cette flétrissure matérielle, indélébile, était un lien indestructible qui entraînait le condamné à la dégradation morale ;
c'était un supplice incessant et irréparable.

Je ne vous parle pas non plus du *carcan*, peine accessoire
que l'art. 22 du Code de 1810 attachait aux peines des travaux forcés à perpétuité, des travaux forcés à temps et de la
réclusion. La réforme de 1832 a substitué au *carcan*, comme
peine accessoire, l'*exposition*, qui ne diffère du *carcan* qu'en
ce qu'il n'y a pas nécessité d'attacher le condamné au poteau.

Carcan.
—Il est remplacé
en 1832
par l'exposition,
abolie elle-même
en 1848.

La loi de 1832 investissait la Cour d'assises du droit de
détacher, par une disposition expresse, l'exposition de la peine
des travaux forcés à temps et de la réclusion, si le condamné
n'était pas en état de récidive. L'art. 165 du Code pénal semblait interdire l'exercice de ce droit, quand la condamnation
aux travaux forcés à temps, ou à la réclusion, était prononcée
pour faux, même contre un non-récidiviste.

L'exposition était, sans doute, une peine excellente dans le
système qui ne s'occupe que de la prévention et de l'exemplarité ; mais, et tous les criminalistes en ont fait l'observation, son action était d'autant plus forte et plus cruelle qu'elle
tombait sur un agent qui n'avait pas abdiqué tout sentiment
de dignité, qui n'était pas encore mort à tout sentiment d'honneur. Elle enlevait, d'ailleurs, tout courage pour se relever
d'une infamie qui avait été donnée en spectacle à la curiosité
publique.

Un décret du 14 juin 1848 a aboli la peine de l'exposition.

TREIZIÈME LEÇON.

Loi des 31 mai-3 juin qui abolit la mort civile. — Conséquences. — Les peines perpétuelles n'emporteront-elles pas au moins la dégradation civique et l'interdiction légale, qui sont attachées aux peines afflictives temporaires? — Controverse législative sur cette question. — Rapport de M. Moulin. — Rapport de M. Demante. — Rapport de M. Richer. — Conclusion. — Art. 1 et 2 de la loi des 31 mai-3 juin 1854. — Pourquoi la dégradation civique et l'interdiction légale sont-elles attachées à l'irrévocabilité de la condamnation, quand elle est contradictoire? A l'exécution par effigie, quand elle est par contumace? — L'interdiction légale est-elle attachée à la condamnation par contumace à une peine perpétuelle? — Peines accessoires spéciales attachées aux peines perpétuelles. — Incapacité de transmettre ou de recevoir par donation entre-vifs ou par testament. — Nullité du testament antérieur à la condamnation. — Cette nullité est-elle la conséquence d'une incapacité ou d'une indignité? — Opinion de M. Demolombe, applicable sous la loi nouvelle. — L'incapacité de recevoir par donation ou par testament est-elle une conséquence de l'interdiction légale? — Opinion du rapporteur de la loi des 31 mai-3 juin 1854. — Critique. — Opinion de M. Rouher. — Les institutions contractuelles, postérieures à la condamnation, faites par le condamné, sont-elles comprises sous l'expression de donation entre-vifs? — Quid des institutions contractuelles antérieures? — Pour les condamnations par contumace, l'incapacité ne frappe le condamné qu'après l'expiration de cinq ans. — En cas d'absence de toute nouvelle, l'application de l'art. 3 est-elle subordonnée à la preuve que le contumax condamné était encore en vie à l'expiration de la période quinquennale? — Le décès du contumax après les cinq ans, mais avant l'expiration d'une période de vingt ans, efface-t-il rétroactivement les incapacités? — Quid de la comparution ou de l'arrestation du condamné après cinq ans, mais avant vingt ans? — Quel est l'effet de la remise pour l'avenir de la mort civile attachée à des condamnations antérieures à la loi nouvelle? — Quel est notamment l'effet de cette remise sur le mariage? — Quid des créanciers du condamné relevé de la mort civile? — Quid de l'époux du condamné? — Quid de l'époux condamné? — Système du projet de loi proposé par M. Demante. — Les condamnés relevés de la mort civile sont soumis au régime de la loi des 31 mai-3 juin 1854. — La déportation pour crime commis antérieurement à la loi des 31 mai-3 juin 1854, n'emportera ni l'incapacité de transmettre ou de recevoir par acte entre-vifs ou à cause de mort, ni la nullité du testament antérieur.—Les incapacités attachées aux peines perpétuelles sont-elles attachées à la peine de mort?—Intérêt de la question.—Comparaison de la loi des 31 mai-3 juin 1854 avec un projet proposé par un professeur de la Faculté de Caen.—Introduction d'une nouvelle peine accessoire par la loi des 30 mai-1er juin 1854.

MESSIEURS,

Une loi des 31 mai-3 juin 1854 a aboli la mort civile (1). L'exécution fictive ou réelle des peines perpétuelles ne doit plus entraîner comme peine accessoire cet état dans lequel, par une fiction cruelle, un homme plein de vie était tenu pour mort, et, par suite, était déshérité même des droits inhérents à sa qualité d'être sociable, appelé par la Providence à soutenir des rapports avec ses semblables; déshérité de droits que la loi civile n'a pas créés, mais qu'elle est forcée de reconnaître, et qu'elle se borne à réglementer. A l'avenir, la mort naturelle seule brisera le mariage du condamné et ouvrira sa succession. Ainsi, plus de divorce imposé, plus de confiscation au profit des parents, par suite de l'ouverture anticipée de l'hérédité d'un homme vivant; plus de confiscation au profit de l'Etat, par suite de l'incapacité de transmettre les biens acquis depuis la condamnation. A l'avenir, la mort naturelle seule pourra rompre les liens de famille, et le condamné, malgré la perpétuité de la peine, conservera la capacité de succéder; il pourra ainsi, plus tard, transmettre à ses héritiers des biens que, sans lui, ils ne recueilleraient point, s'ils n'avaient pas le droit de le représenter, et que, de leur chef et à son défaut, ils ne fussent pas successibles (2).

Abolition de la mort civile.

(1) La mort civile ne figure ni dans le Code pénal italien, ni dans le Code pénal belge, ni dans le Code pénal de l'empire d'Allemagne. Elle a été abolie en Angleterre par une loi du 4 juillet 1870.

(2) La loi abolitive de la mort civile a-t-elle abrogé la disposition de

Est-ce à dire que les peines perpétuelles, à la différence des peines afflictives temporaires, ne devront priver les condamnés d'aucun des droits dont la société assure la jouissance et l'exercice?

Aux termes de l'art. 28 du Code pénal, les peines des travaux forcés à temps, de la détention, de la reclusion et du bannissement emportent la dégradation civique.

Aux termes de l'art. 29, les peines des travaux forcés à temps, de la détention et de la reclusion entraînent, pendant leur durée, l'interdiction légale.

Quelles incapacités lui sont substituées.

Déjà une peine perpétuelle, la peine de la déportation, d'après la loi des 8-16 juin 1850, art. 3, emportait la dégradation civique et l'interdiction légale : pourquoi les peines perpétuelles en général n'entraîneraient-elles pas la dégradation civique et l'interdiction légale?

En ce qui concerne la dégradation civique, elle s'adapte parfaitement au caractère des peines perpétuelles, comme l'a dit M. Demante, dans son *Rapport sur l'abolition de la mort civile,* déposé, le 13 novembre 1851, à l'Assemblée nationale législative, *puisqu'elle-même, bien qu'elle n'ait longtemps accédé qu'à des peines temporaires, est perpétuelle de sa nature* (1).

L'interdiction légale n'avait pas eu, elle, jusqu'ici, le caractère de la perpétuité; conséquence de peines temporaires, elle était temporaire elle-même. Mais y a-t-il dans sa nature quelque chose qui répugne au caractère de la perpétuité?

« *L'interdiction,* a encore très-bien dit M. Demante, *est temporaire quand la cause qui la rend nécessaire est elle-même temporaire. Mais pourquoi ne serait-elle pas perpétuelle, quand cette cause est perpétuelle? N'est-ce pas même*

l'art. 1425 du Code civil portant que les condamnations prononcées contre l'un des deux époux pour un crime emportant mort civile ne frappent que sa part dans la communauté et ses biens personnels? Voir dans le sens de l'affirmative un arrêt de la Cour de cassation du 2 mai 1864, Sir., 64.1. 321.

(1) M. Demante, *Rapport à l'Assemblée nationale législative, Revue critique,* 1853, p. 108.

« ce qui arrive pour l'interdiction judiciaire, quand on la
« prononce pour une maladie mentale incurable ? »

On a bien objecté sans doute, que l'interdiction légale en-
travait la circulation des biens ; qu'elle se justifiait, cependant,
quand il ne s'agissait que de protéger une incapacité qui
devait cesser ; mais qu'on ne la comprenait plus, quand
on la liait à une incapacité qui devait durer autant que la vie
du condamné. Cette objection, déjà très-bien formulée dans
le rapport que M. Moulin fit, le 15 décembre 1849, à l'Assemblée nationale législative, au nom d'une des commissions
d'initiative parlementaire, sur la proposition de M. Vallon,
tendant à l'abolition de la mort civile (1), a été reproduite
lors de la discussion de la loi, que j'étudie avec vous. « Il
« faudrait, disait M. Legrand au Corps législatif, dans la
« séance du 2 mai 1854, qu'il fût nommé un tuteur à perpé-
« tuité ; que les biens du condamné fussent mis en interdit ;
« que sa femme et ses enfants fussent dans la nécessité de
« s'adresser au tuteur, et, en cas de difficultés, à la justice,
« et c'est pendant toute la durée d'une peine perpétuelle que
« ces inconvénients subsisteraient (2). »

M. Demante, dans son rapport, avait répondu : « Si, d'une
« part, on ne veut pas que la peine perpétuelle ouvre immé-
« diatement la succession ; et si, d'autre part, l'ordre public
« ne permet pas de laisser au condamné, demeuré proprié-
« taire, la libre disposition de ses biens, il n'y a d'autre
« moyen que de le frapper d'incapacité ; en d'autres termes,
« de l'interdire et de faire pourvoir à l'administration des
« biens par un mandataire légal, chargé d'assurer leur con-
« servation, soit dans l'intérêt du condamné lui-même, si,
« par impossible, il venait à recouvrer sa capacité, soit dans
« l'intérêt des parents qui, à sa mort, deviendraient ses hé-
« ritiers (3). »

(1) *Moniteur* du 20 décembre 1849, p. 4095.
(2) *Moniteur* du 4 mai 1854.
(3) *Rapport de M. Demante, Revue critique*, 1853, p. 110.

Dans son rapport au Corps législatif, M. Richer a développé cette réponse (1) :

« L'interdiction n'enlève pas absolument à la circulation « les biens de l'interdit. Non, il y a simplement une tutelle « qui les administre, qui vend, si cela est nécessaire, qui « perçoit les revenus. Parce que le tuteur doit rendre « compte un jour, soit à l'interdit s'il est rétabli dans l'inté- « grité de ses droits, soit à ses héritiers, le caractère de la « tutelle n'est pas pour cela d'être temporaire. Cette obliga- « tion imposée au tuteur, de rendre compte, est, d'ailleurs, « une garantie que le condamné ne recevra aucune partie « de ses biens... L'interdiction n'a pas, par elle-même, de « caractère propre ; son caractère vient de la peine dont elle « est l'accessoire ; elle est temporaire à la suite d'une peine « temporaire, perpétuelle quand la peine est perpétuelle. »

Je lis les art. 1 et 2 de la loi des 31 mai-3 juin 1854.

« Art. 1er. — *La mort civile est abolie.*

« Art. 2.—*Les condamnations à des peines afflictives per-* « *pétuelles emportent la dégradation civique et l'interdiction* « *légale établie par les art.* 28, 29 *et* 31 *du Code pénal.* »

De quel jour ces pénalités ac- cessoires sont-elles encourues ?

La loi ne dit pas que la dégradation civique et l'interdiction légale ne sont attachées qu'à l'exécution de la peine perpé- tuelle. Pourquoi la mort civile était-elle subordonnée à l'exé- cution de la peine principale ? On en a donné deux raisons : 1° La foi dans la fiction de la mort civile ne pouvait être commandée que par la publicité du châtiment ; 2° la mort civile était la conséquence de la séquestration de la société, et il n'était pas rationnel que l'effet précédât la cause.

Ces raisons, qui n'étaient pas concluantes, peut-être même pour la mort civile, étaient évidemment sans valeur pour la dégradation civique et l'interdiction légale. Il ne s'agit plus de faire prévaloir une fiction sur la réalité, et de proclamer la rupture de tous rapports sociaux avec le condamné ; il n'est plus question que de certaines déchéances et de l'organisa-

(1) *Moniteur* du 4 mai 1854.

tion d'une tutelle, et ces résultats juridiques sont suffisamment
notifiés à la société par la publicité de la condamnation.

La dégradation civique et l'interdiction légale datent donc,
pour les peines perpétuelles, comme pour les peines temporaires, du jour de l'irrévocabilité de la condamnation, si elle
est contradictoire; elle date du jour de l'exécution par effigie,
si la condamnation est par contumace (1).

Je ne distingue pas entre les deux peines accessoires, et je
crois, avec le rapporteur de la loi au Corps législatif, M. Richer, contrairement à l'exposé de motifs, que l'interdiction
légale est attachée à la condamnation par contumace. L'art. 2
place les deux peines accessoires sur la même ligne, et ne fait
pas plus que moi, entre le caractère contradictoire ou non contradictoire de la condamnation, la distinction qui est expressément écrite dans l'art. 3, ce qui fournit un argument *à contrario* qui n'est pas sans importance.

On a essayé de combattre cette solution, et l'argumentation
qui l'attaque invoque cinq motifs principaux :

1° L'esprit de l'art. 29 du Code pénal ;

2° Le texte de cet article ;

3° L'insuffisance des pouvoirs tutélaires de la régie, si le
contumax ne conservait pas l'exercice de certains droits :

4° L'art. 3 de la loi du 8 juin 1850 ;

5° La combinaison des art. 2 et 3 de la loi des 31 mai-3
juin 1854.

Si je ne m'abuse, aucun de ces motifs n'est de nature à
ébranler l'opinion contre laquelle ils sont produits.

1° L'art. 29, dit notre savant contradicteur, M. Frédéric
Duranton, a uniquement pour but d'enlever au condamné la
jouissance de revenus qui lui permettraient peut-être d'alléger ou même d'écarter le poids de la peine. C'est pour prévenir l'altération du caractère de châtiment ou l'évasion que,
pendant le temps assigné à l'expiation, le condamné est re-

Il n'y a pas lieu de distinguer entre les deux peines accessoires. — Discussion.

---

(1) Voir *suprà* XI° leçon. — L'art. 2 de la loi des 31 mai-3 juin 1854
confirme l'opinion par nous professée, que l'interdiction légale est attachée
à l'exécution par effigie des condamnations par contumace.

présenté par un tuteur qui administre sa fortune. Mais ce but, la loi n'a pas à le poursuivre pour le contumax, par l'organisation d'une tutelle, puisque, d'après l'art. 471 du Code d'instruction criminelle, ses biens sont régis comme biens d'absent.

Voici ma réponse à cette première objection :

Sans doute, le contumax, indépendamment de l'interdiction légale, n'a pas le droit de percevoir ses revenus ; mais, s'il n'est pas interdit, en vertu de quelle disposition le réputera-t-on incapable de vendre la nue propriété de sa fortune et d'en recevoir le prix ? La vente ne devant avoir d'effet qu'après la mort du vendeur, et l'usufruit, par cela même, restant à la régie, l'art. 471 du Code d'instruction criminelle est impuissant à paralyser un pareil acte. Le contumax aurait donc des moyens de se créer des ressources pour vivre dans la retraite à l'abri de la peine : or, la loi, qui prend tant de précautions pour que le châtiment ne soit ni abrégé ni adouci, a dû, à plus forte raison, vouloir qu'il ne pût être complétement évité.

2° D'après les termes précis de l'art. 29 du Code pénal, dit M. Duranton, l'interdiction légale est limitée à la durée de la peine : or *la peine ne dure* pas pendant l'état de contumace, puisque le condamné n'a pas commencé à la subir.

A cette seconde objection, je réponds :

Les expressions *pendant la durée de sa peine* ne sont susceptibles que de deux sens. Ou elles sont l'équivalent de ces mots : *pendant que la peine est subie ;* ou de ces mots : *pendant que la peine n'est pas prescrite.* Veut-on leur donner la première signification ? Dans ce système, le condamné qui se déroberait à la peine prononcée par un arrêt contradictoire ne serait pas dans les liens de l'interdiction légale, il serait maître de sa fortune et aurait la disposition de ses revenus. Une pareille thèse ne trouverait pas de défenseur.

Au reste, le sens des mots : *pendant la durée de la peine,* est singulièrement éclairé par l'article 221 du Code civil qui emploie les mêmes mots : « Lorsque le mari est frappé d'une condamnation emportant peine afflictive ou infamante, *encore qu'elle n'ait été prononcée que par contumace*, la femme, même majeure, ne peut, *pendant la durée de la peine*, ester en jugement, etc. » Ici les mots : *pendant la durée de la peine* ne sont certainement point l'équivalent des mots : *pendant que la peine est subie*, puisqu'ils sont appliqués à un contumax.

Mais alors les mots : *pendant la durée de sa peine*, sont l'équivalent de ces mots : *tant que la peine* n'est pas prescrite ; et, comme la prescription est aussi bien applicable aux peines résultant de condamnations par contumace qu'aux peines résultant de condamnations contradictoires, le contumax étant sous le coup de la peine qu'il prescrit, est sous le coup de l'interdiction légale.

L'interdiction, c'est la garantie, soit de l'efficacité, soit de l'exécution de la peine : elle doit donc recevoir son application tant que la peine est applicable.

Le temps de la contumace ne compte pas pour la durée de la peine, dit M. Duranton ; mais le temps qui s'écoule depuis l'évasion d'un condamné par arrêt contradictoire, s'impute-t-il davantage sur la durée de la peine ? M. Duranton admettrait-il qu'un condamné par arrêt contradictoire à 10 ans de reclusion pourrait, s'il s'était évadé le jour de l'arrêt, soutenir, à l'expiration d'une période de 10 ans, qu'il est libéré du châtiment ? Le temps qui compte pour la durée de la peine ne compte pas pour la prescription, et *vice versâ* le temps qui compte pour la prescription ne compte pas pour la durée de la peine ;

3° Par qui, dit M. Duranton, serait représenté le contumax, en le supposant interdit, lorsqu'il s'agirait d'actions et de droits qui ne font pas partie de ses biens ? Par qui seraient exercées, par exemple, les actions d'injure, les actions en nullité de mariage, en désaveu de paternité ? Ce ne serait pas par un tuteur, puisque la tutelle est incompatible avec l'administration de la régie.

C'est cette dernière proposition dont je conteste la vérité.

La famille n'aura pas le choix de l'administrateur des biens.

Est-ce à dire pour cela qu'elle n'aura pas à nommer un tuteur, justement pour l'exercice des actions qui seraient étrangères à l'administration du patrimoine et sans résultat pécuniaire? Est-ce que le contumax serait admis à plaider en nom en justice ? L'art. 471 est exclusif des attributions de la tutelle ordinaire et non de l'organisation de toute tutelle. ;

4° Le texte de l'art. 3 de la loi du 8 juin 1850, dit M. Duranton, suppose que la condamnation contradictoire à la déportation est la seule qui entraîne l'interdiction légale.

« Les déportés, suivant cet article, seront en état d'interdiction légale, conformément aux art. 29 et 31 du Code pénal. »

Les déportés ! Il s'agit donc d'agents qui subissent leur peine : car, ajoute M. Duranton, jamais une personne ne peut être déportée en vertu d'une condamnation par contumace.

M. Duranton attache évidemment beaucoup trop d'importance au mot *déportés*. Il ne prétend pas, sans doute, que l'interdiction légale ne résulterait pas d'une condamnation contradictoire à la déportation, bien qu'elle n'eût pas encore reçu son exécution. Il serait le premier à reconnaître que, en vertu de l'art. 23 du Code pénal, l'interdiction légale date du jour où la peine principale est devenue irrévocable ; il proclamerait que le condamné, par arrêt contradictoire à la déportation, qui se déroberait à la peine, serait en état d'interdiction, tant que cette peine ne serait pas prescrite. Mais alors, que devient l'argument déduit du mot *déportés ?* Est-ce qu'il autorise à conclure que l'interdiction est restreinte aux condamnés qui subissent leur peine ?

L'art. 3 de la loi des 31 mai-3 juin 1854 suppose encore, suivant M. Duranton, que l'interdiction légale ne résulte pas de condamnations par contumace à des peines perpétuelles.

En effet, dit le savant professeur, cet article ne prononce contre le contumax l'incapacité de disposer, soit par donation, soit par testament, que cinq ans après l'exécution par effigie : or, s'il reste capable, pendant cette période de cinq ans, de disposer de ses biens à titre gratuit, c'est qu'il n'est pas dans les liens de l'interdiction légale.

Cette objection n'est que spécieuse.

L'interdiction légale, dont parle l'art. 2 de la loi des 31 mai-3 juin 1854, et l'incapacité dont parle l'art. 3, constituent des pénalités très-distinctes. La première suspend l'exercice de tous les droits civils ; la seconde enlève certains droits. La loi a dû se montrer plus facile pour la suspension de l'exercice que pour l'anéantissement des droits eux-mêmes. D'ailleurs, l'art. 3 ne parle pas d'une manière spéciale de l'incapacité de faire des donations; il parle de l'incapacité de disposer à titre gratuit, c'est-à-dire de l'incapacité non pas seulement de donner entre-vifs, mais aussi de l'incapacité de tester, et beaucoup de jurisconsultes laissent à l'interdit légalement la jouissance du droit de faire un testament.

Enfin, et c'est là, suivant moi, la réponse décisive, l'art. 3 prive le contumax, après cinq ans, du droit de recevoir à titre gratuit par donation ou par testament, et cette incapacité au moins n'est pas une conséquence de l'interdiction légale : or, l'art. 3, en ajournant pendant cinq ans, au profit du contumax, les incapacités qu'il édicte, s'occupe de ces incapacités dans leur ensemble, et, partant, formule une solution très-conciliable avec la solution de l'art. 2, compris comme le comprend la doctrine qui professe que l'interdiction légale est une suite des condamnations par contumace.

Je ne saurais admettre, avec M. Duranton, que le condamné par contumace à une peine perpétuelle puisse valablement pendant cinq ans faire une donation entre-vifs, cette donation ne dût-elle pas porter atteinte au séquestre de la régie. La donation de la nue propriété masquerait souvent une vente dont le condamné recevrait le prix. C'est justement parce que l'interdiction légale prévenait ce danger que la loi a pu ajourner pendant cinq ans l'anéantissement des droits dont l'exercice était jusque-là suspendu ; seulement, l'ajournement de l'art. 3 permettra d'appliquer, au profit du contumax et de ses enfants, l'art. 511 du Code civil : « Lorsqu'il sera question du mariage

« de l'enfant d'un *interdit*, *la dot*, ou l'avancement d'hoirie,
« et les autres conventions matrimoniales, seront réglées par
« un avis du conseil de famille homologué par le tribunal sur
« les conclusions du procureur (1). »

La dégradation civique et l'interdiction légale devaient-elles
être les seules peines accessoires, attachées aux peines afflictives
perpétuelles ? L'art. 3 de la loi des 34 mai-3 juin 1854 a résolu
cette question dans le sens de la négative.

« Art. 3. — *Le condamné à une peine afflictive perpétuelle*
« *ne peut disposer de ses biens, en tout ou partie, soit par do-*
« *nation entre-vifs, soit par testament, ni recevoir à ce titre,*
« *si ce n'est pour cause d'aliments.*

« *Tout testament par lui fait antérieurement à sa condam-*
« *nation contradictoire devenue définitive est nul.*

« *Le présent article n'est applicable au condamné par con-*
« *tumace que cinq ans après l'exécutian par effigie.* »

L'incapacité de tester est indépendante de l'interdiction légale.

Il est bien évident que la disposition qui frappe de nullité le
testament fait avant la condamnation à la peine perpétuelle
n'est pas une conséquence de l'interdiction légale.—Quelle que
soit l'opinion qu'on adopte sur la portée de l'interdiction, il n'a
jamais été contesté par ceux qui, comme moi, dénient à l'interdit l'exercice du droit de tester, que le testament antérieur à
la condamnation ne soit l'objet d'aucune atteinte rétroactive, et
puisse recevoir son exécution.

L'inefficacité d'une volonté dont l'expression remonte à une
époque où la liberté de disposer existait pour le testateur, est
plutôt le résultat d'une *indignité* que d'une *incapacité* (2), et
M. Demolombe, en a fait la judicieuse remarque, ce n'était pas
par un lien logique, par une relation d'effet à cause que la nullité de tester était attachée à la mort civile ; c'était une peine
accessoire indépendante de la mort civile, une peine accessoire
supplémentaire. — A plus forte raison, n'est-elle pas une déri-
vation de l'interdiction légale.

(1) Voir Cour de Chambéry, 21 janv. 1862, Sir. et Car., 62.2.580.
(2) M. Demolombe, t. Ier, p. 220.

Il est bien évident encore que la disposition qui prive le condamné de la capacité de recevoir soit par donation entre-vifs, soit par testament, si ce n'est pour cause d'aliments, consacre un résultat qui ne dérivait pas de l'interdiction légale.

Ce n'est donc que de l'incapacité de transmettre soit par donation entre-vifs, soit par testament, que le rapporteur de la Commission du Corps législatif a pu dire (1) :

« Le projet de loi était nécessaire pour trancher la ques-
« tion de savoir si l'homme interdit légalement conserve le
« droit de disposer de ses biens.— Les jurisconsultes les plus
« éminents sont, en effet, partagés sur ce point. Selon les
« uns, l'interdit peut tout faire, *aliéner, donner, tester ;* selon
« d'autres, parmi lesquels Toullier, Duranton, Demante,
« Dalloz, il ne peut rien faire. — Un tiers parti, à la tête du-
« quel sont Merlin, Zachariæ, Valette, pense que l'interdit
« peut disposer pour cause de mort, mais non entre-vifs. Il
« importait donc de ne pas laisser plus longtemps cette ques-
« tion livrée aux interprétations des jurisconsultes et à la va-
« riété des arrêts (2). »

L'art. 3, même dans la partie relative à l'incapacité de transmettre par donation entre-vifs ou par testament, ne tranche nullement, à mon sens, la controverse qu'a soulevée l'art. 29 du Code pénal. Il n'implique ni l'admission ni le rejet de la théorie d'après laquelle les condamnés à des peines afflictives temporaires ne peuvent, pendant la durée de la peine, faire un testament. Il ne paralyse pas momentanément le droit de donner et de tester; il anéantit le droit, et l'anéantit à ce point que la prescription de la peine principale ne lui rendrait pas la vie. L'incapacité de donner ou de tester survit à l'interdiction légale, qui ne dure qu'autant que la peine dure elle-même. La preuve décisive que l'incapacité de transmettre à titre gratuit, entre-vifs, ou à cause de mort, n'est pas

(1) Séance du 2 mai 1854.
(2) Voir M. Demolombe, *Cours de Code civil*, t. Ier, n. 192, et aussi *suprà*, XIe leçon.

une conséquence de l'interdiction légale, c'est qu'elle ne commence que cinq années après l'exécution par effigie, quand il s'agit de condamnations par contumace. Or, l'interdiction légale date, elle, en ce qui concerne cette dernière espèce de condamnation, du jour de l'exécution fictive.

Le Commissaire du Gouvernement, M. Rouher, a assigné son véritable caractère à la disposition que nous commentons :

« C'est un hommage obligé à la morale, à la dignité de la « loi, en même temps qu'un stigmate imprimé au front du « criminel. Le législateur, en réglant les successions, a lui-« même écrit, pour ainsi dire, le testament du père de fa-« mille: il a fait par avance la répartition de ses biens, selon « les devoirs et les inspirations probables de l'affection ; tout « ce qu'il a édicté sur cette matière porte le cachet de sa sol-« licitude et de sa haute sagesse ; et pourtant il a reconnu au « citoyen dont la situation sociale est intacte, au citoyen « pleinement investi de sa moralité, le droit de déroger aux « dispositions que la loi a consacrées. Cette volonté du tes-« tateur devient alors elle-même une loi que tous doivent res-« pecter, que les magistrats sont tenus de rendre exécutoire. »

L'élégance du langage n'a rien enlevé à l'exactitude des idées. Voilà la vraie pensée du législateur.

Sens du mot *donations entre-vifs* dans l'art. 3.

Mais le texte de l'art. 3 est-il irréprochable ?

Sous l'appellation de *donations entre-vifs*, la loi a compris les donations de biens à venir faites par contrat de mariage, au moins en tant qu'il s'agit d'institutions contractuelles postérieures à la condamnation. Je me borne à vous signaler l'acception avec laquelle cette expression a été employée.

Les institutions contractuelles faites au condamné ou par le condamné, avant la condamnation, conservent-elles toute leur force? Faites par l'agent condamné, elles ne tombent pas sous le coup du § 2 de l'art. 3. Le droit acquis des institués ne permettait pas de les assimiler aux testaments. Ces institutions ne tombent pas non plus sous le coup du § 1er du même article, qui défend au condamné de disposer entre-vifs, mais ne réagit pas sur les dispositions déjà faites (1).

La question offre plus de difficultés pour les institutions contractuelles, antérieures, dont le condamné est le bénéficiaire ; en effet, le § 1er de l'art. 3 lui enlève la capacité de recevoir, depuis sa condamnation.

C'est à l'époque de l'ouverture de l'institution, au moment du décès de l'instituant, que l'institué doit être capable de recueillir le don de l'hérédité ; toutefois la discussion au Corps législatif semble révéler que la loi n'a entendu atteindre que les institutions postérieures à la condamnation (2). Pourquoi, en effet, la loi ne respecterait-elle pas, même dans le condamné, les droits acquis ? Pourquoi révoquerait-elle une institution irrévocable ? Pourquoi l'expropriation serait-elle légitime, parce qu'elle ne porterait que sur un droit conditionnel ?

Que la loi proscrive des libéralités qui, s'adressant à des agents déjà condamnés à des peines perpétuelles, pourraient avoir le caractère d'une protestation contre la condamnation et seraient peut être une rémunération du crime, rien de mieux. C'est là une disposition prudente qui n'a rien d'injuste. — Mais des libéralités qui ne dépendaient plus de la volonté du donateur, quand le donataire a été condamné, pourquoi seraient-elles déclarées non avenues ?

La formule législative a, je crois excédé la pensée qu'elle avait à traduire.

L'incapacité de transmettre ou de recevoir par donation ou testament, quand elle résulte d'une condamnation par contumace, n'existe *que cinq ans après l'exécution par effigie.*

Conséquence :

Il faut appliquer l'art. 31 du Code civil. Si le condamné par contumace meurt dans le délai de grâce de cinq années, sans s'être représenté ou sans avoir été arrêté, il sera

A quel moment ces incapacités frappent-elles le condamné par contumace ?

(1) *Sic*, Humbert, n. 444.

(2) Voir, notamment, *Discours de M. Rigaud au Corps législatif*, séance du 2 mai 1854, *Moniteur* du 4, et le rapport de M. Richer, t. 1, 1854, p. 289, 1re col.

réputé mort dans l'intégrité de ses droits. Son testament, qu'il soit antérieur ou postérieur à la condamnation, sera valable (1); les libéralités qui lui avaient été faites seront maintenues.

Est-ce la présomption de mort ou la présomption de vie du contumax qui prévaut ? — Division.

En cas d'absence de toute nouvelle depuis la condamnation par contumace à une peine perpétuelle, les incapacités subordonnées à l'expiration des cinq ans depuis l'exécution par effigie, sont-elles de plein droit encourues ? Est-ce la présomption de mort ou la présomption de vie du contumax qui prévaut ? La preuve de la vie est-elle à la charge de ceux qui invoquent les incapacités ? la preuve de la mort n'est-elle point au contraire à la charge de ceux qui veulent écarter l'application du dernier paragraphe de l'art. 3 de la loi des 31 mai-3 juin 1854 ?

M. Demolombe, avant la loi des 31 mai-3 juin 1854, examinait une difficulté qui a beaucoup d'analogie avec la nôtre; il se demandait à quelle époque, en cas de condamnation par contumace à une peine dont l'exécution fictive entraînait après cinq ans la mort civile, la succession était réputée ouverte : était-ce à la date des dernières nouvelles ou à l'expiration de la période quinquennale? C'est en faveur des successibles de cette dernière date qu'il se prononçait. Il se fondait sur les art. 25, 27 et 31 du Code civil : « Le décès doit être « prouvé « par ceux qui l'allèguent, et qui prétendent en conséquence « que cet événement a arrêté la marche des périodes « légales, *si le condamné par contumace meurt dans le délai de grâce des cinq années*, etc... Donc, s'il ne décède « pas dans ce délai, la mort civile le frappe; donc il faut « prouver qu'il est décédé dans ce délai pour qu'il n'en soit « pas atteint. Autrement vous affaiblissez, vous énervez la « puissance et l'efficacité de la peine... Il n'arriverait presque « jamais, dans l'autre système, qu'un condamné par con- « tumace subît la mort civile, et ses dispositions testamen- « taires seraient toujours exécutées. Ce sont ceux-là, en

(1) Voir *supra*, XIᵉ leçon.

« effet, qui se cachent le mieux. » (*Cours de Code civil*, t. I, p. 276.)

M. Demante était d'avis contraire : « Si les dernières nou-« velles sont postérieures à l'expiration des cinq ans pendant « lesquels la mort civile ne frappe pas, le droits des héritiers « présomptifs au jour de la disparition, ou celui des légataires, « devra prévaloir sur le droit de succession prétendu par « d'autres comme conséquence de la mort civile. » (*Cours analytique*, t. I, p. 132.)

Il semble au premier aspect, que pour l'application de l'art. 3 de la loi des 31 mai–3 juin 1854, la condition est la preuve de la vie du condamné postérieurement aux cinq ans qui lui sont accordés pour prévenir, par un débat contradictoire, les incapacités ; cependant nos préférences sont pour la solution de M. Demolombe, et nous la transportons à la loi qui, en abolissant la mort civile, l'a remplacée par d'autres peines accessoires. Notre argument, c'est que la mort du contumax est une exception contre une certaine nature de peine, une exception contre une des conséquences d'une condamnation que le décès, même prouvé, ne ferait pas tomber tout entière, puisque, notamment, la dégradation civique survivrait. N'est-ce pas à ceux qui se prévalent de l'exception à en fournir la preuve ? La conséquence pénale en débat n'est pas subordonnée par la loi à la condition qu'il soit prouvé que le condamné a vécu pendant les cinq ans.

Sans doute, ce sont les intérêts privés qui garantissent l'efficacité des incapacités ; mais ces incapacités n'en ont pas moins le caractère d'une peine, et, par suite, pour nous, quand il s'agit de leur application, c'est la présomption de vie qui domine (1).

Il faudra également appliquer l'art. 29 du Code civil, si le condamné par contumace à une peine perpétuelle se présente volontairement dans les cinq années, à compter du jour de

_____

(1) Voir mon article de la *Présomption de vie et de mort* du contumax dont on n'a pas de nouvelles. *Revue pratique*, t. VI, p. 99 à 109, et arrêt du 11 sept. 1858 (Sir. 58.2.621).

l'exécution, ou s'il est saisi dans ce délai ; la condamnation sera anéantie de plein droit. Ce n'est qu'au cas où la condamnation contradictoire appliquerait encore une peine perpétuelle qu'il y aurait incapacité, et elle ne daterait que du jour de l'irrévocabilité du second jugement.

Quid,
si le contumax
est arrêté
ou se présente
après cinq ans,
mais
avant vingt ans ?
— Discussion.

Si le contumax meurt après les cinq ans, les incapacités et la nullité prononcées par l'art. 3 sont encourues, et le décès survenu ne les efface pas rétroactivement par une sorte de condition résolutoire (1). Mais que décider si le contumax se présente ou est arrêté après l'expiration des cinq ans et avant l'accomplissement des vingt ans ?

La condamnation est résolue, dit M. Demante ; elle est anéantie, cela est vrai, elle n'a jamais été définitive. La dégradation civique, l'interdiction légale s'effacent rétroactivement. Oui, parce que ces deux peines accessoires étaient attachées à la condamnation seule, et non pas au fait de la contumace pendant cinq ans depuis l'exécution par effigie de la condamnation.

M. Demante ne tient pas compte du paragraphe final de l'art. 3 : « Le présent article n'est applicable au condamné par « contumace que cinq ans après l'exécution par effigie. » Dans son système, pourquoi ce sursis de cinq ans, si l'application de l'art. 3 est en suspens tant que vingt années ne sont pas révolues ? Est-ce que la loi nouvelle, dans ce paragraphe, ne s'est pas référée aux art. 29 et 30 du Code civil, en infligeant des déchéances moins graves que celles résultant de la mort civile? La représentation volontaire ou forcée du contumax après les cinq ans, aux termes de l'art. 30, ne lui faisait recouvrer la vie civile que pour l'avenir, et cela, encore, sous la condition qu'il n'encourrait pas, par le nouveau jugement, une condamnation de nature à entraîner la mort civile. Eh bien ! la comparution volontaire ou forcée du contumax après les cinq ans ne doit lui faire recouvrer la capacité de transmettre ou de recevoir par

_____

(1) Voir nos questions controversées sur la loi abolitive de la mort civile, p. 29 à 32.

des actes à titre gratuit que pour l'avenir et à la condition qu'il n'encoure pas une peine perpétuelle.

L'art. 3 se réfère, non pas seulement à l'art. 30 du Code civil, mais au second paragraphe de l'art. 476 du Code d'instruction criminelle, aux termes duquel, si la condamnation par contumace est de nature à emporter la mort civile, et si l'accusé n'a été arrêté ou ne s'est représenté qu'après les cinq ans qui ont suivi l'exécution du jugement de contumace, ce jugement, conformément à l'art. 31 du Code civil, conserve, pour le passé, les effets que la mort civile a produits dans l'intervalle écoulé depuis l'expiration des cinq ans, jusqu'au jour de la comparution en justice.

Le paragraphe dernier de l'art. 3 de la loi nouvelle ne s'incorpore-t-il pas à l'art. 476, et les incapacités qu'il crée ne remplacent-elles pas, aux mêmes conditions, la mort civile ?

Toutefois, les incapacités cesseront pour l'avenir, à partir de l'arrestation ou de la comparution de l'agent avant la prescription de la peine, en cas d'acquittement ou de condamnation à une peine temporaire. La loi nouvelle suppose incontestablement tout cela, bien qu'elle ne le dise pas expressément (1).

La loi abolitive de la mort civile rétroagit quand il ne s'agit que de l'intérêt du condamné.

Il ne suffisait pas de proclamer que la mort civile ne serait plus attachée désormais à l'exécution des peines perpétuelles. Une pénalité qui a excité tant de scrupules, qui a si profondément inquiété la conscience publique, devait être détachée des condamnations antérieures et ne pas continuer à produire ses effets.

De là, l'art. 5 :

Art. 5. « *Les effets de la mort civile cessent, pour l'avenir, à « l'égard des condamnés actuellement morts civilement, sauf « les droits acquis aux tiers.*

(1) *Contrà*, M. Demante, *Revue critique*, 1857, t. 1, p. 78 et 79 ; M. Humbert, *Des conséquences des condamnations pénales*, n. 440 à 443.— Dans notre sens M. Ortolan, *Éléments de Droit pénal*, n. 1894.

« *L'état de ces condamnés est régi par les dispositions qui*
« *précèdent.* »

Mais elle
ne rétroagit pas
au préjudice
des tiers.

Si les agents frappés de mort civile recouvrent la vie sociale
qu'ils avaient perdue, ils ne la recouvrent que pour l'avenir et
sauf les droits acquis des tiers. Ainsi, les biens dont ils ont
été expropriés au profit de leurs successibles ne leur seront
pas rendus : les droits recueillis à leur exclusion restent dans
les mains où ils sont, et ne rentrent pas dans les leurs ; seulement, pour les successions et autres droits qui s'ouvriront depuis la loi, on ne pourra plus leur opposer la rupture des liens
de famille, en un mot, la mort fictive, puisque la loi a substitué à la fiction la vérité. Le mariage dissous n'est pas rétabli

Le mariage
dissous
n'est pas rétabli.

par la nouvelle loi : il n'y a pas à distinguer entre le cas où l'é-
poux du condamné a contracté une nouvelle union et le cas où
il a conservé son état de veuvage. La rupture du lien conjugal,
à la différence de la rupture du lien de famille, doit être considérée comme un droit acquis (1). L'indépendance faite par
la loi à l'époux du condamné ne saurait lui être enlevée rétroactivement, alors même qu'il n'en aurait pas usé. Cette solution, qu'imposent les principes, résulte de la discussion de la
loi nouvelle.

Un amendement avait été proposé dans le but de donner des
facilités aux époux qui voudraient profiter de leur liberté pour
renouer le lien qui les unissait. On demandait qu'une simple
déclaration, faite en commun par les deux parties, devant l'officier de l'état civil, tînt lieu de toutes les formalités préalables,
et eût les effets d'une célébration nouvelle. C'était une sorte de
réhabilitation du mariage ; c'était l'expression d'une partie de
la pensée qui avait dicté les art. 4 et 5 du projet de loi proposé
à l'Assemblée législative, par la Commission dont M. Demante
fut l'éloquent organe. Cet amendement, qui impliquait cependant que la dissolution du mariage était un droit acquis, puisqu'il ne permettait de le faire revivre qu'à la condition du consentement mutuel, a été repoussé (2).

(1) *Contrà*, Chambre des requêtes, 21 juillet 1850 ; Dalloz, 50.2.324.
(2) M. Demolombe, *Cours de Code civil*, t. Ier, n. 232.—*Suprà*, XIe le-

Mais la rupture du lien conjugal sera-t-elle considérée, pour l'époux condamné lui-même, comme un droit acquis ? Puisera-t-il, dans sa condamnation, un titre pour contracter un nouveau mariage pendant la vie de l'autre époux ? Oui ; le condamné ne peut être considéré à la fois comme non marié et comme marié. La loi ancienne opérait violemment un divorce, et la liberté de l'un des époux implique la liberté de l'autre. Le projet de loi proposé à l'Assemblée nationale, au nom de la Commission dont M. Demante était le rapporteur, interdisait le mariage et au condamné qui recouvrait la vie civile, et à son époux qui n'avait pas convolé ; il ne leur imposait pas une réunion, mais il leur défendait toute union nouvelle. On avait voulu rendre hommage au principe de l'indissolubilité de l'union conjugale ; mais on ne faisait pas à l'époux condamné une position autre qu'à l'époux non condamné.

Le condamné pourra se remarier.

Les créanciers qui avaient pour obligé l'agent frappé de mort civile, peuvent-ils se prévaloir de sa résurrection légale pour le poursuivre ? N'ont-ils de titre, nonobstant l'effet de l'art. 5, que sur les héritiers purs et simples du condamné ou sur sa succession bénéficiaire, ou bien recouvrent-ils leur ancien débiteur, en gardant d'ailleurs l'action que la mort civile leur a ouverte ? Le retour à la vie civile fait renaître les liens de famille, l'aptitude à hériter, les droits de successibilité. Pourquoi ne ferait-elle pas renaître les liens de l'obligation primitive ? Mais le condamné a perdu ses biens qui resteront dans la main de son héritier. Comment lui laisser le fardeau du passif, quand on ne lui rend pas l'actif ? Il faut distinguer entre les rapports avec ses créanciers et les rapports avec sa succession ; il redevient le débiteur de ceux envers lesquels il était obligé, parce que du moment où il reprend, quand ils ne sont pas acquis à des tiers, des droits dont la mort civile

---

çon ; *infrà* mes *Leçons de législation criminelle sur la grâce.*—Cassation, 21 juin 1858.— Voir le remarquable rapport de M. le conseiller Chégaray et les excellentes conclusions de M. le procureur général Dupin.—Dalloz, 1858.1.265.

l'avait privé, il doit rentrer sous l'émpire de ses engagements ; mais vis-à-vis soit de l'héritier pur et simple, soit de l'héritier bénéficiaire, il a un recours s'il paie une dette dont l'acquittement était la condition de l'acquisition du droit qu'ils conservent (Voir jugement du tribunal de la Seine du 15 mars 1862, Dalloz, 62.2.31) (1).

Si le condamné recouvrait la vie civile avant l'acceptation de sa succession, pourrait-il écarter ses successibles et reprendre son patrimoine ? Oui, si comme je le professe dans mon *Cours de Code civil* (art. 724, 784, 785 et 790, Cod. civ.), l'effet de la saisine est subordonné à la condition suspensive que les successibles répondent à l'appel de la loi et acceptent l'hérédité.

Les condamnés relevés de la mort civile sont soumis aux incapacités de la loi des 31 mai-3 juin 1854.

Si la loi nouvelle fait cesser, pour l'avenir, la mort civile résultant de l'exécution des condamnations contradictoires antérieures ou de l'expiration de cinq ans depuis les condamnations par contumace, elle soumet ceux qu'elle libère de cet état au régime nouveau, c'est-à-dire à la dégradation civique, à l'interdiction légale et à l'incapacité de transmettre ou de recevoir par donation entre-vifs ou par testament.

La déportation, aux termes de la loi du 8 juin 1850, n'entraînait plus la mort civile : elle n'entraînait que la dégradation civique et l'interdiction légale. Aujourd'hui, la déportation

---

(1) Pourrait-il renoncer à la succession ouverte par la mort civile, et n'accepter que la succession ouverte par la mort naturelle ? Oui, il s'agit de deux successions, et ce ne sont pas nécessairement les mêmes successibles qui les recueillent. La circonstance que les deux droits de successibilité sont réunis sur les mêmes têtes, n'entraîne pas la confusion des deux successions.

La femme du condamné dont le mariage avait été dissous par la mort civile attachée à l'exécution de la condamnation, a-t-elle une hypothèque légale sur les biens acquis par son mari, depuis qu'il a recouvré la vie civile ? Oui, parce que l'hypothèque des biens à venir comprend les biens acquis, même depuis la dissolution du mariage. Mais le gain de survie de la femme ne s'étend pas à ses biens.

Le condamné qui a recouvré la vie civile et l'exercice des droits civils, devient-il le tuteur légal de ses enfants mineurs, au préjudice de la tutelle ouverte au profit de la mère ? Non, il n'y a pas de rétroactivité contre les tiers.

emportera avec la dégradation civique et l'interdiction légale, l'incapacité de transmettre et de recevoir, soit par donation entre-vifs, soit par testament.

Cette dernière incapacité sera-t-elle attachée à la déportation pour crime commis antérieurement à la promulgation de la loi du 2 mai 1854?

La négative est écrite dans l'art. 6.

Art. 6. « La présente loi n'est pas applicable aux condam- « nations à la déportation pour crimes commis antérieurement « à sa promulgation. »

La loi nouvelle n'eût pu être appliquée sans violer les prin- cipes. En effet, les lois pénales ne rétroagissent pas quand elles introduisent des aggravations de châtiments.

La loi nouvelle, en parlant des peines perpétuelles, a-t-elle entendu parler de la peine de mort? Oui, sans doute. Autre- ment, la mort civile étant abolie d'une manière absolue, où serait l'obstacle à l'exécution du testament du condamné? En second lieu, quelle serait la position de l'agent condamné par contumace à la peine de mort, après l'expiration de cinq ans? Serait-il capable de transmettre ou de recevoir par donation entre-vifs, ou par testament? Quelle serait, enfin, la position de l'agent condamné à la peine de mort, par une décision con- tradictoire, pendant tout le temps qu'il parviendrait à se déro- ber à l'exécution de la peine? Le régime créé par la loi des 31 mai-3 juin 1854 est applicable au condamné à la peine de mort, du jour de l'irrévocabilité de sa condamnation, et, partant, sa mort accidentelle, son suicide, ne valideraient pas son tes- tament.

La loi nouvelle comprend la peine de mort parmi les peines perpétuelles.

La peine de mort, prononcée par une juridiction militaire pour une infraction qui n'est pas prévue par la loi pénale commune, entraîne-t-elle les peines accessoires de l'art. 2 et de l'art. 3 de la loi des 31 mai-3 juin 1854? La négative ré- sulte évidemment de l'art. 188 de la loi des 9 juin-4 août 1857 et de l'art. 240 de la loi des 4-15 juin 1858. La peine de mort, dans ce cas, n'entraîne pas toujours la dégradation mili- taire; donc elle n'entraîne pas la dégradation civique, donc elle

Quid de la peine de mort prononcée par une juridiction militaire? — Distinction.

n'entraîne pas les conséquences qui viennent aggraver la dégradation civique. Quant à la peine de mort prononcée pour un crime relevant du droit commun, elle doit avoir les conséquences qu'y attache la loi commune. Les Codes de justice militaire ne le disent pas expressément, mais l'art. 189 et l'art. 241 de ces Codes, en déclarant que les peines des travaux forcés, de la déportation, de la détention, de la réclusion et du bannissement, ont les effets déterminés par le Code pénal, et emportent, en outre, la dégradation militaire, me paraissent, par un argument *à fortiori*, résoudre la question.

Divers systèmes.
— Critiques.
La loi des 31 mai-3 juin 1854 est plus sévère que la loi proposée à l'Assemblée législative, dans le rapport de M. Demante, en ce qu'elle ajoute à la dégradation civique et à l'interdiction légale, l'incapacité de transmettre et de recevoir par donation entre-vifs ou par testament ; sauf cette différence et sauf encore la différence sur les dispositions transitoires, que nous avons signalées relativement au mariage des agents frappés de mort civile, le fond des dispositions est identique.

On avait proposé un autre système : on voulait que le condamné à une peine perpétuelle fût, du jour de la condamnation devenue irrévocable, privé de l'exercice de ses droits civils. Tant qu'il n'aurait pas obtenu sa grâce ou prescrit sa peine, il n'aurait pu recevoir aucune libéralité par donation entre-vifs ou par testament, si ce n'est pour cause d'aliments. Son mariage n'aurait pas été dissous. La séparation de corps aurait seulement été une conséquence légale de la condamnation. Après la grâce obtenue ou la peine prescrite, il aurait été loisible à l'époux innocent de faire cesser les effets de cette séparation, en se réunissant volontairement à l'autre époux.

Les biens auraient été placés sous un régime analogue à celui de l'absence. Les héritiers du condamné, son époux et les personnes ayant des droits subordonnés à son décès, auraient eu la faculté d'exercer le droit conditionnel à eux afférent ; ils auraient obtenu un envoi en possession provisoire.

Seulement leur droit ne serait devenu définitif et irrévocable qu'à la condition que le condamné mourût pendant qu'il subirait sa peine. L'ouverture de la succession serait restée en suspens et aurait daté rétroactivement du jour de l'irrévocabilité de la condamnation, si l'agent était décédé avant la libération de sa peine, soit par la grâce, soit par la prescription.

Dans l'hypothèse où le condamné serait rentré dans la société par l'effet de la grâce ou de la prescription, les biens n'auraient été qu'un dépôt dans la main des envoyés en possession provisoire. Les dépositaires auraient conservé les fruits, moins un quart de ceux de la dernière année, comme rémunération de leur administration. Quant aux successions auxquelles le condamné aurait été appelé avant la libération de la peine, on aurait distingué entre les successions en ligne directe et les successions en ligne collatérale. Les successions collatérales auraient définitivement et irrévocablement appartenu aux successibles appelés à l'exclusion du condamné. Quant aux successions en ligne directe, elles auraient constitué un droit acquis ou un dépôt, suivant que le condamné serait ou ne serait pas mort sous le poids de la peine. La question de savoir si les appelés auraient été des propriétaires ou de simples administrateurs aurait été soumise aux éventualités de l'avenir. La grâce et la prescription eussent converti en un mandat légal une vocation héréditaire apparente, sauf, bien entendu, la rétention des fruits comme frais de garde et d'administration. En cas de condamnation par contumace à une peine perpétuelle, le condamné n'aurait été soumis à ce régime qu'après cinq ans écoulés depuis l'affiche de l'arrêt de condamnation.

Ce régime, qu'un de nos savants collègues (1) a proposé au législateur, et à l'appui duquel il a présenté de très-ingénieux développements, avait peut-être l'inconvénient de ne pas, en réalité, abolir la mort civile. Ne la laissait-il pas sub-

_____

(1) M. J. Cauvet, professeur de Droit romain à la Faculté de Caen, _Revue de législation_, 1849, t. Ier, p. 372.

sister, au moins partiellement, et sous la condition que le condamné mourrait sous le coup de la peine ? L'expropriation à la suite de l'irrévocabilité de la condamnation, n'était plus pure et simple ; elle était éventuelle.

L'auteur de cette proposition reprochait, avec beaucoup de raison, à la mort civile de *créer aux parents du mort civilement un intérêt égoïste à le laisser mourir dans les prisons, et à l'empêcher de venir montrer un visage importun à ceux qui jouissaient de ses biens.* Mais ne s'exposait-il pas à aviver singulièrement cet intérêt dont il redoutait l'influence ? Ne s'exposait-il pas à exciter les parents à entraver la grâce, à prévenir la prescription ? Le retour du libéré n'aurait plus seulement été une inquiétude de conscience, une gêne. La libération de la peine eût été pour eux l'obligation de restituer les biens auxquels ils auraient pu s'attacher.

L'auteur de ce projet avait perdu de vue les mauvais sentiments de certaines natures. Tenait-il aussi assez compte des bons, des affectueux sentiments qui pouvaient exciter les envoyés en possession à ne se considérer que comme des intermédiaires chargés de faire parvenir au condamné des ressources pour adoucir sa peine, ou même pour l'aider à s'y soustraire ?

La loi des 30 mai-1er juin 1854, sur l'exécution de la peine des travaux forcés, a créé dans son art. 6 une nouvelle peine accessoire.

La loi des 30 mai-1er juin 1854 crée une nouvelle peine accessoire. — Résidence forcée dans la colonie.

Art. 6. « Tout individu condamné à moins de huit années « de travaux forcés sera tenu, à l'expiration de sa peine, de « résider dans la colonie *pendant un temps égal à la durée* « *de sa condamnation.*

« Si la peine est de huit années, il sera tenu d'y résider « pendant toute sa vie. »

C'est là une garantie sociale entraînée de plein droit par la peine principale. La durée de la résidence est égale à la durée de la peine principale que le condamné doit subir, et non pas à la durée de la peine que, de fait, il subit par suite de grâce.

Cette peine accessoire ne pouvait pas, sans rétroactivité,

être ajoutée, après coup, aux condamnations aux travaux forcés, prononcées sous l'empire de l'ancienne loi. C'est ce que l'art. 15 de la loi nouvelle a expressément reconnu.

QUATORZIÈME LEÇON.

INDICATION GÉNÉRALE DES MATIÈRES DE LA LEÇON. — Peines correctionnelles.—Peines de simple police.—Peines communes à plusieurs classes
d'infractions ou même à toutes les classes d'infractions. — Point de départ de la durée des peines principales.—Garanties des condamnations
pécuniaires. — Peines correctionnelles. — *Emprisonnement.* — *Interdiction des droits civils, civiques et de famille* (art. 40, 41, 42 et 43.
Code pénal). — Peines correctionnelles prononcées par les Codes de
justice militaire pour l'armée de terre et pour l'armée de mer. —
Peines de simple police (art. 464, Code pénal). — *L'amende* et la *confiscation* ne sont pas des peines spéciales aux matières de police.—
En quoi l'emprisonnement, peine de police, diffère-t-il de l'emprisonnement, peine correctionnelle ? — Peines communes à plusieurs classes
d'infractions, ou même à toutes les classes d'infractions. — *Renvoi
sous la surveillance de la haute police* (art. 49 et 50, Code pénal). —
Amende dont la quotité n'est pas déterminée. — *Quid* quand ces
amendes sont écrites dans les lois spéciales antérieures à la promulgation du Code pénal ?—Distinction.—Dissidence avec quelques auteurs.
— L'amende prononcée par un jugement insusceptible de recours, est-
elle exécutoire contre l'héritier ? — Confiscation spéciale (art. 11, Code
pénal).—Mort du condamné pendant que la condamnation était encore
susceptible de recours. — Point de départ de la durée des peines
principales (art. 23, Code pénal). — Droit commun. — Exception de
l'art. 24, Code pénal, pour les condamnations à l'emprisonnement en
cas d'emprisonnement préventif. — Difficultés sur l'art. 24. — Controverse. — Quelle est la juridiction compétente pour statuer sur les incidents contentieux d'exécution ? — Point controversé.
Garanties d'exécution des peines pécuniaires. — Solidarité (art. 56, Code
pénal). — Contrainte par corps (art. 52 et 53, Code pénal). Loi du 17
avril 1832 (art. 33 à 44). Loi du 13 décembre 1848 (art. 8, 9 et 12).
— Loi du 22 juillet 1867.—Solution sous les quatre lois successives des
trois questions qui dominent la matière. — Difficulté de compétence.

MESSIEURS,

Sujet
de la leçon. Je me propose aujourd'hui de vous faire connaître : 1° les
peines correctionnelles, les peines de simple police et les

peines applicables à plusieurs classes ou même à toutes les classes d'infractions ; 2° le point de départ de la durée des diverses peines principales temporaires ; 3° les garanties que la loi attache à l'exécution des peines pécuniaires.

Les peines en matière correctionnelle sont : 1° l'*emprisonnement* temporaire dans une maison de correction ; 2° l'*interdiction à temps de certains droits civils, civiques ou de famille.*

Peines en matière correctionnelle.

L'*emprisonnement :* tout emprisonnement n'est pas une peine ; l'emprisonnement n'est souvent qu'une mesure d'instruction, une garantie que l'inculpé ne se dérobera pas au jugement, qu'il sera à la disposition de la justice pour y être interrogé, et qu'il ne pourra, par ses démarches, paralyser les efforts faits pour arriver à la découverte de la vérité. Cet emprisonnement s'appelle l'*emprisonnement préventif :* il n'a aucun caractère pénal : « *Infamiæ detrimentum minimè tibi affertur ob id solum quod in carcerem conjectus es,* » disait la loi romaine (1).

Emprisonnement. —Ses divers caractères.

L'*emprisonnement*, dans l'origine, n'était jamais une peine : aujourd'hui il est peut-être la peine le plus souvent appliquée, celle sur le mérite de laquelle les criminalistes semblent au moins s'accorder.

Je n'ai à m'occuper de l'*emprisonnement* qu'en tant qu'il constitue une peine.

En quoi consiste la peine de l'emprisonnement ?

L'*emprisonnement* consiste dans la détention, comme la réclusion, mais diffère de la réclusion en ce que cette détention a lieu dans une maison de correction, tandis que la réclusion a lieu dans une maison de force. Au reste, la différence est plus dans la pensée de la loi que dans la réalité des choses, puisque nos maisons centrales, en vertu d'une ordonnance du 2 avril 1817, sont, tout à la fois, maisons de force et de correction (2).

Les condamnés à un emprisonnement d'une année et plus,

(1) L. 1, Cod. *ex quib. caus. infam. irrog.* — V. aussi L. 1, Cod. *de custod. reor.*

(2) Voir ordonnance du 6 juin 1830.

sont seuls conduits dans la maison de correction. Les condamnés à moins d'une année d'emprisonnement, subissent leur peine dans la maison d'arrêt ou de justice, dont le caractère est défini dans les art. 603 et ¨604 du Code d'instruction criminelle.

Les condamnés à l'emprisonnement sont employés à l'un des travaux de la maison dans laquelle ils subissent leur peine, et ils ont le choix entre ces divers travaux. Le produit de leur travail individuel a une triple destination. Une partie de ce produit est consacrée à subvenir aux dépenses de l'établissement; une autre partie est remise successivement au condamné pendant l'exécution de sa peine, pour qu'il s'en serve à améliorer sa situation ; enfin, une dernière partie est capitalisée, et n'est remise au condamné qu'après l'expiration de sa peine. C'est un petit pécule à l'aide duquel il pourra vivre pendant qu'il cherchera de l'ouvrage ; c'est une économie forcée qui lui donnera peut-être le goût de l'économie volontaire ; c'est un commencement de propriété qui le rattachera peut-être aux idées d'ordre qui peuvent l'accroître et le développer. Mais quelles sont les proportions suivant lesquelles le partage est établi ? Ces proportions sont déterminées par un règlement d'administration publique.

Quelle est sa durée? Le maximum de la peine correctionnelle est de cinq ans, le minimum est de six jours. Pour certains délits, la loi a fixé un minimum plus élevé que six jours, et un maximum moins élevé que cinq ans.

L'art. 463, revisé par la loi du 13 mai 1863, ne permettait de réduire l'emprisonnement au-dessous du minimum correctionnel, qu'autant que ce minimum était inférieur à un an (1).

Un décret des 27 novembre 1870-7 janvier 1871 a abrogé la restriction résultant de la révision et a fait revivre sur ce point la loi du 28 avril 1832.

La peine d'un jour d'emprisonnement est de vingt-quatre

(1) Voir *infra* la comparaison entre l'ancien art. 463 et le nouvel article sur l'effet des circonstances atténuantes.

heures ; la peine d'un mois d'emprisonnement est de trente jours (1).

L'interdiction temporaire de certains droits civiques, civils et de famille, consiste dans la privation de tout ou partie des droits énumérés dans l'art. 42. En comparant cet article avec l'art. 34, qui indique les droits dont on est privé par la *dégradation civique,* on voit que les droits dont le condamné peut être privé en matière correctionnelle, sont absolument les mêmes que quelques-uns de ceux dont il est question dans l'art. 34. Mais la peine correctionnelle de *l'interdiction des droits civils, civiques et de famille,* diffère de la *dégradation civique* en trois points : 1° la *dégradation civique* est perpétuelle ; *l'interdiction des droits civils, civiques et de famille* est temporaire (voir toutefois art. 171 et 175 du Code pénal) ; 2° la *dégradation civique* consiste dans la déchéance de tous les droits énumérés en l'art. 34 ; *l'interdiction* ne fait perdre que ceux des droits dont parle l'art. 42, qui sont mentionnés au jugement de condamnation ; 3° enfin, la *dégradation civique* est une peine *infamante,* et *l'interdiction des droits civils, civiques et de famille,* est une peine correctionnelle (2).

Cette interdiction ne peut être prononcée que dans les cas où la loi l'ordonne ou le permet ; car, les peines correctionnelles n'entraînant par elles-mêmes aucune incapacité, il faut qu'une incapacité spéciale soit prononcée par le jugement, en vertu d'une disposition spéciale.

Les peines en matière de délit, prononcées par le Code de justice militaire, pour l'armée de terre, sont : *la destitution, les travaux publics, l'emprisonnement, l'amende* (art. 186 de la loi des 9 juin-4 août 1857). Le condamné aux travaux publics est employé aux travaux d'utilité publique ; il ne peut, en aucun cas, être placé dans les mêmes ateliers que les condamnés

(1) Voir pourtant, Aix, 15 octobre 1862, Sir., 63.2.60.

(2) Voir Cassat., 30 avril 1863 ; Dalloz, 1863.1.326. L'annotateur de cet arrêt me reproche une erreur que je n'ai pas commise ; j'ai signalé les différences qu'il m'accuse d'avoir méconnues.

aux travaux forcés : la durée de la peine est de 2 ans au moins et de 10 ans au plus (art. 193, même loi).

L'art. 238 du Code de justice militaire, pour l'armée de mer, ajoute à ces quatre peines correctionnelles, quatre peines : *la privation du commandement, l'inaptitude à l'avancement, la réduction de grade ou de classe, le cachot ou double boucle.*

Peines
de simple police.

Les peines de simple police sont, d'après l'art. 464 du Code pénal, *l'emprisonnement*, *l'amende* et la *confiscation de certains objets saisis.* Je retranche d'abord l'*amende* et la *confiscation*, parce que ces peines sont des peines communes aux matières criminelles, correctionnelles et de police. Toutefois l'*amende*, quant à son attribution, appartient, ou à l'État, ou au département, ou à la commune, théâtre de la contravention, suivant qu'elle a été prononcée ou en matière criminelle, ou en matière correctionnelle, ou en matière de police. Quant à l'*emprisonnement*, il semblerait qu'il ne diffère de l'*emprisonnement*, peine correctionnelle, que par la durée. Le minimum est d'un jour et le maximum de cinq jours. S'il en était ainsi, j'aurais dû ne pas parler de l'*emprisonnement* comme peine correctionnelle, et renvoyer son explication à l'explication des peines communes à certaines classes d'infraction.

Mais je crois, avec M. Rauter (1), que l'*emprisonnement*, peine de simple police, est séparé de l'*emprisonnement*, peine correctionnelle, à savoir parce qu'il n'astreint le condamné à aucun travail.

Peines communes
aux crimes
et aux délits.

Les peines communes aux matières criminelles et correctionnelles sont :

Renvoi sous la
surveillance.
— Il constitue le
plus souvent
une
peine accessoire.

Le *renvoi sous la surveillance spéciale de la haute police*, l'*amende* et la *confiscation spéciale*, soit du corps du délit, quand la propriété en appartient au condamné, soit des choses produites par le délit, soit de celles qui ont servi ou qui ont été destinées à le commettre (art. 11, Code pénal).

L'*amende* et la *confiscation spéciale* sont aussi des peines

(1) Rauter, n. 177.

communes aux matières de simple police (art. 464 et 470, Code pénal).

Le *renvoi sous la surveillance de la haute police* est le plus souvent, comme je vous l'ai déjà expliqué, une peine accessoire qui résulte tacitement de l'irrévocabilité de la condamnation à certaines peines afflictives ou infamantes seulement ; mais il peut quelquefois être prononcé comme peine distincte et indépendante, isolément de toute autre peine.

Vous pouvez lire les art. 100, 108, 138, 144 et 271. Dans tous ces articles, sauf le dernier, l'agent est déchargé de la responsabilité pénale, soit à raison de services qu'il est réputé avoir rendus à la société, services qui, en grande partie, ont racheté sa faute, soit à raison de ce qu'il n'a pas persévéré dans un acte dangereux, et il est seulement exposé à l'application du renvoi sous la surveillance de la haute police, temporaire ou à perpétuité, qui n'est cependant que facultative.

Le *renvoi sous la surveillance de la haute police* est quelquefois une peine complémentaire, c'est-à-dire une peine qui n'est pas attachée comme conséquence à certaines peines, mais qui s'ajoute à des condamnations, pour une certaine classe d'infractions ; vous pouvez lire l'art. 49 du Code pénal ; le *renvoi*, dans le cas de l'art. 49, dont je vous ai parlé par anticipation, parce que j'avais à le rapprocher des art. 47 et 48, doit être prononcé ; il est obligatoire dans toutes les condamnations pour crimes ou délits qui intéressent la sûreté intérieure ou extérieure de l'État.

Quelquefois une peine complémentaire.

Le *renvoi sous la surveillance de la haute police de l'État* ne peut être prononcé que dans les cas où la loi l'impose ou l'autorise ; l'art. 50 du Code pénal dit qu'il ne peut être prononcé que dans les cas où la loi l'a permis. Mais les art. 58 et 282 de ce Code prouvent que le renvoi sous la surveillance de la haute police est quelquefois rendu obligatoire comme *peine complémentaire*.

Quand peut être prononcé.

En quoi consiste le *renvoi sous la surveillance de la haute police ?* Je vous l'ai dit lorsque je me suis occupé de cette peine

En quoi consiste-t-il ? — Renvoi.

comme peine accessoire. C'est, en effet, comme peine accessoire qu'elle a surtout une grande importance.

Amende.

L'*amende* consiste dans l'obligation de payer une certaine
somme qui profite à l'État, au département ou à la commune.

La loi ne détermine pas toujours la quotité de l'*amende*;
quelquefois elle n'indique qu'un minimum, quelquefois même
elle n'indique ni maximum ni minimum.

Quelle
est sa quotité?

L'*amende*, en matière de simple police, a pour minimum
1 fr. et pour maximum 15 fr.

En matière correctionnelle, le minimum de l'*amende* est
de 16 fr.

Quand la loi ne prononce une *amende* que d'une manière
indéterminée, que faut-il faire? Il faut adopter le minimum
de l'*amende* de police correctionnelle, s'il s'agit d'un délit; le
minimum de l'*amende* de simple police, s'il s'agit d'une contravention (1); s'il s'agit d'une *amende* prononcée par une
loi spéciale, antérieure au Code de 1810, faut-il se reporter
au minimun de l'amende, d'après la loi générale, en vigueur
au moment de la promulgation de la loi spéciale ou au minimum de l'*amende*, d'après notre loi actuelle? On a jugé qu'il
fallait consulter la loi pénale en vigueur à l'époque de la loi
spéciale à appliquer. Le Code pénal, a-t-on dit, n'a pas
abrogé les lois spéciales, l'art. 484 le déclare expressément.
Oúi, sans doute, les lois générales ne sont pas réputées abroger
les lois spéciales; qu'en conclure? C'est que les lois spéciales
continueront d'être appliquées dans les limites de leur spécialité. Mais, lorsqu'il s'agit de combler les lacunes des lois

(1) Cassat., 5 nov. 1831 (Sir., 31.1.393); Cassat., 20 juill. 1833 (Sir.,
33.1.536). On pourrait même peut-être conclure de ce dernier arrêt, que,
même en *matière de délits*, quand la quotité de l'*amende* n'est pas déterminé, c'est le minimum de l'*amende* de police qui est applicable. — C'est
en ce sens que se prononce M. Achille Morin, *Répertoire*, v° *Amende*, § 11.
— Je ne crois pas que cette solution soit conforme aux principes. — Si la
peine à appliquer est une peine correctionnelle, l'amende applicable est le
minimum de l'amende correctionnelle. Voir aussi *Arrêt de Douai*, du 22
mars 1852, *Journal du Palais*, 1853.2.550. Arrêt de Douai du 19 mai 1858
(Sir., 59.2.90), et M. Dutruc, *Sur le Code pénal* modifié par la loi du 13
mai 1863, p. 202.

spéciales, qu'il faut compléter ces lois par la loi commune, il semble que la loi commune n'est pas la loi ancienne, une loi qui, elle, est incontestablement abrogée, mais bien la loi vivante au moment où la question surgit (1).

L'*amende* n'est pas, en règle générale au moins (2), une réparation civile envers l'Etat ; c'est une peine ; comme toute peine, elle est *personnelle ;* donc elle n'est pas exigible, elle est insusceptible d'exécution, si le condamné meurt avant que la condamnation ait acquis l'autorité de la chose jugée.

Caractère de l'amende.

Si le condamné meurt avant d'avoir payé l'amende, mais après que la condamnation n'était plus susceptible de recours, l'amende pourrait-elle être réclamée de l'héritier?

L'héritier est-il tenu de la payer?

On a dit non, parce que toute peine est une expiation, et que l'expiation n'est due que par l'auteur de la faute : pourquoi l'héritier supporterait-il plutôt l'expiation pécuniaire que les autres expiations ?

Je n'accepte point cette opinion.

L'application de la peine de l'*amende* consiste dans la formation irrévocable de la dette, dans la création du lien qui astreint le condamné à la nécessité de payer, dans le *droit acquis* sur le patrimoine ; elle ne consiste pas dans le fait du paiement qui est toujours subordonné à la solvabilité du débiteur (3). L'héritier est tenu de toutes les obligations du défunt, quelle qu'en soit l'origine.

L'*amende,* non pas dans toutes les matières fiscales, mais dans certaines matières fiscales, a le caractère de réparation civile (Loi des 6-22 août 1791, tit. 13, art. 20. — Loi du

Caractère de l'amende dans certaines matières fiscales.

___

(1) M. Achille Morin, *Répertoire*, v° *Amende*, § 11. — *Contrà,* arrêt de Douai du 31 juin 1838.

(2) Cour de Caen, 6 avril 1837.—Nancy, 30 août 1844, Devill. et Car., 44.2.630.

(3) *Sic,* Blanche, n. 300 ; Code pénal de l'empire d'Allemagne, art. 30. —*Contrà,* Rauter, t. I, n. 170, p. 277, et *Revue pratique,* t. III, p. 313, n. 11. — Rapport du 9 février 1861, à la Chambre des représentants, sur le chap. x du Code pénal belge, par M. E. Pirmez (*Législation nouvelle de la Belgique,* par Nypels, t. Ier, n. 361).—Dans l'ancien Droit, d'après Jousse, l'amende n'était exigible de l'héritier qu'autant que la condamnation avait été signifiée avant la mort du condamné. (Jousse, t. Ier, p. 72, n. 100.)

1er germinal an XIII. — Loi du 15 ventôse an XIII, art. 2. — Loi du 25 juin 1841, art. 25).

La *confiscation à titre spécial* n'a jamais été abolie ; l'abolition n'a porté que sur la confiscation à titre universel (1).

La *confiscation spéciale* a pour objet, soit le corps du délit, par exemple les ouvrages obscènes, les marchandises prohibées ; soit le produit du délit, par exemple le gibier, produit de la chasse sans permis ou en temps prohibé ; soit l'instrument du délit, par exemple le fusil qui a servi à tuer le gibier.

Son caractère.
—Elle est person-
nelle et réelle.

« La confiscation spéciale, a très-bien dit M. Molinier, est « personnelle ou réelle.

« Elle est personnelle, lorsqu'elle porte sur des choses dont « la possession est licite, et lorsqu'elle a pour objet d'attein- « dre le condamné en lui infligeant, à titre de peine, la perte « de la propriété d'une ou de plusieurs choses qui faisaient « partie de ces biens (C. pén., 176, 180, 410).

« Elle est réelle, lorsqu'elle n'a pour objet que de procurer « la destruction des choses qui sont hors du commerce, et dont « la possession, l'exposition ou la mise en vente, constituent « un délit (C. pén., 287 ; L. 26 mai 1819, art. 26.—C. pén., « 314 ; L. 24 mai 1834, art. 4). »

On a dit que la *confiscation à titre spécial* était une peine accessoire. Non, les peines accessoires ne doivent pas être écrites dans la condamnation ; elles résultent, ai-je dit, soit de l'exécution, soit de l'irrévocabilité de certaines peines principales. Or, la *confiscation à titre spécial* n'est attachée comme

(1) C'est de la confiscation à titre universel que Royer-Collard a dit : « Les confiscations sont l'âme et le nerf des révolutions ; après avoir con- « fisqué parce que l'on a condamné, on condamne pour confisquer. » (Chambre des députés, 2 janv. 1816.) En faveur de la confiscation comme peine, Filangieri dit : « Si le père avait dissipé sa fortune, ses enfants, qui n'auraient pas participé à ses désordres, pourraient-ils prétendre à la suc- cession de ses biens aliénés ? » Liv. III, partie 2, ch. XXII.—Machiavel a donné contre la confiscation une raison qui a moins d'élévation morale que celle fournie par Royer-Collard : « Les hommes, il faut l'avouer, ou- « blient plutôt la mort de leurs parents que la perte de leur patrimoine. » (Le Prince, ch. 19, page 55.)

accessoire à aucune peine principale ; elle a besoin d'être prononcée ; qu'elle soit une peine complémentaire, comme l'est le plus souvent l'amende, je le reconnais ; mais une peine complémentaire n'est pas une peine accessoire.

La *confiscation à titre spécial*, en vertu d'une condamnation passée en force de chose jugée, au moment du décès du condamné, reçoit-elle son exécution contre l'héritier de celui-ci ? Pourquoi non ? La condamnation est translative de la propriété au profit de l'Etat ; elle est au moins constitutive d'un droit acquis (art. 1138, Code civil) (1).

Elle est exécutoire contre l'héritier, si la condamnation est irrévocable.

Mais *quid* si le condamné mourait pendant que la condamnation était encore susceptible de recours ?

Quid dans le cas contraire ?

La confiscation étant une peine, ne pourrait, en général, être appliquée à l'héritier ; toutefois, si la détention de la chose à confisquer constituait elle-même l'infraction, la confiscation, par suite de son caractère de réalité, pourrait être prononcée contre tout détenteur (2).

Quel est le point de départ de la durée des peines principales ?

Point de départ de la durée des peines principales. — Distinction. — *Quid* pour les peines en matière criminelle ?

Il faut distinguer entre les peines en matière criminelle et les peines en matière correctionnelle :

Pour les peines en matière criminelle, la règle est dans l'art. 23 du Code pénal : « La durée des peines temporaires « court du jour où la condamnation sera devenue *irrévocable*.» Il est bien clair que la loi suppose, dans ce texte, que le pouvoir exécutif est en mesure de faire exécuter la condamnation, qu'il a le condamné sous la main.

Si, en effet, le condamné se dérobe par la fuite à la peine, le temps pendant lequel il conservera sa liberté ne pourra pas être imputé sur la durée soit de la réclusion, soit de la détention, soit des travaux forcés à temps. Aux termes de l'art. 635

Quid si le condamné se dérobe par la fuite à la peine ?

(1) *Contrà*, *Revue pratique*, t. III, p. 298. Voir les autorités citées.

(2) Voir Mangin, t. II, p. 90 ; Achille Morin, v° *Confiscation*, n. 5. — Art. 16, loi du 3 mai 1844. — *Revue pratique*, t. X, p. 304 à 308. — Cass., 1er mars 1855 ; Blanche, n. 82 : Code pénal de l'empire d'Allemagne, art. 42.

du Code d'instruction criminelle, la prescription de la peine prononcée en matière criminelle est de vingt ans; si le condamné à une peine de vingt ans de travaux forcés s'évade et n'est arrêté que la dix-neuvième année depuis l'irrévocabilité de sa condamnation, il est impossible d'admettre qu'il n'aura qu'une année, plus une partie d'année de peine effective à subir. Si le condamné à dix ans de réclusion se dérobe pendant dix ans à cette peine, il est bien évident qu'il n'est pas libéré, que pendant dix ans encore il peut être arrêté, et que, si son arrestation a lieu avant l'expiration du délai assigné à la prescription, il aura dix ans de réclusion réelle à supporter; s'il en était autrement, la prescription serait, non pas toujours de vingt ans en matière criminelle, mais seulement du nombre d'années déterminé pour la peine temporaire; il semble que je ne devrais pas insister sur une vérité aussi saisissante. Cependant j'ai quelque raison pour appeler votre attention sur ce point; la vérité que vous trouvez tous évidente a été méconnue, non pas directement, mais indirectement, dans une question naissant des termes de l'art. 635 du Code d'instruction criminelle, qui fixe le point de départ de la prescription, et qui la fait courir de la date des arrêts ou jugements.

Une opinion, esclave de la lettre (1), soutient que le condamné qui a exécuté dix-neuf ans sa peine et qui s'évade la vingtième année ne peut être arrêté utilement que pendant l'année de l'évasion, parce que, dit-on, la prescription court du jour de la condamnation. — Oui, quand la peine ne se subit pas; non, quand la peine se subit. Quand la peine a été temporairement subie, ce n'est que du jour où le condamné s'est soustrait à la peine qu'il peut commencer à se libérer par la prescription de la partie de la peine non subie; le délai de vingt ans ne court donc que du jour de l'évasion.

(1) Vazeille, t. II, n. 456 et 457; *Traité des prescriptions en matière pénale;* par Van Hoorebeke, professeur agrégé à l'université de Bruxelles, 1852, p. 267. — *Contrà*, Cass., 20 juill. 1827, Sir., 27.1.532; Legraverend, t. II, p. 776; Boitard, *Dernière leçon sur le Code d'instruction criminelle.*

Je ne discute pas cette question ; je la signale, parce qu'il y a là deux idées qui sont en corrélation parfaite : le temps, qui peut compter pour la prescription, ne peut jamais compter pour l'exécution de la peine, et *vice versâ*, le temps imputable sur l'exécution de la peine ne peut jamais être compté pour la prescription.

Du moment où la peine temporaire ne court que du jour de son irrévocabilité, le pourvoi du condamné, non-seulement quand il est rejeté, mais alors même qu'il entraîne la cassation de la condamnation, retarde le point de départ de la durée de la peine. Ce qui est plus grave, c'est que le pourvoi du ministère public a la même conséquence, que le pourvoi soit rejeté ou admis ; ainsi un recours mal fondé, non imputable au condamné, prolonge la privation de sa liberté ; tant que la condamnation est attaquable ou attaquée, elle n'est pas réputée s'exécuter.

Effet du pourvoi sur le point de départ.

La même règle est-elle applicable aux matières correctionnelles ?

Quid pour les peines en matière correctionnelle ? —Distinctions.

Oui et non. Oui, quand la peine ne consiste pas dans un emprisonnement, ou lorsque, consistant dans un emprisonnement, le condamné n'était pas, au moment de la condamnation, en état de détention préventive.

Lorsqu'il s'agit de la peine d'emprisonnement appliquée à un agent en état de détention préventive, il faut faire de nombreuses distinctions.

Le condamné ne forme-t-il pas de recours contre le jugement ? C'est le jugement qui est le point de départ de la durée de la peine. Le recours du ministère public n'est pas imputable au condamné, et il ne saurait aggraver sa position. Par suite, l'imputation sur la peine, c'est-à-dire son exécution, précède le cours de la prescription, dont le point de départ est le jour de l'irrévocabilité de la condamnation.

Effets du recours sur le point de départ.

Le condamné exerce-t-il un recours ? Ce recours n'empêchera pas la durée de la peine de courir, si ce recours est bien fondé, si l'événement le justifie ; mais si le recours échoue, la peine ne courra que du jour où la décision attaquée sera devenue irrévocable. La loi est-elle bien équitable en exposant à un danger, à une prolongation de peine, le condamné qui use d'une voie de recours qu'elle lui ouvre ?

L'application de ces distinctions écrites dans l'art. 24, a déjà soulevé plus d'une difficulté.

Une première hypothèse a été examinée : le ministère public appelle seul d'un jugement qui condamne un prévenu à six mois d'emprisonnement ; ce jugement est confirmé ; le condamné se pourvoit contre la décision confirmative ; son pourvoi est rejeté ; de quel jour courra la peine ? Est-ce du jour du rejet du pourvoi, du jour de l'arrêt confirmatif, ou du jour de la première décision ?

C'est du jour de l'arrêt, disent de savants jurisconsultes (1).

Cette solution ne saurait se justifier, suivant moi. Il n'y a que deux solutions possibles : ou la peine ne court que du jour du rejet du pourvoi, parce que, comme le disent ces jurisconsultes, le condamné, par son pourvoi, aura perdu le bénéfice de son acquiescement présumé au jugement ; ou elle courra dans l'intervalle qui se sera écoulé depuis le jugement jusqu'à l'arrêt confirmatif, et cessera de courir depuis l'arrêt jusqu'au rejet du pourvoi, pour reprendre son cours à partir de ce rejet. — A mon sens, le condamné n'a pas été en faute jusqu'à l'arrêt ; il n'a pas usé de la faculté d'appeler ; l'appel du ministère public ne saurait lui préjudicier ; donc sa détention, jusqu'à l'arrêt, s'imputera sur la durée de la peine. Le condamné est réputé en faute, parce qu'il s'est pourvu contre l'arrêt ; jusqu'au rejet du pourvoi, sa détention ne lui profitera pas.

Les auteurs dont je combats la doctrine imputent, au contraire, au condamné, la détention qui correspond à la période pendant laquelle il est réputé retarder, par son imprudence, l'exécution de la peine. Je comprendrais, à la rigueur, qu'on privât le condamné du bénéfice de la détention jusqu'à l'ar-

---

(1) *Théorie du Code pénal*, t. 1er, p. 233, 3e édition.

rêt, et cela, en considérant que la présomption d'acquiescement à la décision première était exclue par le pourvoi.

Les deux jurisconsultes dont je viens d'examiner l'opinion supposent, en conservant la même hypothèse, que le pourvoi du condamné a été admis et qu'il a abouti à une réduction de peine. Ils font encore courir la durée de la peine, non du jour du jugement, mais du jour de l'arrêt contre lequel il y a eu pourvoi. Pourquoi donc ? Ce n'est pas le condamné qui a saisi la juridiction d'appel, et l'eût-il saisie que l'événement a démontré qu'il n'aurait pas commis de faute : il suffit que la peine ait été réduite par l'exercice d'une voie de recours quelconque, pour que tout le temps qui a précédé la décision, opérant réduction, soit imputable au condamné.

Une seconde hypothèse peut mettre dans tout son jour la véritable pensée de l'art. 24. Une condamnation de cinq ans d'emprisonnement est prononcée ; le condamné appelle du jugement ; la Cour confirme ; le condamné se pourvoit ; l'arrêt est cassé ; la Cour, saisie par le renvoi, réduit l'emprisonnement à trois ans ; nouveau pourvoi du condamné ; ce pourvoi est rejeté. La détention antérieure à l'arrêt, qui a réduit l'emprisonnement à trois ans, est-elle imputable sur cette condamnation ? Oui, car jusqu'à cet arrêt, le condamné a bien fait de se plaindre ; il a réussi dans son attaque, le résultat a justifié son recours ; il eût dû respecter le second arrêt ; il a commis une imprudence en l'attaquant ; depuis cet arrêt jusqu'au rejet du second pourvoi, la détention ne lui sera pas comptée ; la Cour de cassation s'est prononcée dans ce sens le 3 juillet 1847, et c'est à son arrêt que nous avons emprunté notre hypothèse déjà compliquée, mais qu'on pourrait plus compliquer encore (1).

Troisième et dernière hypothèse : Le condamné à l'emprisonnement était détenu préventivement ; il use d'une voie de recours contre sa condamnation ; il appelle ou se pourvoit ; il

---

(1) Dev. et Car., 47.1 741.

se désiste de l'appel ou du pourvoi : la détention, soit depuis le jugement, soit depuis l'arrêt contre lequel le pourvoi était tenté, jusqu'au désistement, profitera-t-elle au condamné ?

La négative semble résulter du texte de l'art. 24 : la règle est que la peine ne court que du jour de l'irrévocabilité de la décision ; il n'est fait d'exception à cette règle qu'autant que le condamné a accepté volontairement cette décision et ne s'est pas pourvu. Toutefois, le désistement, n'est-ce pas un acquiescement qui doit rétroagir ? L'abandon de la voie de recours ne doit-il pas faire réputer que cette voie n'a jamais été exercée ? L'art. 24 est une disposition d'équité qui doit être largement entendue. Cette interprétation bienveillante a triomphé devant la Cour de cassation (1), en cas de désistement de pourvoi, mais non en cas de désistement d'appel. Je comprends peu et je n'admets point la distinction.

La détention que subit le condamné en matière correctionnelle ou de police, aux termes de l'art. 421, Code d'instruction criminelle, pour assurer la recevabilité de son pourvoi, s'impute-t-elle sur la durée de la peine ? Oui, dit-on (*Revue critique*, t. X, page 123), parce que l'art. 373 n'est applicable qu'en matière criminelle. Cette théorie oublie que l'art. 376 régit au moins les condamnations pour délits ou pour contraventions prononcées pour faits que le jury a dépouillés du caractère de crimes, et qu'il serait étrange que le pourvoi fût ou ne fût pas suspensif, suivant la qualité de la juridiction qui aurait prononcé la peine. D'après nous, la détention s'impute ou ne s'impute pas, suivant que le pourvoi réussit ou ne réussit pas

_____

(1) 2 juillet 1852, Dev., 52.1.470; 26 mai 1853, Dev., 53.1.459. — Cassat., 22 mars 1855, Dev. et Carr., 56.1.269. — Paris, 17 nov. 1860. Dev., 61.2.153. Dans le sens de la distinction de la Cour de cassation, circulaire du ministre de l'intérieur du 6 juillet 1868. — Dalloz, 1869.3.22. — M. Blanche, n. 130, n'admet pas plus que moi de distinction, et il soutient que dans l'un et l'autre cas la durée de la peine ne doit courir que du jour de l'acceptation du désistement. M. Brun de Villeret n'examine la question que pour les cas de désistement d'appel, et il approuve sur ce point la jurisprudence de la Cour de cassation (n° 400).

par application de l'art. 24, qui parle, à la vérité, de détention préalable ; mais cette expression n'exclut pas notre doctrine, puisqu'il s'agit toujours d'une détention antérieure à l'irrévocabilité de la condamnation.

L'art. 24 s'applique, quelle que soit la juridiction criminelle ou correctionnelle qui ait prononcé la condamnation à l'emprisonnement. *Étendue de l'article 24.*

Lorsqu'un condamné se soustrait à l'exécution de sa peine et qu'il est arrêté et détenu dans un lieu autre que celui dans lequel il doit subir cette peine, cette détention est-elle une détention imputable sur la condamnation ?

Cette question s'est présentée deux fois devant la Cour de cassation, mais avec des circonstances différentes. Un arrêt du 23 février 1833 adopte l'affirmative ; un arrêt du 17 décembre 1850 consacre la négative (1). Je crois que la première solution est conforme à la loi. En matière correctionnelle la détention, qui se continue dans le lieu où elle n'avait commencé qu'à titre de détention préventive, est imputable sur la durée de la peine, même avant l'irrévocabilité de la condamnation. Cette détention est imputable, même en matière criminelle, au moins après l'irrévocabilité de la condamnation (art. 23).

Voilà des règles, mais qui les appliquera ? Le ministère public ? S'il les viole en croyant les appliquer, qui jugera ? *Quelle juridiction statue sur l'exécution de la peine.*

Ce ne sera pas le ministère public, il serait juge et partie.

On a dit que tout incident contentieux sur l'exécution de la peine était un accessoire de l'action publique et devait être porté devant le juge qui avait statué sur cette action. On s'est prévalu, en ce sens, de l'art. 472 du Code de procédure civile (2).

---

(1) Sir., 33.1.558, 51.1.164. Voir sur une question qui a de l'analogie, M. Blanche, n. 133.

(2) *Théorie du Code pénal*, t. Ier, p. 249, 3e édition ; Cassat., 23 fév. 1833 ; Cassat., 27 juin 1845, Sir., 33.1.558, 45.1.543 ; Cassat., 17 déc. 1850 ; Cassat., 9 mars 1859, Sir., 59.1.486 ; Cass., 3 avril 1869 : Dalloz, 69.1.129. — M. Georges Delisle, *De l'Interprétation juridique*, t. II, p. 244, 245.—M. Molinier, *Programme*, 2e partie, p. 84.—M. Blanche, n° 134.

Cette solution n'est-elle pas pleine d'inconvénients ? La condamnation a été prononcée par des tribunaux de simple police ou de police correctionnelle : ce sont des tribunaux permanents ; on pourra toujours les saisir ; mais si la condamnation est l'œuvre d'une Cour d'assises, dans l'intervalle des sessions, la question attendra donc un juge ; il y aura donc eu, comme l'a dit M. Dupin, une détention arbitraire, s'il est décidé, plus tard, que le condamné avait payé sa dette ; ce n'est là qu'une raison d'inconvénient. La raison de principe, c'est que les tribunaux criminels, de quelque ordre qu'ils soient, sont des tribunaux d'exception qui, à ce titre, ne peuvent connaître de l'exécution de leurs jugements. Nous accorderions compétence au tribunal civil du lieu de l'exécution de la peine sur tous les incidents contentieux que cette exécution soulève.

L'art. 472 du Code proc. civ. n'est pas applicable aux juridictions d'exception (art. 553, C. proc. civ.), et, même pour les juridictions de Droit commun, il cesse d'être appliqué, quand il s'agit de questions de liberté ; d'après l'art. 805 du Code de proc. civ., les demandes en élargissement sont portées au tribunal dans le ressort duquel le débiteur est détenu (1).

Quelles garanties sont attachées à l'exécution des peines pécuniaires ? Solidarité entre les condamnés. Quelles sont les garanties que la loi attache à l'exécution des peines pécuniaires ?

La première garantie de l'exécution, c'est le lien de la *solidarité* entre tous les condamnés pour une même cause, *pour un même crime ou pour un même délit*, dit l'art. 55, Code pénal. Cet article ne parle pas des contraventions ; les condamnés, pour une même contravention, ne sont donc pas solidaires.

Le décret des 19-22 juillet 1791, sur l'organisation de la police municipale et correctionnelle, titre II, art. 42, étendait la solidarité aux contrevenants : cette solution n'a pas été reproduite (2).

(1) Voir, dans le sens de mon opinion, un *Réquisitoire* de M. Dupin, du 25 nov. 1850, Sir., 51.1.64. Art. 34, L. 17 avril 1832. *Arg.*
(2) *Sic*, Cassat., 12 mai 1849, Sir., 49.1.608 ; Larombière, *Des obliga-*

Si les condamnations à des peines pécuniaires sont prononcées par des jugements successifs et non par un seul jugement, bien qu'il s'agisse d'une même infraction, y aura-t-il solidarité entre les condamnés ?

Le texte n'exige pas la simultanéité de condamnation ; mais le sort de chaque condamné n'est-il pas irrévocablement fixé par le jugement qui le concerne ? Est-ce qu'un jugement postérieur peut apporter une aggravation ? Toutefois, celui qui est condamné le dernier ne pourrait-il pas être condamné solidairement avec ceux qui l'ont été précédemment pour le même crime ou le même délit (1) ?

La solidarité pour les *amendes*, lorsqu'il y a unité d'infraction et de jugement, est-elle, comme on l'a dit (2), une exception au principe de la *personnalité* des peines ? N'est-elle pas plutôt une *aggravation* résultant de la circonstance *aggravante* de l'association ? Je crois que cette disposition, qui est conforme aux traditions de notre ancien Droit, n'a rien d'antipathique à l'esprit de notre législation nouvelle.

La seconde garantie consiste dans la *contrainte par corps :* les condamnations à l'amende sont de plein droit exécutoires par corps (art. 52) (3).

Contrainte par corps.

Cette contrainte est également applicable aux frais, aux restitutions, aux dommages-intérêts ; mais ici je n'ai à m'occuper que des peines, et, par conséquent, que des amendes.

L'art. 53 du Code pénal a été successivement modifié par la

tions, t. II, p. 601. Voir art. 156 du décret du 18 juin 1811, pour les frais. M. Duranton est le seul auteur qui soutienne que la solidarité s'applique à l'amende pour contravention, t. XI, n. 94.

(1) Voir M. du Bourgneuf, *Pratique du Code pénal,* p. 75, et M. Blanche, n. 430 et 431.

(2) M. Rodière, *De la Solidarité,* n. 318 : *Revue critique,* 1853, p. 159, n. 20, article excellent de M. Molinier, professeur de Droit criminel à la Faculté de Toulouse ; Ortolan, n. 1584.

(3) Voir art. 29, tit. XIII, de l'ordonnance de 1670. L'art. 3, § 3 de la loi du 22 juillet 1867 avait interdit l'exercice de la contrainte par corps pour le recouvrement des frais dus à l'État, en vertu des condamnations prévues dans l'art. 2 de cette loi. Mais une loi des 19-23 septembre 1871 a abrogé cette disposition.

loi du 17 avril 1832, par la loi du 13 décembre 1848, et la loi du 22 juillet 1867.

Je ne veux pas entrer dans le détail de toutes les questions qui ont été ou peuvent être soulevées en matière de contrainte par corps, soit sur le Code de 1810, soit sur la loi du 17 avril 1832, soit sur la loi du 13 décembre 1848, soit sur la loi du 22 juillet 1867. J'essayerai seulement de mettre en lumière la solution que chacune de ces lois a donnée, en principe, aux trois questions principales de la matière.

Trois questions, en effet, étaient à résoudre :

1° La contrainte par corps n'étant qu'une épreuve de solvabilité, la détention du condamné, à titre de garantie de la condamnation pécuniaire, pendant un temps déterminé, ferait-elle, par elle seule, présumer l'insolvabilité, et dispenserait-elle de toute preuve ?

2° La preuve de l'insolvabilité du condamné le dispenserait-elle du secours de la présomption, en le dispensant soit de l'épreuve, soit de sa continuation ? La justification du fait dominerait-elle la présomption ?

3° Lorsque le condamné aurait recouvré sa liberté, pourrait-il être de nouveau soumis à la contrainte par corps, s'il devenait solvable et qu'il ne payât pas l'amende ?

Dispositions du Code de 1810.

Voici les conditions du Code de 1810 sur ces trois questions :

1° La détention du condamné, quelque prolongée qu'elle fût, ne pouvait faire présumer l'insolvabilité : l'État avait la faculté de perpétuer indéfiniment l'épreuve ;

2° La justification de l'insolvabilité était insuffisante pour dispenser de l'épreuve ou pour la faire cesser : il fallait qu'à la preuve de l'insolvabilité se joignît une présomption résultant d'une certaine durée de détention. La détention devait être d'un an en matière criminelle, de six mois en matière correctionnelle, et de quinze jours en matière de police (art. 53 et 467, Code pénal).

3° La contrainte par corps pouvait toujours être reprise s'il survenait au condamné quelque moyen de solvabilité (art. 53, § ult.).

Voici les trois solutions de la loi du 17 avril 1832 :

1° A l'égard de l'Etat, et je n'ai à m'occuper que de l'Etat, puisque je ne m'occupe que de la peine, la détention la plus longue ne ferait pas présumer l'insolvabilité, lorsque les amendes, frais, restitutions et réparations civiles ne s'élèveraient pas à 300 fr. Si les condamnations pécuniaires atteignaient cette somme, la durée de l'emprisonnement devait être fixée par le jugement, et l'épreuve, subie pendant cette durée, dispensait de la preuve de l'insolvabilité (art. 34 et 40).

2° La preuve de l'insolvabilité était insuffisante par elle-même pour dispenser de l'épreuve de la contrainte par corps, ou pour la faire cesser ; la preuve devait être fortifiée par la présomption résultant d'une détention de quinze jours pour les condamnations au-dessous de 15 fr., d'un mois pour les condamnations de 15 à 50 fr., de deux mois pour celles de 50 à 100 fr., et de quatre mois pour celles au-dessus de 100 fr. (art. 35).

Lorsque les condamnations s'élevaient à 300 fr., la preuve de l'insolvabilité était-elle sans puissance? La contrainte de quatre mois et la preuve de l'insolvabilité réunies ne devaient-elles pas entraîner la mise en liberté?

La Cour de cassation a jugé la négative. M. Troplong enseignait, sous l'empire de la loi du 17 avril 1832, et, à mon sens, avec beaucoup de raison, que l'art. 35 ne distinguait pas, et qu'il était impossible d'admettre que la loi de 1832 fût venue aggraver la position faite au condamné par l'art. 53 du Code de 1810. Comment, d'ailleurs, supposer que le condamné, qui prouvait son insolvabilité, eût à subir toute la durée assignée à la contrainte par corps par le jugement de condamnation, et qu'il fût ainsi de même condition que celui qui ne faisait aucune espèce de justification?

On objectait, il est vrai, les termes de l'art. 40 de la loi du 17 avril 1832, qui voulait que le jugement déterminât la durée de la contrainte par corps, alors même que l'insolvabilité du débiteur pourrait être constatée. Mais cette exigence se concilie parfaitement avec le système de M. Troplong.

Le condamné qui n'obtenait sa liberté que par le concours de l'épreuve de l'art. 35 et de la preuve de l'insolvabilité, pouvait, au moins pour les restitutions et dommages-intérêts, être réincarcéré une fois, et il importait de fixer un maximum de détention qui ne pourrait jamais être dépassé.

J'insiste sur cette question, parce qu'elle survit à la loi du 13 décembre 1848 (1).

3° Le condamné, rendu à la liberté, ne pouvait plus être soumis à la contrainte par corps pour le paiement des amendes; mais on pouvait lui faire subir une seconde épreuve pour les réparations civiles et les frais ; cette seconde épreuve était la dernière (art. 36).

La loi du 17 avril 1832 a été l'objet de vives critiques; on lui a reproché, notamment, de ne pas faire à l'Etat et à la partie civile des positions identiques. Je n'ai pas dû signaler les différences, puisque je n'ai pas à m'occuper de la partie civile; je vous renvoie, d'ailleurs, au Commentaire de M. Troplong sur la *Contrainte par corps*.

Dispositions de la loi du 13 déc. 1848. —Présomption d'insolvabilité. La loi du 13 décembre 1848 a, sur la première question, attaché, sans distinction de chiffre, une présomption *juris et de jure* d'insolvabilité à l'épreuve de la contrainte par corps pendant une durée déterminée. Les condamnations sont-elles inférieures à 300 fr.? L'épreuve est d'un mois si les condamnations n'excèdent pas 15 fr., de deux mois si elles n'excèdent pas 50 fr., de quatre mois si elles n'excèdent pas 100 fr., de six mois si elles excèdent 100 fr., mais ne s'élèvent pas à 300 fr. (art. 8, L. 13 décembre 1848; art. 35, L. 17 avril 1832).

Les condamnations s'élèvent-elles à 300 fr. ? La durée de la contrainte par corps doit être fixée par le jugement de condamnation dans la limite de six mois à cinq ans (art. 12, L. 13 décembre 1848 ; art. 40, L. 17 avril 1832).

(1) Troplong, *De la contrainte par corps*, n. 676. — *Contrà*, M. Coin-Delisle, sur l'art. 40; L. 17 avril 1832 ; M. Durand, *De la contrainte par corps*, n. 67 ; Cass., 11 mai 1836 (Dev. 36.1.783) ; M. du Bourgneuf, page 66.

Sur la seconde question, la loi du 13 décembre 1848 n'a apporté qu'un seul changement à la loi du 17 avril 1832; elle ne s'est pas contentée, plus que la loi de 1832, de la preuve de l'insolvabilité; seulement elle réduit à l'épreuve qui doit fortifier la preuve, de quatre mois à trois mois, dans le cas où l'amende et les autres condamnations pécuniaires excèdent 100 fr.

Mais que décider dans l'hypothèse où les condamnations s'élèvent à 300 fr. ?

On soutient, et cette opinion a d'autant plus d'autorité qu'elle est professée par le rapporteur de la loi du 13 décembre 1848, que l'art. 8 de cette loi a proscrit l'opinion de M. Troplong, sur l'art. 35 de la loi du 17 avril 1832, à savoir que, même pour les condamnations qui s'élevaient à 300 fr., la preuve de l'insolvabilité, jointe à l'épreuve d'un *maximum* de quatre mois, donnait droit à la liberté, au moins vis-à-vis de l'Etat. Cela résulte, dit-on, de ce que l'art. 8 a assimilé, pour les condamnations inférieures à 300 fr., la partie civile à l'Etat.

Il semble que cet article ne dit rien de l'Etat pour les condamnations qui s'élèvent à 300 fr., et que, dès lors, il laisse l'art. 35 de la loi de 1832 avec le sens qu'il avait, c'est-à-dire qu'il ne change en rien les éléments de la controverse sous cette loi.

J'avoue que, pour mon compte, il m'est impossible de comprendre que la loi du 13 décembre 1848 ait eu, dans la pensée de ceux qui l'ont faite, pour résultat de priver les condamnés du triste bénéfice de l'insolvabilité que leur accordait l'art. 53 du Code de 1810, bénéfice qui réduisait la durée de la contrainte par corps, à un an pour les crimes, et à six mois pour les délits (1).

Sur la troisième question, la loi du 13 décembre 1848 n'a pas modifié le droit de l'Etat, de renouveler une fois l'épreuve

(1) Voir *contrà*, M. Durand, n. 67, 68 et 69; M. Achille Morin, v° *Contrainte par corps*, n. 9; Molinier, *Programme*, 2e partie, p. 81.

de la contrainte par corps, non pour l'amende, mais pour les frais et restitutions (art. 36, loi du 17 avril 1832).

Dans le système que j'ai combattu sur la seconde question, pour les condamnations qui s'élèvent à 300 fr., il est d'évidence que l'épreuve ne pourrait être renouvelée, puisque, si la dette, comme dette civile, survit à l'exécution de la contrainte par corps déterminée par le jugement, elle cesse au moins d'entraîner la contrainte corporelle, puisque, sans cela, il ne serait pas vrai de dire que la contrainte serait limitée.

L'art. 8 de la loi du 13 déc. 1848 est-il applicable aux condamnations antérieures à cette loi ?

L'art. 8 de la loi du 13 décembre 1848 est applicable même aux condamnations antérieures à cette loi, puisqu'aux termes de l'art. 14, les jugements qui ont prononcé la contrainte par corps, et évidemment ceux qui l'emportent de plein droit, ne doivent recevoir leur exécution qu'avec les restrictions de la loi nouvelle.

La contrainte par corps n'est pas une peine.

De ce que l'épreuve de la contrainte par corps ne peut pas être renouvelée pour l'amende, il n'en résulte pas que la contrainte par corps ait le caractère d'une pénalité, et qu'il faille dire, avec un jurisconsulte, à bon droit repris par M. Troplong, qu'il est juste que l'homme insolvable, *qui ne peut être puni dans son bien, soit puni dans sa personne*. Si la contrainte était une peine substituée à la dette, la dette ne devrait pas survivre, et la dette survit ; seulement elle n'est plus exécutoire que sur les biens. Même sous notre ancien Droit, la règle était que l'*amende*, peine pécuniaire, ne pouvait « être convertie en peine corporelle » (1).

La loi du 22 juillet 1867, en restant fidèle à la pensée de la loi du 13 décembre 1848, a résolu nos trois questions, et elle a encore amélioré la condition des condamnés : 1° elle a abrégé la durée de l'épreuve à laquelle est attachée la présomption *juris* et *de jure* d'insolvabilité : art. 9 : « La durée de la contrainte par corps est réglée ainsi qu'il suit : De deux jours à vingt jours, lorsque l'amende et les autres condamnations n'excèdent

_____

(1) Jousse. t. 1er, p. 73, n. 101.

pas cinquante francs ; de vingt jours à quarante jours, lorsqu'elles sont supérieures à cinquante francs et qu'elles n'excèdent pas cent francs ; de quarante jours à soixante jours, lorsqu'elles sont supérieures à cent francs et qu'elles n'excèdent pas deux cents francs ; de deux mois à quatre mois lorsqu'elles sont supérieures à deux cents francs et qu'elles n'excèdent pas cinq cents francs ; de quatre mois à huit mois, lorsqu'elles sont supérieures à cinq cents francs et qu'elles n'excèdent pas deux mille francs ; d'un an à deux ans, lorsqu'elles s'élèvent à plus de deux mille francs. En matière de simple police, la durée de la contrainte par corps ne pourra excéder cinq jours;

2° La justification en fait de l'insolvabilité, réduit l'épreuve à la moitié de la durée qui lui est assignée par l'art. 9 ;

3° En cas d'insolvabilité constatée, le débiteur mis en liberté après l'expiration du délai légal, ne peut être incarcéré à raison de la même dette.

L'art. 19 reproduit la disposition de l'art. 14 de la loi du 13 décembre 1848, en déclarant qu'elle doit s'appliquer aux condamnations antérieures à sa promulgation. A notre sens, cette disposition n'est que la consécration du droit commun. Les moyens de contrainte et d'exécution forcée ne sauraient, même pour les titres préexistants, survivre à la loi qui les abolit comme trop rigoureuses (1).

Reste une difficulté à examiner :

Quelle est la juridiction compétente pour statuer sur les incidents contentieux qui peuvent s'élever soit sur la durée de la contrainte, soit sur la survenance de moyens de solvabilité?

> Quelle juridiction est compétente pour statuer sur les difficultés relatives à la contrainte par corps?

Cette difficulté a beaucoup d'analogie avec celle que j'ai examinée dans cette leçon sur les incidents relatifs à la durée de la peine. Pour moi, la solution est dans les mêmes principes : les juridictions répressives sont des juridictions d'exception ; les questions de liberté sont des questions urgentes entre

_____

(1) *Contrà*, Duvergier sur l'art. 19, qui induit seulement de l'art. 19 que l'art. 2 du Code civil lie le juge et ne lie pas le législateur.

toutes, et la célérité, vous l'avez vu, a, en matière civile au moins, fait dessaisir la juridiction qui a rendu le jugement, pour saisir la juridiction où l'exécution se consomme (art. 805, Cod. proc. civ.) (1).

(1) *Contrà,* M. Troplong, sur l'art. 36 de la loi du 17 avril 1832, n. 651; M. Coin-Delisle, p. 115, professe que le tribunal civil est le tribunal compétent.

QUINZIÈME LEÇON.

PRINCIPE DU NON-CUMUL DES PEINES. — Fondement rationnel. — Rapprochement de ce principe avec le principe de l'aggravation pour récidive. — Nécessité matérielle, nécessité morale du *non-cumul*. — Historique. — Ancien Droit. — Droit intermédiaire.—Art. 365 et 379, instr. crim. ; ces articles supposent l'existence du principe, ils l'appliquent, mais n'ont pas pour objet de le consacrer ou de déterminer sa portée. — Lorsque l'infraction antérieure à l'irrévocabilité de la première condamnation ne peut entraîner une peine plus grave que la peine prononcée, et qu'il n'y a pas pour cette infraction de complices à poursuivre, une seconde poursuite est-elle facultative ? — Controverse. — Si l'infraction antérieure à l'irrévocabilité de la première condamnation n'entraîne que la même nature de peine, y a-t-il lieu à poursuite quand l'agent n'a pas été condamné au maximum de la peine ?—Controverse.—A quelles infractions le principe du *non-cumul* des peines est-il applicable ? — N'est-il applicable aux délits qu'autant que la Cour d'assises prononce la peine ? — Est-il applicable aux contraventions ? — Vicissitudes de la jurisprudence. — Est-il applicable aux peines accessoires? — Est-il applicable à la confiscation à titre spécial ? — Confusion résultant d'une erreur de terminologie. — Le principe du *non-cumul* est-il applicable aux peines pécuniaires ? — Quel est le caractère du principe du *non-cumul* ? — Est-ce une règle d'exécution qui domine et limite l'autorité de la chose jugée ? — Hypothèses diverses. — Discussion. — Conclusion. —Si le principe du *non-cumul* a été expressément ou tacitement violé, il n'y a de remède que dans les voies de recours et dans la grâce.

————

MESSIEURS,

Je veux aujourd'hui vous expliquer un principe qui joue un grand rôle dans le Droit pénal, le principe du *non-cumul* des peines.

L'agent qui s'est rendu coupable de plusieurs infractions

Objet de la leçon.

Fondement rationnel du prin-

avant toute condamnation, doit-il subir autant de peines qu'il a commis d'infractions?

Au point de vue de la justice morale, celui qui a violé plusieurs fois la loi a plus d'expiations à subir que celui qui ne l'a violée qu'une fois : entre deux agents, qui sont tombés dans le même genre de fautes, le plus coupable est celui qui a le plus souvent failli. Si donc la peine était une expiation morale, il y aurait autant de dettes à acquitter qu'il y aurait eu de fautes.

Mais la peine n'est pas l'acquit d'une dette envers la justice morale; elle a un autre caractère, et c'est ce caractère qui explique et justifie le principe du *non-cumul* des peines, en en limitant la portée.

Le commandement social ne serait pas un commandement s'il n'était pas sanctionné; il est sans doute respectable par lui-même et parce qu'il est l'expression de la souveraineté publique; mais, à ce seul titre et dégagé de sanction, il n'obtiendrait pas le respect de tous : la sanction est toujours pour quelques-uns le seul titre à l'obéissance : la loi menace pour être sûre d'être obéie; la loi frappe quand ses prescriptions ont été violées, pour établir que ces menaces ne sont pas impuissantes et illusoires. L'agent puni n'est pas un instrument d'intimidation à l'encontre des autres agents qui n'ont pas encore failli, un moyen préventif; l'agent puni est puni pour lui-même, puni parce qu'il n'a pas obéi à la loi, parce qu'il n'a pas cru à sa menace et qu'il n'a respecté ni la prescription pour elle-même, ni la prescription à raison de sa sanction pénale.

La légitimité de la peine, comme sanction, c'est sa nécessité : eh bien! l'agent qui a plusieurs fois violé la loi, sans que ses infractions aient encore appelé l'application de la sanction pénale, est présumé n'avoir renouvelé ses infractions que parce qu'il n'a pas assez tôt subi le châtiment de sa faute, que parce qu'il a espéré l'impunité quand la peine se faisait attendre. La société croit et doit croire que les sanctions, à l'aide desquelles elle protége ses commandements, sont efficaces, qu'elles sont suffisantes, et elle manquerait de foi dans ses moyens coercitifs si elle ne *présumait* pas que l'application de la peine, dont elle a déterminé la mesure, aurait empêché le retour de l'infraction de la part du même agent. Sans doute, cette présomption n'est pas une présomption inébranlable, *juris et de jure;* elle ne résiste pas à l'évidence du fait, et quand l'agent *condamné* retombe dans l'infraction, il se charge de démontrer que la sanction appliquée, au moins en ce qui le concerne, n'avait pas assez d'intensité et de rigueur, et alors la société aggrave le châtiment : elle ne se borne plus à appliquer une sanction qui a été convaincue d'impuissance.

Pour bien comprendre le principe du *non-cumul* des peines, il faut le rapprocher du principe de l'aggravation en cas de récidive. Ces deux principes sont, en effet, l'expression d'une même pensée, pensée de haute prudence et de haute raison sociale : l'agent, averti par une première condamnation, qui s'insurge de nouveau contre le commandement, donne un démenti à la loi et ébranle, jusqu'à certain point, la foi qu'elle devait avoir dans la valeur de sa sanction pénale. Au contraire, l'agent, dont toutes les infractions sont antérieures à la condamnation, bien loin de démentir les prévisions législatives, les justifie : une infraction impunie a pu encourager une seconde infraction ; la loi tient compte à l'agent de ce que l'action répressive n'a pu peser sur lui assez vite.

Le principe du non-cumul doit être rapproché du principe de l'aggravation en cas de récidive.

Est-ce à dire que la loi ne devrait alors punir l'agent que de la peine méritée par la première infraction ? Non, vraiment. Si la seconde infraction est d'une nature plus grave, si l'agent a violé un commandement méritant, par son importance, une sanction plus forte, la violation d'une prescription ne saurait être une cause d'immunité pour la violation d'une autre prescription d'un intérêt peut-être de beaucoup supérieur.

Pour que l'agent ne dût toujours subir que la peine de la première infraction, fût-elle la moins importante de celles qu'il a commises, il faudrait que l'impunité de cette première infraction fût la vraie cause des autres infractions, tandis que la cause véritable est dans sa liberté dont il a continué à abuser. La société n'appliquera pas les deux sanctions, mais au moins elle appliquera la sanction la plus forte comme la plus efficace. Elle pourra même, si l'application de cette sanction comporte un *minimum* et un *maximum*, user de la flexibilité de la peine, pour la porter à son degré le plus élevé, à raison des mauvaises tendances qu'elle constate chez l'agent. Ce que les exigences du respect dû à la loi lui interdisent seulement, c'est d'appliquer autant de sanctions diverses qu'il y a eu d'infractions.

Tout ceci vous prépare à bien comprendre comment la loi ne voit de récidive qu'autant que la seconde infraction a été commise depuis l'irrévocabilité de la condamnation pour la première infraction (art. 56 du Code pénal).

Nécessité matérielle du *non-cumul*. Vous savez ce qui, à mon sens, constitue le fondement rationnel du principe du *non-cumul* des peines ; ce principe est quelquefois imposé par une nécessité que j'appellerai matérielle : il est au moins presque toujours imposé par une nécessité morale. Le cumul de plusieurs sanctions dénaturerait chacune d'elles, alors même qu'il serait matériellement possible.

En effet, dans certaines hypothèses, il est d'évidence qu'il y a impossibilité matérielle de faire concourir, même par ordre de succession, les diverses peines.

L'agent a commis deux crimes : l'un emporte la peine de la réclusion, l'autre la peine des travaux forcés à perpétuité ; évidemment la peine de la réclusion ne pourrait être subie par le condamné sans qu'elle diminuât pour lui la durée de la peine des travaux forcés à perpétuité, si l'exécution de cette dernière peine était ajournée jusqu'après l'exécution de la première.

L'intérêt de la répression exige donc, dans ce cas, que la peine la plus forte soit seule appliquée, que la peine la plus forte absorbe l'autre.

Je suppose maintenant que l'un des crimes emporte la peine de mort, et l'autre la peine des travaux forcés à temps.

Sans doute, on pourrait matériellement faire concourir, par Nécessité morale. ordre de succession, l'exécution des deux peines, en faisant subir d'abord les travaux forcés à temps au condamné, et en le privant seulement de la vie après l'expiration de cette peine. Mais, je ne crains pas de le dire, la peine de mort, ainsi appliquée, serait monstrueuse d'inhumanité. La peine de mort, c'est le droit de la société à sa dernière limite, à son point extrême; la peine de mort, déjà si rigoureuse par elle-même, doit se réduire à la simple privation de la vie; elle ne doit pas être aggravée par des tortures accessoires, maté-rielles ou morales; or, la peine de mort, précédée d'une at-tente de plusieurs années dans une maison de force, serait autre chose que la simple privation de la vie.

On dit que chacun des deux crimes, considéré isolément, doit entraîner la part d'expiation que la loi lui a faite, et que celui qui a commis deux crimes doit être de pire condition que celui qui n'en a commis qu'un. Il me semble qu'on peut ré-pondre que le cumul des deux peines les dénaturerait toutes deux; que, par exemple, la peine des travaux forcés à temps au bout de laquelle le condamné voit l'échafaud, ce n'est pas la peine des travaux forcés à temps, au bout de laquelle le con-damné voit la liberté, et que la peine de mort, précédée des angoisses d'une longue détention, n'est pas la peine de mort s'exécutant dans les 24 heures de l'irrévocabilité de la con-damnation, aux termes de l'art. 375 du Code d'instruction criminelle (1).

Si des deux crimes l'un emportait la peine des travaux forcés à perpétuité et l'autre la peine de mort, il est bien évi-dent que l'exécution d'une des peines exclurait l'exécution de l'autre.

Je sais bien que j'ai jusqu'ici choisi les exemples les plus favorables au *non-cumul* des peines; mais je l'ai fait à des-sein, et pour établir que le principe du *non-cumul* n'est pas un principe arbitraire, un principe de faveur, un principe

(1) *Mors que minus pœnœ quam mora mortis habet.* Ovide (Épître d'A-riane à Théséc).

d'exception qui fasse brèche à la règle générale et que l'on doive rigoureusement limiter.

Je suppose maintenant que des deux crimes l'un emporte la peine de la reclusion et l'autre la peine des travaux forcés à temps.

Sans doute l'exécution successive des deux pénalités temporaires est matériellement possible; mais cette exécution successive est-elle désirable, est-elle légitime? Je reconnais qu'au point de vue moral, il n'y aurait rien d'injuste à ce que celui qui a violé deux fois la loi fût deux fois puni et subît une double expiation; mais le pouvoir social ne doit exercer le droit de punir qu'autant qu'il y a intérêt et que dans les limites de cet intérêt. N'y a-t-il pas de sérieuses raisons de penser que la pénalité édictée contre le crime le plus grave et qui peut être appliquée au *maximum*, sera suffisante pour établir que la loi n'est pas impunément violée, et pour protéger la société contre la tentation que le condamné pourrait avoir de se livrer de nouveau à de pareils faits ?

La crainte du *maximum*, voilà ce qui déconcertera et réfrénera l'idée qu'une première infraction, tant qu'elle n'est pas suivie d'une condamnation, est un bref d'impunité pour toutes les infractions de même gravité ou de gravité inférieure qu'il pourrait plaire au malfaiteur de commettre (1).

Historique.
— Droit romain.   La loi romaine n'admettait pas le principe du *non-cumul* des peines : Ulpien disait : « *Nunquam plura delicta concur-* « *rentia faciunt ut ullius impunitas detur; neque enim* « *delictum ob aliud delictum minuit pœnam. Qui igitur* « *hominem subripuit et occidit, quia subripuit, furti, quia* « *occidit, Aquilia tenetur, neque altera actionem alteram*

_____

(1) Cette objection, qui est celle de Farinacius, de Carpzov et de Bœhmer, est très-bien exprimée par Cremani : « *Vereor enim cum doctissimo Boehmero, ne, qui graviori scelere se prius commaculavit, in cœtera minus gravia delicta, quœ tamen Reipublicœ ordinem turbare non desinat, audacius ruat, si sciat ea se impune laturum, nec ultra pœnam priori delicto adnexam quidpiam amplius subiturum fore, si aliquando illius nomen inter reos deferatur.*

« consumit. Idem dicendum, si rapuit et occidit ; nam et vi
« bonorum raptorum et Aquilia tenebitur. »(L. 2. pr. et §§ 1
2, D., De privat. delict. — V. L. 60 D., De oblig. et action.
§ 1, in fine, Inst., si quadrup. paup. fec.) (1).

La solution de la loi romaine fut-elle la solution de notre   Ancien Droit.
ancien Droit ?

Oui, dit Muyart de Vouglans (Des Lois criminelles, liv. II,
tit. II, chap. II, 15° règle); oui, dit Jousse (De la Justice criminelle en France, part. III, liv. II, tit. XXV, art. 7, nos 280
à 288, t. II, p. 643). Toutefois, ces deux auteurs reconnaissent que certaines peines n'étaient pas cumulées. Muyart de
Vouglans professe qu'elles ne devaient être cumulées qu'autant qu'elles étaient compatibles entre elles ; et la preuve que
la compatibilité dont il parlait n'était pas une compatibilité
matérielle, c'est qu'il cite pour exemple d'incompatibilité la
condamnation par le même jugement à la peine de mort et à
la peine des galères ; or, la peine des galères n'était pas nécessairement perpétuelle. L'incompatibilité excluant le cumul,
était donc une incompatibilité morale.

Jousse subordonne également le cumul des peines à leur
compatibilité, et il cite comme exemple de peines incompatibles la mort, le fouet et les galères. Il considère que les
peines pécuniaires sont toujours compatibles avec les peines
corporelles prononcées contre les accusés ; mais il ajoute que
les juges ne peuvent cumuler la condamnation à l'amende et la
condamnation à l'aumône, à moins que l'aumône ne fasse partie de la réparation.

Il semble que, sur ce point, notre ancien Droit n'avait pas
une doctrine bien arrêtée, et que ses solutions au moins

(1) Comme M. Molinier l'a judicieusement fait observer, il n'est question dans ces lois que des délits privés, et il est d'évidence que la partie
lésée, qui avait l'exercice des actions pénales, devait pouvoir obtenir autant de condamnations qu'il y avait de délits privés qui lui causaient
dommage. Quant aux judicia publica, s'il ne pouvait y avoir qu'un seul
accusateur pour chaque crime, il pouvait y avoir autant d'accusations qu'il
y avait de crimes rentrant dans les différentes quæstiones. Voir M. Molinier, qui cite Ayrault, Programme, p. 179 et 180, à la note.

n'offraient pas beaucoup d'unité : Loyseau, dans son *Traité des Seigneuries*, chap. xii, *Des Droits profitables*, présente comme un *proverbe de nos Coutumes* le principe que *la grande amende emporte la petite;* Loysel dit : La plus « grande peine et amende attire et emporte la moindre (1). »

Droit
intermédiaire.

La Constituante écrivit le principe du *non-cumul* des peines dans son Code de procédure pénale (2); le Code du 3 brumaire an iv le conserva (art. 446).

Droit actuel.
— Art. 365,
Code instr. crim.

Ce principe a survécu; il appartient à la loi de fond; mais dans notre législation, comme dans la législation de la Constituante, c'est la loi de procédure qui le consacre, ou plutôt le suppose. Vous lirez les art. 365 et 379 du Code d'instruction criminelle (3-4).

(1) Liv. VI, tit. II, Max. 38.—V. aussi les Coutumes de la ville et septène de Bourges, etc., rubrique II, *Des Coutumes concernant les juges et leurs juridictions*, art. 24. « La plus grande amende attire à soi et emporte la petite. » (*Nouveau Coutumier général de Richebourg*, t. III, p. 906).

(2) L. 16-20 sept. 1791, tit. VII, art. 40.

(3-4) Le Code pénal d'Italie (art. 112, 113, et aussi 108, 109 et 110) et le Code belge (art. 59, 60, 61, 62 et 63), admettent, en le limitant, le cumul des peines, qu'ils n'excluent qu'à titre d'exception, et dans le cas de cette exception ils assignent un maximum à l'aggravation de châtiment qu'entraîne le concours d'infraction. Le Code suédois (chap. iv, §§ 4, 5, 6, 7, 8, 9 et 10), n'admet pas le cumul des peines; mais il attache à l'accumulation des infractions une aggravation dont il fixe la limite.

Dans le Code pénal de l'empire d'Allemagne (Art. 73, 74. Voir toutefois le dernier paragraphe de l'art. 74 et l'art. 75), comme dans le Code pénal français, c'est le principe de non-cumul qui prévaut.

La tendance du Droit pénal européen est dans le sens du cumul des peines; les lois pénales de l'Autriche, de l'Espagne, du Portugal, l'attestent. C'est le triomphe de la théorie qui fonde le droit de punir sur la justice morale.

Les criminalistes qui rejettent le système de l'absorption des peines moindres par la peine la plus grande sont dans un très-grand embarras parce qu'ils n'osent proposer d'additionner toutes les peines attachées aux infractions cumulées, même quand l'exécution de toutes ces peines serait matériellement possible. Ils essayent en conséquence de combiner les peines entre elles, de manière à en former une seule, qui représente toutes les autres : ils sont réduits, ou bien à prendre pour base le principe que la peine la plus forte doit absorber les autres, en y ajoutant comme supplément une aggravation, ou bien à prendre pour point de départ le système du cumul, en le limitant, soit par la diminution des peines de chaque crime pris en particu-

Le premier de ces articles prévoit le cas où les diverses infractions sont comprises dans la même poursuite : il déclare que la peine la *plus forte* sera seule prononcée.

Deux peines de même espèce édictées pour deux crimes différents ne peuvent être cumulées.

Je suppose que chacune des infractions emporte la peine de la reclusion, dont le *minimum* est de cinq ans et le *maximum* de dix ans; l'agent pourra-t-il être condamné à vingt ans de réclusion? Non : la pénalité attachée à chacun des deux crimes est suffisante, dans l'intérêt social, pour les réprimer tous deux : le juge a la faculté de prononcer le maximum de dix ans ; il n'est pas même obligé d'atteindre ce maximum ; il pourrait n'appliquer que le minimum. Vainement objecterait-on que, les deux peines étant de même nature, l'une n'est pas *plus forte* que l'autre, et qu'on ne se trouve pas ainsi dans l'hypothèse de l'art. 365. Le *non-cumul* des peines n'est pas, pour moi, une exception ; c'est un principe fondé sur la justice sociale, et l'art. 365 n'est qu'une de ses applications.

L'art. 379 prévoit le cas où le condamné a été, *pendant les débats*, inculpé sur d'autres crimes que ceux compris dans l'accusation ; il décide que la Cour doit ordonner que l'agent sera,

Art. 379, Code instr. crim.

---

lier, soit par la conversion des peines entre elles ; la transformation des peines peut avoir pour effet de faire passer de peines non infamantes à des peines infamantes. Tous ces systèmes, et il y en a un surtout qui est fort dur, sont écartés par nos principes sur le Droit de punir.

Nous substituons au § 55 du Code prussien par nous cité dans notre 3ᵉ édition, les art. 74 et 75 du nouveau Code pénal de l'empire d'Allemagne. Art. 74. « Quiconque aura, par plusieurs actes distincts, commis plusieurs crimes ou délits, ou plusieurs fois le même crime ou délit, et aura par là encouru plusieurs peines corporelles temporaires, sera condamné à une seule peine, au moyen de l'élévation de la peine la plus forte.

« En cas de concours de peines corporelles de différentes natures, l'élévation portera sur celle qui est la plus grave par sa nature.

La durée de la peine prononcée ne pourra atteindre le montant total des peines encourues, ni excéder quinze ans de reclusion, dix ans d'emprisonnement ou quinze ans de détention.

Art. 75. S'il y a lieu de prononcer la détention conjointement avec l'emprisonnement, chacune de ces deux peines sera appliquée séparément.

Si la peine de la détention dans une forteresse ou celle de l'emprisonnement a été encourue plusieurs fois, il y aura lieu d'appliquer ces deux peines comme si elles avaient été encourues séparément. — La durée totale des peines ne pourra dans ce cas dépasser quinze ans. »

nonobstant la première condamnation, poursuivi, à raison des nouveaux crimes, si ces crimes méritent une peine *plus grave* que les crimes jugés, ou si l'accusé a des complices en état d'arrestation.

Controverse avec MM. Mangin, Faustin Hélie et Ortolan.

Si le crime nouvellement découvert ne mérite qu'une peine moins grave que la peine déjà appliquée, il n'y a aucune nécessité d'une nouvelle poursuite. Pourquoi? Parce que cette poursuite ne pourrait aboutir à l'exécution d'une autre peine.

L'art. 379 ne prévoit pas le cas où le crime antérieur à la condamnation n'est découvert que depuis cette condamnation : si le *non-cumul* des peines n'était qu'une exception, il faudrait dire que la poursuite serait possible et devrait amener l'exécution d'une seconde peine, alors même que le fait n'emporterait qu'une peine inférieure à la peine qui frappe déjà le condamné.
— Mais puisque le *non-cumul* des peines est un principe de raison et d'équité, et qu'il est d'ailleurs d'évidence que la circonstance que le fait non encore poursuivi a été ou n'a pas été découvert avant la condamnation, est absolument sans influence sur la responsabilité de l'agent, je dis qu'une seconde peine inférieure à la peine prononcée ne peut se cumuler avec la première ; mais la poursuite est-elle interdite ?

Dans quel but aurait-elle lieu, dit-on, si elle ne peut aboutir à l'exécution d'une pénalité? Ce serait une procédure frustratoire ; l'action publique n'a plus d'objet.

Je ne saurais admettre cette solution : les condamnations peuvent concourir, bien que les peines doivent se confondre en une seule ; il n'est pas vrai que le fait nouvellement découvert cesse d'être punissable, parce que la peine qu'il emporte est moins grave que la pénalité déjà appliquée. L'action publique n'est pas éteinte par cela seul que la peine ne peut pas recevoir son exécution. La déclaration de culpabilité n'est pas sans utilité sociale, c'est un hommage rendu à la puissance de la loi.

Je ne puis donc m'associer, sous ce rapport, aux critiques

qu'un éminent jurisconsulte (1) a adressées à un arrêt de la
Cour de cassation du 6 mai 1826.

Le plus souvent, le point de savoir si le fait non purgé doit
donner lieu à une peine plus grave que le fait déjà purgé, ne
pourra s'apprécier que par le résultat d'une instruction et d'un
débat : comment donc exclure *à priori* la possibilité d'une nouvelle poursuite? Il n'y a pas de fin de non-recevoir; il y a seulement pour le ministère public une question d'opportunité et
d'à-propos.

Si le crime antérieur à la condamnation, mais découvert
depuis, entraîne une peine plus grave, il est bien évident
qu'il y a lieu à nouvelle poursuite, et que, si la peine plus
grave est prononcée, elle absorbera l'autre, et sera seule
exécutée.

Si le crime découvert postérieurement à la condamnation
n'emporte que la même nature de peine, il y a toujours lieu à
nouvelle poursuite, lorsque le maximum de cette peine n'a pas
été déjà appliqué. La différence entre la peine dont il a été
fait application et le maximum constituera la pénalité disponible (2).

(1) M. Mangin, *De l'Action publique*, t. II, p. 486, n. 458. Il faut lire
sur la doctrine de M. Mangin une excellente note de M. Devilleneuve, à
l'occasion du procès Lafarge, 41.1.883, et les observations de M. Faustin
Hélie, *Inst. crim.*, t. III, p. 766. L'opinion de M. Mangin a laissé ses traces dans la *Théorie du Code pénal*, t. I, p. 248, 3e édition.—*De l'Exécution
des peines*, ch. VIII. — M. Ortolan professe l'opinion de M. Mangin, *Eléments de Droit pénal*, p. 765, à la note. Cette opinion est aussi développée
dans un article de M. Thierriet, *Revue de Législ.*, t. XIII, p. 483. Voir dans
notre sens, Cour de Montpellier, 17 octobre 1844, et Ch. crim., 3 janvier
1867. — Dalloz, 45.2.63 et 67.1.185. — *Revue critique*, t. XXXI, p. 392.
—L'art. 60 du *Code de justice militaire*, pour l'armée de terre, fournit un
argument puissant en faveur de notre théorie : « Lorsqu'un justiciable des
conseils de guerre est poursuivi en même temps pour un crime ou pour un
délit de la compétence des conseils de guerre, et pour un crime ou délit de
la compétence des tribunaux ordinaires, il est traduit *d'abord* devant le tribunal auquel appartient la connaissance du fait emportant la peine la plus
grave, et *renvoyé ensuite, s'il y a lieu, pour l'autre fait, devant le tribunal
compétent.* » Voir aussi l'art. 109 du Code de justice militaire pour l'armée de mer.

(2) *Sic*, Cass., 8 nov. 1824; Sir., 25.1.81; *Revue critique*, t. XXXI, p.
387.

La Cour de Rouen a jugé, le 21 avril 1853, que l'agent condamné pour un délit à un emprisonnement dont la durée excède le maximum de l'emprisonnement applicable à un délit
antérieur non poursuivi, ne peut être condamné pour ce dernier délit, s'il vient à être découvert, bien que le maximum de
la pénalité appliquée au condamné n'ait pas été épuisé. De
savants arrêtistes ont critiqué cette solution. Il y a un disponible,
disent-ils : oui, sur le délit déjà condamné, mais il n'y a pas de
disponible sur le délit à juger ; or, ce n'est qu'autant que le
maximum de pénalité applicable à l'infraction non jugée et
nouvellement découverte n'a pas été appliqué que la différence
peut être utilisée. Mais le nouveau juge est obligé d'imputer la
condamnation déjà prononcée, non sur le fait puni, mais sur le
fait qui lui est soumis (1).

Un auteur, qui a écrit des pages judicieuses sur le droit
pénal, a soutenu qu'une seconde poursuite ne pourrait avoir
lieu, pour un crime antérieur à la condamnation, qu'autant que
le fait à poursuivre emporterait une peine d'une nature plus
grave que la nature de la peine déjà appliquée, et il donne de
cette solution deux raisons : 1° le procureur général n'aurait
pas à ordonner, aux termes de l'art. 379, Cod. inst. crim., la
suspension d'exécution de la première peine, si la peine à appliquer était de même nature, puisque l'exécution serait toujours une exécution profitable au condamné ; 2° si l'on suppose,
par exemple, que la première condamnation est de sept ans de
réclusion, il ne restera plus que trois ans de disponibles sur
cette peine ; la seconde Cour d'assises prononcera donc une
reclusion de trois ans, quand le minimum de la reclusion est
de cinq ans : ce serait une violation de l'art. 21, Code pén.
La seconde Cour d'assises, dit cet auteur, prononcera-t-elle
une peine dans les limites du minimum et du maximum, avec
déclaration qu'une partie de sa condamnation se confondra,
dans l'exécution, avec la première condamnation ? Mais alors
elle statuera sur l'exécution de son arrêt et empiétera sur le

(1) Devill. et Car., 54.2.27.

domaine du ministère public; il invoque les art. 165 et 167,
Cod. inst. crim. (1).

Il ne faut pas s'arrêter à cette argumentation : il y a deux
dispositions dans l'art. 379 ; la dernière a trait à la suspension
de l'exécution qui doit avoir lieu dans deux cas : premier cas,
découverte d'un fait qui peut entraîner contre le condamné une
peine plus grave; second cas, fait non compris dans l'accusation, à raison duquel le condamné a des complices qui sont ou
vont être poursuivis.

La première disposition impose à la Cour le devoir d'ordonner une seconde poursuite dans ces deux cas, et c'est dans
la première disposition que se trouvent les mots : *si les crimes
nouvellement manifestés méritent une peine plus grave*. Je ne
crois pas qu'il faille dire, comme on l'a fait, que ces mots n'ont
pas le même sens dans les deux paragraphes de l'art. 379 ;
le second paragraphe, se référant au premier, se réfère évidemment aux mots dont il s'agit avec la signification qu'ils ont,
et cela sans la dénaturer.

Ce qu'il faut dire, c'est que l'article 379 est, non pas la consécration du principe de *non-cumul* des peines, mais sa conséquence, qu'il est une des applications de ce principe ; ce qu'il
faut dire, c'est ce qu'on a déjà dit sur le point de savoir si la
découverte, depuis la clôture du premier débat, d'un fait pouvant entraîner un châtiment plus grave, comporte une seconde
poursuite. On n'était pas évidemment dans les termes de l'art.
379, et cependant on appliquait le principe du *non-cumul;* il
s'agit, non d'une disposition exceptionnelle, mais d'un principe
de droit commun que notre législation pénale suppose et n'écrit
pas, justement parce qu'il la domine. L'art. 379, § 1, indique
dans quel cas il y a obligation pour la Cour d'ordonner la poursuite; il n'a pas pour but de déterminer à quelles conditions
le principe du *non-cumul* interdira au ministère public la faculté de poursuivre.

La seconde objection n'a pas plus de valeur : la seconde

(1) M. de Molène, *De l'Humanité dans les lois*, p. 163 à 178.

Cour, en appliquant la même nature de peine, n'aura à sa
disposition, à raison de la nécessité de l'imputation, que la
partie non encore épuisée par la précédente condamnation.
Qu'importe que cette partie soit inférieure au minimum, puisqu'il ne s'agit pas d'une condamnation distincte et indépendante de la première, puisqu'il ne reste qu'à faire ce qu'aurait fait la première Cour d'assises, si tous les faits eussent pu
être compris et enveloppés dans le même débat? La première Cour d'assises a prononcé sept ans de réclusion, la
seconde Cour trois ans : la seconde Cour d'assises, après tout,
se borne à appliquer la peine édictée contre l'infraction qu'elle
juge; seulement elle s'approprie la portion de peine déjà
épuisée, s'en contente ou y ajoute.

Mais la juridiction répressive statue ainsi sur une question
d'exécution! Elle ne vide pas un incident, elle le prévient;
elle précise la portée de son arrêt. Le ministère public, d'ailleurs, est l'intermédiaire, et non le juge de l'exécution.

Supposez que l'infraction antérieure à la condamnation,
mais découverte depuis, est passible d'une peine d'un degré
inférieur à la peine prononcée, qui n'a pas été portée au
maximum : par exemple, une condamnation aux travaux
forcés a été limitée à 15 ans ; pourrait-on, à raison d'un vol
simple, qui n'entraîne qu'une peine d'emprisonnement, poursuivre le condamné et lui faire appliquer cinq années de
travaux forcés? Il semble que l'on pourrait dire que la juridiction saisie en second lieu serait présumée faire ce qu'aurait fait la première, si elle eût eu à apprécier simultanément
les deux faits. N'aurait-elle pas pu condamner à 20 ans de
travaux forcés pour le crime et pour le délit ? Oui, assurément. Or, qu'importe que les deux faits aient été jugés en
deux fois?

Mais d'abord, le vol, poursuivi séparément, est de la compétence de la juridiction correctionnelle ; or, comment cette
juridiction prononcerait-elle une peine afflictive et infamante?
En second lieu, la pénalité déjà appliquée, étant imputée sur
le délit, ne laisse aucun disponible, puisqu'elle dépasse de

beaucoup les nécessités de répression de ce délit. C'est sous une autre face la difficulté jugée par la Cour de Rouen (1).

A quelles infractions le principe du *non-cumul* des peines est-il applicable ?

A quelles infractions le principe du *non-cumul* est-il applicable?

Il est incontestablement applicable au cas de concours de plusieurs crimes antérieurs à une condamnation devenue ir-révocable et au cas de concours d'un crime et d'un délit.

Est-il applicable au cas de concours de deux délits ?

Est-il applicable au concours de délits ? — Discussion.

Un de nos plus éminents jurisconsultes a émis des doutes sur ce point ; il n'a pas demandé mieux que d'admettre le principe du *non-cumul*, quand la connaissance des divers délits était déférée au jury, parce que les art. 565 et 379 sont sous la rubrique *des affaires soumises au jury ;* mais il a pensé que ce serait peut-être dépayser les art. 365 et 379, que d'en confier l'application aux tribunaux correctionnels.

En supposant même que le principe du *non-cumul* des peines dût sa consécration aux art. 365 et 379, est-ce que ce principe appartiendrait plutôt au jury qu'aux tribunaux cor-rectionnels ? Est-ce qu'il y aurait quelque chose de spécial qui le rattacherait à une juridiction spéciale ? Est-ce qu'il consti-tuerait une règle de procédure ?

Pour ceux qui voient dans les art. 365 et 379 un hommage au principe du *non-cumul* des peines, une conséquence du principe et non sa consécration, pour ceux qui l'appliquent en dehors de ces textes, il est bien évident que la question de juridiction est une question indifférente, et que l'auteur de plusieurs délits antérieurs à toute condamnation n'est exposé qu'au *maximum* de la peine qu'entraîne le fait le plus grave (2).

L'art. 60 de la loi des 9 juin-4 août 1857(C. de justice mili-taire pour l'armée de terre) tranche aujourd'hui la question, puisqu'il décide qu'en cas de concours de deux infractions, dont l'une est de la compétence des conseils de guerre, l'autre de la compétence des tribunaux ordinaires, s'il y a double condam-

(1) Voir toutefois *Revue de Législation*, t. XIII, p. 485.
(2) Cass., 25 fév. 1857, Devill. et Car., 57.1.389.

nation, la peine la plus forte est seule *subie*. N'aurait-il pas fallu, conformément à la terminologie de l'art. 365 C. instr. crim., terminologie dont je vais bientôt indiquer les conséquences, écrire *prononcée* ? L'art. 135 est encore plus explicite.

Les art. 109 et 165 de la loi des 4-15 juin 1858 (Code de justice militaire pour l'armée de mer) reproduisent les mêmes dispositions et fournissent le même argument.

Le principe du *non-cumul* est un principe applicable à toutes les infractions atteintes de peines criminelles ou correctionnelles, sauf les exceptions écrites dans la loi et les exceptions qui résultent du caractère de réparation civile attaché à certaines amendes ; s'il ne régit pas les lois spéciales antérieures à la promulgation des Codes criminels et qui sont maintenues en vigueur par l'art. 484 du Code pénal, ce n'est qu'autant que le juge n'a à appliquer que les peines édictées par ces lois ; mais si, parmi les infractions poursuivies, il en est qui soient réprimées par la loi commune, la règle de l'article 365 reprend son empire. (Cassation, 27 décembre 1862 ; Cour d'Amiens, 21 mars 1863. Sirey, 1863.1.-218).

Est-il applicable au concours de contraventions ? — Discussion. Le principe du *non-cumul* des peines est-il applicable au concours de contraventions ?

La Cour de cassation a longtemps dit oui (1), et elle a rendu de nombreux arrêts en ce sens, de 1837 à 1842.—Mais en 1842, elle a abandonné cette jurisprudence, et s'est, sur les conclusions de M. Dupin, ralliée à la doctrine à laquelle elle avait d'abord résisté (2).

La solution nouvelle est fondée sur deux motifs : le premier, c'est que l'art. 365 ne parle que de crimes et de délits ; le second, c'est que les contraventions ne sont, le plus souvent, que de simples infractions ou omissions, négligences ou désobéis-

(1) V. notamment, arr. Cass., 23 mars 1837 ; 19 mars 1841 ; 13 mai 1841 ; Devill., 37.1.365 ; 42.1.244 ; 41.1.517.

(2) Voir, arrêt 7 juin 1842, ch. réun., Devill., 42.1.497. Il faut lire le réquisitoire remarquable de M. Dupin. — Dans le même sens, Cass., 25 janv. 1845 ; 19 janv. 1849 ; 17 mai 1851 ; Devill. 45.1.65 ; 50.1.349 ; 51.1. 376 et 380 ; et encore, 22 juillet 1852 et 9 mars 1854 ; Devill., 52.1.682 ; 54.1.576.

sances, sans intention de celui qui les a commises, à des lois ou à des règlements de police. Ce second motif est, à mon sens, le véritable élément de décision ; le premier motif n'est pas d'une grande importance, si l'art. 365 est, non la consécration, mais le corollaire du principe.

La pénalité en matière de contravention, est soumise à des principes spéciaux. Il n'y a de récidive qu'à la double condition : 1° que la nouvelle contravention se produise dans les douze mois qui suivent un premier jugement pour contravention ; 2° que cette contravention soit commise dans le ressort du même tribunal. Tout cela n'indique-t-il pas qu'il s'agit bien moins de punir une résistance volontaire à des commandements sociaux que d'exciter à plus de surveillance et de réflexion (1)?

Le maximum, d'ailleurs, de la pénalité applicable à la contravention la plus grave, est trop peu élevé et offre trop peu de latitude aux juges pour réprimer, avec une seule peine, des contraventions multipliées.

Remarquez bien que la solution que j'adopte n'est pas subordonnée à la condition que ce soit le tribunal de simple police qui statue ; elle est indépendante de la question de juridiction, et je l'appliquerais alors même que la Cour d'assises prononcerait la peine de contraventions cumulées.

Doit-on appliquer le principe du *non-cumul* aux peines accessoires ?

Est-il applicable aux peines accessoires ?

Il semble, à ne consulter que superficiellement la jurisprudence de la Cour de cassation, que la négative, sur cette question, est aujourd'hui à l'abri de toute controverse. De nombreux arrêts décident, en effet, que le renvoi sous la surveillance de la haute police doit être prononcé, bien que la peine de l'infraction la plus grave ne l'entraîne pas comme conséquence, s'il est attaché à l'infraction la moins grave.

Mais, en examinant les espèces de ces arrêts, on ne tarde pas à se convaincre qu'il n'était pas question du renvoi sous

(1) Art. 58 du Code pénal belge.

la surveillance de la haute police, véritablement peine *accessoire*, c'est-à-dire du renvoi qui n'a pas besoin d'être écrit dans la condamnation ; il s'agissait, non du renvoi prévu par les art. 46 et 47 du Code pénal, mais du renvoi prévu par l'art. 50.

Or, j'ai beaucoup insisté sur cette remarque, que autre chose est la *peine accessoire*, autre chose la *peine complémentaire*. On comprend très-bien qu'une peine spéciale, liée, non à la peine principale, mais à l'infraction elle-même à raison de certains caractères spéciaux, ne doive pas être écartée, parce que l'agent, indépendamment de l'infraction spéciale, a commis une autre infraction entraînant une peine plus forte.

Ainsi, l'escroquerie est punie d'un emprisonnement d'un an à cinq ans (art. 405, Code pén.) ; elle n'entraîne pas la surveillance de la haute police. Le vagabondage est puni d'un emprisonnement de trois à six mois, et de plus du renvoi sous la surveillance de la haute police, de cinq à dix ans ; ce renvoi est obligatoire (art. 271, Code pén.).

L'agent, convaincu tout à la fois d'escroquerie et de vagabondage, ne sera puni que de la peine principale de l'escroquerie ; mais il devra subir la peine complémentaire, additionnelle du vagabondage, le renvoi sous la surveillance de la haute police (1).

Confusion
résultant

Ce qui explique la confusion, c'est que l'expression *peine*

(1) Voir Cass., 23 sept. 1837 ; 12 sept. 1844 ; 24 avril 1847 ; 13 juin 1853 ; Nîmes, 24 janv. 1852. — Devill., 37.1.1034 ; 44.1.239 ; 47.1.688 ; 53.1.461 ; 52.2.43. — Cass., 6 mars 1856 ; — et 13 mars 1856. — Devill. et Car., 56.1.625. Voir toutefois Cass., 7 juillet 1854, Devill. et Car., 54.1. 592. — Notre solution est consacrée par les art. 76 et 77 du Code pénal de l'empire d'Allemagne. — Art. 76. « La condamnation à une seule peine pour plusieurs infractions, n'exclut pas l'interdiction des droits civiques, lorsque celle-ci peut ou doit être prononcée accessoirement à l'une des peines encourues. — Le jugement pourra aussi prononcer le renvoi sous la surveillance de la police, lors même que cette peine ne serait attachée qu'à l'une des infractions. — Art. 77. Lorsqu'il s'agira d'appliquer la peine des arrêts conjointement avec une autre peine corporelle, la première sera prononcée séparément. » — Voir aussi l'art. 111 du Code pénal italien. — Code suédois, chap. IV, § 11.

principale a un double sens : elle est employée tantôt par opposition à la *peine additionnelle*, tantôt par opposition à la *peine*
accessoire, de résultance.

Un arrêt de la Cour de Paris, du 7 juin 1851 (1), a consacré
la doctrine que la peine véritablement accessoire ne devait pas
recevoir son exécution, quand la peine principale à laquelle elle
était attachée ne pouvait être prononcée, parce qu'elle était
absorbée par une peine plus forte ; s'il en était autrement, on
admettrait un effet sans cause. Ainsi, l'agent poursuivi à raison de deux crimes, dont l'un serait puni des travaux forcés à
temps, et dont l'autre serait puni des travaux forcés à perpétuité, ne serait pas soumis au renvoi sous la surveillance de
la haute police, s'il avait été condamné à la peine perpétuelle,
et que plus tard il lui fût fait remise, sans condition, de cette
peine (2).

Les peines pécuniaires comportent-elles l'application du principe du *non-cumul ?*

Oui, la loi ne distingue pas entre les peines corporelles et les
peines pécuniaires ; la jurisprudence, longtemps flottante, s'est
fixée dans ce sens (3).

Les peines de confiscation spéciale, à raison de plusieurs
crimes, délits ou contraventions, doivent toujours être cumulées. Notre Code pénal aurait peut-être dû le dire ; mais la rai-

---

(1) Devill., 51.2.351.—Voir aussi Muyart de Vouglans, les *Lois crimi-*
nelles, liv. II, tit. II, 15ᵉ règle, *in fine.*

(2) M. Blanche ne fait pas de distinction entre les deux hypothèses, et il
professe d'une manière absolue dans la seconde comme dans la première
que le principe du non-cumul ne s'applique qu'aux peines qui peuvent se
comparer, nᵒ 201.

(3) V. Arrêts de Cass. des 3 oct. 1835, 26 janv. 1837, 17 mai et 2 juin
1838, 28 fév. 1857, 4 mars 1859, 12 janv. 1860. — Blanche, n. 306, 307
et 308. — Le Code de l'empire d'Allemagne, dans son art. 78, a adopté
une solution contraire à la nôtre : « Les amendes encourues pour plusieurs infractions, soit comme peine unique, soit conjointement avec une
peine corporelle, seront additionnées. » — L'art. 59 du Code pénal belge
contient une disposition analogue ; mais ce Code admet le cumul des peines
en cas de concours de délits et de contraventions ; il n'exclut le cumul
qu'en cas de concours de crimes et en cas de concours d'un crime avec des
délits ou avec des contraventions.

son qui impose la confiscation ne permet pas de laisser aux mains du condamné coupable de plusieurs infractions, soit le corps, soit le produit, soit l'instrument du délit. Le Code pénal belge formule expressément cette solution dans son art. 64.

Est-il applicable à la confiscation à titre spécial ?

Le principe du *non-cumul* serait inapplicable aux amendes qui auraient le caractère de réparations civiles (1).

Au reste, il est bien entendu que je ne m'occupe que de la règle, et non des exceptions : en matière de crimes et de délits, le principe du *non-cumul* a subi des limitations et des restrictions. Des dispositions exceptionnelles peuvent l'écarter, et l'ont écarté (2).

Voilà bien des difficultés ; il en est pourtant d'autres encore, et de plus ardues peut-être, parce qu'elles n'ont guère été explorées (3).

Caractère du principe du *non-cumul*.

Quel est au juste le véritable caractère du principe du *non-cumul* ? A-t-il une force propre, indépendante du jugement qui peut le consacrer ? En d'autres termes, n'est-il efficace qu'autant qu'il est écrit, sanctionné dans la dernière condamnation ? Est-ce un principe qui régisse l'exécution, et qui survive à l'autorité du jugement qui l'a méconnu ou, par ignorance du fait, n'en a pas tenu compte ?

La question ne peut guère se présenter quand les diverses infractions sont comprises dans le même débat et purgées par la même condamnation ; le juge n'appliquera pas deux fois une peine d'une même classe, ni deux peines de classes différentes. S'il le faisait, s'il violait ainsi ouvertement les prescriptions de l'art. 365 du Code d'instruction criminelle, je ne crois pas qu'il fût douteux qu'un pourvoi fût nécessaire pour libérer le condamné d'une des deux peines : le mal-jugé peut acquérir l'autorité de la chose jugée, sauf le remède de la grâce ou de l'art. 441 du Code inst. crim.

(1) *Sic*, Cass., 3 janv. 1856. — *Contrà*, Cass., 29 janv. 1851. — *Quid* pour la confiscation ? — Voir M. Blanche, n. 79 ; Cass., 6 et 13 mars 1856.

(2) Voir art. 4 de la loi du 19 déc. 1850, sur l'habitude d'usure.

(3) Voir cependant sur cette question M. de Molène, *Traité pratique des fonctions du procureur du roi*, t. II, p. 15 à 20.

Ce que je veux constater seulement, c'est que, dans cette hypothèse, le principe du *non-cumul*, écarté par le jugement, ne pourrait être invoqué par le condamné ; il n'aurait pas le caractère d'un principe d'exécution plus puissant que le jugement.

Mais je suppose que les deux crimes ont été l'objet de deux poursuites successives : l'agent a été condamné contradictoirement à dix ans de travaux forcés ; il s'est dérobé à la peine ; il est poursuivi à raison d'un autre fait antérieur à la première condamnation ; il se garde de révéler ses antécédents à la Cour d'assises ; il espère peut-être un acquittement ; il est frappé d'une condamnation à dix ans de réclusion ; il ne se pourvoit pas dans les délais contre le second arrêt : pourra-t-il, malgré l'autorité des deux décisions, se soustraire à l'exécution de l'une des deux pénalités prononcées ?

Hypothèses
diverses.
— Discussion. —
Conclusion.

Oui, si le principe du *non-cumul* des peines est un principe édicté plutôt comme règle des obligations du ministère public, chargé d'assurer l'exécution des condamnations, que comme un principe à appliquer par l'autorité judiciaire. — Non, si le principe du *non-cumul* n'est qu'un principe qui doit servir à mesurer la condamnation à prononcer, et s'il appelle la sanction du juge.

Eh bien, à quelle adresse est le principe du *non-cumul* des peines, au moins dans les applications que la loi en a faites ? Est-ce à l'adresse du pouvoir exécutif, ou est-ce à l'adresse du pouvoir judiciaire ?

Que dit l'art. 365, Code d'instruction criminelle ? « En cas « de conviction de plusieurs crimes ou délits, *la peine la plus* « *forte* sera seule *prononcée.* »

Ainsi, interdiction au juge de cumuler les deux peines.

Ce principe, comme tous les autres principes du Droit pénal, est sous la sauvegarde du pouvoir judiciaire ; conséquemment, si le principe a été opposé avant la condamnation, et s'il a été méconnu, il nécessite l'emploi des voies de recours ; s'il n'a pas été opposé, et que, dans l'ignorance des faits qui donnaient lieu à son application, on n'en ait pas tenu compte, et

Sanction
du principe
du *non-cumul.*

c'est notre hypothèse, la question est plus sérieuse. Ne pourrait-on pas autoriser le condamné à soulever une question d'interprétation, à revenir soit devant la juridiction dont la seconde condamnation émanerait, soit devant le tribunal civil, comme juge des questions d'exécution, pour faire décider que la plus forte des peines écrites dans les deux condamnations serait seule exécutée? Le condamné dirait : On n'a pas méconnu un principe dont je ne me suis pas prévalu ; la pénalité n'a été prononcée que sous la condition que je n'aurais pas encouru ou que je n'encourrais pas une condamnation à une peine plus forte qui l'absorbât.

Mais on n'interprète que ce qui est équivoque, et il serait bien difficile d'incorporer à la seconde condamnation les conditions et les restrictions tacites à l'aide desquelles on essaierait de la corriger.

Je crois que la plus sûre espérance du condamné serait dans la grâce ; qu'il n'aurait aucun recours judiciaire.

Si l'on renversait l'hypothèse, et que la seconde Cour d'assises, dans l'ignorance d'une première condamnation à dix ans de réclusion, eût prononcé dix ans de travaux forcés, la question comporterait plus de doute, puisque, après tout, elle n'aurait fait que ce qu'elle eût dû faire, si elle eût connu la véritable situation de l'agent. Avait-elle besoin de dire que la peine des travaux forcés absorberait la peine de la réclusion? De quel texte ferait-on résulter cette obligation pour elle ? De ce qu'il est bien facultatif à la Cour, quand elle la connaît, d'expliquer que la première condamnation se confondra dans la seconde, peut-on légitimement conclure qu'elle a violé l'art. 365, quand elle a négligé cette précaution ? Pourquoi appliquer à la seconde condamnation, prononcée dans l'ignorance du précédent judiciaire, une règle autre qu'à la condamnation prononcée en pleine connaissance de cause ?

Ces objections ne sont pas sans force ; cependant, je crois que si le condamné n'use pas des voies de recours, il pourra subir les deux peines..... S'il eût fait connaître sa position, ce n'est peut-être pas dix ans, mais vingt ans de travaux for-

cés que la Cour eût appliqués ; sa réticence ne saurait lui profiter.

S'il se pourvoit, la Cour de cassation, en cassant, devra renvoyer devant une Cour d'assises qui appréciera comment elle
doit mesurer la peine.

Des jurisconsultes d'une grande autorité (1) ont semblé appliquer au principe du *non-cumul* un caractère bien différent ;
ils considèrent que ce principe fait obstacle à l'exécution entière
de deux condamnations successives, qui, même rapprochées et
réunies, ne violent pas le principe de l'art. 365. Ils supposent
qu'un agent a été d'abord condamné à huit ans de travaux forcés, puis à douze ans de travaux forcés, par un second arrêt,
pour un fait antérieur à la première condamnation. Le réunion
des deux peines n'excède pas le maximum, vingt ans ; cependant ils professent que le condamné, et cela de plein droit, ne
subira que douze ans de travaux forcés, bien que le second arrêt n'ait pas dit que la seconde peine se confondra, jusqu'à due
concurrence, dans la première (2).

A plus forte raison décideraient-ils que le principe du *non-
cumul* ferait obstacle à l'exécution des deux condamnations,
dont chacune, prise isolément, serait conforme à la loi, mais
qui, rapprochées, excéderaient le maximum de la plus forte
peine : *exempli gratia,* si chacune des deux condamnations in-
fligeait quinze ans de travaux forcés.

Dans l'hypothèse que ces auteurs prévoient, je crois que, sauf
les questions d'interprétation qui pourraient s'élever, le condamné devrait subir vingt ans de travaux forcés ; car il restait
à la seconde Cour, pardonnez-moi le mot, *un disponible* de
douze ans.

Dans l'hypothèse qu'ils n'ont pas prévue de trente ans de
travaux forcés, résultat de deux condamnations successives, je
crois que le condamné, qui ne se serait pas pourvu contre le

(1) *Théorie du Code pénal,* t. Ier, p. 245, 3e édition.
(2) Cass., 24 avril 1856.—Devill. et Car., 56.1.627.

dernier arrêt, serait à la discrétion du pouvoir exécutif, qu'il ne pourrait réclamer aucun secours judiciaire (1).

Cette doctrine est bien dure, je ne me le dissimule pas, mais la grâce est là pour corriger les conséquences du Droit ; un arrêt de la Cour d'Angers, du 25 mai 1832, a admis la solution que je vous propose (2).

Les auteurs dont je viens de combattre l'opinion reconnaissent que leur solution n'a pas la sanction de la jurisprudence, lorsqu'il s'agit de peines d'une même classe appliquées par des condamnations diverses. Je ne crois pas que la jurisprudence admette que, dans le cas même où il s'agit de peines de classes différentes, écrites dans des condamnations successives pour des faits antérieurs à la première condamnation, la plus grave des condamnations absorbe l'autre de plein droit.

Ce résultat, qui est dans la pensée de la loi, doit être consacré explicitement ou au moins implicitement par le jugement.

Si la seconde juridiction refuse sa consécration au principe du *non-cumul*, il existe des voies de recours ; elles doivent être utilisées.

Encore une fois, le principe du non-cumul des peines n'est pas au-dessus de l'autorité de la chose jugée (3).

---

(1) Voir toutefois art. 441, *Cod. d'instr. crim.*, et Faustin Hélie, t. III, p. 645 et suiv.

(2) Devill., 32.2.334. — *Contrà*, Molinier, *Programme*, p. 186, 187. — Une circulaire du ministre de l'intérieur du 12 novembre 1867 (Dalloz, 68. 3.20), prévoit ces hypothèses et paraît supposer que les questions de confusion de peine peuvent être tranchées par le procureur général ou par le ministre de la justice. Si telle est la pensée de cette circulaire, elle est évidemment erronée. — Voir arrêt de la Cour d'assises du Doubs du 20 juillet 1860 (Dalloz, 60.2.150). — Le Code suédois, ch. IV, § 8, admet la possibilité d'une rectification judiciaire.

(3) La loi française ne prévoit pas par une disposition expresse, le cas où le même fait constituerait plusieurs infractions ; il est d'évidence qu'une seule peine pourrait être prononcée et que cette peine serait la peine la plus forte, par sa nature ou au moins par sa quotité. C'est la solution formelle

de l'art. 65 du Code pénal belge, et de l'art. 73 du Code pénal de l'empire d'Allemagne.

La Commission du sénat belge avait fait des objections contre l'art. 65 : « Un individu, disait-elle, chasse en temps prohibé, voilà un délit ; il chasse sans port d'armes, voilà un autre délit commis en même temps, mais distinct du premier. Autre exemple : quelqu'un cherche à introduire un objet en fraude dans le pays ; des douaniers veulent l'arrêter ; il les attaque et les blesse ; la fraude restera-t-elle impunie parce que le fraudeur aura encouru l'application du Code pénal ?

« Pour empêcher qu'on ne donne à l'article une interprétation erronée, votre Commission vous propose la rédaction suivante : « Lorsque différents actes concourant au même fait, constituent plusieurs infractions, la peine la plus forte sera seule applicable. »

Dans la première hypothèse prévue par la Commission, il n'y a qu'un fait, et deux infractions ; une seule peine doit être appliquée.

Dans la seconde hypothèse, il y a deux faits, le fait d'introduction d'objets en fraude, et le fait très-distinct d'avoir blessé des douaniers.

Mais cette distinction, qui pourrait avoir une grande importance au point de vue du Droit pénal belge, n'en saurait guère avoir dans notre Droit qu'en matière de contraventions. Le Code suédois (chap. IV, § 1er) résout ainsi le problème : « Si une action renferme plusieurs infractions et que la peine soit plus dure pour l'une d'elles que pour l'autre, la peine la plus dure sera prononcée ; si chacune d'elles est punie de la même peine, celle-ci sera prononcée... L'infraction pour laquelle une peine particulière n'est pas prononcée, sera dans ces deux cas considérée comme circonstance aggravante... Il en sera de même, si une action renferme des infractions qui, à certains égards, sont punies de différentes peines. »

SEIZIÈME LEÇON.

Transition de l'explication du premier livre à l'explication du second livre
du Code pénal.—Conditions de l'imputabilité.—Art. 64 du Code pénal.
—*Intelligence* au moment de l'infraction. — Variétés de la démence. —
Démence partielle.—Ivresse.—Distinctions proposées, rejetées.—Degrés
de l'ivresse. — Démence survenue depuis l'infraction ou depuis la condamnation. — *Liberté.* — La contrainte morale doit-elle être assimilée à
la contrainte physique? — Le paroxysme de la passion n'est jamais réputé une contrainte morale. — Art. 327, 328 et 329 du Code pénal. —
Choix de quelques questions soulevées sur ces articles. — Question de
l'obéissance passive. — Questions du droit de légitime défense. —Du cas
où le péril est imputable à celui qui veut le conjurer. — La nécessité
actuelle de la défense des biens n'affranchit-elle jamais l'homicide de
pénalité?—Question du droit de résistance aux actes illégaux de l'autorité. —C'est à l'agent qu'incombe l'obligation de renverser la présomption d'intelligence et de liberté. — Art. 1116 et 2268 du Code civil. —La
bonne intention soustrait-elle l'agent à la répression? — *Quid* du consentement de la partie lésée?—La loi pénale atteint-elle l'homicide exécuté par ordre de l'homicidé? — Discussion. — Conclusion. —Caractère
du dol en matière pénale.

MESSIEURS,

Transition.   L'ordre légal appellerait aujourd'hui l'explication de l'aggravation de pénalité attachée à la circonstance de la récidive,
c'est-à-dire des art. 56, 57 et 58 du Code pénal. Mais la circonstance de la récidive ne se lie sous aucun rapport aux caractères et aux conséquences des peines. Cette circonstance est
même extrinsèque à l'infraction; elle est inhérente à l'agent;
adhæret personæ non rei aut causæ. — Je ne m'occuperai donc

de la récidive que lorsque j'aurai indiqué les conditions essentielles de l'imputabilité. Quand vous saurez à quelles conditions l'imputation est subordonnée, vous comprendrez mieux l'influence des circonstances qui l'aggravent ou qui la mitigent. — Je laisse donc momentanément de côté les art. 56, 57 et 58, et je fais pour eux ce que j'ai déjà fait pour l'art. 46. Ce n'est qu'un ajournement.

La loi, l'infraction, la pénalité, voilà ce qui a fait jusqu'ici l'objet de nos études. J'arrive à l'agent. — Vous entrez dans le second livre du Code pénal.

Pourquoi l'agent est-il responsable devant la loi pénale?

Conditions de l'imputabilité.

L'homme est un être intelligent et libre ; intelligent, il comprend et apprécie ce qui est bien, ce qui est mal ; libre, il a le pouvoir de préférer le bien au mal, et s'il préfère le mal au bien, il a conscience d'exercer son choix à ses périls et risques. C'est parce que l'homme est intelligent et libre que l'application de la sanction pénale est légitime.

L'agent a su qu'en violant une des lois de l'ordre moral, au maintien de laquelle la société avait intérêt, et qu'elle avait transformée en *loi positive*, il s'insurgeait contre le pouvoir, que son acte de rébellion l'exposait à un châtiment, et cependant il ne s'est pas arrêté devant 'la menace de la loi. Or, je vous l'ai dit, la loi cesserait d'être une loi, si elle était désarmée de moyens coercitifs imposant le respect et l'obéissance, si elle était désarmée de moyens répressifs attestant l'efficacité et la puissance de ses prescriptions et de ses menaces : *legis virtus hæc est : imperare, vetare permittere punire* (Loi 7, **D.** *De legibus*).

La pénalité n'est pas un moyen préventif contre tous les criminels possibles ; elle est à l'adresse de l'intelligence et de la liberté de chaque agent. Menace, elle fortifie le lien du devoir social ; appliquée, elle est l'expiation sociale de la violation individuelle de ce devoir. L'intelligence et la liberté, au moment de l'acte qualifié infraction, sont donc deux conditions dont le concours est indispensable pour qu'une pénalité frappe l'agent. Si l'agent était dans un état tel qu'il lui fût impossible de comprendre que son action était contraire à la loi, qu'elle était défendue à peine de châtiment, ou si, connaissant le caractère de son action, il a été contraint à son accomplissement par une force à laquelle il n'a pu résister, il pourra bien y avoir un fait matériel dont les conséquences seront plus ou moins déplorables ; mais ce fait matériel, parce qu'il ne sera pas l'œuvre de la liberté, ne sera pas imputable.

Double principe de l'art. 64 du Code pénal. C'est là le double principe que proclame l'art. 64 du Code pénal, dont l'application a été faite par l'art. 202 de la loi des 9 juin-4 août 1857 et par l'art. 260 de la loi des 4-15 juin 1858, aux infractions militaires : « Il n'y a ni crime ni délit lorsque le prévenu était en état de démence *au temps de l'action*, ou lorsqu'il a été contraint par une force à laquelle il n'a pu résister. »

Intelligence et liberté, voilà les deux conditions : la liberté sans doute implique l'intelligence, mais l'intelligence n'implique pas la liberté.

Je m'occupe séparément de chacune de ces deux conditions.

Intelligence. J'examine d'abord ce qui concerne l'intelligence.

La responsabilité d'un acte ne peut peser que sur celui qui a compris cet acte : donc l'homme en démence au moment de l'action, ne peut pas être responsable de cette action.

Démence. La démence est un état générique qui comprend bien des états ; ce n'est pas seulement l'extinction des facultés intellectuelles, c'est leur altération, leur égarement, leur déviation ; ce n'est pas seulement l'absence et la privation d'idées justes ; l'absence de ces notions communes aux gens sensés, de ces notions qui constituent un patrimoine collectif, l'un des plus sûrs et des plus énergiques liens sociaux.

La démence, ce n'est pas seulement l'idiotisme et l'imbécillité ; c'est la folie avec ses nuances variées, ses diversités de formes, sa physionomie multiple ; c'est la folie, pourvu qu'elle sois complète ou au moins générale ; c'est l'extravagance avec ses divagations ; c'est la folie furieuse avec la frénésie de ses accès.

La folie partielle ou folie concentrée sur un point unique, appelée monomanie, n'affranchit pas en général de la responsabilité pénale ; elle n'est une cause d'affranchissement qu'autant que l'idée fixe dans laquelle elle consiste a été la cause unique de l'action, et qu'autant que cette idée fixe n'était pas une idée volontairement caressée et nourrie par l'agent, mais était devenue une idée continue, incessante, perpétuelle ; une de ces idées irrésistibles et fatales, qui enchaînent et subjuguent sans qu'on ait conscience. — Monomanie.

Les causes de la démence, quand son existence est constante, sont indifférentes ; que cette démence résulte d'accidents ou de malheurs non imputables à l'agent, ou de faits volontaires, comme d'actes de débauche, peu importe ; le résultat est le même. Si l'agent n'a pas eu conscience du caractère de son acte, il ne saurait être puni (1).

L'état d'ivresse complète, complète à ce point qu'elle — Ivresse.

(1) L'agent ne doit-il être considéré comme irresponsable qu'autant que l'infraction commise a, avec le genre de démence, constaté un rapport nécessaire ? Non, d'après Mittermaïer (*Traité de la procédure criminelle en Angleterre, en Écosse et dans l'Amérique du Nord*, p. 507 de la traduction française).

Dans l'affaire Pate, qui tira sur la reine en 1850, le baron Alderson, président, disait au jury : « Une personne atteinte d'une folie partielle ou portant sur un objet déterminé n'est pas pleinement irresponsable, lorsqu'elle commet un crime qui se rapporte à un autre objet, parce que l'acte ne dérivait pas alors de l'affection mentale. Un monomane, possédé de l'idée fixe qu'un autre veut attenter à sa vie, vient-il à le tuer, il n'est pas punissable, parce qu'il pouvait croire que ce meurtre était pour lui l'unique moyen de sauver ses jours. Qu'on prenne, par exemple, le cas d'une personne dont la folie consiste à croire que sa tête est de verre, si cette personne venait à en tuer une autre, elle ne laisserait pas d'être punissable, parce que cette idée fausse que sa tête est de verre ne l'empêchait pas de savoir qu'elle n'a pas le droit de tuer autrui. Dès l'instant qu'on a la conscience qu'on fait mal, on est punissable. L'accusé Pate avait conscience, immédiatement après son acte, de ce qu'il avait fait, et il le reconnaissait dans sa conversation avec les médecins, déclarant avoir cédé à un entraînement subit mais irrésistible. Mais la loi anglaise n'admet pas l'excuse d'un semblable entraînement dès l'instant que l'agent sait qu'il fait mal. Sur quoi se serait-on appuyé pour admettre, dans le cas

étouffe le sens moral et qu'elle détruise toute raison, peut-il être assimilé à la démence et exclure l'application d'une pénalité?

Cette question a beaucoup exercé les criminalistes (1); quelques-uns refusent à toute espèce d'ivresse, si complète qu'elle soit, les conséquences de la démence; d'autres font des distinctions. L'état d'ivresse a-t-il été un état accidentel, ou est-il un état habituel? A-t-il été volontaire ou involontaire? A-t-il été ou n'a-t-il pas été précédé de la préoccupation, de la pensée du crime qui a été commis pendant sa durée? A-t-il ou n'a-t-il pas été un moyen auquel l'agent a eu recours, soit pour se donner le triste courage du crime et s'étourdir contre la crainte du châtiment, soit pour se préparer une protection contre la pénalité? Ce n'est que dans le cas où l'ivresse a été tout à la fois et accidentelle et involontaire, que certains jurisconsultes voient dans cette ivresse une cause de non-imputabilité. Si l'ivresse est un état habituel, c'est une immoralité, et une immoralité ne saurait être une protection pour celui qui s'y est livré. Si l'ivresse, quoique non habituelle, a été volontaire, en ce sens qu'elle n'a pas été le résultat d'une surprise ou d'une mauvaise disposition physique; si elle a été en quelque sorte consentie, acceptée, bien qu'elle n'ait pas été précédée de la préoccupation et de la pensée d'un crime, elle doit entraîner la responsabilité de ses conséquences, parce que quiconque a voulu la cause, est

donné, que le criminel, alors qu'il tirait sur la reine, ne savait pas qu'il faisait mal? »

La presse anglaise, dit-on, se prononça contre la théorie soutenue par le juge; si cette théorie n'est pas la vérité, elle en est bien voisine; il y a une question complexe d'intelligence et de liberté. Est-elle susceptible de se résoudre par des principes absolus? L'agent a-t-il eu conscience qu'il violait la loi et qu'il dépendait de lui d'obéir à ses prescriptions? Le fait a dans la solution du problème un plus grand rôle que le précepte théorique.

(1) Loi 6, § 7, Dig. *De re militari.* — Loi 11, Dig. *De pœnis.* — Loi 12, Dig. *De custodia et exhibitione reorum.* — Édit de Charles-Quint de 1531. — Ordonnance de François Ier du 31 août 1536. — Loi du 21 août 1790, tit. II, art. 2 et 3.

réputé avoir voulu toutes les conséquences qu'elle peut entraîner.

Que si l'ivresse a été non-seulement volontaire, mais encore un moyen prémédité de s'encourager au crime et de se garantir de la sévérité de la loi, l'ivresse n'est pas même une atténuation ; elle serait plutôt une aggravation du mal (1).

Ces solutions sont bien sévères, bien rigoureuses, et, pour notre compte, nous ne saurions nous y soumettre.

Je reprends toutes les branches de cette distinction :

Si l'ivresse n'est ni habituelle, ni volontaire, et qu'elle ait été complète, au point d'étouffer absolument le sens moral, ne doit-on pas dire ce que la loi romaine disait de la folie : *fati infelicitas excusat ?* Ce mot s'applique parfaitement à l'ivresse accidentelle et involontaire.

Quant à l'ivresse habituelle, on dit que c'est une immoralité ; soit ; qu'on la punisse, à ce titre, comme délit spécial ; qu'on y voie une abdication coupable de la volonté, une imprudence dangereuse, un oubli de dignité personnelle, rien de mieux ; l'être intelligent et libre sera puni pour un abus de son intelligence et de sa liberté. Il sera puni pour avoir fait ce qu'il pouvait s'abstenir de faire, pour n'avoir pas prévenu ce qu'il pouvait et devait prévenir ; punissez l'agent pour s'être enivré, mais ne le punissez pas pour des actes commis pendant l'ivresse, c'est-à-dire pour des actes auxquels sa raison et sa liberté n'ont pas participé (2).

Je repousse par le même argument l'application de la loi pénale aux faits commis pendant l'ivresse non habituelle, mais volontaire, quand elle n'a pas été précédée de la préoccupation du crime. Vous dites : Qui veut la cause est réputé vouloir les conséquences ; cela serait vrai peut-être, si les crimes commis pendant l'ivresse étaient une conséquence nécessaire et prévue de cet état d'ivresse. Mais ces crimes sont bien sans doute une des éventualités de l'ivresse ; ils sont une de ses

____

(1) Voir en ce sens Filangieri, liv. III, part. 2, chap. XIII.

(2) Voir le projet de loi sur l'ivresse. L'Assemblée nationale, le 24 avril 1872, a décidé qu'elle passerait à la troisième délibération. — Art. 361 du Code pénal d'Allemagne.

mauvaises chances, mais ils n'en sont certainement pas l'apanage obligé et l'accessoire indispensable.

Quand l'ivresse a été l'un des moyens du crime, sans doute
la question est plus difficile ; toutefois, lorsque l'ivresse est
complète et absolue, qu'elle a éteint toute conscience et toute
volonté, elle est une démence momentanée à mes yeux, et elle
doit avoir toutes les conséquences de la démence. Or, tout le
monde reconnaît que pour la démence proprement dite, il ne
faut pas s'attacher à sa cause; qu'elle soit le résultat d'un
coup du sort ou le fruit d'une vie de désordre, l'absence de
toute volonté est exclusive de toute application d'une pénalité.
Pourquoi pourrait-on plutôt remonter aux causes de l'ivresse
qu'aux causes de la démence ? Faites de l'ivresse un délit spécial, et de la préoccupation du crime faites une circonstance
aggravante; mais ne dites pas que le crime de l'ivresse complète est le crime de la volonté. Il ne suffit pas que la volonté
criminelle ait préexisté au crime ; il faut qu'elle en soit contemporaine, et qu'elle ait présidé à son accomplissement.

Remarquez, d'ailleurs, que qui s'enivre pour s'encourager
au crime n'avait pas encore une volonté bien ferme, bien inébranlable de commettre le crime, qu'il avait moins une volonté
que la volonté d'avoir une volonté. Mais, dit-on, l'agent a pu,
dans l'ivresse, chercher un moyen de défense; cela d'abord est
bien peu vraisemblable ; car, par l'ivresse, il s'est enlevé bien
mieux que des moyens de défense ; il s'est enlevé la possibilité
de prendre les précautions à l'aide desquelles il aurait pu peut-
être parvenir à dissimuler qu'il était l'auteur du crime ; il s'est
de plus exposé à perdre jusqu'à la pensée du crime (1).

Je ne crois pas que ce soit dans ces distinctions qu'il faille
chercher la solution ; la pensée même qui a précédé l'ivresse
volontaire ne peut avoir une grande influence sur l'application
de la loi pénale.

L'agent qui a commis un crime pendant son ivresse avait
déjà commis un crime dans le même état ! S'il s'est enivré de

---

(1) Ces idées viennent d'être développées dans la *Revue critique*, t. XIII,
p. 127, article de M. Tissot.

nouveau, sans doute son imprudence a été plus grande ; mais si, au moment où il a violé la loi, il avait perdu toute intelligence, et si, pour lui, la distinction entre le bien et le mal n'était pas seulement obscurcie, mais était complétement anéantie, doit-il supporter la responsabilité d'un acte auquel l'homme était étranger, puisqu'il n'y avait plus qu'une brute ?

La responsabilité de l'ivresse, je la comprends et je l'admets ; mais pourquoi la responsabilité d'un des accidents de l'ivresse, par cela seul que cet accident aurait pu et dû même être prévu ? L'imprévoyance et la témérité sont sans doute dignes de châtiment ; mais doivent-elles entraîner, par exemple, la peine d'un meurtre (1) ? La circonstance même que l'ivresse a été, comme disent les criminalistes, *procurée*, qu'elle a été obtenue comme un auxiliaire pour la perpétration du crime, doit être sans doute une grave raison pour ne pas présumer que l'ivresse a été complète, tout à fait abolitive du sens moral ; mais si la preuve de l'extinction absolue de toute conscience au moment de l'action est rapportée, si elle est évidente et irréfragable pour tous, comment punir, comme un fait volontaire et libre, un acte exclusivement matériel ?

Si l'ivresse, ainsi caractérisée, au lieu de se traduire en fureur, en démence passagère, se fût traduite en hébétement léthargique, et que l'homme ivre, en tombant, eût écrasé de son poids un enfant, lui imputerait-on cet homicide comme homicide volontaire (2) ?

---

(1) *Contrà, Théorie du Code pénal*, t. Iᵉʳ, p. 519, 3ᵉ édition, Faustin Hélie et Chauveau,—et aussi Molinier, qui invoque la maxime : « *Danti* « *operam illicite imputantur omnia quæ sequuntur, contra voluntatem ejus,* « *si eventus facillime cogitari poterit.* » *Programme*, p. 147 et 148. —Cette maxime peut servir de base à la responsabilité civile, mais non à la responsabilité pénale.—Le Code suédois semble consacrer l'opinion que nous combattons, chap. v, § 5 : « Celui qui, *sans sa propre faute*, sera tombé dans un tel égarement d'esprit qu'il n'avait plus connaissance de lui-même, sera exempt de punition pour l'action commise par lui durant cet état de perte de la connaissance. »

(2) *Contrà*, sur ce point, MM. Chauveau et Faustin Hélie, t. Iᵉʳ, p. 518. —Sauf les restrictions que nous venons d'indiquer, ces deux savants criminalistes considèrent que l'ivresse complète doit décharger de la pénalité.

Qu'on dise que la réalisation de la pensée qui a précédé l'ivresse est incompatible avec l'idée d'une raison et d'une volonté radicalement abolies, j'approuve cela pleinement : on ne saurait se montrer trop difficile quand l'agent demande à repousser la présomption d'intelligence et de liberté qui résulte de la nature humaine. Mais qu'on ne dise pas que la société, dans notre système pénal, punit le concours successif de la volonté et du fait. La volonté sans le fait, le fait séparé de la volonté échappent à la répression. Vainement invoquerait-on l'art. 297 du Code pénal, qui fait de la préméditation une circonstance aggravante : la loi suppose une résolution arrêtée à l'avance, entretenue, mûrie, mais qui persévère jusqu'à l'accomplissement de l'acte (1).

L'approbation donnée à l'acte par l'agent, depuis le retour de la raison, n'aurait d'importance que pour l'appréciation de son état au moment de cet acte ; elle n'imprimerait pas rétroactivement au fait une criminalité qu'il n'aurait pas eue. *Nunquam crescit ex post facto delicti æstimatio.* (Fragm. 138, D. *De regulis juris.*)

Un criminaliste italien, qui n'est pas plus que moi bienveillant pour l'ivresse, quoiqu'il ait consacré plusieurs pages à sa description, a dit avec raison que les distinctions devaient se puiser, non pas dans les circonstances qui ont précédé ou suivi l'ivresse, mais dans les degrés de l'ivresse même.

Il distingue dans l'ivresse quatre degrés : le premier degré, ce n'est qu'une excitation qui ne fait qu'accroître ce qu'il appelle *vis vitæ*, et qui imprime à l'intelligence et à la volonté plus d'énergie et de force. Le second degré, c'est la perte de la mémoire, l'imprévoyance de l'avenir, le sentiment exagéré, désordonné de la personnalité, se concentrant dans le présent ; ce n'est plus la simple excitation des facultés, c'est déjà leur altération ; la notion du bien et du mal survit ; l'agent seulement croit qu'il la domine, il la foule aux pieds, parce que,

---

Toutefois, ils lui refusent le nom de démence ; mais ils lui en accordent tous les effets.

(1) *Contra*, Molinier, p. 147.

dans l'exaltation de son orgueil, il ne veut plus reconnaître la loi ; c'est dans cet etat que, le plus souvent, dit le criminaliste italien, les crimes se commettent, et il est bien évident qu'il n'est pas exclusif d'imputation. L'ivresse, à ce degré, ne crée pas les mauvais penchants ; elle les dévoile et leur ôte tout frein. —Dans le troisième degré, l'homme ivre n'est pas fou encore : il n'a plus l'idée complète même du présent, mais il n'a pas perdu toute faculté de penser, de vouloir ; il a la connaissance de lui-même ; il a le sentiment de la passion dominante à laquelle il cède ; il y a *de l'homme* encore en lui, et, pour emprunter une citation heureuse au criminaliste dont j'essaie de résumer la théorie : « *Tanquam mente captus, et trahit et tra-* « *hitur.* » Le sens moral est perverti, mais il n'est pas éteint : la pénalité a en face d'elle un coupable ; elle doit conserver ses droits, et protéger la société en protégeant la loi.

Le quatrième degré, c'est l'extinction de toute vie morale et intellectuelle : il n'y a plus que des impulsions purement machinales : dans cet état, il y a un animal furieux, contre lequel on prend des précautions de défense, mais dont les actes purement physiques ne sauraient être frappés d'un châtiment. *Furiosus in omnibus absentis vel quiescentis loco habetur. Furiosus absentis loco est.* (L. 2, § 3, ff., *De jure codicill.*—L. 125, ff., *De regulis juris.*) Mais l'imputation n'est exclue que par la disparition de toute volonté, de toute lueur de raison. Comme le dit très-bien l'auteur : distinguer mal une limite n'est pas la même chose que ne pas la distinguer du tout.

Cette théorie est, à mes yeux, la vérité juridique ; mais je ne dis pas, avec ce criminaliste, que la loi ne contient aucune présomption pour ou contre les individus ivres ; car l'agent qui prétend puiser une immunité ou seulement une excuse dans l'ivresse, a contre lui une présomption à renverser, la présomption de raison et de liberté qui s'attache à la nature de l'homme (1).

Cette doctrine, qui n'offre aucun danger social, si elle est

(1) Nicolini, *Principes philosophiques et pratiques du Droit pénal,* trad. d'Eug. Flottard, p. 192 à 227.

sagement appliquée, est celle que professent aujourd'hui les criminalistes les plus autorisés (1).

La question est une question de fait et non une question de Droit. Voilà pourquoi notre Code pénal n'a rien dit et n'a dû rien dire de l'ivresse. Le double principe que l'intelligence et la liberté doivent exister au moment de l'action, suffit à la conciliation de l'intérêt de la société et de la justice.

Somnambulisme.

Ces explications me dispensent d'examiner ce qui concerne les infractions commises par les *noctambules* ou *somnambules* (2).

Démence postérieure à l'infraction.

La démence survenue depuis l'infraction exclut-elle la possibilité d'une condamnation ?

Oui, tant qu'elle dure. Comment pourrait-on juger, puis condamner un homme incapable de se défendre ?

Démence survenue depuis la condamnation. — Discussion.

Mais la démence survenue depuis la condamnation empêche-t-elle l'exécution de cette condamnation ?

Non, dit-on, l'art. 64 est inapplicable ; soit ; mais l'exécution est interdite par un principe qui n'a pas besoin d'être écrit dans la loi. Non-seulement la sanction pénale ne peut *menacer* que des êtres intelligents et libres, mais elle ne doit *frapper* que des êtres intelligents et libres. La légitimité de l'application pénale est subordonnée à la condition que l'agent ait conscience qu'il l'a méritée.

Sans doute, dans le système qui ne voit dans la peine qu'un moyen d'intimidation, le châtiment d'un homme devenu fou aurait tous les effets d'exemplarité ; mais, pour nous, l'homme puni n'est pas un instrument dans la main du pouvoir social ; il est un homme forcé à reconnaître la puissance et l'efficacité de la loi. Or, il ne peut reconnaître cette puissance s'il est dénué de raison (3).

---

(1) Rossi, *Droit pénal*, t. II, p. 187. — Boitard, *Leçons de Code pénal*, p. 319 à 323. — MM. Chauveau et Hélie, t. Ier, p. 514. — M. Le Sellyer, t. Ier, n. 66, p. 138. — M. Achille Morin, v° *Ivresse*.

(2) Voir Mayart de Vouglans, *Lois criminelles*, liv. IV, p. 29. — MM. Faustin Hélie et Chauveau, t. Ier, p. 511, 3e édition. — M. Rossi, t. II, p. 180, liv. II, ch. XVII.

(3) Muyart de Vouglans, *Lois criminelles*, liv. Ier, t. V, chap. II, art. 7

J'ai examiné ce qui concernait la première condition de l'imputabilité pénale, l'*intelligence* ; j'examine ce qui concerne la seconde condition, la *liberté*.

La *liberté*, c'est la faculté d'exercer la volonté ; la liberté, bien que l'intelligence existe, peut défaillir sous le coup d'une contrainte matérielle ou morale, à laquelle il est impossible de résister.

Liberté.

On a critiqué l'assimilation de la contrainte morale à la contrainte physique, sous le prétexte que la contrainte morale supposait toujours un calcul de la raison, un choix : cette assimilation résulte, sinon de la lettre, au moins de la pensée de la loi.—L'objection est-elle fondée ? La responsabilité étant la conséquence de la liberté, la pénalité ne saurait atteindre que l'agent véritablement libre ; et, dans la réalité des choses, celui-là n'est pas libre, qui ne peut s'abstenir de violer la loi que par un courage d'abnégation au-dessus des forces ordinaires et raisonnablement appréciées de la nature humaine. La loi n'impose pas, à peine d'un châtiment social, l'héroïsme ou le martyre (1).

Contrainte
morale.
— Contrainte
physique.

Les cas de contrainte physique, exclusive de liberté, sont bien rares ; ils supposent, en effet, que l'agent n'a été qu'un instrument matériel, mis en mouvement par une force matérielle, qui n'a pas seulement influencé ou même dominé sa

---

et 8, p. 28.—MM. Chauveau et Faustin Hélie, t. Ier, p. 527, 3e édit. — Blackstone, traduction du tribun Ludot, p. 333.—*Contrà*, Rousseau de Lacombe, p. 29.

(1) « Nempe justitia est hominem non occidere, alienum prorsus non « attingere. Quid ergo justus faciet, si forte naufragium fecerit, et aliquis « imbecillior viribus tabulam ceperit? Nonne illum tabulà deturbabit, ut « ipse conscendat, eâque nixus evadat, maxime cùm sit nullus medio mari « testis? Si sapiens est, faciet; ipsi enim pereundum est, nisi fecerit. Si « autem mori maluerit, quàm manus inferre alteri, jam vero justus ille, « sed stultus est, qui vitæ suæ non parcat, dum parcit alienæ. Item, si acie « suorum fusâ, hostes insequi cœperint, et justus ille nactus fuerit aliquem « saucium equo insidentem; eine parcet, ut ipse occidatur; an dejiciet ex « equo, ut ipse possit hostem effugere? Quod si fecerit, sapiens, sed idem « malus; si non fecerit, justus, sed idem stultus sit necesse est..... »

(*La République de Cicéron*, liv. III, § 15.)

Quelques criminalistes ont discuté la première hypothèse, qui est aujourd'hui classique. Pourquoi ne pas remonter à la source?

volonté, mais qui l'a radicalement étouffée, et en quelque sorte confisquée ; on ne comprend guère que les auteurs d'une pensée coupable en imposent de vive force la réalisation à une main qui ne serait pour eux qu'un outil dénué d'activité propre.

Oui, pour les *délits d'action* ; mais pour les *délits d'omission*, on comprend très-bien l'empêchement matériel qui paralyse la volonté d'obéir à la loi.

Les cas de contrainte morale sont beaucoup plus fréquents ; mais, pour que cette contrainte morale soit exclusive de culpabilité, il faut qu'elle provienne d'une cause étrangère à l'agent, et non d'une cause interne dont il n'aurait pas assez tôt arrêté et comprimé le développement ; ainsi, bien qu'une violente passion, caressée, encouragée, ait fini par enlever à l'agent toute espèce d'empire sur lui-même, cette passion ne l'affranchirait pas de la responsabilité de ses actes, parce qu'il aurait eu le tort de ne pas la réprimer quand il en était temps encore, et qu'il était, sinon facile, au moins possible de la vaincre. Comment la persévérance et l'opiniâtreté d'une volonté lui enlèveraient-elles sa criminalité ? Le paroxysme de la passion diffère de l'ivresse ; il n'est que l'exaltation de la volonté ; l'ivresse complète en est la ruine et l'absence.

La loi nous fournit des exemples de contrainte morale dans les art. 327, 328 et 329 du Code pénal :

Art. 327. — « Il n'y a ni crime ni délit, lorsque l'homicide, « les blessures et les coups étaient ordonnés par la loi et com- « mandés par l'autorité légitime. »

Art. 328. — « Il n'y a ni crime ni délit, lorsque l'homicide, « les blessures et les coups étaient commandés par la néces- « sité actuelle de la légitime défense de soi-même ou d'au- « trui. »

Art. 329. — « Sont compris dans les cas de nécessité ac- « tuelle de défense, les deux cas suivants :

« 1° Si l'homicide a été commis, si les blessures ont été « faites, ou si les coups ont été portés en repoussant pendant « la nuit l'escalade ou l'effraction des clôtures, murs ou en-

« trée d'une maison ou d'un appartement habité ou de leurs
« dépendances ;

« 2° Si le fait a eu lieu en se défendant contre les auteurs
« de vols ou de pillages exécutés avec violence. »

Je ne veux ni ne dois vous donner en ce moment toutes les
explications qu'appellent ces articles. — Je veux seulement
m'attacher à la discussion de quelques difficultés qui vous
fassent bien comprendre ce que la loi elle-même a exigé pour
qu'à ses yeux l'agent fût *libre* et par suite *responsable*.

On a, sur l'art. 327, beaucoup agité le point de savoir à
quelles conditions l'ordre donné par un supérieur hiérarchique à son subordonné, affranchissait celui-ci de la responsabilité d'un acte qui n'avait été pour lui qu'un acte d'obéissance.
On a fait avec raison une distinction : ou le subordonné a pu
croire, à raison de la nature de l'ordre, que cet ordre était légitime ; ou, au contraire, l'illégitimité de l'ordre était telle que
l'agent n'a pu s'y méprendre. Dans le premier cas, l'agent est
réputé avoir obéi aveuglément, et il ne peut être victime de sa
foi dans le principe d'autorité ; dans le second cas, l'homme,
être intelligent et libre, n'a jamais le devoir ni même le droit
d'abdiquer son intelligence et sa liberté.

*Ordre
d'un supérieur
hiérarchique.*

Cette distinction prouve, à mon sens, que l'irresponsabilité
d'un ordre illicite se rattache plus à la première condition, la
condition de l'intelligence, qu'à la seconde condition, le pouvoir de se conformer aux inspirations de cette intelligence (1).

Cependant il y aurait de l'exagération à dire que la question
de l'obéissance passive est étrangère à la contrainte morale.
En effet, l'abstention, cette obligation, en thèse ordinaire, du
doute, n'est pas facultative pour le subordonné, qui ne peut,
qui ne doit refuser son obéissance qu'autant qu'il y a certitude
pour lui de l'illégitimité de l'ordre ; l'irresponsabilité de l'acte
est subordonnée au devoir d'obéir, ou, au moins, à la croyance

(1) Si la nécessité morale d'obéissance à un commandement du supérieur
hiérarchique était, à proprement parler, une contrainte morale, elle affranchirait de responsabilité même pour l'exécution de l'acte dont le subordonné
aurait apprécié la criminalité.

que ce devoir existe : la présomption est en faveur de la bonne foi et de l'obéissance (1).

Ordre du père — du maître. L'ordre du père, sauf la question de discernement de l'enfant, l'ordre du maître, l'ordre du mari, considérés en eux-mêmes et en dehors de tous moyens d'intimidation, ne produisent pas la contrainte morale dans le sens de la loi (art. 1114, Cod. civ.). La résistance aux abus de l'autorité morale du supérieur, dans ce cas, n'expose à aucun péril ; elle a des juges et des garanties.

Légitime défense. La nécessité actuelle de la défense de soi-même ou d'autrui, voilà un autre cas de contrainte morale.

Il n'en est pas du droit de défense comme du droit de punir; l'exercice du droit de punir suppose un supérieur, un juge; le droit de défense naît, lui, d'une nécessité actuelle et pressante, et il existe au profit de qui la subit.—Quand l'intervention du pouvoir social ne peut être réclamée à temps, chacun a le droit de protéger sa personne, celle des autres, contre une injuste agression ; seulement le moyen doit être en rapport avec le danger : la limite du besoin, voilà la limite du droit et de son action. Quelle est la mesure du besoin? La mesure, pour le juge, qui apprécie à distance, de sang-froid, à l'abri du péril et sans son émotion ? Non ; c'est la mesure telle qu'elle a dû

(1) Rossi, t. II, chap. XIII, p. 134.—Boitard, p. 331 et 332. — Le Sellyer, t. Ier, n. 123. — Benjamin Constant, *Cours de politique constitutionnelle*, t. Ier, p. 352 et suiv. — Berriat-Saint-Prix, *Théorie du Droit constitutionnel français*, p. 661. — Pasquale-Fiore, *Nouveau Droit international*, traduction de Pradier-Fodéré, t. Ier, p. 158 et 159, et le traducteur, à la note.—Le commentaire officiel du Code pénal, qui régissait le royaume de Bavière avant la loi du 22 avril 1871 (qui lui rend applicable à partir du 1er janvier 1872 le Code de la Confédération du Nord, devenu plus tard le Code de l'empire d'Allemagne), soumet l'irresponsabilité à quatre conditions; il faut : 1° que l'ordre émane de l'autorité compétente, dans le ressort de ses attributions ; 2° que cet ordre concerne une affaire de service; 3° qu'il ne soit punissable que comme constituant un abus, un excès ou une violation des devoirs de la fonction; 4° enfin, qu'en exécutant cet ordre, l'inférieur ne viole pas lui-même un devoir de la fonction (*Traduction du Code pénal du royaume de Bavière*, par Ch. Vatel, p. 106, à la note). N'est-ce pas mettre un peu en suspicion l'exercice du droit de commander que d'appeler toujours sur lui, à peine de responsabilité, un contrôle aussi difficile de la part du subordonné ?

ou pu même apparaître à l'offensé de bonne foi, dans les conditions que lui avait faites l'offense (1).

Le droit de défendre sa vie est antérieur à toute obligation, a écrit avec raison Barbeyrac sur Pufendorf. Donc, le fils qui n'a d'autre moyen que de tuer son père pour n'être pas lui-même tué par lui, n'est pas juridiquement responsable. Sans doute, dans ce cas, le fils ferait mieux de recevoir la mort que de la donner ; mais, nous l'avons dit, aucune loi ne peut, sous peine de châtiment, imposer le martyre.

Du cas où le péril est imputable à celui qui veut le conjurer.

Toutefois, le principe proclamé par Barbeyrac n'est vrai qu'autant que le danger qui produit la nécessité actuelle de la défense, n'est pas le résultat d'un fait délictueux de l'attaqué. L'agresseur, pour échapper au péril de la réaction qu'il a provoquée, ne conquiert pas dans les vicissitudes de la lutte, le droit de tuer ceux qui, en s'efforçant eux-mêmes de le tuer, ne font que se défendre (2).

La femme et l'amant surpris en flagrant délit d'adultère, dans la maison conjugale, auraient-ils le droit de tuer le mari, pour protéger leurs jours contre une vengeance que la loi, dans l'art. 324 Code pén., n'affranchit pas de responsabilité, mais déclare seulement excusable ? Non, ils sont des agresseurs. Ils se sont attaqués non pas à la vie du mari, mais à son bonheur et à son honneur domestiques. S'il fût survenu avant la consommation du délit et qu'il n'eût eu d'autre moyen de le prévenir que l'homicide, l'homicide serait couvert par la nécessité de la légitime défense. L'homicide après la consommation du délit, n'est qu'excusable, parce qu'il n'est plus un obstacle contre la plus odieuse des agressions ; il est une répression qui usurpe sur la puissance sociale (3).

(1) Le Code pénal de l'empire d'Allemagne a très-bien formulé cette pensée : « L'agent ne sera pas punissable lorsque, dans le trouble, la crainte ou la terreur, il aura dépassé les bornes de la légitime défense. »

(2) Rousseau de Lacombe, *Matières criminelles*, ch. II, p. 100.—Jousse, t. III, p. 514, n. 184. — *Contrà*, Chauveau et Hélie, t. VI, p. 84 à 86. — Le Sellyer, n. 162.

(3) *Sic*, Jousse, *Justice criminelle*, t. III, p. 303. — Morin, v° *Défense légitime*, n. 7. — Dalloz, *Rép.*, v¹ˢ *Crimes et délits contre les personnes*, n.

Que l'homicide soit légitime quand il est commandé par la nécessité de se défendre personnellement, cela se conçoit ; le principe *que nul ne peut se faire justice à soi-même* n'est plus en jeu ; l'attaqué ne juge pas l'agresseur, il le repousse, et, s'il ne peut se sauvegarder qu'en l'immolant, aucune loi ne le condamne à se laisser tuer : l'instinct de la conservation, c'est par excellence la contrainte morale.

Intervention d'un tiers dans la légitime défense.

Mais quand un tiers intervient spontanément entre l'attaqué et l'agresseur, peut-il être également réputé céder à une contrainte morale ?

Oui, la loi présume assez bien de la dignité humaine pour croire que des hommes de cœur ne sauraient rester froids et impassibles témoins d'une attaque dont un de leurs semblables peut devenir victime. Elle n'arrête pas, elle ne veut point arrêter l'initiative d'un dévouement qui, bien loin d'être contraire au bon ordre, peut contribuer à son maintien. L'intervention n'est pas, sans doute, pour les témoins, un devoir exigible ; mais c'est un droit dont l'exercice doit être encouragé (1).

Le danger pour la vie, pour la liberté, pour la pudeur, peut légitimer l'exercice du droit de défense : il y a des atteintes à l'honneur, qui sont plus redoutées que des atteintes à la vie.

L'attaque contre les biens autorise-t-elle la légitime défense ? —Discussion.

L'agresseur, par son injuste agression, n'expose-t-il en lui que les droits qu'il attaque chez autrui ? Sa vie est-elle inviolable, quand il respecte la vie de l'offensé ? Ainsi l'homicide, les coups et les blessures ne sont-ils jamais réputés commandés par une contrainte morale, quand ils n'ont pour objet que de repousser des attaques contre les biens ?

On a dit que la négative résultait des deux paragraphes de l'art. 329 : le premier paragraphe exige trois conditions pour qu'il y ait présomption de nécessité actuelle de défense : 1° attaque contre une *maison habitée* ; 2° attaque de *nuit* ;

---

228. — *Contrà*, Chauveau et Hélie, t. VI, p. 86 et 87. — Le Sellyer, *De la criminalité*, n. 163. — Voir arrêt de la Cour de Limoges du 17 juin 1844. Dev., 1844.1.777, qui peut être invoqué par analogie dans notre sens.

(1) *Sic*, Code suédois, chap. 5, § 11.

3° attaque accompagnée des circonstances d'*escalade* ou d'*effraction.* La première condition, suivant ce système, implique que l'attaque s'annonce comme une attaque contre les personnes. —Le paragraphe second suppose que l'homicide a lieu en se défendant contre les auteurs de vols ou de pillages, exécutés *avec violences;* il s'agit donc de protéger les personnes et non les propriétés (1).

Je fais remarquer, tout d'abord, que les partisans de l'opinion que j'expose, reconnaissent eux-mêmes que le paragraphe premier de l'art. 329 peut être invoqué par les personnes qui n'étaient pas à l'intérieur de la maison, et qui, du dehors, veulent repousser l'attaque. Ils n'exigent pas même, pour légitimer l'homicide, que les agents aient cru ou pu croire qu'il y avait dans la maison des personnes à défendre (2).

Qu'importe, d'ailleurs, quel que soit le sens de l'art. 329, que cet article n'attache la *présomption* de contrainte morale qu'au concours de certaines circonstances qui, le plus souvent, suppose, sans l'impliquer nécessairement, un danger pour les personnes ? Est-ce que la loi dit qu'en dehors de ces circonstances, il ne pourra pas y avoir de contrainte morale ? Elle s'est bien gardée de déclarer, en principe, que la nécessité de la défense de la propriété ne devrait jamais, et à aucune condition, justifier l'homicide et les blessures. De ce qu'elle n'établit pas de présomption de contrainte, il ne faut pas conclure qu'elle veuille exclure, toujours et dans tous les cas, comme nécessité morale, la nécessité de sauvegarder les biens.

On objecte que les attaques contre la propriété peuvent toujours être réprimées par l'autorité publique, qu'on a toujours la faculté de faire valoir son droit devant le juge et d'obtenir réparation des atteintes qu'il a reçues (3).

Cette objection est-elle toujours fondée ?

Un voleur surprend dans un lieu solitaire un commission-

(1) Voir *Revue de législation,* t. XIII, article de M. Benech, p. 126.
(2) Voir M. Carnot, sur les art. 328 et 329, *Code pénal.*
(3) Nicolini, *Trad.,* p. 253.

naire qui transporte des lingots d'or; le commissionnaire s'est pour un moment déchargé des lingots ; le voleur se précipite sur eux et va s'en saisir ; le commissionnaire a affaire à un homme qui lui est bien supérieur en force ; il ne peut raisonnablement avoir l'espérance de garantir son dépôt ou de le reprendre ; il est armé d'un pistolet pour sa défense ; il n'a pas à se défendre, puisque le voleur, pour consommer son vol, n'a pas à l'attaquer ; il ne saurait attendre de secours ni de l'autorité ni des tiers ; son dépôt, c'est la fortune d'une famille, une fortune confiée à sa foi ; il tire sur le voleur : le fait, qu'il aboutisse à des blessures, ou même à un homicide, sera-t-il socialement punissable ?

Dirait-on que le vol ne doit pas entraîner la peine de mort ? Est-ce qu'il s'agit du droit de punir ? Est-ce que le droit de défense a les mêmes limites que le droit de punir ? Le droit de défense s'exerce même contre un fou ! Si la mort du voleur est le seul moyen d'empêcher la perte de la chose volée, que la chose volée, ait, indépendamment de sa valeur relative, une valeur absolue considérable, l'emploi de ce moyen extrême constituera-t-il un crime (1) ?

Notre loi française a eu la prudence de ne pas trancher *à priori* ces questions, qui sont bien plutôt des questions de fait que des questions de droit ; elle a consacré une règle générale dans l'art. 64 ; elle l'a appliquée dans les art. 327, 328 et 329 ; elle n'a donné sa sanction à aucun système ; elle a

---

(1) En ce sens, Rousseau de Lacombe, *Matières criminelles*, p. 97; Jousse, t. III, p. 500 à 505; Bentham, *Traité de législation civile et pénale*, t. II, p. 51 et 52; Burlamaqui, t. Ier, chap. VII, p. 377 et 378; Le Sellyer, t. Ier, n. 365.

« On peut blesser d'un coup de fusil le voleur qui s'enfuit, emportant « la chose volée; on peut même le tuer, s'il n'y a pas d'autre moyen d'empêcher « pêcher la perte de la chose; seulement, il faut qu'il y ait nécessité absolue « lue de recourir à ces moyens extrêmes, sans quoi il y aurait excès dans « la défense. » (*Commentaire officiel du Code pénal de Bavière*, p. 109.)— *Sic*, Code suédois, chap. v, § 8. — Voir en sens contraire Achille Morin, *Rép.*, vis *Défense légitime*, § 2, n. 9. — Le Code pénal de l'empire d'Allemagne semble, dans ses art. 52, 53 et 54, repousser l'exception de la légitime défense, lorsque le péril ne s'applique qu'aux biens.

laissé l'appréciation des circonstances à la raison du juge. Ce qui est certain, c'est qu'elle n'a pas eu la prétention d'indiquer limitativement les causes de non-imputation (1).

L'arrestation opérée illégalement par les agents de la force publique pourrait-elle être considérée comme un cas de nécessité actuelle de légitime défense autorisant à opposer la force à la force? L'affirmative compte de nombreux partisans.

Le représentant de l'autorité, lorsqu'il excède son mandat, ou ne satisfait pas aux conditions de son exercice, n'a plus de titre à l'obéissance; il cesse d'être l'homme de la loi, et l'atteinte qu'il veut porter à la liberté individuelle n'est plus qu'une agression privée : donc l'art. 328 du Code pénal est applicable.

Nous hésitons à accepter cette solution : le principe d'ordre et de sécurité qui ne permet pas de se faire justice à soi-même, ne reçoit d'exception que dans les cas extrêmes d'un péril imminent qui ne peut être conjuré que par la résistance et l'énergie individuelle de l'intéressé et des témoins, parce que le secours de la société n'arriverait pas à temps. Quand le mal se consommerait irrévocablement, parce que le recours à la protection légale serait tardif et impuissant, le droit inopinément menacé et assailli essaie de se sauvegarder lui-même. Il y a conflit entre deux forces dont l'une est légitime et l'autre illégitime, mais qui n'ont ni l'une ni l'autre, même en apparence, un caractère public. La réaction de l'attaqué ne s'annonce donc pas comme une rébellion. Quand, au contraire, il s'agit de résister aux actes et, si l'on veut, aux entreprises de la force publique, la situation est toute différente. D'une part, la présomption, une présomption d'intérêt social, est qu'il n'y a pas abus, mais accomplissement d'un devoir. Celui qui résiste est présumé rebelle, et ne fût-il pas dans la réalité l'ennemi de la loi, il est l'ennemi du bon ordre ; il est une cause de trouble et d'alarme. D'autre part, il n'est pas dans la nécessité, puisqu'il a la certitude de trouver promptement des juges, d'appré-

Question du droit
de résistance
aux
actes illégaux
de l'autorité.

---

(1) Rauter, n. 73. — Voir Cass., 11 juillet 1844 (Devill., 44.1.778).— Amiens, 16 mars 1843 (Devill., 43.2.240).

cier lui-même la régularité ou l'irrégularité, la légitimité ou l'illégitimité de son arrestation. Le préjudice, s'il lui en est fait un contre le droit, n'aura rien de définitif; il ne sera pas durable, la répression sera voisine de la violence ou du méfait s'il y a violence ou méfait. Dès lors que l'arrestation n'est qu'une mesure provisoire, bien qu'elle soit regrettable, si elle est illégale, elle doit être subie avec résignation; c'est un des sacrifices qu'imposent les conditions de la vie sociale. (Art. 114 à 123 du Code pénal, 615 à 619 du Code d'instruction criminelle.)

Toutefois, l'art. 328 serait une efficace protection si la résistance pouvait s'expliquer par la croyance qu'elle s'adressait, non pas à des représentants de l'autorité, mais à des usurpateurs de ses insignes ou de son nom.

L'art. 328 serait encore applicable s'il s'agissait d'empêcher quelque acte dont les conséquences seraient irréparables, par exemple, une exécution à mort sans condamnation.

Les distinctions proposées par les auteurs me paraissent offrir trop de subtilités ou d'incertitude, pour en confier l'application au jugement souvent passionné de personnes qui seraient engagées dans le conflit. La distinction même que Barbeyrac a proposée, entre les injustices douteuses ou supportables qu'on devrait souffrir, et les injustices manifestes et insupportables qu'on ne serait pas obligé de subir, est loin d'être satisfaisante. Y aurait-il une injustice douteuse ou supportable pour qui s'en croirait la victime?

Au reste, je n'ai voulu établir qu'un point, c'est que l'art. 11 de la Déclaration des Droits de l'Homme du 24 juin 1793 n'a plus d'autorité. Tout acte exercé contre un homme hors les cas et sans les formes que la loi détermine est arbitraire et tyrannique; celui contre lequel on voudrait l'exécuter a le droit de le repousser par la force.

Je ne tiens pas cette disposition pour libérale; je la considère comme anarchique (1).

_____

(1) M. Serrigny, *Droit public des Français*, t. Ier, p. 465 à 469.—Blanche, 4e étude, n°s 132 et 133. — *Contrà*, Chauveau et Faustin Hélie, n°s 2023 et 2024. — Le Sellyer, *Traité de la criminalité*, t. Ier, n°s 186 et 187. — Arg.

Il en est de la condition de la liberté comme de la condition de l'intelligence : son existence est présumée. Vainement objecterait-on le principe écrit dans les art. 1116 et 2268, Cod. civ. : *Le dol ne se présume pas et la bonne foi est toujours présumée.* Ce principe est dominé par une présomption plus puissante, celle qui résulte de la nature de l'homme que Dieu a fait libre (1). Il ne s'agit pas d'ailleurs de savoir quelle a été l'appréciation individuelle de l'agent, le caractère du jugement qu'il a porté sur son acte, soit sous l'empire de passions, de préjugés, soit sous la pression de sa foi politique ou religieuse; si l'agent pouvait juger la loi, il n'y aurait pas de loi pour lui : il serait souverain.

L'intelligence et la liberté sont présumées chez l'agent.

La croyance personnelle dans la légitimité du but, l'illusion sur la criminalité du fait, ne sauraient créer une immunité pour la violation du commandement social.

La bonne intention ne soustrait pas l'agent à la répression.

La question se réduira toujours au point de savoir si la présomption d'intelligence et de liberté, sous laquelle l'agent est placé, est exclue et renversée par l'acte et les circonstances dont il a été environné.

Le consentement de la partie lésée n'est pas, en général, une cause exclusive de la sanction pénale.

Quid du consentement de la partie lésée?

Les droits que la pénalité sauvegarde sont protégés, non pas seulement dans un intérêt individuel, mais dans l'intérêt de la société tout entière; notamment la protection assurée aux personnes et aux droits dont les personnes n'ont pas la libre disposition, constitue, comme l'a dit la Cour de cassation, une *garantie publique* : on ne peut déroger par des conventions particulières aux lois qui intéressent l'ordre public (art. 6, Code civ.).

Ainsi l'homme qui accepte d'un tiers la mission de le tuer, commet un meurtre, et doit subir les peines du meurtre.

Il n'y a pas de suicide par mandataire. L'homme qui dispose lui-même de sa vie échappe à la répression; — oui, sans

Suicide.

de l'art. 1er, part. II, tit. Ier, sect. IV du Code pénal de 1791. — Cassat., 7 avril 1837, Sir., 38.1.641.

(1) *Commentaire officiel sur le Code de Bavière*, art. 43; Vatel, p. 62.

doute. Est-ce parce que l'obligation de conserver son existence ne constitue qu'un devoir envers soi-même et envers Dieu, et qu'elle ne relève que de la loi morale ? Est-ce parce que cette obligation n'est pas socialement exigible ? N'est-ce pas plutôt principalement parce que l'homme qui dispose lui-même de sa vie se dérobe à la répression, et parce que la loi doit s'arrêter devant un cadavre, ne pouvant faire reconnaître sa puissance à la mort (1) ?

Ce n'est pas, il est vrai, seulement parce qu'il n'y a plus de prise à la pénalité que la loi n'a pas assimilé le suicide au meurtre. En effet, l'agent qui a tenté de mettre un terme à ses jours et qui survit n'est pas puni, et *on ne l'achève pas sur l'échafaud.* Non ; mais pourquoi ? Parce que la loi présume, par une de ces présomptions qui sont l'expression, souvent de la vérité, toujours de l'intérêt social, que l'homme qui attente à sa vie n'a plus la sanité, ou au moins la liberté d'esprit, condition de l'imputabilité (2).

Pourquoi, d'ailleurs, la société interviendrait-elle ? Pour tuer légalement celui qui se serait manqué, c'est-à-dire pour mener à fin la tentative et venir en aide à l'agent !

Mais que la société ait ou n'ait pas des droits qui dominent les droits de chacun de ses membres sur sa propre vie, elle a au moins incontestablement des droits opposables aux tiers, et que les tiers ne peuvent impunément violer.

Or, la société a défendu l'homicide. On objecte que l'homicide qui n'est que l'exécution de la volonté de l'homicidé n'est pas le résultat d'une intention coupable ; qu'il n'a pas pour but de nuire ; qu'il n'est pas le fruit du dol, puisqu'il n'est pas inspiré par la haine, par l'envie, par la cupidité, par la vengeance, par la cruauté ; que l'élément frauduleux et dolosif, condition de la criminalité, manque. C'est *une fausse pitié,* dit-on, c'est *un dévouement mal entendu qui inspire l'agent.*

---

(1) Voir M. Franck, *Revue contemporaine,* 1852, p. 203.
(2) *Sic,* Montesquieu, *Esprit des lois,* liv. XIV, chap. XII. — Edmond About a développé avec beaucoup de verve la pensée de Montesquieu, dans son livre *le Progrès,* chap. XV, la Répression, p. 453 et 454.

Est-ce donc que l'agent peut violer la loi qui défend l'homicide, sous le prétexte que l'homicide est un service pour l'homicidé, et qu'après tout il n'obéit qu'à un sentiment qui purifie son œuvre ? Mais si la fin justifie le moyen, si le jugement de l'infracteur légitime l'infraction, il n'y a plus de loi ; chacun ne relève que de sa conscience plus ou moins éclairée ; la souveraineté sociale s'efface devant la souveraineté individuelle, puisque l'excuse d'un motif désintéressé suffit pour écarter les sanctions pénales.

L'agent, ajoute-t-on, *avait la volonté de tuer, mais il n'avait pas la pensée qu'il pût nuire en ôtant la vie à celui qui voulait mourir.*

Que de dangers dans cette théorie ! Le fanatique qui, de bonne foi, donnerait la mort à un ami pour le soustraire aux misères de ce monde et pour lui procurer plus tôt les jouissances de la vie future, commettrait incontestablement un homicide punissable, s'il n'était jugé en état de démence, et le fanatisme n'est pas nécessairement de la démence ; mais ce meurtrier ne pourrait-il pas aussi se prévaloir de sa bonne foi et de la sainteté de son but ? La seule différence à sa charge, c'est qu'il aurait préféré son jugement au jugement de la victime ; mais la culpabilité légale consiste à préférer un jugement quelconque au jugement de la loi (1).

L'art. 295 dit : « L'homicide commis *volontairement* est « qualifié meurtre. » Eh bien ! le mandataire qui donne la mort à son mandant pour exécuter le mandat, commet-il, oui ou non, un *acte volontaire?* préfère-t-il ou ne préfère-t-il pas une volonté individuelle à la volonté légale ? La volonté de l'agent ne s'absorbe pas dans la volonté de celui qui demande la mort, parce qu'elle se conforme à cette volonté, à une volonté qui n'est même pas réputée saine, ou qu'au moins les plus légitimes soupçons entachent (2).

---

(1) Voir John Stuart Mill sur Hamilton, p. 566 et 567 de la traduction française.

(2) Voir dans le sens de la leçon : Cass., 16 novembre 1827, Sir., 28.1. 135; 23 juin 1838, Sir., 38.1.625; 21 août 1851, Devill., 52.1.286; Rau-

Ces principes sont sans application, bien évidemment, lors-qu'il s'agit d'infractions que la loi elle-même subordonne à l'absence du consentement de la personne lésée.

CONCLUSION. — Toute infraction est punissable lorsque l'in-fracteur, au moment où il l'a commise, était intelligent et libre. Le développement de l'art. 64 du Code pénal, voilà toute notre leçon.

ter, t. Ier, n. 53 ; Hello, *Revue de Législation*, t. XI, p. 485.—Art. 206 du Code pénal de l'empire d'Allemagne. — Code pénal de Bavière, art. 123 et la note, p. 106 de la *Traduction*. — Achille Morin, *Rép.*, v° *Suicide*. — On peut lire, en sens contraire, une dissertation brillante de MM. Chauveau et Faustin Hélie, t. III, p. 425 à 437, 3° édition ; le prestige et l'entrain du style peuvent produire quelques hésitations, mais, à notre sens, la réflexion ramène à la solution professée.

OBSERVATIONS ADDITIONNELLES.

Un savant criminaliste étranger, dont les appréciations n'ont été empreintes que d'une excessive bienveillance pour nous, nous a reproché cependant de ne pas avoir défini ce qu'était le dol en matière pénale, c'est-à-dire de ne pas avoir abordé une question à laquelle des criminalistes éminents ont consacré de longs développements. Nous avons pensé qu'une discussion sur le *dolus determinatus simplex*, sur le *dolus determinatus multiplex*, subdivisé en *dolus alternativus* et *dolus generalis*, ne jetterait pas beaucoup de jour sur notre loi pénale française, et ne convenait guère à une œuvre qui veut que la science soit un secours et comme un instrument pour la pratique. Pour nous, le dol, s'il faut employer ce mot, qui n'est pas dans notre Code, c'est, comme pour Romagnosi, la conscience de contrevenir librement à ce que la loi défend ou ordonne : savoir qu'on viole une loi lorsqu'on est libre de ne pas l'enfreindre, voilà en quoi consiste le dol. (Molinier, p. 112.) C'est à peu près ce que dit l'art. 39 du Code pénal de Bavière, et cet article ajoute : « La criminalité de l'intention ne sera détruite ni par la « croyance qu'aurait eue le coupable que le fait défendu par « la loi civile était permis par la conscience ou la religion, ni « par par l'erreur ou l'ignorance sur le genre ou la gravité de « la peine, ni par la nature du but final ou du mobile de la ré-« solution criminelle. »

Nous croyons avoir suffisamment écarté l'application du brocard *pas d'infraction sans intention coupable ;* mais nous sommes heureux de pouvoir contribuer à en prévenir l'abus en reproduisant des observations aussi justes que brillamment exprimées ; nous les emprutons à une *Étude philosophique sur*

le droit de punir, publiée en 1841, par un magistrat aujour-
d'hui à la tête de l'une de nos grandes Cours d'appel.

« Il est passé parmi les légistes, en règle générale, en apho-
« risme de la science du Droit : que tout délit se compose du
« fait et de l'intention.

« Cette maxime serait au moins fort trompeuse dans sa
« généralité. Je voudrais bien qu'on m'expliquât quelle est
« l'intention de celui qui commet un homicide par imprudence,
« de celui qui cause un incendie par des feux allumés ou des
« lumières portées sans précaution, etc.

« Entendrait-on simplement qu'il ne peut y avoir de délit si
« l'action s'est produite sous l'empire d'une force irrésistible,
« *cogente necessitate ;* si la spontanéité morale ne l'a pas précé-
« dée ; si, de la part de l'agent, l'intention n'a pas été libre-
« ment liée à l'acte ? Rien de plus vrai qu'une pareille décision;
« mais il faudrait changer alors l'énoncé de la maxime. Dites
« clairement que, sans liberté de l'action, il n'y a point de
« délit.

« Entendrait-on encore, que tout acte commis par erreur, ou
« *jocandi causâ,* dans des conditions qui excluent une volonté
« réfléchie, une pensée sérieuse, ne peut constituer le délit ?
« Je l'accorde aussi très-volontiers, tout en disant qu'il est inu-
« tile de faire de ceci une règle, nos lois plaçant toujours
« l'élément de la volonté dans la définition des délits, pour
« tous les cas qui auraient pu faire naître quelque incerti-
« tude.

« Mais les légistes ne s'en tiennent pas à ces données : outre
« une volonté libre et un acte sérieux, ils veulent, pour qu'il y
« ait délit, une intention criminelle.

« Criminelle en quoi ?

« Contraire à la loi morale ou à la loi positive ?

« Si c'est d'une intention contraire à la loi morale qu'on parle,
« on a évidemment tort. J'ai fait voir que, dans nombre de cas,
« la loi pouvait punir sans que l'acte eût été le fruit d'une in-
« tention immorale. Le mal social, abstraction faite des inten-
« tions, doit être réprimé par la loi; les affaires de la cons-

« cience relèvent d'un pouvoir tout autre. La justice, d'ail-
« leurs, va-t-elle se faire entremetteuse de sophismes? Est-ce
« qu'un Lacenaire devra échapper aux tribunaux des hommes,
« parce qu'en volant il se sera imaginé être un profond phi-
« losophe ?

« Si l'on parle d'une opposition sciemment faite à la loi po-
« sitive, ce genre d'intention ne doit pas être plus recherché
« dans les cas particuliers pour en faire dépendre le délit ; car,
« la société reposant sur la fiction de la notoriété universelle
« de la loi, la connaissance des défenses que la loi pénale ren-
« ferme est censée acquise à tous les citoyens, et celui qui
« contrevient à cette loi est dès lors toujours supposé le faire
« avec intention. Voilà la rigueur de la théorie, sauf ce que,
« dans l'application, la conscience du juge peut se ménager
« de raisonnable latitude.

« Qu'est-ce donc que cette révérendissime sentence des lé-
« gistes : que tout délit se compose nécessairement du fait et
« de l'intention ?

« Un piége la plupart du temps.

« Défiez-vous de beaucoup de brocards du palais. » (Gilardin, *Étude philosophique sur le droit de punir*, page 84,
note H) (1).

---

(1) Voir un chapitre excellent de Filangieri : *De la mesure des délits*,
liv. III, partie 2, chap. XIV; le principe du *Contrat social* doit être écarté :
mais il n'a pas vicié les judicieuses remarques de l'auteur qui parle de la
criminalité objective, sociale, sous l'appellation de *qualité du délit*, et de la
criminalité subjective, individuelle, sous l'appellation de *gravité du délit ;*
les chapitres XIII, XV et XVI doivent aussi être consultés.

DIX-SEPTIÈME LEÇON.

INFLUENCE DE L'AGE SUR LA PRÉSOMPTION DE RESPONSABILITÉ. — Minorité de seize ans.—Art. 16 et 17, Code pénal; art. 340, Code instr. crim. — Quel est le caractère de là présomption attachée à la minorité de seize ans? —Rapprochement de cette présomption avec la présomption attachée par la loi civile à la minorité de vingt et un ans. —Pourquoi la majorité pour l'infraction précède-t-elle la majorité pour les contrats? — Différence entre la loi civile et la loi pénale. — Précédent sur l'influence de l'âge quant à la pénalité. —Théorie du Droit romain. —Théorie de l'ancienne jurisprudence.—Code pénal du 25 septembre 1791.—Code pénal de 1810. — Loi du 24 juin 1824. —Réforme du 28 avril 1832. —Influence de la minorité de seize ans sur la juridiction répressive à saisir.—Deux exceptions dans l'exception en faveur du droit commun.—Effets de la non-déclaration de discernement.—Affranchissement de toute peine.—Impossibilité de tout renvoi sous la surveillance de la haute police. — Détention facultative, mais à titre de mesure d'éducation. — Loi des 5-12 août 1850. — Cette détention peut-elle être moindre d'une année? — Effets de la déclaration de discernement. — Comment se détermine la durée de l'emprisonnement dans le cas du § 3 de l'art. 67? — Le minimum et le maximum de cette durée sont-ils le tiers et la moitié du maximum de la durée de la peine écartée? — Ne sont-ils que le tiers et la moitié du minimum de cette peine?—Art. 69, Code pénal. —Différence entre la rédaction ancienne et la rédaction nouvelle.—La minorité de seize ans a-t-elle quelque effet en matière de contravention? — N'a-t-elle d'effet que pour les infractions prévues par le Code pénal? — Qui doit statuer sur l'âge de l'agent en cas de contestation? — Effets de la minorité de seize ans relativement à la contrainte par corps comme garantie des peines pécuniaires. —Art. 33 de la loi du 17 avril 1832. — Art. 9, § dernier, de la loi du 13 décembre 1848. — Cet article 9 a-t-il un effet rétroactif? — Distinction. — Résumé. — Minorité de seize ans tantôt cause exclusive, tantôt cause restrictive d'imputabilité. —Dans ce dernier cas, constitue-t-elle une excuse? — N'est-elle qu'une cause de mitigation de peine? — Dissidence avec Boitard et avec d'autres jurisconsultes. — Véritable caractère des excuses. — Caractère des causes de mitigation. — Deux classes d'excuses.—Art. 321 et suivants jusqu'à l'art. 326 inclusivement du Code pénal. — Art. 100, 108, 138, 213, 284, 285 et 288. —Causes de mitigation. — Art. 16, 70, 71 et 72. — La vieillesse n'est pas une cause d'excuse. — Questions de terminologie; leur importance. — Des mots : *excuses péremptoires ou faits justificatifs* appliqués aux causes d'irresponsabilité.

MESSIEURS,

Je vous ait dit que l'intelligence et la liberté de l'agent, au moment de l'acte incriminé, sont les deux conditions de la culpabilité morale et de la culpabilité légale.

J'ai ajouté que l'homme est présumé un être intelligent et libre; que l'absence d'intelligence ou seulement de liberté constitue une exception, et que cette exception a besoin d'être prouvée.

Toutefois, si l'homme naît avec des facultés qui le prédestinent à la société et à l'appréciation de la loi morale, principale règle des rapports sociaux, ces facultés ne se développent qu'avec le temps, et la vie matérielle, en quelque sorte animale, se prolonge un certain nombre d'années avant de céder sa place à la vie morale, dont l'avénement ne s'opère que lentement et progressivement.

L'âge de l'agent doit-il influer sur sa responsabilité?

C'est parce que la transition entre la vie purement animale et la vie morale n'est pas une transition brusque, qu'il est difficile de déterminer l'âge qui sert de point de départ à la responsabilité pénale. La loi a bien compris cette difficulté, et aussi n'a-t-elle pas formulé une règle inflexible et absolue (1).

Esprit de la loi.

Le principe par elle adopté a été celui-ci : l'agent qui n'a pas seize ans accomplis est présumé n'avoir pas le discernement suffisant pour être légalement responsable de ses faits, au point de vue de la sanction pénale.

Toutefois ce n'est là qu'une présomption qui ne lie pas le

_____

(1) Le Code pénal de l'empire d'Allemagne, dans son art. 55, établit une présomption *juris et de jure* d'irresponsabilité au profit de l'enfant qui n'a point accompli sa douzième année. Le Code suédois, chap. v, § 1er, consacre une présomption semblable au profit de l'enfant qui n'a point quinze ans révolus.

juge, et qu'il peut exclure en proclamant que l'agent, mineur de seize ans, a agi avec discernement.

Vice de rédaction de l'art. 66.

Le texte de l'art. 66 du Code pénal pourrait faire croire que la circonstance que l'agent à moins de seize ans accomplis autorise seulement le juge à déclarer que l'acte a été fait sans discernement ; mais le vice de rédaction de l'art. 66 est corrigé par l'art. 67 du Code pénal et par l'art. 340 du Code d'instruction criminelle.

Il faut une déclaration d'existence de discernement pour faire peser la responsabilité pénale.

La minorité de seize ans, en matière d'infraction, n'entraîne donc pas une présomption *juris et de jure* d'irresponsabilité ; elle n'entraîne qu'une présomption *juris*, qu'une preuve contraire peut combattre.

Rapport de la minorité pénale et civile.

Est-ce là une différence entre la minorité au point de vue pénal et la minorité au point de vue civil ?

L'art. 1124 du Code civil déclare les mineurs incapables ; mais l'art. 1305 semble subordonner la nullité des actes consentis par des mineurs, lorsque ces actes ne sont pas soumis à des formes spéciales, à la condition qu'ils produisent une lésion ; il maintient ces actes, d'après la théorie qui finalement triomphe, quand ils démentent la présomption de faiblesse intellectuelle ou d'imprudence (1).

Sous ce rapport, notre loi pénale est en parfaite harmonie avec notre loi civile.

Mais la minorité, au point de vue pénal, ne dure que jusqu'à *seize ans accomplis;* la minorité, au point de vue civil, ne cesse, sauf les dispositions exceptionnelles qui régissent certains cas, qu'à *vingt et un ans révolus.*

Pourquoi cette différence?

La loi civile a elle-même présumé la capacité pour les délits et les quasi-délits à une époque où elle ne présume pas la capacité pour les contrats, puisque, dans l'art. 1308, *elle ne*

(1) Cass., 18 juin 1844, Devill., 1844.1.497 ; M. Demolombe, t. VII, n. 821.

restitue par les mineurs contre les obligations résultant de son délit ou de son quasi-délit.

La raison en est-elle dans le brocard *malitia supplet œtatem?*

Je ne dis pas que ce brocard ne suppose et n'indique même l'un des deux principes sur lesquels la différence est fondée; mais il n'en donne pas peut-être une idée assez nette. La différence entre la majorité pour l'infraction et la majorité pour les contrats résulte de la différence entre la loi pénale et la loi civile.

Les prescriptions que la loi protége par des sanctions ne sont, en général, que la reproduction de la partie la plus essentielle de la morale, de la partie dont l'observation est commandée à peine de destruction des liens sociaux. Ces prescriptions sont écrites dans la conscience de tous; elles sont connues indépendamment des textes qui leur assurent une puissance coercitive; elles n'ont, dans leurs dispositions fondamentales, rien d'artificiel, d'arbitraire, et ne comportent guère de dispositions accidentelles. Elles font principalement appel au sens moral, et comptent bien plus sur lui que sur la peur du châtiment; l'impérissable distinction du bien et du mal, voilà leur plus sûre garantie.

La loi civile, elle, n'a pas le même cachet de simplicité; c'est une loi à combinaisons savantes, cherchant à embrasser, dans ses prévisions variées, les relations les plus diverses, les intérêts si complexes que le temps et le libre jeu de l'activité humaine ont fait naître ou ont développés. Elle est le résultat de l'expérience des siècles, le produit accumulé d'études patientes et incessamment renouvelées. Sans doute, la capacité de contracter n'est pas subordonnée à la connaissance des dispositions de la loi civile; mais cette capacité suppose au moins quelque apprentissage de la vie pratique, l'intelligence des rapports auxquels la loi civile est chargée de pourvoir, et cette intelligence est plus lente à se développer que le sens moral.

Un de nos meilleurs criminalistes a dit, avec autant de vérité que de précision, que la notion du juste arrive à l'homme plus vite que la notion de l'utile (1) : c'est là l'explication du brocard *malitia supplet œtatem*.

D'un autre côté, l'ajournement de la majorité civile ne compromet aucune situation ; les actes nécessaires ou simplement utiles, que le mineur n'est pas réputé avoir l'aptitude de faire, peuvent être faits par représentant. Mais en crime il n'y a ni *représentant* ni *garant ;* la loi pénale a, par suite, droit sur l'agent aussitôt qu'elle reconnaît en lui un être moral et libre; la loi pénale peut donc réprimer les abus de la liberté de la part d'agents auxquels la loi civile, à titre de protection, refuse l'usage de cette liberté.

La déclaration de discernement constitue-t-elle une majorité anticipée ?

Le mineur de seize ans, auquel une déclaration de discernement fait une majorité anticipée, est-il assimilé au majeur de seize ans ?

Non : si l'âge n'est pas pour lui une immunité, il sera pour lui une excuse ; il diminuera la responsabilité, il entraînera un adoucissement dans la peine, il écartera l'application des peines afflictives et infamantes ou des peines infamantes seulement, et fera substituer à ces peines des peines correctionnelles. Les mineurs de seize ans seront toujours au moins présumés susceptibles d'amendement et de retour au bien.

Influence de l'âge en droit romain.

Quelle était l'influence de l'âge, sous le rapport de la peine, dans la loi romaine ?

Cette question offre beaucoup de doute et d'incertitude. Vous savez que les jurisconsultes romains divisaient la vie humaine en diverses périodes : l'impossibilité de parler caractérisait la première période, et de là le nom de période de l'*enfance ;* la seconde période, c'était une période de transition de l'enfance à la puberté ; on la subdivisait en années plus rapprochées de l'enfance et en années plus rapprochées de la puberté ; or, l'âge de la puberté pour les femmes, c'était douze ans ; l'âge de la puberté pour les hommes, c'était quatorze ans. Les impubères furent d'abord considérés comme à l'abri de la répression ; mais on ne tarda pas à reconnaître

---

(1) M. Ortolan, *Revue de législation,* 1843, t. Iᵉʳ, p. 463.

que la capacité pour le dol devançait souvent la puberté; et des jurisconsultes en conclurent que, dans la seconde subdivision de la période de transition, l'agent était responsable; que seulement sa responsabilité était moindre, et qu'il y avait lieu à mitigation de la peine. Des jurisconsultes plus rigoureux encore considérèrent que la question de dol était indépendante de la question d'âge; que l'âge, sans doute, pouvait bien faire présumer l'absence du dol, mais que là où la présence du dol serait constatée, elle entraînerait la nécessité d'un châtiment mitigé par le pouvoir discrétionnaire du juge (1).

Le pubère, mineur de vingt-cinq ans, était-il assimilé au majeur de vingt-cinq ans? C'est un point tout à fait obscur qui a beaucoup préoccupé les savants (2).

Notre ancienne jurisprudence avait interprété les traditions du Droit romain en ce sens, que la responsabilité commençait à neuf ans et demi pour les femmes, et à dix ans et demi pour les hommes, au moins pour les crimes atroces de leur nature; seulement la peine de mort n'était jamais appliquée (3). *Ancien Droit.*

Le Code pénal du 25 septembre 1791, tit. 5, art. 1er, a introduit, en matière de crimes, la présomption d'irresponsabilité pour les agents au-dessous de seize ans *accomplis*. Il a subordonné l'application de la loi pénale à la déclaration que l'agent mineur de seize ans avait agi avec discernement. Si le jury n'écartait pas la présomption d'irresponsabilité par cette déclaration, le tribunal criminel devait, suivant les circons- *Code pénal du 25 sept. 1791.*

---

(1) Voir Filangieri, liv. III, part. II, chap. XIII. — Blackstone rapporte sur la loi criminelle anglaise un jugement qui condamne à mort deux jeunes gens, l'un de neuf ans, l'autre de dix ans. L'irresponsabilité n'est admise en Angleterre que jusqu'à l'âge de sept ans; pour les agents au-dessus de cet âge le jury a à statuer sur l'imputabilité. — Comparer les art. 98, 99, 100, 101, 102, du Code pénal de Bavière et l'art. 55 du Code pénal de l'empire d'Allemagne.

(2) Voir M. Ortolan, *Revue de législation*, 1843, t. II, p. 181.—Nicolini, *Principes philosophiques et pratiques du Code pénal*, p. 172 à 182 de la Traduction.

(3) Muyart de Vouglans, *Introd. au Droit crim.*, part. III, chap. IV, § 1, p. 74, n. 2.

tances, ordonner que le coupable serait rendu à ses parents, ou qu'il serait conduit dans une maison de correction pour y être élevé et détenu pendant tel nombre d'années que le jugement déterminerait, et qui ne pourrait toutefois excéder l'époque à laquelle l'agent atteindrait l'âge de vingt ans.

Si le jury reconnaissait l'existence du discernement, la peine de mort était convertie en vingt années de détention dans une maison de correction, et le condamné subissait l'exposition ; la peine des fers, de la réclusion, de la gêne, ou de la détention, était convertie en une détention dans une maison de correction pendant un nombre d'années égal à celui pour lequel il eût encouru ces peines, s'il eût été majeur de seize ans.

Code pénal de 1810. Le Code pénal de 1810 a adopté le système de la Constituante ; seulement il a adouci la peine correctionnelle substituée aux peines afflictives et infamantes ou infamantes seulement : vous lirez l'ancien art. 67. Si le mineur de seize ans n'avait encouru qu'une peine correctionnelle, la peine devait être au moins réduite de moitié (art. 69 anc.).

Loi du 24 juin 1824. Une loi du 24 juin 1824 décida que les individus, âgés de moins de seize ans, qui n'auraient pas de complices au-dessus de cet âge, et qui seraient prévenus de crimes autres que ceux auxquels la loi attachait la peine de mort, celle des travaux forcés à perpétuité ou celle de la déportation, seraient jugés par les tribunaux correctionnels.

Révision de 1832. La loi du 28 avril 1832 n'a que très-peu modifié les dispositions du Code de 1810 et de la loi de 1824.

Influence de l'âge sur la juridiction. Les agents âgés de moins de seize ans accomplis au moment du crime sont poursuivis en police correctionnelle ; cette exception toutefois subit elle-même une exception, et la règle générale reprend son empire dans deux cas :

1° Si le mineur de seize ans a des complices présents au-dessus de cet âge, et cela à cause de l'indivisibilité de la procédure ; 2° si le crime dont le mineur de seize ans est accusé est passible de la peine de mort, de la peine des travaux forcés à perpétuité, de la peine de la déportation ou de la peine de la détention (1).

Si le mineur de seize ans ne perd pas, par une déclaration d'existence de discernement, le bénéfice de la présomption d'irresponsabilité, il est acquitté et affranchi de toute peine; on ne pourrait même le renvoyer sous la surveillance de la haute police; toutefois, il ne doit pas être nécessairement rendu à sa famille et à la société. Les juges ont la faculté de l'envoyer dans une maison de correction, et de lui faire subir une détention dont ils détermineront la durée, mais qui, dans tous les cas, ne peut se prolonger après que l'agent a accompli sa vingtième année; cette détention n'a pas le caractère d'un châtiment; ce n'est qu'une simple mesure d'éducation. Elle est aujourd'hui réglementée par une loi des 5-12 août 1830.

Cette détention peut-elle être moindre d'une année?

On a soutenu la négative en se fondant sur ce que l'art. 66 parle *de tel nombre d'années que le jugement déterminera.*

Mais il est d'évidence que si l'agent, qui avait moins de seize ans au moment de l'infraction, avait dix-neuf ans six mois au moment du jugement, sa détention ne pourrait être que de six mois: l'art. 66 n'a donc pas, au moins dans ce cas, le sens qu'on a voulu lui attribuer; il a fixé un *maximum* sans déterminer le *minimum.*

S'il est décidé que le mineur de seize ans a agi avec discernement, la peine de mort, des travaux forcés à perpétuité, de la déportation, est remplacée par la peine de dix à vingt ans

Effets de la déclaration de non-discernement.

Effets de la déclaration de discernement.

___

(1) On a indiqué un troisième cas d'exception : le cas où le fait, quoique qualifié délit, avait été commis par voie de publication ou était d'une nature politique (art. 13, loi du 26 mai 1819; — art. 1 et 6, loi du 8 octobre 1830; — art. 6, loi du 10 décembre 1830). — Cette exception n'avait pas survécu aux décrets des 31 décembre 1851, 17 février 1852 et 28 février 1852. — Elle revit en vertu de l'art. 1er de la loi des 15-22 avril 1871, qui ne distingue pas entre les délits commis par des agents de moins de seize ans et ceux commis par des agents au-dessus de cet âge; mais ici la juridiction de la Cour d'assises n'est pas une défaveur, c'est au contraire une faveur.

d'emprisonnement dans une maison de correction ; la peine des travaux forcés à temps, de la détention ou de la réclusion, est remplacée par une détention dans une maison de correction, pendant un temps égal au tiers au moins, et à la moitié au plus, de celui auquel un majeur de seize ans aurait pu être condamné à l'une de ces peines ; une peine *complémentaire*, le renvoi sous la surveillance de la haute police, pendant cinq ans au moins, et dix ans au plus, est d'une application facultative ; la peine de la dégradation civique ou du bannissement est remplacée par une détention d'un an à cinq ans.

Dans le cas où le majeur de seize ans encourrait les travaux forcés à temps, la détention ou la réclusion, comment se mesure la détention qui doit être portée au tiers au moins, ou à la moitié de la durée de ces peines ? Est-ce le tiers, ou la moitié du maximum ?

Supposons que la peine fût la peine des travaux forcés à temps pour un majeur de seize ans, le tiers du maximum serait de six ans huit mois, d'après l'art. 19 du Code pénal. Or, un majeur de seize ans pourrait n'être condamné qu'à cinq ans de travaux forcés ; la loi a-t-elle voulu, en substituant une peine correctionnelle à la peine afflictive et infamante, forcer le juge à une aggravation de durée ?

Le minimum de durée est le tiers du minimum de durée de la peine écartée, et le maximum, la moitié du maximum de durée de cette peine (1).

La loi du 28 avril 1832, corrigeant l'art. 69 du Code de 1810, décide que, dans le cas où le mineur de seize ans n'aura commis qu'un simple délit, la peine à prononcer contre lui ne pourra s'élever au-dessus de la moitié de celle à laquelle il aurait pu être condamné, s'il avait eu seize ans. La nouvelle rédaction subordonne l'application de cette disposition à la condition que l'infraction *ne constitue qu'un simple délit*. La rédaction primitive subordonnait cette disposition

---

(1) *Sic*, Cass., 15 janv. 1825 ; Cass., 6 juin 1840, Sir., 25.1.269, 40.1. 646 ; Dalloz, 25.1.103, 40.1.425.

à la condition que le mineur de seize ans n'*aurait encouru qu'une peine correctionnelle.*

La présomption de non-discernement, au profit des mineurs de seize ans, est-elle applicable aux contraventions ?

La jurisprudence s'est prononcée pour l'affirmative (1) : je crois cette solution fondée; la présomption n'a rien qui la rattache spécialement plutôt à une classe d'infractions qu'à une autre. Mais s'il est décidé qu'un mineur a commis avec discernement la contravention, aucune disposition de loi ne change la nature de la peine, ou même n'impose une réduction dans sa mesure.

La présomption n'existe-t-elle que pour les infractions prévues par le Code pénal?

Pourquoi cette présomption serait-elle étrangère aux infractions régies par des lois spéciales ? La jurisprudence a cependant hésité : aujourd'hui, elle reconnaît que la présomption est applicable (2).

A qui appartient-il de statuer sur l'âge de l'agent, notamment quand l'acte de naissance n'est pas représenté ?

Au juge du fait, c'est-à-dire au jury, quand la juridiction saisie est une Cour d'assises. La circonstance de l'âge fait partie des circonstances du fait ; l'âge à vérifier étant l'âge au moment de l'infraction, et non l'âge au moment du jugement, le juge de l'infraction est juge de sa date, et, par suite, de l'âge qu'avait l'agent au moment où il l'a commise (3).

La présomption de non-discernement est-elle applicable aux contraventions ?

L'âge conserve-t-il son influence sur les infractions prévues par les lois spéciales?

De la preuve de l'âge et du juge de cette preuve.

(1) Cass., 20 janv. 1837, 10 juin 1842; Sir., 38.1.906, 42.1.832, Dalloz, 37.1.503, 42.1.309; Cass., 3 fév. 1849; Devill. et Car., 49.1.665.

(2) Cass., 20 mars 1841, 18 mars 1842; Sir., 41.1.463, 42.1.465; Dalloz, 41.1.358, 42.1.208. — Art. 132, 199 et 202 de la loi des 9 juin-4 août 1857; art. 162, 257 et 260 de la loi des 4-15 juin 1858.

(3) Cass., 4 mai 1839, 26 sept. 1846; Sir., 39.1.974, 46.1.756; Dalloz, 39.1.344, 46.4.106. — La Cour de cassation s'était d'abord prononcée en sens contraire : 16 sept. 1836, Sir., 37.1.175. — Voir aussi par analogie, Cass., 1er oct. 1834, Sir., 34.1.767, et article de M. de Prefeln, *Revue de Législ.*, t. Ier, p. 298. — Un individu condamné peut-il invoquer pour la première fois devant la Cour de cassation le bénéfice de son âge? Deux arrêts de la Chambre criminelle du 19 avril 1821 et du 27 février 1845 se prononcent pour la négative. Le premier de ces arrêts affirme qu'il y a présomption légale de majorité quand le délinquant ne produit pas son

Les mineurs
de seize ans
sont-ils soumis
à la contrainte
par corps?

L'art. 33 de la loi du 17 avril 1832, dans la généralité de ses termes, s'appliquait aux mineurs de seize ans, et, partant, les condamnations à l'amende, prononcées contre eux, emportaient la contrainte par corps.

La loi du 13 décembre 1848, art. 9, § *ult.*, n'appliquait pas aux mineurs de seize ans le principe de l'art. 2064, Code civ., à savoir que les mineurs ne sont pas contraignables par corps : il décidait seulement que les condamnations en matière pénale n'étaient pas *de plein droit* exécutoires par corps, contre les mineurs de seize ans; la contrainte corporelle, en effet, était rendue facultative et avait besoin d'être prononcée. Ce texte avait, de plus, tranché une question controversée sous l'empire de la loi du 17 avril 1832, le point de savoir si le mineur de seize ans, acquitté parce qu'il n'y avait point de déclaration de discernement, était contraignable par corps, pour les frais et les réparations civiles ; la contrainte par corps était subordonnée à la condition d'une condamnation pénale (1).

Mais l'art. 9 régissait-il, sous le rapport de l'exécution par corps, les condamnations à l'amende prononcées antérieurement contre des mineurs de seize ans ?

A première vue, l'affirmative paraissait résulter de l'art. 14; il décidait que les dettes antérieures ou postérieures au décret du 9 mars 1848, qui, d'après la législation en vigueur avant cette époque, entraînaient la contrainte par corps, continueraient à produire cet effet dans les cas où elle était autorisée par la loi nouvelle : or, le recouvrement des amendes n'était

---

acte de naissance; le second arrêt se garde bien d'invoquer cette prétendue présomption qui n'est écrite dans aucune loi ; mais il se fonde sur la reconnaissance implicite de l'accusé qui n'a pas opposé l'excuse d'âge (Dalloz, 46.4.52). Ce qui rend la question très-délicate, c'est que la circonstance de l'âge, comme nous l'avons dit, fait partie des circonstances de fait dont l'appréciation est soumise au jury. On objecte contre la solution de la Cour de cassation que cette Cour elle-même a jugé que le moyen de prescription peut être proposé pour la première fois devant elle (29 mai 1847, Dev., 47. 1.878). Il n'y a pas d'analogie, c'est la Cour d'assises et non le jury qui statue sur la prescription et la prescription est opposable d'office.—*Sic*, Le Sellyer, *De la criminalité*, n. 113.—*Contra*, Carnot, sur l'art. 66, n. 11.

(1) Voir *contra*, sous la loi du 17 avril 1832, arrêt de cassation, 27 juin 1835 et la discussion de MM. Chauveau et Helie, t. Ier, p. 483, 3e édition.

plus de plein droit garanti par la contrainte par corps depuis cette loi. Oui, sans doute ; mais l'exécution par corps n'était pas interdite, par la loi du 13 décembre 1848, contre les mineurs de seize ans ; elle était seulement soumise à une condition, à la condition qu'elle serait écrite dans la condamnation. Mais on ne pouvait pas rétroactivement imposer cette condition aux condamnations antérieures (1).

Remarquez cependant que la loi du 13 décembre 1848 rétroagissait au moins pour les frais et réparations civiles auxquels le mineur de seize ans aurait pu être condamné, malgré son acquittement. L'art. 9, en effet, n'autorisait la contrainte par corps contre des mineurs de seize ans qu'en cas de condamnation pénale.

L'art. 13 de la loi du 22 juillet 1867 décide que les tribunaux ne peuvent prononcer la contrainte par corps contre les individus âgés de moins de seize ans accomplis à l'époque des faits qui ont motivé la poursuite. Cet article régit même les condamnations prononcées antérieurement à sa promulgation. La contrainte par corps ne survit pas à la loi qui la prohibe dans des conditions déterminées, que ces conditions soient antérieures ou postérieures à cette loi (2).

La minorité de seize ans est, vous le voyez, tantôt une cause exclusive, tantôt une cause restrictive d'imputabilité ; dans ce dernier cas, elle exerce une grande influence sur la nature ou sur la quotité de la peine ; elle n'est plus une immunité, elle est une excuse.

Je dis une *excuse* et j'insiste sur le mot ; ce n'est pas seulement une *cause de mitigation de peine*. Il est bien vrai que les causes de mitigation sont subordonnées à des qualités de l'agent, et, sous ce rapport, je comprends qu'on soit, au premier abord, tenté de dire, avec Boitard, que la minorité de seize ans n'est pas une excuse, mais seulement une cause de mitigation, une cause en vertu de laquelle la peine est adou-

---

(1) Voir, en ce sens, M. Durand, *Contrainte par corps*, n. 81, et M. Troplong, *Comment. de la loi du 13 déc. 1848, sur l'art. 9.*
(2) Voir *suprà* XIVe leçon.

cie. Mais, dans la pensée de la loi, la qualité de l'agent n'est simplement une cause de mitigation qu'autant qu'elle ne réagit pas sur le caractère du fait, qu'elle n'ajoute ou qu'elle n'enlève rien à sa criminalité; les art. 16, 70, 71, Code pénal, précisent des causes de mitigation qu'il est impossible de confondre avec des excuses : « Les femmes et les filles condamnées aux travaux forcés, n'y seront employées que dans l'intérieur d'une maison de force (art. 16), sauf la faculté de les transporter dans un des établissements créés aux colonies. » (Loi des 30 mai-1er juin 1854, art. 4.)

Influence de l'âge sur l'exécution de certaines peines.

Les peines des travaux forcés à perpétuité, des travaux forcés à temps, ne seront prononcées contre aucun individu âgé de soixante ans accomplis au moment du jugement. La peine de la déportation ne sera pas prononcée contre les individus âgés de soixante-dix ans accomplis. Ces peines seront remplacées, savoir : celle de la déportation, par la détention à perpétuité ; les autres par celle de la réclusion, soit à perpétuité, soit à temps, selon la durée de la peine qu'elle remplace (art. 70 et 71) (1).

Voilà les qualités qui affranchissent l'agent de certaines peines et qui cependant n'atténuent en rien ses actes; elles n'en modifient, sous aucun rapport, ni le caractère moral, ni le caractère légal.

Mais n'y a-t-il pas des qualités de l'agent qui sont, en quelque sorte, inséparables du caractère du fait, qui lui impriment un caractère plus ou moins odieux ?

La qualité peut être une cause d'aggravation de la peine, parce qu'elle aggrave le fait; la qualité de fils, chez le meurtrier, donne au meurtre le caractère de parricide et entraîne une aggravation de châtiment; la qualité de l'agent peut être une cause d'atténuation de la peine, parce qu'elle atténue le

(1) L'art. 14 de la loi du 22 juillet 1867 décide que si le débiteur (le condamné) a commencé sa soixantième année, la contrainte par corps est réduite à la moitié de la durée fixée par le jugement, sans préjudice de la réduction attachée à la preuve en fait de l'insolvabilité. (Voir art. 9, § 1 de la loi du 13 décembre 1848 et notre XIVe leçon, en ce qui concerne la garantie des peines pécuniaires.

fait. La minorité de seize ans, alors même que la présomption d'irresponsablité est exclue par une déclaration de discernement, fait encore supposer que l'agent n'a pas eu autant de liberté d'esprit que le majeur, qu'il avait moins de force de volonté et de résistance, moins d'empire sur lui-même, qu'il n'avait pas une conscience aussi nette du mal moral et social résultant de son infraction. Sous ce rapport, il n'est pas vrai de dire que l'âge soit toujours et nécessairement une circonstance étrangère au fait lui-même.

Mais, dit-on (1), l'âge ne change pas la qualification du fait. Le mineur de seize ans, condamné dans le cas des articles 67 et 68, est condamné *en matière criminelle;* de ce qu'il ne subit que des peines correctionnelles, on ne peut pas conclure qu'il n'ait commis que de simples délits, lorsque ces articles sont applicables.

Cette objection a deux vices : 1° elle suppose qu'il est unanimement admis que l'infraction qui, en thèse ordinaire, a le caractère d'un crime, ne dégénère pas en simple délit, quand elle est commise par un mineur de seize ans auquel, en cas de déclaration de discernement, on applique une peine, mais une une peine correctionnelle seulement. Or, deux de nos criminalistes les plus justement accrédités professent que, dans notre droit, le caractère de l'infraction étant subordonné à la nature de la peine applicable, l'infraction dont le mineur de seize ans est jugé responsable, ne peut constituer qu'un simple délit, et cette théorie, que je suis loin d'adopter, n'est pas sans quelque appui dans la jurisprudence (2).

2° L'objection suppose qu'il est de l'*essence* d'une excuse de

---

(1) Nicolini, *Principes philosophiques et pratiques du Droit pénal*, p. 163 à 474 de la Traduction. — Boitard, 14° leçon.

(2) MM. Chauveau et Hélie, *Théorie du Code pénal*, t. Ier, p. 313 à 315, 3e édition. — Ils invoquent deux arrêts de la Cour de cassation du 27 juin 1828 et du 9 fév. 1832, Sir., 29.1.42, 32.1.433. — Il y a, en effet, dans les *motifs* de ces arrêts, une énonciation favorable à l'opinion de ces honorables auteurs. Voir toutefois en sens contraire : Cass., 1er avril 1818 et 10 avril 1828, Sir., 24.1.159, 28.1.275. M. de Molène, *De l'humanité dans les lois criminelles*, p. 365, considère aussi que l'excuse change la qualification de l'infraction. — Voir dans le même sens, *Revue de Législation*, t. VI, p. 443.

changer la qualification de l'infraction ; mais aucune loi n'a dit cela, et, à mon sens, aucune loi ne devait le dire. Un crime *excusable* reste un crime, et c'est bien là ce qu'atteste la rubrique du paragraphe 2, section II, titre II, du livre III du Code pénal : *Crimes et délits excusables.* De ce que l'excuse modifie souvent la nature de la peine, parce que sa cause diminue la criminalité subjective, on ne saurait légitimement conclure qu'elle métamorphose le caractère de l'infraction. Ce n'est pas parce que la loi punit les infractions d'une certaine classe de peines afflictives et infamantes, ou infamantes seulement, que ces infractions sont des crimes ; c'est, au contraire, parce qu'à raison de leur criminalité *objective*, à laquelle correspond presque toujours une criminalité *subjective* aussi grave, ces infractions sont des infractions très-dangereuses, que la loi frappe, en général, leurs auteurs de peines afflictives et infamantes, ou infamantes seulement (1).

L'art. 65, Code pénal, proclame le principe que le crime ou délit ne peut être *excusé* ni la peine *mitigée* que dans les cas et dans les circonstances où la loi déclare le fait excusable, ou permet de lui appliquer une peine moins rigoureuse ; mais cet article ne dit pas ce qui constitue, aux yeux du législateur, une cause d'excuse et ce qui constitue une cause de mitigation.

L'art. 66 indique ensuite les conséquences de la minorité de seize ans ; il indique les conséquences qu'elle a en cas de déclaration d'existence de discernement ; il ne lui donne aucune qualification : la question est donc une question de pure doctrine.

(1) M. Molinier professe aussi que l'excuse ne change pas la qualification de l'infraction ; il cite plusieurs arrêts en ce sens, notamment un arrêt de la Cour de cassation du 17 janv. 1833, Sir., 33.1.413. M. Molinier arrive par d'autres arguments à la même solution que nous (*Revue critique,* 1851, p. 425 à 427).—Aux autorités citées par M. Molinier on peut ajouter un arrêt de la Cour d'Angers du 3 déc. 1849, Devill., 50.2.290. (Rapprocher cet arrêt de l'arrêt qui le suit.) — Et un jugement du tribunal de Chaumont du 8 mars 1856, Devill., 56.2.447 ; M. Brun de Villeret, *Traité de la prescription,* n. 197 et 198, défend aussi notre solution. L'idée que l'excuse fait dégénérer le crime en délit a dominé la discussion de la loi du 13 mai 1863 et notamment la révision des art. 57 et 58.

Je ne vous ai fait connaître encore que la principale raison pour laquelle je donne à la minorité de seize ans le caractère d'une excuse ; il y a une autre raison, qui n'est pour moi que secondaire ; cette raison est celle-ci : c'est le juge du fait qui vérifie la minorité de seize ans et qui lui imprime sa conséquence, tantôt l'affranchissement de toute peine, tantôt l'atténuation de la peine. Mais s'il en est ainsi, c'est donc que la qualité de l'agent se lie au fait, qu'elle s'y incorpore en quelque sorte. Je sais bien que ce point a fait question, que le droit de vérifier l'existence de la minorité a été revendiqué par la Cour d'assises ; mais la jurisprudence, aujourd'hui, n'hésite plus à reconnaître que le droit dont il s'agit fait partie des attributions du jury.

Je me résume et je conclus : la minorité de seize ans, quand elle n'est pas une cause exclusive d'imputation, est une *excuse légale;* mais je n'admets pas pour cela les motifs des jurisconsultes qui fondent la solution que j'adopte sur ce que la minorité change la qualification de l'infraction (1).

Résumé.

Quelles sont les autres causes d'excuses ?

Les causes d'excuses n'annihilent point, n'effacent point la criminalité ; elles la diminuent et en restreignent la gravité; ou elles la rachètent en partie et lui assurent des titres à l'indulgence; de là, deux classes d'excuses : les excuses qui amoindrissent la criminalité, et les excuses qui la rachètent en partie.

Autres causes d'excuses. — Deux classes.

Ces deux classes d'excuses ont un caractère commun ; elles n'écartent pas la pénalité, elles la modèrent ; j'ajoute que leur existence doit être déclarée par le juge du fait.

Les excuses de la première classe sont l'objet des art. 321 et suivants, jusqu'à l'art. 326 inclusivement; ce sont : 1° le meurtre et les blessures provoqués par des coups ou violences

Excuses de la première classe.

(1) MM. Chauveau et Faustin Hélie supposent, sans discuter la question *in terminis,* que la minorité de seize ans, dans le cas des art. 67 et suivants, est une excuse, *Théorie du Code pénal,* t. Iᵉʳ, chap. XII; mais ces auteurs admettent que la minorité change la qualification de l'infraction. Voir aussi *Répertoire du Droit criminel,* de M. Achille Morin, vᵒ *Mineur,* n. 9, et M. Rauter, t. Iᵉʳ, n. 83.

graves envers des personnes ; 2° le meurtre et les blessures provoqués par des tentatives de vol avec effraction ou escalade *pendant le jour;* 3° le meurtre commis par l'époux sur l'épouse, surprise en flagrant délit d'aldultère dans la maison conjugale, et sur le complice ; 4° la castration provoquée par un violent outrage à la pudeur.

L'art. 326 détermine les conséquences de la preuve de ces faits d'excuse.

« Lorsque le fait d'excuse sera prouvé :

« S'il s'agit d'un crime emportant la peine de mort, ou celle « des travaux forcés à perpétuité, ou celle de la déportation, la « peine sera réduite à un emprisonnement d'un an à cinq ans;

« S'il s'agit de tout autre crime, elle sera réduite à un em- « prisonnement de six mois à deux ans ;

« Dans ces deux premiers cas, les coupables pourront de « plus être mis, par l'arrêt ou le jugement, sous la surveil- « lance de la haute police, pendant cinq ans au moins et dix « ans au plus.

« S'il s'agit d'un délit, la peine sera réduite à un empri- « sonnement de six jours à six mois. »

Remarquez que, dans l'hypothèse du dernier paragraphe de cet article, la preuve du fait d'excuse non-seulement ne change pas la qualification de l'infraction, mais ne substitue pas à la peine correctionnelle une peine de simple police.

Excuses de la deuxième classe.

Les causes d'excuses de la seconde classe sont prévues dans les art. 100, 108, 138, 213, 284, 285 et 288. Vous lirez ces articles, et vous reconnaîtrez, j'en suis sûr, que les titres de l'agent à l'indulgence se rattachent souvent beaucoup moins au fait que la minorité de seize ans (1).

Causes de mitigation.

Quant aux causes de mitigation, elles ne doivent pas, à mon sens, être l'objet de questions à résoudre par le juge du fait : leur appréciation appartient aux juges chargés de l'application de la peine.

(1) Boitard cite, comme cas d'excuse de cette seconde classe, les cas prévus aux art. 114 et 190; mais ces articles prévoient des cas d'irresponsabilité.

La vieillesse n'entraîne jamais par elle-même de présomption d'irresponsabilité. L'agent chargé d'années a peut-être moins de force morale ; mais les passions sont amorties, et les causes qui poussent au crime ont moins d'action sur lui ; la vieillesse n'est donc jamais une excuse ; elle n'est, comme le sexe, qu'une cause de mitigation : elle serait plus qu'une excuse, elle constituerait une cause exclusive de toute imputation, si, ce qui ne pourrait être qu'un accident, elle avait abouti à la *démence sénile* et n'avait laissé survivre dans l'homme que l'enveloppe matérielle.

La vieillesse n'est pas une cause d'irresponsabilité.

Je ne puis négliger les questions de terminologie, parce qu'une bonne terminologie est la condition de toute science exacte, et que, notamment, les idées sur lesquelles je vous arrête auront une grande importance pratique, quand il s'agira de résoudre certaines questions de récidive et de prescription.

Questions de terminologie. Leur importance.

On donne quelquefois aux causes exclusives d'imputation le nom d'*excuses légales*, d'*excuses péremptoires ;* ces expressions me semblent vicieuses ; elles exposent à confondre l'*irresponsabilité* avec l'*excusabilité ;* l'agent *irresponsable* n'a pas besoin d'être *excusé*.

On appelle aussi quelquefois *faits justificatifs* les causes d'irresponsabilité. Cette expression est encore une source de confusion ; la preuve qu'elle peut induire en erreur, c'est qu'elle a amené d'éminents jurisconsultes à placer sur la même ligne, la folie, l'obéissance à un supérieur dans l'ordre hiérarchique, la nécessité actuelle de la défense, et l'*alibi invoqué par le prévenu ;* l'*alibi* affranchit de la pénalité celui qui n'a pas commis l'infraction ; la folie, l'obéissance à un supérieur, la nécessité actuelle de la défense affranchissent l'agent de la responsabilité d'une infraction qu'il a commise ; l'absence de tout lien entre le prévenu et l'infraction, pas plus que l'absence de toute infraction, n'est un *fait justificatif*, dans le sens où l'on applique ces mots à la démence ou à la contrainte.

Dans la terminologie qui applique la qualification d'*excuse légale* aux causes d'irresponsabilité et aux véritables excuses, l'expression *faits justificatifs* ou l'expression *excuses péremptoires* devient une nécessité pour faire la distinction que la loi et la raison imposent. Le rapprochement des art. 64 et 65 me paraît repousser toute communauté de qualification pour les causes d'irresponsabilité et les causes d'excuses.

DIX-HUITIÈME LEÇON.

CIRCONSTANCES ATTÉNUANTES. — Loi du 28 avril 1832. — Loi du 13 mai 1863.—Caractère des circonstances atténuantes.—Pourquoi ne font-elles pas, *en matière criminelle*, l'objet d'une question au jury? — Comment elles ont été envisagées par le législateur en 1832.—Leurs inconvénients et leurs avantages. — Esprit qui doit présider à leur application. — Le système qui fonde le droit de punir sur la justice morale, limitée par l'utilité sociale, devait-il se borner à généraliser la faculté d'atténuation résultant des circonstances atténuantes? Ne conduisait-il pas au rétablissement des *peines arbitraires?*—Effet des circonstances atténuantes sur la qualification légale de la peine. —Historique du système des circonstances atténuantes.—Art. 463 du Code pénal de 1810. — Loi du 24 juin 1824. — Nouvel art. 463. — N'implique-t-il pas l'existence d'une double échelle de pénalités?—Argument de la loi du 8 juin 1850. —A laquelle des échelles pénales appartient la dégradation civique?—Caractère commun des infractions auxquelles elle est appliquée. —Arrêt de la Cour de cassation. — Objection de la loi du 8 oct. 1830. —Objection de l'art. 2 de la loi du 8 juin 1850.—Loi du 10 juin 1853.—Il y a des peines communes applicables aux crimes communs ou mélangés d'éléments de crimes communs.—Il y a des peines politiques applicables aux faits purement politiques.—Effet de la déclaration de circonstances atténuantes en matière de délits. — Lorsque la loi ne prononce qu'un emprisonnement, et que la peine de l'amende y est substituée par le juge, quelle est la quotité de l'amende? — Dissidence avec quelques auteurs. — Art. 483, § 2. — A quelles peines s'applique la faculté d'atténuation de l'art. 463?—*Peines principales.*—*Peines complémentaires.*—Hypothèses des art. 100, 108, 138 et 144 du Code pénal.—L'art. 463 est-il applicable à la confiscation à titre spécial?—Lorsque le fait, qualifié crime, revêt, par le verdict du jury, le caractère de délit, la déclaration de circonstances atténuantes lie-t-il la Cour d'assises? — Les circonstances atténuantes peuvent-elles être admises en cas de contumace? — Lorsque l'admission d'une excuse légale convertit la peine afflictive ou infamante en une peine correctionnelle, est-ce au jury ou à la Cour d'assises qu'appartient le droit de reconnaître l'existence des circonstances atténuantes? — *Quid*, lorsqu'un mineur de seize ans est traduit devant le jury par application de l'art. 60 du Code pénal?—Arrêt de la Cour de cassation.

— Opinion d'un savant criminaliste. — Dissidences. — Le dernier paragraphe de l'art. 63 est-il applicable aux peines prononcées par les lois
spéciales?

———

MESSIEURS,

Circonstances
atténuantes. —
Leur caractère.

Le système des circonstances atténuantes s'est écrit, je dirai
presque s'est épanoui, dans la loi du 28 avril 1832, dans la
réforme libérale du Code pénal de l'Empire; il avait des
antécédents sans doute, mais ils ne semblaient pas lui pré-
sager un aussi complet triomphe. Energique réaction contre
le principe de Bentham, il est un éclatant témoignage de
l'influence des idées philosophiques et politiques sur la législation pénale; il affirme le droit individuel; il l'oppose au
droit social, et, dans l'infraction, il considère pour ainsi dire
autant l'agent que le patient. La réaction de 1832 a failli entraîner en 1863 une contre-réaction; la dernière révision a
rencontré des obstacles et a reconnu des points d'arrêt. La
théorie de 1832 et la théorie de 1863 méritent chacune un
examen à part; l'exposition de la théorie réformatrice ou mo-
dératrice ne peut être bien comprise qu'après l'exposition de
la théorie réformée.

Je consacre donc une leçon spéciale au régime de 1832 et
une leçon spéciale au régime de 1863.

Les circonstances atténuantes ont, avec les excuses, un
caractère commun : elles ont pour résultat de changer la
nature de la peine, ou au moins sa quotité; comme pour les
excuses, c'est au juge du fait qu'il appartient de reconnaître
leur existence. Mais les circonstances atténuantes ne sont pas,
comme les excuses, déterminées et limitées par la loi : elles
sont partout où le juge du fait croit les apercevoir, dans les
circonstances qui ont précédé l'infraction, dans les circonstances qui l'ont accompagnée, dans les circonstances qui l'ont
suivie, dans ce qui se lie à l'infraction et dans ce qui ne s'y
lie pas, dans la qualité, dans la position, dans les antécédents

de l'agent, dans son repentir, en un mot, dans tout ce qui peut jeter sur lui de l'intérêt, et même, d'après la déclaration expresse de ceux qui ont fait la loi, dans l'opinion du juge que la pénalité encourue est trop forte, c'est-à-dire dans le sentiment que la loi est mauvaise. — Pour l'admission des circonstances atténuantes, le juge du fait est un véritable souverain : ce n'est plus un juge, c'est un législateur.

C'est assez dire que les circonstances dans lesquelles l'agent espère que l'atténuation pourra être puisée, ne doivent pas être l'objet d'une question : les préciser, ce serait les restreindre, exclure ce qui serait en dehors de la question, et c'est peut-être là où l'accusé ne les a pas soupçonnées lui-même que le juge du fait les trouvera. Le jury sera seulement averti qu'il a le pouvoir de déclarer, de *découvrir* l'existence de circonstances atténuantes, et que le champ est ouvert à son omnipotence.

Elles ne font pas l'objet d'une question au jury.

Ce droit, dont le juge du fait est investi d'écarter l'application des peines écrites dans la loi, est-il un bien ? est-il un mal ?

Il serait incontestablement un mal s'il ne devait être pour le jury qu'un moyen de réviser notre système pénal, de déclasser les infractions, d'abroger ou de maintenir la peine de mort, d'assimiler ou de ne pas assimiler la tentative au crime consommé, le complice à l'auteur principal, et de substituer ainsi une solution capricieuse et variable, une solution d'entraînement souvent, à la solution légale (1).

Le législateur de 1832 a surtout envisagé les circonstances atténuantes à ce point de vue ; il se déchargeait sur le jury du soin de vérifier si les réformes qu'il introduisait étaient suffisantes, s'il ne restait pas encore beaucoup à faire ; il entendait déléguer au jury une partie de sa souveraineté : c'était une véritable abdication.

Esprit du législateur de 1832 à leur égard.

Y avait-il des vices dans la loi ? le législateur devait les cor-

Leurs inconvénients

(1) Voir le passage de l'exposé des motifs, rapporté par MM. Chauveau et Hélie, t. VI, p. 248, 3ᵉ édition, et les observations judicieuses qu'ils font sur ce passage, p. 249 et 250.

riger; il ne pouvait, à aucun titre, charger le jury. de cette tâche, sans provoquer les réponses les plus contradictoires, les plus imprévues, sans remplacer l'unité par l'anarchie.

Cependant le pouvoir de reconnaître des circonstances atténuantes, quand il se propose pour objet le jugement, non de la loi et du législateur, mais seulement de l'acte de l'agent, de la violation du commandement social, peut parfaitement se légitimer. Sans doute la sanction pénale a pour but l'expiation sociale, et, sous ce rapport, elle doit surtout atteindre la criminalité *objective*. Elle n'atteint le mal moral que parce qu'il est la cause d'un mal social; toutefois, je vous l'ai dit, la pénalité n'est pas un moyen de défense contre des dangers à venir; elle est un acte de justice, non de justice morale, mais de justice sociale : elle ne frappe pas l'agent à raison seulement du résultat, elle le frappe comme cause volontaire et libre; elle tient donc compte de sa moralité sociale et du caractère intentionnel de son acte; cela est si vrai qu'elle ne frappe pas le furieux et l'homme qui cède à une contrainte ou. physique ou morale : elle se préoccupe donc et doit se préoccuper de la criminalité *subjective*. Eh bien! si sage, si prévoyante que soit la loi, si bien combinées que puissent être ses incriminations et les pénalités qui les sanctionnent, les faits qu'*à priori* elle aura compris sous une même appellation, dans lesquels elle n'aura constaté que les mêmes caractères, pourront présenter une grande diversité de physionomie, plus que des nuances, une variété infinie dans les degrés de liberté, dans les causes impulsives, dans les garanties d'obéissance future de l'agent.

La loi a donc dû établir un véritable *droit commun* pour chaque classe d'infractions avec un maximum et un minimum, pour que le juge profitât de cette latitude, et fît la part de chaque agent, suivant les inspirations de l'équité, c'est-à-dire en tenant compte des circonstances individuelles, bien que ces circonstances n'eussent rien d'assez caractérisé pour mettre en défaut les appréciations générales; puis, à côté de ce *droit commun*, la loi a dû établir un *droit exceptionnel*, c'est-à-dire prévoir des circonstances exceptionnelles, se dérobant trop à la généralité de ses prévisions pour que la conscience du juge trouvât assez de liberté dans la flexibilité d'une même nature de peines. Mais elle a dû réglementer elle-même ce *droit d'exception*, le renfermer dans de certaines limites ; elle a dû indiquer l'abaissement obligatoire et l'abaissement facultatif qui résulteraient de la reconnaissance de ces circonstances auxquelles était attachée l'application du *droit d'exception ;* elle a dû indiquer quelles peines déterminées seraient ou pourraient être substituées à des peines d'une autre nature.

La faculté d'atténuation, ainsi bien circonscrite, ne faisait pas revivre le système des *peines arbitraires*, puisque l'influence de l'admission des circonstances atténuantes était fixée à l'avance, et que l'atténuation avait des bornes légales : les peines de *droit commun,* attachées à la nature de l'infraction, et les peines *d'exception*, édictées pour le cas où l'infraction revêtirait un caractère exceptionnel, avaient presque le même caractère de certitude.

Cette faculté d'atténuation semblait d'ailleurs une nécessité pour les peines qui ne comportaient pas de maximum et de minimum, pour la peine de mort, pour les peines perpétuelles. Ces peines inflexibles, imposées au jury, eussent abouti souvent au scandale de l'impunité ; la faculté d'atténuation, c'était une garantie de la répression. Même pour les peines temporaires, la faculté mesurée d'en modifier la nature était chose désirable, à la condition seulement qu'elle ne fût exercée qu'avec prudence et discrétion, à la condition que l'exception ne confisquât pas la règle, que l'atténuation ne fût pas *a priori*, dans toute affaire et pour tous, une sorte de *droit acquis.*

Le système qui fonde le droit de punir sur la justice morale, limitée par l'intérêt social, ne pouvait hésiter à consacrer le système des circonstances atténuantes ; en l'adoptant, il ne faisait peut-être pas assez pour son principe ; il eût dû peut-être, réagissant contre le système de la Constituante, revenir au système des *peines arbitraires* qui seul permettrait de tenir compte d'une manière complète, adéquate, des expiations morales que l'agent aurait pu subir en dehors de la répression sociale.

L'agent qui, en ce monde, a reçu le châtiment de son infraction, avant tout jugement, peut avoir l'espérance d'une atténuation, mais d'une atténuation limitée, qui assure que l'expiation morale n'absorbera pas l'expiation sociale.

La valeur du système des circonstances atténuantes est indépendante des abus qui ont pu en être faits. Si le jury, dans la pratique, se laisse facilement entraîner à des exagérations d'indulgence ; si, répondant au reste à l'appel qui lui a été fait, il substitue sa souveraineté à la souveraineté sociale ; si même il est quelquefois tenté de convertir une disposition de faveur en une disposition de rigueur et d'injustice, en ne se montrant plus aussi sévère sur la preuve, et en transigeant avec la certitude du fait, ces inconvénients ne sont pas la condamnation du système de la faculté d'atténuation, parce qu'ils n'en sont pas la conséquence. Si, comme on l'a dit, ces résultats se sont produits, et je l'ignore, la faute n'appartient pas au système, mais aux hommes qui ont été chargés de l'appliquer.

Sous ce rapport, la réforme de 1832, en empruntant quelque chose à l'ancien système des *peines arbitraires*, pour tempérer, dans des limites bien définies, le système du Code de 1810, qui avait déjà réagi contre le système de la Constituante, a fait une œuvre d'un sage éclectisme. Ne repoussons pas le bienfait, parce que peut-être nous aurions pu nous en montrer plus dignes.

Effets
des circonstances
atténuantes
sur
la qualification
légale
de la peine. L'admission des circonstances atténuantes n'efface pas la qualification légale de l'infraction, et ne la transporte point dans une autre classe. Elle reste ce que la loi l'a faite à raison de sa criminalité objective. Seulement elle permet de tenir compte de la criminalité subjective et individuelle de l'agent. Je ne saurais, sous ce rapport, m'associer aux critiques de M. Faustin Hélie (1), et je ne crois pas, avec l'éminent crimi-

_____

(1) *Revue de législation*, 1843, t. Ier, p. 116 et 119.

naliste, que la déclaration du juge du fait, sur l'existence des causes d'atténuation, ne dût qu'entraîner une diminution de la peine portée par la loi.

Quels sont les précédents de ce système (1) ?   Historique.

L'art. 463 du Code pénal de 1810 autorisa les tribunaux correctionnels, mais seulement dans le cas où le préjudice causé par l'infraction n'excéderait pas 25 fr., et où les circonstances paraîtraient atténuantes, à abaisser les peines d'emprisonnement et d'amende au-dessous du minimum légal, et même à prononcer séparément l'amende ou l'emprisonnement, lorsque la loi prononçait conjointement ces deux peines.

La faculté d'atténuation n'appartenait donc qu'aux tribunaux correctionnels, juges tout à la fois du fait et du droit.

L'exposé des motifs avait grand soin d'indiquer que c'était là un *droit spécial* qui ne pouvait être étendu *en matière criminelle*, parce qu'en matière criminelle il donnerait lieu à une sorte de commutation de peine, c'est-à-dire à un empiétement sur le pouvoir exécutif, tandis qu'*en matière correctionnelle* il n'entraînait pas de changement dans la nature de la peine, mais appelait une simple réduction.

L'objection de l'exposé était dénuée de tout fondement, comme on en a fait très-bien la remarque : la commutation n'est pas l'œuvre du jury, mais l'œuvre de la loi, qui l'a subordonnée à une appréciation que le juge du fait est seul apte à faire.

Une loi du 24 juin 1824, dont je vous ai déjà entretenus, parce que, dans son art. 1er, elle défère, sauf des exceptions, aux tribunaux correctionnels, les crimes commis par des mineurs de seize ans, investit, par son art. 4, *en matière criminelle,* non pas le jury, mais la Cour d'assises, du pouvoir de substituer une nature de peines à une autre nature de peines, notamment de substituer des peines correctionnelles aux peines afflictives ou infamantes, à la condition toutefois

---

(1) On peut faire remonter l'origine des circonstances atténuantes à l'art. 20 de la loi du 18 sept. 1795 (2e jour complém. de l'an III), et à l'art. 1er, § 2, de la loi du 16 avril 1796 (27 germinal an IV).

de déclarer expressément l'existence de circonstances atténuantes.

Ce pouvoir n'était pas créé pour tous les crimes, mais pour
les crimes prévus par les art. 6 et suivants, jusqu'à l'art. 12 de
cette loi.

On a dit que, sous l'empire de la loi de 1824, les Cours
d'assises empiétaient sur les attributions du jury ; qu'elles
avaient à s'immiscer dans l'appréciation du fait. Cette immixtion était une nécessité antérieurement à la loi de 1824:
l'exercice du pouvoir discrétionnaire, renfermé dans les
limites du minimum et du maximum, impliquait un jugement.

On a objecté, avec plus de raison, que le jury, dans l'incertitude sur l'admission de circonstances atténuantes qu'il ne
lui appartenait pas de proclamer, pouvait avoir la tentation
d'écarter, par un verdict d'acquittement, une pénalité qu'il regardait comme excessive (1).

(1) Les lois anglaises ne reconnaissent pas au jury le droit de déclarer
l'existence de circonstances atténuantes et d'influer officiellement ainsi sur
la nature ou la quotité de la peine à appliquer. Sans doute, le jury anglais
est, non pas seulement juge du fait, mais juge du droit; c'est lui qui décide si les faits, en les tenant pour prouvés : 1° ont été commis avec la
conscience de violer la loi; 2° constituent l'infraction objet de l'accusation,
ou une infraction moindre. En effet, le jury, qui ne peut ajouter d'aggravation à l'accusation, par exemple répondre que l'accusé de coups et blessures est coupable de meurtre, peut d'office et en vertu de son droit propre,
qualifier plus favorablement les faits, et répondre, par exemple, que l'accusé de meurtre est coupable d'un homicide par imprudence, que l'accusé
de viol est coupable de simples violences. Il peut aussi recommander le
condamné à la grâce. Mais cette recommandation ne lie pas le juge et n'a
aucunes conséquences obligatoires. En Angleterre, c'est le juge qui a un
véritable pouvoir discrétionnaire sur le choix de la peine, et même sur son
mode d'exécution. C'est lui qui est le maître de la répression et qui la dis-
tribue, en s'inspirant principalement de la justice morale, c'est-à-dire en
prenant surtout en considération la criminalité subjective. Nous n'avons
pas besoin de dire que ce système ne nous paraît pas enviable.

Le Code de l'empire d'Allemagne ne permet aux juges de déclarer l'existence des circonstances atténuantes que dans des cas déterminés. Il est en
cela resté fidèle au système du Code pénal prussien, mais il a étendu la
faculté d'atténuation à un bien plus grand nombre de cas. D'un autre côté
il a donné de l'élasticité à la répression, tantôt en laissant aux juges le
choix entre deux peines, tantôt en laissant une considérable distance entre

La loi du 28 avril 1832 a généralisé le système des cir- Droit actuel.
constances atténuantes, et elle en a confié l'application au
jury.

Art. 463. « Les peines prononcées par la loi contre celui
« ou ceux des accusés reconnus coupables, en faveur de qui le
« jury aura déclaré des circonstances atténuantes, seront mo-
« difiées ainsi qu'il suit :

« Si la peine prononcée par la loi est la *mort*, la Cour ap-
« pliquera la peine des *travaux forcés à perpétuité* ou celle des
« *travaux forcés à temps*. Néanmoins, s'il s'agit de crimes
« contre la sûreté extérieure ou intérieure de l'État, la Cour
« appliquera la *peine de la déportation ou celle de la déten-*
« *tion ;* mais, dans les cas prévus par les art. 86, 96 et 97, elle
« appliquera la *peine des travaux forcés à perpétuité ou celle*
« *des travaux forcés à temps*.

« Si la peine est celle des *travaux forcés à perpétuité*, la
« Cour appliquera la *peine des travaux forcés à temps ou celle*
« *de la réclusion*.

« Si la peine est celle de la *déportation*, la Cour appliquera
« la *peine de la détention* ou celle du *bannissement*.

« Si la peine est celle des *travaux forcés à temps*, la Cour
« appliquera la *peine de la réclusion*, ou les dispositions de
« l'art. 401, sans toutefois pouvoir réduire la durée de l'empri-
« sonnement au-dessous de deux ans.

---

le maximum élevé et le minimum très-abaissé, tantôt en supprimant même
tout minimum (1).

En Belgique, la loi provisoire du 4 octobre 1867 attribue l'appréciation
de l'existence des circonstances atténuantes, non-seulement en Cour d'assises, mais même aux juridictions d'instruction, aux chambres du conseil
et aux chambres d'accusation, qui ont le pouvoir de correctionnaliser (nous
employons le mot adopté) certains crimes. La question n'avait pas été résolue par le Code pénal du 17 mai 1867. On avait considéré qu'elle appartient
plutôt au Code d'instruction criminelle qu'au Code pénal. La compétence
des Cours et des tribunaux a été motivée sur ce que les circonstances atténuantes ont seulement pour effet de contribuer à une modification essentiellement judiciaire du châtiment.

(1) Voir art. 37 de la loi sur l'établissement du jury en Autriche (*Bulletin de la
Société de législation comparée*, année 1869, art. 37).

« Si la peine est celle de la *réclusion*, de la *détention*, du
« *bannissement* ou de la *dégradation civique*, la Cour appli-
« quera les dispositions de l'art. 401, sans toutefois pouvoir
« réduire la durée de l'emprisonnement au-dessous d'un an.

« Dans le cas où le Code prononce le *maximum* d'une peine
« afflictive, s'il existe des circonstances atténuantes, la Cour
« appliquera le *minimum* de la peine, ou même la peine in-
« férieure.

« Dans tous les cas où la peine de l'emprisonnement et celle
« de l'amende sont prononcées par le Code pénal, si les cir-
« constances paraissent atténuantes, les tribunaux correction-
« nels sont autorisés, même en cas de récidive, à réduire l'em-
« prisonnement même au-dessous de six jours, et l'amende
« même au-dessous de seize francs ; ils pourront aussi pro-
« noncer séparément l'une ou l'autre de ces peines, et *même*
« *substituer l'amende à l'emprisonnement*, sans qu'en au-
« cun cas elle puisse être au-dessous des peines de simple
« police. »

Effet général
de la déclaration
de circonstances
atténuantes.

La déclaration d'existence de circonstances atténuantes a,
en matière criminelle, pour effet de substituer forcément, au
moins en général, la peine du degré inférieur à la peine applicable, et de rendre l'abaissement d'un second degré facultatif
à la Cour d'assises.

Vous remarquerez que, dans le § 2, la peine de mort est
remplacée tantôt par la peine des travaux forcés à perpétuité,
et facultativement par la peine des travaux forcés à temps,
tantôt par la peine de la déportation, et facultativement par la
peine de la détention ; vous remarquerez, dans le § 3, que la
peine des travaux forcés à perpétuité est remplacée par la peine
des travaux forcés à temps, et facultativement par la peine de
la réclusion ; la loi franchit un degré qui semble intermédiaire
entre les travaux forcés à perpétuité et les travaux forcés à
temps, à savoir la déportation, et un autre degré intermédiaire
entre les travaux forcés à temps et la réclusion, à savoir la détention.

Quand la déclaration de circonstances atténuantes écarte la

déportation, la loi remplace cette peine non par les travaux forcés à temps et la détention, mais par la détention et le bannissement; elle franchit ainsi deux degrés intermédiaires, les travaux forcés à temps et la réclusion.

La loi ne se conforme donc pas à l'ordre d'énumération de l'art. 7 du Code pénal. Elle s'écarte encore de cet ordre dans le § 5 ; elle remplace les travaux forcés à temps par la réclusion ou par un emprisonnement correctionnel dont le minimum est de deux ans.

Enfin, dans le § 6, elle semble placer sur la même ligne, au point de vue des circonstances atténuantes, la réclusion, la détention, le bannissement et la dégradation civique, puisqu'elle remplace ces peines afflictives et infamantes, ou infamantes seulement, par un emprisonnement correctionnel dont le minimum est d'un an. Il y a un abaissement obligatoire ; la pénalité afflictive ou infamante est convertie en une peine correctionnelle ; mais la Cour d'assises n'a pas la faculté de descendre, dans l'échelle pénale, jusqu'aux peines de simple police.

J'ai dit, cependant, qu'en général la déclaration de circonstances atténuantes, en matière criminelle, impose la nécessité d'abaisser la peine d'un degré, et donne la faculté de l'abaisser d'un second degré.

La loi du 8 juin 1850, qui remplace, pour les crimes politiques, la *peine de mort* par la *peine de la déportation aggravée*, décide, dans son art. 2, que la déclaration de circonstances atténuantes convertit la *peine de la déportation aggravée* en *peine de déportation simple*, et facultativement en *peine de détention*. Elle ajoute que, dans les cas prévus par les art. 86, 96 et 97 du Code pénal, la *peine de la déportation simple* pourra seule être substituée à la *peine de la déportation aggravée*, et elle exclut ainsi l'abaissement facultatif d'un second degré.

Je crois que de ces textes on peut conclure que l'ordre suivi pour l'énumération des peines, dans l'art. 7 du Code pénal, n'est pas un ordre hiérarchique. Je sais qu'on pourrait objecter que, si la règle de l'abaissement obligatoire d'un degré et de l'abaissement facultatif d'un second degré a été proclamée dans la discussion de la loi du 28 avril 1832, elle n'est explicitement écrite nulle part, et que je ne dois pas me borner à supposer son existence pour résoudre la difficulté que je vous propose. On peut soutenir que l'art. 463 soulève la question, mais ne la tranche pas ; que, tout au plus, il fournit des inductions ; on peut ajouter que cet article, dans son § 7, indique que la déclaration des circonstances atténuantes convertit le *maximum* obligatoire de la peine en *minimum* obligatoire, et donne la faculté d'appliquer la peine inférieure. Quant à ce dernier argument, il est bien évident que le § 7 n'implique pas que la règle, *en matière criminelle*, ne soit point l'abaissement obligatoire d'un degré et l'abaissement facultatif d'un second degré : ce paragraphe suppose plutôt l'idée contraire : il considère que la conversion nécessaire du maximum en minimum équivaut à l'abaissement d'un degré ; il est, dans tous les cas, une disposition exceptionnelle.

L'ordre d'énumération des peines n'est pas un ordre de gradation. Ce qu'il faut bien remarquer aussi, c'est que l'art. 7 du Code pénal ne suppose nullement que son ordre d'énumération est un ordre de gradation.

La solution de cette question est, suivant moi, dans l'examen, d'une part, de la gravité comparative des peines énumérées dans l'art. 7, et, d'autre part, du caractère des faits auxquels la loi a appliqué les peines de la déportation, de la détention et du bannissement.

Eh bien ! qui pourrait admettre que, dans l'opinion commune, la peine de la déportation est plus grave que la peine des travaux forcés à temps, que la peine de la détention est plus grave que celle de la réclusion ?

C'est là une première preuve qui ne permet pas de voir dans l'ordre d'énumération un ordre de gradation. Mais il en est une seconde : c'est le caractère des faits auxquels la déportation, la détention et le bannissement sont applicables : ces faits sont toujours des infractions publiques, intéressant directement et principalement la chose publique.

La loi du 8 juin 1850 est encore une démonstration nouvelle de cette vérité : comment la peine de mort, abolie en matière politique, est-elle remplacée ? Par la peine des travaux forcés à perpétuité ? Cela devrait être, car, dans l'art. 7, cette peine occupe le second rang ; cependant c'est la déportation, la déportation aggravée, il est vrai, qui est substituée à la peine de mort.

Il y a deux échelles pénales : une échelle de peines communes, pour les crimes de droit commun ; un échelle de peines politiques, pour les crimes politiques.

Double échelle pénale.

Les peines communes sont : 1° la mort, 2° les travaux forcés à perpétuité, 3° les travaux forcés à temps, 4° la réclusion.

Les peines politiques sont : 1° la déportation aggravée, 2° la déportation simple, 3° la détention, 4° le bannissement.

Reste la dégradation civique, qui appartient aux deux échelles, ou qui est en dehors des deux échelles, parce qu'elle est appliquée à certaines infractions spéciales qui participent de la nature de l'infraction commune et de la nature de l'infraction politique, et qui toutes ont, d'ailleurs, à travers leur variété, un caractère commun, à savoir : ou un abus soit d'une fonction publique, soit d'un mandat public, soit d'une marque ayant une destination publique ; ou une atteinte soit à la fonction, non plus par le fonctionnaire, mais dans la personne du fonctionnaire, par un étranger, soit au caractère public du ministre d'un des cultes reconnus en France. Vous lirez les articles 111, 114, 119, 121, 122, 126, 127, 130, 143, 167, 177, 183, 228, 263, 362, 365 et 366 du Code pénal.

A quelle classe appartient la dégradation civique ?

Dans tous les cas prévus par ces articles, on enlève au citoyen des droits dont il s'est montré indigne, et auxquels il a imprimé ou voulu imprimer une sorte de souillure.

L'art. 463, dans ses cinq premiers paragraphes, est la conséquence de cette double échelle.

Ce que je vous fais remarquer en ce moment pour l'atténuation, vous aurez l'occasion de le remarquer bientôt pour l'aggravation résultant de la récidive.

La Cour de cassation a, au reste, proclamé ce système dans un arrêt parfaitement motivé, du 3 janvier 1849 (1).

On a objecté, contre cette distinction, que les articles 99 et 118 appliquent des peines, dites communes, à des crimes contre la chose publique, qu'une loi du 8 octobre 1830 déclare des crimes politiques.

On a répondu, avec beaucoup de raison, que la loi du 8 octobre 1830 n'avait pour but que de trancher des questions de compétence, et que les crimes qui ont pour résultat ou pour moyen des attentats contre les personnes ou les propriétés, quel que soit leur but final, peuvent, par exception, être soumis à l'application de l'échelle pénale commune : ce n'est, en effet, qu'autant que, dans l'infraction, il ne se rencontre aucun élément d'un crime commun, que l'échelle pénale spéciale devrait être rationnellement appliquée. Avant la révision du 13 mai 1863, dans les cas des art. 86, 96 et 97 du Code pénal, l'art. 463, § 2, convertissait la peine de mort en peine des travaux forcés à perpétuité ou en peine des travaux forcés à temps, lorsque le jury reconnaissait l'existence de circonstances atténuantes. Ces crimes sont mélangés d'éléments appartenant aux crimes communs. D'ailleurs, l'art. 363, § 2, faisait partie d'une législation d'après laquelle la peine de mort n'était pas abolie en matière politique.

La loi du 8 juin 1850, dans son art. 2, a supposé que la peine de mort, qu'édictent les art. 86, 96 et 97 du Code pénal, était abolie par l'art. 5 de la Constitution du 4 novembre 1848, et était remplacée par la déportation aggravée, puisque, dans le cas de ces articles, elle n'attache à la déclaration de circonstances atténuantes qu'un seul effet, la substitution de la déportation simple à la peine encourue. Cependant, dans l'art. 86, l'élément du crime commun, l'assassinat, qu'aucune prétendue légitimité de but ne saurait légitimer, est l'élément

_____

(1) Voir, dans Devilleneuve, 49.1.146, cet arrêt, qui casse un arrêt de Caen, et la très-remarquable plaidoirie de M. Pascalis, aujourd'hui conseiller à la Cour de cassation. Voir, dans le même sens, M. Molinier, *Revue critique*, 1851, p. 50.

dominant. On aurait pu discuter, avant la révision du
13 mai 1863, le point de savoir si l'argument tiré de l'art. 2
de la loi du 8 juin 1850, suffisait pour substituer la peine de la
déportation aggravée à la peine de mort dans l'art. 86 ; mais
une loi du 10 juin 1853, revisant l'ancien art. 86, a ou rétabli
ou maintenu la peine de mort. La question survivait pour les
crimes prévus par les art. 96 et 97 : le § 4 du nouvel art. 463
l'a peut-être virtuellement résolue. « Si la peine est celle de la
déportation dans une enceinte fortifiée, la Cour appliquera
celle de la déportation simple ou celle de la détention ; mais
dans tous les cas prévus par les art. 96 et 97, la peine de la
déportation simple sera seule appliquée. » Le rapport qui a
précédé la discussion de la loi du 13 mai 1863 laisse peu de
prise à la controverse : « Il est à remarquer, pour les cas
prévus par l'art. 86, que la peine de mort a été rétablie par la
loi du 10 juin 1853, qui donne une nouvelle rédaction à cet
article. Il en résulte encore que la fin du second paragraphe de
l'art. 463 doit être modifiée à son tour, puisqu'elle classe
parmi les faits entraînant la peine de mort, des faits qui ne
l'entraînent plus aujourd'hui, notamment les faits punis par
les art. 96 et 97..... Nous ne plaçons plus l'art. 86 à côté
des art. 96 et 97, parce que, la peine de mort ayant été rétablie pour le cas de l'art. 86, c'est-à-dire pour l'attentat contre
la vie de l'Empereur, c'est la peine des travaux forcés qui
seule, aujourd'hui comme autrefois, peut être substituée à la
mort en cas de circonstances atténuantes. »

Mais j'anticipe sur la discussion de la loi du 13 mai 1863, et
je vous ai annoncé que je réserverais une leçon à cette importante loi. Je ne l'ai abordée incidemment que pour établir qu'il
y a deux classes de peines : des peines communes et des peines
politiques (1).

En matière de délits, la déclaration de circonstances atté-   Effet

_____

(1) Voir arrêt Cass., 17 mars 1849, avec les conclusions de M. Dupin,
Devill., 49.1.209.—*Programme* de M. Molinier, 2ᵉ partie, p. 199, à la note,
et les distinctions proposées par ce criminaliste, *Revue de Droit français
et étranger*, 1848, p. 280 à 283.

de la déclaration de circonstances atténuantes en matière do délits.

nuantes force à réduire la peine correctionnelle, et même autorise à convertir l'emprisonnement et l'amende en un emprisonnement et une amende de simple police.

Elle permet, dans le cas où la loi prononce un emprisonnement et une amende, de n'appliquer qu'une de ces deux peines.

Quotité de l'amende substituée à l'emprisonnement.

L'amende substituée à l'emprisonnement ne peut être portée au delà du maximum écrit dans les dispositions applicables (1).

Enfin, dans le cas où la loi ne prononce qu'un emprisonnement, le juge peut n'appliquer qu'une amende. Mais quelle amende ?

La question fut faite lors de la discussion de la réforme de 1832. On répondit : *l'amende fixée par la loi*. Ce n'était pas une réponse sérieuse, car la difficulté vient justement de ce que la loi ne prononce aucune amende.

La doctrine, en général, a pensé que l'amende applicable serait une amende de simple police, c'est-à-dire une amende au-dessous de 16 fr. : un arrêt récent (2) a décidé que la quotité de l'amende serait déterminée dans les limites du minimum au maximum des amendes correctionnelles.

En matière correctionnelle, la loi a bien déterminé un minimum ; mais elle n'a pas déterminé d'une manière générale de maximum : je crois que le juge aura l'option entre le minimum de l'amende correctionnelle et l'amende de simple police, qu'il pourra faire fléchir dans les limites du minimum au maximum (3).

En matière de délit, le juge chargé de l'application de la peine est investi par l'art. 463 d'une véritable toute-puissance d'atténuation ; il peut assimiler le délit à la contravention ; c'est cette toute-puissance à laquelle la révision du 13 mai 1863 apportera des limites.

L'art. 483 du Code pénal déclare l'art. 463 applicable à

(1) Cass., 17 mars 1844; Devill. ot Car., 44.1.416.
(2) Voir arrêt Douai, 22 mars 1852, et la note de M. Gilbert (Devill., 53. 2.29). Voir Douai, 1859, Dalloz, 59.2.77.
(3) *Sic*, Cass., 10 janv. 1846, Devill., 46.1.272.

toutes les contraventions prévues par le Code pénal : l'emprisonnement ne peut être réduit au-dessous d'un jour, ni
l'amende au-dessous d'un franc.

A quelles peines s'applique la faculté d'atténuation de
l'art. 463 ?

A toutes les peines principales en matière criminelle, aux
peines afflictives et infamantes, ou infamantes seulement, à
l'emprisonnement (peine correctionnelle et peine de simple
police), à l'amende (peine commune aux trois classes d'infractions).

Est-elle applicable aux peines accessoires, aux peines qui
ne sont pas écrites dans la condamnation, et qui résultent soit
de l'exécution, soit de l'irrévocabilité d'une peine principale ?

Il est bien évident que quand la peine principale, qui entraîne, comme conséquence, la peine accessoire, est écartée,
cette peine accessoire est écartée par voie de résultance.

Mais *quid* des peines qu'une certaine terminologie considère comme *accessoires*, et qui sont pour nous des peines
complémentaires : le renvoi sous la surveillance de la haute
police, l'interdiction en tout ou partie des droits civiques, civils et de famille ?

Il semblerait que ces peines, qui sont attachées à certains
faits, à raison de leur caractère spécial, et que la loi a appro-
priées à un certain genre de répression, ne devraient pas être
écartées, parce que, par exemple, à la peine principale, qui
était une peine correctionnelle, on aurait substitué une peine
de police. C'est ainsi que la Cour de cassation juge que les
amendes édictées par les art. 164 et 437 du Code pénal doivent être appliquées, bien que la peine principale soit abaissée au niveau d'une peine correctionnelle (1).

Cependant la jurisprudence, après quelques hésitations, a
fini par consacrer le système contraire : elle a considéré que,
du moment où l'atténuation était telle qu'on ne punissait le
fait que d'une peine de simple police, il y aurait une sorte

_____

(1) Cass., 22 janv. 1848, Devill. et Car., 48.1.521.

Marginalia:

A quelles peines s'applique la faculté d'atténuation de l'art. 463 ? Peines principales.

Peines accessoires.

Peines complémentaires.

d'inconséquence à maintenir des peines additionnelles, dont l'une n'appartenait qu'aux deux premières classes d'infractions, les crimes et les délits, et dont l'autre était spéciale aux délits (1).

L'objection contre ce système, c'est que l'art. 463 ne parle ni du renvoi sous la surveillance de la haute police, ni de l'interdiction de totalité ou de partie des droits civiques, civils et de famille ; qu'il ne remplace pas ces peines, et qu'il ne permet pas, au moins expressément, d'en décharger. Mais la jurisprudence est fixée (2).

On a également jugé que la surveillance de la haute police peut, comme toute autre peine, être réduite, en cas de circonstances atténuantes, au-dessous du minimum fixé par la loi (3).

Il y a pourtant des hypothèses dans lesquelles, incontestablement, la jurisprudence n'admettrait pas que l'existence de circonstances atténuantes dût affranchir du renvoi sous la surveillance de la haute police : ce sont les hypothèses prévues dans les art. 100, 108, 138 et 144 du Code pénal, lorsque le renvoi est la seule peine applicable ; il est vrai que, dans ce cas, le renvoi sous la surveillance de la haute

_____

(1) *Contrà*, Cass., 13 sept. 1851, Devill. et Car., 52.1.480.

(2) Voir arrêt Cass., 26 juin 1838 et 24 nov. 1838, Devill., 38.1.574 et 995. — *Sic*, MM. Chauveau et Hélie, *Théorie du Code pénal*, t. VI, p. 277, 3ᵉ édition ; Blanche, n. 202 ; M. Molinier, *Revue critique*, 1851, p. 437, à la note. Ce savant auteur, toutefois, n'admet pas l'argument de la Cour de cassation ; il pense que l'emprisonnement réduit au-dessous de six jours et l'amende réduite au-dessous de seize fr. ne cessent pas d'être des peines correctionnelles. Je serais porté à croire que ces peines, réduites aux limites des peines de simple police, deviennent des peines de simple police ; mais elles n'en sont pas moins prononcées *en matière correctionnelle*, et les conséquences que M. Molinier veut prévenir ne se réalisent pas. — Si le tribunal correctionnel se bornait à la réduction de la peine correctionnelle, sans descendre à la peine de simple police, que deviendrait l'argument de la Cour de cassation ? L'admission des circonstances atténuantes ne métamorphose pas le délit en contravention, et la surveillance est attachée au caractère de l'infraction.

(3) Cass., 5 août 1853, Devill. et Car., 54.1.215 ; Cass., 9 sept. 1853, *Journal du Palais*, 55.1.203. M. Faustin Hélie a donné son approbation à ces arrêts, *Revue critique*, 1854, t. Iᵉʳ, p. 242.

police est une *peine principale*, dans toutes les acceptions du mot.

L'art. 463 est-il applicable à la confiscation à titre spécial, peine commune à toutes les classes d'infractions?

Aucun des paragraphes de l'art. 463 ne permet de métamorphoser cette peine, ni de la supprimer : s'il n'y avait que ce motif, on pourrait dire qu'il est commun aux deux *peines additionnelles*, que les circonstances atténuantes ont la puissance d'effacer ; mais on en a donné un autre motif : la confiscation est une mesure d'ordre destinée à retirer de la circulation le corps, le produit ou l'instrument de l'infraction. Ce motif est excellent quand l'infraction consiste dans la détention même de la chose à confisquer ; mais le produit et l'instrument ne sont pas toujours à mettre hors du commerce : le chasseur est exproprié du fusil, instrument du délit de chasse, sans que le fusil doive toujours pour cela rester en dehors de la circulation (art. 16, loi du 3 mai 1844). Il y a enfin un autre motif : c'est que la confiscation est une peine commune aux trois classes d'infractions, et que, sous ce rapport, elle est parfaitement compatible avec les peines de simple police (1).

Le pouvoir de reconnaître l'existence des circonstances atténuantes appartient au jury *en toute matière criminelle*. Ce sont les termes de l'art. 341 du Code d'instruction criminelle. Un amendement tendant à y substituer les mots « en toute matière soumise au jury » fut repoussé lors de la réforme du 28 avril 1832. Ce n'est donc qu'autant que l'infraction dont l'existence est reconnue par le jury, conserve le caractère de crime, qu'elle n'est dépouillée d'aucune des conditions sans lesquelles elle dégénérerait en délit ou en contravention, que les sept premiers paragraphes de l'art. 463 du Code pénal sont applicables (2) et (3).

Influence
de l'admission
des circonstances
atténuantes
par le jury,
si le fait reproché
est reconnu
pour un délit.

(1) *Sic*, Cass., 26 sept. 1833, Sir., 34.1.107; Cass., 14 oct. 1839; Blanche, n. 78.

(2) Voir, en ce sens : Cass., 15 fév. 1834, Sir., 34.1.122; 15 mars 1838, Sir., 39.1.804.

(3) On discutait, sous l'empire de la loi des 8-10 octobre 1830, le point

Dès que le fait revêt le caractère de délit, c'est à la Cour d'assises, remplissant les fonctions de tribunal correctionnel, qu'il appartient de statuer sur l'existence des circonstances atténuantes, et de se mouvoir, en toute indépendance, dans les limites pénales du dernier paragraphe de l'art. 463. Sans doute, cette solution suppose que ce n'est pas comme juge du fait, mais comme juge chargé de l'application de la peine, que le tribunal correctionnel, qui cumule les deux pouvoirs, est appelé à se prononcer sur les causes d'atténuation, et ce point n'est pas sans difficulté ; mais la considération décisive, c'est qu'en matière correctionnelle, le verdict du jury, sur les circonstances atténuantes, serait sans puissance, puisqu'il n'y a plus un abaissement obligatoire et un abaissement facultatif, en sorte que la Cour d'assises aurait toujours la souveraineté.

En matière criminelle, aucune disposition ne restreint l'application de l'art. 463 au cas où il s'agit de crimes prévus par le Code pénal. Par cela seul que les pénalités de ce Code sont encourues, la déclaration de circonstances atténuantes peut opérer et opère la conversion.

Les circonstances atténuantes peuvent-elles être admises en cas de contumace ?   Mais lorsque la Cour d'assises juge en matière criminelle sans concours de jurés, dans le cas de contumace, peut-elle déclarer l'existence de circonstances atténuantes ? (Art. 470, Code d'instruction criminelle.)

La Cour statue sur l'accusation, dit la loi ; elle doit l'apprécier dans tous ses éléments ; elle peut acquitter, absoudre,

---

de savoir si le jury pouvait, en matière de presse, en statuant sur de simples délits, déclarer l'existence des circonstances atténuantes. La question sembla résolue par l'art. 8 du décret des 11-12 août 1848, qui déclarait que l'art. 463 du Code pénal était applicable aux délits de presse, et par l'art. 83 de la Constitution du 4 novembre 1848. L'art. 23 de la loi des 27-29 juillet 1849 était encore plus précis : « Lorsqu'en matière de délits, le jury aura déclaré l'existence de circonstances atténuantes, la peine ne s'élèvera jamais au-dessus de la moitié du maximum déterminé par la loi. »

Le décret des 31 déc. 1851-3 janv. 1852 et l'art. 11 du décret organique de la presse des 17-33 fév. 1852, supprimèrent la difficulté. L'art. 1er de la loi des 15-22 avril 1871 a remis en vigueur l'art. 23 de la loi des 27-29 juillet 1849.

reconnaître que le fait ne constitue pas un crime, mais un délit ou une contravention, admettre les excuses légales. Pourquoi ne pourrait-elle pas faire la part à la moralité de l'agent ? Serait-ce que l'état de contumace serait comme une cause d'indignité, exclusive de toute atténuation ? Mais la loi n'a écrit nulle part cette indignité. Les tribunaux correctionnels peuvent, en jugeant un prévenu par défaut, admettre des circonstances atténuantes (1). D'ailleurs, l'état de contumace n'est pas toujours nécessairement imputable à l'agent. Si la loi, dans l'art. 463, n'a parlé que du jury, c'est qu'elle a prévu le cas le plus ordinaire, le cas d'une condamnation contradictoire (2).

Comment, dans la théorie que nous combattons, la Cour de cassation, avant la promulgation de l'art. 267 du Code de justice militaire pour l'armée de terre et de l'art. 344 du Code de justice militaire pour l'armée de mer qui ont converti sa jurisprudence en loi, pouvait-elle décider que les conseils de guerre, lorsqu'ils avaient à réprimer des crimes prévus et punis par le Code pénal ordinaire, avaient le droit d'admettre des circonstances atténuantes (3) ?

A qui appartient le droit de déclarer les circonstances atténuantes, lorsque le jury reconnaît l'existence d'un crime, mais admet en même temps une excuse dont l'effet est de substituer à une peine afflictive ou infamante une peine correctionnelle, par exemple, dans les cas prévus aux art. 321 et suivants jusqu'à l'art. 326 du Code pénal ?

Combinaison des circonstances atténuantes avec une excuse légale.

Je sais bien qu'on a soutenu que le bénéfice d'une excuse légale et le bénéfice des circonstances atténuantes ne pouvaient être cumulés ; mais cette opinion, réfutée par de mauvais motifs (4), ne soutient pas l'examen.

La vraie difficulté naît de ce que, indépendamment des cir-

(1) Cass., 1er déc. 1842, Devill. et Car., 43.1.364.
(2) *Contrà*, Cass., 4 mars 1842, Sir., 42.1.471, et 14 sept. 1843, Dev. et Car., 43.1.279. Dans le sens de la leçon, MM. Chauveau et Hélie, *Théorie du Code pénal*, t. VI, p. 260 à 263, 3e édition.
(3) Cass., 12 juill. 1850, Devill. et Car., 50.1.564.
(4) *Revue de Législ.*, t. VI, p. 443.

constances atténuantes, la pénalité applicable n'est plus une peine criminelle, et de ce que, par suite, on est ainsi placé sous l'empire du huitième et dernier paragraphe de l'art. 463. La Cour de cassation a jugé que le jury ne pouvait lier la Cour d'assises par la déclaration de circonstances atténuantes ; elle a fondé sa solution sur les termes du § 8 de l'art. 463, d'après lesquels, *lorsque les peines prononcées par la loi sont celles de l'emprisonnement ou de l'amende, c'est aux tribunaux seuls qu'il appartient de réduire facultativement ces peines dans les limites que ce paragraphe indique* (1).

La Cour de cassation n'a pas dit, comme on semble le dire, que le fait se trouvait réduit à un simple délit. L'excuse, en substituant à une peine afflictive et infamante une peine correctionnelle, change-t-elle la qualification du fait ? C'est là une question qu'il ne convient pas de résoudre par voie de supposition. Ceux qui, comme moi, voient dans la minorité de seize ans non pas une cause de mitigation, mais une excuse, sont bien obligés de reconnaître qu'un crime excusable ne cesse pas d'être un crime. Ils ont pour eux la rubrique du § 2, section III, du titre II du livre III du Code pénal : *Crimes et délits excusables* (2).

Objecterait-on les termes de l'art. 341 du Code d'instruction criminelle, qui commandent d'avertir le jury, *en toute matière criminelle*, de l'existence de son pouvoir, quant aux circonstances atténuantes ? Pourquoi l'avertissement ne serait-il pas donné quand une excuse est présentée ? Est-ce que l'on peut préjuger que l'excuse sera accueillie ? L'art. 341 ne dit pas à quelle condition l'efficacité de la déclaration du jury est subordonnée. Donc, même *en matière criminelle*, quand la peine écrite dans la loi est une peine correctionnelle, c'est le juge chargé de l'application de la peine qui statue sur les circonstances atténuantes.

(1) Cass., 19 avril 1844, Sir., 44.1.734 ; Cass., 22 juill. 1852, Sir., 53. 1.48.

(2) En adoptant la solution de la Cour de cassation, je ne lui donne pas l'interprétation donnée par M. Devilleneuve.

La question devient beaucoup plus grave, lorsqu'un mineur de seize ans est traduit devant le jury, par application de l'article 68 du Code pénal, soit parce qu'il a des complices présents au-dessus de cet âge, soit parce que son crime, s'il eût été commis par un majeur, entraînerait l'application de la peine de mort, de la peine des travaux forcés à perpétuité, de la peine de la déportation ou de celle de la détention. Il est certain que la déclaration de culpabilité ne fera, aux termes de l'art. 67, encourir à l'agent qu'une peine correctionnelle. Sous ce rapport, il semble que l'appréciation des circonstances atténuantes appartient à la Cour d'assises, et non au jury. Mais voici l'objection : pour déterminer la pénalité à appliquer au mineur de seize ans, il faut savoir quelle eût été la pénalité applicable si le crime eût été commis par un majeur. Or, la pénalité applicable au majeur varierait suivant que les circonstances atténuantes seraient admises ou rejetées. Le jury doit donc statuer hypothétiquement, comme s'il avait affaire à un majeur ; et, sur cette position ainsi faite au majeur, la Cour d'assises mesurera l'influence de la minorité. Dans ce système, la Cour d'assises aurait d'abord à examiner si elle n'userait, à l'égard du majeur, que de l'abaissement obligatoire, ou si elle userait de l'abaissement facultatif ; puis, cette question résolue, toujours par forme d'hypothèse, elle appliquerait soit le § 2, soit le § 3 de l'art. 67, à savoir, ou un emprisonnement de dix à vingt ans, ou un emprisonnement du tiers au moins et de la moitié au plus de la durée de la peine temporaire écartée. Ce système a été consacré par un arrêt de la Cour de cassation du 28 janvier 1847, et un savant criminaliste, à travers quelques hésitations, donne son approbation à cette décision (1).

J'éprouve, pour mon compte, beaucoup de doutes. Toutefois j'inclinerais à ne pas adopter cette solution. D'abord elle est contraire aux termes du dernier paragraphe de l'art. 463, par cela seul que l'emprisonnement est la peine applicable, indépendamment des circonstances atténuantes ; le juge des circon-

(1) Voir, *Revue critique*, 1851, p. 233, un article de M. Molinier, qui donne les termes de l'arrêt. — Devill. et Car., 48.1.720.

27

stances atténuantes est le tribunal correctionnel, et, partant, la Cour d'assises, quand elle le remplace.

En second lieu, est-il bien rationnel de supposer que les circonstances atténuantes aient été admises, au profit d'un majeur, pour constater finalement la mesure de pénalité que ce majeur aurait encourue ? Est-ce que la peine sur laquelle se mesure l'atténuation, est la peine que, dans telle ou telle hypothèse donnée, un majeur subirait ? Non : c'est la peine que le fait pris en lui-même, considéré dans ses éléments intrinsèques, emporterait contre un majeur ; et cela est bien différent: il n'y a plus à faire d'appréciation hypothétique. Quelle est la peine écrite dans la loi ? Quelle est la peine que l'admission de l'excuse substitue à la peine de Droit commun ? Ces deux questions résolues, si la Cour d'assises reconnaît l'existence de circonstances atténuantes, elle abaisse encore dans les limites de l'art. 463, § dernier, la peine correctionnelle qui remplace la peine afflictive et infamante écartée (1).

Toutes ces controverses sont de nature à faire regretter peut-être que l'amendement qui tendait à investir le jury de la faculté de se prononcer sur les circonstances atténuantes, quand il était investi de la connaissance du fait, n'ait pas pris place dans la loi.

Remarquez que, dans le cas du paragraphe dernier de l'article 463, le droit exceptionnel des circonstances atténuantes n'est introduit que pour la peine de l'emprisonnement et celle de l'amende *prononcée par le Code pénal*. Il est étranger aux peines correctionnelles prononcées par des lois spéciales, lorsque ces lois sont muettes (2).

Au contraire, en matière criminelle, que les crimes soient

(1) La Cour de cassation, par un arrêt du 10 août 1866, a consacré notre doctrine. (Dev., 67.1.185.)

(2) Voir lois des 11 août 1848, art. 8, et 27 juillet 1849, art. 23 ; — Loi du 28 juillet 1848, art. 18; — Loi du 15 mars 1849, art. 117; — Décret des 25-28 fév. 1852, qui attribuait aux tribunaux correctionnels la connaissance de délits soumis antérieurement au jury. — Ce décret est abrogé par la loi des 15-22 avril 1871. Lire au *Journal officiel* du 22 avril 1871. une addition de M. Roux.

punis par le Code pénal, ou par des lois spéciales antérieures ou postérieures, le § 1ᵉʳ de l'art. 463 attache l'atténuation à la déclaration des circonstances atténuantes ; il n'en serait autrement qu'en cas de dérogation expresse (Cass., 6 novembre 1862 ; Dalloz, 63.1.264 ; Devill. et Car., 63.1.219).

DIX-NEUVIÈME LEÇON.

NOUVELLE RÉDACTION de l'art. 463, C. pén. — Loi du 8 juin 1850, art. 8;
art. 90 et 97, Code pénal. — Loi du 10 juin 1853. — Crimes politiques ou
non politiques. — Art. 86, 91 et 99, Code pénal. — Limitation du pouvoir
d'atténuation des tribunaux correctionnels. — Projet du Gouvernement. —
Controverses législatives. — Principes engagés. — De quelle théorie fondamentale sur le droit de punir les objections contre la loi sont-elles
l'expression?

MESSIEURS,

Loi
du 13 mai 1863.

La loi du 13 mai 1863 a modifié l'art. 463 du Code pénal:
elle y a d'abord incorporé une disposition de la loi du 8 juin
1850, qui avait déjà apporté une modification à l'effet des circonstances atténuantes pour les crimes prévus par les art. 96
et 97.

Loi
du 8 juin 1850.

Avant la loi du 8 juin 1850, les circonstances atténuantes,
dans les cas des art. 96 et 97, convertissaient la peine de mort
en peine des travaux forcés à perpétuité, et permettaient de
descendre aux travaux forcés à temps ; la peine de mort était
remplacée par une pénalité empruntée à l'échelle commune.

La loi du 8 juin 1850 a substitué à la peine de mort la *déportation aggravée*, et attaché à l'admission des circonstances
atténuantes, l'effet de convertir la déportation aggravée en déportation simple ; elle a ainsi rejeté la peine de droit commun
pour employer la peine politique. C'est cette solution qui a été
introduite dans le nouvel art. 463.

La loi du 8 juin 1850 comprenait, dans sa disposition, l'article 86 du Code pénal, parce qu'elle supposait que la peine de mort était abrogée par l'art. 5 de la Constitution de 1848 ; mais en tenant cette supposition pour exacte, la loi du 10 juin 1853 a au moins restitué à l'art. 86 la sanction de la peine de mort ; par suite, dans les cas de cet article, si des circonstances atténuantes sont déclarées, elles substitueront à la peine de mort, non pas la déportation aggravée ou la déportation simple, mais les travaux forcés à perpétuité ou les travaux forcés à temps. Les crimes prévus par l'art. 86 ne peuvent plus être rangés dans la classe de crimes politiques.

L'art. 463, § 4, a-t-il déclaré que tous les crimes prévus par les art. 96 et 97 sont des crimes politiques, qu'ils ne peuvent, à ce titre, être punis de la peine de mort, et qu'ils échappent nécessairement, dans tous les cas, à l'application de l'échelle des pénalités du droit commun ? N'a-t-il pas seulement voulu dire que, dans les cas où les crimes prévus par ces articles seraient, non des crimes communs, mais des crimes politiques, l'admission des circonstances atténuantes ne permettrait de convertir la déportation aggravée qu'en déportation simple, et ne comporterait pas l'abaissement facultatif d'un second degré dans l'échelle de la pénalité ? Le rapport de la commission semble établir que le législateur n'a pas entendu résoudre cette question que nous avions formulée sous l'empire de la loi du 8 juin 1850 : nous y lisons, en effet : « Cette suppression (la suppression d'une partie du § 2 de l'ancien art. 463) s'explique d'elle-même pour ceux des crimes contre la sûreté extérieure ou intérieure de l'État qui ont un caractère politique et qui ne sont plus punis de la peine de mort : *quant à ceux de ces crimes, s'il en existe, qui n'auraient pas de caractère politique, qui, par conséquent, seraient encore punis de mort,* la suppression que nous proposons se justifie par cette considération que là où le caractère politique serait absent, c'est la peine des *travaux forcés* et non celle de la *déportation* qui doit être substituée à la mort. » La prudence de ce doute est facile à justifier : l'art. 97 est ainsi conçu :

Questions non résolues.

« Dans le cas où l'un ou plusieurs des crimes mentionnés
« aux art. 86, 87 et 91 auront été exécutés ou simplement ten-
« tés par une bande, la peine de mort sera appliquée, sans dis-
« tinction de grades, à tous les individus faisant partie de la
« bande et qui auront été saisis sur le lieu de la réunion sédi-
« tieuse.

« Sera puni des mêmes peines, quoique non saisi sur le
« lieu, quiconque aura dirigé la sédition ou aura exercé dans
« la bande un emploi ou commandement quelconque. »

Les membres d'une bande coupable du crime ou de la tentative du crime prévu par l'art. 86, seront, en vertu de la loi du
10 juin 1853, s'ils ont été saisis sur le lieu de la réunion sédi-
tieuse, évidemment passibles de la peine de mort ; cette peine
continue aussi de menacer, même quand ils n'ont pas été saisis
sur les lieux, ceux qui ont été chargés de la direction, d'un
commandement ou d'un emploi dans la bande soumise à l'application de l'art. 86 : l'art. 463 n'implique donc pas nécessairement, au moins dans tous les cas de l'art. 97, qu'il s'agit de
crimes politiques. Enfin, l'art. 97 se réfère à l'art. 91, et il n'y
a pas un accord parfait entre les auteurs sur le point de savoir
si tous les crimes que ce dernier article a pour objet de réprimer sont des crimes politiques. — L'art. 463 implique-t-il au
moins que, dans tous les cas de l'art. 96, la peine de la déportation aggravée est substituée à la peine de mort ? Oui, s'il implique que tous les crimes dont l'art. 96 s'occupe sont des
crimes politiques ; mais il ne tranche pas cette question, qui
était controversée sous l'empire de la Constitution des 4-10
novembre 1848. On soutenait, notamment, que le fait de s'être
mis à la tête de bandes, soit *pour piller ou partager des propriétés publiques et nationales, ou celle d'une généralité de
citoyens*, constituait un crime non politique. Ce qui pourrait
appuyer le système, au moins de distinctions à introduire dans
les art. 96 et 97, c'est que l'art. 99, qui prévoit une complicité
spéciale, la complicité de ceux qui, connaissant le caractère et
le but des bandes, leur fournissent sans contrainte des loge-

ments, lieux de retraite ou de réunion, la punit d'une peine politique de la peine des travaux forcés à temps.

J'indique ces questions, je ne les traite pas ; je veux seulement établir que notre loi française non-seulement ne tranche pas toujours le point de savoir si une infraction a ou n'a pas un caractère purement politique, mais même ne détermine pas les conditions auxquelles le caractère du délit purement politique se reconnaît ; de là des hésitations pour le juge, en face d'un texte qui prononce la peine de mort. Est-elle ou n'est-elle pas abolie ? De là, quelquefois, des hésitations pour le juge en face d'une déclaration de circonstances atténuantes. Est-ce à l'échelle pénale de droit commun ou à l'échelle pénale d'exception qu'il faut avoir recours (1) ?

Crimes politiques ou non politiques.

La loi du 13 mai 1863 apporte à l'art. 463 une seconde modification qui a beaucoup plus d'importance et qui constitue une véritable innovation ; nous n'avons pas le droit de dire encore une notable amélioration.

Limitation du pouvoir des tribunaux correctionnels.

Sous l'empire de la loi du 28 avril 1832, la dernière disposition de l'art. 463 investissait le juge correctionnel qui reconnaissait l'existence de circonstances atténuantes du pouvoir illimité d'amoindrir la peine ; il avait la faculté, non-seulement de descendre jusqu'au minimum de la pénalité du délit, mais de substituer une pénalité à une autre, de remplacer l'emprisonnement par l'amende, et même d'arriver aux peines de simple police, à un emprisonnement d'un jour ou à une amende d'un franc.

Ce pouvoir d'atténuation, plus étendu pour le juge correctionnel que pour le jury et la Cour d'assises, n'était-il pas exorbitant ? Le Gouvernement l'avait pensé, et dans son projet de réforme, il dépouillait les tribunaux correctionnels de

(1) Voir un rapport à l'Empereur de M. le garde des sceaux Émile Ollivier, du 10 janvier 1870 (Dall., 70.3.15) ; une décision du conseil de révision, 1re division militaire, du 14 août 1871 (Car. et Gilb., 72.2.113). — Cass., 22 fév. 1834, Dev., 34.1.110.—Serrigny, *Droit public des Français*, t. II, p. 176. — Dalloz, vis *Délits politiques*, n° 5. — Duvergier, note 4 sur l'art. 70 de la loi du 8 octobre 1830.

leur omnipotence, et pour les délits contre lesquels la loi prononce un emprisonnement dont le minimum est de deux ans,
ou une amende dont le minimum est de 500 francs, et pour
les délits contre lesquels la loi prononce un emprisonnement
dont le maximum est d'un an, ou une amende dont le minimum est de 100 francs.

Dans le premier cas, l'emprisonnement ne pouvait être
abaissé à moins de six mois, et l'amende ne pouvait être réduite à moins de 100 francs ; dans le second cas, l'abaissement
de l'emprisonnement ne pouvait descendre au-dessous de
trois mois, l'abaissement de l'amende ne pouvait descendre
au-dessous de 25 francs ; ni dans l'un ni dans l'autre cas, la
peine pécuniaire ne pouvait être substituée à la prison : le
juge ne conservait plus la plénitude de son indépendance que
pour des délits dépourvus de toute gravité, qu'il restait maître
de ne punir que comme des contraventions. Mais la commission du Corps législatif et le Corps législatif, tout en s'asso-
ciant à cette idée d'une limite, ne l'ont pas complétement
acceptée et suivie ; ils ont voulu que, dans tous les cas, le juge
du délit eût la liberté de réduire l'emprisonnement à six jours
et l'amende à 16 francs ; mais ils ne l'ont autorisé à sortir du
cercle de la pénalité correctionnelle pour adopter une peine
de simple police et à substituer l'amende à l'emprisonnement,
qu'autant que le minimum d'emprisonnement applicable au
délit, est inférieur à un an, ou que le minimum de l'amende
est inférieur à 100 francs. « Dans tous les cas où la peine de
l'emprisonnement et celle de l'amende sont prononcées par
le Code pénal, si les circonstances paraissent atténuantes, les
tribunaux correctionnels sont autorisés, même en cas de récidive, à réduire ces deux peines comme suit :

Si la peine prononcée par la loi, soit à raison de la nature
du délit, soit à raison de l'état de récidive du prévenu, est un
emprisonnement dont le minimum ne soit pas inférieur à un
an, ou une amende dont le minimum ne soit pas inférieur à
500 francs, les tribunaux pourront réduire l'emprisonnement
jusqu'à six jours et l'amende jusqu'à 16 francs. Dans tous les

autres cas, ils pourront réduire l'emprisonnement même au-dessous de six jours et l'amende même au-dessous de 16 fr. ; ils pourront aussi prononcer séparément l'une ou l'autre de ces peines, et même substituer l'amende à l'emprisonnement, sans qu'en aucun cas elle puisse être au-dessous des peines de simple police. »

Les développements dans lesquels nous sommes entré dans notre précédente leçon, font assez pressentir notre opinion sur cette modification, qui est considérable : est-elle ou n'est-elle pas conforme à l'esprit de nos lois, aux principes qui justifient le droit de punir ? La question est d'autant plus digne d'examen, que la disposition nouvelle a été accueillie avec quelque doute, presque avec de la prévention, et qu'aujourd'hui encore, des criminalistes, sans la combattre directement, lui reprochent de n'être pas nécessaire.

Cette question a soulevé au sein du Corps législatif, d'intéressants débats dont la vivacité s'explique pour quiconque considère que les théories fondamentales sur le droit de punir étaient en présence, qu'elles étaient en cause et que les orateurs qui ont pris part à la discussion étaient leurs représentants. Parmi ces orateurs, il y en a au moins plusieurs qui se sont parfaitement rendu compte de l'élévation du problème qu'ils agitaient, et l'un d'eux, M. Nogent-Saint-Laurent, a dit le vrai mot : l'art. 463, c'est la philosophie du Code pénal.

Controverse législative.

Le système qui fonde le droit de punir sur la justice morale limitée par l'utilité sociale, *qui veut que la justice humaine s'inspire de la justice de Dieu,* qu'elle sonde les cœurs, qu'elle apprécie plutôt l'agent que l'acte, a rallié sous sa bannière M. Jules Favre, M. Émile Ollivier, M. Ernest Picard, M. Darimon, M. Hénon, en même temps que M. Nogent-Saint-Laurent et M. Ségris.

Questions non résolues.

..... M. Jules Favre a proclamé qu'à la complexité des éléments de la culpabilité, à la multiplicité de ses nuances doit correspondre la flexibilité d'une peine qui pourrait cesser d'être équitable si l'atténuation n'était pas absolument discrétionnaire. Ce n'est pas un texte, c'est la conscience du juge qui doit proportionner le châtiment à la faute.

M. Ségris a admiré le spiritualisme chrétien de la rédaction de 1832 qui ne matérialisait pas l'acte punissable et s'efforçait de mesurer la perversité de l'agent.

M. Nogent-Saint-Laurent a formulé la thèse avec une netteté expressive :

« La théorie des circonstances atténuantes repose sur une « pratique éclairée de la législation criminelle. Il serait au- « jourd'hui essentiellement vulgaire de dire que ces circon- « stances sont l'arbitraire, la loi énervée, le rêve de la philan- « thropie. Tout cela est puéril et faux. Pour les personnes, « pour les jurisconsultes, les circonstances atténuantes sont « une grande chose ; elles sont l'abolition de l'impunité ; « elles sont la consolidation et la sûreté de la répression. Je « m'explique. Une législation criminelle a un but principal « qui repose tout entier sur cette maxime : « Il faut propor- « tionner la peine au délit. » Si la peine est au-dessus du « délit, la loi est trop sévère ; si elle est au-dessous, elle est « trop indulgente, et dans les deux cas, la loi est mauvaise.... « Le législateur est arrivé par la pratique même à cette idée « que pour les peines temporaires, le minimum de la loi était « quelquefois trop sévère. Puis il s'est dit : Il faut sortir de « cette fixité absolue ou relative ; il faut arriver à quelque « chose qui permette au juge de suivre le crime ou le délit « dans toutes ses nuances, dans toutes ses excuses, dans toutes « ses conséquences, car les délits ont des nuances infinies qui « échappent à la fixité de la peine. Voilà quelle a été l'ori- « gine des circonstances atténuantes ; elles sont sorties de là. « L'art. 463 a détruit la fixité des peines. Il a permis, pour la « pénalité temporaire, d'ajouter la variation dans la nature à « la variation dans la durée. Il a permis en matière correc- « tionnelle de faire varier la nature de la peine unique, l'em- « prisonnement, et de lui substituer l'amende. »

Le rapporteur de la commission, qui concluait contre l'om- nipotence du juge correctionnel, a semblé pourtant la justifier

quand il a dit : « En France on n'aime pas les lois aveugles,
« et le juge tient à son libre arbitre; vouloir commander à
« sa conscience, c'est s'exposer plutôt à des acquittements
« qu'à des condamnations impitoyables. »

Les orateurs qui n'ont pas été d'avis qu'en matière correctionnelle le juge fût maître absolu de la sanction pénale, qu'il
l'incarnât, qu'il pût substituer la souveraineté de la conscience
à la souveraineté sociale, qu'il fût, en un mot, la loi vivante,
ont eu moins de soucis de la criminalité *subjective* que de la
criminalité objective, de la condition spéciale de l'agent que
de l'autorité des prescriptions légales, de l'unité de leur application, de l'utilité publique et de l'exemplarité de la peine.
Ils se sont inspirés peut-être de principes très-divers. Je ne
sais s'ils ont vu dans la peine un instrument de défense de la
société ou un devoir impérieux de respect dont l'inaccom-
plissement entraînerait la ruine du commandement dont il
est la sauvegarde. Ce qui est certain, c'est que, qu'ils en aient,
ou qu'ils n'en aient pas eu pleine conscience, ils ont rejeté
implicitement l'idée de Platon, de Leibnitz, de Kant, même
avec les tempéraments politiques de M. Guizot, de MM. de
Broglie et Rossi; ils ont voulu une limite au pouvoir
d'atténuation; ils ont, à l'omnipotence du libre arbitre individuel, soumis à l'influence ou au moins à l'impression de
mille circonstances accidentelles, préféré l'appréciation législ-
lative impartiale, étrangère aux personnes et à leur situation,
prévoyant principalement la gravité de l'acte, sauf à faire une
part mesurée à la condition individuelle de son auteur; ils
ont pensé que s'il y avait une règle en matière criminelle, là
où le lot de la bienveillance dépend de deux autorités, de
l'autorité du jury et de l'autorité de la Cour d'assises, il y
a de puissantes raisons de ne pas convier à l'arbitraire le
plus absolu, à un arbitraire exposé à toutes les pressions
locales, à toutes les chances de passion ou d'insuffisance
intellectuelle une pénalité dont l'application est confiée à une
autorité unique; ils ont craint de compromettre deux grands
principes, le principe de l'unité de la loi et surtout le prin-

cipe de l'égalité des agents criminels devant la loi, c'est-à-dire qu'ils ont redouté le caprice et la faveur. M. de Parieu, M. Cordoën, M. Lacase ont été les organes très-bien inspirés de ces idées.

« Je ne voudrais pas, a dit M. Cordoën, que la magistrature « se crût presque conviée à examiner la gravité des peines « moins dans leur rapport avec la gravité des délits que dans « leur rapport avec les personnes.....

« Je ne sais s'il n'y a pas pour la magistrature plus de périls « que d'avantages dans l'extrême liberté qu'on vous demande « de lui conserver : la liberté sans limites n'est bonne pour « personne ; elle n'est pas meilleure pour l'application de la « loi pénale qu'elle n'est bonne dans l'ordre politique...

« Il n'y a point de liberté absolue, il faut que la liberté soit « une liberté définie et précisée. »

Dans la pensée de M. Cordoën, au point de vue de la répression, il faut encore plus se préoccuper du mal social que du mal moral.

Avec un pouvoir d'atténuation sans bornes, l'infinie variété des esprits suffirait pour entraîner une immense variation, une profonde inégalité dans les applications pénales.

M. Cordoën s'alarmait enfin des influences qui pouvaient assaillir le juge dont aucune limite légale ne contenait la pitié ou la sympathie. « Je ne voudrais pas que la magistrature se « crût placée dans cette alternative de pouvoir dire, par « exemple, à celui qui a commis un vol : toi, tu n'as que « ta personne, tu expieras ton délit par des peines corporelles; « toi, parce que la Providence t'a donné famille, éducation, « fortune, tu trouveras dans une amende pécuniaire l'expia- « tion que tu as encourue. La conscience des juges a été « meilleure que la loi ; elle est devenue fidèle au principe de « l'égalité des peines ; je vous demande que, par une règle « précise, une règle qui fortifie, qui ne blesse pas, qui relève, « au contraire, vous proclamiez que les délits de l'ordre « le plus grave ne pourront être, dans l'application des peines, « l'objet que d'une atténuation dont vous avez vous-même

« fixé l'extrême limite. Nous n'aimons ni les rigueurs exagé-
« rées, ni les intimidations excessives ; mais, pour être
« efficace et moralisante à la fois, il faut que la peine soit
« exemplaire. »

M. de Parieu ne voulait pas que les tribunaux correctionnels eussent des pouvoirs infiniment supérieurs à ceux qui
appartiennent aux Cours d'assises et au jury. Quand la faculté
d'atténuation, partagée entre le jury et la Cour, est limitée,
pourquoi la faculté d'atténuation serait-elle illimitée lorsqu'elle
est dans la main d'une autorité unique et sans contre-poids?
En matière criminelle, il y a partage d'attribution, et, par
suite, les entraînements d'indulgence rencontrent, indépendamment de la barrière de Droit, la barrière d'un contrôle de
fait. Pourquoi, en matière correctionnelle, ne pas établir une
barrière de Droit devant le tribunal qui n'a pas d'associé, partant, pas de surveillant dans l'exercice de son pouvoir ?

Le système des circonstances atténuantes est presque une
conséquence ; il est au moins de la nature de l'institution du
jury ; sans doute, il n'est pas inconciliable avec la répression
par une magistrature permanente qui représente la loi et sa
fixité et non l'opinion et sa mobilité ; mais il n'a pas les mêmes
recommandations de convenance et de nécessité, et si, par
une inspiration de mansuétude et d'humanité, il est admis, il
ne doit pas avoir plus d'extension qu'en matière criminelle où
le jugement par jurés semble l'imposer.

Cette observation, je le crois, ne s'est pas produite dans la
discussion ; il est vrai qu'elle heurte de front l'économie du
Code de 1810, et qu'elle n'est pas d'accord avec la réforme
de 1832.

On a dit, au contraire, qu'en matière criminelle, les infractions ayant moins de gravité, il fallait laisser plus de latitude à
l'indulgence. L'exposé des motifs proclamait lui-même que *la
pénalité des délits doit être plus discrétionnaire que celle des
crimes ;* que la loi doit s'y montrer moins jalouse du juge.

Ceux qui tenaient ce langage se rendaient-ils bien compte
des motifs pour lesquels on a réservé le jury aux crimes en le

refusant aux délits? Le législateur ne redoutait-il pas de la part de juges sans lendemain un excès de mollesse pour des infractions en apparence peu alarmantes? N'acceptait-il la juridiction variable, sans cesse renouvelée du jury, en matière de crime, qu'à raison de l'impossibilité pour tout homme de sens, si peu préparé qu'il fût par l'étude, de se faire illusion sur leurs périls? Pourquoi alors exposer la magistrature à des tentations de faiblesse contre lesquelles ont avait garanti le jury? Pourquoi lui faire le dangereux cadeau d'une indépendance contraire à l'esprit de son mandat? Pourquoi accorder aux tribunaux correctionnels une omnipotence qui était déniée au jury, la juridiction essentiellement souveraine?

Les orateurs qui réclamaient le maintien du dernier paragraphe de l'art. 463 étaient très-conséquents; ils demandaient l'extension de l'institution du jury aux délits correctionnels. «S'il est vrai que le droit de punir dérive d'une idée unique, il faut convenir que la magistrature, qui est chargée de l'appliquer, doit être aussi une magistrature revêtue d'un caractère unique; que rien n'est plus déplorable pour la société que la diversité de la juridiction pénale. Et on ne comprend guère comment un jury qui présente et pour la société et pour les accusés les meilleures garanties, lorsqu'il s'agit de réprimer un assassinat ou un vol avec effraction, deviendra dangereux, par son indulgence et sa mollesse, quand il s'agira d'un vol simple ou d'une escroquerie. » (M. Jules Favre, *Moniteur* du 11 avril 1863.)

Des deux côtés, les raisons pratiques, celles qui saisissent le plus le bon sens, ont été développées; toutefois, les défenseurs du pouvoir restreint des tribunaux correctionnels ont semblé éviter de remonter au principe et au vrai caractère de la peine, tandis que les défenseurs de la souveraineté absolue du juge ont demandé à la justice divine des titres et un type pour la justice humaine.

Des écrivains d'une grande compétence, en appréciant le nouvel art. 463, ont semblé le condamner : «Oui, il faut que la règle supplée à la défaillance du juge, mais pourvu cependant qu'elle n'aille pas jusqu'à contraindre sa conscience. On confond quelquefois, en effet, cette défaillance, qui est un oubli du devoir, avec le sentiment intime de justice qui nous avertit que tel degré de la pénalité suffit à la répression du délit. C'est proscrire ce qu'il y a de plus précieux dans l'âme du juge, l'amour de la justice ; c'est lui imposer comme une sorte d'obligation professionnelle, je ne sais quelle fermeté factice qui consiste à se mettre au-dessus du sentiment de l'équité. »

Avec ces idées, les peines ne seraient jamais assez élastiques ; elles ne devraient dépendre que du libre arbitre du juge ; toute limite peut devenir une gêne, une contrainte pour la conscience, une violence pour le sens individuel ; pour les instincts d'équité plus ou moins éclairés du magistrat ou du juré, et pour cela, magistrats et jurés doivent être convertis en législateurs, obéissant suivant leur caractère, leur tempérament, leurs tendances à une inspiration, ici d'une inexorable sévérité, là d'une indulgence poussée jusqu'à la débilité.

Si le droit de punir était fondé sur la justice morale limitée par l'utilité sociale ; si la peine n'était que l'acquit d'une dette envers Dieu, ce système serait logique ; il nous ramènerait aux peines arbitraires, et en ruinant l'unité de la loi pour y substituer l'empire, ou plutôt l'anarchie des impressions les plus diverses, tantôt il énerverait la répression, tantôt il en ferait un usage immodéré. L'agent puni doit se sentir frappé par la souveraineté sociale et non par une souveraineté individuelle ; il est frappé parce qu'il a violé la loi ; il doit subir la sanction législativement déclarée nécessaire, pour assurer le respect de cette loi.

Principes engagés.

La théorie des adversaires du nouvel art. 463 et des savants criminalistes que des regrets ou des scrupules associent à eux, n'est pas nouvelle, et je me suis déjà plusieurs fois efforcé de la réfuter ; elle est une conséquence des principes de Kant, et voici en quels termes un professeur de Berne, Henke, l'a formulée : « C'est à la science à révéler l'idéal, dont la beauté sans tache ne rappelle plus par aucun vestige la faiblesse de l'homme et les besoins étroits de la terre. Une législation criminelle qui se proposerait de réaliser cet idéal, devrait commencer par supprimer la distinction entre le juge et le législateur, mettre pour chaque cas particulier la peine en harmonie avec le degré d'immoralité du délit, et renoncer à résumer en règle générale et abstraite les diverses espèces individuelles. Alors le coupable serait jugé par les hommes dans lesquels la dignité de la nature humaine se manifeste avec le plus d'éclat et de pureté ; ceux-ci ne tireraient leurs décisions que du fond de leur cœur, et le coupable s'y soumettrait avec docilité, parce qu'il les regarderait comme les organes vivants de la Divinité. »

A mon sens, le juge omnipotent ne devrait pas seulement avoir les qualités d'un législateur ; il devrait être un Dieu, car je nie à tout tribunal humain compétence pour déterminer le degré et la nuance de la culpabilité intérieure de l'agent.

M. de Parieu, je le reconnais, a très-bien caractérisé la doctrine qu'il avait à combattre. « Je sais bien que l'autre jour on a apporté ici une doctrine nouvelle. On vous a dit que ce pouvoir indéfini du juge sur l'abaissement de la peine était de l'essence même du droit de punir, que c'en était la condition indispensable, que toute loi qui limiterait le pouvoir du juge d'acquitter ou de punir, selon l'impulsion de sa conscience et sans autre règle que ses inspirations, serait une usurpation de la loi contre les droits imprescriptibles de l'humanité et de la justice. On vous disait : La peine doit sortir, non pas du texte mais de la conscience du juge. Le texte n'est rien, la conscience du juge est tout, c'est un droit qui vient de Dieu : cela a été dit.

« Je dois confesser mon impuissance à discuter des doctrines dont la hardiesse me confond. Elles sont la négation, le renversement de tous les principes proclamés en matière de droit pénal par les réformateurs du xviiie siècle, le renversement de tous les principes introduits dans la loi pénale par la Révolution de 4789. Ce ne serait pas le progrès, ce serait le retour en arrière. Il y a eu des législations et des temps où le juge était la loi vivante. On ne propose pas d'y revenir, on ne l'oserait pas. Ce furent des temps néfastes dans l'histoire de la législation pénale. Le vrai progrès, le voici. Des étapes successives sont marquées dans l'histoire de nos Codes. La première est ce grand principe qu'il appartient à la loi de fixer la peine et au juge de l'appliquer. Voilà le point de départ, la solution du problème législatif sur la distribution de pouvoirs entre la loi et le juge : « à la loi, la fixation de la peine ; au juge, son application. » (*Moniteur* du 18 avril 1863.)

A la différence d'un orateur auquel les théories ont semblé secondaires, M. de Parieu a déclaré qu'il n'était pas de ceux qui en font bon marché ; toutefois, dans une de ces remarquables improvisations, il a lui-même subi l'influence du point de départ qu'il contestait, et il a un moment perdu de vue les différences qui séparent la justice morale et la justice sociale ; il a paru admettre que l'agent qui avait payé sa dette envers Dieu l'avait payée à la société, c'est-à-dire qu'il a confondu la sanction légale et terrestre avec une sanction qui n'est pas de ce monde. « Nous serions bien heureux si les hommes qui sont traduits devant les tribunaux avaient assez de sentiment moral pour que la faute qui les fait appeler devant eux ayant été tout accidentelle, et les juges étant déjà devancés par le repentir du coupable, la flétrissure de la condamnation fût suffisante pour les faire rentrer dans la société, purifiés à leurs propres yeux et aux yeux du juge suprême des consciences. »

Ici M. de Parieu a oublié que l'expiation sociale et l'expiation morale sont si distinctes que celle-ci ne peut s'imputer ou ne s'impute que dans une très-faible mesure, qu'il voulait lui-même déterminer, sur celle-là.

C'est parce qu'il s'agit d'une grande question de philosophie pénale que j'ai tenu à préciser et essayé de mettre en lumière les termes de la controverse législative ; cette leçon, bien qu'elle soit théorique, n'en est pas moins une leçon pratique.

Un décret du Gouvernement de la défense nationale des 27 novembre 1870-7 janvier 1871, a condamné les idées qui ont présidé à la restriction introduite par la loi du 18 mai 1863 au pouvoir d'atténuation des juges, et a fait revivre la dernière

disposition de l'art. 463 dans sa rédaction du 28 avril 1832. Le
retour à cette dernière loi a été approuvé dans le rapport déposé, le 24 février 1872, à l'Assemblée nationale, au nom de la
Commission de révision des décrets du Gouvernement du 4 septembre.

VINGTIÈME LEÇON.

RÉCIDIVE. —Résulte-t-elle toujours d'infractions successives?—Retour sur le principe du non-cumul des peines.—Raison de l'aggravation attachée à la récidive légale. — Pourquoi cette aggravation ne va-t-elle pas toujours croissant avec le nombre des récidives?— Lois romaines. — Ancienne jurisprudence.—Droit intermédiaire.—Code de 1810, art. 56, 57 et 58.—Réforme du 28 avril 1832.—Quelles sont les innovations de cette réforme en matière de récidive? — Loi du 8 juin 1850. — N'a-t-elle pas modifié le § 6 de l'art. 56?—L'a-t-elle abrogé?—Dissidence avec quelques auteurs. — Quatre espèces de récidives prévues. — Espèces nombreuses en dehors des textes de la loi. — Espèces dans lesquelles il n'y a pas lieu à aggravation.—Questions controversées.—L'agent condamné pour délit à plus d'un an d'emprisonnement commet un crime. — *Quid* si le crime, à raison des circonstances atténuantes, n'est puni que d'une peine correctionnelle? — L'art. 58 est-il applicable?— Arrêt de la Cour de cassation.—*Quid* si le crime, à raison d'une excuse, n'emporte qu'une peine correctionnelle?—L'agent condamné pour crime à une peine correctionnelle, à raison de circonstances atténuantes, commet un second crime qui, à raison de circonstances atténuantes, n'est encore puni que d'une peine correctionnelle. — Est-ce l'art. 57 ou l'art. 58 qui régit ce cas?—Y a-t-il même lieu à aggravation?—Arrêt de cassation.—Diverses théories des auteurs.—L'agent, condamné à une peine afflictive et infamante, qui commet un second crime, n'est-il jamais affranchi de l'aggravation pour récidive par l'admission des circonstances atténuantes? — Arrêt de la Cour de cassation.—Hypothèse d'un second crime puni de la dégradation civique, et, par suite de la circonstance de la récidive, du bannissement; en cas d'admission de circonstances atténuantes, le juge peut-il élever l'emprisonnement au-dessus du maximum de cinq ans?— Dissidence avec un auteur. — Agent condamné pour crime, dans le cas des art. 100, 108, 138 et 144, au renvoi sous la surveillance de la haute police comme peine principale. — Il commet un crime passible d'une peine afflictive et infamante : y a-t-il lieu à l'aggravation de l'art. 56?— Hypothèse dans laquelle la condamnation ne peut pas recevoir son exécution.—Pourquoi cette condamnation doit être prononcée.—Arrêt de la Cour de cassation.—Quand la loi prononce cumulativement deux peines, dans le cas des art. 57 et 58, les deux peines doivent-elles être portées

au maximum ?—Distinction.—Sous-distinction d'un auteur repoussée.—
Art. 634 du Code d'instruction criminelle. — Loi du 5 juillet 1852. —
Aggravation qu'elle apporte à l'art. 634.—Anomalie.—De quel tribunal
doit émaner la condamnation pour qu'elle puisse servir de base à la récidive ? — *Quid* d'une condamnation rendue à l'étranger ?—*Quid* d'une
condamnation à une peine afflictive ou infamante prononcée sous l'empire d'une loi ancienne, lorsque la loi sous l'empire de laquelle le second
crime est commis ne considère plus la première infraction que comme
un délit ? — Les condamnations par contumace et par défaut ont-elles
le même effet que les condamnations contradictoires ?—La prescription,
la grâce, la réhabilitation effacent-elles la condamnation au point de vue
de la récidive ? — La condamnation prononcée par un tribunal militaire
ou maritime peut-elle servir de base à l'aggravation de peine pour récidive, en cas de crime ou de délit postérieur ?—Est-ce le juge du fait ou
le juge du droit qui statue sur l'existence de la récidive ?

MESSIEURS,

Transition.

Nous venons d'étudier les clauses exclusives d'imputabilité :
l'absence de raison ou seulement l'absence de liberté ; — les
causes restrictives de l'imputabilité : les excuses et les circonstances atténuantes ; — nous avons aussi étudié les causes de
mitigation.

Je veux aujourd'hui m'occuper d'une cause d'aggravation
de la pénalité, de la *récidive*, que le Code pénal a placée dans
le premier livre, bien qu'il ne traite de l'agent que dans le second livre.

Je me propose de faire pour la récidive ce que j'ai fait pour
les circonstances atténuantes ; j'ai étudié séparément le régime de la loi du 28 avril 1832 et le régime de la loi du 13
mai 1863. Ne faut-il pas bien connaître le système de la loi
revisée pour être en mesure d'étudier le système de la loi de
révision ? Je consacre donc une première leçon à la récidive
de la loi ancienne ; la loi nouvelle sera l'objet d'une seconde
leçon.

Qu'est-ce
que la récidive ?

La *récidive*, comme l'étymologie l'indique (*rursus cadere*),
c'est la rechute dans l'infraction; c'est la persévérance dans la
violation du commandement social ; mais ce n'est plus la rechute dont la loi ne tient pas de compte lorsque la nouvelle in-

fraction entraîne une peine moins forte que celle attachée à la première infraction, la rechute avant toute condamnation ; c'est la rechute de l'agent irrévocablement condamné, de l'agent que la loi a déjà frappé et qui veut rentrer en lutte avec elle.

La succession de plusieurs infractions, avant l'irrévocabilité d'une condamnation, non-seulement n'aggrave pas la pénalité, mais n'attire pas autant de peines spéciales qu'il y a eu d'infractions spéciales ; elle est protégée par le principe du *non-cumul* des peines.

Résulte-t-elle toujours d'infractions successives ?

J'ai essayé de vous faire comprendre la raison de ce principe ; la société doit croire, jusqu'à preuve contraire, que les sanctions dont elle a protégé ses commandements étaient suffisantes pour leur assurer le respect, leur imprimer un caractère d'inviolabilité. En appliquant à toutes les infractions antérieures au jugement la plus forte des sanctions encourues par l'agent, la société présume et doit présumer que l'expiation qu'elle inflige est pour elle une sûre garantie que l'agent ne s'insurgera plus contre ses prescriptions, qu'elle le trouvera désormais docile à ses lois.

Retour sur le principe du *non-cumul* des peines.

Mais si l'agent dément cette présomption, si, après avoir une première fois méprisé les inspirations de sa conscience, les menaces de la loi, il vient ajouter à tout cela le mépris du châtiment, sa nouvelle infraction ne doit pas seulement entraîner la peine qu'elle entraînerait contre un agent qui n'aurait jamais été condamné ; elle tire de la situation de l'infracteur un caractère plus alarmant ; ce n'est plus une simple désobéissance, c'est un défi jeté à la société et à la loi, c'est l'opiniâtreté de la rébellion, c'est une perversité endurcie, exceptionnelle, dont la pénalité commune ne triomphe pas et qui appelle sur elle un supplément de châtiment, une aggravation exceptionnelle de pénalité. La loi pénale, comme les autres lois, est faite pour les cas les plus ordinaires, et, s'il nous est permis de parler ainsi, pour la *moyenne* de ces natures qui s'exposent à la répression ; mais la loi pénale a dû prévoir le cas où elle acquerrait la preuve qu'elle avait affaire à une de ces natures tellement dangereuses, tellement dévouées au mal, que les sanctions qu'elle attachait à

Raison de l'aggravation attachée à la récidive.

chaque infraction seraient inefficaces, et alors elle a aggravé ou la nature ou la mesure du châtiment ; la récidive légale, c'est-à-dire la rechute après condamnation, a été pour elle, en général au moins, la preuve d'un surcroît d'immoralité qui rendait nécessaire un surcroît d'expiation sociale.

La récidive légale n'est pas et ne doit pas être subordonnée à la condition d'une rechute dans la même espèce d'infraction déjà punie : la rechute dans toute infraction, du moment qu'elle offre quelque gravité, qu'elle suppose l'intention arrêtée de violer la loi, accuse la première sanction appliquée d'impuissance, et provoque l'application d'une sanction plus énergique (1).

Sans doute, ces principes absolus réclameront, dans la pratique, des tempéraments ; les circonstances atténuantes permettront de corriger la rigueur des présomptions légales ; quelquefois aussi, la loi présumera, malgré la récidive, que les besoins sociaux ne réclament point d'aggravation.

L'aggravation ne va pas croissant avec le nombre des récidives.

On s'est demandé si la part d'aggravation attachée à la récidive devrait s'accroître à chaque nouvelle récidive, et si, par exemple, la troisième infraction, commise depuis une

---

(1) Le Code pénal de l'empire d'Allemagne n'attache pas en règle générale d'aggravation de peine à la circonstance de la récidive. — L'aggravation pour récidive est une exception. (Voir, en cas de vol, les art. 244, 245 et 250 ; en cas de recel, l'art. 261 ; en cas de tromperie, l'art. 264.) — Le même système paraît résulter du § 5 du chap. IV du Code suédois : « Lorsqu'un individu aura encouru plusieurs condamnations aux travaux forcés à temps pour différentes infractions et qu'il s'agira d'additionner ces peines, la durée de la peine la plus longue, ou, si chaque peine est de durée égale, cette durée ne pourra être augmentée de plus de deux ans. — Il en sera de même de celui qui, pour différentes infractions, aura encouru la peine de l'emprisonnement. »

Les art. 54, 55 et 56 du Code pénal belge, en cas de récidive, tantôt et le plus souvent, aggravent la peine sans en changer la nature, et tantôt, par exception, substituent à la peine une peine d'un degré supérieur.

Le Code italien, dans ses art. 118 à 130, tantôt substitue à la peine à subir une peine spéciale, la peine de la *détention rigoureuse*, tantôt augmente la peine d'un ou de deux degrés, tantôt interdit d'appliquer au récidiviste le minimum de la peine encourue.

Quelle que soit la variété des conditions, la récidive est en général ou au moins dans des cas spéciaux une cause d'aggravation.

seconde condamnation, devrait être punie d'une peine plus forte que si elle n'eût été commise qu'après une première condamnation. Doit-on appliquer le brocard : *malitia crescente, debet augeri pœna?*

La logique devrait dire oui ; mais la raison et l'équité indiquent assez que, si chaque récidive légale entraînait un supplément de peine toujours croissant, on pourrait arriver à l'application de pénalités qui seraient en disproportion évidente avec la gravité intrinsèque de l'infraction, après plusieurs condamnations ; une infraction légère pourrait appeler la peine de mort. Or, ce que la loi sociale frappe, c'est surtout l'acte, la criminalité *objective ;* elle tient compte sans doute de la criminalité *subjective ;* mais cette criminalité ne doit pas être l'élément prédominant. L'aggravation progressive, suivant le nombre des récidives, ne doit donc pas être adoptée, au moins comme règle générale ; les art. 199 et 200 du Code pénal sont une exception.

On s'est encore demandé si, lorsque la seconde infraction est séparée de la première condamnation par un long intervalle de temps, l'aggravation attachée à la récidive devrait être appliquée ; et d'excellents esprits ont montré quelque tendance pour la négative : l'agent a donné longtemps des gages de retour au bien ; il a fini par oublier la peine. Mais si on ne lui appliquait que la peine, peut-être légère, attachée à la seconde infraction, n'y aurait-il pas quelques chances pour qu'il l'oubliât encore, et qu'après un certain nombre d'années il retombât dans une troisième infraction? Cet agent est, en principe au moins, dans toutes les conditions qui légitiment l'application d'une peine aggravée.

Je n'ai pas à faire ici l'histoire du principe de la récidive. Ce que je veux dire seulement, c'est que l'idée que la rechute après jugement impose plus de sévérité dans le châtiment, est clairement écrite dans la loi romaine, qu'elle a traversé notre ancien Droit, s'est traduite sans doute sous des formes variées, avec une grande diversité de conséquences, mais n'a jamais cessé d'animer notre législation.

Historique. — Droit romain.

La récidive exerçait de l'influence toujours sur la mesure de la peine, souvent sur sa nature, et souvent même sur la juridiction à saisir ; quelquefois elle poussait jusqu'à enlever à l'agent le moyen de perpétration de l'infraction, et à le placer dans l'impossibilité de récidiver.

La condition de la récidive légale était, comme dans le Droit romain, que l'agent eût été *appréhendé et atteint par justice*, ou qu'il eût été *reprins* (1).

Constituante. La Constituante se garda de répudier le principe de l'aggravation pour récidive. La loi des 18-22 juillet 1791, s'occupait, dans son titre Ier, de la police municipale, et l'art. 27 de ce titre déclarait qu'en cas de récidive, les amendes seraient doubles ; pour certaines contraventions, les délinquants, en cas de récidive, n'étaient plus jugés par la police municipale, ils étaient renvoyés devant la police correctionnelle ; c'est ce qu'indique l'art. 23 du titre Ier. Pour les délits dont s'occupait le titre IIe, presque tous les articles se terminent par cette formule : *les peines seront doubles en cas de récidive* (art. 10, 19, 24, 25, 27, 32, 33, 35, 38, 39). L'aggravation était quelquefois plus considérable : l'infidélité des poids et mesures, punie pour la première fois en simple police, la seconde fois en police correctionnelle, devenait, la troisième fois, un crime à poursuivre criminellement (art. 40, tit. II). L'art. 29, tit. II, offrait encore l'exemple d'un changement de juridiction entraîné par la récidive.

Code pénal du 25 sept. 1791. Le Code pénal du 25 septembre 1791 punissait le récidiviste de la peine attachée à son crime ; la peine supplémentaire était la peine de la déportation après l'expiration de la peine

(1) Voir notamment : LL. 4 et 28, §§ 13, 14, ff. *De pœnis.*—L. *un. Cod. de super exactionibus.*—Ordonn. de Philippe VI, du 12 mars 1329.—Ordonn. de Louis XI, du 12 mars 1478. — Ordonn. de François Ier, de mars 1515 et de janv. 1518.—Ordonn. de François II, de juillet 1559.—Ordonn. d'Orléans, de janv. 1560. — Ordonn. de Charles IX, du 23 avril 1561, art. 5. — Édit de Henri III, du 25 mars 1583. — Ordonn. de Henri IV, de juin 1601. — Ordonn. d'août 1670, art. 12. — Déclaration du 4 mars 1724. — Ordonn. de Louis XV, du 5 fév. 1731. — Voir aussi, sur l'historique de l'aggravation pour récidive, de curieux détails dans l'ouvrage de M. Bonneville, 1844.

encourue. Ainsi, l'infracteur récidiviste subissait d'abord la peine de son infraction, et il avait ensuite à subir la déportation comme peine spéciale de sa récidive (art. 1er, tit. II). On objectait, avec beaucoup de raison, que la gravité du second crime devenait alors indifférente, puisque, quelle que fût la peine criminelle encourue, la déportation était toujours au bout. Cette disposition, cependant, comportait une exception : si l'agent n'avait été condamné, pour le premier crime, qu'à la dégradation civique ou au carcan, et qu'il n'encourût encore, pour son second crime, que la dégradation civique ou le carcan, la récidive n'entraînait pas la déportation : cette peine était remplacée par la peine de deux années de détention.

Vous savez que la peine de la déportation resta à l'état de menace, faute d'un lieu pour son exécution.

Le Code brumaire an iv, liv. III, maintint la législation en vigueur : la récidive, en matière de contravention, entraînait le renvoi de l'agent devant le tribunal correctionnel (voir les art. 607 et 608). *Code du 3 brum. an iv.*

Une loi du 23 floréal an x déclara que tout individu condamné pour crime, qui commettrait, postérieurement à sa condamnation, un second crime emportant peine afflictive, serait condamné à la peine attachée à son second crime, et de plus, pour la récidive, serait flétri publiquement sur l'épaule gauche de la lettre R. Ainsi la flétrissure remplaçait la déportation; mais cette loi n'était qu'une loi provisoire, qui ne devait durer que tant que la déportation ne pourrait pas s'exécuter. *Loi du 23 floréal an x.*

Le titre VI du liv. II du Code d'instruction criminelle de 1808 attacha à la *récidive pour crime* de l'agent déjà condamné à une peine afflictive ou infamante, une juridiction et une procédure spéciales; il faut lire, notamment, les art. 553, 597 et 598. *Code d'instruct. criminelle.*

Le Code de 1810 attacha à la récidive en matière de crimes l'aggravation de la peine immédiatement supérieure à celle qu'aurait entraînée le crime, s'il n'eût pas été commis par un récidiviste : la dégradation civique était remplacée par la *Code pénal.*

peine du carcan; la réclusion, par la peine des travaux forcés et la marque; la peine des travaux forcés à temps et la déportation étaient remplacées par les travaux forcés à perpétuité. Vous remarquez que les travaux forcés à temps et la déportation étaient placés sur la même ligne; les travaux forcés à perpétuité étaient remplacés par la peine de mort. Cette aggravation n'était soumise qu'à la condition qu'un second crime serait commis après une condamnation pour crime. Le récidiviste continuait d'être traduit devant la juridiction des Cours spéciales, qui jugeaient sans jurés, et dont les décisions, à l'abri du recours en cassation, s'exécutaient dans les vingt-quatre heures; la juridiction des Cours spéciales n'a été, en effet, abolie que par la loi du 20 décembre 1815, et seulement à partir de 1817.

L'aggravation, pour récidive du condamné, à raison d'un crime, qui commettait un délit, consistait dans la nécessité d'appliquer le maximum et dans la faculté de le porter au double : la nature de la peine n'était pas changée (art. 57).

Il n'y avait d'aggravation, pour récidive de délit à délit, qu'autant que le premier délit avait été puni d'un emprisonnement de plus d'une année; l'aggravation, c'était encore le maximum de la peine avec faculté de la porter au double; de plus, le récidiviste était renvoyé sous la surveillance de la haute police pendant une période de cinq à dix ans (art. 58).

Le Code de 1810 n'avait pas attaché, dans son art. 57, la peine de la surveillance à la peine du délit commis après une première condamnation pour crime : on avait considéré, sans doute, que la première condamnation entraînait cette surveillance comme accessoire. Mais la supposition était erronée pour la condamnation à la dégradation civique, et elle pouvait l'être pour la condamnation au bannissement (art. 48, Cod. pén.).

La récidive, en matière de contraventions, était subordonnée à la condition que la seconde contravention se fût produite dans les douze mois de la première condamnation, et eût eu lieu dans le ressort du même tribunal de police; elle rendait l'emprisonnement obligatoire (art. 474, 478 et 482, Cod. pén.).

La loi du 28 avril 1832 n'a modifié que l'art. 56.

Je lis la nouvelle rédaction de cet article : Révision de 1832.

« Quiconque, ayant été condamné à une *peine afflictive ou* « *infamante*, aura commis un second crime emportant, « comme peine principale, la dégradation civique, sera con- « damné à la peine du bannissement.

« Si le second crime emporte la peine du bannissement, il « sera condamné à la peine de la détention.

« Si le second crime emporte la peine de la réclusion, il sera « condamné à la peine des travaux forcés à temps.

« Si le second crime emporte la peine de la détention, il « sera condamné au *maximum* de la même peine, laquelle « pourra être élevée jusqu'au double.

« Si le second crime emporte la peine des travaux forcés à « temps, il sera condamné au *maximum* de la même peine, « laquelle pourra être élevée jusqu'au double.

« Si le second crime emporte la peine de la déportation, il « sera condamné aux travaux forcés à perpétuité.

« Quiconque, ayant été condamné aux travaux forcés à « perpétuité, aura commis un second crime emportant la même « peine, sera condamné à la peine de mort.

« Toutefois, l'individu condamné par un tribunal militaire « ou maritime ne sera, en cas de crime ou délit postérieur, « passible des peines de la récidive qu'autant que la première « condamnation aura été prononcée pour des crimes ou délits « punissables d'après les lois pénales ordinaires. »

Vous remarquerez d'abord que la condition de l'application de cet article, c'est qu'il y ait eu une précédente condamna- tion *à une peine afflictive ou infamante* : une précédente condamnation *pour crime* ne suffit pas. Conditions d'application de l'article 56.

J'appelle votre attention sur les §§ 1, 2 et 4, qui confirment l'existence d'une double échelle pénale : la circonstance de la récidive substitue le bannissement à la dégradation civique, la détention au bannissement ; elle porte la détention au maximum et permet de l'élever jusqu'au double; la loi considère qu'il y a une trop grande distance entre la déportation et la détention pour substituer l'une des peines à l'autre.

Dans le cas du § 6, la loi remplace, il est vrai, la déportation par la peine des travaux forcés à perpétuité : la logique eût écrit la peine de mort ; une inspiration d'équité a corrigé le conseil de la logique.

Vous savez que la loi du 8 juin 1850, en faisant de la déportation une vérité, a établi deux sortes de déportation : la déportation simple et la déportation aggravée. La déportation simple, c'est la peine du n° 3 de l'art. 7 du Code pénal; si le crime commis par le récidiviste emporte par sa nature la déportation, la peine des travaux forcés à perpétuité, écrite dans le § 6 de l'art. 56, continuera-t-elle d'être applicable ?

Non, et il y a unanimité sur ce point; il y a une politique d'un degré supérieur, la déportation aggravée ; c'est ce degré supérieur dont la circonstance de la récidive doit entraîner l'application (1).

Mais le récidiviste a commis un crime qui, par sa nature, entraînait la peine de mort, remplacée par la déportation aggravée : la circonstance de la récidive ne produira-t-elle aucun effet ?

Des criminalistes dont, pour nous, l'opinion est d'un grand poids, le soutiennent, et je comprends tout ce que leur solution a de favorable. Toutefois, j'avoue qu'il me paraît difficile d'écarter l'application du § 6 de l'art. 56. Dans l'hypothèse précédente, je me suis écarté de sa lettre; mais j'obéissais à son esprit : ici, et la lettre et l'esprit de la loi ne commandent-ils pas d'appliquer au récidiviste, dont le crime emporte la déportation aggravée, une aggravation que la loi du 28 avril 1832 attachait au crime n'entraînant que la déportation simple, quand il était commis par un récidiviste (2) ?

(1) *Sic*, M. Molinier, *Revue critique*, 1851, t. Ier, p. 49, n. 6.—MM. Faustin Hélie et Chauveau, t. Ier, p. 290, à la note, 3e édit., et appendice, n° 2677.—*Contrà*, Ortolan, n° 1631, p. 784.

(2) Voir, *contrà*, M. Molinier, *loco citato*; MM. Chauveau et Faustin Hélie, *loco citato*; et, dans notre sens, l'art. 17 du Code pénal, § 2.

Vous avez encore à remarquer, sur le § 5, que la loi fait pour les travaux forcés à temps ce qu'elle a fait pour la détention : en cas de récidive, le crime puni des travaux forcés à temps entraîne le maximum de cette peine temporaire et autorise à la porter jusqu'au double; la loi recule devant le degré supérieur, qui serait la peine des travaux forcés à perpétuité.

Vous devez enfin remarquer, sur le § 7, qu'il ne suffit pas que le second crime commis par le récidiviste emporte, par sa nature, la peine des travaux forcés à perpétuité, pour que cette dernière peine soit remplacée par la peine de mort; il faut, de plus, que la première condamnation ait été une condamnation aux travaux forcés à perpétuité; sous les autres paragraphes, l'aggravation résultant de la récidive est subordonnée seulement à la condition d'une précédente condamnation à une peine afflictive ou infamante. Vous comprendrez très-bien que la loi, qui n'applique qu'à regret la peine de mort, se soit montrée difficile quand il s'agit de l'attacher à la circonstance de la récidive; elle a voulu que l'inefficacité de la peine perpétuelle eût été démontrée par une première épreuve.

Si le premier crime avait entraîné la peine de mort, que le condamné gracié eût commis un nouveau crime, passible de la peine des travaux forcés à perpétuité, y aurait-il lieu à l'application de la peine de mort par suite de la récidive? Oui, bien évidemment, sans que cette solution puisse encourir le reproche de résulter d'une interprétation extensive.

Notre loi actuelle prévoit quatre espèces de récidive :

1° Le condamné à une peine afflictive ou infamante commet un second crime emportant une peine afflictive ou infamante : c'est le cas de l'art. 56;

2° L'agent condamné pour crime, quelle qu'ait été la peine, peine afflictive ou infamante, peine correctionnelle ou même peine réduite aux limites d'une peine de simple police (1), commet un délit : c'est le cas de l'art. 57;

Quatre espèces de récidive sont prévues.

_____

(1) En cas de concours d'une excuse légale et de circonstances atténuantes.

3° L'agent condamné, pour un premier délit, à une peine de plus d'une année d'emprisonnement, commet un second délit : c'est le cas de l'art. 58 ;

4° L'agent condamné pour une première contravention commet, dans les douze mois suivant la condamnation, une seconde contravention, et il la commet dans le ressort du tribunal qui a jugé la première : c'est le cas de l'art. 483.

La loi semble avoir laissé en dehors de ses prévisions un grand nombre d'hypothèses de récidive.

Je vous indique d'abord les hypothèses dans lesquelles tout le monde reconnaît qu'il n'y a pas lieu à aggravation.

L'agent déjà condamné pour contravention, commet un délit ou un crime, ou *vice versâ*, l'agent condamné pour crime ou pour délit, commet une contravention. Il n'y a aucun lien entre les deux infractions, aucun rapport entre une faute d'omission ou de négligence et une violation intentionnelle d'une prescription assez importante pour être sanctionnée soit par des peines correctionnelles, soit par des peines afflictives ou infamantes.

Hypothèses controversées : 1re hypothèse.

Voici des hypothèses plus difficiles :

1° L'agent, condamné pour délit à plus d'une année d'emprisonnement, commet un crime passible d'une peine afflictive ou infamante. Comment n'y aurait-il pas lieu, *à fortiori*, à une aggravation de peine ? L'aggravation serait attachée à un second délit. Ici, la perversité ne survit pas seulement ; elle est en progrès.

Cependant la loi est muette, et son silence se justifie parfaitement : le passage d'une classe de peines à une autre classe donne assez de moyens d'aggraver le sort du récidiviste (1).

2° hypothèse.   2° L'agent, condamné pour délit à un emprisonnement de plus d'une année, commet un crime qui, par suite de l'admission des circonstances atténuantes, n'entraîne qu'une peine correctionnelle : l'art. 58 est-il applicable à ce cas ? Non, dans sa lettre, au moins ; l'art. 58 exige, en effet, un nouveau délit,

(1) Cass., 6 fév. 1858 (Devill. et Car., 58.1.690); Dalloz, 58.1.187; M. Blanche, n. 510.

et l'admission des circonstances atténuantes ne change pas la qualification de l'infraction, ne métamorphose pas le crime en délit. Mais l'esprit de l'art. 58 n'impose-t-il pas au moins l'aggravation ? Le juge, sans le secours de cet article, n'aurait à sa disposition qu'une peine de la classe de celles dont l'impuissance a déjà été éprouvée. La doctrine s'est montrée touchée de cet argument (1).

La Cour de cassation a été moins sévère dans un arrêt du 2 juin 1842 (2), et je crois que sa solution est celle de la loi. Le jury, en admettant des circonstances atténuantes, a jugé que la récidive n'était pas, dans l'espèce, un témoignage d'un redoublement de perversité. Il y avait dans la loi une aggravation à sa disposition, et il l'a volontairement écartée.

3º L'agent, condamné pour délit à un emprisonnement de plus d'une année, commet un crime qui, à raison de l'admission d'une excuse, n'emporte qu'une peine correctionnelle : c'est, si l'on veut, un meurtre provoqué par des coups ou violences graves envers les personnes ; aux termes de l'art. 326, Code pénal, la peine est une peine d'emprisonnement ; — ou bien, un mineur de seize ans, déjà condamné pour délit, commet un crime qui, à raison de l'excuse de l'âge, n'est également puni que d'une peine correctionnelle (art. 67, Code pénal) : l'art. 58 ne sera-t-il pas applicable ? *3e hypothèse.*

Dans ce cas, on ne peut pas dire que le juge, en déclarant des circonstances atténuantes, a répudié l'aggravation que lui offrait la loi : le juge n'était pas libre de méconnaître la cause de l'excuse. N'est-ce pas là, dans le sens de la loi, la récidive de délit à délit ?

Vous savez que le crime excusable reste un crime, que l'excuse ne change pas la qualification du fait : on n'est donc pas dans les termes de l'art. 58, qui exige un second délit ; on n'est pas non plus dans les termes de l'art. 57, qui veut que

---

(1) M. Molinier, n. 16 du premier article sur la récidive, *Revue critique*, 1851, p. 60 ; M. Molinier, deuxième article sur la récidive, n. 7, *Revue critique*, 1851, p. 430.

(2) Devill. et Car., 42.1.653.

la première condamnation ait été une condamnation pour crime. — Mais n'y aura-t-il pas quelque chose de bien anormal, pourra-t-on dire, à traiter le crime excusable plus favorablement qu'un délit ? — Je réponds : N'y aurait-il pas quelque chose de plus anormal encore à traiter moins favorablement le crime excusable que le crime non excusable ? Or, l'agent qui a été condamné d'abord, pour *délit*, à plus d'une année d'emprisonnement, n'encourt aucune aggravation lorsqu'il commet un crime non excusable. Ce point semble aujourd'hui unanimement reconnu. C'est, dit-on, parce que la loi a compté sur l'aggravation qui résultait du changement de classe des peines. Soit : telle a été la pensée de la loi ; mais on comprend très-bien que, ce principe une fois adopté, elle ne voulût pas faire exception pour les crimes qu'elle proclamait elle-même dignes d'excuse.

4° hypothèse.   4° L'agent, déjà condamné pour crime à une peine correctionnelle, à raison de l'admission de circonstances atténuantes, commet un second crime qui, à raison encore de l'admission de circonstances atténuantes, n'entraîne qu'une peine correctionnelle ; y a-t-il lieu à aggravation ?

Cette hypothèse ne diffère de notre seconde hypothèse qu'en ce que la première condamnation a été prononcée pour *crime*, tandis que, dans la seconde hypothèse, elle avait été prononcée pour *délit ;* mais il s'agit toujours, dans la quatrième comme dans la seconde, de savoir si le fait, qualifié crime, doit être assimilé au délit, dans le sens de la récidive, quand il n'est puni que d'une peine correctionnelle.

La Cour de cassation a adopté la négative dans la seconde hypothèse, et l'affirmative dans la quatrième (1). Elle s'est fondée, dans ce dernier sens, sur l'art. 57 du Code pénal. Il est bien vrai que la première condition de cet article est remplie, à savoir l'existence d'une précédente condamnation pour crime ; la loi n'exige pas, dans l'art. 57, quoique de savants jurisconsultes aient soutenu le contraire, une première con-

(1) Cass., 28 août 1845 (Devill., 46.1.63).

damnation à une peine afflictive et infamante (1). Mais la seconde condition manque : la seconde infraction n'est pas un délit; on ne saurait trop le répéter, l'admission de circonstances atténuantes ne convertit pas le crime en délit. La Cour de cassation a reconnu ce principe dans de nombreux arrêts (2). Et c'est bien pour cela que, dans l'arrêt du 2 juin 1842, elle refusait d'appliquer l'aggravation de l'art. 58 au condamné, pour *délit*, à plus d'une année d'emprisonnement, qui commettait un crime que les circonstances atténuantes dérobaient à l'application d'une peine afflictive ou infamante.

La dernière solution de la Cour de cassation a été vivement critiquée. On a dit : l'article applicable n'était pas l'art. 57 ; l'aggravation devait être puisée dans l'art. 58, et c'est ce qu'avait décidé la Cour d'assises, dont la théorie était préférable à celle de la Cour suprême (3).

Je crois qu'aucun de ces deux articles n'était applicable. D'abord l'art. 58, puisqu'il exige la succession de deux *délits*, et que, dans l'espèce, il y a succession de deux *crimes :* aucune des deux conditions de la loi ne se réalise ; l'art. 57 est, à tout prendre, plus favorable à la doctrine de la Cour de cassation : la première condition de cet article est accomplie, la condamnation pour crime ; seulement, pour qu'il y eût lieu à aggravation, il faudrait que la seconde infraction fût un délit.

Un criminaliste, qui a jeté beaucoup de jour sur ces questions de récidive (4), a proposé, sur les art. 57 et 58, une théorie qui offre au moins de l'unité ; il suppose que dans ces deux articles, la loi subordonne l'aggravation à une seule condition, à la condition que la seconde infraction constitue un *fait de nature à être puni correctionnellement.*

5° Mais la terminologie de ces deux articles me semble com- 5° hypothèse.

---

(1) *Théorie du Code pénal,* t. Ier, p. 312 à 315, 3e édit.; M. Rauter, t. Ier, p. 304, à la note.

(2) Cass., 8 mars 1838; 3 déc. 1840 (Devill., 38.1.804; 41.1.669).

(3) M. Devilleneuve, note sur l'arrêt du 28 août 1845; M. Molinier approuve l'arrêt, *Revue critique,* 1851, p. 57 à 60.

(4) M. Molinier, *Revue critique,* 1851, p. 430 à 432.

battre ce système ; la loi donne toujours à la seconde infraction la qualification de *délit*.

5° L'agent, condamné à une peine afflictive ou infamante, commet un second crime ; à raison de circonstances atténuantes, il n'encourt qu'une peine correctionnelle : sera-t-il toujours passible de l'aggravation pour récidive ?

Pour calculer l'effet des circonstances atténuantes, il faudra commencer par déterminer la peine que, à raison de la récidive, et dans les termes de l'art. 56 du Code pénal, l'agent a encourue, pour, ensuite, appliquer l'abaissement obligatoire d'un degré, et, s'il y a lieu, l'abaissement facultatif d'un second degré (1).

Que si la peine entraînée par la récidive était la peine des travaux forcés à temps, que la Cour d'assises ne se contentât pas de l'abaissement obligatoire, et que, par l'abaissement facultatif, elle arrivât à une peine correctionnelle, pourrait-elle, conformément aux art. 57 et 58, élever l'emprisonnement au-dessus du maximum de cinq années ?

Non. L'application de l'art. 56 exclut l'application des articles 57 et 58 ; autrement, on ferait subir deux fois au condamné l'aggravation pour récidive (2).

Que si l'admission des circonstances atténuantes conduisait forcément à l'application d'une peine correctionnelle, parce que, par exemple, le second crime était puni de la dégradation civique, peine remplacée par le bannissement, à raison de la récidive, comme l'une et l'autre peine se convertissent, d'après l'art. 463, § 4, en un emprisonnement dont le minimum est d'un an, faudrait-il encore décider que le juge ne pourrait dépasser le maximum, qu'il n'aurait pas la faculté de le porter au double ?

On a dit non, et on a pensé qu'il s'agissait d'appliquer, non plus l'art. 56, mais l'art. 57. Il n'y a pas, d'après l'argumenta-

---

(1) *Sic*, Cass., 31 janv. 1845 (Devill., 45.1.624), et, par analogie, Cass., 15 janv. 1857 (Dalloz, 57.1.127 ; Devill. et Car., 57.1.383).

(2) *Sic*, Cass., 8 janv. 1848 (Devill., 48.1.520) ; M. Molinier, *Revue critique*, 1854, p. 53 et 54, n. 9.

tion de cette théorie, deux degrés d'abaissement, l'un obligatoire, l'autre facultatif, puisque de la peine du bannissement
on ne peut redescendre à la peine de la dégradation civique.
L'art. 463 ayant placé la réclusion, la détention, le bannissement et la dégradation civique sur la même ligne, il n'y aurait
pas d'aggravation possible par suite de la récidive.

Je crois, malgré ces arguments, que l'art. 57 est inapplicable : on a tenu compte de la récidive en élevant la peine de la
dégradation civique au bannissement ; il est vrai que l'admission des circonstances atténuantes rend cette élévation d'un
degré illusoire; mais l'art. 463 ne renvoie pas, pour ce cas, à
l'art. 57 : il se réfère uniquement à l'art. 401, c'est-à-dire à un
emprisonnement d'un an à cinq ans (1).

6° L'agent a été condamné, pour un premier crime, au ren- 6° hypothèse.
voi sous la surveillance de la haute police, dans un des cas
d'excuse prévus par les art. 100, 108, 138 et 144 ; il commet
ultérieurement un second crime : y aura-t-il lieu à aggravation, en vertu de l'art. 56 ?

Non : la condition de l'application de cet article, c'est une
condamnation à une peine afflictive ou infamante ; le renvoi
sous la surveillance de la haute police est une peine commune
aux matières criminelles et aux matières correctionnelles (article 11) ; mais il n'est pas une peine afflictive ou infamante
parce qu'il est appliqué aux matières criminelles (art. 7 et 8
du Code pén.). Si la seconde infraction était, non pas un
crime, mais un délit, l'art. 57 devrait recevoir son application,
puisque la précédente condamnation serait une condamnation
pour crime. C'est sans doute une anomalie dans la loi, puisque
le délit, dans cette hypothèse, entraîne une aggravation que
n'entraîne pas le crime.

Au reste, sur tous ces points, la doctrine et la jurisprudence ont beaucoup à faire : il reste de nombreuses difficultés
à élucider, et, parmi les solutions que je propose, il y en a que
je n'adopte qu'avec une grande hésitation (2).

_____

(1) *Contrà*, M. Molinier, *Revue critique*, 1851, p. 56, n. 11.
(2) Voir un article de moi, *Revue pratique*, t. V, p. 273 à 288.

Rapprochement
du principe
du *non-cumul*.

L'impossibilité de faire concourir, même par ordre de succession, l'exécution de certaines peines, conduit, en matière de récidive, à des résultats qui ne sont pas sans quelque analogie avec les résultats auxquels aboutit le principe du *non-cumul des peines*.

Hypothèses
dans lesquelles
la condamnation
ne peut
pas recevoir
son exécution.

Un agent condamné contradictoirement à la peine des travaux forcés à perpétuité s'évade ; il commet un second crime, qui emporte la peine de la réclusion, que la récidive convertit en peine des travaux forcés à temps ; cette dernière peine ne pourra s'exécuter et se confondra nécessairement avec la première peine. Cependant elle devra être prononcée. Pourquoi ? C'est que la peine des travaux forcés à perpétuité pourrait être effacée par un acte de la puissance souveraine ou par une révision (1).

Si le second crime eût été antérieur à la première condamnation, la peine la plus faible eût-elle dû être prononcée quand la peine la plus forte l'avait été, et cela sous le prétexte de la possibilité d'une remise par grâce ou d'une révision ? C'est encore là une des faces sous lesquelles le principe du non-cumul n'a pas été étudié (2). Ce point est bien grave ; mais il est étranger à nos questions de récidive.

Quand la loi
prononce
cumulativement
deux peines
et
que le maximum
est attaché
à la récidive,
doivent-elles être
portées
toutes deux
au maximum ?
— Distinction.

Dans les hypothèses prévues par les art. 57 et 58 du Code pénal, la récidive impose l'application du maximum et permet de l'élever jusqu'au double : si la loi prononce deux peines cumulativement, le maximum des deux peines devra-t-il être appliqué ? Oui, si les deux peines sont obligatoires. *Quid* si l'une des peines est obligatoire et l'autre facultative ?

On a dit : le juge peut se dispenser de prononcer la peine facultative; mais, s'il la prononce, il doit la porter au maximum.

Je n'admets pas la dernière partie de la solution ; il m'est difficile de croire que le juge, qui est maître d'écarter la peine facultative pour le tout, ne puisse pas l'écarter pour partie (3).

(1) Cass., 17 mars 1838 (Devill., 48.1.528).

(2) La Cour de cassation, dans l'arrêt du 17 mars 1848, semble supposer que la solution serait contraire si l'art. 365, Code instr. crim., était applicable.

(3) *Contrà*, M. Molinier, *Revue critique*, 1851, p. 438, n. 22.

L'effet des circonstances atténuantes, dans les hypothèses prévues par les art. 57 et 58, est nettement précisé par le § 8 de l'art. 463, Code pénal. *Même en cas de récidive*, les juges ont la faculté de réduire l'emprisonnement au-dessous de six jours, et l'amende même au-dessous de seize francs; ils peuvent prononcer séparément l'une ou l'autre de ces peines, et même substituer l'amende à l'emprisonnement.

En matière de contraventions, la récidive rend la peine d'emprisonnement obligatoire (art. 474, 478 et 482, Code pénal.) Le récidiviste ne peut être affranchi de cette peine qu'en cas d'admission de circonstances atténuantes (art. 483, Code pénal). *Récidive en matière de contraventions.*

L'art. 634 du Code d'instruction criminelle déclarait que le condamné pour récidive ne serait jamais admis à la réhabilitation. Or, comme la loi n'admettait la réhabilitation qu'en matière de peines criminelles, cet article était étranger aux récidivistes condamnés en vertu des art. 57 et 58 : il ne pouvait s'appliquer qu'aux condamnés pour récidive, en vertu de l'art. 56. *Art. 634 du Code d'instruct. crim.*

L'art. 634 se référait évidemment à cet art. 56 ; il n'était pas édicté contre les agents qui, après avoir été condamnés pour délit, auraient commis un crime. En effet, comme on l'a judicieusement fait observer, la première condamnation, dans ce cas, n'influe en rien sur la peine qui doit être appliquée au crime (1). Il n'était pas non plus applicable aux agents qui, après avoir été condamnés pour crime, auraient commis un délit : la peine, en effet, dont les conséquences ne pouvaient être effacées par la réhabilitation, était la peine de la récidive et non pas la peine de l'infraction première.

La nouvelle loi du 3 juillet 1852, sur la réhabilitation, a remplacé l'art. 634 du Code d'instruction criminelle, par une disposition ainsi conçue : *Loi du 3 juillet 1852.*

« Aucun individu, *condamné pour crime*, qui aura commis
« un second crime et subi une nouvelle condamnation à une

(1) Voir Legraverend, *Législ. crim.*, t. 2, p. 608.

« peine afflictive ou infamante, ne sera admis à la réhabili-
« tation. »

Cette loi a étendu le bénéfice de la réhabilitation aux condamnés correctionnels : les récidivistes, condamnés en vertu
des art. 57 et 58, peuvent donc être réhabilités ; mais l'article 634 a été singulièrement aggravé, si la nouvelle rédaction refuse la réhabilitation aux *condamnés pour crimes*, quelle
que soit la peine qu'ils aient encourue, ne fût-ce qu'une peine
correctionnelle, qui commettent un second crime puni d'une
peine afflictive ou infamante.

Le système de la loi des 3-6 juillet 1852, ainsi entendu,
soulèverait de sérieuses objections. Le condamné pour crime à
une peine correctionnelle n'encourt pas l'aggravation de
l'art. 56 ; il n'encourt même, suivant moi, aucune aggravation ; il n'est puni qu'à raison de sa seconde infraction en elle-
même, et nullement à raison de la récidive. Pourquoi donc le
priver du bénéfice de la réhabilitation ?

La loi des 3-6 juillet 1852 ferait revivre la théorie qui prévalait avant la réforme du 28 avril 1832 ; elle se référerait à
l'art. 56 du Code pénal de 1810, et non à l'art. 56 revisé.
Vous vous rappelerez, en effet, que l'ancienne rédaction de
l'art. 56 exigeait, non une première *condamnation à une
peine afflictive ou infamante,* mais seulement *une condamnation pour crime.*

Le nouvel art. 634 est, au contraire, en harmonie avec les
principes sur la récidive, si, en interrogeant bien toutes les
parties du texte, on l'interprète en ce sens : que la réhabilitation n'est refusée qu'à celui qui subit une *nouvelle* condamnation à une peine afflictive ou infamante, c'est-à-dire à celui
qui a été frappé au moins deux fois d'une peine criminelle.

La question a été résolue en ce sens par un arrêt du 27 décembre 1854 (1).

(1) Sur la fin de non-recevoir tirée de ce que Jacob, avant sa dernière
condamnation à huit ans de travaux forcés, avait été condamné, pour crime,
à une peine correctionnelle, par suite de l'admission des circonstances atténuantes :

Attendu que la première partie du nouvel article 634 du Code d'instruc-

Je vous ai dit que la récidive légale supposait nécessairement l'irrévocabilité d'une première condamnation avant la
seconde infraction : c'est là une condition commune à la récidive des art. 56, 67 et 58.

Une condamnation émanée d'un tribunal étranger rempli-
rait-elle la condition ?

De quelle juri-
diction
doit émaner
la condamnation
pour
servir de base
à la récidive?

Un savant criminaliste italien a dit oui : l'aggravation
attachée à la récidive est un supplément d'expiation, non pas
pour la première infraction, mais pour la seconde infraction,
qui revêt un caractère plus grave, à raison des habitudes de
l'agent. Il ne s'agit donc pas de punir, et de punir après coup,
une infraction commise à l'étranger ; on n'a pas à craindre
d'excéder les limites de la souveraineté. Ce n'est pas non plus
se charger de l'exécution d'un jugement rendu à l'étranger ;
que ce jugement ait été ou n'ait pas été exécuté, c'est une
question indifférente ; la condamnation à l'étranger n'est considérée que comme un fait ; c'est un antécédent de l'agent, et

tion criminelle ne parle, à la vérité, que d'une condamnation pour crime,
et que, si le sens n'en était pas autrement déterminé par ce qui suit, il
suffirait que cette condamnation eût pour cause un crime, quelle que fût
d'ailleurs la peine appliquée, pour qu'en cas d'un nouveau crime puni d'une
peine afflictive et infamante, la réhabilitation ne pût être admise ; mais que
la dernière partie du même article ajoute qu'il faut qu'il y ait eu une *nou-*
velle condamnation à une peine afflictive et infamante, que cette expression
nouvelle régit grammaticalement toute la phrase qui la suit, et suppose
ainsi nécessairement que la première condamnation a donné lieu elle-même
à une peine afflictive et infamante ; — Qu'il résulte, d'ailleurs, de l'ensemble de la discussion qui a précédé l'adoption de ce nouvel article 634, que
les condamnés auxquels on voulait l'appliquer étaient les récidivistes en
matière de crime ; or, d'après l'art. 56 du Code pénal, il n'y a récidive en
matière de crime que quand y a eu une première condamnation à une
peine afflictive et infamante ; — Qu'il n'est pas douteux qu'avant la loi de
1852, l'art. 634 n'aurait pas mis obstacle à la réhabilitation dans le cas dont
s'agit dans l'espèce actuelle, et qu'on ne peut admettre qu'il en doive être
autrement depuis cette loi de 1852, qui, en général, est plus favorable à la
réhabilitation que ne l'était précédemment le Code d'instruction criminelle ;
— Qu'au surplus, en admettant que la rédaction du nouvel article 634 pré-
sentât du doute, ce serait en faveur des condamnés qu'il devrait s'interpréter, d'après la maxime *odia restringenda, favores ampliandi.*
Caen, 27 décembre 1854, chambre des mises en accusation.

voilà tout ; l'application de l'aggravation pour récidive ne suppose pas la vérification de la légitimité de la première condamnation : les nationaux, et surtout les étrangers, qui se sont déjà rendus coupables de crimes à l'étranger, et qui ont été condamnés pour ces crimes par les juridictions étrangères, sont des agents d'autant plus dangereux que leur passé n'est pas toujours connu. Or, quand ce passé est constaté, qu'il est établi que des condamnations précédentes, remplissant toutes les conditions exigées par la loi, ont été des avertissements inefficaces, pourquoi la souveraineté, qui procède à la répression nouvelle, abdiquerait-elle les moyens dont elle userait contre l'agent qui aurait été antérieurement condamné en son nom?

Ces arguments ont de la gravité ; toutefois je ne pense pas qu'ils doivent prévaloir. L'agent, condamné à l'étranger, qui commet, depuis sa condamnation, une infraction en France, ne dément pas la présomption que la pénalité, attachée à chaque infraction par la loi française, est, en général, au moins suffisante pour faire respecter les prescriptions de cette loi. L'agent a convaincu d'impuissance, si l'on veut, la pénalité étrangère ; mais la pénalité française est sauve ; son autorité n'est pas ébranlée. Voilà la raison théorique. Dans la pratique, d'ailleurs, que de difficultés s'il fallait comparer entre elles les classifications d'infractions et de pénalités dans la loi étrangère, et les classifications d'infractions et de pénalités dans la loi française (1) !

En général et sauf l'exception de l'ancien art. 7 du Code d'instruction criminelle, et de l'art. 5 de ce Code revisé par la loi du 27 juin 1866, notre loi ne tient point de compte des sanctions prononcées ou subies au nom d'une souveraineté étrangère. Elle ne voit pas en elles des fins de non-recevoir, un abri contre ses sanctions. Elle juge, quand elle est compétente, ce qui a déjà été jugé à l'étranger. Pourquoi verrait-elle

_____

(1) Voir, en sens contraire, une brillante dissertation de Nicolini, p. 66 à 101 de la traduction.—Dans notre sens, MM. Faustin Hélic et Chauveau, t. Ier, p. 309, 3e édit., et suprà, VIIe leçon.

dans des décisions qu'elle repousse comme moyens de protection des raisons d'aggravation ? Les jugements qui n'ont pas été rendus en son nom sont pour elles *res inter alios acta*.

Lorsqu'il s'agit de crimes ou de délits commis à l'étranger par des Français, et que la répression étrangère a atteints, il est vrai que la répression française est paralysée. Il semble, dans ce cas, étrange qu'une condamnation dont la souveraineté française tient compte au profit du condamné, soit réputée non avenue, lorsqu'elle aurait en France des effets contre lui. Il ne s'agit pas de savoir si une sentence criminelle prononcée par les tribunaux d'un Etat peut être exécutée dans un autre Etat (1), il s'agit d'un effet indirect de la condamnation et du point de savoir si cet effet peut être scindé.

Nous ne nions pas la gravité de l'objection ; toutefois nous répondons que, dans les cas prévus par la loi du 27 juin 1866, l'effet favorable assuré à la condamnation au profit du condamné s'explique par la prédominance du caractère territorial de la loi pénale. La souveraineté dont la loi a été violée est celle qui a le plus d'intérêt à l'application de la sanction. Le refus d'effet contre le condamné au point de vue de la récidive se justifie par la considération que la pénalité française n'a pas été éprouvée; la contradiction est donc plus apparente que réelle (2).

La condamnation, prononcée sous l'empire d'une loi ancienne à une peine afflictive ou infamante, pour un fait que la

Rapport de la loi ancienne et de la loi nouvelle.

---

(1) Le principe qu'une sentence de condamnation ne peut être exécutée ni sur la personne ni sur les biens du condamné hors des limites territoriales de l'État où elle a été rendue, paraît aujourd'hui à l'abri de toute controverse. — (Martens, *Droit des gens*, liv. III, ch. III, § 86; Klüber, *Droit des gens*, IIe partie, tit. Ier, ch. II, §§ 64 et 65. ; Fœlix, *Droit international privé*, § 565; Wheaton, *Éléments du Droit international*, ch. II, § 22.

(2) L'art. 37 du Code de l'empire d'Allemagne est ainsi conçu : « Toutes les fois qu'un Allemand aura été puni, en pays étranger, pour un crime ou un délit emportant ou pouvant emporter, d'après les lois de l'empire d'Allemagne, la privation des droits civiques en général, ou de certains droits

loi nouvelle aurait dépouillé de son caractère de crime, donne-
rait-elle lieu à l'application de l'art. 56 ?

Pourquoi non ? L'agent aurait subi, sous la loi ancienne,
une pénalité plus forte que celle que lui eût infligée la loi nouvelle, et il n'a pas tenu compte de cette pénalité jugée trop
sévère ! A cette nature exceptionnelle, il faut appliquer le supplément exceptionnel de peine (1).

Effet des condamnations par contumace et par défaut sur la récidive.

Les condamnations par contumace et par défaut, quand elles
sont devenues irrévocables, ont, sous le rapport de la récidive,
le même effet que les condamnations contradictoires.

civiques en particulier, la poursuite pourra être reprise à l'effet de faire
prononcer la privation de ces droits. »

L'art. 21 du Code suédois renferme une disposition analogue dans le
§ 21 du chap. II.

Ces dispositions étaient-elles nécessaires ?

Les incapacités résultant de condamnations prononcées par des juridictions étrangères ont-elles des conséquences en dehors du ressort de la
souveraineté à laquelle appartiennent ces juridictions ? Non, dit-on en général.—(Merlin, *Rép.*, v° *Successions*, sect. Iʳᵉ, § 2, art. 2 ; Toullier, t. IV,
n. 102 ; Valette sur Proudhon, t. I, p. 36, note 2 ; Demolombe, t. Iᵉʳ, page
498 ; Hanin, *Des conséquences des condamnations pénales*, n. 273 ; Zachariæ, Aubry et Rau, 3ᵉ édit., t. Iᵉʳ, p. 87.)

Je crois qu'il faut distinguer : les incapacités, en tant qu'elles ne sont
pas contraires à l'ordre public des pays où elles sont opposées, suivent
partout les agents qui ont été jugés par leurs juridictions nationales ; elles
font partie de l'état des condamnés, et cet état est régi par leur statut personnel. Mais les incapacités attachées aux condamnations pénales des juridictions étrangères contre des agents qui ne leur étaient pas soumis par
le lien de la nationalité, sont dénuées d'autorité en dehors des limites de
la souveraineté qui a présidé à la répression. C'est pour cette dernière hypothèse qu'ont été édictés l'art. 37 du Code pénal de l'empire d'Allemagne et l'art. 21 du Code suédois. Il semble qu'une disposition de ce genre
pourrait être introduite en France comme complément de la loi du 27 juin
1866. — (V. M. Demangeat, *Revue pratique*, 1856, t. Iᵉʳ, p. 53, et nos
Questions controversées sur la loi des 2-31 mai 1834, n. 1 et 2.)

Serait-ce exécuter le jugement étranger? Non, ce serait lui assurer effet
pour et contre le condamné français. Nous n'aurions pas ici la raison spéciale qui écarte l'aggravation pour récidive.

La Cour de cassation par arrêt du 14 avril 1868, a décidé que la disposition de l'art. 15, § 5, du décret organique du 2 février 1852 qui défend
l'inscription sur les listes électorales des individus condamnés pour vol,
n'est pas applicable au cas où la condamnation a été prononcée contre le
Français par un tribunal étranger. — (Dalloz, 68.1.262.)

(1) Voir, toutefois, la loi du 3 floréal an x, art. 1ᵉʳ.

Les condamnations, qui n'ont pas reçu leur exécution, soit par l'effet de la grâce, soit par l'effet de la prescription, ou dont la réhabilitation a fait cesser les effets pour l'avenir, donnent lieu à l'application de l'aggravation pour récidive, quand l'agent, d'ailleurs, remplit les autres conditions des art. 56, 57 et 58.

Effet de la grâce, de la prescription, de la réhabilitation, sur la récidive.

La condamnation effacée par une amnistie ne pourrait remplir la première condition des art. 57 et 58.

La condamnation prononcée par un tribunal militaire ou maritime, en cas de crime ou de délit postérieur, peut-elle servir de base à l'aggravation de peine pour récidive?

Effet d'une condamnation prononcée par un tribunal militaire ou maritime.

La question est résolue par le paragraphe final de l'art. 56, au moins pour cet article : oui, si la première condamnation a été prononcée pour des cas punissables d'après les lois pénales ordinaires.

Le dernier paragraphe de l'art. 56 domine les art. 57 et 58 : l'article 57, lorsque l'agent a été condamné, pour un *crime* punissable, en vertu de la loi pénale ordinaire, par un tribunal militaire ou maritime, et qu'il commet ensuite un délit; l'article 58, quant l'agent, condamné par la juridiction militaire ou maritime à plus d'une année d'emprisonnement, pour un *délit* punissable en vertu de la loi pénale ordinaire, commet un second délit.

Ce paragraphe parle, en effet, non-seulement des *crimes*, mais des *délits ;* il eût été, ce semble, mieux placé à la suite de toutes les dispositions qui concernent la récidive.

L'aggravation pour récidive, dans les termes du dernier paragraphe de l'art. 56, suppose donc que la première infraction et la nouvelle infraction sont punies par la loi pénale ordinaire, et c'est là ce qui explique sans doute le silence des Codes de justice militaire pour l'armée de terre et pour l'armée de mer sur la récidive. Cette explication, au reste, a été donnée par le rapporteur de la loi des 4-15 juin 1858 (M. Rigaud) : « Nous « croyons, d'ailleurs, que la circonstance de la récidive n'est « indifférente que pour les crimes et délits maritimes, prévus « et punis d'une peine spéciale par la loi. Si les tribunaux de

« la marine avaient à juger un de leurs justiciables pour des
« crimes ou délits *communs* auxquels les lois ordinaires se-
« raient applicables, la récidive, si elle existait, devrait être
« prise en considération, et la peine devrait être appliquée
« conformément aux art. 56, 57 et 58 du Code pénal ordi-
« naire (1). »

Qui doit statuer sur l'existence de la récidive? C'est au juge chargé de l'application de la peine, et non au juge du fait, qu'appartient le droit de statuer sur l'existence de la récidive ; la jurisprudence et la doctrine ont considéré qu'il s'agissait d'un élément extrinsèque à l'infraction, d'une qualité de l'agent, qui appelait une répression plus forte, mais qui ne se rattachait pas au fait.

(1) Voir lois des 21-23 mars 1832, *sur le recrutement*, art. 2. — *Sic*, Cass., 13 mai 1859 (Devill., 59.1.t.40 ; *J. Pal.*, 59.1062). — Voir aussi Cass., 4 janv. 1861 et 30 mars 1861 (Dalloz, 61.1.185).

VINGT ET UNIÈME LEÇON.

Loi du 13 mai 1863.—Nouvelle rédaction des art. 57 et 58 du Code pénal.
—Secours d'interprétation.—Rappel des principales questions controversées sous l'empire de la loi du 28 avril 1832.—Sur neuf problèmes, la loi
nouvelle n'en a résolu expressément que deux.—S'est-elle occupée de la
récidive de crime à crime ?—Le projet n'avait d'autre but que d'assimiler la récidive de crime à délit à la récidive de délit à délit. — Innovations dues à la Commission du Corps législatif. — Ordre de priorité entre le calcul d'aggravation pour récidive et le calcul d'abaissement ou
même de conversion imposée par les circonstances atténuantes ou par
l'excusabilité. — Combinaison de l'art. 463 du Code pénal avec les art.
57 et 58.—Difficultés de conciliation.—Quelques doutes sur l'harmonie
des textes avec la pensée du Corps législatif.

Messieurs,

La loi du 13 mai 1863, en revisant un certain nombre d'articles de notre Code pénal, a modifié la rédaction des art. 57 et
58, qui statuent sur des hypothèses de récidive : A-t-elle expliqué seulement ces articles, et précisé le sens qu'ils sont toujours réputés avoir eu, ou au contraire a-t-elle entendu inno-
ver ? N'est-elle qu'une loi interprétative, déclarative, ou intro-
duit-elle un régime qui déroge au régime antérieur ? Ne réu-
nit-elle pas les deux caractères ? N'est-elle point pour partie
déclarative et pour partie introductive d'un droit nouveau ?
Voilà une première question qui n'est pas au moins expressément résolue.

L'ancienne rédaction des art. 57 et 58 soulevait beaucoup

Loi
du 13 mai 1863.

Secours
d'interprétation.

de difficultés ; elle était l'objet de nombreuses controverses : non-seulement la doctrine et la jurisprudence étaient en désaccord ; mais, dans la doctrine et dans la jurisprudence, considérées chacune à part, il n'y avait pas unité de système ; on pouvait dire, sans exagération, qu'il y avait plus que diversité de solutions, et qu'on était en pleine anarchie scientifique. La loi nouvelle a-t-elle substitué la lumière à l'obscurité, la certitude et l'évidence aux embarras et aux doutes ? L'exposé des motifs, le rapport de la Commission du Corps législatif, la discussion parlementaire, sont comme une sorte de commentaire supplétif. Une excellente circulaire du 30 mai 1863, de M. le garde des sceaux Delangle, a fourni un précieux contingent qui se recommande, non pas seulement par l'autorité du ministre, mais par l'autorité du grand jurisconsulte ; enfin, depuis la promulgation de la loi, deux magistrats écrivains, M. Faustin Helie et M. Dutruc, ont, chacun séparément, comparé sur la récidive les anciens textes et les textes qui les remplacent, et ils ont fait part au public de leurs études. Que de secours nous avons !..... Eh bien ! je ne me tiens pas encore pour suffisamment éclairé ; je crois que d'anciennes difficultés restent à résoudre, et qu'il va en surgir de nouvelles. Je ne veux pas faire un inventaire complet des anciennes difficultés ; je me borne à en rappeler quelques-unes, les principales, pour montrer que non-seulement elles survivent, mais qu'elles se sont compliquées.

Je m'occupe d'abord de celles de ces difficultés dont le caractère a le plus de généralité et dont peut-être on a eu le tort de faire abstraction, bien qu'elles dominent les difficultés spéciales auxquelles on voulait appliquer le remède législatif.

Rappel des principales controverses sous la loi du 28 avril 1832.

1° En cas de concours de la circonstance aggravante, de la récidive, et des circonstances atténuantes, le juge devait-il d'abord faire le calcul de l'aggravation, sauf à faire ensuite l'application de l'atténuation, ou bien devait-il, suivant l'ordre inverse, atténuer la peine en vertu de l'art. 463, pour appliquer après, à la peine ainsi réduite, l'aggravation, par exemple, de l'article 58.

A laquelle des deux opérations, l'opération de l'aggrava-tton ou l'opération de l'atténuation, la priorité appartenait-elle?

2° En cas de concours de la circonstance de récidive avec une excuse légale dans le cas de l'art. 326 du Code pénal, ou avec l'excuse de la minorité de seize ans, dans le cas des arti-cles 67 et 68, la même question d'ordre entre les deux opéra-tions, l'aggravation et l'atténuation, se présentait sous l'empire de l'ancienne rédaction.

3° L'aggravation pour récidive de *crime à crime* était-elle soumise à la double condition : 1° d'une condamnation à une peine afflictive et infamante ou infamante seulement ; 2° d'une condamnation à intervenir de la classe des peines criminelles ? ou bien n'était-elle subordonnée qu'à la condition : 1° d'une condamnation à une peine criminelle ; 2° à une condamna-tion pour crime, quelle que fût la nature de peines que cette seconde condamnation entraînât ? Cette question n'était pas sans influence sur l'interprétation de l'art. 57 de la loi du 28 avril 1832.

4° Et la question était commune aux deux art. 57 et 58, c'est-à-dire à la récidive *de crime à délit* et à la récidive de *délit à délit*, la seconde condition de l'aggravation était-elle une *poursuite pour délit ou une condamnation pour quelque in-fraction que ce fût* à une peine correctionnelle ?

5° La première condition de l'aggravation de l'art. 57 im-pliquait-elle une condamnation à une peine afflictive et infa-mante ? N'impliquait-elle pas au moins une condamnation à un emprisonnement de plus d'un an ? ou bien ne suffisait-il pas qu'il y eût condamnation pour crime, quelle qu'eût été la peine, n'eût-elle été qu'une peine de simple police, pour que l'agent, une première fois condamné en matière criminelle, fût, s'il commettait un délit, passible de l'aggravation de l'ar-ticle 57 ?

6° Lorsque, dans le cas de l'art. 57, c'est-à-dire dans le cas de récidive de crime à délit, des circonstances atténuantes étaient admises, le renvoi sous la surveillance de la haute police de cinq à dix ans ne devait-il pas être prononcé ?

7° Lorsque par l'admission d'une excuse, la peine criminelle était convertie en peine correctionnelle, la déclaration par le jury de l'existence des circonstances atténuantes imposait-elle à la Cour d'assises la nécessité de réduire la peine correctionnelle ? Si, dans cette hypothèse, le jury n'avait pas reconnu l'existence des circonstances atténuantes, la Cour d'assises pouvait-elle abaisser la peine au-dessous du minimum de l'article 326 ?

8° Quelle était l'influence de la déclaration des circonstances atténuantes ou de l'absence de cette déclaration par le jury, quand, par exception, le mineur de 16 ans était traduit devant la Cour d'assises ?

9° Quelle était l'influence de la déclaration des circonstances atténuantes ou de l'absence de cette déclaration, quand le verdict, en écartant les circonstances aggravantes qui imprimaient à l'infraction le caractère de crime, ne reconnaissait que l'existence d'un délit ? le jury imposait-il à la Cour l'obligation d'abaisser la peine correctionnelle ?

Sept questions non résolues.

La loi du 13 mai 1863 n'a statué, au moins explicitement, ni sur les trois premières, ni sur les quatre dernières questions; elle les a négligées, et il semble que le lien qui les unissait aux deux questions qu'elle a résolues n'a pas été aperçu ou ne s'est pas suffisamment recommandé à l'attention législative.

La loi du 13 mai 1863 a résolu la question commune aux art. 57 et 58 sur la seconde condition de l'aggravation; elle n'exige dans les hypothèses de ces deux articles, pour la récidive de *crime à délit* et pour la récidive de *délit à délit* qu'une condamnation à une peine correctionnelle. Peu lui importe que l'infraction punie de cette peine correctionnelle soit ou ne soit pas un crime ; pour elle le crime auquel la déclaration de circonstances atténuantes rend l'art. 401 du Code pénal applicable et le crime que l'admission d'une excuse légale ne soumet qu'à une peine correctionnelle sont assimilables à un délit.

Solution de la loi du 13 mai 1863.

La loi du 13 mai 1863 a supposé que la seconde condition

sur
le second terme
des
art. 57 et 58.

de l'aggravation soit de l'art. 57, soit de l'art. 58 pouvait s'accomplir :

1° En cas de crime qui, par l'effet de la déclaration des *circonstances atténuantes*, n'est pas punissable ou n'est pas puni d'une peine criminelle ;

2° Dans les cas où le crime était déclaré excusable ;

3° Dans les cas où le jury par la négation des circonstances constitutivos du crime ne reconnaît que l'existence d'un délit. Écoutons le rapporteur : « Que veut dire l'art. 57 ? Voici
« un individu qui a été poursuivi pour crime ; la poursuite,
« la prévention, l'accusation, la procédure devant la Cour
« d'assises, tout cela a constaté les qualifications du crime.
« Mais le jury, par les *circonstances atténuantes* ou *pour* une
« *excuse qui a été admise*, n'a prononcé que des peines correctionnelles, quoique l'acte soit qualifié crime. Nous avons
« admis que *l'influence de la récidive ne serait pas l'influence*
« *du délit*. La chambre comprend maintenant le principe des
« art. 57 et 58 ; je le réduis en un mot : c'est le résultat qu'il
« faut considérer, ce n'est pas la poursuite, ce n'est pas l'incri-
« mination ni l'accusation, c'est la déclaration du jury, c'est la
« condamnation. »

Observations
sur la solution.

Je crois qu'il va m'être facile d'établir qu'il eût été opportun de résoudre les trois premières des neuf questions que j'ai indiquées.

Première
hypothèse.

Je suppose, c'est ma *première hypothèse*, qu'un agent a été condamné pour un premier crime à la peine de la réclusion ; il commet un second crime passible de la même peine ; mais le jury reconnaît l'existence de circonstances atténuantes ; le condamné est-il sous l'application de l'art. 56 ou sous l'application de l'art. 57 du Code pénal ?

Si l'aggravation pour récidive doit précéder l'atténuation pour circonstances atténuantes, la Cour, de la réclusion remonte aux travaux forcés à temps, puis elle redescend ou à la réclusion, en n'abaissant la peine que d'un degré, ou à une peine correctionnelle si elle est d'avis de l'abaissement de deux degrés. Dans ce dernier cas, la peine correctionnelle n'est pas nécessairement portée au maximum, et elle ne pourrait jamais être élevée jusqu'au double ; seulement l'emprisonnement ne pourrait être moindre d'un an.

Si, au contraire, dans l'hypothèse que j'ai choisie, l'atténuation pour circonstances atténuantes précède le calcul de l'aggravation, la peine de la réclusion est nécessairement convertie en pénalité correctionnelle et, à raison de la récidive, l'emprisonnement sera de cinq ans au moins, et cet emprisonnement pourra être élevé à une durée de dix ans. La question de méthode n'est pas indifférente; elle a une grande importance.

Seconde hypothèse.

Supposons que le second crime entraînât par lui-même la dégradation civique ou le bannissement. Dans le premier cas, la récidive entraîne le bannissement ; dans le second, la détention.—Mais s'il y a déclaration de circonstances atténuantes, l'art. 401 devient applicable et la pénalité correctionnelle n'est pas nécessairement portée au maximum. — Commence-t-on par le calcul des circonstances atténuantes ? la peine est un emprisonnement d'un an à cinq ans; l'aggravation pour récidive emporte nécessairement le maximum. Le premier mode d'opérer est régi par l'art. 56; le second mode est régi par l'article 57. Sous l'empire de la loi du 28 avril 1832, M. Molinier accordait dans cette hypothèse la priorité à l'atténuation sur l'aggravation et appliquait l'art. 57, tandis que, dans l'hypothèse précédente, il accordait la priorité à l'aggravation sur l'atténuation et appliquait l'art. 56.

Pourquoi, de la part du savant auteur, cette différence dans l'ordre des calculs ? Parce que, dans son opinion, la récidive de crime à crime impliquait la nécessité que le second crime fût punissable d'une peine criminelle ; logiquement, d'après ce système, dans la dernière hypothèse, le second crime ne pouvait être puni que d'une peine correctionnelle. Oui, sans doute, si le calcul d'atténuation précédait le calcul de l'aggravation. Mais, pourquoi M. Molinier ne suivait-il pas l'ordre inverse ? Dans la première hypothèse, celle du second crime, punissable par lui-même de la réclusion, s'il eût tenu compte d'abord des circonstances atténuantes, il serait arrivé également à une peine correctionnelle qu'il aurait appliquée au maximum à raison de la récidive.

La loi du 13 mai 1863 soumet-elle ces deux hypothèses, ou l'une d'elles seulement, à l'art. 57 ? Nous croyons, nous, qu'elle laisse l'une et l'autre hypothèse sous l'empire de l'art. 56, parce que la récidive de *crime à crime*, si elle suppose que le premier crime a été puni d'une peine afflictive et infamante ou infamante seulement, ne suppose pas que le second crime doive nécessairement ou puisse au moins entraîner une peine criminelle. Voilà notre premier motif. Nous en avons un second :—Aux termes de l'art. 463 du Code pénal, ce n'est qu'après l'aggravation de la peine pour récidive que l'effet des circonstances atténuantes au profit d'un récidiviste se calcule. Par conséquent, la modification de la peine, résultant de l'atténuation du crime, ne peut agir sur l'application de l'art. 56 du Code pénal, puisqu'elle suit cette application au lieu de la précéder. Quoi qu'il en soit, la difficulté n'était peut-être pas indigne de la sollicitude des réformateurs. Il semble qu'elle n'a pas échappé à la sagacité du savant rédacteur de la circulaire du 20 mai 1863. Je m'expliquerai bientôt sur ce point (1).

L'agent a été condamné pour *crime*, mais, à raison des circonstances atténuantes, il n'a subi qu'une peine correctionnelle, une peine d'emprisonnement à plus d'un an; il commet un second crime passible de la peine de la réclusion. L'admission de circonstances atténuantes rend encore l'art. 401 applicable.

Troisième hypothèse.

(1) La Cour de cassation a, par un arrêt doctrinal du 24 janvier 1867 (Sir., 67.1.305), consacré expressément les principes que nous avons développés sur ce point dans notre leçon sur la loi du 13 mai 1863. — Ces principes ont encore pour eux la sanction des trois arrêts de la même Cour, des 5 avril 1866, 16 septembre 1869 et 11 novembre 1869 (Sir., 1870.1.228). — Ainsi, il est aujourd'hui acquis que la pénalité doit subir l'aggravation pour récidive avant de profiter de l'adoucissement résultant des circonstances atténuantes. L'art. 463 du Code pénal nous semblait conduire irrésistiblement à cette solution; et c'est sous l'empire d'une très-inoffensive illusion qu'un juriste distingué a cru qu'il avait découvert pour le réfuter l'argument résultant de cet article.

Nous ne sommes assurément pas dans le cas de l'art. 56 du Code pénal ; nous sommes en face du nouvel art. 57.

Si la Cour commence par l'aggravation pour récidive, elle arrive au moins au maximum de cinq ans d'emprisonnement, et elle peut élever cet emprisonnement à dix ans, puis, aux termes de l'art. 463, elle peut réduire cet emprisonnement à six jours.

La récidive n'entraîne, au moins nécessairement, aucun excédant de peine. Que, si la Cour commence par l'atténuation, elle arrive à une peine correctionnelle, et la récidive la contraint de porter cette peine au maximum.

Je considère que l'art. 463 bien interprété implique forcément que l'aggravation pour récidive doit précéder l'atténuation, la réduction pour circonstances atténuantes.

Cependant, le nouvel art. 57, comme le rapport de la Commission et les explications échangées entre l'orateur du Gouvernement et les membres du Corps législatif semblent l'établir, s'applique à notre troisième hypothèse ; il suppose que le calcul de la réduction pour circonstances atténuantes précède le calcul de l'aggravation pour récidive ; l'art. 57 serait ainsi en flagrante contradiction avec l'art. 463, en désaccord avec un texte non abrogé ; le nouvel art. 57 ne serait pas moins en désaccord avec la jurisprudence la mieux assise de la Cour de cassation (Cass., 8 janv. 1848, 15 janv. 1857, Devill. et Car., 48.1.520 ; 57.1.383).

Je lis dans la circulaire de M. le garde des sceaux Delangle:

Circulaire de M. Delangle.   « Par la révision des premiers mots de l'art. 57, le projet « du Gouvernement s'était borné à résoudre, dans un sens « conforme au dernier état de la jurisprudence, la question de « savoir si la peine correctionnelle infligée pour un crime « pouvait constituer le condamné en état de récidive légale.

« C'est à l'initiative de la Commission du Corps législatif « qu'est due, dans les art. 57 et 58, l'innovation par laquelle « le crime commis après la première condamnation, *et qui* « *devra n'être puni que de peines correctionnelles*, est assimilé « au délit et encourt la même aggravation. Le rapport de la

« Commission ne laisse aucun doute sur l'intention des ré-
« dacteurs de ces textes. Le cas prévu par eux leur a paru
« une variété de la récidive de délit à délit, parce que le
« crime dégénère en délit par la peine qui lui est infligée. —
« On comprend, dès lors, que, pour le crime comme pour le
« délit, ils aient édicté une aggravation identique de la
« peine principale et l'obligation d'infliger la surveillance.
« Ils ont pensé, d'ailleurs, que cette rigueur serait tempérée
« au besoin, dans l'un et l'autre cas, par la faculté d'atténua-
« tion résultant de l'art. 463.

« C'est, en effet, ce qui aura lieu sans obstacle, lorsque le
« verdict aura *réellement* fait dégénérer le *crime* en *délit* par
« l'admission des excuses légales ou la négation des circon-
« stances aggravantes, puisqu'il appartient alors à la Cour
« d'accorder ou de refuser le bénéfice de l'art. 463.

« Mais il ne faut pas se dissimuler les difficultés que sou-
« lèvera dans la pratique la rédaction adoptée, en présence
« d'un verdict qui, en déclarant l'accusé coupable d'un crime
« passible soit des travaux forcés à temps, soit de la réclusion,
« lui aura en même temps accordé les circonstances atté-
« nuantes.

« Les peines de la récidive sont-elles toujours encourues
« dans ces deux cas? Pourront-elles être atténuées au-dessous
« du maximum indiqué par les art. 57 et 58? Ces graves
« questions devront appeler toute l'attention des membres du
« parquet et des présidents d'assises. Il ne m'appartient pas
« de les résoudre théoriquement, et elles ne pourront être
« tranchées définitivement que par la Cour de cassation éclairée
« par les travaux des juridictions criminelles. »

M. Faustin Hélie a devancé la jurisprudence de la Cour
suprême, dont il est l'une des lumières, et tout en s'accusant
presque *de hasarder un avis sur une question* que la controverse n'a point encore mûrie, il a pensé que, lorsque le verdict
du jury convertit par l'admission des circonstances atténuantes
la peine de la réclusion, de la détention, du bannissement, de
la dégradation civique, en peines correctionnelles édictées par

Solution
de
M. Faustin Hélie.

l'art. 401, la Cour d'assises peut réduire l'emprisonnement au minimum légal d'une année.

L'argumentation de M. Hélie est très-simple : l'application de l'art. 401 n'est le résultat que de l'abaissement d'un degré; la Cour conserve la faculté d'abaisser la peine d'un second degré, en sorte qu'elle peut descendre au minimum d'emprisonnement d'une année; il applique ainsi le n° 6 de l'art. 463 : « Si la peine est celle de la réclusion, de la détention, du bannissement ou de la dégradation civique, la Cour appliquera les dispositions de l'art. 401, sans pouvoir toutefois réduire la durée de l'emprisonnement au-dessous d'un an. » Qu'importe, d'après M. Faustin Hélie, que la circonstance de la récidive porte la peine d'emprisonnement au moins à cinq ans? l'art. 463 permet au juge correctionnel de ne pas tenir compte de la récidive. Pourquoi la Cour d'assises ne profiterait-elle pas de cette permission? Qu'importe que l'application du maximum de l'art. 401, qui équivaut à un premier degré d'abaissement, soit l'œuvre du jury? la Cour d'assises peut compléter cette œuvre par une réduction de l'emprisonnement. Cette réduction suppose que le calcul d'une partie de l'effet des circonstances atténuantes précède le calcul d'aggravation pour récidive. Elle place le calcul de la dernière partie de l'effet des circonstances atténuantes, la partie qui constitue l'effet facultatif, après que la circonstance de récidive a opéré ; ainsi, la réclusion est convertie en emprisonnement; 2° cet emprisonnement est au moins élevé au maximum; 3° il est facultatif et loisible à la Cour d'assises de réduire ce maximum à un an.

Nous pouvons dire que cette combinaison est laborieuse et bien embarrassée.

M. Faustin Hélie poursuit ensuite le développement de son système, et il prévoit le cas où le nouveau crime, reconnu constant avec l'existence de circonstances atténuantes, est passible par lui-même des travaux forcés à temps; la Cour est obligée d'appliquer au moins la réclusion. Si elle abaisse la peine d'un second degré, elle doit appliquer le maximum de l'emprisonnement, cinq ans.

M. Faustin Hélie assure toujours l'effet des circonstances atténuantes avant de s'occuper de l'aggravation. Mais, encore une fois, ne fait-il pas bon marché de l'art. 463? Ne le sacrifie-t-il pas au nouvel art. 57?

Dans mon opinion, l'agent qui, condamné pour un premier crime à un emprisonnement de plus d'un an, commet un second crime passible des travaux forcés à temps, mais que la déclaration de circonstances atténuantes n'expose qu'à la réclusion, ou à l'emprisonnement de l'art. 401, est à l'abri de toute aggravation pour récidive; il n'est pas sous le coup de l'art. 56, puisqu'à part la première condamnation il n'a pas encouru de peine criminelle.

Il n'est pas sous le coup de l'art. 37, puisque son crime n'est pas nécessairement passible d'une peine correctionnelle. — Quelle aggravation la Cour appliquerait-elle si elle ne voulait abaisser la peine que d'un degré? La déclaration des circonstances atténuantes substituerait aux travaux forcés à temps la réclusion. — Il n'y aurait pas de place assurément pour l'aggravation de l'art. 57. — Pourquoi cette aggravation deviendrait-elle possible, parce que la Cour abaisserait la peine de deux degrés et arriverait à l'art. 401? — L'aggravation ne saurait devenir applicable par l'éventualité, je ne dis pas ici par l'effet des circonstances atténuantes, cet effet n'est que facultatif, le bénéfice de l'atténuation ne doit opérer que sur la peine aggravée par la récidive, et si elle n'est pas aggravable, cessant l'existence des circonstances atténuantes, elle ne saurait le devenir à cause de ces circonstances.

Objecterait-on que, dans cet ordre d'idées, l'agent condamné une première fois à plus d'une année d'emprisonnement serait de meilleure condition s'il commettait un crime que les circonstances atténuantes affranchiraient d'une peine criminelle que s'il commettait un délit? Il ne serait pas, en effet, nécessairement puni du maximum de la peine : la réponse, c'est que si le jury n'eût pas jugé ce récidiviste digne d'indulgence, il ne l'aurait pas dérobé à l'application de la peine criminelle.

Je crains que l'addition faite au projet du Gouvernement ne soit une addition malheureuse, et qu'elle ne cause à la magistrature beaucoup de troubles et d'ennuis. M. le garde des sceaux Delangle, dans les prévisions de sa circulaire, n'a pas exagéré les embarras à venir. L'optimisme qui applaudit à l'innovation paraît ignorer et ne pas même soupçonner les motifs qui exemptaient d'aggravation la récidive d'infractions punies correctionnellement, lorsqu'elles étaient susceptibles d'une peine criminelle.

Quatrième hypothèse.

Quatrième hypothèse. — Un agent a été condamné à une peine criminelle, il commet un second crime qui, aux termes de l'art. 326, n'est passible que d'un emprisonnement d'un an à cinq ans, ou même d'un emprisonnement de six mois à deux ans ; est-ce l'aggravation pour récidive ou l'atténuation pour l'excuse que la Cour doit d'abord appliquer ? L'aggravation est-elle régie par l'art. 56 ou par l'art. 57 ? Par l'art. 56, suivant nous. — Par l'art. 57, suivant M. Molinier. — Le choix entre ces deux systèmes détermine l'ordre du calcul.

Si la Cour commence par l'aggravation, l'excuse, à moins que cette aggravation ne convertisse une peine temporaire en une peine perpétuelle, l'efface complétement, elle permet toujours de n'en tenir aucun compte.

Dans le cas où, par exemple, la pénalité sans l'excuse serait les travaux forcés à temps, la circonstance de la récidive élève cette pénalité aux travaux forcés à perpétuité ; l'excuse donne la latitude entre un an et cinq ans ; n'y eût-il pas eu récidive, elle eût eu la latitude entre deux ans et six mois.

La Cour commence-t-elle par faire le calcul des conséquences de l'excuse, elle doit, si la peine est d'un an à cinq ans, prononcer le maximum de cinq ans, le maximum de deux ans si la peine est de six mois à deux ans, et si le nouvel art. 57 s'applique, comme le rapport de la Commission et les explications échangées, comme la circulaire de M. le garde des sceaux semble l'établir, il suppose que le calcul de l'effet de l'excuse précède le calcul de l'aggravation pour récidive.

On pourrait encore employer cette hypothèse et faire concourir la récidive, l'excuse et les circonstances atténuantes.

Il y a trois calculs à faire : un calcul d'aggravation et deux
calculs d'atténuation.

La Cour commence-t-elle par l'aggravation ? Elle n'est nullement liée, elle arrive toujours à une peine correctionnelle de
deux à cinq ans ou de six mois à deux ans ; elle peut réduire
l'emprisonnement à six jours et l'amende à seize francs ; elle
peut même réduire l'emprisonnement au-dessous de six jours
et l'amende au-dessous de seize francs, si l'excuse a par elle-même
réduit la peine à un emprisonnement de six mois à deux ans ;
ici encore les circonstances atténuantes permettent de ne p s
tenir compte de l'aggravation pour récidive. A qui, dans cette
quatrième hypothèse, appartient-il de déclarer l'existence des
circonstances atténuantes ? Est-ce à la Cour, en vertu du dernier § de l'art. 463 ? Dans tous les cas, est-ce au jury, parce
qu'il s'agit d'une *matière criminelle* et que le *crime excusable*
reste un *crime ?* La Cour de cassation, sous l'empire de la loi
du 28 avril 1832, suivait le premier système, et M. Molinier le
défendait. Je défendais le second système. Si c'est le premier
système qui prévaut, avec le nouvel art. 57, le jury n'obligera
pas la Cour, et lui laissera sur les circonstances atténuantes
toute sa liberté d'action.

Cinquième hypothèse. — Pour le mineur de seize ans, qui
a agi avec discernement, les peines de mort, des travaux forcés
à perpétuité, de la déportation, sont remplacées par la peine
de dix ans à vingt ans d'emprisonnement ; les peines des travaux forcés à temps, de la détention ou de la réclusion sont
remplacées par un emprisonnement du tiers au moins et de la
moitié au plus de la peine à laquelle il eût pu être condamné ;
la peine de la dégradation civique ou du bannissement est
remplacée par un emprisonnement d'un an à cinq ans.

Le mineur de seize ans récidiviste ne peut jamais tomber
sous l'application de l'art. 56; mais, si l'on admet qu'un crime
qui, par le résultat de la déclaration de circonstances atténuantes, ou par l'admission d'une excuse, n'est puni que de

Cinquième hypothèse.

peines correctionnelles, est assimilé à un délit, il peut tomber sous l'application soit de l'art. 57, soit de l'art. 58 (1).

Est-ce sur la peine à laquelle serait condamné un majeur qu'il faut calculer l'aggravation pour récidive, sauf ensuite à appliquer l'art. 67 du Code pénal ? Faut-il, au contraire, appliquer l'art. 67 du Code pénal, et, à raison de la récidive, porter l'emprisonnement au maximum avec faculté de l'élever jusqu'au double ?

Ces deux modes de calcul ne conduisent pas nécessairement au même résultat. La seconde infraction est un crime qui, contre un majeur, entraînerait les travaux forcés à temps ; la circonstance de la récidive n'entraînerait contre le majeur aucune aggravation ; il ne serait pas dans l'hypothèse de l'art. 57, puisque son dernier crime emporterait une peine afflictive et infamante ; le mineur de seize ans devrait donc être condamné sans aggravation à un emprisonnement qui ne pourrait excéder cinq ans, mais qui pourrait n'être que d'un an et huit mois.

En faisant l'opération dans l'ordre inverse, le mineur de seize ans encourt nécessairement un emprisonnement de cinq ans, lequel pourrait être doublé, mais ne dépasserait jamais dix ans. Avec les circonstances atténuantes, à la condition de n'en tenir compte qu'après les deux autres opérations, la peine pourrait être abaissée jusqu'à un emprisonnement de six jours, et cela dans les deux systèmes précédents de calcul. Mais ne faudrait-il pas suivre un autre système ? Le juge ne devrait-il pas d'abord examiner quelle serait la peine applicable à un majeur pour le crime considéré en lui-même, réduire la peine à raison des circonstances atténuantes, toujours comme s'il avait affaire à un majeur, sauf à appliquer ensuite l'art. 68 ou l'art. 69 suivant le cas ?

(1) Dans le système plus rationnel, plus juridique, qui considère, contrairement à la rédaction nouvelle des art. 57 et 58, que le crime reste un crime, malgré l'excuse et les circonstances atténuantes, le mineur ne peut être récidiviste qu'autant que la seconde infraction n'est qu'un délit. Nous nous sommmes borné à soutenir que le législateur de 1863 ne s'était pas bien rendu compte de toute l'étendue de sa tâche.

La pénalité applicable à un majeur eût été la peine des travaux forcés à temps ; l'admission des circonstances atténuantes ferait descendre cette peine à la réclusion ou à l'emprisonnement de l'art. 401, et suivant que le juge adopterait l'abaissement d'un degré ou de deux degrés, le mineur encourrait, avec l'art. 67, un emprisonnement qui varierait du tiers du minimum à la moitié au plus du maximum de la peine à laquelle il aurait pu être condamné s'il eût été majeur, et qui ne pourrait, avec l'art. 69, dépasser la moitié de la durée de l'emprisonnement qu'il eût encouru sans le bénéfice de sa minorité.

Je combattais ce dernier système sous l'empire de la loi du 28 avril 1832.

« Est-il bien rationnel de supposer que les circonstances « atténuantes aient été admises au profit d'un majeur, pour « constater finalement la mesure de pénalité que ce majeur « aurait encourue ? Est-ce que la peine sur laquelle se mesure « l'atténuation est la peine que, dans telle ou telle hypothèse « donnée, un majeur subirait ? Non ; c'est la peine que le « fait pris en lui-même, considéré dans ses éléments intrin- « sèques, emporterait contre un majeur ; et cela est bien dif- « férent; il n'y a plus à faire d'appréciation hypothétique. « Quelle est la peine écrite dans la loi, quelle est la peine « que l'admission de l'excuse substitue à la peine de droit « commun ? — Ces deux questions résolues, si la Cour d'as- « sises reconnaît l'existence de circonstances atténuantes, « elle abaisse encore dans les limites de l'art. 463, § dernier, « la peine correctionnelle qui remplace la peine afflictive et « infamante écartée. »

La question a moins d'intérêt quand le miueur a pour juge un tribunal correctionnel que, lorsqu'à raison de sa complicité avec des majeurs, ou à raison de la gravité du crime, il est traduit devant le jury. Dans ce dernier cas, la déclaration des circonstances atténuantes par le jury est-elle obligatoire pour la Cour ? — Je soutenais l'affirmative sous l'empire de la loi du 28 avril 1832, et cette solution était celle de la Cour de cassation et de M. Molinier, qui n'assimilaient pas cette hypothèse aux hypothèses de l'art. 322 du Code pénal. — Le jury jugeait *en matière criminelle.*

Le nouvel art. 57 change-t-il quelque chose à cela? Je ne le crois pas. Cependant cet article semble décider que l'excuse de l'art. 66 et les excuses de l'art. 326 font dégénérer le crime en délit. Il régit, en effet, la récidive de crime à délit. Il est vrai qu'il décide bien aussi que la déclaration des circonstances atténuantes peut faire dégénérer le crime en délit.

Sixième hypothèse. *Sixième hypothèse.* — Un agent condamné, soit pour crime, soit pour délit, à un emprisonnement de plus d'un an est ensuite traduit devant la Cour d'assises pour un crime postérieur à la première condamnation; le juge écarte les circonstances qui imprimaient à l'infraction le caractère du crime ; il ne reconnaît que l'existence d'un délit. — L'art. 57 ou l'art. 58, suivant que la première condamnation a été prononcée pour crime ou pour délit, est applicable. La rédaction nouvelle est sans influence sur cette sixième hypothèse. Le parti que prend le jury, quant aux circonstances atténuantes, ne lie pas la Cour; elle peut les rejeter, bien qu'il les ait admises, les admettre, bien qu'il les ait refusées par son silence. La récidive élèvera la peine correctionnelle au maximum ; mais si la Cour déclare l'existence de circonstances atténuantes, elle peut abaisser l'emprisonnement à six jours et l'amende à seize francs; elle peut même descendre aux peines de simple police si le minimum de la peine est inférieur.

La loi du 13 mai 1863 a réparé l'omission reprochée à l'ancien art. 57, en établissant une similitude absolue entre la récidive de *crime à délit* et la récidive de *délit à délit ;* mais nous savons que, dans sa pensée, le crime qui n'est punissable, par suite d'une déclaration de circonstances atténuantes, que d'une peine correctionnelle, dégénère en délit. Eh bien ! la déclaration de circonstances atténuantes dans l'hypothèse où les circonstances atténuantes autorisent l'application de l'art. 401, laisse-t-elle à la Cour la liberté de dispenser du renvoi sous la surveillance de la haute police, soit qu'il s'agisse de l'art. 57, soit qu'il s'agisse de l'art. 58? La question est, en effet, commune à ces deux articles, et elle va bientôt s'élargir.

Oui, ont répondu les orateurs du Gouvernement, et cette opinion, sauf l'expression de quelques doutes, de quelques scrupules de M. Picard, a paru être l'opinion générale ; même en cas de récidive, du moment où le crime à punir n'est plus qu'un délit, le juge peut descendre à un emprisonnement de six jours et à une amende de seize francs. — Voilà la solution de l'art. 463, elle domine les art. 57 et 58; elle s'y incorpore, puisqu'elle n'est pas abrogée.

Cette considération, qui s'est si facilement accréditée au sein du Corps législatif, n'est qu'une idée spécieuse et décevante. — En effet, si on applique les art. 57 et 58 aux crimes qui ne seraient punis que de peines correctionnelles par suite des circonstances atténuantes, il y aura nécessité impérieuse d'appliquer au moins le maximum de ces peines, en supposant qu'on ne le double pas. Le crime, une fois métamorphosé en délit (et on prétend que les réformateurs ont attribué cette puissance de métamorphose aux circonstances atténuantes), le juge chargé de prononcer la peine, a devant lui un maximum inflexible, le maximum de la peine correctionnelle : il ne peut donc pas affranchir le récidiviste de la surveillance ; il ne peut pas davantage réduire l'emprisonnement ou l'amende.

Le Corps législatif a eu une intention contraire sans doute, mais il n'en a pas moins voté l'addition faite aux art. 57 et 58, et à moins de ne pas l'étendre aux crimes que les circonstances atténuantes placent sous l'empire de l'art. 401, cette addition impose la nécessité du maximum: les art. 57 et 58 font la part de la récidive et des circonstances atténuantes pour les crimes devenus délits, et par conséquent on ne saurait recourir à l'article 463, qui ne se combine avec ces articles et n'exerce une puissance de modification que lorsque les circonstances atténuantes viennent s'ajouter à une excuse ou alléger la responsabilité d'un vrai délit.

Des neuf questions que j'ai signalées dans cette étude, comme nées de la législation qu'il avait pour but de reviser, le projet du Gouvernement ne résolvait que la cinquième question ; il plaçait sur la même ligne la récidive de crime à délit et la récidive de délit à délit, en exigeant que, pour l'une comme pour l'autre, le premier terme fût au moins une condamnation excédant un an d'emprisonnement. Il se gardait de décider que le second terme de ces deux récidives peut ne pas être un délit ; il ne déclarait pas qu'un crime perdrait son caractère de crime s'il était reconnu *excusable ;* qu'il perdrait encore son caractère de crime, si par l'effet des circonstances atténuantes il n'était puni, ou au moins n'était punissable que d'une peine correctionnelle. Le projet n'avait donc pas eu à résoudre la question capitale, la question prédominante de l'ordre de priorité entre le calcul d'aggravation pour récidive et le calcul d'abaissement, ou même de conversion imposée, par les circonstances atténuantes ou par l'excusabilité.

La commission du Corps législatif, pour compléter la réforme, s'est saisie de la question controversée de savoir si le crime puni de peines correctionnelles remplit la condition du second terme de la récidive de l'art. 57 et de l'art. 58, et elle n'a pas cru, et le Corps législatif n'a pas cru plus qu'elle que, pour combler la lacune reprochée au projet, il fût nécessaire d'élargir singulièrement l'examen, d'embrasser dans son ensemble la matière de la récidive. Je suis enclin à penser qu'il y a eu une illusion. Je suis convaincu qu'on ne pouvait faire, pour le calcul de la récidive de crime à délit, l'assimilation dont le Corps législatif a eu l'initiative, sans toucher à l'art. 56, c'est-à-dire, à la récidive de crime à crime, et sans donner un démenti tout à la fois à l'art. 463 et à la jurisprudence de la Cour de cassation sur l'ordre des calculs d'aggravation et d'atténuation.

Ce qui m'enhardit dans ma conviction, c'est l'inquiétude dont la circulaire de M. Delangle renferme le témoignage, non pas, il est vrai, pour l'assimilation du crime *excusable* au délit, mais pour l'assimilation au délit du crime que les circonstances atténuantes permettent, ou au moins forcent de ne punir que de peines correctionnelles (1).

(1) Depuis la publication de cette leçon, de savants jurisconsultes, M. Blanche, M. Ortolan, M. Labbé (Sir., 1864.2.42), M. Savary, avocat général à la Cour de cassation, M. Morin, M. Bazot (*De la récidive*, p. 59), M. Frédéric Jacques (*Revue pratique*, t. XVII, p. 55), M. Pellerin, M. Fernex de Montgex, dans un mémoire couronné par la Faculté de Droit de Grenoble, un docteur distingué de la Faculté de droit de Caen, M. Legrix, ont remué toutes ces difficultés. S'ils ne s'accordent pas avec moi, ils ne s'accordent guère entre eux ; il y a presque autant de systèmes que d'écrivains. Je n'ai songé ni à les réfuter ni même à les exposer. Mon principe fondamental, à savoir que l'aggravation pour récidive doit précéder les atténuations de l'art. 463, me paraît aujourd'hui hors de controverse. Mes solutions secondaires se rattachent essentiellement à ce principe. Elles ont été très-vivement attaquées, mais n'ont pas toujours été exactement reproduites. Aucune des objections dont elles ont été l'objet ne m'a paru de nature à me les faire modifier.

VINGT-DEUXIÈME LEÇON.

Complicité. — Degrés dans l'association à l'infraction. —Participation directe, immédiate à la violation de la loi. — Participation indirecte, médiate, secondaire à cette violation. — Différence entre les *coauteurs* ou *codélinquants* et les *complices*. — Caractères essentiels des faits de complicité. — Droit rationnel. — L'ordonnateur du crime doit-il être considéré comme auteur principal, comme *coauteur* de l'*agent d'exécution* ? —Dissidence sur ce point avec les théories en crédit. — Pourquoi la résolution et les actes préparatoires, qui ne sont pas punis, en général, chez l'*agent principal*, sont-ils punis chez l'*agent secondaire* ? — Pourquoi le *complice* doit-il bénéficier du désistement de l'*agent d'exécution* ? — Le *complice* est-il responsable de toutes les chances attachées à l'exécution de l'infraction ?—Distinctions.—Dissidences avec des auteurs graves. — Le désistement du complice avant la consommation de l'infraction l'abrite-t-il contre la pénalité ? — N'est-il efficace qu'à la condition d'avoir été notifié à l'agent d'exécution ?—Discussion.—Rejet d'une solution trop absolue. — Le désistement postérieur à l'accomplissement de l'infraction serait sans valeur. — Les faits postérieurs à l'infraction peuvent-ils être considérés comme des faits de complicité ?—Le complice et l'auteur principal doivent-ils être punis du même genre de peine ?— Historique de la complicité. — Loi romaine : trois complicités : complicité *réelle*, complicité *présumée*, complicité *spéciale*. — Quelques questions résolues par la loi romaine.—Lois barbares.—Ancien Droit.—Loi des 19-22 juillet 1791.—Code pénal des 25 septembre-6 octobre 1791. — Code de 1810 : trois complicités : complicité *réelle*, complicité *présumée*, complicité *résultant de faits postérieurs à l'infraction*, *recel*. — Questions diverses. — Définition *limitative* des faits de complicité. — Conséquence.—Les faits élémentaires de la participation comme *coauteur* ne sont pas définis.—Conséquence.

MESSIEURS,

Association dans l'infraction. Participation

Je n'ai, jusqu'ici, mis en présence de la loi et de la pénalité que l'agent, auteur du fait ou de la tentative punissable : j'ai examiné quelles étaient les causes exclusives ou modificatives de l'imputation. Mais plusieurs agents peuvent s'être associés pour la violation de la loi ; ils ont tous participé directement, immédiatement à l'infraction, ils sont tous *auteurs principaux* ou *coauteurs ;* ce que j'ai dit de l'agent, *auteur* du fait punissable, s'applique aux *coauteurs*.

Mais la loi ne se borne pas, et ne doit pas se borner, à réprimer la participation directe, immédiate à l'infraction ; elle punit et doit punir la participation secondaire, l'association au but coupable, n'eût-elle fourni son contingent qu'en secours, qu'en éléments accessoires, du moment où le résultat criminel qu'elle a préparé, facilité, protégé, s'est produit ou a pu se produire, grâce, peut-être, aux encouragements et à l'assistance qu'il a obtenus.

Les agents, dont la participation n'a été que secondaire et accessoire, s'appellent des *complices*. Dans l'acception large du mot, des *coauteurs*, des *codélinquants* sont des *complices*, puisqu'ils sont des associés ; mais, dans l'acception juridique, les *complices* sont des agents dont la participation à l'infraction n'a pas été assez directe pour qu'ils puissent être considérés comme *coauteurs*. Ils ne sont pas étrangers à l'infraction ; ils l'ont couverte de leur patronage, lui sont venus en aide ; ils ont essayé de sauvegarder ses auteurs ; mais, à proprement parler, ils ne l'ont pas faite.

Le lien qui unit l'*auteur*, exclusif ou principal, à une infraction, c'est le lien de cause à effet; le *coauteur* est lié à l'infraction par le même lien, bien que ce lien puisse avoir moins d'énergie et d'intensité. Le lien qui unit le *complice* à l'infraction n'est pas, lui, un lien de cause à effet ; c'est un lien indirect, médiat; l'œuvre du *complice* a consisté dans des faits accessoires qui ne sont pas, par eux-mêmes, constitutifs de l'infraction, mais qui l'ont excitée, favorisée, avec l'intention qu'elle s'accomplît. Considérés en eux-mêmes et isolément de l'infraction à laquelle ils se rattachent, ils ne seraient pas punissables; ils sont, en effet, extrinsèques à l'infraction et ne la constituent pas; ils ne deviennent punissables que par le résultat auquel ils ont servi, par la part d'influence qu'ils ont exercée.

Voilà des principes dont la formule peut varier, mais sur lesquels, au fond, on est à peu près d'accord. Les difficultés et les controverses ne surgissent que lorsqu'on veut arriver à l'application.

L'ordonnateur du crime est-il un auteur principal ?

L'agent qui provoque au crime, qui le commande ou qui donne mandat de le commettre, et paye l'exécuteur, l'agent, en un mot, qui trouve un bras pour l'accomplissement de sa résolution, à lui, est-il auteur principal, *coauteur* de l'agent, son instrument, ou n'est-il que le *complice* de cet agent ?

Théorie de M. Rossi.

L'agent moral et l'agent physique, dit-on, doivent être placés sur la même ligne ; ils sont des *codélinquants*. La participation morale, quand elle est directe, quand elle est la vraie cause impulsive, ne saurait être regardée comme une participation accessoire : l'auteur de la résolution criminelle est toujours aussi coupable, et plus coupable souvent, que l'exécuteur de l'acte matériel ; la résolution et le fait matériel étant les deux éléments du délit, celui qui est lié par un lien de cause à effet à l'un de ces deux éléments, quel qu'il soit, est un *auteur principal* ; il n'est pas un *complice*.

C'est là la théorie qu'un illustre écrivain, M. Rossi, a proposée aux législateurs (1).

Cette théorie, dont l'éminent publiciste ne s'est pas lui-même dissimulé les inconvénients politiques, est-elle juridique ?

Réfutation.

Que l'agent moral ait toujours une criminalité *subjective* égale, et souvent supérieure, à la criminalité *subjective* de l'agent physique, je le reconnais pleinement ; mais la loi répressive n'atteint pas, pour elle-même, la criminalité *subjective*.— Les résolutions perverses, si fermes, si opiniâtres qu'elles aient été, se dérobent, en général, à la pénalité, tant qu'elles ne se sont pas traduites en faits, tant que la criminalité *objective* n'a pas éclaté.

____

(1) Telle est aussi la théorie de M. Ortolan.

De quoi s'agit-il donc? De punir, dans l'instigateur, un élément qui, en lui-même, n'était pas punissable, un élément qui ne tombe sous la prise du châtiment que par son association à un autre élément, qui, lui, a été plus qu'une raison d'alarmes, a abouti à un préjudice social, ou s'est produit, au moins, dans des conditions de nature à réaliser ce préjudice.

Le provocateur, l'ordonnateur, le mandant sont donc punis pour des faits qui, en eux-mêmes, ne sont pas des infractions punissables ; ils sont punis pour l'œuvre d'autrui.

On objecte que, la résolution étant l'un des deux éléments du crime, l'ordonnateur et l'exécuteur sont, au moins, de moitié dans le crime.

On oublie que, pour qu'il en fût ainsi, il faudrait que l'exécuteur n'eût été qu'un outil ; qu'il ne fût, dans l'infraction, que pour l'élément matériel ; que sa volonté y eût été absolument étrangère. Or, cette hypothèse ne se réaliserait qu'autant qu'on aurait conduit le bras de l'exécuteur, qu'on l'aurait mis en mouvement par une véritable contrainte physique, et alors le mandant serait son mandataire à lui-même ; il serait, cette fois, un auteur principal, parce qu'il aurait mis la main à l'œuvre, parce qu'il serait lié par le lien de cause à l'infraction. Mais quand, et c'est le cas le plus ordinaire, le provocateur reste à l'écart, quand il se cache, quand, matériellement, il n'est pour rien dans l'exécution, il a trouvé, non-seulement un bras, mais une volonté, une volonté peut-être non éclairée, une volonté peut-être irresponsable, mais une volonté sur laquelle il a pesé, cette volonté fût-elle la volonté d'un enfant ou d'un fou ; de ce que, par exception, l'exécuteur pourra échapper à l'imputation, il faut se garder de conclure que l'instigateur sera puni pour son fait, à lui ; il sera puni pour le fait d'autrui, à raison du lien intellectuel de la complicité, à raison d'un événement dont il sera bien, si l'on veut, la cause morale, mais dont il ne sera pas la cause juridique : il ne sera pas un codélinquant (1).

(1) *Contrà*, Blakstone, liv. **IV**, ch. **III**, t. **V**, p. 243 de la traduction

J'insiste sur cette observation, parce que, d'une part, elle est de nature à défendre notre loi contre des critiques qu'on a peut-être trop multipliées, et que, d'ailleurs, elle est de nature à bien vous faire comprendre la différence qui existe, et que j'ai toujours signalée, entre la *justice morale* et la *justice sociale.* L'auteur d'une résolution criminelle, qui la fait partager à son instrument, tandis qu'il ne s'associe pas à l'exécution, ne pourrait être juridiquement puni, à titre d'*auteur principal*, qu'autant que la société, en principe, voudrait frapper la volonté arrêtée, lorsqu'elle aurait des moyens de constater son existence ; or, tel n'est pas le principe de notre droit pénal.

Pourquoi le complice est-il responsable à raison de faits qui, par eux-mêmes, n'engageraient pas la responsabilité de l'agent principal ?

La loi, en général, ne punit pas la résolution, l'acte préparatoire : pourquoi les punit-elle chez l'agent qui, dans notre terminologie, n'est qu'un *agent secondaire ?*

La loi punit la résolution et l'acte préparatoire chez l'*agent principal*, quand ces éléments ne restent pas isolés, quand ils sont suivis d'une infraction ou même d'une tentative qui n'a manqué son effet que par une circonstance indépendante de la volonté de son auteur ; elle doit également les punir chez l'*agent secondaire*, sous les mêmes conditions, quand l'infraction a été commise ou tentée. L'*agent secondaire*, en effet, a contribué à la violation du commandement social ; son

Chompré. — M. Rossi, t. III, p. 13 à 49.—MM. Chauveau et Hélie, t. Ier, p. 402, 3e édit. — Code pénal de Bavière, art. 45 et 46. — Filangieri est allé beaucoup plus loin : « Si…. je dis ou j'écris à un assassin : cours, égorge mon ennemi ; telle somme sera le prix de ton action ; je te la donnerai à l'instant même où tu m'apporteras la preuve de ton heureux succès. Supposons que cet assassin n'ait pu exécuter son projet ; ne dois-je pas, la preuve de la commission bien constatée, subir la même peine, à laquelle j'aurais été condamné, si l'homicide eût été exécuté ? Sans doute je dois la subir ; car l'acte par lequel j'ai manifesté ma volonté est en lui-même contraire à la loi ; dès le moment où j'ai engagé l'assassin à la violer, je l'ai violée moi-même ; je suis criminel autant qu'il m'était possible de l'être ; il est indifférent que mon ennemi meure ou conserve la vie. » Liv. III, part. II, p. 13. La solution de Filangieri serait logique, si le mandat de commettre le crime constituait le crime, si, dans l'espèce, le mandant avant et sans le fait du mandataire, était un assassin.

secours, pour être moins direct, n'est guère moins dangereux.

Pourquoi le complice bénéficie-t-il du désistement de l'agent d'exécution?

De ce que le complice supporte la responsabilité d'un fait qui, légalement, n'est pas le sien, qu'il est seulement réputé avoir voulu s'approprier, il suit qu'il profite du désistement de l'agent d'exécution, d'une bonne pensée, d'une pensée de repentir, ou d'une pensée même de crainte à laquelle il ne s'est pas associé (1). Que l'inexécution soit ou ne soit pas pour lui un mécompte, une déception, elle lui profite et le dérobe à la pénalité. Mais, par contre, ne doit-il pas courir toutes les chances attachées à l'exécution?

Le complice subit-il toutes les chances attachées à l'exécution de l'infraction?

Oh! sans doute, s'il n'a voulu qu'un vol, il ne sera pas responsable d'un meurtre; s'il n'a commandé qu'un enlèvement, il ne sera pas responsable d'un viol (2); mais ne sera-t-il pas responsable des moyens employés à l'accomplissement du but final? Par exemple, de l'escalade, de l'effraction, qui auront été commises pour la perpétration du vol?

Oui, il les a prévus ou a dû les prévoir, par cela seul qu'ils sont en rapport avec le but. La loi doit présumer qu'il a donné une sorte de blanc seing à l'agent ou aux agents d'exécution; le complice ne pourrait écarter la responsabilité de la circonstance aggravante qu'autant qu'il prouverait que le moyen mis en œuvre a été expressément exclu par lui. A défaut de cette preuve, il reste sous le coup d'une présomption que l'intérêt social commande, et qui, d'ailleurs, n'a rien de contraire aux idées de justice. L'agent qui reste en dehors de l'exécution serait vraiment de trop bonne condition, s'il devait recueillir le profit de tout ce que les circonstances et les exigences de la position pourraient imposer à l'homme d'action, s'il n'encourait que les chances heureuses et restait étranger à

(1) L'ordonnateur du crime, s'il était considéré comme un *coauteur*, ne devrait être affranchi de pénalité qu'à la condition que le désistement lui serait personnel.—La conséquence serait qu'une résolution dont l'accomplissement n'aurait pas même été tenté tomberait sous la répression sociale. C'est dans ce dernier sens que la question est tranchée par les art. 58 et 81 du Code de Bavière. C'est la consécration de l'opinion de Filangieri.

(2) *Sic*, Blakstone, *ibidem*, p. 247; Faustin Hélie et Chauveau, t. Ier, p. 391 et 392.

toutes les chances mauvaises : ce serait un fâcheux encouragement aux criminels qui se cachent, et qui sont souvent les criminels les plus dangereux, que de placer la société dans l'obligation de leur prouver que leur volonté a été adéquate aux actes d'exécution (1).

Je n'irai cependant pas jusqu'à dire que, si l'agent chargé de l'exécution du vol avait, accessoirement au vol, commis un meurtre, le complice contre lequel la société n'établirait que l'existence d'une participation accessoire au vol devrait être responsable du meurtre. Ici il s'agit, non plus d'une circonstance aggravante de l'infraction qui a été le but, mais d'une infraction plus grave ; et, bien que cette infraction n'ait été qu'un moyen, il convient de présumer favorablement que ce moyen eût été exclu par le complice, s'il eût pu le prévoir. Ce ne serait qu'autant que le meurtre, dès le principe, aurait dû apparaître comme une nécessité du vol, que le complice devrait en subir la responsabilité ; mais la présomption, loin d'être contre lui, serait pour lui (2).

Le désistement du complice avant la consommation de l'infraction, l'abrite-t-il contre la pénalité ?

Le complice, ai-je dit, bénéficie, et doit bénéficier du repentir de l'agent d'exécution : que décider si l'exécution s'opère à une époque où le complice avait cessé de vouloir l'infraction, et où il eût voulu mettre tout en œuvre pour en prévenir la réalisation ?

On fait une distinction. On dit : si le désistement du complice a été révélé à l'agent d'exécution, c'est un désaveu anticipé qui décharge de la responsabilité de l'acte, puisque la

---

(1) *Contrà*, M. Rossi, t. III, p. 41. MM. Chauveau et Hélie ne sont pas très-explicites sur ce point ; ils semblent cependant partager l'opinion de M. Rossi.

(2) L'art. 80 du Code pénal de Bavière était plus sévère que notre doctrine ; il ne paraissait pas faire de distinction :

« Si le prévenu de complicité prétend n'avoir voulu donner assistance « qu'à un crime moins grave que celui commis par l'auteur principal, ce « moyen de défense sera rejeté, à moins que le complice ne prouve avoir « exclusivement promis son concours à l'auteur principal pour un crime « d'une gravité inférieure à celle du crime commis. Dans ce cas seulement, « la peine devra être appliquée au complice, en raison du crime auquel il « avait l'intention de prêter assistance. »

complicité n'existait plus au moment où cet acte s'est accompli;
que si l'exécuteur n'a pas connu le changement de volonté,
tant pis pour le complice; il ne s'est pas repenti à temps
puisqu'il n'a pas pu parvenir à faire partager son repentir
comme il avait fait partager sa résolution (1).

Cette solution me semble bien rigoureuse. Qu'on dise que
la présomption est contre le complice, que c'est à lui qu'il
incombe d'établir qu'il a eu la volonté d'empêcher l'accomplissement du crime, une volonté sérieuse, active, une volonté
sincère qui s'est traduite en efforts pour avertir ou la victime
désignée ou la police, je le veux; on doit même se montrer
très-difficile sur la preuve. Une volonté qui se serait renfermée
en elle-même et qui n'aurait pris soin que de se constater, de
se ménager des preuves, ressemblerait à une précaution, et
elle serait justement suspecte. Mais si le complice a agi, s'il a
pu surtout avoir raisonnablement l'espérance d'agir à temps,
l'accident qui aura trompé ses espérances, la précipitation
mise par l'agent d'exécution, l'impossibilité fortuite de le rencontrer, de lui donner un salutaire avertissement, tout cela ne
saurait paralyser les conséquences d'un véritable retour au
bien, et donner à la société le droit de punir une complicité
qui pourrait n'être qu'une monstrueuse fiction.

On fait une grave objection, pourtant, et on l'a merveilleusement traduite : « C'est, a-t-on dit, le cas de l'homme qui,
« après avoir mis le poison à la portée de celui qu'il veut em-
« poisonner et s'être éloigné, saisi de repentir, revient préci-
« pitamment sur ses pas pour empêcher la consommation du
« crime, et trouve que la potion fatale a déjà porté la mort
« dans les entrailles de la victime. Le mourant peut lui par-
« donner; la justice ne lui pardonne pas (2). »

_____

(1) M. Rossi, t. III, p. 36 et 37. — Voir *Etude de législation pénale
comparée*, p. 102, Code de Wurtemberg, p. 103 *in fine*, et 104 *principio*,
Code de Bade. Ces deux Codes ont été remplacés, en vertu d'une loi du 31
mai 1870, par le Code pénal de la Confédération de l'Allemagne du Nord,
devenu bientôt le Code de l'empire d'Allemagne. — *Rev. de législ.*, t. IV,
p. 461.

(2) M. Rossi, t. III, p. 37.

D'abord, cette objection ne dit pas si elle suppose que le repentir de l'agent ne s'est produit qu'après l'accomplissement du but final. Avec cette supposition, sa solution serait à l'abri de tout débat ; le repentir serait un repentir sans influence sur l'imputation, puisqu'il serait essentiellement un repentir stérile et inefficace : *quod factum est infectum manere impossibile est*, dit l'axiome. Que si elle suppose que le repentir a précédé l'accomplissement du but final, et que seulement il n'a pas trouvé de moyens suffisants de salut, elle a le tort, pour résoudre une question difficile, d'argumenter d'une question qui n'est pas elle-même sans difficulté.

Est-il vrai que, toujours, et sans condition aucune, le fait d'avoir mis le poison à la portée de celui qu'on voulait empoisonner constitue, soit la tentative, soit le crime d'empoisonnement? N'est-ce pas là une question de fait et d'appréciation, subordonnée à beaucoup d'éléments, et, notamment, à l'intervalle qui devait s'écouler entre le dépôt du poison et l'emploi qui devait en être fait, à la possibilité, sur laquelle l'agent pouvait légitimement compter, de paralyser à temps ce qu'il avait commencé, et de conjurer tout danger, si, dans la lutte, l'idée du bien venait à reprendre le dessus sur l'idée du mal?

S'il n'y avait pas eu d'empoisonnement, le dépôt du poison ne serait-il pas tantôt seulement un acte préparatoire, tantôt, et le plus souvent, je le reconnais, une tentative? Je me suis déjà expliqué sur cette question; je l'ai abordée dans ma dixième leçon, et j'ai adopté un moyen terme entre l'indulgence et la sévérité de certains criminalistes, qui m'ont paru, l'une et l'autre, excessives. Quand le but final a été atteint, on doit se montrer plus que difficile sur l'efficacité du désistement de l'agent. Aussi je me garde bien de condamner la solution; je dis seulement qu'elle est peut-être trop absolue.

L'objection, d'ailleurs, présente comme identiques des situations qui offrent de sérieuses différences : le complice, après tout, pour nous, n'est qu'un agent secondaire; l'exécuteur est l'agent principal; sa volonté aurait pu survivre à celle du complice. S'il ne faut pas présumer le désistement du complice, il ne faut pas non plus présumer contre le complice, quand son désistement est établi, que son désistement eût été tout-puissant, qu'il eût prévenu l'infraction, s'il eût été connu à temps, et cela pour arriver à lui faire supporter la responsabilité d'une œuvre qu'il a désavouée autant qu'il était en lui.

Je comprends très-bien que les criminalistes qui font du provocateur un *agent principal*, et qui considèrent qu'il supporte la responsabilité d'un fait qui est surtout le sien, soient arrivés à une solution contraire ; la différence des deux points de départ explique la différence des deux solutions.

Remarquez bien que, dans tous les cas, il faudra que le désaveu du complice, et ses efforts pour lui assurer effet, soient antérieurs à la perpétration de l'infraction : car, si la volonté criminelle a coexisté avec le fait matériel, la participation, quoique secondaire, ayant duré jusqu'au dénoûment, ne saurait être affranchie de pénalité. *Le désistement postérieur à l'accomplissement de l'infraction est sans valeur.*

Les faits postérieurs à la consommation de l'infraction, faits d'adhésion, de protection, d'*auxiliation*, peuvent-ils être considérés comme des faits de complicité ? *Faits secondaires postérieurs à l'infraction.*

Non : ils ne sauraient être considérés que comme des infractions spéciales ; ils n'ont pu contribuer à *l'accomplissement d'un fait accompli*. Toutefois, il en serait autrement si ces faits avaient été promis avant l'infraction, parce qu'alors ils auraient pu exercer de l'influence sur sa réalisation, et qu'ils ne seraient que la conséquence d'un lien antérieur à elle. La loi peut, dans certains cas et à certaines conditions, présumer que les faits d'*auxiliation* ont été expressément ou tacitement promis.

Le complice et l'auteur principal doivent-ils être punis du même genre de peine ? *De l'assimilation du complice à l'agent principal, quant à la peine.*

Je serais porté à admettre que le complice ne doit être puni que d'une peine inférieure à la peine qui menace l'auteur principal : la criminalité *subjective* du complice peut, sans doute, être plus grande que celle de l'agent principal ; mais la justice sociale est surtout chargée de la répression de la criminalité *objective*; et c'est la criminalité *objective* que la loi frappe, et chez l'agent principal, et chez l'agent secondaire.

Historique de la complicité. La loi romaine admettait trois sortes de complicités : 1° la complicité *réelle*; 2° la complicité *présumée*; 3° une complicité *spéciale*, résultant, pour une infraction spéciale, le vol, d'un fait postérieur, du fait de recéler la chose volée.

La complicité *réelle* résultait de provocations réunissant certaines conditions, ou de l'assistance fournie avant ou pendant la consommation de l'infraction.

Toute provocation n'était pas un fait de complicité : ainsi, la provocation dont l'effet n'était pas, en quelque sorte, assuré par un abus d'autorité ou par un autre moyen, don, promesse, menace, n'était pas punissable (L. 37, pr., ff., *Ad legem Aquiliam*;—L. 17, § 7, ff., *De injuriis*). Le simple conseil n'était pas, par lui-même, un fait de complicité (L. 36, ff., *De furtis*). Je cite ce texte, parce qu'il me semble très-propre à bien mettre en lumière l'idée romaine : « *Qui servo* « *persuasit ut fugeret, fur non est; nec enim qui alicui malum* « *consilium dedit, furtum facit, non magis quam si ei persua-* « *sit ut se præcipitaret aut manus sibi inferret.* » Toutefois, cette loi n'est pas décisive : en effet, la solution peut s'expliquer non-seulement par la considération que le simple conseil n'est pas un fait de complicité, mais aussi par la considération qu'il n'y a pas de vol.

Si l'esclave qui fuit vole la chose de son maître, il est tout à la fois le voleur et la chose volée ; mais le texte ajoute : « *Sed si alius ei fugam persuaserit, ut ab alio subripiatur,* « *furti tenebitur is qui persuasit, quasi ope consiliove ejus* « *furtum factum sit.* »

Pourquoi ici le conseil est-il un fait de complicité? C'est que le conseil n'a pas été donné au voleur, mais a été, pour le voleur, un secours. Un homme engage un tiers à suivre une certaine route dans laquelle il sait que des voleurs l'attendent ; ce conseil est un fait de complicité, car il est un

piége pour la victime. Le § 11, *Inst.*, liv. **IV**, tit. **I**, *De obligat.*
quæ ex delict., est d'ailleurs précis : « *Certe qui nullam opem*
« *ad furtum faciendum adhibuit, sed tantum consilium dedit,*
« *atque hortatus est ad furtum faciendum, non tenetur furti.*»

La loi 56, § 4, ff. *De furtis*, fournit des exemples d'assistance
avant le crime : « *Qui ferramenta sciens commodaverit ad*
effringendum ostium, etc.

La loi 11, § 1, ff., *Ad leg. Aquil.*, fournit un exemple d'assistance pendant le crime : « *Si alius tenuit, alius intere-*
mit, etc. »

J'arrive à la complicité fictive ou présumée : je la trouve
dans la loi 1, Cod., *De his qui latrones* : « *Eos qui secum*
« *alieni criminis reos occultando eum eamve sociarunt, par*
« *ipsos et reos pœna exspectet.* »

La complicité *spéciale*, résultant des faits postérieurs à l'accomplissement du crime, est établie dans les lois 1 et 2, ff.,
De receptatoribus : « *Péssimum genus receptatorum, sine*
« *quibus latere diu nemo potest, et præcipitur ut perindè pu-*
« *niantur atque latrones.* »

La loi romaine donnait la raison sur laquelle elle fondait
cette complicité résultant d'une assistance après coup : elle
voyait dans le recel une sorte de continuation du vol : « *Cri-*
« *men non dissimile est rapere, et ei qui rapuit raptam rem*
« *scientem delictum servare.*» (L. 9, Cod. *Ad leg. Jul.*, *De vi.*)

Vous voyez que la même pénalité atteignait le complice et
l'auteur principal.

Le complice subissait-il l'aggravation de pénalité résultant
de la qualité personnelle de l'auteur principal, quand cette
qualité réagissait sur le caractère du fait ?

Oui : « *Et ait Marcianus : etiam conscios eadem pœna*
« *afficiendos, non solum parricidas.* » (L. 6 ff., *De leg. Pomp.*
de parricid.)

Le complice bénéficiait-il de la qualité personnelle de l'auteur
principal quand cette qualité n'atténuait pas, ne modifiait pas
à son égard, le caractère du fait auquel il participait ?

Non : « *Item placuit eum qui filio, vel servo, vel uxori*

« *opem fert furtum facientibus, furti teneri, quamvis ipsi*
« *furti actione non conveniantur.* » (LL. 36, § 1, et 53, pr.,
et § 1, ff., *De furtis.*)

Les lois barbares prévoyaient la complicité : la complicité
matérielle, concourant à l'exécution, et la complicité intellectuelle, qui se cachait, mais qui excitait et qui payait. Elles
punissaient, notamment, le louage pour le crime (*elocatio-
nem*); le mandant était puni plus sévèrement que le mandataire ; quelquefois même, le mandant subissait seul la peine;
c'était une peine pécuniaire. Ainsi, en cas de vol simple, l'a-
gent d'exécution n'était pas puni ; l'amende de soixante-trois
sous n'était due que par le mandant. Si le mandataire, dont on
n'avait loué les services que pour un vol, avait attenté à la vie
du propriétaire qu'il voulait dépouiller, il supportait seul la
responsabilité de cet excès de mandat (1).

Les lois punissaient, comme complice, l'agent qui avait
servi d'intermédiaire entre l'agent d'exécution et l'agent auquel appartenait la résolution ; elles contenaient des distinctions bizarres, mais curieuses, en cas de complicité de meurtre ; mais ces distinctions n'ont pas, pour nous, d'intérêt
juridique.

Notre ancien Droit s'appropria les idées romaines ; il admit
cependant plus facilement la provocation comme fait de complicité ; en général, il punit le complice de la même peine que
les auteurs principaux (2).

Ce principe, toutefois, comportait des exceptions ; les auteurs faisaient d'assez nombreuses distinctions. Je ne veux appeler votre attention que sur deux points : 1° sur le mandat
pour commettre le crime ; 2° sur l'approbation *ex post facto*
et la ratification d'un crime commis par un tiers.

1° Le mandant n'était pas responsable de l'excès de man-

---

(1) Loi salique, titre XXVIII.
(2) Voir notamment : *Etablissements de Saint Louis*, liv. I⁰ʳ, § 32. —
Ordonn. de 1670, titre XVI, art. 4. — Jousse, *Justice criminelle*, t. Iʳ,
part. 1ʳᵉ, tit. II, p. 20 à 35.—Muyart de Vouglans, *Lois criminelles*, liv.
I⁰ʳ, tit. II, p. 6 à 10.

dat, à moins que cet excès ne fût une suite naturelle ou probable de l'acte prescrit ; le désistement du mandant ne l'affranchissait pas de la responsabilité, si ce désistement n'était pas notifié au mandataire avant l'exécution; dans les grands crimes, la révocation du mandat ne déchargeait pas de toute peine, alors même qu'elle était arrivée à temps.

2° La ratification équivalait à la complicité. Mais pourquoi ? Parce qu'elle élevait une présomption, considérée comme une preuve, que le crime avait été provoqué, que l'acte approuvé avait été demandé.

La loi des 19-22 juillet 1790 ne contient aucune disposition sur la complicité en matière de délits et de contraventions : cependant cette loi, dans son art. 42, suppose que les complices seront punissables.

Le Code pénal des 25 septembre—6 octobre 1791 reproduisit les principes de la loi romaine. Il admit la complicité *réelle*, la complicité résultant de la provocation fortifiée par dons, promesses, ordres ou menaces, et du secours avant ou pendant l'infraction (2ᵉ partie, art. 1ᵉʳ du titre III); il admit la complicité *spéciale*, résultant des faits postérieurs à la perpétration du vol, c'est-à-dire la complicité résultant de la réception gratuite ou de l'achat des effets volés, avec la connaissance que ces effets provenaient d'un vol (2ᵉ partie, art. 3, du titre III); la même peine frappait l'auteur principal et le complice, et vous savez que les peines étaient inflexibles, qu'il n'y avait pas de *minimum* et de *maximum*.

La jurisprudence appliqua aux délits les dispositions de la loi pour les crimes.

Le Code de 1810 a formulé les règles générales sur la complicité dans les art. 59, 60, 61, 62 et 63. Je n'analyse pas ces articles, parce que la loi du 28 avril 1832 n'a modifié que l'art. 63, dans une disposition que je vous ferai suffisamment connaître en indiquant le résultat de la révision (1).

Système du Code pénal.

(1) L'art. 69 du Code pénal belge du 17 mai 1867 est ainsi conçu: « Les complices d'un crime seront punis de la peine immédiatement inférieure à

Trois espèces de complicité.

La loi française reconnaît, *en matière de crimes et délits*, trois espèces de complicité : 1° la *complicité vraie*, réelle, prévue par l'art. 60 du Code pénal ; 2° la *complicité présumée*, prévue par l'art. 61 ; 3° la *complicité spéciale* résultant de faits postérieurs à la consommation du crime ou du délit, prévue par l'art. 62. Ce sont les trois espèces de complicité prévues par la loi romaine.

Complicité vraie. —Quatre causes.

La *complicité vraie* peut résulter de quatre causes : première cause, provocation au crime ou au délit, quand elle réunit certaines conditions ; seconde cause, fait d'avoir fourni des moyens moraux pour commettre le crime ou délit ; troisième cause, fait d'avoir fourni des moyens matériels pour commettre le crime ou le délit ; quatrième cause, fait d'avoir aidé ou assisté personnellement les auteurs du crime ou du délit dans les faits qui ont préparé, facilité ou consommé ce crime ou délit.

Première cause. Toute provocation au crime ou au délit n'est pas un fait de complicité légale. Le conseil, le mandat même de commettre un crime, ce conseil et ce mandat eussent-ils été suivis d'effet, ne tombent pas, par eux-mêmes, sous le coup de la loi pénale ; ils ne sont punissables qu'autant, ou qu'ils émanent d'une personne ayant de l'autorité sur l'agent, par exemple, d'un père, d'un maître, d'un supérieur hiérarchique ; ou que ce conseil et ce mandat ont été accompagnés de dons, de promesses, de menaces, de machinations ou artifices coupables qui en ont singulièrement modifié l'efficacité ;

celle qu'ils encourraient s'ils étaient auteurs de ce crime, conformément aux art. 80 et 81 du présent Code. — La peine prononcée contre les complices d'un délit, n'excédera pas les deux tiers de celle qui leur serait appliquée s'ils étaient auteurs de ce délit. » Le Code de l'empire d'Allemagne distingue, dans ses art. 48 et 49, entre le complice par instigation et le complice par assistance. La peine pour le premier est la même que celle qui est applicable à l'auteur principal ; la peine pour le second est réduite d'après les règles posées en matière de tentative. — Les art. 257, 258, 259, 260, 261, 262, s'occupent des complices par assistance subséquente et des recéleurs et ils ne les assimilent pas, sous le rapport de la pénalité, aux agents principaux.

la loi ne suppose pas au simple conseil et au mandat gratuit assez d'influence, assez d'action, pour les punir (1).

La seconde cause de complicité résulte du fait d'avoir fourni des moyens moraux de commettre le crime ou le délit. Les moyens moraux consistent dans des instructions, par exemple, dans l'indication de la distribution de la maison où le crime doit se commettre, dans l'indication de l'heure où cette maison sera sans surveillance et sans défense. Ces instructions ont un caractère de précision et de danger que n'ont pas les simples conseils et les mandats gratuits : aussi ces instructions n'ont-elles pas besoin d'être appuyées par l'abus d'autorité et de pouvoir, ou d'être accompagnées de dons, promesses, menaces, machinations ou artifices coupables.

La troisième cause de complicité consiste dans le fait d'avoir fourni les moyens matériels pour commettre le crime, avec la connaissance qu'ils devaient servir à son accomplissement; dans le fait, par exemple, d'avoir fourni le poison, les fausses clefs, l'échelle, instruments de l'infraction (2).

La quatrième cause de complicité résulte de faits de participation personnelle aux actes qui ont ou préparé, ou facilité, ou consommé le crime : le fait d'avoir essayé si, de tel point à tel point, une balle porterait, voilà un fait préparatoire; le fait d'avoir tenu l'échelle pendant que le voleur escaladait, voilà un fait qui facilitait le vol; le fait d'avoir reçu dans la rue les effets volés que le voleur jetait de la fenêtre, voilà un fait d'assistance personnelle à l'acte qui consommait le vol (3).

Celui qui tient la victime et l'empêche de se défendre pendant qu'un assassin l'égorge, est-il coauteur ou seulement complice du meurtre ?

(1) Cass., 14 oct. 1825, et 16 mars 1826. — Voir aussi Cass., 17 oct. 1813.—Blanche, 2e étude, nos 87 et 88.

(2) Voir arrêt de Rouen du 18 juillet 1856 et la consultation rapportée (Devill. et Car., 57.2.344).

(3) M. Blanche nous semble considérer que tous les faits qui concourent à la consommation de l'infraction sont plus que des faits de complicité, plus que des faits de participation secondaire, qu'ils engagent nécessairement la responsabilité des agents comme coauteurs, 2e étude, n. 20.

La question n'est pas, vous le verrez, tout à fait sans importance dans notre Droit. Je crois qu'il est *coauteur*, il participe directement au fait constitutif du meurtre. Je m'écarte de la solution de la loi romaine.

Tous les faits qui rentrent dans ces quatre causes de complicité sont des faits positifs. Des faits absolument et sincèrement négatifs pourraient avoir un grand caractère d'immoralité : ils ne seraient pas des faits de complicité légale. Ainsi, la non-révélation d'un crime ou d'un projet de crime ne saurait, en principe, constituer la complicité ; ainsi, celui qui n'empêche pas un vol ou un assassinat qu'il pourrait empêcher n'est pas un complice (1).

Mais celui qui fait le guet, qui est en sentinelle, pour avertir s'il survient quelque obstacle, bien qu'il n'ait pas donné d'avertissement et soit resté dans l'inaction absolue, n'en est pas moins un complice ; il n'a pas agi, soit : il était là pour agir.

Complicité présumée.

Seconde espèce de complicité : la *complicité présumée*. Ceux qui connaissant la conduite de malfaiteurs exerçant des brigandages contre la sûreté de l'État, la paix publique, les personnes ou les propriétés, leur fournissent habituellement logement, lieu de retraite ou de réunion, sont réputés complices de ces malfaiteurs. Ils facilitent, en effet, non pas tel ou tel crime, mais les crimes en général de ces malfaiteurs.

Cette complicité est subordonnée à deux conditions; il faut, d'abord, avoir connu que les agents, auxquels on fournissait le logement ou le lieu de retraite, exerçaient les brigandages ou les violences prévus par l'art. 61 : la possibilité de soupçons ne suffirait pas ; il faut, de plus, que l'hospitalité qui leur a été donnée soit une hospitalité, non pas accidentelle, mais habituelle.

_____

(1) *Sic*, Cass., 16 déc. 1852 (Devill., 53.1.143).—L'agent dont l'abstention serait soldée, celui par exemple qui recevrait de l'argent pour ne pas enchérir, se rendrait complice du délit d'entraves à la liberté des enchères (art. 412, Code pénal). En ce dernier sens, Cass., 8 janv. 1863 (Car. et Gilb., 63.1.277). — Cass., 14 août 1863 (Car. et Gilb., 63.1.551).

Faut-il qu'il y ait habitude de fournir l'hospitalité à la bande entière, ou, au moins, à une de ses divisions, ou suffit-il qu'il y ait habitude de fournir le logement, le lieu de retraite à un des membres de la bande ?

L'art. 268 du Code pénal semblerait appuyer le premier système ; il est pourtant tout à fait étranger à notre question. Vous devez rapprocher cet article de l'art. 266, qui considère que l'association de malfaiteurs est, par elle-même, un crime, et la punit, alors même que les associés ne sont encore convaincus d'aucun crime. Eh bien ! l'art. 268 répute complices du crime d'association ceux qui reçoivent, qui fournissent logement, retraite ou lieu de réunion, à la bande ou à l'une de ses divisions. La complicité de l'art. 61 est la complicité non du crime d'association, mais des crimes qu'ont commis les malfaiteurs, par suite de leur association ; aussi la loi n'exige-t-elle pas qu'il y ait eu logement fourni à la bande ou à l'une de ses divisions.

Comparaison de l'art. 268 avec l'art. 61 du Code pénal.

Troisième espèce de complicité : c'est la *complicité spéciale* résultant de faits postérieurs à l'accomplissement de l'infraction : c'est le recel des produits du crime ou du délit, avec connaissance de leur origine.

Complicité spéciale.

Le recel, s'il n'a pas été promis avant le vol, n'a ni excité ni facilité le vol : il n'a pu exercer aucune action sur un fait consommé. La loi a cependant considéré qu'un lien indirect, médiat, rattachait le recéleur au vol ; la loi, d'ailleurs, sans regarder le vol comme un crime continu, pour l'auteur de la soustraction, a pu admettre que le recéleur continuait, lui, le vol, en recevant sciemment ou même en retenant sciemment la chose du propriétaire dépouillé.

Je vous ai fait connaître les éléments constitutifs de la complicité : les dispositions qui les énumèrent sont essentiellement limitatives. Les faits de participation indirecte, médiate, à l'infraction, qui sont en dehors des termes de la loi, ne sauraient être punis, si, considérés isolément, ils ne sont pas punissables. Aussi le juge du fait, qui reconnaît et proclame la complicité, doit-il constater l'existence des circonstances

Définition limitative de la complicité.

élémentaires auxquelles la loi attache l'association à la responsabilité de l'infraction d'autrui. La loi ne déterminant pas le
caractère des faits constitutifs de la participation des *coau-*
teurs, l'énonciation et l'affirmation des circonstances consti-
tutives de cette criminalité directe ne sont pas indispensables (1).

Il me reste à examiner à quelles conditions la complicité
est punissable et de quelle peine elle est passible : j'expliquerai
ces deux points dans ma prochaine leçon.

(1) Cass., 31 juill. 1818 (Sir., **19.1.116**).

VINGT-TROISIÈME LEÇON.

À QUELLES CONDITIONS LA COMPLICITÉ PEUT-ELLE ÊTRE PUNIE ? — Nécessité de l'existence d'un fait ou d'une tentative punissable. — Crime. —
Délit. — La complicité est-elle admise en matière de contravention ? —
Le complice peut être puni, bien que l'auteur principal soit absent, inconnu ou acquitté.—*Quid*, si l'agent principal est irresponsable, à raison
de son âge ou de son état de démence ? — La complicité du suicide est-
elle punissable? — Le complice profite-t-il de l'immunité que l'agent
d'exécution puise dans l'art. 380 du Code pénal ? — Dissidence avec la
jurisprudence.—*Quid* du coauteur ?—Crimes commis à l'étranger.—Les
faits de complicité commis en France sont-ils punissables ? — Hypothèse
inverse.—Crimes commis en France.—Faits de complicité à l'étranger.
—Distinction.—Le complice est étranger.—Il n'est pas punissable par la
loi française.—Le complice est Français. — Faut-il distinguer le cas où
le crime a été commis en France, au préjudice d'un Français, et le cas
où il a été commis au préjudice d'un étranger ? — Complicité du délit
d'usure. — De quelle peine les faits de complicité sont-ils punissables ?
— Sens des mots : *de la même peine que les auteurs mêmes du crime
ou du délit.* — Pourquoi le complice est-il puni à raison de la circonstance aggravante de l'infraction qu'il n'a pas connue ? — Réponse aux
critiques. — Observations de M. Target. — Passage extrait de l'ouvrage
de M. Rossi. — Appréciation. — Exceptions en matière de recel. — Le
complice est-il passible de l'aggravation résultant d'une qualité personnelle à l'auteur de l'infraction ?—Dissidence avec quelques auteurs.—La
qualité de l'auteur principal réagit-elle sur le coauteur? — *Quid*, si la
qualité aggravante de l'auteur principal a été ignorée du complice ? —
Dissidence avec un auteur. — Condition de la réaction. — Pourquoi le
complice ne subit-il pas l'aggravation résultant de la récidive de l'agent
d'exécution ? — La qualité personnelle du complice est-elle une cause
d'aggravation de la pénalité ?—Le complice bénéficie-t-il des excuses qui
protègent l'agent d'exécution ?—L'existence de la complicité implique
l'intention de s'associer à l'infraction.—Les témoins du duel sont-ils
nécessairement des complices?

———

MESSIEURS,

Je n'ai pu embrasser dans une seule leçon toutes les explications qu'appelle la matière si importante de la complicité.

Objet de la leçon.
Deux questions.

J'ai cependant écarté les questions de détail, les difficultés qui ne mettent pas en jeu les principes capitaux, et je ne vous ai nullement entretenus des exceptions que les règles générales comportent.

J'ai encore, vous vous le rappelez, deux questions à examiner : 1° A quelles conditions la complicité est-elle punissable? 2° De quelle peine la complicité est-elle punissable ?

Première question : A quelles conditions la complicité est-elle punissable?

Pour que les faits constitutifs de la complicité légale soient punissables, il faut qu'il y ait un crime ou un délit auquel ils se rattachent. Ils ne sont pas, en effet, punissables par eux-mêmes, et ils empruntent leur criminalité légale au crime ou au délit dont ils ont préparé, facilité ou secondé la consommation. Toutefois, il n'est pas nécessaire, pour la complicité en matière de crime, que le crime ait été accompli ; il suffit qu'il y ait eu tentative de crime, n'ayant manqué son effet que par des circonstances indépendantes de la volonté de son auteur. Il en est de même, en matière de complicité de délit, lorsque, par exception, la tentative de délit est punissable.

Les faits de complicité d'une simple contravention ne sont pas, en général, atteints par la loi pénale : le fait principal a paru avoir trop peu d'importance pour que la société sévît contre les faits accessoires; toutefois, ce n'est là qu'une règle générale qui comporte des exceptions, mais ces exceptions ne peuvent résulter que d'un texte exprès de la loi (1).

Je vous ai dit que les faits de complicité n'étaient punissables qu'autant qu'il y avait crime ou délit; mais la punition de la complicité n'est pas subordonnée à la condition que le crime ou le délit soit puni. Peu importerait que l'auteur principal du crime ou du délit fût absent ou inconnu, du moment où le fait punissable serait constaté.

Le complice pourrait-il être poursuivi, si la poursuite était devenue impossible contre l'auteur principal, à cause de son

---

(1) Toulouse, 24 juillet 1862 (Devill. et Car., 63.2.8) ; *Jour. du Pal.*, 1863, p. 560. — 17 et 18 janv. 1867 (Sir., 67.1.365).

décès ? Oui. Vainement on objecterait l'article 2 du Code d'instruction criminelle, qui déclare l'action publique éteinte par
la mort de l'agent. Cet article signifie que le crime ou le délit
ne peut, au point de vue pénal, être imputé à l'agent qui
n'est plus là pour se défendre et qui ne relève plus de la justice sociale ; mais l'art. 2 ne dit pas que l'existence du crime
ou du délit ne pourra être vérifiée (1).

Le complice pourrait être condamné malgré l'acquittement
de l'agent acquitté comme auteur principal : l'acquittement
ne suppose pas nécessairement qu'il n'y a pas eu de crime ou
de délit ; il suppose seulement que l'accusé principal n'est pas
l'auteur de ce crime ou de ce délit, ou qu'au moins il n'avait
pas d'intention coupable (2).

Cette solution devrait-elle être appliquée au cas où l'agent
principal aurait été déclaré irresponsable, à raison de son âge
ou de son état de démence ? *L'irresponsabilité de l'agent principal entraîne-t-elle l'irresponsabilité de l'agent secondaire ?*

Certainement : il y a un fait punissable ; de ce que ce fait
n'est pas réputé l'œuvre d'un agent libre et responsable, comment conclurait-on que celui qui a abusé d'une volonté inin-
telligente et qui l'a égarée, serait, pour cela, exempt de responsabilité (3) ?

La complicité du suicide tombe-t-elle sous la répression sociale ? *De la complicité du suicide.*

Il semble qu'on puisse nous dire : Vous amnistiez l'auteur
principal comme fou ; punissez le complice qui, lui, est présumé jouir de sa raison.

J'ai rapproché à dessein ces deux hypothèses pour les différencier. La présomption de folie qui protége le suicide est
exclusive, non pas seulement de pénalité, mais d'incrimination : la loi n'a pas rangé le suicide au nombre des faits pu-

(1) Par des raisons spéciales, le décès de la femme poursuivie pour
adultère éteint l'action publique, même à l'égard du complice (Cass., 8 mars
1850 ; — Dall., 50.1.95 ; — 8 juin 1872, Dall., 72.1.207).
(2) Cass., 5 mars 1841 et 27 juin 1846 (Devill., 41.1.198 ; 46.1.799).
(3) Dallóz, *Rép.*, v° *Complicité*, n. 54 ; voir les autorités qu'il cite. —
Cass., 15 déc. 1871 (Car. et Gilb., 72.1.44). — Dans l'espèce, il s'agissait
d'un vol commis par des soldats allemands dont un Français s'était rendu
complice.

nissables; or, le complice étant puni, non pour son fait à lui, mais pour le fait d'autrui auquel il s'est associé, ne peut être frappé pour un fait que la loi ne défendait pas à peine d'un châtiment social.

Remarquez bien que le tiers, qui est venu en aide à l'homme qui s'est suicidé, ne se dérobe à la peine qu'autant que ses faits, à lui, ne rentrent dans aucune incrimination légale; que, considérés en eux-mêmes, ils ne sont pas déclarés punissables : si donc le tiers n'avait pas seulement encouragé, préparé ou facilité le suicide, mais s'il avait concouru à son accomplissement, il serait un coauteur, punissable, ou de la peine du meurtre, ou de la peine des coups et blessures (1).

L'immunité de l'art. 380 du Code pénal profite-t-elle au complice?

Les soustractions commises par le mari au préjudice de sa femme, et *vice versâ*, par la femme au préjudice de son mari, ou par des descendants au préjudice de leurs ascendants, et *vice versâ*, par les ascendants au préjudice de leurs descendants, sont exemptes de toutes peines : c'est la disposition de l'art. 380 du Code pénal. Le dernier paragraphe de cet article déclare que les tiers, qui auraient recélé ou *appliqué à leur profit* les objets volés seront punis, comme coupables de vol. De cette disposition on a conclu que le fait n'est pas punissable, et que la complicité de l'art. 66 du Code pénal n'entraînerait elle-même l'application d'aucune peine. La Cour de cassation, dans un arrêt du 15 avril 1825, et dans les motifs d'un arrêt du 24 mars 1838 (2), a annoncé que la disposition finale et spéciale de l'art. 380 exclut la complicité générale. Mais cette Cour juge que le coauteur de l'agent qui bénéficie de l'immunité de l'art. 380 n'est pas associé à cette immunité (3).

(1) Cass., 27 avril 1815 (Sir., 15.1.317). — Rapprocher de cet arrêt l'arrêt du 2 août 1816 (Sir., 16.1.308); Cass., 23 juin 1838 et 21 août 1861.—*Sic*, Dalloz, *Rép.*, v° *Complicité*, n. 62.

(2) Sir., 26.1.252 et 38.1.999; Cass., 1er oct. 1840, et M. Blanche, 2e étude, n. 56.

(3) Cass., 25 mars 1845 (Devill., 45.1.290). Il faut lire un très-beau réquisitoire de M. Dupin, dont les conclusions ont été adoptées en ce qui concerne le coauteur; le savant jurisconsulte combat la doctrine des arrêts de 1825 et 1838. Voir aussi une dissertation de M. Faustin Hélie, qui étend

Quel est, le caractère de l'immunité de l'art. 380? Est-ce une immunité *réelle* ou *personnelle?* S'attache-t-elle au fait ou à l'agent?

Elle est *réelle*, si elle est fondée sur l'idée qu'il y a, entre parents et alliés au degré indiqué par cet article, une sorte de copropriété collective qui ne repose précisément sur aucune tête, mais qui a un gérant. Elle est *personnelle*, si elle est uniquement fondée sur ce que, dans un intérêt de dignité de famille et presque de moralité sociale, la loi défend que, pour un intérêt pécuniaire, un époux puisse attirer sur son épouse, une épouse sur son époux, un fils sur son père, une pénalité peut-être afflictive et infamante.

La constitution de la famille française n'a jamais comporté l'idée de la copropriété romaine. Cette idée a bien pu se présenter à l'esprit des commentateurs comme motif accessoire d'une immunité qu'ils faisaient découler principalement de *l'honnêteté publique;* mais la preuve qu'ils n'entendaient pas affranchir de pénalité, à l'aide de cette considération, la soustraction, c'est qu'ils admettaient la poursuite, l'action publique contre les complices (1) : donc le fait était un fait punissable; l'immunité n'avait aucun caractère de réalité.

A-t-elle pris un autre caractère dans notre Code?

Oui, a-t-on dit, car l'exposé des motifs déclare que les rapports entre les époux, entre les ascendants et les descendants, sont *trop intimes* pour qu'il ne soit pas extrêmement dangereux qu'une accusation puisse être poursuivie, dans les affaires où la ligne qui sépare le manque de délicatesse du véritable délit, est souvent très-difficile à saisir.

Je l'admets, il y a deux motifs à l'immunité : un motif principal, un motif de pudeur publique; un motif accessoire,

---

l'immunité de l'art. 380, non-seulement aux complices, mais encore aux coauteurs, sous la restriction du paragraphe final de cet article, *Revue de législat.*, 1845, t. II, p. 90. — Voir, dans notre sens, Boitard, 12ᵉ leçon, n. 163, *in fine*.

(1) Muyart de Vouglans, *Lois criminelles,* liv. III, tit. VI, ch. I, § 9, page 284.

l'illusion que l'intimité des relations a pu produire chez les auteurs de l'action, sur son caractère. Le motif accessoire eût été insuffisant pour affranchir de la loi pénale ; il est d'ailleurs sans force à l'égard des étrangers.

La disposition finale de l'art. 380 fournit, non pas un argu‑ment *à contrario*, mais un argument *à fortiori*.

La loi punit l'étranger qui recèle ou qui *applique à son profit*, en tout ou en partie, des objets volés.

Or, le recel n'est pas une véritable complicité ; c'est une complicité *sui generis*. Et aussi la loi se montre-t-elle moins sévère contre cette complicité spéciale que contre la complicité ordinaire : l'*application à son profit* d'une chose volée, quand elle n'est pas un recel, n'est même pas punie, d'après le droit commun. Comment la complicité ordinaire, celle qui se traduit en provocations au vol, en provocations par dons ou menaces, échapperait-elle à la peine, parce que ces provocations se seraient adressées à un agent couvert d'une immunité ?

La théorie que je combats se console ou s'enhardit par l'idée qu'elle n'abrite pas les complices qui ont cédé à un intérêt personnel, qui ont agi pour leur compte, et cela, parce que les complices intéressés tomberont sous la disposition finale de l'art. 380 ; du moment, dit-on, où ils *appliqueront à leur profit* le produit, en tout ou en partie, des choses volées, ils seront légalement coupables, et la pénalité les atteindra.

Cette idée n'est, je le crois, qu'une illusion. Si le but final n'est pas accompli, si la tentative manque son effet par une circonstance indépendante de la volonté de l'agent d'exécution, les provocateurs étrangers ne seront-ils pas affranchis de l'ac‑tion répressive ? Supposez même que le vol a été consommé : les provocateurs étrangers, les ordonnateurs du crime, ceux qui l'ont salarié, ou imposé, ou soutenu, en fournissant des moyens préparatoires, dans une pensée de lucre personnel, n'ont pas encore eu le temps de tirer profit du vol, de se saisir de son produit ; ils ne l'ont donc pas *appliqué* à leur bénéfice singulier : la complicité spéciale de l'art. 380 n'existe pas ; voilà l'impunité assurée, si l'on répudie le secours de l'art. 60

du Code pénal. Il n'en serait autrement qu'autant qu'on se résoudrait (ce qui est vraiment inadmissible) à punir la tentative de complicité spéciale.

On objecte que le vœu de la loi a été de protéger l'union de la famille, de jeter un voile sur ses désordres intérieurs, et qu'autoriser la poursuite du complice ou du coauteur de l'époux ou du parent, c'est publier une honte à laquelle le secret a été promis. — Est-ce que la poursuite du complice par recel ou par *application à son profit* des choses volées, n'a pas les mêmes résultats ? Pourquoi la honte de l'infracteur, divulguée dans le cas de complicité spéciale, serait-elle nécessairement voilée dans les cas de complicité ordinaire ? Renversez l'hypothèse, et supposez que, dans le vol, l'agent d'exécution soit un étranger, et le complice le parent ou l'époux du propriétaire dépouillé : ne reconnaîtrez-vous pas le caractère de *personnalité* de l'immunité, en exemptant le complice de toute peine, en vertu de l'art. 380 du Code pénal, bien que, dans cette hypothèse, il y ait incontestablement un fait punissable (1) ?

Je serais donc plus sévère que la jurisprudence, et je punirais l'étranger, non-seulement quand il serait coauteur du vol commis par le parent ou l'époux, mais encore quand il serait complice de ce vol, dans les termes de l'art. 60 du Code pénal.

Je veux examiner avec vous une hypothèse qui vous fera bien comprendre l'étendue et les limites du principe que le complice est puni pour le fait d'autrui et ne peut, par conséquent, être puni qu'autant qu'il y a un fait punissable : un crime est commis à l'étranger, par un étranger, au préjudice d'un Français. Il ne s'agit pas d'une des infractions prévues par l'art. 7 du Code d'instruction criminelle revisé par la loi du 27 juin 1866 ; ce crime ne tombe pas sous la prise de la

Crimes commis à l'étranger. — Faits de complicité commis en France.

_____

(1) *Contrà*, Ortolan, n. 1314. L'art. 247 du Code pénal de l'empire d'Allemagne porte : ne sera pas poursuivi le vol ou le détournement commis par les parents de la ligne ascendante envers les parents de la ligne descendante, ou bien entre époux. Ces dispositions ne sont pas applicables aux coauteurs ou complices de tout genre qui ne se trouvent pas dans les mêmes rapports personnels.

loi française : les faits de complicité se sont produits en France, ils sont l'œuvre d'étrangers ou même de Français; s'ils étaient punissables pour eux-mêmes, la loi pénale française les atteindrait; mais ils ne sont punissables qu'à raison du fait principal auquel ils se lient, et ce fait principal n'est pas punissable en France (1).

Hypothèse inverse : le complice est étranger.

Ce point ne fait pas de difficulté. Mais l'hypothèse contraire, sur laquelle je ne connais aucun document, offre, à mes yeux, une difficulté très-grave : le crime a été commis en France, mais les faits de complicité se sont produits à l'étranger; c'est un meurtre, par exemple, qui a été commis sur le territoire français; ce meurtre a été acheté, et le prix en a été payé à l'étranger *par un étranger*.

Il semble que le provocateur sera punissable en France, puisque le complice est puni pour le fait d'autrui, à raison du fait principal, et que le fait principal est susceptible de répression en France.

Je ne crois pas, cependant, qu'il faille s'arrêter à cette solution. Sans doute le complice est puni pour le fait d'autrui, parce que son fait à lui-même, considéré isolément, ne constituerait pas une infraction, une violation de la loi; mais le châtiment ne le frappe que parce qu'il s'est associé au fait d'autrui, qu'il y a mis du sien, et qu'en apportant des éléments à lui propres dans l'infraction, il a participé à la violation de la loi : or, si la loi française n'exerce pas de souveraineté à l'étranger sur la conduite de l'étranger, comment sa sanction serait-elle applicable ? La loi qui ne défendait pas le fait principal à l'étranger, peut-elle être réputée avoir défendu le fait accessoire, à raison de sa relation avec le fait qui se produisait en France?

Faits de complicité commis

Quid, si la provocation, par achat, au crime commis en France émanait d'un Français, mais avait eu lieu à l'étranger?

(1) Cass., 17 oct. 1834 (Sir., 35.1.33); Douai, 23 avril 1849 (Devill. et Car., 49.2.685). — Voir aussi Mangin, *De l'action publique*, n. 72; et Faustin Hélie, *Traité de l'Instruction criminelle*, t. II, p. 628 et 638; M. Blanche, 2° étude, n. 143.

Depuis la promulgation de la loi du 27 juin 1866, il faudrait appliquer sans hésitation l'art. 5 du Code d'instruction criminelle : le Français doit compte à la loi française de ses actions à l'étranger, quand elles se sont attaquées à des Français : à plus forte raison doit-il compte de sa participation, sur le territoire étranger, à des actions qui se sont commises en France, quand ces actions ont lésé des intérêts français.

à l'étranger ;
le complice
est Français.
Possibilité
d'une distinction.

L'ancien art. 7 paraissait ne pas s'appliquer, lorsque la victime du crime commis en France était un étranger. Cependant le crime commis en France, au préjudice d'un étranger, blessait l'intérêt français et était une atteinte flagrante à la loi française. Or, en principe, la loi pénale est une loi *personnelle* : elle pouvait commander au Français, sur le sol étranger, elle lui défendait seulement de commettre à l'étranger des crimes contre des Français ; mais elle aurait pu, et même elle aurait dû lui défendre de commettre à l'étranger des crimes au préjudice des étrangers. Etait-il raisonnable d'admettre qu'elle n'eût pas, au moins, défendu au Français de s'associer, sur le sol étranger, à des crimes qui seraient commis en France ; qu'elle ne lui eût pas défendu d'aller acheter, en dehors des frontières françaises, le vol, l'incendie, le meurtre dont son sol serait le théâtre ?

Rejet
de la distinction.

Remarquez bien que je n'invoque pas l'ancien art. 7 du Code d'instruction criminelle comme une disposition prévoyant textuellement nos hypothèses ; je demande la solution au principe qui avait dicté la loi : eh bien ! le caractère de la *personnalité* de la loi pénale n'avait pas été, je le reconnais, admis avec toutes ses conséquences ; mais il avait été admis, au moins, toutes les fois que la puissance de la loi française était directement engagée, et que l'impunité acquise à sa violation eût été un scandale. Ici, l'intérêt même de la territorialité de la loi pénale était en jeu. Cet intérêt eût été sacrifié, si le Français à l'étranger eût pu impunément s'associer aux crimes commis en France. Le complice étranger se dérobe à la répression, soit : c'est que son fait, à l'étranger, ne relève, à aucun titre, de la loi française.

J'invoque le principe de la *personnalité* de la loi pénale, et non la lettre de l'ancien art. 7 du Code d'instruction criminelle: aussi, dans l'hypothèse où un Français se serait rendu coupable, sur le sol étranger, de complicité d'un crime ou d'un délit commis en France au préjudice d'un Français, je n'aurais pas subordonné la poursuite du complice à son retour en France et à la plainte de la partie lésée.

Je ne proposais ces solutions qu'avec beaucoup de doutes, et je craignais de ne pas me montrer assez fidèle à l'esprit restrictif qui avait présidé au maintien du principe de la personnalité de la loi pénale. La loi du 27 juin 1866 écarte ces difficultés qui n'ont cependant pas encore perdu tout intérêt.

Dernière hypothèse.

Un notaire reçoit sciemment un grand nombre d'actes entachés d'usure, mais pour des prêteurs différents qui, tous, sont en dehors des conditions de l'incrimination, parce que l'habitude est seule punissable, et qu'ils ne sont, aucun, des usuriers de profession. Le notaire, lui, a favorisé cette succession de faits usuraires ; il leur a habituellement prêté le concours de son ministère. Peut-il être poursuivi comme complice du délit d'habitude d'usure? Oui, a dit un auteur (1). — Non, répondent les principes : la complicité légale ne se conçoit pas sans un fait susceptible de criminalité légale.

Seconde question.

Seconde question : De quelle peine, je ne dis pas les agents complices, mais les faits de complicité sont-ils punissables?

De la même peine que les auteurs mêmes du crime ou du délit, répond l'art. 59 du Code pénal.

Il ne faut pas prendre ces expressions trop à la lettre : il n'y a pas, en effet, nécessairement identité de durée dans la peine; il peut même, à raison de quelque circonstance incommunicable, personnelle, soit à l'agent, soit au complice, ne pas y avoir identité dans la classe de la peine. La loi veut dire seulement qu'il n'y a pas de peine spéciale édictée contre la complicité, que la complicité est placée sur la même ligne que l'infraction ou la tentative punissable.

(1) L'auteur de la *Théorie légale des opérations de banque*, n. 561.

Lorsque la peine du crime ou du délit est augmentée à raison de circonstances aggravantes, intrinsèques au crime ou au délit, à raison, par exemple, des circonstances d'effraction, de nuit, de fausses clefs, pour le vol, le complice doit subir cette augmentation de peine, bien qu'il n'ait pas participé à ces circonstances, bien qu'il ne soit pas prouvé qu'il les ait connues, bien même qu'il soit prouvé qu'il ne les a pas connues.

Pourquoi le complice est-il puni à raison de la circonstance aggravante de l'infraction, qu'il l'ait ou ne l'ait pas connue?

M. Target, dans ses *Observations sur le projet du Code criminel*, a donné la vraie raison de cette disposition :

« Quand la peine serait portée à la plus grande rigueur « par l'effet des circonstances aggravantes, il paraît juste que « cet accroissement de sévérité frappe tous ceux qui, ayant « préparé, aidé ou favorisé le crime, se sont soumis à toutes « les chances des événements, et ont consenti à toutes les « suites de ce crime (1). »

Ainsi, le complice est puni à raison de la circonstance aggravante, parce qu'il y a présomption *juris* qu'il s'y serait associé s'il l'eût prévue. Je ne crois pas que cette présomption limitée mérite les critiques dont elle a été l'objet (2). Ce n'est pas une présomption *juris et de jure* exclusive de preuve contraire. Si le complice établissait qu'il n'a participé au crime qu'à la condition qu'il ne serait pas accompagné d'une circonstance aggravante, il ne devrait pas supporter la responsabilité de cette circonstance.

M. Rossi a développé, sur ce point, des idées peut-être difficiles à concilier. Je cite le texte de l'éminent publiciste, parce qu'il contribuera puissamment à vous faire bien comprendre la disposition de la loi et sa véritable portée. En effet, au moment même où M. Rossi méconnaît la conséquence, il met en lumière le principe et sa véritable raison d'existence : « Quant au choix des moyens, si le mandataire, en s'écartant

Observations de M. Rossi.

(1) Première partie, n. 11, 4ᵉ observation.
(2) M. Rossi, t. III, p. 40 et 41 ; M. de Molènes, *De l'humanité dans les lois*, p. 548; Boitard, 11ᵉ leçon, n. 161 ; Chauveau et Faustin Hélie, t. Iᵉʳ, p. 428, 3ᵉ édit.

« des instructions du commettant, n'a cependant commis que
« le crime dont l'exécution lui avait été confiée, *sans y*
« *ajouter aucune circonstance aggravante*, rien n'est changé
« dans la position du mandant ; il est toujours codélinquant,
« que le meurtre ait été le résultat d'un coup d'épée ou d'un
« coup de poignard.

« Si, au contraire, par l'emploi de moyens autres que ceux
« qu'on lui avait prescrits, le mandataire a changé la nature
« du délit voulu par le commettant ; si, au lieu de commettre
« un vol simple, il a trouvé des complices, pris des armes,
« *choisi le moyen de l'effraction, de l'escalade, etc., le man-*
« *dant ne saurait être responsable de ces circonstances aggra-*
« *vantes*, mais uniquement de vol simple.

« Quant au but, c'est-à-dire au délit prescrit au manda-
« taire,

« Si ce qui est arrivé au delà de la commission donnée
« *était un événement facile à prévoir, et qui pouvait arriver*
« *par la nature même du but prescrit, le mandant est codé-*
« *linquant pour le tout : il ne voulait que le délit de blessure*
« *grave ; la mort en est résultée ; le mandant subira le sort du*
« *meurtrier* (1). »

Appréciation.   Le complice, qui ne voulait que la blessure grave, est responsable du meurtre, parce que la blessure pouvait aboutir au
meurtre, parce que le meurtre était facile à prévoir. Comment
donc le complice ne serait-il pas responsable de la circonstance
aggravante de l'escalade ou de l'effraction, pour le vol ? Est-
ce que le moyen qui favorisait le but n'était pas aussi facile à
prévoir qu'un événement qui pouvait, sans doute, arriver par
la nature du but, mais qui, après tout, n'était pas commandé
par ce but ?

Remarquez que la loi ne dit pas que si la circonstance aggravante avait été exclue par le complice, il en supporterait
cependant la responsabilité ; elle dit, ou veut dire seulement,
que le complice ne peut se prévaloir de ce qu'il n'a pas participé

---

(1) Rossi, t. III, liv. II, chap. XXXVI, p. 40 et 41.

à la circonstance aggravante, ou même ne l'a pas connue, pour se décharger de l'aggravation qu'elle entraîne.

Toutefois, par exception, le recéleur ne supporte l'aggravation résultant des circonstances aggravantes, quand cette aggravation aboutit à la peine des travaux forcés à perpétuité ou de la déportation, qu'autant qu'il les a connues. Il n'est puni, quand il les a ignorées, que de la peine des travaux forcés à temps. *Exception en matière de recel.*

Il ne suppose pas même la responsabilité de la circonstance aggravante qu'il a connue, quand cette circonstance entraîne la peine de mort ; cette peine est remplacée par la peine des travaux forcés à perpétuité. Avant la réforme de 1832, le recéleur pouvait être condamné à la peine de mort s'il avait su, avant le recel, la circonstance à laquelle la loi attachait cette peine ; s'il n'avait pas connu la circonstance aggravante, la peine de mort était remplacée, comme la peine des travaux forcés à perpétuité et la peine de la déportation, par la peine des travaux forcés à temps.

On s'explique très-bien ces exceptions pour une complicité improprement dite, pour la complicité spéciale résultant du recel. M. Target, dans ses *Observations sur le projet de Code criminel*, en avait indiqué la nécessité (1). Loin d'infirmer le principe, elles le confirment.

Le complice est-il passible de l'aggravation de peine qui résulte d'une qualité personnelle à l'auteur du crime ou du délit ? Un homme fournit des instruments pour commettre un meurtre, ou des substances pour commettre un empoisonnement : l'agent d'exécution est le fils de la victime : le complice supportera-t-il la peine du parricide ? *Quid, de l'aggravation résultant d'une qualité personnelle à l'auteur principal ?*

La doctrine, en général, dit non : à l'égard du complice, il n'y a qu'un meurtre ou qu'un emprisonnement ordinaire (2).

_____

(1) *Loco citato.*

(2) Legraverend, t. Ier, chap. III, p. 136 et 137 ; De Molènes, p. 507 à 549 ; Boitard, 12e leçon, n. 163 ; Chauveau et Hélie, t. Ier, p. 428 à 433, 3e édit.—*Contrà*, Rauter, n. 119, *in fine* ; Lesellyer, t. II, p. 447, n. 682. — Lesellyer, *Traité de la criminalité et de la pénalité*, t. II, n. 434. — Blanche, 2e étude, n. 11 et suiv. et n. 27. — Code de Bavière, art. 118.

La jurisprudence s'est prononcée en sens contraire (1).

Je n'hésite pas à croire que la jurisprudence a raison contre la doctrine : la qualité personnelle de l'auteur du crime constitue une circonstance aggravante, inhérente au crime lui-même, parce qu'elle en augmente l'immoralité ; le complice, en participant au crime, s'est associé à son caractère aggravant. On objecte que la qualité de fils est incommunicable au complice : oui, mais elle est, s'il est permis de parler ainsi, communicable au crime ; elle réagit sur lui et lui imprime, tout à la fois, une qualification spéciale et une nature plus odieuse. Le complice du parricide ne participe pas à un simple meurtre.

Solution des Codes de justice militaire. Vainement se prévaudrait-on contre notre solution de l'article 196 du Code de justice militaire pour l'armée de terre, aux termes duquel les complices non militaires des infracteurs militaires, lorsque l'infraction est prévue par la loi commune, ne subissent que la pénalité du Droit général. Vainement ajouterait-on que l'art. 268 du même Code n'édicte contre les complices non militaires la pénalité édictée contre les auteurs principaux que dans des cas spéciaux et limités. Nous répondrions, avec l'art. 197 de ce Code, que, si les individus non militaires et non assimilés aux militaires, sont déclarés coupables d'un crime non prévu par les lois pénales ordinaires, ils sont condamnés aux peines portées par le Code de justice militaire. L'art. 268, bien loin d'exclure nos idées, leur a fait une part en déterminant dans quelles hypothèses la qualité de l'agent principal déteint, en quelque sorte, sur le fait, et entraîne à l'égard des auxiliaires, quels qu'ils soient, la pénalité des lois militaires (2). L'art. 253, § 3, de la loi des 4-15

(1) Cass., 3 déc. 1812 (Sir., 13.1.208) ; Cass., 20 sept. 1827 (Sir., 28. 1.109) ; Cass., 23 mars 1843 (Devill. et Car., 43.1.544) ; Cass., 30 septembre 1853 et 14 juin 1853 (Dall., 53.5.100, 54.5.171) ; Cass., 15 juin 1860 (Dall., 60.1.467). — Voir les arrêts cités au *Rép.* de M. Dalloz, v° *Complicité*, chap. II, art. 1ᵉʳ, n. 36.—Cour de Paris, 17 fév. 1854 ; *Journal de droit criminel*, 1854, p. 215.

(2) Voir Commentaire de M. Victor Foucher, sur les art. 196, 197 et 268 de la loi des 9 juin-4 août 1857.—Voir aussi deux arrêts de cassation, du 19 janv. 1856, Bulletin 27 et 28, p. 52 et 53.

juin 1858, reproduit la disposition de l'art. 196 de la loi des
9 juin-4 août 1857.

Ce que je dis du complice, je le dis du coauteur du parricide : car, si tout complice n'est pas un coauteur, tout coauteur est nécessairement un complice (1).

Un savant jurisconsulte professe l'opinion que la qualité de
l'auteur principal pèse sur le complice et aggrave sa responsabilité, dans le cas même où celui-ci n'a pas connu la qualité
aggravante ; le complice d'un assassinat doit subir, dit-il, la
peine du parricide, bien qu'il ait ignoré que l'assassin fût le
fils de la victime (2).

Je ne crois pas que les principes imposent cette solution :
pourquoi le complice subit-il l'aggravation résultant de circonstances *intrinsèques* à l'infraction, bien qu'il n'y ait pas
participé et même ne les ait pas connues ? C'est qu'il est *présumé* s'être associé à toutes les chances d'exécution, qu'il les a
prévues ou pu prévoir ; je reproduis l'excellent motif donné par
M. Target, dans ses *Observations. Le complice est responsable,*
dit M. Rossi, *des événements faciles à prévoir, de ce qui peut
arriver par la nature même du but qu'il veut atteindre.*
Mais la qualité de l'agent d'exécution n'est pas une éventualité ; c'est un fait ; c'est d'ailleurs un fait sans rapport avec le
but poursuivi, quand le complice a ignoré la qualité du
meurtrier.

La qualité de l'agent principal ne peut réagir sur le sort
du complice qu'autant que l'auteur principal a agi sciemment et à dessein de nuire, et, par conséquent, est déclaré
coupable (3).

Quid, de l'aggravation résultant d'une qualité ignorée du complice?

(1) Cass., 9 juin 1848 (Devill. et Car., 48.1.527); Cass., 24 mars 1853
(Devill. et Car., 53.1.452).
(2) M. Rauter, n. 119.—L'agent principal lui-même ne subit pas l'aggravation résultant d'une relation entre lui et la victime, quand il n'a pas
connu cette relation. *Sic,* Code de Bavière, art. 42; Molinier, *Prog.,* page
157; Ortolan, n. 387, *in fine.*
(3) Cass., 24 déc. 1825; 20 sept. 1828; 19 juin 1829; 22 juill. 1830;
Dalloz, *Rép.,* v° *Complicité,* n. 44, 45 et 51 ; Cass., 22 janv. 1835 (Dall.
pér. 35.1.421) ; Cass., 10 juill. 1851 ; Bulletin, n. 272. — M. Blanche,
2e étude, n. 17, 61, 62 et 63, critique vivement ces arrêts, auquel il

Le complice subit-il l'aggravation résultant de la circonstance aggravante de la récidive de l'auteur principal ?

Non : car ici l'aggravation a pour objet de punir une circonstance qui aggrave la position de l'agent sans aggraver le crime : la succession, la répétition des faits criminels est étrangère au complice (1).

La qualité personnelle du complice peut-elle être une cause d'aggravation de la pénalité ?

Cette question est complexe : est-elle une cause d'aggravation pour l'agent principal ? est-elle une cause d'aggravation pour le complice ?

C'est un fils, par exemple, qui a fourni sciemment l'arme avec laquelle on devait assassiner son père. La peine du parricide n'atteindra ni le meurtrier étranger, ni le fils qui a préparé le meurtre : les causes aggravantes ne remontent pas du complice à l'auteur principal ; le complice étant puni à raison du fait d'autrui, et ce fait n'étant qu'un meurtre, ne sera puni que de la peine du meurtre (2).

reproche de contredire la jurisprudence d'après laquelle la déclaration de non-culpabilité de l'auteur d'un crime ne profite pas au complice coupable..... A notre sens, la contradiction signalée n'existe pas. Il s'agissait, dans les diverses espèces, de crimes de faux en écritures authentiques, crimes dont des officiers publics avaient été l'instrument, mais dont ils n'avaient pas eu conscience. La Cour de cassation reconnaît et proclame que l'acquittement des officiers publics n'exclut pas l'élément matériel du faux en écriture authentique, et elle rend les personnes privées qui ont en elles la volonté de commettre et de faire commettre le crime, responsables de la circonstance aggravante de l'authenticité. Mais elle ne fait pas peser sur ces personnes la responsabilité d'une qualité qui n'est pas intrinsèque à l'infraction, qui est au contraire personnelle à l'agent et qui ne réagirait sur le crime, en lui communiquant plus de gravité, qu'autant que cet agent aurait prêté sciemment son ministère à l'acte. La qualité personnelle de l'auteur principal ne saurait être une cause d'aggravation qu'à la double condition : 1° qu'elle ait été connue du complice ; 2° qu'elle ait ajouté à l'infraction un degré d'immoralité de plus par l'abus volontaire qu'en a fait celui auquel elle appartient. M. Blanche ne se prononce pas sur la première condition, et il ne nous semble pas s'être bien rendu compte de la nécessité de la seconde condition qui explique et légitime, suivant nous, les solutions qu'il combat.

(1) Cass., 3 juillet 1806 ; Cass., Dalloz, *Rép.*, v° *Complicité*, n. 41. — La doctrine est unanime sur ce point.

(2) Cass., 2 oct. 1856, veuve Bailly. — *Journal du Palais*, 1857, p. 839.

Il est bien évident que, si le fils était *coauteur*, il serait puni de la peine du parricide, et que sa qualité, aggravant le caractère du fait, pèserait sur le *coauteur* étranger (1).

Si le complice est un récidiviste, la circonstance de la récidive peut changer la nature de la peine ; il peut encourir une peine d'une classe supérieure à la classe de peine encourue par l'agent principal (2).

Si le complice subit l'aggravation résultant des circonstances aggravantes du fait principal, a-t-il au moins le bénéfice des excuses qui protégent l'agent d'exécution ?

Le complice bénéficie-t-il des excuses qui protégent l'agent d'exécution ?

L'auteur principal a l'excuse de l'âge (3), ou bien, si vous voulez, il a une autre excuse, c'est un mari qui a tué sa femme surprise en flagrant délit d'adultère : l'excuse ne change ni la nature ni même la qualification du fait. Dans la première hypothèse, l'excuse de l'âge suppose l'affaiblissement de la présomption de liberté et d'intelligence ; mais la présomption de liberté et d'intelligence subsiste intacte pour le complice au-dessus de seize ans. Dans la seconde hypothèse, l'excuse suppose qu'une juste indignation a pu égarer le mari, a paralysé, dans une certaine mesure, l'empire qu'il devait avoir sur lui-même : comment présumer un pareil degré d'indignation chez un étranger ? L'excuse n'est pas plus communicable au complice que la cause d'immunité (4).

— Blanche, 2° étude, n. 25 et 36. — Le Sellyer, *Traité de la criminalité et de la pénalité*, t. II, n. 435. — Voir, en sens contraire, Chauveau et Hélie, t. II, p. 130 et t. V, p. 182.

(1) Voir Cass., 27 avril 1815 ; 23 mars 1827 ; 16 juillet 1835 et 21 mars 1844, Sir., 15.1.414 ; 35.1.895 ; Dalloz, *Rép.*, v° *Complicité*, n° 24, et les arrêts cités en note.

(2) Cass., 25 fév. 1849 ; M. Le Sellyer, t. II, p. 470, n. 694 ; Dalloz, *Rép.*, v° *Complicité*, n. 63.

(3) 21 avril 1815 ; 18 novembre 1824 ; Cass., 21 nov. 1839 ; 27 novembre 1845 ; M. Blanche, 2° étude, n. 33 et 51.

(4) Le Sellyer, t. II, n. 685. — Rapprocher M. Blanche, 2° étude, n. 23. — L'art. 50 du Code pénal de l'empire d'Allemagne associe le complice à l'aggravation ou à la mitigation de pénalité résultant de certaines qualités ou circonstances personnelles à l'agent. La responsabilité de la qualité aggravante de l'agent principal est juste ; l'atténuation attachée à la qualité de l'agent principal ne l'est pas. C'est ce qu'indique très-bien M. Le Sel-

Toutefois, si l'excuse résultait, non pas d'une qualité personnelle à l'agent principal, mais de circonstances inhérentes à l'infraction elle-même, par exemple dans les cas prévus par les art. 321 et 322, l'amoindrissement de la gravité intrinsèque du fait devrait entraîner l'amoindrissement de la responsabilité du complice.

L'existence de la complicité comme l'existence de l'infraction elle-même implique plus qu'un fait matériel ; elle soulève une question d'intention, une question de volonté. Mais il ne faut point oublier que la volonté délictueuse consiste non pas dans le sentiment que l'agent ou le complice fait le mal, mais dans la conscience qu'il viole la loi. C'est ce principe qui fait la difficulté d'un problème d'une solution moins embarrassante pour le législateur que pour le jurisconsulte.

Les témoins du duel, lorsque la rencontre a été suivie de combat, peuvent-ils être considérés comme des complices, par exemple s'ils ont fourni les armes, s'ils ont assisté les duellistes dans les faits qui ont préparé ou consommé l'action ? Oui, dit la jurisprudence de la Cour de cassation (1). En cas de mort

---

lyer, *Traité de la criminalité*, t. II, n. 434 : « La circonstance personnelle à l'auteur principal du crime ou délit, et qui diminue la peine à son égard, ne diminue rien de la gravité du crime en lui-même ; par conséquent, ne doit point diminuer la peine à l'égard du complice qui s'est associé au crime. Au contraire, la circonstance résultant de la qualité de l'auteur principal a rendu le crime plus odieux et plus punissable. Elle lui est devenue *inhérente*, comme l'a dit la Cour de cassation ; et, dès lors, tous ceux qui ont participé au crime y ont participé avec cette aggravation. Ils doivent donc être passibles de l'aggravation de peine qui en résulte. »

Le Code de l'Empire d'Allemagne conduit à ce résultat inacceptable que le complice échapperait à toute peine si l'agent principal, par exemple, à raison de son âge, n'encourait aucune responsabilité pénale. C'est là, un excès d'indulgence; il y a, au contraire, excès de sévérité à ne pas distinguer entre le cas où la qualité aggravante a été connue par le complice et le cas où elle n'a pas été connue.—Le Code italien du 20 novembre 1859, résout ainsi notre question, dans l'art. 105 : « Les circonstances et les qualités soit permanentes, soit accidentelles, inhérentes à la personne, et qui excluent l'application de la peine, ou qui la font diminuer ou augmenter, par rapport à l'un des auteurs agents principaux ou complices, sont sans influence pour exclure, diminuer ou augmenter la peine, relativement aux autres auteurs, agents principaux ou complices de la même infraction. »

(1) Cass., 28 décembre 1837, Devill., 38.1.16.

d'un des combattants, sont-ils réputés complices d'un assassinat ou d'un meurtre ? Mais ils ont peut-être tout fait pour prévenir le duel. Mais s'ils n'ont pas refusé le concours de leur assistance, c'était uniquement peut-être pour régler les conditions de la rencontre, pour en surveiller l'accomplissement, pour écarter, dans la mesure du possible, pour atténuer au moins le péril. Comment, dans cette hypothèse, déclarer qu'ils ont favorisé, facilité un acte que tous leurs efforts tendaient à empêcher, dont ils n'ont consenti à être les spectateurs que dans l'espérance de l'arrêter à temps, d'en amoindrir au moins les conséquences. Si leur présence, bien loin d'être une excitation au mal, a été une garantie contre l'excès du mal qu'il n'a pas dépendu d'eux d'éviter, pourquoi les punir ? Si la loi, sans désarmer devant la force du préjugé, reconnaît qu'elle est impuissante à le vaincre, n'y a-t-il pas intérêt pour la société à entourer la rencontre de témoins qui pourront être des conciliateurs et des médiateurs ?

Les art. 208 et 209 du Code pénal de l'Empire d'Allemagne sont évidemment l'expression de cette pensée :

Art. 208. « Lorsque le duel aura lieu sans seconds, la peine encourue pourra être augmentée de moitié, sans que néanmoins elle puisse dépasser dix ans.

Art. 209. « Les intermédiaires du défi qui auront cherché sérieusement à empêcher le duel, les seconds ainsi que les témoins, médecins et chirurgiens appelés pour assister au duel, seront exempts de peines. »

L'art. 8 de la loi belge du 8 janvier 1841 avait supposé que les témoins d'un duel n'étaient pas nécessairement des complices, et elle punissait leur assistance considérée comme délit spécial d'une peine bien inférieure à celle qui aurait frappé la complicité. Les articles 431 et 432 du Code pénal de Belgique font la même distinction entre les complices et les témoins du duel.

Art. 431. « Ceux qui, d'une manière quelconque, auront excité au duel, seront punis des mêmes peines que les auteurs. Dans le cas où le duel n'aurait pas eu lieu, ils encourront un emprisonnement d'un mois à un an et une amende de cent francs à mille francs.

Art. 432. « Dans les cas prévus par les art. 427, 428, 429 et 430, les témoins seront punis d'un emprisonnement d'un mois à un an et d'une amende de cent francs à mille francs. »

Notre jurisprudence française, en matière de duel, aboutit à ce résultat peut-être singulier que les témoins de celui qui succombe sont réputés avoir voulu la mort que bien évidemment dans la réalité tous leurs vœux repoussaient. Ils sont en effet poursuivis et exposés à être condamnés, comme complices de l'auteur de cette mort, à moins qu'on ne dise qu'ils sont complices d'une tentative de meurtre sur le combattant qui survit et n'a reçu aucune blessure.

Si le duel était puni, comme délit spécial, cette difficulté, pour ne pas dire cette anomalie, disparaîtrait, puisque la violation de la loi résulterait de la convention de se battre en duel, et par suite la complicité pourrait, en supposant que la solution plus politique du Code pénal allemand ne prévalût pas, être attachée à la participation à cette convention. Les édits de 1602, 1609, 1623, 1651, 1679, 1723, atteignaient avec plus de logique la complicité du duel que la jurisprudence qui date de 1837 (1).

---

(1) La convention de se battre en duel et surtout l'exécution de cette convention peuvent-elles être réprouvées comme des délits ? Oui incontestablement, toutes les fois qu'entre l'offensé et l'offenseur la société trouve le moyen d'intervenir utilement, en offrant des réparations qui effacent ou seulement punissent, pour ne pas dire vengent, dignement l'offense.

Mais quand l'offense est de telle nature que l'intervention sociale serait plus nuisible qu'utile à l'intérêt au salut duquel elle entreprendrait de pourvoir, qu'elle le souillerait, en voulant le sauvegarder, le droit individuel de légitime défense ne s'ouvre-t-il pas ? est-ce que ce droit ne s'applique qu'à la vie et qu'il ne s'étend pas à l'honneur ?

Il semble que si la protection de la justice régulière fait défaut, si la loi n'a pas de sanction en rapport avec la gravité du grief, si elle ne peut accorder que des satisfactions dérisoires qui ajoutent à l'outrage l'aggravation de la publicité, l'offensé qui protège lui-même un intérêt auquel il attache plus de prix qu'à la vie, use du plus indéniable des droits. La guerre n'est-elle pas, lorsque les moyens de conciliation sont épuisés, l'unique ressource pour vider les différends entre nations qui ne trouvent pas de juges, parce qu'elles n'ont pas de supérieur commun ? Entre particuliers n'est-il pas des cas qui excluent tout autre jugement que celui du duel ? Pour poursuivre le châtiment de quelques mois de prison contre le séducteur qui a apporté la honte à son foyer, l'époux sera-t-il réduit à affronter pour lui-même les humiliations d'un débat public, pour la mère de ses enfants la flétrissure d'une condamnation ? S'il obéit à l'opinion, aux exigences de nos mœurs, il jouera sa vie contre celle du malfaiteur qui serait deshonoré s'il avait volé quelques écus, mais qui ne l'est pas, parce qu'il n'a pris que la femme d'autrui.

Toutefois il y a une objection juridique toute puissante. La loi peut-elle, sans abdiquer, se laisser suspendre par un jury, sous prétexte de lacune ou d'impuissance ? La légitime défense s'exerce contre un péril immédiat, imprévu, et à cette condition qu'elle soit le seul moyen de le conjurer. Quand l'adultère est consommé, la guerre privée qui le suit n'est-elle pas un acte de rébellion contre l'ordre social, et plus qu'une usurpation sur sa justice, puisque la guerre n'est pas la justice ? La réciprocité de la soumission à la chance de recevoir des blessures ou même la mort, si elle exclut l'idée de guet-apens et d'assassinat, n'exclut pas le caractère de lésion corporelle volontaire ou même d'homicide intentionnel et elle n'implique en aucune manière l'affranchissement de toute responsabilité pénale.

Mais si l'absolution à priori du duel est impossible, même quand il est motivé par les causes les plus graves, la punition qui le menace doit être appropriée au délit ; elle ne doit pas être empruntée à la classe des pénalités qui frappent les crimes communs, les crimes infamants. C'est surtout aux dépens de la fortune et des droits politiques du coupable que la répression doit s'exercer ; elle peut s'élever jusqu'au bannissement si les circonstances atténuantes ne sont pas admises par le jury, seul juge compétent, en pareille matière. Lorsque le combat a été loyal, quel qu'ait été le résultat, l'application de la peine de mort, des travaux forcés, de la réclusion, soulèverait la conscience publique. La pénalité ne doit pas varier avec l'événement, avec les conséquences plus ou moins dommageables du duel. Mais elle doit varier avec la nature de la cause qui l'a motivé, avec le degré d'avancement dans l'infraction, et elle comporte trois degrés, *la provocation, la convention et l'excitation* (comparer ma *Liberté civile*, ch. xv, p, 357, 358, 359, 360 ; M. Franck, *Philosophie du droit pénal*, deuxième partie, ch. ii, p. 148 à 157, et Edmond About, *le Progrès*, ch. xv, p. 454 à 461. Voir aussi *suprà* seizième leçon *in fine*.

LEÇONS DE LÉGISLATION CRIMINELLE.

APPENDICE

AU

COURS DE CODE PÉNAL.

VINGT-QUATRIÈME LEÇON.

DE L'AMNISTIE ET DE LA GRACE.—Fondement rationnnel de l'amnistie et de
la grâce. — Opinion de Montesquieu, de Filangieri et de Kant. — Explication de M. Guizot. — Historique.—Regard sur les quatre périodes du
vᵉ au XIᵉ siècle, du XIᵉ au XIIIᵉ, du XIIIᵉ au XVIᵉ et du XVIᵉ siècle jusqu'en 1789.—Code pénal du 25 sept. 1791. — Interprétation demandée
aux publicistes contemporains et aux faits.—Sénatus-consulte du 16 thermidor an X. — Charte de 1814. — Acte additionnel aux Constitutions de
l'Empire.—Charte de 1830.— Art. 55 de la Constitution du 4 nov. 1848.
— Constitution du 14 janv. 1852. — Sénatus-consulte des 15-30 déc.
1852. — L'amnistie a-t-elle perdu le caractère d'une loi ? — Solution de
M. Troplong.—Objections. — Questions ajournées.— Loi des 17-21 juin
1871.—Définitions de l'amnistie et de la grâce.—Grande variété dans la
définition de l'amnistie.—Définition de M. Le Graverend.—Définition de
M. Mangin, d'après Denisart. — Définition de M. Dupin. — Critique. —
Différence entre l'amnistie et la grâce. — La grâce collective a-t-elle les caractères d'une amnistie?—Observations sur une opinion de Montesquieu.

MESSIEURS,

La société n'édicte et n'inflige des peines que pour sauve- Fondement
garder son existence en sauvegardant la loi, qui n'a de puis- rationnel de l'amnistie
sance et de vie qu'à la condition d'une sanction. Elle ne me- et de la grâce.
nace et ne frappe que parce qu'elle a intérêt à prévenir et à
réprimer la violation des commandements auxquels elle doit
le maintien des rapports qui la constituent. L'application des
lois pénales et l'exécution des condamnations ne sont légitimes

que parce qu'elles sont autorisées par la justice et imposées par l'utilité sociale. Mais la répression, que la justice autorise et que l'utilité sociale impose comme règle générale, ne peut-elle pas, dans des circonstances spéciales et par exception, n'être pas réclamée par l'intérêt, ou même être contraire à l'intérêt, au nom et en faveur duquel elle est établie? N'est-il pas des cas où la loi et le pouvoir n'ont rien à gagner et peuvent avoir à perdre à la constatation et à la punition de certaines infractions? Ne peut-il pas importer à la société de laisser dans l'ombre des faits, dont elle ne pourrait rechercher ou seulement reconnaître les auteurs, qu'en remuant des passions qui sommeillent, qu'en réveillant des haines près de s'éteindre? La prudence politique ne demande pas, ne permet pas toujours, tout ce que la justice autorise. Si la pénalité n'est légitime qu'à titre de moyen protecteur de l'ordre, pourquoi l'appliquer quand elle serait une cause de désordre? Pourquoi poursuivre, pourquoi tenir pour exacte la constation d'une culpabilité qui serait un embarras, parce qu'il serait également difficile de la punir et de la laisser impunie? La loi doit se voiler; le pouvoir doit fermer les yeux, et promettre de ne pas voir des faits accomplis qu'il ne pourrait réprimer sans péril (1).

La loi et le pouvoir abdiqueraient, s'ils promettaient l'impunité pour l'avenir; mais sans abdication aucune et pour l'accomplissement même de leur mission, ils peuvent garantir l'impunité au passé sur lequel ils ne sauraient avoir de puissance préventive, si cette impunité, loin de compromettre l'avenir, est de nature à l'assurer et à l'affranchir des dangers qu'un déploiement de rigueur multiplierait. La suspension de la loi pour certains actes que la société n'a pu empê-

---

(1) « Il en est de l'amnistie comme de la justice : l'une s'accorde comme l'autre s'exerce, dans l'intérêt de la société. La nécessité de punir cesse avec l'utilité de le faire. Il ne s'agit donc point, en matière d'amnistie, d'examiner s'il échappe même de grands coupables, mais de comparer l'avantage de les atteindre à celui de hâter le rétablissement de la paix intérieure. » (Royer-Collard, Discours sur *la loi d'amnistie.—Vie politique de Royer-Collard*, par M. de Barante.)

cher, est quelquefois commandée par un intérêt impérieux de sécurité sociale. Le pouvoir n'aurait donc pas à sa disposition le moyen de faire face à tous les besoins sociaux, s'il n'avait la prérogative de décréter l'oubli d'infractions dont le souvenir ne serait ravivé qu'au détriment du repos public.

L'intérêt de la société! Voilà ce qui explique et ce qui légitime la faculté de promettre, pour calmer les esprits, pour éteindre les dissensions, de ne pas entamer ou de ne pas continuer des poursuites ou même de ne pas tenir compte de condamnations intervenues comme dénoûment de poursuites déjà faites, à raison de telles ou telles classes d'infractions dont les auteurs resteront ou seront réputés inconnus. Ces promesses de ne pas vérifier la culpabilité, ou de regarder la vérification comme non avenue, sont appelées du nom d'*amnistie* (sans mémoire).

L'*amnistie*, ce n'est pas le pardon. Le pardon s'adresse à des délinquants convaincus ; il implique la culpabilité ; il fait seulement remise, en tout ou en partie, du châtiment. L'amnistie s'applique aux infractions, abstraction faite de ceux qui les ont commises ; elle renonce au droit de découvrir ou de regarder pour avéré, quoique révélé par un jugement, non-seulement le lien qui unit les infracteurs à ces infractions, mais le fait même des infractions ; elle promet aux actes plus que l'impunité, puisqu'elle leur promet la protection d'un voile, à l'aide duquel ils échapperont à toute constatation. Si les agents profitent de l'amnistie, ce n'est que médiatement et indirectement, sans qu'on puisse dire qu'elle est introduite en leur faveur, puisqu'ils ne seront pas jugés, ou que, s'ils ont été jugés, le jugement, à cause des circonstances au sein desquelles il aura été rendu, sera écarté comme suspect.

Si l'intérêt, qui réclame, en général, l'application de la peine, peut, dans certains cas exceptionnels, exclure cette application, l'intérêt, qui appelle l'exécution des jugements passés en force de chose jugée, et, partant, présumés, en vertu d'une présomption exclusive de toute preuve contraire, l'expression de la vérité, peut aussi quelquefois exclure cette exécution, bien que la présomption de vérité, attachée au jugement, ne reçoive aucune atteinte et ne soit nullement ébranlée. Le repentir du coupable, son retour au bien, les services qu'il a rendus ; voilà des titres à l'indulgence et au pardon (1).

De là, pour le pouvoir, la faculté de faire grâce de la peine, de la remettre ou de la commuer en une peine plus douce.

Opinion de Montesquieu et de Filangieri. « C'est un grand ressort des gouvernements modérés, dit « Montesquieu (2), à tort repris par Filangieri (3), qui s'écarte « peu, dans sa conclusion, des idées qu'il critique, que les « lettres de grâce : ce pouvoir qu'a le prince de pardonner, « exercé avec sagesse, peut avoir d'admirables effets. »

Kant soutient que le souverain ne peut exercer le droit de grâce pour les délits commis par les particuliers les uns contre les autres, parce qu'en faisant grâce il commettrait une injustice au profit de l'infracteur et au préjudice de la victime. Mais la pénalité n'est pas dans l'intérêt de la partie lésée, elle n'est édictée qu'au profit de la société et le souverain est juge des exigences sociales (4).

La grâce, à la différence de l'amnistie, s'adresse aux personnes directement et immédiatement ; c'est une faveur qui s'applique nommément à des bénéficiaires déterminés, à des infracteurs convaincus, à des condamnés dont la condamnation n'est pas anéantie, bien qu'elle ne reçoive pas son exécution.

Explication de M. Guizot. — Critique. Pour expliquer et justifier le droit de grâce, un éloquent publiciste, M. Guizot, a écrit : « Ballottée entre le besoin de la « justice et l'impossibilité d'accorder à la volonté perverse ou

(1) Voir en ce sens, Jean Bodin, liv. I, ch. VIII ; Grotius, liv. II, ch. XX, § 24 ; Puffendorf, liv. VIII, ch. III, § 16 ; Vattel, liv. I, ch. XIII ; Burlamaqui, t. II, p. 748, chapitre *Du pouvoir du souverain sur la vie et sur les biens de ses sujets pour la punition des crimes.*

(2) *Esprit des Lois,* liv. VI, ch. XVI.

(3) *De la Science de la Législation,* liv. III, ch. XXIII. — Voir aussi : Bentham, *Principes du Code pénal,* IIIᵉ partie, ch. X ; Pastoret ; Helie sur Beccaria, p. 125.

(4) *Éléments métaphysiques de la doctrine du droit,* traduction de Barni, p. 207.

« capricieuse de l'homme le droit de la régler, la société a res-
« senti d'abord les périls de l'arbitraire ; pour s'en affranchir,
« elle a établi des lois fixes et des juges indépendants ; tous
« ses efforts se sont dirigés contre l'influence des volontés in-
« dividuelles sur les jugements ; elle a essayé d'écrire d'a-
« vance la justice, d'enchaîner d'avance le juge. Une grande
« amélioration a résulté de ces efforts. Mais l'infinie vérité n'a
« pas voulu se laisser saisir tout entière ; l'insurmontable na-
« ture des choses n'a pas-consenti à se reconnaître toujours
« dans le texte des lois. Après avoir lutté contre l'arbitraire,
« il a fallu y recourir ; et, de même que la précision des ju-
« gements légaux avait été invoquée contre les imperfections
« de l'homme, de même la conscience de l'homme a été in-
« voquée contre la perfection des jugements (1). Ainsi, la né-

(1) *De la peine de mort*, p. 167 et 168.—Benjamin Constant n'était pas
allé aussi loin que M. Guizot : « la loi peut être juste comme loi générale,
c'est-à-dire il peut être juste d'attribuer telle peine à telle action et cependant la loi peut n'être pas juste dans son application à tel fait particulier,
c'est-à-dire telle action matériellement la même que celle que la loi avait
en vue peut en différer, d'une manière réelle bien qu'indéfinissable légalement. Le droit de faire grâce n'est autre chose que la conciliation de la
loi générale avec l'équité particulière (*Esquisse d'une constitution* ch. II).
M. Franck a aussi présenté la grâce comme un moyen de réparer les erreurs de la justice; tel est le caractère principal qu'il lui assigne (*Revue
contemporaine*, t. XXIX, p. 42). — Voir dans ma *Liberté civile* le chapitre
intitulé : *M. Franck et le droit de punir*.

« La grâce guérit, le cas échéant, les blessures qu'a faites la justice proprement dite, a écrit aussi M. Mittermaïer (*a*).

Que la grâce rende quelquefois le service de corriger l'imperfection des
jugements, cela est vrai ; mais encore une fois, tel n'est pas son objet. Elle
devrait encore moins être un moyen de corriger l'imperfection des lois.
Quand une loi a des vices, le législateur doit les effacer et effacer la loi elle-
même, si elle n'est pas susceptible d'amendement. A notre sens, la grâce
n'est pas plus que la déclaration des circonstances atténuantes, un moyen
légitime de suppléer à l'œuvre législative ou de la devancer. En principe,
le chef du pouvoir exécutif n'a pas plus que le jury le droit, par exemple,
d'abolir la peine de mort. Oui, mais en fait, la grande disproportion, non
plus seulement en France, mais en Europe, entre le nombre des condamnations à cette peine et le nombre des exécutions est un témoignage des
tendances de l'opinion.

(*a*) *Traité de la Procédure criminelle en Angleterre, en Écosse et dans l'Amérique du Nord*, page 600 de la traduction française.

« cessité de l'arbitraire, indomptable pour notre faiblesse,
« s'est fait sentir après ses dangers ; et, à défaut de ce juge
« infaillible qui manque sur la terre, la liberté, que la loi
« avait voulu s'assujettir pour la régler, est venue, à son tour,
« au secours de la loi (1). »

Je ne saurais accepter cette explication ; je ne crois pas
qu'*en fait de crimes privés, la grâce suppose l'erreur ou au
moins l'excessive sévérité du jugement.* Sans doute, la grâce
peut être employée comme un remède, en cas de méprise judiciaire ; mais elle n'a pas ce but, ce n'est pas là sa véritable
destination. S'il en était autrement, on attribuerait à la
grâce l'effet d'effacer la condamnation ou au moins de la corriger. Ce n'est donc pas l'usage, c'est *l'abus* du droit de grâce
qui aurait *l'inconvénient d'ébranler l'autorité de la justice légale ou la confiance dans la sagesse des lois, qui indiquerait
dans les tribunaux ou dans les Codes des vices à réformer,
qui ferait de la clémence un nouveau degré de juridiction, un
tribunal d'équité appelé à réviser souverainement tous les jugements criminels, et n'offrant dans l'instruction administrative qui précéderait les sentences, ni dans leur forme, aucune
des garanties sagement exigées des tribunaux ordinaires.*

Ce n'est pas seulement du droit de grâce en matière politique, c'est de tout droit de grâce bien exercé, qu'il faut dire
avec l'illustre écrivain : « La grâce n'implique, ni l'erreur
« des premiers juges, ni même, sous le point de vue légal, la
« rigueur démesurée de leur arrêt ; elle ne compromet ni
« n'ébranle, en aucune façon, leur autorité… On peut même
« présumer que l'habitude de la clémence, loin d'encourager
« la sévérité des jurés ou des juges, la laisserait moins timide
« et plus libre (1).

*Historique.
— Période
du v⁰ au xⁱᵉ siècle.*

Du vᵉ au xıᵉ siècle, l'amnistie et la grâce ne durent pas
être d'une fréquente application. Les attentats contre la personne et la propriété des particuliers, c'est-à-dire des crimes,
dits *crimes privés*, ne provoquaient pas une répression publique ; les victimes, ou les familles des victimes, avaient seules

(1) *De la peine de mort*, p. 173 et 174.

le droit d'intenter des poursuites, dont l'objet n'était que le paiement d'une composition ayant tout à la fois le caractère d'une réparation civile et d'une sorte de peine pécuniaire. La part affectée au fisc, le *fredum*, n'était en quelque sorte que la rémunération, le prix de l'intervention du pouvoir, qui facilitait et protégeait l'action de l'offensé, bien plus pour prévenir les désordres et les violences d'une répression individuelle affranchie de toute loi, que pour opérer, lui-même et directement, la répression au profit de la société. En ce qui concerne les *crimes privés*, l'amnistie et la grâce eussent été des usurpations sur les droits des offensés et de leurs familles. Elles ne pouvaient guère s'appliquer qu'au *fredum*. Quant aux crimes qui s'attaquaient à l'autorité ou à la personne du chef, ils comportaient l'exercice du droit d'amnistie et du droit de grâce. Grégoire de Tours raconte qu'à l'occasion de la naissance d'un fils, Chilpéric fit remise de toutes les amendes dues au fisc, et rendit la liberté à tous les prisonniers (1). C'était là une véritable amnistie. Le même historien raconte que Clovis fit grâce de la vie à un condamné pour crime de lèse-majesté (2). Des grâces pour crimes de lèse-majesté sont encore accordées par Pepin, par Charlemagne par Louis le Débonnaire, par Charles le Chauve (3).

Du XIe au XIIIe siècle, au moins pour les *crimes privés*, la répression ayant encore pour caractère prépondérant un caractère privé, puisque la poursuite d'office n'est que l'exception, le droit d'amnistie et le droit de grâce ne sont pas encore considérés comme des attributs de la souveraineté : la souveraineté publique, à proprement parler, n'existait pas ; il est, en effet, de son essence de gouverner et de dominer les propriétés, et il n'y avait, en fait de souveraineté, qu'une sou-

Période
du XIe
au XIIIe siècle.

---

(1) *Collection des historiens de France*, par D. Bouquet, t. II, p. 278 : Mlle de Lézardière, t. III, p. 263 ; Albert du Boys, *Histoire du Droit criminel des peuples modernes*, p. 385.

(2) D. Bouquet, t. III, p. 378 ; Mlle de Lézardière, t. III, p. 263 ; M. du Boys, *eod. loc.*

(3) Mlle de Lézardière, p. 264.

veraineté *terrienne*, dérivant de la propriété et s'y subordonnant (1).

Période
du XIIIe
au XVIe siècle.

Mais du XIIIe au XVIe siècle, quand la répression revêt le caractère d'une vengeance sociale et est regardée par la royauté comme une dette, que les infractions soient ou non commises dans le ressort d'une justice royale, quand, en un mot, la répression est poursuivie dans un intérêt général, elle peut être abandonnée, au nom de cet intérêt que le roi personnifie. Le pouvoir royal, durant cette période, accorde un grand nombre d'amnisties. Ainsi, le 10 août 1358, le régent Charles accorde, sous le nom d'*abolition*, aux habitants de Paris, une amnistie, pour les crimes commis contre son autorité depuis le mois d'octobre 1356. —Ainsi, le 15 décembre 1372, Charles V accorde des lettres d'amnistie pour tous les crimes commis avant le traité, par lequel le Poitou, l'Angoumois et la Saintonge se soumirent à l'obéissance du roi. — Ainsi Charles VII, en mai 1448, accorde une abolition générale aux habitants du Languedoc. — Ainsi, dans la même année, dans le même mois, Charles VII accorde une abolition pour les crimes et délits commis par les habitants du Périgord pendant la guerre.

Période
du XVIe siècle
jusqu'en 1789.

A partir du XVIe siècle jusqu'en 1789, la pénalité est tout à la fois un instrument de vengeance sociale, un instrument de vengeance divine, et une mesure d'intimidation. La royauté, qui concentre dans sa main la souveraineté sociale, et qui aspire à se saisir d'une portion au moins de la souveraineté religieuse, est investie, à un double titre, du droit d'amnistie et du droit de grâce, éléments de ces deux souverainetés. En tant qu'elle représente la souveraineté sociale, elle prétend continuer la royauté impériale, la royauté romaine, et, comme son héritière, elle a le droit d'abolition pleine et entière, « *jus*

(1) Championnière, *De la Propriété des eaux courantes*. n. 317, ch. IX, § 3, *Du Droit de police et de commandement*. — M. Guizot a dit pourtant : « En principe et dans l'âge de la vraie féodalité, le pouvoir législatif n'en était pas moins réel et entier ; si réel que les seigneurs avaient le droit de grâce, aussi bien que le droit de punir. » (*Civilisation en France*, t. IV, 8e leçon.)

« *indulgentiæ perfectæ, quæ*, dit Cujas, *pœnæ inflictæ aut*
« *infligendæ gratiam facit, quæ impunitatem delicti tribuit*
« *et silentium accusatori indicit perpetuum, ut nec quan-*
« *doque reum repetere possit* (1). » En tant qu'elle se constitue gardienne et vengeresse sur la terre de la loi de Dieu,
il semble qu'elle a bien le droit de renoncer à l'exercice sur la
terre de la vengeance divine.

Cependant un célèbre publiciste, Bodin, contestait le droit
d'*abolition* à la royauté, quand il s'agissait de la peine de mort
ou d'une violation de la loi religieuse, et il restreignait l'exercice de ce droit aux contraventions à la loi civile (2). Cette
théorie ne prévalut pas : des amnisties furent accordées,
non-seulement pour des crimes de contrebande, de désertion,
mais pour des crimes de schisme, d'hérésie (3).

L'*abolition générale*, s'étendant à tous les auteurs d'une
classe ou de plusieurs classes de délits, sans désignation individuelle, c'était, en général, l'amnistie.

Ce n'était, cependant, qu'une grâce collective, si elle n'intervenait qu'après condamnation et sans l'effacer, en laissant
substituer l'infamie qui en résultait. Dans notre ancien Droit,
la distinction, très-réelle, entre l'amnistie et la grâce collective n'a pas toujours été bien mise en lumière par les criminalistes.

L'*abolition individuelle*, octroyée à **un** délinquant déterminé, c'était la grâce.

L'ordonnance de Moulins, dans son art. 22 (1566), l'ordonnance de Blois, dans son art. 274 (1579), réprimèrent les
abus des *lettres d'abolition*. L'ordonnance de 1670, tit. XVI,
consacra le droit d'*abolition*, en le réglementant : la royauté
renonçait à l'exercice de ce droit pour certains crimes, notamment pour le duel, l'assassinat, le rapt commis par vio-

---

(1) Cujas, Commentaire sur le titre : *de Generali Abolitione ;* Code, liv.
IX, tit. XLIII ; Le Sellyer, V, p. 563.
(2) Bodin, ch. XIII, liv. Ier, *De la Souveraineté.*
(3) V. Denisart, *Collection de décisions nouvelles* mises dans un nouvel
ordre, par Camus et Bayard, I, v° *Amnistie.*

lence, l'outrage adressé aux magistrats ou aux officiers de justice, pendant le cours de leur ministère. M. le premier président de Lamoignon, lors de la discussion de ce titre, faisait observer, avec beaucoup de raison, que le droit d'abolition était un attribut, non de la justice, mais de la souveraineté : « Le mot d'*abolition* est un terme de puissance ab-« solue qui fait trembler les lois et suspend les effets de la « vengeance publique ; *si judicas, cognosce ; si regnas, jube.* » L'*abolition*, c'est un *commandement*, ce n'est pas un *jugement.*

Code pénal de 1791.

Le Code pénal de 1791, rédigé sous l'influence des idées de Beccaria (1) et de Rousseau (2), interdit, dans son art. 13, tit. VI[Ire part., l'usage de tous actes tendant à empêcher ou à suspendre l'exercice de la justice criminelle, l'usage des lettres *de grâce, de rémission, d'abolition, de pardon ou de commutation de peine,* pour tous crimes poursuivis par voie de jurés. Les mots *lettres d'abolition* ne s'appliquaient pas, dans la pensée du législateur de 1791, à l'*amnistie*, mais à la *grâce collective*, après condamnation. Il entendait désarmer la royauté, le pouvoir exécutif, d'un droit dont l'exercice lui semblait dangereux et peu compatible avec l'idée de contrat comme base de la légitimité de la peine. Le contrat, en effet, était réputé intervenir entre, d'une part, la société tout entière, représentée par les dépositaires de la souveraineté, et, d'autre part, chaque individu. Or, la royauté ne personnifiait plus, à elle seule, la souveraineté ; elle ne constituait qu'un des éléments du pouvoir social, et, par suite, n'avait pas qualité pour renoncer aux droits résultant du contrat au profit de l'état collectif dont elle n'était qu'une représentation partielle. Mais le législateur ne se désarmait pas lui-même, et se réservait incontestablement le droit de suspendre l'action de la loi, quand l'intérêt de la société lui semblerait appeler cette suspension.

Interprétation demandée

Rousseau, qui inspira si souvent la Constituante, n'avait pas

(1) *Des délits et des peines,* ch. XX.
(2) *Contrat social,* liv. II, ch. V.

contesté au législateur le droit de ne point tenir compte de l'œuvre du juge, au-dessus duquel il était placé: « A l'égard « du droit de faire grâce ou d'exempter un coupable de la « peine portée par la loi et prononcée par le juge, il n'appar- « tient qu'à celui qui est au-dessus du juge et de la loi, c'est-à- dire *au souverain :* encore son droit en ceci n'est pas bien net « et les cas d'en user sont très-rares (1). »

Ainsi, sous le nom impropre de grâce, Rousseau admettait *l'abolition* ou *l'amnistie* législative. Cette théorie fut aussi la théorie de Bentham : il proscrivait la grâce comme un abus, au moins comme un danger; mais il reconnaissait que l'amnistie pouvait avoir un caractère de nécessité politique, et qu'elle constituait, non une violation de la loi, mais son exécution (2).

J'ai demandé l'interprétation de l'art. 13 du tit. VI du Code pénal de 1791 aux théories contemporaines, aux théories qui ont précédé et suivi ce Code.

Les faits ne fournissent pas une interprétation moins expressive. Dans la période de 1791 à l'année 1800, le pouvoir législatif a décrété de nombreuses amnisties (3).

Le sénatus-consulte du 16 thermidor an x rétablit, au profit du premier Consul, le droit de faire grâce; ce droit, toutefois, ne pouvait être exercé que dans un conseil privé, et après avoir entendu le grand juge, deux ministres, deux sénateurs, deux conseillers d'Etat.

Des amnisties et des grâces, sans distinction et sans invocation des dispositions et du sénatus-consulte du 16 thermidor an x, furent accordées par le premier Consul, puis par l'Empereur.

La Charte de 1814 investit le roi du droit de grâce, et ne s'expliqua pas sur le droit d'amnistie (4).

---

(1) *Contrat social,* liv. II, ch. v.

(2) *Code pénal,* IIIe part., ch. x.

(3) M. Faustin Hélie, t. III, p. 742, donne l'énumération de ces amnisties.—V. aussi MM. Dalloz, *Rép. alphab.,* v° *Amnistie,* p. 506, 507 et 508, à la note.

(4) « Le roi a le droit de faire grâce et de commuer les peines. Cette

Acte additionnel
aux
Constitutions
de l'Empire.

L'art. 23 de l'Acte additionnel aux Constitutions de l'Empire trancha la question au profit du pouvoir exécutif, et déclara expressément que l'amnistie était une prérogative de l'Empereur.

Charte de 1830.

La Charte de 1830, comme la Charte de 1814, fit du droit de grâce un attribut de la royauté ; mais elle ne parla pas du droit d'amnistie. L'amnistie n'était-elle qu'une espèce de grâce, une grâce plus large, plus générale, que la grâce proprement dite ? Le droit de l'accorder appartenait au pouvoir exécutif, au roi, et pouvait s'exercer par voie de simple ordonnance. L'amnistie avait-elle, dans la réalité, les caractères et les effets d'une loi ? Au pouvoir législatif seul appartenait le droit de la décréter.

La question fut vivement controversée sous la Restauration et sous la monarchie de Juillet. Dans la pratique, fut-elle résolue par les faits ? Des mesures ont été prises sous le nom d'*amnistie*, sans le concours des Chambres. Mais le nom d'*amnistie* n'a-t-il pas souvent couvert des *grâces collectives*, ne réagissant pas sur le passé ? N'a-t-il pas aussi souvent couvert des actes qui étaient bien des *amnisties*, en ce sens qu'ils prévenaient des poursuites ou les paralysaient, mais qui, ne ré-

disposition est excellente; mais de la manière dont elle est jetée là, il est manifeste que c'est de routine; on a voulu se conformer à l'ancien usage établi. On n'a pas vu que, dans l'esprit de notre ancienne législation, le droit de faire grâce est un *veto* appliqué à l'ordre judiciaire, qui correspond au *veto* appliqué à l'ordre législatif. Par cela même que toute loi émane du roi, il s'ensuit nécessairement que le roi a un *veto* sur les propositions législatives qui lui sont faites par les Chambres. *Toute justice émane du roi*; par cela même, le roi a nécessairement un *veto* sur les diverses sentences judiciaires portées par ses Cours » (Montlosier, *De la Monarchie française*, t. IV, p. 53 et 54). — Un publiciste du même temps a écrit au contraire : « Le droit de faire grâce avait, dans nos anciennes mœurs, une utilité plus grande qu'il ne l'a de nos jours, parce que les lois faites par nos aïeux jugeaient seulement les faits, ce qui a lieu encore dans presque toute l'Europe; maintenant, les hommes qui sont appelés pour prononcer sur le fait jugent aussi les intentions, ce qui n'appartient qu'à Dieu ; l'ancienne législation en avait fait une prérogative royale dans l'intérêt de l'humanité. Par les Codes décrétés depuis la Révolution, le droit de faire grâce a été réellement transporté de la royauté au jury, puisque ce droit, renfermé dans ses limites rigoureuses, n'est que la possibilité d'excuser le fait par l'intention. » (Fiévée, *Histoire de la session de* 1815, p. 261.)

glant que des rapports d'avenir entre le pouvoir et les bénéficiaires, ne lésaient aucun tiers et ne pouvaient guère soulever
de réclamations judiciaires? A qui l'excès de pouvoir faisait-
il grief? Qui avait, sinon qualité, au moins intérêt pour s'en
plaindre?

L'art. 55 de la Constitution du 4 novembre 1848 laisse le
droit de grâce dans le domaine du pouvoir exécutif, à la condition qu'il ne pourra être exercé que sur l'avis du Conseil
d'Etat. Il place le droit d'amnistie dans le domaine législatif.

Art. 55
de la Constitution
du 4 novembre
1848.

La Constitution du 14 janvier 1852 semble, dans ses art. 8
et 9, n'attribuer au Président que le droit de faire grâce, et
lui réserver seulement l'initiative de l'amnistie comme l'initiative des autres lois.

Constitution
du 14 janv. 1852.

Mais le sénatus-consulte des 25-30 décembre 1852, inter-
prétatif et modificatif de cette Constitution, investit, dans son
article premier, l'Empereur du droit de faire grâce et du droit
d'accorder des amnisties. « L'art. 1er, a dit M. Troplong dans
« l'exposé des motifs, résout une difficulté de droit public, plus
« doctrinale que pratique. Tous les gouvernements monarchi-
« ques qui se sont succédé en France, ont considéré comme un
« attribut de la puissance souveraine le droit d'accorder des
« amnisties. Tous ont usé de cette faculté ; elle ne saurait, sans
« de graves inconvénients politiques, être contestée ou déniée
« au chef de l'Etat. »

Sénatus-consulte
des
25-30 déc. 1852.

L'art. 1er tranche-t-il, comme le pense M. Troplong, la question de savoir si c'est au pouvoir exécutif ou au pouvoir législatif seulement qu'appartient, en principe, le droit d'accorder
des amnisties? J'hésite beaucoup à le croire : l'art. 1er ne
renferme-t-il pas seulement une délégation à l'Empereur du
droit de faire seul une loi *sui generis*, qui, à raison de ses caractères spéciaux, des questions d'opportunité et d'à-propos
qu'elle soulève, ne comporte guère les lenteurs et la publicité
d'une discussion, les tiraillements d'une appréciation collective?

L'amnistie
a-t-elle perdu
le caractère
d'une loi?
—Solution
de M. Troplong.
— Critique.

Si l'amnistie est une loi, elle a, quoique décrétée sans le
concours du pouvoir législatif, tous les effets d'une loi. Si

elle n'est qu'une mesure d'exéction, il y a des résultats qu'elle sera toujours impuissante à produire, quels que puissent être les termes employés. La question doctrinale serait donc, non plus une question de compétence, mais une question d'étendue et de portée des dispositions mêmes de l'amnistie.

Je ne discute pas encore cette question ainsi envisagée, je la pose seulement ; vous apprécierez mieux les raisons de décider, lorsque vous connaîtrez les effets divers de la grâce et de l'amnistie.

L'Assemblée nationale, dans une loi des 17-21 juin 1871, a déclaré que les amnisties ne peuvent être accordées que par une loi. Elle a délégué au chef du pouvoir exécutif (aujourd'hui Président de la République française) le droit de faire grâce. Cette délégation était au moins surabondante, puisque les 17 février-14 avril 1871, l'Assemblée avait constitué un pouvoir exécutif auquel elle avait conféré toutes les attributions inhérentes à ce pouvoir.

On a, à la vérité, objecté que le représentant du pouvoir exécutif est un délégué et un délégué révocable. Mais, de ce que la délégation était révocable, devait-on conclure que la délégation générale, universelle de toutes les prérogatives du pouvoir exécutif fût insuffisante et qu'il fallût y ajouter des délégations particulières, c'est-à-dire affirmer spécialement pour chaque droit spécial ce qui était compris dans l'attribution en bloc préexistante (1)?

L'Assemblée a fait une exception pour les ministres et autres fonctionnaires ou dignitaires dont elle aurait ordonné la mise en accusation. Elle a enfin décidé que la grâce ne pourrait être accordée aux personnes condamnées pour infraction qualifiée crime par la loi, à raison des faits se rattachant à la dernière insurrection à Paris et dans les départements, depuis le 15 mars 1871, qu'autant qu'il y aurait accord entre le chef

---

(1) Nous persistons dans toutes les idées que nous avons défendues à l'Assemblée nationale dans la séance du 17 juin 1871.

M. Duvergier, dans ses notes sur notre loi, y a donné une entière adhésion (Duverg. 1871, p. 120).

du pouvoir exécutif et une commission de quinze membres qu'elle nommerait.

Sur la grâce et l'amnistie, je veux examiner deux points : Division.

1° Qu'est-ce que la grâce, et qu'est-ce que l'amnistie ?

2° Quelles sont les différences entre les effets de la grâce et ceux de l'amnistie ?

La grâce, c'est la remise totale ou partielle d'une peine prononcée. Cette définition est généralement acceptée. Qu'est-ce que la grâce ?

Qu'est-ce que l'amnistie ? Les définitions offrent plus de variété. Qu'est-ce que l'amnistie ? — Discussion.

« L'amnistie, dit M. Legraverend (1), est un acte du souve-
« rain, qui couvre du voile de l'oubli certains crimes, certains
« délits, certains attentats spécialement désignés, et qui ne
« permet plus aux tribunaux d'exercer aucunes poursuites
« contre ceux qui s'en sont rendus coupables. »

Cette définition encourt, à mon sens, deux reproches :

1° Elle suppose que l'amnistie n'intervient qu'avant la condamnation, qu'avant même la poursuite. Il est certain que l'amnistie peut paralyser la poursuite commencée et même anéantir la condamnation. M. Legraverend le reconnaît bien, puisqu'il dit plus loin : « Quelquefois l'amnistie abolit les ju-
« gements rendus. »

2° La définition de M. Legraverend suppose que l'amnistie s'adresse à des *coupables*, tandis que l'amnistie interdit, ou tient pour non avenue la vérification, non-seulement de l'existence du lien qui unit l'agent à l'infraction, mais de l'existence de l'infraction elle-même.

M. Mangin (2), qui reproduit textuellement la définition de la nouvelle collection de Denizart, dit que l'amnistie est « l'acte par lequel le *Prince* (le *Souverain*, si l'amnistie est « une loi) défend de faire ou de continuer aucunes poursuites, « ou bien d'exécuter des condamnations contre plusieurs per-
« sonnes *coupables*, désignées seulement par le genre de dé-
« lit qu'elles ont commis. »

(1) Tome II, p. 762.
(2) *De l'Action publique*, t. Ier, p. 456, n. 442.

Cette définition offre l'un des vices reprochés à la définition de M. Legraverend : elle suppose la culpabilité bénéficiant d'un brevet d'impunité. La loi d'amnistie ne se borne pas à paralyser l'exécution de la condamnation : elle anéantit la condamnation, et répute que cette condamnation n'a pas eu de cause.

M. Dupin a donné une définition beaucoup plus exacte : l'amnistie est *un acte de souveraineté, dont l'effet est d'effacer et de faire oublier certaines infractions.*

Toutefois, cette définition a encore le tort de supposer l'existence des infractions et de la responsabilité pénale, puisqu'elle décharge de cette responsabilité en effaçant la faute.

Pour notre compte, voici comment nous définissons l'amnistie : « Un acte de souveraineté, qui empêche d'entamer ou « de continuer des poursuites pour vérifier l'existence de ces « infractions, ou qui présume que la vérification déjà faite « offre une incertitude telle que la société ne saurait s'y arrê- « ter et avoir foi dans son résultat. »

En quoi la grâce diffère-t-elle de l'amnistie ?

Différence entre l'amnistie et la grâce.

« La grâce s'accorde, a dit M. de Peyronnet, à celui qui a été « certainement coupable ; l'amnistie, à ceux qui ont pu l'être.»

La grâce suppose la culpabilité, même la condamnation, une condamnation définitive, insusceptible de recours. Elle doit rester étrangère aux condamnations par contumace, qui tombent par l'arrestation volontaire ou la représentation du condamné, puisqu'elle suppose une preuve de culpabilité, et qu'ici la preuve n'a rien de stable, et n'est en quelque sorte que provisoire.

L'amnistie suppose, non l'impossibilité de la culpabilité, mais l'impossibilité de sa constatation ; elle s'accorde avant ou après la condamnation.

La grâce collective a-t-elle les caractères d'une amnistie ?

La grâce est *personnelle*, qu'elle s'adresse à un agent ou à plusieurs agents : elle peut donc s'appliquer aux auteurs principaux d'une infraction, sans s'étendre aux complices, et *vice versâ*. Elle n'est pas toujours individuelle ; elle peut être collective, et comprendre tous les condamnés pour une classe ou plusieurs classes d'infractions.

L'amnistie ne peut être que collective ; elle est *réelle*, c'est-à-dire qu'elle s'adresse aux actes, et ne couvre les agents que par voie de conséquence ; mais elle protége tous ceux qui ont encouru une responsabilité pénale à raison d'un fait, auteurs et complices, puisqu'elle exclut la preuve légale de la violation du commandement.

La grâce opère seulement *ut ex nunc ;* elle n'efface pas le passé, elle n'agit que sur l'avenir.

Montesquieu, après avoir établi que le Prince ne doit pas juger les crimes, notamment parce qu'il perdrait le plus bel attribut de sa souveraineté, le droit de faire grâce, ajoute : « *Il serait insensé qu'il fît et défît les jugements, il ne voudrait pas être en contradiction avec lui-même* (1). » Ces dernières idées sont inexactes ; la grâce ne défait ni ne contredit le jugement.

L'amnistie rétroagit ; elle remonte jusqu'à la condamnation pour la détruire, en démentant la présomption de vérité *juris et de jure*, qui s'y attachait.

Observation sur une opinion de Montesquieu.

La grâce, en remettant les peines principales, laisse subsister les incapacités accessoires, résultant de l'irrévocabilité de la condamnation, la dégradation civique et le renvoi sous la surveillance de la haute police. Elle laissait subsister la mort civile, résultant de l'exécution de certaines peines perpétuelles, si elle ne prévenait cette exécution ; elle laissait subsister la mort civile, non-seulement pour le passé, mais pour l'avenir (2). Mais elle ne laisse pas subsister l'interdiction lé-

---

(1) *Esprit des lois*, liv. VI, ch. v. — M. de Saint-Vincent, dans les observations recueillies par M. Duvergier (*Collection des lois*, 1837, p. 118), a emprunté à Montesquieu, qu'il ne cite pas, les idées et les expressions dont nous contestons l'exactitude : « La grâce *défait* ce qui a été *fait ;* elle « *révoque* un jugement *irrévocable ;* elle lui donne une sorte de dé-« menti. »

(2) La grâce, dans la législation anglaise, d'après Bexon, détruit pour l'avenir la corruption du sang.

« Si un criminel reçoit le pardon du roi, et qu'ensuite il ait un enfant, « cet enfant peut hériter de lui, parce que le père, étant devenu un homme « nouveau, peut transmettre un sang purifié ; mais, si l'enfant était né « avant le pardon accordé au père, il ne pourrait hériter en aucune façon. « Étranges idées, dispositions bizarres, que l'on s'étonne de rencontrer

gale : si la peine afflictive est commuée en une peine correctionnelle, le condamné cesse d'être interdit. La grâce est, au moins dans le silence de ses dispositions, sans puissance même contre la dégradation civique et la surveillance de la haute police, envisagées comme peines principales, parce que la dégradation civique et la surveillance constituent plutôt des incapacités que des pénalités véritables (art. 620, C. inst. crim., § 2).

L'amnistie ne laisse subsister aucunes traces de la condamnation, qu'elle dépouille de toute autorité et brise dans son principe ; elle efface, quand elle est pleine et entière, les incapacités accessoires, la dégradation civique, le renvoi sous la surveillance de la haute police, la mort civile ; elle efface même les incapacités qui sont écrites dans la condamnation et qui ont été prononcées d'une manière principale.

Le condamné gracié est récidiviste, s'il commet une autre infraction depuis l'irrévocabilité de la première condamnation, bien que cette condamnation n'ait pas reçu son exécution, et que, par suite, l'inefficacité de la sanction pénale ne soit pas bien constatée.

La condamnation effacée par l'amnistie ne peut être prise en considération, en cas d'infraction nouvelle, pour constituer la récidive (1).

« dans une législation tant vantée et si longtemps méditée ; tandis que la « nôtre, dans le premier pas de sa simplicité, offre déjà bien plus de sa-« gesse et de justice. » (Scipion Bexon, *Parallèle du Code pénal d'Angleterre avec les lois pénales françaises*, ch. vii, p. 33.)—Voir loi du 4 juillet 1870 (33 et 34, Victoria, chap. 23) qui déclare qu'aucune condamnation pour trahison ou crime n'entraînera à l'avenir la mort civile, la perte des droits de parenté, la confiscation des biens ou l'exercice par l'État du droit d'aubaine, sauf toutefois dans le cas de confiscation résultant de la mise hors la loi. (*Annuaire de la législation étrangère*, première année, p. 2.)

(1) *Sic*, Cass., 19 juillet 1839 (Dev. et Car., 39.1.984) ; Cass., 7 mars 1844, Dalloz, *Rép.*, v° *Amnistie*, note du n. 119 ; Cass., 25 nov. 1853 ; Merlin, *Questions*, v° *Amnistie*, § 5 ; Dupin, n. 22-24 ; Mangin, n. 448 ; Chauveau et Hélie, t. Ier, p. 299 ; Du Bourgneuf, *Pratique du Code pénal*, p. 79-80 ; Rauter, n. 868 ; Le Sellyer, n. 2157 ; Blanche, 1re étude, n. 458. — Voir aussi *suprà*, notre 19e leçon sur la récidive, *in fine*.

VINGT-CINQUIÈME LEÇON.

GRACE ET AMNISTIE (*suite*).—Influence du sénatus-consulte des 15-30 déc. 1852 sur l'amnistie.—Influence de la loi des 31 mai-3 juin 1854, abolitive de la mort civile sur la grâce. — En principe, la grâce ne saurait entamer les droits acquis des tiers. — L'amnistie peut-elle les entamer ? —Éteint-elle notamment l'action civile ?—L'amnistie décrétée par l'Empereur peut-elle rétroagir ?—Caractère de la prérogative de l'Empereur, quant à l'amnistie. — Opinion de M. Faustin Hélie, devenue loi. — La grâce peut-elle, par une disposition expresse, faire remise de la mort civile, de la dégradation civique, de la surveillance de la haute police ? — Opinion de M. Demante. — Réfutation. — Avis du Conseil d'État du 8 janv. 1823. — Opinion de M. Rauter.—La loi des 31 mai-3 juin 1854 n'a-t-elle pas investi le pouvoir exécutif de la faculté de faire remise des peines accessoires ?—Quel est le caractère de cette remise ?—Le pouvoir exécutif peut-il la révoquer ? — Y a-t-il à distinguer entre la décharge de l'incapacité de transmettre ou de recevoir à titre gratuit, et la limitation des effets de l'interdiction légale ? — La grâce et l'amnistie peuvent-elles être refusées ?—Distinctions de M. de Peyronnet.—Critique.— Arrêts contradictoires de la Cour de cassation. —La grâce et l'amnistie peuvent-elles être grevées de conditions ? — Distinctions. —Effets de la grâce et de l'amnistie combinés avec le principe du non-cumul des peines. — Espèces diverses. — Observations sur une opinion de M. Legraverend. — A qui appartiennent l'application et l'interprétation des lettres de grâce et des décrets d'amnistie ? — De l'enregistrement des lettres de grâce.

MESSIEURS,

Vous connaissez les caractères distinctifs de la grâce et de l'amnistie. Les différences qui séparent les deux mesures tendent-elles à s'effacer, sous l'influence de la Constitution qui nous régit ? L'amnistie, parce qu'elle ne suppose plus le con-

Transition. — Division.

cours du pouvoir législatif, s'amoindrit-elle, et n'a-t-elle plus, sous quelques rapports, au moins, que les effets de la grâce? En revanche, la grâce, sous l'empire de la loi des 31 mai-3 juin 1854, qui abolit la mort civile, acquiert-elle quelques-uns des effets de l'amnistie? La grâce et l'amnistie peuvent-elles être refusées? Peuvent-elles être grevées de conditions? Comment se combinent les effets de l'amnistie et de la grâce avec le principe du non-cumul des peines? A qui appartiennent l'application et l'interprétation de l'amnistie et de la grâce?

Voilà les principales questions qui nous restent à examiner.

Je dois les discuter, et parce qu'elles sont graves, et parce qu'elles me fourniront l'occasion de confirmer et de développer les principes que je vous ai déjà exposés.

La grâce ne rétroagissant pas, il est d'évidence qu'elle ne peut léser les droits acquis des tiers.

L'amnistie, qui, elle, rétroagit, ne rétroagit-elle que dans les rapports de l'amnistié avec le pouvoir, ou sa rétroactivité s'étend-elle aux tiers en faveur desquels l'exécution de la condamnation a créé des droits, par exemple, au préjudice des tiers que la mort civile de leur parent a faits héritiers? Si l'amnistie a le caractère d'une loi, elle peut, par une déclaration expresse, atteindre les droits acquis : le principe de la non-rétroactivité est, en effet, un principe présumé écrit dans la loi. Mais il comporte des dérogations ; ce n'est pas un principe constitutionnel, un principe supérieur au pouvoir législatif. Si l'amnistie n'est qu'une mesure du pouvoir exécutif, elle ne saurait léser les droits des tiers (1).

La grâce ne saurait entamer les droits acquis aux tiers. Quid, de l'amnistie?

Conséquence : si l'amnistie est une loi, elle peut, par une déclaration expresse, ne pas tenir compte de la dissolution du mariage et de la dissolution de la communauté par suite de la mort civile ; elle peut déclarer que les héritiers, saisis d'une succession à défaut du condamné, n'ont été que des héritiers apparents. Elle peut faire tout cela ; mais elle n'est pas réputée le faire, si elle ne le dit (2).

(1) *Cours de Code pénal*, 8e leçon, p. 143.
(2) Cass., 1er fév. 1842 (Devill. et Car., 42.1.97).

Sans doute, la Cour de cassation a rejeté un pourvoi contre un arrêt qui jugeait qu'une amnistie avait, de plein droit, revalidé un mariage. Mais la Cour a constaté, en fait, qu'aucun des deux époux n'avait considéré comme *une libération* la rupture du lien matrimonial, qu'ils avaient, au contraire, continué leur vie conjugale, sans attendre même l'amnistie; qu'aucun droit, de nature à faire obstacle à la continuité de l'union, n'avait été acquis à des tiers. Elle n'a vu, dans la décision attaquée, qu'une dispense d'une seconde célébration de mariage (1).

La Cour de cassation a, depuis, rendu un autre arrêt dans le même sens (2); mais si l'époux de l'agent condamné à une peine dont l'exécution a entraîné la mort civile, avait profité du veuvage que lui faisait la loi pour contracter une seconde union, la Cour de cassation n'aurait incontestablement pas décidé que l'amnistie brisait le nouveau mariage et rétablissait l'ancien.

L'amnistie, en éteignant l'action publique, éteint-elle l'action civile des tiers? C'est toujours la même question. Dans le silence de ses dispositions, qu'elle soit une loi ou un acte rentrant dans la pure sphère du pouvoir exécutif, l'action privée survit à l'action publique, et, si elle a été déférée à la juridiction répressive, l'extinction de l'action principale ne rendra pas cette juridiction incompétente pour statuer sur l'action dont elle n'avait cependant pu être saisie qu'à titre d'action accessoire (3). Mais si l'amnistie est une loi, elle peut, par une déclaration expresse, anéantir l'action privée en même temps que l'action publique (4).

L'amnistie éteint-elle l'action civile ?

(1) Angers, 21 août 1840 (Devill. et Car., 40.1.372) ; Cass., 31 juill. 1850 (Devill. et Car., 50.1.672).

(2) Cass., 8 déc. 1851 (Devill. et Car., 52.1.215). — Voir *supra*, 12ᵉ leçon.

(3) Cass., 9 fév. 1849 (Devill. et Car., 49.1.240) ; Mangin, n. 446 ; Rauter, n. 868 ; Le Sellyer, n. 2162; Faustin Hélie, t. III, p. 772 ; Dalloz, *Rép.*, vᵒ *Amnistie*, n. 139 ; Sourdat, *De la Responsabilité*, n. 20 ; *Secus*, Legraverend, t. II, p. 705.

(4) L'amnistie après condamnation n'anéantirait pas sans une déclara-

L'amnistie
décrétée
par l'Empereur
peut-elle
rétroagir?

Pour nous, l'amnistie est une loi; il faut un acte de souveraineté pour suspendre la loi, et le pouvoir exécutif ne personnifie pas, à lui seul, la souveraineté. Si l'Empereur avait le droit d'accorder des amnisties sans le concours du Corps législatif, c'est que, pour ce droit spécial, à raison même de sa spécialité, il avait été constitué, en vertu d'une délégation expresse, législateur et souverain. L'Empereur avait donc, d'après nous, le droit de décréter des amnisties réagissant sur les droits des tiers. Il était seul juge, sous ce rapport, des exigences de l'intérêt social; on disait : *si veut l'Empereur amnistiant, si veut la loi.*

Opinion
de
M. Faustin Hélie
devenue loi.

Dans les controverses que cette question a soulevées sous la Restauration et sous la Monarchie de 1830, on s'est peut-être trop préoccupé du point de savoir quel était le pouvoir le mieux placé pour user, au profit de la société, du puissant moyen de pacification et de concorde qu'offre l'amnistie. Mais

tion expresse le droit résultant pour les tiers d'une condamnation civile. L'État, même pour la condamnation des dépens, n'est pas un tiers, vis-à-vis du condamné, dont il tient pour non avenue la condamnation, en reconnaissant que la légitimité des causes de cette condamnation n'est pas vérifiable et reste forcément incertaine. L'amnistie n'est pas une *remise de la peine*; elle ne serait alors qu'une *grâce*; elle est l'aveu par le pouvoir social, que la conscience publique dont il est l'interprète a des inquiétudes sur le *fondement* de la poursuite, si elle n'a pas encore abouti à une condamnation; sur le *fondement* de la condamnation, si la condamnation a déjà été prononcée. La société alarmée renonce à tout ce qui a été fait en son nom; elle abdique tout titre contre le condamné, titre répressif, titre pécuniaire, accessoire; elle ne peut garder l'effet ou l'un des effets, quand elle efface la cause et lorsqu'elle va même jusqu'à supprimer l'autorité de la chose jugée. Sans doute les condamnations civiles, prononcées au profit de la partie lésée, survivraient à l'amnistie, si l'amnistie était muette sur leur sort. Pourquoi? Parce que les lois ne rétroagissent au préjudice des *tiers*, qu'autant qu'elles contiennent une déclaration de rétroactivité. Mais l'État, adversaire au nom de la société, du condamné, n'est pas un tiers; il est le créancier qui proclame lui-même l'importance des soupçons auxquels son titre est exposé et qui ne veut pas, par un sentiment de dignité, ou d'utilité sociale, en poursuivre l'exécution; son titre aboli *pour le principal* ne survit pas *pour l'accessoire* (a).

(a) Voir un arrêt du 31 décembre 1869, qui statue sur un cas où les frais de poursuite et d'instance résultant de jugements passés en force de chose jugée étaient l'objet d'une exception (Sir., 70.1.227).

ce point, résolu au profit de la royauté, n'impliquait pas que l'amnistie n'avait point le caractère et ne pourrait pas avoir les effets d'une loi. Le droit de décréter la loi politique de réconciliation peut être délégué au pouvoir exécutif, sans que ce droit soit mutilé et restreint dans les limites d'une mesure d'exécution. *Il est évident*, a dit un savant criminaliste, M. Faustin Hélie, *que le droit d'amnistie dérivant de la même source que la loi, ne peut être régulièrement exercé par le pouvoir exécutif que par une délégation légale.*

La grâce, n'intervenant qu'après la condamnation, c'est-à-dire après que la justice a fait son œuvre, n'est, qu'elle soit individuelle ou collective, qu'une mesure rentrant dans les attributions normales du pouvoir exécutif. N'est-ce pas, en effet, au pouvoir exécutif qu'incombe le soin d'assurer l'exécution des jugements? (Art. 178 et 376, C. inst. crim.) Est-ce que le ministère public n'est pas, dans l'organisation judiciaire, le représentant du pouvoir exécutif (1) ? Mais l'anéantissement d'une condamnation et de toutes ses conséquences excède certainement les limites du pouvoir d'exécution réduit à lui-même. Le droit d'interdire des poursuites, et surtout la continuation de poursuites commencées, n'excède-t-il pas, quoique dans une moindre mesure, le pouvoir d'exécution ? Sans doute, c'est au ministère public, représentant, dans l'ordre judiciaire, du pouvoir exécutif, qu'appartient, en général, le droit de mettre en mouvement l'action publique : mais, cette action une fois déférée aux juridictions pénales, soit de jugement, soit même d'instruction, le ministère public n'en est plus le maître : il ne dépend pas de lui d'arrêter le cours de la justice, et d'empêcher l'accomplissement du devoir auquel il fait appel. Enfin, dans certains cas, les Cours impériales tiennent de la loi, de l'art. 235, C. inst. crim., et de l'art. 11 de la loi

---

(1) M. Guizot a très-bien dit, en parlant de la grâce : « En fait, c'est « un débris du droit de justice, un reste des temps où les princes, jugeant « eux-mêmes, pouvaient, selon l'occasion, condamner ou absoudre. Par « les progrès de l'ordre social, le droit de juger est sorti des mains du « Prince; il a retenu celui de pardonner. » (*De la peine de mort*, p. 166 et 167.)

du 20 avril 1810, le droit d'ordonner des poursuites criminelles. Ce droit, dérivant de la loi, peut-il être paralysé autrement que par une loi ?

La grâce peut-elle
avoir pour objet
la mort civile,
la dégradation
civique,
la surveillance?

J'ai dit que la grâce, justement parce qu'elle n'était qu'une
mesure d'exécution, à la différence de l'amnistie, qui est une
loi, ne pouvait pas rétroagir au préjudice des tiers ; qu'elle
n'avait pas même, au moins dans le silence de ses dispositions,
d'effet rétroactif dans les rapports du condamné avec le pouvoir; qu'ainsi elle respectait les incapacités attachées à l'irrévocabilité ou à l'exécution de la condamnation (1). Mais la
grâce pourrait-elle, par une disposition expresse, faire remise
de la mort civile, de la dégradation civique et du renvoi sous la
surveillance de la haute police, en tant, au moins, que ces deux
peines ne sont que des peines accessoires, de résultance, qui
n'ont pas été écrites dans le jugement ? Un savant jurisconsulte, M. Demante (2), le soutient. Il reconnaît, toutefois,

Opinion
de M. Demante.
— Réfutation. —
Avis
du Conseil d'Etat
du
8 janvier 1823.

qu'un avis du Conseil d'État, du 8 janvier 1823, a résolu la
question contrairement à cette théorie, en déclarant : « Que
« l'effet de la grâce n'est pas d'abolir le jugement, mais de
« faire cesser la peine ; — qu'aux termes du Code d'instruc-
« tion criminelle, le droit de *réhabilitation* ne commence qu'a-
« près que le condamné a subi sa peine ; — que l'effet de la
« *réhabilitation* est de relever le condamné de toutes les inca-
« pacités, soit politiques, soit civiles, qu'il a encourues ; —
« que ces capacités sont des garanties données par la loi,
« soit à la société, soit aux tiers, et que la grâce accordée au
« condamné ne peut pas plus le relever de ces incapacités que

(1) *Sic*, Cass., 6 juillet 1827, et 10 avril 1849; Dalloz, 1827.1.442, 49.
1.142; Devill. et Car., 49.1.311. M. Foucher, p. 424 à 430 de son *Commentaire sur le Code de justice militaire*, a le tort de supposer que les
effets des peines ne commencent à courir en réalité que du jour où elles
reçoivent leur exécution; il transporte au droit commun la solution des
deux premiers paragraphes de l'art. 200 de la loi des 9 juin-4 août 1857,
et il modifie, avec cette exception et avec l'exception abrogée de la mort
civile, l'art. 23 du *Code pénal*, ce qui lui fait soutenir que la grâce opère
d'une manière absolue, si elle intervient avant que la condamnation soit
exécutoire.

(2) T. Ier, n. 47 *bis* et n. 71 *bis*.

« de toutes les autres dispositions du jugement qui auraient
« été rendues en faveur des tiers ; — . . . .
« que la prérogative royale ne s'étend pas jusqu'à dispenser
« les citoyens des obligations qui leur sont imposées en vertu
« des lois maintenues par la Charte, et dont ils ne pourraient
« être relevés que par la puissance législative. . . . .
« . . . .
« . . . .

« Que les lettres de grâce, accordées après l'exécution du
« jugement, ne peuvent contenir aucune clause qui dispense
« des formalités prescrites par le Code d'inst. crim. pour la
« *réhabilitation*. »

L'avis du Conseil d'État est l'expression des véritables principes. Comment une condamnation, œuvre d'un des pouvoirs
sociaux, pourrait-elle tomber devant un acte qui ne serait
pas réputé émaner du représentant de la souveraineté sociale? Comment ce droit, acquis à la société par suite de
l'exercice régulier des attributions d'un pouvoir, serait-il à la
merci d'un autre pouvoir dont le pouvoir judiciaire est indépendant (1) ?

La grâce qui effacerait la condamnation ne serait pas une
grâce, mais une amnistie. Sous le second Empire, la question
semblait sans importance, puisque l'Empereur avait le pouvoir
non-seulement de gracier, mais d'amnistier ; qu'il était, quant
à l'amnistie, revêtu d'un véritable mandat législatif. J'insiste,
cependant, sur ces développements, pour bien établir que l'amnistie n'est pas, comme on l'a dit, comprise dans la grâce, à
titre d'espèce dans le genre ; que l'amnistie a plus de largeur,
de portée, de puissance, que la grâce, et que le plus n'est pas
contenu dans le moins.

Je crois même, avec un jurisconsulte éminent, M. Rauter, Opinion
de M. Rauter.
que des lettres de grâce ne pourraient, par une déclaration
expresse, faire remise de la dégradation civique et du renvoi

---

(1) M. Molinier, *Revue de droit français et étranger*, 1850, p. 495; Demolombe, t. Ier, n. 235, p. 278 à 280. — *Contrà*, M. Blanche, 1re étude,
n. 164.

sous la surveillance de la haute police, dans le cas où la dégradation et la surveillance ne sont pas seulement une conséquence de l'irrévocabilité d'autres peines, mais sont directement et principalement prononcées, parce que, dans ce cas, ce qui prédomine en elles, c'est le caractère d'incapacité, et que toute incapacité intéresse les tiers. Si la dégradation civique et la surveillance, écrites dans la condamnation, avaient pu être remises par la grâce, elles seraient restées, sous le rapport de la réhabilitation, sous l'empire de la règle générale de l'art. 620 pour les peines perpétuelles ; elles n'auraient pas nécessité une exception (1).

La loi des 31 mai-3 juin 1854, qui abolit la mort civile, n'est-elle pas venue rompre avec ces principes ?

La loi des 31 mai-3 juin 1854 a-t-elle modifié les principes antérieurs ?

« Les condamnations à des peines afflictives perpétuelles « emportent la dégradation civique et l'interdiction légale, « établies par les art. 28, 29 et 31 du Code pénal. » (Art. 2.)

« Le condamné à une peine afflictive perpétuelle ne peut « disposer de ses biens, en tout ou en partie, soit par dona- « tion entre-vifs, soit par testament, ni recevoir à ce titre, si « ce n'est pour cause d'aliments.

« Tout testament par lui fait antérieurement à sa condam- « nation contradictoire, devenue définitive, est nul.

« Le présent article n'est applicable au condamné par « contumace que cinq ans après l'exécution par effigie. » (Art. 3.)

« Le Gouvernement peut relever le condamné à une peine « afflictive perpétuelle de tout ou partie des incapacités pro- « noncées par l'*article précédent*.

« Il peut lui accorder l'exercice, dans le lieu d'exécution « de la peine, des droits civils, ou de quelques-uns de ces « droits, dont il a été privé par son état d'interdiction légale.

« Les actes faits par le condamné, dans le lieu d'exécution « de la peine, ne peuvent engager les biens qu'il possédait au

---

(1) L'art. 87 du Code pénal belge investit le roi de la prérogative de faire remise, en vertu de son droit de grâce, des incapacités prononcées par les juges ou attachées par la loi à certaines condamnations.

« jour de sa condamnation, ou qui lui sont échus à titre gra-
« tuit depuis cette époque. » (Art. 4.)

La loi n'accorde pas au Gouvernement le droit de relever
de la dégradation civique, et, sous ce rapport, elle confirme
notre théorie. Elle semble même, à première vue, refuser au
pouvoir exécutif le droit de porter atteinte à l'interdiction légale, puisque l'art. 4, qui autorise le Gouvernement à relever
le condamné de certaines incapacités, ne se réfère qu'aux incapacités dont il est parlé dans l'art. 3, c'est-à-dire à l'incapacité
de transmettre ou de recevoir par donation entre-vifs ou testament, sinon pour cause d'aliments.

Mais l'art. 4, s'il refuse au Gouvernement le droit de relever
le condamné de l'interdiction légale, l'autorise au moins à limiter les effets de cette interdiction, en la paralysant dans le lieu
d'exécution de la peine.

Quel est le véritable caractère du droit accordé au Gouvernement, de modifier ainsi l'état pénal du condamné ? Est-ce
un simple rappel du droit de grâce ?

Caractère
de cette loi.

C'est plus qu'un rappel du droit de grâce ; c'est son extension exceptionnelle à une situation pour laquelle la réhabilitation était impuissante, puisqu'elle ne peut intervenir qu'après
la libération de la peine principale.

Cette faculté, accordée au pouvoir exécutif, d'atténuer les conséquences de la peine principale, dont le condamné n'est pas
affranchi, ne rétroagit pas. Elle respecte les droits acquis ; elle
ne restitue à l'agent la capacité dont il avait été privé, que pour
l'avenir (1).

Mais cette capacité n'est pas rendue au condamné à titre d'é-
preuve ; elle redevient pour lui un droit dont il ne pourrait
être privé qu'en vertu d'une condamnation. Le pouvoir exécu-

(1) Voir, toutefois, discours de M. Legrand au Corps législatif, séance
du 2 mai 1854, *Moniteur* du 4 : « *Ce qui est dans l'art. 4, ce n'est pas
l'exercice du droit de grâce de la part du souverain, ce sont des dispositions
purement administratives.* » Voir aussi d'excellentes observations de
M. Cuzon, dans le journal *le Siècle*, du 1er mai. M. Cuzon croit à tort, selon
nous, que l'intervention administrative pourrait avoir des effets rétroactifs.
La vérité n'est-elle pas entre ces deux théories ?

tif a le droit de relever de la déchéance ; il n'a pas le droit de la faire revivre (1).

Quant à la concession de l'exercice de certains droits civils dans le lieu de l'exécution de la peine, la loi ne dit pas que cette concession ne puisse être faite à temps, et qu'elle ne soit pas révocable au gré et suivant l'appréciation du pouvoir qui l'autorise, sauf, bien entendu, l'inviolabilité de l'acte accompli et des titres créés avant la révocation. Il semble qu'il ne s'agit plus là que d'une concession précaire, subordonnée à la conduite du condamné.

Toutefois, cette première vue est-elle bien exacte ? — L'affranchissement total ou partiel du régime tutélaire, dans le lieu où la peine s'exécute, sous la condition que les obligations, résultat de l'indépendance recouvrée, ne s'exécuteront que sur les biens acquis à titre onéreux depuis la condamnation, n'est-ce pas la restitution d'une aptitude que le pouvoir exécutif peut rétablir à titre gratuit, mais qu'il ne peut enlever, parce que son enlèvement constitue une pénalité ?

D'ailleurs, dans la théorie qui professe (et c'est celle que je vous ai exposée) que le condamné, dans les liens de l'interdiction légale, ne peut ni tester ni donner entre-vifs, à quoi servirait l'irrévocabilité de la remise de l'incapacité de transmettre à titre gratuit, si l'exercice des droits restitués restait à la discrétion du pouvoir exécutif ? Pourquoi refuser au pouvoir exécutif la faculté de reprendre le droit lui-même, si on lui reconnaît la faculté d'en paralyser l'exercice, lorsqu'il l'aura rendu ?

L'art. 18 du Code pénal de l'Empire conférait au Gouvernement la faculté de recréer aux déportés une vie civile locale. — La loi du 28 avril 1832 maintint cette faculté, en l'élargissant ; l'exercice des droits restitués au condamné n'était pas nécessairement localisé.

La concession des droits civils aux déportés était-elle révocable ? La loi du 8 juin 1850, d'après laquelle la déportation

(1) *Contrà*, M. Blanche, Iʳᵉ étude, n. 166, p. 200.

n'entraînait plus la mort civile, déclarait que les condamnés à
la déportation simple auraient l'exercice des droits civils dans
le lieu de la déportation.—La loi des 2-31 mai 1854 n'a-t-elle
pas voulu donner au Gouvernement la faculté de faire, pour
les condamnés à des peines perpétuelles, ce que la loi du 8 juin
1850 faisait, d'une manière absolue, pour une classe de déportés (1) ?

La grâce et l'amnistie peuvent-elles être refusées ? M. de Peyronnet dit oui pour la grâce et non pour l'amnistie : « L'am-
« nistie ne fait rien perdre à l'homme innocent. La grâce lui
« fait tout perdre, jusqu'au droit de se dire tel.—Quiconque a
« failli, doit s'humilier : il peut demander grâce et la recevoir.
« —Qui n'a point failli, faillirait en s'humiliant : il ne peut ni
« recevoir ni demander grâce. On consent à la sentence, en
« consentant à la grâce ; on se reconnaît bien accusé, et à bon
« droit condamné. Souffrez la sentence : vous ne lui avez rien
« accordé, puisque vous y êtes contraint. Acceptez la grâce qui
« maintient au moins le passé, vous donnez, sans y être con-
« traint, votre assentiment à tout ce qu'elle maintient.—Sans
« y être contraint, car il n'est au pouvoir de personne de vous
« obliger à accepter ou à subir autre chose que votre sentence.
« —Louis XIV l'entreprit contre Fouquet (2) ; mais l'histoire
« l'en a sévèrement puni, et avec raison : ce fut un grand abus
« de puissance. Il est peut-être encore des États où cet abus
« pourrait se renouveler ; je le tiens pour impossible dans les
« États libres. »

La grâce
et l'amnistie
peuvent-elles
être refusées ?
— Distinction de
M. de Peyronnet.

Il est impossible d'admettre cette distinction : l'acceptation
de la grâce, dit-on, est l'acquiescement à la condamnation.
—Non, d'abord, si la grâce s'impose et ne s'offre pas : or, c'est
là justement l'objet de la question. M. de Peyronnet suppose
résolu le point même qu'il s'agit d'éclaircir, à savoir si le condamné n'est pas astreint à souffrir la grâce comme la sentence.
Or, pourquoi le condamné aurait-il une immunité contre la
grâce, s'il n'a pas de droit acquis à la peine, si la peine est

Critique.

(1) Voir art. 9 du décret des 27 mars-16 avril 1852.
(2) Voir infrà, page 553.

prononcée contre lui et non à son profit, si, en un mot, elle est, non un moyen d'expiation *établi en faveur du coupable pour le réconcilier avec l'ordre*, mais une sanction sociale, commandée par l'intérêt public, qui seul la légitime ? La peine doit cesser ou s'adoucir, suivant les exigences de l'intérêt qui la fait appliquer. Eh bien! l'exécution des peines n'est pas l'acquit d'une dette du pouvoir social, soit envers le condamné, soit envers la justice absolue qu'il n'a pas qualité pour représenter.

L'amnistie s'impose-t-elle ?

Si l'hésitation était possible, je la comprendrais plutôt pour l'amnistie que pour la grâce. L'amnistie suppose, en effet, la possibilité de la culpabilité : or, ne semble-t-il pas que l'agent, en tant qu'il n'a pas été irrévocablement condamné, mais qu'il a été poursuivi, puisse dire : « Je demande une vérifi-« cation ; je veux que la vérité se fasse jour ; mon honneur « ne sera intact qu'à la condition qu'on ne me déniera pas le « droit de démontrer mon innocence ; ne m'enlevez pas à mes « juges ; laissez-moi la garantie et la protection d'un juge-« ment. »

Ces objections ne sauraient se placer dans la bouche d'un agent non poursuivi, puisque l'agent ne peut aller au-devant de l'action publique, ni d'un agent condamné, puisque le doute sur sa culpabilité vaudra toujours mieux que la certitude légale de cette culpabilité.

Mais que répondre à l'agent sous le coup d'une poursuite au moment de l'amnistie ?

Arrêts contradictoires de la Cour de cassation. Un arrêt de la Cour de cassation, du 25 novembre 1826 (1), a décidé que l'amnistie est une faveur que des prévenus, qui soutiennent n'avoir commis aucun délit, sont libres de ne pas invoquer. Mais cette Cour s'est prononcée en sens contraire le 10 juin 1831 (2). C'est cette dernière solution que nous adoptons. L'amnistie est une loi, et une loi s'impose ; elle

(1) Sir., 28.1.69.
(2) Sir., 31.1,412.

commande et ne prie pas ; elle commande, et elle commande au nom d'un intérêt général qui réclame l'oubli et proscrit la continuation de débats propres à compromettre la sécurité publique. Les intérêts individuels sont condamnés à se taire en face de l'intérêt collectif. L'amnistie dérobe l'agent au jugement, au même titre que la prescription de la poursuite. Pourquoi, aux termes de l'art. 641, C. inst. crim., l'agent ne peut-il répudier la protection de la prescription ? Parce que la loi répute qu'après un certain temps la vérification de la culpabilité n'offrirait pas assez de garanties. Condamné, la société n'aurait pas assez de confiance dans la condamnation pour la faire exécuter. Acquitté, comment la vérification offrirait-elle assez de certitude pour que l'innocence fût proclamée et devînt un article de foi sociale ? Est-ce que les raisons de décider pour l'amnistie ne sont pas les mêmes ? Pourquoi la société n'aurait-elle pas le droit de déclarer à l'avance une vérification dangereuse, et, dans tous les cas, suspecte (1) ?

La grâce et l'amnistie peuvent-elles être grevées de charges, de conditions ?

La grâce et l'amnistie peuvent-elles être grevées de conditions ?

La grâce, quoiqu'elle s'impose, est présumée un bienfait, puisqu'elle n'intervient qu'au profit d'un agent frappé d'une condamnation insusceptible de recours. Le condamné n'a pas même l'option entre la position que lui fait le jugement et la position que lui assure la grâce ; seulement, s'il soutient que la commutation, bien loin d'être une grâce véritable, constitue une aggravation, l'autorité judiciaire sera compétente pour apprécier la question (2).

(1) *Sic*, Rauter, n. 868 ; Mangin, *note*, n. 448 ; Le Sellyer, n. 2170.

(2) « M. Legraverend, dit son savant annotateur, M. Duvergier, examine,
« dans ses notes manuscrites, la question de savoir si le roi peut commuer
« la peine capitale en la peine des travaux forcés, avec la flétrissure, contre
« la volonté du condamné, qui préfère la mort à l'infamie. Il paraît pencher
« pour la négative. Cependant, aux yeux de la loi, la peine capitale étant
« toujours la plus grave, on ne peut soutenir qu'il n'y ait pas commuta-
« tion. Par conséquent, la volonté du condamné ne peut mettre obstacle à
« l'exercice de la prérogative royale. »

La peine de mort, qui, pour les crimes que la loi ordinaire ne prévoit pas,

Quant à l'amnistie, il faut distinguer :

Toute amnistie, celle qui précède, comme celle qui suit une condamnation, peut être subordonnée à une condition potestative de la part de ceux auxquels elle s'adresse, en ce sens qu'ils ne pourront réclamer le bénéfice de ses dispositions qu'autant qu'ils feront l'acte qui leur est demandé, par exemple qu'autant qu'ils rentreront en France, dans un délai déterminé; s'ils ne remplissent pas la condition, ils resteront

n'entraîne point toujours, d'après les lois des 9 juin-4 août 1857 et 4-15 juin 1858, la dégradation militaire, est-elle, lorsque la peine accessoire de la dégradation n'y est pas attachée, une peine infamante?

Non, a dit M. Langlais, dans son rapport au Corps législatif sur le Code de justice militaire pour l'armée de terre :

« Le projet même s'est gardé d'attacher toujours l'infamie à la peine de « mort. Elle n'a ce caractère que lorsqu'elle est accompagnée de la dégra-
« dation militaire. Le législateur proclamait ce principe dès 1829, et le
« justifiait par les meilleures raisons. « La commission a pensé, disait le
« rapporteur, que le législateur attacherait en vain l'infamie à un fait cou-
« pable, si l'opinion publique se refusait à y reconnaître cette immoralité
« profonde, cette perversité de cœur et cette soif de sang qui entraîne au
« vol et à l'homicide.

« Déjà cette distinction entre les crimes communs et les crimes militaires
« se trouve dans les Codes étrangers, et même il existe des différences dans
« l'exécution de la peine. Ainsi la loi militaire helvétique connaît la mort
« avec infamie ou sans infamie : la première est reçue par derrière et la
« seconde par devant. Dans le Code prussien, on remarque des différences
« plus frappantes encore.

« La disposition que nous vous prions d'admettre est tellement dans nos
« mœurs militaires, et par conséquent inhérente à l'honneur français, que
« naguère un militaire, condamné à la peine de mort pour voies de fait en-
« vers son supérieur, refusa une commutation de peine. La mort lui parais-
« sait préférable aux travaux forcés, parce qu'il n'attachait à la peine capi-
« tale, encourue pour insubordination, aucun caractère d'infamie et de
« déshonneur. »

Non, a dit encore M. Rigaud dans son rapport au Corps législatif sur le Code de justice militaire pour l'armée de mer :

« La peine de mort, seule, prend dans le Code maritime, un caractère
« et un mode d'exécution particuliers. —Elle n'est pas infamante par elle-
« même, et elle ne le devient que si elle est accompagnée de la dégradation
« militaire. Si la rigueur nécessaire au maintien de la discipline dans les
« armées en a commandé l'application à un grand nombre de faits, il fal-
« lait au moins reconnaître que quelques-uns de ces faits n'accusaient pas
« une immoralité profonde dans le cœur de ceux qui les avaient commis.
« Dans ces cas, la peine de mort restera d'accord avec l'opinion; elle frap-

soumis au droit commun, soit sous le coup d'une poursuite intentée ou à intenter, soit sous le coup d'une condamnation.

L'amnistie, après condamnation, peut être grevée d'une charge exigible, cette charge pût-elle être considérée comme une peine, pourvu que la peine soit moindre que la peine écrite dans le jugement ou l'arrêt. Vainement objecterait-on que, d'après nous, l'amnistie suppose l'impossibilité légale de vérifier la culpabilité. N'est-ce pas, en effet, refuser de

« pera les coupables sans les flétrir, et elle ne vouera pas à l'infamie leur
« nom et leur mémoire. »

Mais M. de Parieu, vice-président du Conseil d'État, dans la discussion du Code de justice militaire pour l'armée de mer, a protesté contre l'idée que la peine de mort, même quand elle n'a point pour accessoire la dégradation militaire, ne soit point une peine infamante :

« On attache une importance exagérée à la distinction, qui a été faite
« dans les rapports sur les deux Codes de justice militaire pour les armées
« de terre et de mer, entre la peine de mort accompagnée de la dégrada-
« tion militaire et la peine de mort sans dégradation. Aux termes de ces
« rapports, la peine de mort, qui est hautement infamante dans le premier
« cas, ne le serait en rien dans le second. L'honorable M. Rigaud, dans son
« travail si complet, a beaucoup insisté sur cette distinction. Mais si la dé-
« finition du caractère exact de la peine de mort sans dégradation peut
« préoccuper les jurisconsultes, elle ne peut pas avoir la même importance
« pour le Corps législatif sous le rapport des résultats positifs. Pour sa part,
« M. le commissaire du Gouvernement hésiterait à dire que la peine de
« mort sans dégradation ne porte pas le caractère du déshonneur ; à ses
« yeux, les mots de condamnation à mort et d'honneur semblent toujours
« s'exclure ; mais il invite la Chambre à ne pas s'engager dans des consi-
« dérations de pure théorie, et à se placer sur le terrain de la pratique. »
(Procès-verbal de la séance du Corps législatif du 20 avril 1858.)

La solution de la question de savoir si le condamné à la peine de mort sans dégradation militaire pourrait refuser la commutation de cette peine en la peine des travaux forcés à perpétuité, semble subordonnée au sort de la controverse que le législateur a soulevée sans la trancher : si la peine de mort à laquelle n'est pas attachée la dégradation militaire n'a pas le caractère infamant, comment, sous prétexte d'adoucissement, lui substituer, sans ou même avec le consentement du condamné, une peine qui emporte les conséquences d'infamie ? Louis XIV commua en prison perpétuelle le bannissement prononcé contre Fouquet, le 20 décembre 1664, et, le lundi 22 décembre, Fouquet était transféré à Pignerol. L'exécution du bannissement eût, il est vrai, entraîné la mort civile ; mais l'exécution de la peine inusitée, sauf le cas d'une commutation, de la prison perpétuelle n'entraînait-elle pas également la mort civile ? V. *Institutes au droit criminel* de Muyart de Vouglans, p. 411 et 413.

tenir compte de la vérification, que de ne pas s'attacher à la constatation de la gravité du fait? Ne peut-on pas rejeter la mesure de la responsabilité, sans donner pour le tout un démenti à la vérité des causes de la condamnation?

L'amnistie, avant la condamnation, ne saurait imposer l'accomplissement d'une condition, parce que cette condition participerait toujours du caractère d'une peine, et que les peines ne peuvent être infligées que par le pouvoir judiciaire, avec les garanties qui résultent des formalités de la procédure.

Objecterait-on que l'amnistie est une loi, une loi dont l'essence est de commander? Mais à qui commanderait-elle? Il est aussi de l'essence de l'amnistie de ne pas désigner les personnes, sinon pour les exclure du bénéfice de ses dispositions. L'amnistie s'adresse aux auteurs d'une certaine classe d'infractions : est-ce que ces auteurs ne sont pas inconnus, tant qu'ils ne sont pas convaincus par une décision irrévocable?

Combinaison de la grâce et de l'amnistie avec le principe du non-cumul.

Les effets de la grâce et de l'amnistie doivent être rapprochés des principes sur le non-cumul des peines. Ce rapprochement soulève des difficultés sérieuses que la doctrine est loin d'avoir encore éclaircies.

Espèces diverses.

L'agent, convaincu de deux crimes emportant des peines d'une nature diverse, doit-il être conditionnellement condamné à raison du crime qui entraîne la peine la moins grave, pour le cas où la grâce l'affranchirait de l'exécution de la peine la plus grave? Non : la peine la plus forte est réputée une expiation sociale suffisante pour les deux crimes : donc la grâce affranchit les deux crimes du châtiment.

Que décider si le débat n'avait porté que sur l'un des deux crimes et que des lettres de grâce eussent fait remise de la peine? Une poursuite à raison du fait non jugé serait-elle possible? Il faut distinguer : les deux crimes, le crime objet du débat et le crime découvert depuis, entraînent-ils ou n'entraînent-ils pas des peines d'une nature diverse? Si oui, il faut sous-distinguer. Le crime, cause de la condamnation, entraînait-il la peine la plus forte! la peine qui devait l'expier devait en même temps expier l'autre crime; il a été fait remise de l'expiation (1). Si le crime, cause de la condamnation, ne comportait que la peine la moins forte, la répression du crime nouvellement découvert peut être poursuivie.

Que si les deux crimes emportaient des peines de même natnre, et que l'agent gracié n'eût pas été frappé du maximum de cette peine, la grâce n'exclut pas la possibilité d'une nouvelle poursuite pour l'application de ce qui restait disponible sur la peine.

« Il faudrait, a dit M. Legraverend, faire juger de nouveau « le condamné qui aurait obtenu grâce, si, le premier crime « ayant donné lieu à une condamnation capitale, l'autre crime, « ou l'un des autres crimes, pouvait être puni de la même « peine. En effet, on ne pourrait pas prétendre, en ce cas, que « le premier fait fût le plus grave, puisque l'autre entraînerait « une peine égale; ni que le roi, en remettant pour ce seul fait « la peine capitale, qui, de sa nature, est plus grave que toutes « les autres, l'eût remise, ou eût voulu la remettre à raison des « autres crimes qui en provoquent également l'application (2).» Non : la peine de mort ne pouvant être exécutée deux fois, cette peine, prononcée à raison d'un des faits, était nécessairement l'expiation de l'autre fait.

Observation sur une opinion de M. Legraverend.

Les mêmes solutions sont-elles applicables en cas d'amnistie après condamnation?

Supposons que, de deux faits compris par le même débat, et n'ayant entraîné, aux termes de l'art. 365, C. inst. crim., que la même peine, l'un d'eux seul soit amnistié : que deviendra la condamnation (3)?

Le fait amnistié entraînait-il la peine la plus forte, ou la peine la plus faible, ou une peine de même nature que le fait non couvert par l'amnistie?

(1) *Sic*, Legraverend, t. II, p. 757.

(2) II, p. 757 et 758.

(3) Consulter sur cette première hypothèse un arrêt de la Cour de Paris du 7 juin 1851 et d'excellentes observations d'un docteur en droit, Adolphe Lair (*Revue pratique*, t. X, p. 29).

Dans la première hypothèse, il est bien évident que la peine prononcée ne peut être subie, puisque le fait à punir n'emporte qu'une peine d'un ordre inférieur. Un nouveau débat et un nouveau jugement seront donc nécessaires.

La nécessité d'un nouveau débat et d'un nouveau jugement, quoique moins évidente, n'est pas moins certaine dans les deux autres hypothèses, puisqu'il est impossible de savoir si le juge n'a pas tenu grand compte, dans la mesure de la pénalité, du fait dont la preuve légale, acquise au moment du jugement, s'est depuis évanouie.

Que si le fait amnistié avait seul été compris dans la poursuite et le jugement, il est bien clair que le fait antérieur à la condamnation, s'il n'était pas également amnistié, pourrait et devrait donner lieu à une nouvelle poursuite.

Qui doit appliquer et interpréter les lettres de grâce et les décrets d'amnistie ? — L'autorité judiciaire est compétente pour appliquer, mais non pour interpréter les lettres de grâce. Le pouvoir exécutif est chargé du soin d'assurer à son œuvre le sens et la portée qu'il a voulu y attacher.

Si la grâce était l'œuvre de la commission des grâces et du Président de la République, à qui l'interprétation en appartiendrait-elle ? Il semble qu'elle aurait un caractère mixte et qu'elle participerait du caractère législatif. Toutefois, l'anomalie résultant du concours d'une commission de l'Assemblée nationale n'efface pas le caractère essentiel de la grâce, à savoir le caractère d'un acte exécutif, et, par suite, ce ne serait pas à l'autorité judiciaire, mais au pouvoir qui aurait grâcié, que le droit d'interpréter son œuvre devrait appartenir.

L'application et l'interprétation des amnisties, qui ont le caractère de lois, sont confiées à l'autorité judiciaire (1).

Enregistrement des lettres de grâce. — Les lettres de grâce, qui remettent ou commuent des peines applicables en matière criminelle, doivent être enregistrées, ou par la Cour impériale du domicile de l'agent au moment de

---

(1) Cass., 23 sept. 1837.—Voir pourtant circulaire de M. Barthe, garde des sceaux, du 9 mai 1837.—Rapprocher les termes de l'amnistie de l'empereur d'Autriche François-Joseph, par suite de la paix et conformément au traité de Villafranca (*Moniteur universel* du 28 nov. 1859).

la condamnation, ou par la Cour impériale du nouveau domicile de cet agent, ou par la Cour impériale dans le ressort de
laquelle la peine a été prononcée. Cet enregistrement doit se
faire en audience solennelle, *toutes Chambres réunies*. Il n'est
qu'une simple formalité : la Cour impériale, à laquelle les
lettres de grâce sont adressées, ne peut refuser l'enregistrement, ni même le faire précéder d'aucune observation, d'aucune réclamation. Cet enregistrement n'est qu'une publication ;
l'effet de la grâce n'en dépend pas.

L'enregistrement n'est pas usité pour la remise ou la commutation des peines correctionnelles.

L'amnistie est soumise aux conditions de promulgation de
la loi.

VINGT-SIXIÈME LEÇON.

RÉHABILITATION. —En quoi elle diffère de l'amnistie et de la grâce.— Pourquoi elle n'est pas l'œuvre exclusive de l'autorité judiciaire. — Précédents. — Droit romain. — Ancien Droit. — Code du 25 sept. 1791. — Formes théâtrales. — Code d'instruction criminelle. — Interprétation qui prévaut pour les peines remises par la grâce ou pour les peines perpétuelles commuées.—Loi du 28 avril 1832.—La réhabilitation est appliquée à la dégradation civique prononcée comme peine principale.— Pourquoi elle n'était pas appliquée aux condamnés correctionnels. —Nécessité de son application pour certaines incapacités écrites dans des condamnations correctionnelles. — Propositions du Gouvernement sous la monarchie de Juillet. —Décret du 18 avril 1848. —Loi des 3-6 juillet 1852. —Motifs pour lesquels cette loi déclare la réhabilitation applicable en matière correctionnelle.—Elle exclut certains récidivistes du bénéfice de la réhabilitation.—Aggrave-t-elle le Code d'instruction criminelle?— Elle refuse aux condamnés, une première fois réhabilités, l'espérance de la réhabilitation après une seconde condamnation.—Condition et formes de la réhabilitation. — Concours d'autorités diverses. — Suppression de la nécessité de publier la demande par la voie des journaux. — Effet de la réhabilitation. —Dissidence avec M. Faustin Hélie. — Différence entre les conséquences des deux théories. — La réhabilitation rend-elle l'aptitude à la vie politique comme à la vie civile? Elle ne relève pas des incapacités encourues en vertu de l'art. 612 du Code de commerce.

MESSIEURS,

Réhabilitation.

Je me suis occupé de la grâce, œuvre de pardon ; de l'amnistie, œuvre de prudence politique et d'intérêt social : je m'occupe aujourd'hui de la réhabilitation, qui est, non pas une œuvre de justice, dans le sens strict du mot, puisqu'elle ne constitue jamais un droit exigible pour le condamné, mais une œuvre d'équité, un bienfait conquis par l'expiation.

En quoi
diffère-t-elle

La grâce fait remise de la peine, pour le tout ou pour partie;

l'amnistie refuse, ou la vérification des faits punissables, ou la foi aux condamnations. La réhabilitation s'adresse à des condamnés qui ont payé leur dette envers la société, envers le fisc, envers les parties lésées, et qui demandent seulement à être déchargés d'incapacités attachées, soit à l'irrévocabilité, soit à l'exécution de certaines peines ou d'incapacités prononcées, soit comme peines complémentaires de certaines infractions, soit même à titre de peines principales.

La réhabilitation relève le condamné qui a subi sa peine, de l'état civil que l'irrévocabilité ou l'exécution de sa condamnation lui a fait; elle s'attaque à des conséquences de la condamnation contre lesquelles la grâce est impuissante, parce que ces conséquences font partie de l'état du condamné (1). Mais la condamnation, cause de l'incapacité, la réhabilitation ne l'anéantit pas; elle ne dit pas à la société, comme l'amnistie après condamnation : « Le condamné était peut-« être innocent; il a pu être victime d'une erreur judiciaire. » La réhabilitation, c'est seulement la proclamation officielle que le condamné est apte à reprendre sa place dans la société, qu'il a dépouillé le vieil homme, qu'il est régénéré; c'est une sorte de baptême civique qui efface les taches et les souillures, ou détruit au moins, s'il est permis de s'exprimer ainsi, toute trace des infirmités juridiques que l'action répressive a produites. Comme on l'a dit, avec un grand bonheur d'expression : « De même qu'une haute prérogative a été créée « pour tempérer au besoin, par la modification ou la suppres-« sion de la peine, les inexorables sévérités de la justice, de « même, du fond de la loi pénale, une institution a dû s'é-« lever qui eût pour effet de détruire, en retour du repentir « obtenu et de l'amendement constaté, les derniers vestiges « de la condamnation (2). »

---

(1) « Telle est, en réalité, la différence qui existe entre la grâce et la « réhabilitation, dit l'exposé des motifs de la loi du 3 juillet 1832 : l'une « agit sur les *inflictions matérielles* ou sur la peine; l'autre, sur les *inflic-« tions morales* ou les incapacités. »

(2) Exposé des motifs de la loi des 3-6 juillet 1832.

De qui émane-t-elle ? La réhabilitation est un acte mixte, en partie judiciaire, en partie administratif. Si la réhabilitation pouvait jamais constituer un droit pour le condamné, elle ne devrait émaner que de l'autorité judiciaire : ce serait un jugement.

Précédents. — Droit romain. Cette institution date, à vrai dire, de l'ère révolutionnaire. Sans doute, le mot et, si l'on veut, le germe de la réhabilitation existaient dans notre ancien Droit, qui s'était lui-même inspiré des titres au Digeste et au Code, *de sententiam passis et restitutis* (1). Mais, dans notre ancienne législation, les lettres de réhabilitation avaient le caractère d'une grâce royale, d'une faveur. Acte de générosité et de pardon, elles n'étaient subordonnées à aucune épreuve, à aucune condition ; elles ne garantissaient, sous aucun rapport, à la société, que les condamnés pouvaient, sans danger, reprendre leur rang dans son sein.

Ancien Droit. « *Lettres de réhabilitation*, dit Muyart de Vouglans (2), ce « sont celles qui s'obtiennent par celui qui, ayant satisfait aux « peines, amendes et condamnations civiles contre lui pronon- « cées, a recours à la clémence du prince pour être réhabilité « dans sa réputation, afin d'ôter la note d'infamie ou la mort « civile qui l'empêche d'agir, et lui ôte les moyens de subsister, « comme étant fondées sur la seule clémence du roi, doivent « être scellées du grand sceau, et ont leur effet aussitôt qu'elles « sont accordées, de manière que les juges auxquels elles sont « adressées doivent procéder à leur entérinement, sans exa- « miner si elles sont conformes aux charges, sauf néanmoins « aux Cours à faire, à ce sujet, telles représentations à Sa Ma- « jesté qu'elles jugent à propos. »

L'objet des lettres de réhabilitation était donc bien de relever le condamné de la mort civile ou d'autres incapacités, comme de l'incapacité de posséder des charges de justice et de finance, ou seulement de l'infamie imprimée par la condamnation. « *Ces lettres*, disait Jousse, doivent être scellées « en la grande chancellerie, étant du nombre de celles qu'on

(1) ff. l. 48, t. XXIII; C. l. 9, t. LI.
(2) *Lois criminelles*, p. 600.

« appelle lettres de grâce. » Les lettres de réhabilitation s'ac-
cordaient non-seulement au condamné pendant sa vie, après
la libération de la peine, mais après sa mort, pour rétablir sa
mémoire (1).

L'Assemblée constituante modifia profondément, sinon les
conséquences, au moins le caractère de la réhabilitation, et
elle lui donna pour source, non plus une pensée de générosité, mais une pensée de justice. Le Code pénal du 25 septembre 1791, dans le titre même (tit. VII, Iʳᵉ partie), qui abolissait l'usage de toutes *lettres de grâce*, organisait, au profit des
condamnés à des peines en matière criminelle, qui les avaient
subies (et vous savez qu'il n'admettait pas de peines perpétuelles), des moyens de faire constater leur retour au bien et
leur aptitude à l'exercice de tous les droits et à l'accomplissement de tous les devoirs de la vie sociale.

Code
du 25 sept. 1791.

Les formes étaient rapides et dramatiques : dix ans après
l'expiration de la peine, dix ans après le jugement, pour la
peine du carcan, appelée aussi *dégradation civique*, le condamné pouvait demander sa réhabilitation ; le conseil de la
commune, dans laquelle le condamné devait avoir son domicile, au moins, depuis deux ans, attestait sa bonne conduite ;
deux officiers municipaux le présentaient au tribunal commu-
nal, donnaient publiquement lecture de la condamnation, et
disaient à haute voix : « Un tel a expié son crime, *en faisant*
« sa peine ; maintenant sa conduite est irréprochable : nous
« demandons, au nom de son pays, que sa tache soit effacée.»

Formes
théâtrales.

Le président du tribunal, *sans délibération*, prononçait ces
mots : « *Sur l'attestation et la demande de votre pays, la loi*
« *et le tribunal effacent la tache de votre crime.* »

La réhabilitation n'était pas l'œuvre du pouvoir judiciaire ;
il l'homologuait, la solennisait, mais il ne l'octroyait pas ; non-
seulement il ne rendait pas de jugement, mais il ne donnait
pas même un avis ; il avait la main forcée, il n'avait qu'à s'incliner devant l'appréciation de la municipalité, dont il n'était

___
(1) Voir l'ordonnance de 1670, tit. XVI, art. 5, 6 et 7.

en quelque sorte que l'organe, puisqu'il était réduit à promulguer un résultat attaché à l'expression de l'opinion par elle émise.

« *La réhabilitation*, disait l'art. 10, tit. VII, Ire partie, *fera* « *cesser dans la personne du condamné tous les effets et toutes* « *les incapacités résultant de la condamnation;* » mais elle n'anéantissait pas la condamnation elle-même.

La réhabilitation, dans ce système, était étrangère aux peines correctionnelles; elle n'était pas accordée après la mort des condamnés, dans l'intérêt de leur mémoire.

Code d'instruction criminelle. Le Code d'instruction criminelle n'a pas revêtu la réhabilitation du caractère d'une grâce; il ne lui a pas imprimé non plus le caractère d'un acte de justice; seulement, il a enlevé l'appréciation des garanties de retour au bien au conseil municipal, pour la confier au pouvoir exécutif, obligé de consulter le pouvoir judiciaire, qui peut, par un avis défavorable, empêcher la réhabilitation, et n'est pas armé du droit de l'imposer par un avis favorable.

Système qu'il adopte. La réhabilitation, dans le système du Code d'instruction criminelle, ne devient pas un *jugement;* c'est, je vous l'ai dit, un acte mixte, en partie judiciaire et en partie administratif; le pouvoir judiciaire *juge* peut-être, quand il écarte la demande; mais il lui ouvre l'accès du pouvoir exécutif, quand il l'approuve, la patronne; en un mot, il ne joue qu'un rôle secondaire, et son avis n'a de force qu'autant que le pouvoir exécutif se l'approprie. La réhabilitation n'est encore applicable qu'en cas de condamnation à des peines afflictives et infamantes; elle reste étrangère aux peines infamantes seulement.

Elle semble même ne s'appliquer qu'aux condamnations aux peines temporaires. Elle ne peut, aux termes de l'article 619, être demandée que cinq ans après l'expiration de la peine.

Toutefois, l'art. 619 avait été, avec raison, interprété en ce sens que, lorsque la peine principale avait cessé par l'effet de la grâce, ou que la peine qui avait été substituée à la peine perpétuelle par voie de commutation, était elle-même expirée, le condamné, après une épreuve de cinq ans, pouvait demander la réhabilitation, pour s'affranchir des incapacités.

La réhabilitation n'était pas applicable au renvoi sous la surveillance de la haute police, prononcé en vertu des articles 100, 108, 138, 144 du Code pénal, à titre de peine principale, parce que, comme incapacité, il résistait à la grâce, et parce que, étant perpétuel, il excluait l'application d'un bienfait qui suppose que l'expiation sociale est finie. La question ne se présentait pas pour la dégradation civique, puisque, d'après le Code pénal de 1810, la dégradation civique n'était qu'une peine accessoire, qu'elle n'est devenue une peine principale que par la loi du 28 avril 1832, qui l'a substituée, à ce titre, à la peine du carcan.

La réforme du 28 avril 1832 n'a rien changé au caractère de la réhabilitation, à ses effets et à ses formes. Elle a seulement confirmé l'interprétation qui, pour les peines perpétuelles, donne à la grâce les effets de l'expiration de la peine temporaire ; elle a, en effet, déclaré qu'en cas de commutation, la demande en réhabilitation ne pourrait être formée que cinq ans après l'expiration de la nouvelle peine, et, en cas de grâce, que cinq ans après l'*enregistrement* des lettres de grâce. Elle ne faisait pas de distinction entre la grâce remettant une peine temporaire et la grâce remettant une peine perpétuelle. Réforme de 1832.

La loi du 28 avril 1832 a, de plus, créé la possibilité d'effacer, par la réhabilitation, l'incapacité résultant de la dégradation civique, prononcée comme peine principale, en faisant courir le délai de cinq ans du jour où la condamnation à cette peine serait devenue irrévocable, ou du jour de l'expiration de l'emprisonnement, si elle avait été accompagnée d'un emprisonnement, conformément à l'art. 35 du Code pénal. La réhabilitation n'était pas encore étendue au renvoi sous la surveillance de la haute police, prononcé comme peine principale ; cette incapacité conservait un caractère de perpétuité auquel la grâce ne pouvait apporter de terme. La réhabilitation est appliquée à la dégradation civique, peine principale.

Elle était
inapplicable
aux condamna-
tions
correctionnelles.

La réhabilitation restait inapplicable aux condamnations à des peines correctionnelles ; les condamnations correction-nelles paraissent effectivement, à première vue, ne pas appeler un secours qui suppose qu'il y a une présomption d'indignité subsistant contre le condamné libéré. Or, justement, les peines correctionnelles tirent leur nom de la présomption que leur exécution entraînera l'amendement des agents auxquels elles seront appliquées, et fournira une garantie de leur retour au bien. Pourquoi donc réhabiliter des agents dont la société n'a jamais désespéré, qu'elle a, dès le principe, proclamés *corrigibles ?* Si ces condamnés *correctionnellement* n'ont jamais cessé d'être regardés comme aptes à la vie sociale, pourquoi proclamer qu'ils ont *recouvré* une aptitude qui, pour eux, n'a jamais été perdue ?

Ces objections doctrinales étaient sans valeur dans l'état de notre législation, parce que *des incapacités perpétuelles* avaient été attachées, par le Code pénal et par un grand nombre de lois spéciales, à des condamnations correctionnelles. Ainsi, les art. 171 et 175 de ce Code déclarent incapables d'exercer une fonction publique les comptables condamnés pour détournements de certaines valeurs, et les fonctionnaires qui ont pris un intérêt dans les entreprises qu'ils administrent ou sont chargés de surveiller.

L'art. 53 de la loi du 28 avril 1816 autorise les tribunaux à prononcer, contre les complices de contrebande, l'interdiction de se présenter à la Bourse, d'exercer les fonctions d'agent de change, de courtier, etc.

Nécessité
de son application
pour certaines
incapacités
résultant
de
condamnations
correctionnelles.

Depuis 1830 surtout, des lois spéciales et notamment la loi du 22 mars 1831, art. 13 ; la loi du 21 mars 1832, art. 2 ; la loi du 15 mars 1850, art. 26, ont attaché diverses incapacités à des condamnations correctionnelles, et la perpétuité d'une incapacité, quelle que soit sa cause, n'appelle-t-elle pas le remède de la réhabilitation ? Elle ne peut s'expliquer que par une présomption d'indignité : pourquoi cette présomption, en matière correctionnelle, serait-elle invincible, lorsque la présomption d'indignité, en matière criminelle, ne résiste pas aux épreuves déterminées par la loi ?

Lorsque le comptable, condamné pour soustraction de deniers publics à la peine des travaux forcés (art. 167 et 170 du Code pénal), peut redevenir apte, par la réhabilitation, à l'exercice de fonctions publiques, pourquoi le comptable qui, à raison de la modicité du détournement, n'encourt qu'une peine correctionnelle (art. 171), ne pourrait-il pas recouvrer la même aptitude?

Quand le juge, que l'art. 177 du Code pénal frappe de dégradation civique, pour corruption, peut, au bout de cinq ans, grâce au secours de la réhabilitation, être appelé de nouveau à des fonctions publiques, pourquoi le juge, puni par l'art. 185, pour déni de justice, d'une simple amende et d'une interdiction de cinq ans à vingt ans de l'exercice des fonctions publiques, resterait-il forcément sous le coup de cette interdiction pendant vingt ans, si le maximum avait été appliqué?

Enfin, les art. 86, 89, 91, 109, 112, 113, 123, 185, 197, 335, 374, 388, 400, 401, 405, 406, 410, édictent, en matière correctionnelle, des incapacités qui s'étendent de deux à vingt ans. — Pourquoi ces incapacités temporaires ne pourraient-elles être effacées, avant le terme assigné à leur durée, quand la présomption d'indignité, sur laquelle elles reposent, est susceptible d'être démentie?

Deux fois, sous la monarchie de Juillet, le Gouvernement saisit les Chambres d'un projet tendant à appliquer la réhabilitation aux condamnations correctionnelles. Une première fois la proposition fut repoussée par la Chambre des pairs, conformément aux conclusions de son rapporteur, M. Franck-Carré, après une discussion à laquelle prirent part, dans le sens du projet, le garde des sceaux et M. Béranger; et, dans le sens contraire, le rapporteur et M. le comte d'Argout. (Séance du 20 mai 1843, *Moniteur* du 21 mai ; et séance du 22 mai, *Moniteur* du 23.)

En 1845, la même proposition fut reproduite à la Chambre des députés, et retirée après un rapport contraire que fit

Propositions du Gouvernement sous la monarchie de Juillet.

M. Chaix-d'Est-Ange. (Séance du 25 avril 1845, *Moniteur* du 3 mai.)

Décret
du 18 avril 1848.

Le 18 avril 1848, un décret du Gouvernement provisoire admit à la réhabilitation les condamnés correctionnels; la demande ne pouvait être formée que trois ans après l'expiration de la peine. Le ministre de la justice était investi des attributions du pouvoir judiciaire et du chef du pouvoir exécutif, nonseulement pour les condamnations correctionnelles, mais même pour les condamnations à des peines en matière criminelle. Le procureur général du ressort du domicile du condamné était consulté; son avis pour le rejet n'avait pas plus d'autorité que son avis en faveur de l'admission. Le ministre statuait comme appréciateur souverain; le décret déclarait que ces dispositions n'étaient que provisoires.

Loi des 3-6 juillet
1852.

Une loi des 3-6 juillet 1852 a abrogé le décret du 18 avril 1848, et a apporté d'utiles réformes aux dispositions du chapitre IV, tit. VII, livre II, du Code d'instruction criminelle.

La réhabilitation s'applique à toutes les condamnations à des peines en matière criminelle, que les peines soient temporaires ou perpétuelles; la grâce ou la commutation efface la perpétuité.

La réhabilitation continue de s'appliquer à la dégradation civique prononcée principalement, et elle est étendue au renvoi sous la surveillance de la haute police prononcée au même titre. La demande en réhabilitation ne peut être formée que cinq ans après l'expiration de la peine, et cinq ans à partir de l'irrévocabilité de la condamnation, s'il s'agit du renvoi sous la surveillance de la haute police, ou de la dégradation civique, lorsque la dégradation civique n'a pas été accompagnée d'un emprisonnement.

M. Rouher, commissaire du Gouvernement, a justifié, par des observations d'une grande justesse juridique, l'innovation relative à la surveillance de la haute police : « Les auteurs « du projet ont été amenés à se demander si la surveillance « de la haute police était une peine ou une incapacité : si « c'est une peine, le droit de grâce pouvait la faire dispa-

« raître; si c'est une incapacité, elle devrait échapper à l'ac-
« tion du droit de grâce, car les incapacités qui intéressent
« les tiers restent dans le domaine de la justice. La Chan-
« cellerie, à cet égard, avait beaucoup hésité; jamais elle ne
« s'était décidée à provoquer l'exercice du droit de grâce en
« faveur des condamnés à la surveillance de la haute police,
« pour les affranchir de cette surveillance. »

L'application que le décret du 18 avril 1848 avait faite de
la réhabilitation aux condamnations correctionnelles a été
maintenue. L'exposé des motifs de la loi des 3-6 juillet 1852
a, sur ce point, péremptoirement réfuté les objections qui
avaient arrêté en 1843 et en 1845 : « On jetterait l'infamie
« sur les peines correctionnelles, avait dit le rapporteur à la
« Chambre des pairs, le 20 mai 1843, sous le prétexte de
« leur assurer le bénéfice de la réhabilitation; » et l'éloquent
rapporteur de la commission de la Chambre des députés,
M. Chaix-d'Est-Ange, avait reproduit la même idée : « Ne
« serait-ce pas supposer que le citoyen condamné correc-
« tionnellement, qui a subi sa peine, n'a pourtant pas payé
« sa dette, et qu'il vit encore sous le poids d'une infamie dont
« la réhabilitation peut seule le dégager ? »

Voici la réponse de l'exposé des motifs :

D'après le Code de 1808, « la réhabilitation n'a d'autre
« objet que de faire cesser les incapacités résultant des con-
« damnations. En matière de faillite, la réhabilitation, une
« réhabilitation spéciale, il est vrai, intervient pour restituer
« la capacité commerciale : est-ce à dire qu'elle suppose une
« infamie préexistante et qu'elle ait à en laver la tache?
« Est-il plus raisonnable d'avancer qu'une confusion entre
« la peine correctionnelle et la peine infamante est immi-
« nente, du moment où la réhabilitation devient commune
« aux incapacités qui leur survivent? Mais les peines elles-
« mêmes, ce qui est bien autrement grave, n'ont-elles pas un
« point de contact dans la juridiction gracieuse dont toutes
« elles relèvent et où toutes elles se rencontrent? Perdent-
« elles, pour cela, leur caractère particulier et leur significa-

Motifs
pour lesquels
cette loi
déclare la réhabi-
litation
applicable
en matière
correctionnelle.

« tion morale? L'expérience est faite depuis quatre ans que
« le décret du Gouvernement provisoire est en vigueur, et il
« n'apparaît pas qu'une confusion s'opère dans les esprits
« entre des actions punissables de diverses natures: rien
« n'annonce que la notion du crime et du délit s'altère dans
« l'opinion publique. »

Qu'il me soit permis de le constater ici, cette réponse avait
été formulée, dès 1846, par mon savant prédécesseur, M. de
Boislambert, dans des Observations faites au nom de notre
Faculté, sur un projet de modifications à apporter au Code
d'instruction criminelle, que le Ministre de la justice avait
soumis à sa délibération.

« On a craint qu'en admettant la réhabilitation pour les
« condamnations correctionnelles, on ne parût attacher à la
« condamnation l'infamie légale réservée aux peines afflic-
« tives ou infamantes. Cette crainte est peu fondée; un adou-
« cissement dans la situation des individus frappés de peines
« correctionnelles ne saurait amoindrir l'intervalle immense
« qui sépare ces peines des peines criminelles. Ce qui donne
« de l'importance aux condamnations correctionnelles, c'est
« la perpétuité ou la longue durée des incapacités qu'elles en-
« traînent, et non le moyen offert pour faire tomber des in-
« capacités. » (P. 28.)

On disait encore : — Les incapacités en matière criminelle
ne sont pas des peines, mais des conséquences ou de l'irrévocabilité ou de l'exécution des peines; elles ne sont pas prononcées par le juge, elles ne sont pas écrites dans l'arrêt. Au
contraire, en matière correctionnelle, les incapacités sont infligées à titre d'expiation; elles sont quelquefois même le
fond de la condamnation, elles n'existent pas même de plein
droit.

Deux réponses excellentes ont été faites. J'emprunte la première aux Observations de notre Faculté et au rapport de
M. de Boislambert : « Cette différence entre les incapacités
« prononcées par la loi elle-même et les incapacités que les
« juges peuvent ou doivent prononcer en vertu de la dispo-

« sition de la loi, n'est-elle pas plus subtile que réelle? Le
« législateur n'en a tenu aucun compte quand il s'est agi de
« la dégradation civique. Tantôt elle est la conséquence
« d'une autre peine (art. 28 du Code pénal), tantôt elle est
« infligée comme peine principale (art. 8 et 35 du même
« Code); et dans l'un et l'autre cas, elle cesse par la réhabi-
« litation (art. 619, C. instr. crim.). D'ailleurs, si l'incapa-
« cité était une peine proprement dite, le roi pourrait en
« faire remise. Or, ne vaut-il pas mieux, en législation, exi-
« ger, en pareil cas, l'information prescrite pour la réhabili-
« tation par les art. 620 et suivants, et faire de la réintégra-
« tion du condamné dans tous ses droits un acte de justice
« plutôt que de clémence? » (Pages 27 et 28.)

La seconde réponse est écrite dans l'exposé des motifs de
la loi des 3-6 juillet 1852 : « Comment confondre avec de vé-
« ritables peines les interdictions prononcées par des lois
« spéciales, telles que la loi sur l'enseignement ou la loi élec-
« torale? Est-ce que des peines pourraient être créées au-
« jourd'hui pour réagir sur ce passé? Est-ce qu'elles pour-
« raient ressaisir un individu qui, depuis trente ou quarante
« ans, a expié sa faute? Les peines comportent-elles jamais
« cette rétroactivité?

On ne saurait mieux dire. La preuve décisive que certaines
interdictions ne sont pas des peines, c'est qu'elles ont pu être
ajoutées après coup aux condamnations, et ce, sans jugement,
par la seule puissance de lois postérieures.

Je ne puis qu'applaudir aux dispositions de la loi des 3-6
juillet 1852, qui étendent l'application du remède de la réhabilitation à des situations dont le législateur de 1808 ne s'était
pas assez préoccupé.

Mais la nouvelle loi n'a-t-elle pas, réagissant elle-même
contre la pensée qui l'inspirait, aggravé et élargi les dispositions qui refusent le bénéfice de la réhabilitation aux récidivistes?

Exclusion de certains récidivistes du bénéfice de la réhabilitation.

D'après l'article 634 du Code d'instruction criminelle, le
condamné pour récidive ne devait jamais être admis à la ré-

habilitation. Cette disposition n'avait été modifiée ni par la loi du 28 avril 1832, ni par le décret du 18 avril 1848.

En quoi la nouvelle loi aggrave-t-elle le Code d'instruction criminelle ?

Dans le sens du Code d'instruction criminelle de 1808, le condamné pour crime, qui, depuis l'irrévocabilité de sa condamnation, commettait un délit, n'était pas récidiviste, puisqu'il ne supportait que la peine attachée à sa seconde infraction, sans aggravation, et que, d'ailleurs, la réhabilitation n'étant pas admise pour les délits, il n'était pas besoin de dire que la condamnation pour récidive ne serait point effacée par la réhabilitation.

Par la même raison, le condamné pour crime, qui, après l'irrévocabilité de sa condamnation, commettait un second crime, que l'admission des circonstances atténuantes ne permettait de punir que de peines correctionnelles, n'était pas récidiviste, puisque la circonstance de la rechute n'entraînait aucune aggravation.

Par la même raison encore, l'agent qui, condamné d'abord pour un délit, commettait ensuite un crime, pouvait être réhabilité : car la réhabilitation n'avait pas à effacer la conséquence d'une pénalité afflictive et infamante, ou infamante seulement, aggravée par la récidive.

Le condamné pour crime, qui, depuis la première condamnation, quelle que fût la peine, qu'elle fût une peine en matière criminelle ou une peine correctionnelle, commettait un second crime puni d'une peine afflictive ou infamante, était seul exclu du bénéfice de la réhabilitation. La récidive, dans ce cas, entraînait, en effet, aux termes de l'art. 56 du Code pénal de 1810, une aggravation de pénalité afflictive ou infamante ; mais l'art. 56, revisé par la loi du 28 avril 1832, n'attache au second crime l'aggravation de pénalité afflictive ou infamante qu'autant que le premier crime avait été lui-même puni d'une peine afflictive ou infamante ; l'art. 634, C. inst. crim., qui se référait à l'art. 56 du Code pénal, ne déclarait donc indigne de réhabilitation que l'agent qui avait été successivement frappé de deux peines afflictives ou infamantes.

La loi des 3-6 juillet 1852, dans la modification qu'elle a

fait subir à l'ancien art. 634, a-t-elle tenu compte de la révision de l'art. 56 du Code pénal de 1810 opérée par la loi du 28 avril 1832 : « Aucun individu, *condamné* pour crime, qui « aura commis un second crime, et subi une nouvelle condam-« nation à une peine afflictive et infamante, ne sera admis à « la réhabilitation ? »

L'art. 634 nouveau suppose-t-il qu'il suffit que la première condamnation ait eu lieu *pour crime*, quelle qu'ait été la peine, pour que la seconde condamnation, du moment où elle prononcera une peine afflictive ou infamante, soit exclusive de réhabilitation ?

Si telle est la portée de l'article, il est en désaccord avec l'art. 56 du Code pénal, dans sa rédaction actuelle. Il se réfère cependant encore à cet art. 56, et ne se réfère aucunement aux art. 57 et 58. En effet, ce n'est pas tout condamné pour récidive qui est déclaré indigne d'être réhabilité ; ce n'est pas même tout condamné à une peine aggravée par la récidive qui encourt cette indignité ; l'aggravation pour récidive, dans les termes des art. 57 et 58 du Code pénal, n'interdit pas l'espérance de la réhabilitation : c'est donc la récidive de l'art. 56, la récidive de crime à crime, que le législateur entendait atteindre ; mais, encore une fois, la condition d'existence de cette récidive, c'est qu'il y ait succession de deux peines afflictives ou infamantes.

Vainement objecterait-on que le refus de la réhabilitation a bien pu être subordonné à la circonstance d'une seconde condamnation à une peine afflictive ou infamante, précédée d'une condamnation pour crime, sans qu'il y eût nécessité d'une aggravation pour récidive. Comment la loi peut-elle ouvrir la voie de la réhabilitation à un récidiviste dont elle aggrave la peine pour cause de récidive, et la fermer à des récidivistes, ou plutôt à des agents non *récidivistes* dans le vrai sens du Code, à des agents pour lesquels la rechute n'est pas une cause d'aggravation ?

Le projet du Gouvernement n'excluait aucun récidiviste de la réhabilitation ; il se conformait en cela au Code pénal du

27 septembre 1791 ; le Code d'instruction criminelle n'avait appliqué, et n'avait pu appliquer, l'exclusion qu'à la récidive de crime à crime, puisque les condamnés pour délit ne devaient pas être réhabilités.

Lors de la discussion de la loi des 3-6 juillet 1852, un membre du Corps législatif, M. Favart, proposa d'étendre l'exclusion à toute récidive, à la récidive de *délit à délit* comme à la récidive de *crime à crime*.

MM. de Beauverger et de Montreuil proposèrent un amendement tendant à n'exclure de la réhabilitation que la récidive de crime à crime.

Ce fut l'amendement de M. Favart que la commission du Corps législatif adopta.

Le Conseil d'État, auquel ce dernier amendement fut renvoyé, abandonna le projet du Gouvernement, pour se rallier à l'amendement de MM. de Beauverger et de Montreuil, et c'est cet amendement qui forme aujourd'hui la loi.

Le rapport fait, au nom de la commission du Corps législatif, par M. Langlais, semble révéler que le législateur de 1832 a été préoccupé de l'idée que le Code d'instruction criminelle regardait toute rechute dans l'infraction comme une cause exclusive de réhabilitation.

« La commission, dit le rapport, a saisi officiellement le « Conseil d'État d'un amendement destiné à *remettre en vi-* « *gueur* l'art. 634 du Code d'instruction criminelle. Il s'agissait de l'amendement de M. Favart; l'adoption de l'amendement de MM. de Beauverger et de Montreuil a donc paru un adoucissement, et non une aggravation de l'art. 634.

Un savant jurisconsulte, M. Duvergier, dans ses notes sur le nouvel article 634, a partagé l'idée dont le Corps législatif s'est inspiré : « M. Favart a proposé d'exclure tous les réci- « divistes sans exception; *c'était le retour à l'art.* 634 *du* « *Code d'instruction criminelle.* »

C'était, au contraire, le renversement de toute l'économie des principes du Code d'instruction criminelle en matière de réhabilitation. La loi des 3-6 juillet 1852 se réfère-t-elle à l'ancien art. 56 du Code pénal, et ne tient-elle aucun compte de la réforme dont il a été l'objet en 1832 (1)?

J'avoue que toutes mes préférences eussent été pour le projet du Gouvernement : aucune récidive ne devrait, à mon sens, entraîner l'impossibilité d'une réhabilitation. La récidive est, sans doute, une grave présomption de ténacité dans le mal et dans la rébellion contre la loi. Toutefois, elle n'est pas de nature à détruire toute possibilité, toute espérance de régénération ; et si le récidiviste parvient à dépouiller le vieil homme, s'il se régénère, s'il rachète, par de nombreux et persévérants témoignages de bonne conduite, un passé avec lequel il a rompu, pourquoi perpétuer une indignité qui ne repose que sur une présomption que le fait a heureusement démentie? Si la récidive n'exclut pas l'admission des circonstances atténuantes, pourquoi exclurait-elle à toujours la réhabilitation (2)?

L'art. 634, § 3, bien entendu, parlant d'une *nouvelle* condamnation à une peine afflictive ou infamante, implique suffisamment que son application est subordonnée à la condition que le premier crime ait été lui-même puni d'une peine afflictive ou infamante. Cette interprétation concilie la révision des 3-6 juillet 1852 avec l'art. 56 revisé par la loi du 28 avril 1832 (3).

Le nouvel art. 634 refuse au condamné, qui a déjà été réhabilité, le bienfait d'une nouvelle réhabilitation pour une nouvelle infraction. « Cette faveur, a dit l'*Exposé des motifs*, « ne doit pas être prodiguée; elle repousse l'hypocrisie qui « la convoite, et elle ne doit pas être accordée à ceux-là qui « s'en sont couverts pour tromper la foi publique. » Quelles

---

(1) Voir notre 20ᵉ leçon sur la *récidive*.

(2) Voir, en ce sens, M. Faustin Hélie, *Revue de législation*, t. VII de l'ancienne collection, p. 48. Voir aussi l'exposé des motifs de la loi des 3-6 juillet 1852.—*Contrà*, Vote de la Chambre des pairs du 22 mai 1843; Commission de la Chambre des députés en 1845 ; Observations de la Faculté de droit de Caen en 1846, rapport de M. de Boislambert, p. 25.

(3) La loi du 13 mai 1863 ne change rien à cela.

garanties pourraient offrir de nouveaux gages de retour au bien, quand ces gages, que la société avait déjà acceptés, n'ont été qu'un instrument de surprise, une cause de déception?

Conditions et formes de la réhabilitation. Quelles sont les conditions et les formes de la réhabilitation?

Quatre conditions matérielles sont exigées :

1° Il faut que le condamné soit libéré de sa peine ; libéré parce qu'il l'a subie, ou parce qu'il en a obtenu remise. La libération résultant de la prescription n'accomplirait pas cette condition (1).

N'est-ce pas une nouvelle preuve que notre loi ne fonde pas la prescription de la peine sur une présomption d'expiation morale ou d'expiation par équivalent?

2° Il faut que le condamné, depuis l'affranchissement de sa peine, ait fait une sorte de stage, et comme un essai de sa liberté : s'il s'agit d'une peine criminelle, pendant cinq ans, et, s'il s'agit d'une peine en matière correctionnelle, pendant trois ans.

Le délai court du jour de l'irrévocabilité de la condamnation, pour la surveillance de la haute police et pour la dégradation civique, prononcées comme peines principales ; il ne court, toutefois, pour la dégradation civique, que du jour de la libération de l'emprisonnement, si la peine de l'emprisonnement y a été ajoutée.

3° Il faut que le condamné, depuis sa libération, ait résidé dans le même arrondissement, au moins pendant cinq ans, s'il s'agit d'une peine criminelle, et pendant trois ans, s'il s'agit d'une peine correctionnelle, et que, dans l'un et l'autre cas, il ait résidé dans la même commune, au moins pendant les deux dernières années qui ont précédé la demande en réhabilitation.

Ces trois conditions sont l'expression d'une même pensée : le temps, pendant lequel le condamné est non recevable à

(1) Cour de Paris, 5 avril 1853 (Devill. et Car., 53.2.293).

réclamer la réhabilitation, est un temps d'épreuve : sans la fixité de résidence, la conduite du libéré n'échapperait-elle pas à tout moyen de contrôle?

4° Le condamné doit justifier du paiement des frais de justice, de l'amende et des dommages-intérêts auxquels il a pu être condamné, ou de la remise qui lui en a été faite. A défaut de cette justification, il doit établir qu'il a subi le temps de contrainte par corps déterminé par la loi, ou que la partie lésée a renoncé à ce moyen d'exécution (1).

La nature spéciale du crime de banqueroute frauduleuse a motivé une disposition qui n'a que l'apparence d'une exception, mais qui, dans la réalité, n'est, comme l'a très-bien dit M. Langlais, que l'application du principe que tout condamné doit, avant d'obtenir la réhabilitation, réparer le préjudice qu'il a causé. Le banqueroutier frauduleux doit justifier du paiement de son passif en capital, intérêts et frais.

Disposition spéciale pour le banqueroutier frauduleux.

« Le crime de banqueroute frauduleuse (je reproduis l'explication de M. Langlais) a ce caractère particulier, qu'il atteint une collection d'individus, et que chacun de ces individus n'a pas la faculté de se faire attribuer d'autres et plus forts droits que ceux de la masse des créanciers. Le banqueroutier serait donc le seul qui pourrait être réhabilité sans désintéresser ses victimes. La Chancellerie a, d'ailleurs, tranché la question ; car on ne réhabilite le banqueroutier frauduleux que s'il a payé ses créanciers. Pourquoi voudrait-on que l'administration fût plus morale que la loi ? »

Quant aux formes, elles sont indiquées par les art. 622,

(1) Le paiement des frais ne saurait être suppléé par un certificat d'indigence délivré conformément à l'art. 420 du Code d'instruction criminelle (Ch. crim., 17 nov. 1871, Car. et Gilb., 72.1.149). Sous l'empire de la loi du 22 juillet 1867, qui avait aboli la contrainte par corps pour les frais dus à l'État, le condamné n'avait plus la ressource du § 2 de l'art. 623 : « A défaut de cette justification (le paiement des frais), il doit établir qu'il a subi le temps de contrainte par corps déterminé par la loi, et que la partie lésée a renoncé à ce moyen d'exécution. » Mais la loi du 19 décembre 1871, en abrogeant l'art. 3 de la loi du 22 juillet 1867, permet l'application de la même disposition de l'art. 623 du Code d'instruction criminelle.

624, 625, 626, 627, 628, 629, 630, 631, 632 et 633 du Code d'instruction criminelle.

« Le condamné adresse la demande en réhabilitation au « procureur impérial de l'arrondissement, en faisant con- « naître : 1° la date de sa condamnation ; 2° les lieux où il a « résidé depuis sa libération, s'il s'est écoulé après cette « époque un temps plus long que celui fixé par l'art. 620. » (Art. 622.)

« Le procureur impérial provoque, par l'intermédiaire du « sous-préfet, des attestations délibérées par les conseils mu- « nicipaux des communes où le condamné a résidé, faisant « connaître :

« 1° La durée de sa résidence dans chaque commune, avec « indication du jour où elle a commencé et de celui auquel « elle a fini ;

« 2° Sa conduite pendant la durée de son séjour ;

« 3° Ses moyens d'existence pendant le même temps.

« Ces attestations doivent contenir la mention expresse « qu'elles ont été rédigées pour servir à l'appréciation de la « demande en réhabilitation.

« Le procureur impérial prend, en outre, l'avis du maire « des communes et du juge de paix des cantons où le con- « damné a résidé, ainsi que celui du sous-préfet de l'arron- « dissement. » (Art. 624.)

« Le procureur impérial se fait délivrer : 1° une expédition « de l'arrêt de condamnation ; 2° un extrait des registres des « lieux de détention où la peine a été subie, constatant quelle « a été la conduite du condamné.

« Il transmet les pièces, avec son avis, au procureur géné- « ral. » (Art. 625.)

« La Cour dans le ressort de laquelle réside le condamné « est saisie de la demande.

« Les pièces sont déposées au greffe de cette Cour par les « soins du procureur général. » (Art. 626.)

« Dans les deux mois du dépôt, l'affaire est rapportée à la

« *Chambre d'accusation ;* le procureur général donne ses con-
« clusions motivées et par écrit.

« Il peut requérir en tout état de cause, et la Cour peut or-
« donner, même d'office, de nouvelles informations, sans
« qu'il puisse en résulter un retard de plus de six mois. »
(Art. 627.)

« La Cour, le procureur général entendu, donne son avis
« motivé. » (Art. 628.)

« Si l'avis de la Cour n'est pas favorable à la réhabilitation,
« une nouvelle demande ne peut être prononcée avant l'expi-
« ration du délai de deux années. » (Art. 629.) (1).

« Si l'avis est favorable, il est, avec les pièces produites,
« transmis par le procureur général, et dans le plus bref délai
« possible, au ministre de la justice, qui peut consulter la
« Cour ou le Tribunal qui a prononcé la condamnation. »
(Art. 630.)

« L'Empereur statue, sur le rapport du ministre de la jus-
« tice. » (Art. 631.)

« Des lettres de réhabilitation sont expédiées au cas d'ad-
« mission de la demande. » (Art. 632.)

« Les lettres de réhabilitation sont adressées à la Cour qui
« a donné l'avis.

« Une copie authentique en est adressée à la Cour ou au
« Tribunal qui a prononcé la condamnation. Ces lettres seront
« transcrites en marge de la minute de l'arrêt ou jugement
« de condamnation. » (Art. 633.)

« Le pouvoir administratif, dit l'exposé des motifs de la loi
« des 3-6 juillet 1852, reçoit la demande *dans la personne du*
« *procureur impérial,* et est appelé à fournir l'instruction
« qu'elle comporte ; le pouvoir judiciaire vérifie cette instruc-
« tion, et rend un avis qui équivaut à un rejet de la demande,
« s'il est défavorable.

_____

(1) Le pourvoi en cassation n'est pas admissible contre l'avis négatif de
la chambre d'accusation. — Cass., 1er sept. 1853, *Journ. de Droit crim.*,
de M. Achille Morin, année 1854, p. 25.

« Le pouvoir politique prononce sur la demande, lorsqu'elle
« est soumise à son approbation. »

Le Code d'instruction criminelle, sans maintenir la forme
théâtrale de la réhabilitation du Code du 25 septembre 1791,
sans rappeler cette comparution de l'impétrant devant les tribunaux, qui était, comme on l'a dit, une espèce d'*ovation* (1),
imposait des conditions de publicité. L'annonce de la demande
en réhabilitation devait être insérée au journal judiciaire du
lieu où jugeait la Cour appelée à donner son avis, et au journal judiciaire du lieu de la condamnation. C'était sans doute
un appel aux renseignements ; mais les renseignements, ainsi
obtenus, étaient-ils bien dignes de confiance ? La pensée qui
les dictait était-elle bien pure ? Ne provoquait-on pas les haines
et les mauvaises passions ? Pouvait-on légitimement compter
sur l'empressement des gens honnêtes à répondre, en quelque
sorte d'office, puisqu'ils n'étaient interrogés que collectivement
et d'une manière si indirecte ? D'ailleurs, cette nécessité de
rappeler la faute, pour faire vérifier si les derniers vestiges en
devaient être effacés, n'était-elle pas de nature à inspirer beaucoup de répugnance pour un secours qui s'achetait au prix
d'une révélation pleine d'humiliations et peut-être de dangers ?

— L'aveu de la faute, disait-on, était suivi par la déclaration
du pouvoir souverain, que l'expiation avait été complète. Mais
rien ne garantissait que l'épreuve, cette épreuve si doulou-
reuse, serait couronnée de succès, et le succès lui-même était-il
un remède absolument réparateur du mal ?

*La publicité
par la voie
des journaux
est supprimée.* La publicité par la voie des journaux a été supprimée ; on
s'est contenté avec raison de la publicité qui résultera du recours aux conseils municipaux.

Lorsque le pouvoir exécutif, malgré l'avis favorable de l'autorité judiciaire, n'admet pas la réhabilitation, exclut-il nécessairement, pour toujours ou pour un temps déterminé (par
exemple, pour deux années, d'après l'analogie que pourrait
sembler fournir l'art. 649), une nouvelle demande du con-

(1) Exposé des motifs de M. Rouher.

damné? Non : la loi est muette sur cet article, et la décision de
rejet (631) implique peut-être, non l'indignité du réclamant,
mais l'insuffisance de l'épreuve.

Quels sont les effets de la réhabilitation ?

L'art. 634 déclare que la réhabilitation *fait cesser pour l'a-*
venir, dans la personne du condamné, toutes les incapacités Effets de
qui résultaient de la condamnation. la réhabilitation.

Si la réhabilitation anéantit les résultats de la condamnation,
elle n'anéantit pas la condamnation elle-même ; elle la laisse
subsister comme un fait, comme un fait légal, comme un fait
légitime dans son principe et à sa date, comme un fait qui a
produit ou pu produire des effets dans le passé, mais qui doit
cesser d'en produire à l'avenir.

Cependant un de nos meilleurs criminalistes a écrit que la
« *réhabilitation ne serait qu'une mesure vaine et impuissante,*
« *si elle passait sur la première condamnation sans l'abo-*
« *lir (1).* »

Je ne saurais, pour mon compte, m'associer à cette opinion. Dissidence
L'amnistie a seule le pouvoir d'anéantir une condamnation avec
M. Faustin Helie.
légale, d'enlever à l'œuvre de la justice son cachet de légitimité, en ébranlant la présomption *juris et de jure* de vérité
qui s'y attachait. La réhabilitation suppose non-seulement la
légitimité du jugement, mais la soumission à ce jugement,
mais l'exécution de la condamnation ou la dispense par la grâce
de cette exécution. C'est ce que M. Langlais, au nom de la
Commission du Corps législatif, a nettement proclamé : « La
réhabilitation civile *n'efface pas le crime, ne détruit pas le ju-*
gement, la condamnation. » Gardons-nous de croire que ce
ne soit là qu'une question de mots ; sa solution implique de
graves conséquences. L'opinion que je combats a, de son principe, tiré logiquement cette déduction, à savoir que la condamnation, détruite par la réhabilitation, ne pourrait servir
de base à une aggravation de peine, dans le cas où le réhabilité commettrait une infraction nouvelle : « *La réhabilitation,*

(1) M. Faustin Helie, *Revue de législation*, t. VII, p. 44.

a-t-on dit, *scinde la vie du condamné en deux parties, qui ne*
« *doivent pas refluer l'une sur l'autre : elle détruit la crimina-*
« *lité antérieure ; ce n'est donc qu'à partir de sa date qu'il est*
« *permis de constater et de punir une criminalité nouvelle* (1). »

Si la première condamnation survit à la réhabilitation, elle
doit, comme je vous l'ai professé dans ma leçon sur la récidive,
donner lieu à l'application de l'aggravation, quand, d'ailleurs,
la nouvelle infraction place l'agent dans les autres conditions
des art. 56, 57 et 58 du Code pénal (2).

Cette solution, à laquelle conduisent les principes, n'est-
elle pas, d'ailleurs, conforme à la justice et à l'intérêt social?
La nouvelle infraction ne démontre-t-elle pas que le repentir,
à l'existence, à la stabilité duquel la société a eu le tort d'accorder une trop prompte foi, n'était pas sincère, ou au moins
n'était pas durable? Comment un acte, surpris à l'aide de
fausses apparences, servirait-il d'égide contre l'aggravation
que la loi a attachée, sous certaines conditions, à la rechute
dans la violation de la loi (3)?

La réhabilitation
rend-elle
la vie politique
comme
la vie civile?

La réhabilitation affranchit-elle les condamnés de toutes les
déchéances, sans exception, que la condamnation faisait peser
sur eux, aussi bien des exclusions et indignités qui les écartent de la vie publique, de ses charges, de ses fonctions, de ses
honneurs, que des incapacités civiles? Les rend-elle tout à la
fois et à la vie civile et à la vie publique? On a soutenu qu'il
y avait une distinction à faire, et on a prétendu en trouver la
preuve dans la terminologie de l'art. 34 du Code pénal, qui
énumère les droits enlevés par la dégradation civique. Cet article contient cinq paragraphes. Ce n'est, a-t-on dit, que dans
les 3e et 4e paragraphes qu'il parle d'*incapacités ;* et ces deux
paragraphes n'ont trait *qu'à des droits civils.*

Les §§ 1er, 2 et 5 parlent de *destitution,* d'*exclusion,* de

(1) *Revue de législation,* t. VII, p. 44.
(2) Voir *suprà* notre leçon sur la *récidive,* 20e leçon. — Voir Cass.,
27 avril 1865, et conclusions de M. Dupin (Car. et Gilb., 65.1.289).
(3) *Sic, Observations de la Faculté de Droit de Caen,* en 1846, rapport
de M. de Boislambert, p. 28.

privation de droits. Ces trois paragraphes ont trait à des avantages, à des droits se rattachant à la vie publique : c'est qu'ils créent des déchéances irrévocables, des indignités irrémédiables. La vie publique n'admet pas de puretés artificielles, en quelque sorte de seconde main, des puretés refaites avec le secours de fictions légales. Aussi l'art. 634 ne promet-il la cessation que des *incapacités*, c'est-à-dire qu'il ne se réfère qu'aux §§ 3 et 4 de l'art. 34.

Ce système fut fort habilement développé, en 1843, par le rapporteur de la Commission de la Chambre des pairs. Je ne crois pas ce système admissible : la réhabilitation fait cesser la dégradation civique, la dégradation civique tout entière, et non pas tels ou tels de ses éléments ; elle réintègre le condamné dans la plénitude de ses droits, et lui restitue, par conséquent, aussi bien l'aptitude à la vie publique que l'aptitude à la vie civile.

La doctrine, soutenue en 1843 à la Chambre des pairs, a semblé vouloir se faire jour dans la discussion de la loi des 3-6 juillet 1852. M. de Montreuil a demandé que, nonobstant la réhabilitation, on refusât au condamné pour crime la jouissance des *droits civiques*.

« Lorsqu'un homme, a répondu la Commission, offre à la « société assez de garanties pour qu'elle lui restitue ses droits « civils, on ne comprendrait pas qu'elle le proclamât indigne « de recouvrer ses droits politiques. »

La réhabilitation civile ne relève pas, toutefois, le condamné pour banqueroute frauduleuse, de l'exclusion de la réhabilitation commerciale que fait peser sur lui l'art. 612 du Code de commerce (art. 634). « La réhabilitation civile, a dit au « Corps législatif M. Langlais, rapporteur de la Commission, « lui rend les droits dont la condamnation l'avait privé ; elle « le laisse, pour le surplus, sous l'empire des lois commer- « ciales. *C'est un criminel réhabilité, ce n'est pas un com- « merçant réhabilité.* »

Elle ne relève pas des incapacités de l'art. 612 du Code de commerce.

VINGT-SEPTIÈME LEÇON.

SOMMAIRE.—Transition.—Droit conféré au Gouvernement par l'art. 4 de la loi des 31 mai-3 juin 1854.—Son caractère. — Le Gouvernement peut-il faire revivre la déchéance?—Renvoi.—Motifs de la faculté accordée au Gouvernement.—Fait-elle échec à la nécessité de la réhabilitation pour les peines temporaires? — Le testament du condamné relevé de la déchéance revit-il de lui-même? — Distinction. — Dissidence avec M. Duvergier.—Rapprochement avec l'effet de la réhabilitation.—Autre faculté donnée au Gouvernement. — Renvoi. — En quel sens l'art. 4 localise-t-il l'effet des actes faits par le condamné relevé de la déchéance? — Rapprochement avec la déportation. — Art. 18 du Code pénal de 1810. — Loi du 28 avril 1832. — Art. 3 de la loi du 8 juin 1850. — Étendue de la faculté de disposer à titre gratuit rendue au condamné. — Résumé. — Loi des 30 mai-1er juin 1854. — Pénalité accessoire qu'elle édicte. — La grâce peut-elle toujours dispenser de l'obligation de la résidence?—Le peut-elle, quand le condamné a subi sa peine sans une remise expresse? — Le renvoi sous la surveillance, comme conséquence des travaux forcés, peut-il être remis par la grâce? — Faculté accordée au Gouvernement par l'art. 12 de la loi des 30 mai-1er juin 1854. — Renvoi. — La loi des 30 mai-1er juin 1854 a-t-elle pu être appliquée aux condamnations antérieures?—*Quid* pour l'obligation de la résidence?

MESSIEURS,

Transition.

Vous connaissez le caractère et les effets de la grâce, le caractère et les effets de la réhabilitation. Je puis aujourd'hui, avec utilité pour vous, aborder quelques questions que soulèvent les lois des 31 mai-3 juin 1854 sur l'abolition de la mort civile, et 30 mai-1er juin 1854 sur l'exécution des travaux forcés. Si je n'eusse ajourné la discussion de ces questions, vous l'eussiez difficilement comprise.

Droit conféré
au Gouvernement
par l'art. 4

L'art. 4 de la loi abolitive de la mort civile confère, vous le savez, au Gouvernement le droit de relever le condamné à une peine perpétuelle de l'incapacité de transmettre et de recevoir par donation ou par testament.

Je vous ai dit, dans la deuxième de mes leçons sur l'amnistie et la grâce, que ce droit est plus qu'un simple rappel du droit de grâce ; que c'est l'extension exceptionnelle de ce droit à des inflictions morales sur lesquelles la grâce est, en thèse ordinaire, impuissante, et qui ne peuvent cesser que par le secours de la réhabilitation , c'est-à-dire après la libération de la peine principale. Ici, il s'agit de détacher d'une peine principale, pendant qu'elle s'exécute, une peine accessoire, qui y est annexée sans en être le corollaire indispensable.

Le Gouvernement peut exonérer de la déchéance ; est-il armé de la faculté de la faire revivre ? En d'autres termes, la remise de l'incapacité est-elle irrévocable ? Cette remise peut-elle rétroagir sur les droits acquis des tiers ? J'ai examiné toutes ces questions, et je vous renvoie aux développements dans lesquels je suis entré pour leur solution.

Dans le cas de l'art. 4 de la loi des 31 mai-3 juin 1854, la grâce décharge le condamné d'une incapacité qui intéresse les tiers. Je vous ai expliqué la raison de cette exception. Il s'agit de libérer le condamné de l'incapacité pendant la durée de la peine. Oh ! alors, la réhabilitation était impossible ; la condition *sine quâ non* de la libération de la peine principale et d'une épreuve postérieure devaient nécessairement défaillir. — Cependant la loi voulait donner au Gouvernement les moyens d'encourager et de faciliter, par l'appât de droits à reconquérir, la régénération du condamné, sans qu'il y eût nécessité de le décharger de la peine principale. Voilà la cause de la prérogative exceptionnelle confiée au pouvoir exécutif. Ceci rappelé, la prérogative survit-elle à la cause ?

Si la peine perpétuelle du condamné a été commuée en une peine temporaire, et que cette peine temporaire soit subie, le condamné libéré devra-t-il avoir recours à la réhabilitation et en remplir toutes les conditions, pour se faire relever des incapacités accessoires de la peine qui peuvent lui sur-

Fait-elle échec
à la nécessité
de
la réhabilitation
pour les peines
temporaires ?

vivre? Je le crois. — L'exception, facile à justifier dans les limites que, d'après moi, la loi lui assigne, n'aurait-elle pas quelque chose d'exorbitant, si on lui donnait une extension en dehors du but à atteindre?

Le testament
du condamné
relevé
de la déchéance
revit-il
de lui-même?
— Distinction.

L'art. 4, qui autorise le Gouvernement à relever, en tout ou en partie, le condamné des incapacités prononcées par l'art. 3, l'investit-il de la prérogative de revalider le testament que le condamné aurait fait avant sa condamnation à une peine perpétuelle?

Non, incontestablement, si le condamné était mort dans les liens de l'incapacité de transmettre à titre de libéralité. Cette grâce posthume serait rétroactive; elle enlèverait aux héritiers du sang une succession qui leur était acquise.

Mais je suppose que le condamné vive. Le Gouvernement, pendant l'exécution de la peine principale, lui rend la capacité de donner ou de tester. Le testament annulé par une condamnation est-il de plein droit revalidé? — Sans doute, la grâce n'opère que pour l'avenir, elle respecte les droits acquis; mais, la succession n'étant pas ouverte, aucun droit n'est brisé. Le condamné ne pourrait-il pas refaire son testament? Pourquoi exiger de lui une expression nouvelle de sa volonté? Je crois que le testament ne revit pas; la loi l'a révoqué. Rien ne garantit que le condamné n'a pas changé de volonté; s'il n'a pas fait de révocation, c'est peut-être justement parce qu'il a considéré que le témoignage de ses anciennes intentions avait perdu toute valeur et ne subsistait plus. Voilà l'argument de raison. — Voici l'argument juridique. La nullité du testament, fût-elle le résultat de l'incapacité, l'incapacité n'est remise que pour l'avenir.

Si ce testament n'était frappé d'inefficacité que sur la foi de la présomption que le testateur mourrait incapable, l'obstacle à l'exécution de ses volontés dernières venant à s'évanouir avant l'époque du décès, ces volontés devraient avoir effet en vertu de la règle : *Media tempora non nocent.*

Mais si la loi nouvelle avait voulu seulement que le testament du condamné, décédé incapable de tester, demeurât inefficace, il suffisait d'attacher l'incapacité de disposer à titre gratuit aux condamnations à des peines afflictives perpétuelles, puisque la capacité de tester est requise, à la mort du testateur, pour que le testament, quelle que soit sa date, soit valable. Or, la loi n'a pas dit seulement que le condamné à une peine afflictive perpétuelle ne peut disposer par un testament, si ce n'est pour cause d'aliments; elle a ajouté : « *Tout testa-* « *ment par lui fait antérieurement à sa condamnation con-* « *tradictoire, devenue définitive, est nul.* »

« Cette nullité, dit M. Duvergier, n'a lieu qu'autant que « l'indignité persiste jusqu'au moment de l'ouverture de la « succession. » Mais pourquoi ne frappe-t-elle de nullité que le testament fait par le condamné, en se taisant sur le testament fait au condamné? N'est-ce pas parce que le testament fait au condamné doit recevoir son exécution, si le légataire a recouvré la capacité de recevoir au moment du décès du testateur, tandis que le testament fait par le condamné ne doit pas recevoir son exécution, s'il a été suivi d'une condamnation à une peine afflictive perpétuelle, qui engendre non-seulement une incapacité, mais produit une nullité véritable? Vainement dirait-on que le testament fait avant l'exécution de la peine, pouvait s'exécuter avant la loi des 31 mai-3 juin 1854, si le condamné était réhabilité et recouvrait ainsi la capacité de faire un testament. C'est que l'art. 25 du Code Napoléon n'ajoutait pas à l'incapacité de disposer la nullité du testament antérieur à la condamnation. L'art. 4 ne donne pas au Gouvernement le droit de faire remise d'une nullité que la loi a attachée à la condamnation. A mon sens, la remise, même expresse, de cette nullité serait inefficace. — Cette question n'est pas sans importance. Supposez que le condamné ne soit plus dans un état mental qui lui permette d'expliquer valablement sa volonté : dépendra-t-il du Gouvernement d'attribuer à son choix la succession à l'héritier du sang ou à l'héritier institué?

Ce que j'ai dit de la prérogative conférée au Gouvernement par l'art. 4 de la loi des 31 mai-3 juin 1854, en ce qui concerne

Dissidence avec M. Duvergier.

Rapprochement avec l'effet de la réhabilitation.

le testament antérieur à la condamnation, appliquez-le à la réhabilitation. La réhabilitation du condamné n'entraîne pas la réhabilitation de sa volonté testamentaire.

Autre faculté donnée au Gouvernement.

La loi des 31 mai-3 juin 1854 donne aussi au Gouvernement le droit d'appeler le condamné à l'exercice, *dans le lieu d'exécution de la peine*, des droits civils, ou de quelques-uns de ces droits, dont il a été privé par son état d'interdiction légale. La concession que le Gouvernement est autorisé à faire, n'est-elle faite qu'à titre d'épreuve, précairement et sauf révocation?

Renvoi.

Je vous renvoie encore, pour cette question, à ma seconde leçon sur *l'amnistie et la grâce*.

En quel sens l'art. 4 localise-t-il l'effet des actes faits par le condamné relevé de la déchéance ?

L'art. 4 semble limiter, et *localiser dans le lieu de l'exécution de la peine*, l'effet des actes passés par le condamné, en vertu des droits civils dont l'exercice lui a été rendu. Cette restriction ne se conçoit pas très-bien. La loi a-t-elle voulu dire que les actes faits par le condamné, par suite de la restitution totale ou partielle de ses droits civils, ne seront valables que sur le théâtre où il subira sa condamnation, et qu'ils seront sans force partout ailleurs? L'interdiction légale, suivant moi, est un obstacle au mariage; le Gouvernement lève cet obstacle : est-ce que le mariage contracté par l'interdit ne sera pas, *en tous lieux*, un mariage légitime?

Voulez-vous que l'interdiction n'enlève au condamné qu'elle enlace de ses liens, que l'usage des droits qui peuvent s'exercer par un intermédiaire, par un tuteur? Supposez que l'interdit ait fait personnellement, et par suite de la concession du Gouvernement, un emprunt, dans le lieu de l'exécution de la peine : est-ce que son obligation ne sera pas valable et susceptible d'exécution sur tous ses biens, quelle qu'en soit l'assiette, sous la seule condition qu'ils ne seront pas de ceux que la loi frappe d'indisponibilité ? Est-ce qu'elle n'engagera pas tous les biens qu'il a acquis, ou qui ont été acquis à titre onéreux, en son nom, depuis la condamnation, et cela sans égard à leur situation? Mais alors l'exercice des droits civils

pourra s'étendre bien en dehors du lieu de l'exécution de la
peine.

La loi a-t-elle voulu dire qu'en dehors du lieu auquel la
peine attacherait le condamné, il ne pourrait se donner une
représentation autre que celle qui résulterait de l'organisation
de la tutelle? Mais pourquoi ne pourrait-il pas faire faire, par
un *mandataire de son choix*, ce que le Gouvernement lui aurait
restitué le droit de faire lui-même directement?

Cette disposition rappelle la disposition de l'art. 18 du Code
pénal de 1810, qui autorisait le Gouvernement à accorder au
déporté, dans le lieu de la déportation, et ce nonobstant la
mort civile, l'exercice de l'ensemble ou de partie des droits
dont la loi l'avait privé.

[Rapprochement avec la déportation.— Art. 18 du Code pénal de 1810.

« Par cette disposition d'une politique bienfaisante, disait
« d'Haubersart, dans l'exposé des motifs du 12 février 1810,
« le déporté sera provoqué à mériter, par une conduite sage
« et laborieuse, de récupérer la vie civile et d'acquérir l'état
« de colon ; ce sera l'encourager à devenir meilleur, et ce res-
« sort ne sera pas moins utile au bien de la colonie, qui est
« intéressée à compter des citoyens plutôt que des captifs, et à
« les fixer dans son sein par l'attrait de la propriété et les liens
« de la vie civile. »

Le procès-verbal de la séance du Conseil d'État du 21 février 1809 prouve que les difficultés qu'offrait, dans la pratique, l'application de cette exception, n'avaient pas échappé à
la sagacité de l'Empereur.

« L'art. 18 est discuté.

« Sa Majesté demande comment la section entend concilier
« avec le système de la déportation la possibilité de restituer
« au déporté ses droits civils, en tout ou en partie.

« Treilhard observe qu'il ne s'agit de les leur rendre que
« dans le lieu de la déportation.

« Regnaud dit alors qu'il n'est pas possible de placer les
« déportés dans un lieu habité : les originaires du pays répu-
« gneraient à se voir mêler avec des hommes flétris par la jus-
« tice. Il faut donc, avant tout, s'entendre sur la colonisation

« des déportés ; on ne peut que créer un établissement pareil
« à celui de Botany-Bay, ou se borner à une simple réléga-
« tion.

« Defermon dit qu'un déporté peut rendre les services qui
« expient ses fautes précédentes. Si, par exemple, il repous-
« sait les ennemis de l'Etat, les habitants seraient les premiers
« à demander qu'il devînt citoyen d'un pays qu'il aurait con-
« tribué à sauver.

« Sa Majesté dit qu'il n'est pas nécessaire de réunir les dé-
« portés dans un lieu qui ne soit habité que par eux ; il suffit
« de leur assigner un canton, par exemple, de six lieues car-
« rées, dans un pays où il se trouve d'autres habitants. *Si on*
« *leur rendait ensuite leurs droits civils, ils en jouiraient dans*
« *cette circonférence, et pas au delà ;* mais il y a bien d'au-
« tres questions à décider. Par exemple, un déporté qui aura
« recouvré ses droits civils dans le lieu de la déportation
« pourra-t-il tester ? S'il était marié au moment de sa con-
« damnation, pourra-t-il se remarier ? La matière de la dé-
« portation exige un chapitre tout entier. Sa Majesté renvoie
« cette partie du projet à la section pour lui donner les déve-
« loppements convenables. »

Les développements, les éclaircissements, ainsi appelés, ne
furent pas donnés ultérieurement.

Loi
du 28 avril 1832.

La loi du 28 avril 1832 supprima, dans l'art. 18, les mots
restrictifs : *dans le lieu de la déportation.* Elle fit ainsi disparaître une limitation dont la portée n'était pas nettement
déterminée.

Art. 3 de la loi
du 8 juin 1850.

L'art. 3 de la loi du 8 juin 1850 déclara que les condamnés
à la déportation simple auraient, nonobstant l'interdiction légale, l'exercice des droits civils dans le lieu où ils subiraient
leur peine. Vous savez que l'exécution de la déportation ne
devait plus entraîner la mort civile.

« Pour les déportés du second degré, lisons-nous dans le
« rapport fait à l'Assemblée nationale législative, le 9 fé-
« vrier 1849, par M. Rodat, l'interdiction, *absolue partout*
« *ailleurs,* cessera dans le lieu de la déportation ; là, mais là

« uniquement, ils auront l'exercice des droits civils. » Et plus
« loin, en parlant du condamné à la déportation simple :
« Dans le lieu assigné à son châtiment, et d'où il lui est inter-
« dit de sortir, il doit être libre ; il ne faut pas que sa liberté
« soit gênée et rendue, pour ainsi dire, stérile par les entraves
« de l'interdiction et de la tutelle ; seulement, il est nécessaire
« que les limites matérielles, dans lesquelles l'exercice de la
« liberté est circonscrit, bornent également celui de ses droits
« civils, *et l'effet des engagements qu'il pourra contracter, des*
« *actes qu'il fera.* »

M. Rodat entendait donc que les actes, faits par le déporté
dans le lieu de la déportation, n'auraient de force, de conséquences juridiques que dans ce lieu. Mais alors pourquoi la
dernière disposition de l'art. 3 de la loi du 8 juin 1850 ?

« Il pourra leur être remis (aux déportés simples), avec l'au-
« torisation du Gouvernement, tout ou partie de leurs biens.

« Sauf l'effet de cette remise, les actes, par eux faits dans
« le lieu de la déportation, ne pourront engager ni affecter
« les biens qu'ils possédaient au jour de leur condamnation,
« ni ceux qui leur seront échus par succession ou donation. »

Si les actes du déporté n'avaient de vie que *dans le lieu de la
déportation*, à quoi bon dire qu'ils n'engageraient pas les biens
acquis antérieurement à la condamnation, et ceux recueillis
depuis à titre gratuit ? Cette disposition ne serait-elle faite
que pour empêcher d'exécuter les obligations du déporté sur
ceux des biens de cette origine qui seraient situés dans le lieu
de la déportation ? Il est évident que ce n'est pas pour cette
hypothèse spéciale et tout à fait exceptionnelle que la dernière
disposition de l'art. 3 a été écrite.

J'insiste sur cette considération, parce que l'art. 4 de la loi
des 31 mai-3 juin 1854, qui soulève la même question, fournit
le même élément de décision.

« Les actes faits par le condamné dans le lieu d'exécution
« de la peine, ne peuvent engager les biens qu'il possédait au
« jour de sa condamnation, ou qui lui sont échus à titre gra-
« tuit depuis cette époque. »

Pourquoi déclarer les biens dont le condamné était saisi au moment de la condamnation, et ceux qu'il a recueillis depuis à titre gratuit, indisponibles, si ces actes ne pouvaient avoir d'effet que sur le théâtre de l'exécution de la peine?

Étendue de la faculté de disposer par donation ou testament, rendue au condamné.

Le condamné auquel le Gouvernement a rendu le droit de disposer par donation ou testament, conformément au droit commun, peut-il donner ou léguer les biens dont il était propriétaire au moment de sa condamnation, ou qui lui sont déchus depuis à titre gratuit? — Oui, si la capacité de faire des libéralités lui a été remise, comme elle peut l'être, d'une manière absolue. Ce dernier paragraphe de l'art. 4 n'a trait qu'aux actes que le condamné, demeuré incapable de transmettre à titre gratuit, acquiert le droit de faire personnellement par la restriction de l'interdiction légale, c'est-à-dire qu'il ne s'applique qu'à la libération partielle de la tutelle, et ne limite nullement les conséquences de la remise des incapacités écrites dans l'art. 3. Le § 3 de l'art. 4 ne se réfère qu'au § 2 du même article; il ne réagit point, pour le limiter, sur le § 1er.

L'affranchissement de l'incapacité de transmettre par donation entre-vifs ou par testament ne résulte pas de la mainlevée de l'interdiction dans le lieu de l'exécution de la peine. Mais cet affranchissement implique la mainlevée, au moins partielle, de l'interdiction, puisqu'il ne serait efficace, au moins pour le testament, qu'à la condition que le condamné pourrait exercer, par lui-même, la capacité recouvrée. A la rigueur, pour la donation, le condamné pourrait être représenté par un tuteur. Mais pourquoi l'intervention d'un tuteur, qui agirait, non pas en vertu de son droit d'administration, puisqu'une disposition à titre gratuit excède les limites du droit d'administration, mais comme un mandataire donné à l'avance par la loi au condamné pour le cas où le droit de disposition lui serait rendu? L'affranchissement de l'incapacité de transmettre par donation ou par testament a beaucoup plus d'importance que la mainlevée partielle de l'interdiction, et il

suppose que le condamné pourra user, sans entraves, de la
liberté dont il est ressaisi.

Lorsque le condamné à une peine perpétuelle aura été
relevé de l'incapacité de transmettre, par donation entre-
vifs ou par testament, les actes à titre onéreux, qu'il sous-
crira dans le lieu d'exécution de la peine, engageront-ils,
de plein droit, les biens dont il était saisi au moment de sa
condamnation, ou qu'il a recueillis depuis à titre gratuit? La
négative semble résulter des termes absolus du dernier paragraphe de l'art. 4. Toutefois, est-ce bien là véritablement la
pensée de la loi? On comprend que le condamné, qui ne
peut disposer à titre gratuit d'aucune classe de biens, ne puisse
s'obliger que sur les biens qu'il aura acquis ou qu'on aura
acquis en son nom depuis sa condamnation. Mais compren-
drait-on que la loi se montrât plus facile pour les dispositions
à titre gratuit que pour les dispositions à titre onéreux, et
qu'elle voulût que les libéralités pussent embrasser toutes les
classes de biens, quand les actes d'administration et d'affaires
n'auraient d'action que sur les biens d'une certaine origine?

Je vous signale quelques-unes des principales difficultés qui
naissent de la loi nouvelle. Ma discussion a moins pour but de
les résoudre que de vous les bien faire saisir. Je n'ai pas la
prétention de devancer l'œuvre du temps, et de faire à la hâte,
précipitamment, ce que la doctrine et la jurisprudence ne
parviendront à faire qu'après beaucoup d'hésitations et de tâ-
tonnements. C'est un essai préparatoire que j'ai tenté avec
vous, et qui aura toujours pour résultat de vous familiariser
avec des textes, qui ne répondent pas, et qui ne pouvaient
pas répondre, à toutes les questions que la pratique leur adres-
sera.

En résumé, l'état civil du condamné à une peine perpétuelle   Résumé.
ne diffère de l'état civil du condamné à une peine afflictive temporaire, qu'en ce qu'il entraîne l'incapacité de recevoir à titre
de donation et de testament. Quant à l'incapacité de disposer
à titre de donation ou de testament, elle résulte implicitement

de l'interdiction légale; et, partant, elle pèse sur le condamné à une peine temporaire comme sur le condamné à une peine perpétuelle. Seulement, quand cette incapacité ne dérive que de l'interdiction légale, elle cesse avec la cause qui l'a produite, c'est-à-dire avec la peine principale, soit que le terme assigné à sa durée soit arrivé, soit qu'elle soit remise par la grâce, soit qu'elle soit prescrite.

Au contraire, l'incapacité de recevoir, en vertu de donation entre-vifs ou de testament, prononcée comme une conséquence des peines perpétuelles, survit à la grâce ou à la prescription, si le Gouvernement n'a pas usé du pouvoir dont il a été investi d'en relever le condamné.

Loi des 30 mai-1er juin 1854. J'arrive aux questions qui naissent de la loi des 30 mai-1er juin 1854, sur l'exécution des travaux forcés.

Pénalité accessoire qu'elle entraîne. Toute condamnation aux travaux forcés entraîne, comme nécessité, pour le condamné libéré de sa peine, une résidence temporaire ou perpétuelle dans une colonie pénale. Cette résidence sera *une pénalité accessoire, une garantie sociale.*

Si la peine est de moins de huit ans, la durée de la résidence dans la colonie sera égale à la durée de la peine principale que le condamné devait subir, et non pas seulement à la durée de la peine qu'il a, de fait, subie par suite de la grâce.

La grâce peut-elle toujours dispenser de l'obligation de la résidence? La grâce peut-elle toujours dispenser de cette obligation de la résidence?

L'art. 6 de la loi des 30 mai-1er juin 1854 ne résout peut-être pas bien complétement la question.

La remise de toute la peine principale, ou de ce qui restait à courir de cette peine, n'entraîne pas, de plein droit, la dispense de l'obligation de la résidence; cette dispense ne pourra résulter que d'une disposition expresse des lettres de grâce. Voilà ce que dit l'art. 6.

La disposition finale de l'art. 6 ne s'applique qu'au cas de remise de la peine principale. Elle autorise le Gouvernement à remettre, avec cette peine et en même temps, la peine mitigée qui devrait lui succéder, et qui tiendrait le condamné éloigné de sa famille et du siége de ses intérêts. On a pensé qu'il importait que la grâce pût s'étendre aux deux peines, à la peine principale et à la peine accessoire, et cela, dans le but de prévenir le découragement du condamné et de favoriser son retour au bien.

Mais la grâce peut-elle dispenser de l'obligation de la résidence, quand le condamné aura subi sa peine, ou même en aura obtenu remise, sans que les lettres aient renfermé la disposition spéciale dont parle l'art. 6? — La raison de la prérogative exceptionnelle, conférée au Gouvernement par l'art. 6, ne subsiste-t-elle pas? Sans doute, la réhabilitation, dans ces deux hypothèses, ne serait pas toujours nécessairement impuissante; le temps pourrait la rendre applicable; mais le régime de la colonie se concilierait-il toujours avec ses conditions? D'ailleurs, la pensée de la loi n'a-t-elle pas été d'attribuer au Gouvernement un moyen d'exciter à une bonne conduite, et cette prérogative ne perdrait-elle pas une partie de son efficacité, si elle ne pouvait s'exercer que pendant le cours de l'exécution de la peine principale?

Le peut-elle quand le condamné a subi sa peine sans une remise expresse?

Si la peine accessoire du renvoi sous la surveillance de la haute police survit à la loi des 30 mai-1er juin 1854, comme conséquence des travaux forcés à temps, peut-elle être remise par la grâce?

Le renvoi sous la surveillance, comme conséquence des travaux forcés, peut-il être remis par la grâce?

Mais d'abord l'art. 47 du Code pénal n'est-il pas virtuellement abrogé, en ce qui concerne les travaux forcés?

Si l'agent n'a été condamné qu'à moins de huit ans de travaux forcés, il est certain qu'il peut rentrer en France, après avoir résidé dans la colonie un temps égal à la durée de sa condamnation; et, par suite, il importe à la société qu'il soit soumis à la surveillance.

Que si l'agent a été condamné à plus de huit ans, comme la grâce peut, par une disposition expresse, le dispenser de l'obligation de la résidence, il importe encore de maintenir la surveillance comme une garantie sociale. L'art. 47 n'est donc pas implicitement abrogé en ce qui concerne les travaux forcés à temps, par la loi des 30 mai-1er juin 1854.

Ceci admis, le renvoi sous la surveillance, modifiant l'état du condamné et constituant une véritable incapacité de se choisir librement un domicile, est en dehors des effets de la grâce. Il n'a pas été l'objet d'une exception, et, d'après le droit commun, la réhabilitation seulement pourrait l'affranchir de ses liens.

Faculté accordée au Gouvernement par l'art. 12 de la loi des 30 mai-1er juin 1854.— Renvoi.

L'art. 12 autorise le Gouvernement à accorder aux condamnés aux travaux forcés à temps l'exercice, dans la colonie, des droits civils ou de quelques-uns des droits dont ils sont privés par leur état d'interdiction légale. Cet article a des affinités avec l'art. 4 de la loi des 31 mai-3 juin 1854. Il soulève des questions que j'ai examinées, à savoir : Quel est le véritable sens de la *localisation dans la colonie* de l'exercice des droits civils ? Les actes valables, dans la colonie, ne seraient-ils pas valables ailleurs ? Ne seraient-ils pas seulement sans force, sans conséquence, sur les biens dont le condamné avait la propriété au jour de sa condamnation, ou dont il a acquis la propriété depuis par succession, donation ou testament ? En dehors de la colonie, le condamné ne sera-t-il jamais représenté que par son tuteur ? La remise de certains biens au condamné, pour en jouir ou pour en disposer, ne sera-t-elle pas irrévocable ?

La faculté accordée au Gouvernement de rendre l'exercice du droit de disposer, n'implique-t-elle pas que l'interdiction légale enlève le droit de disposition entre-vifs et testamentaire ? Ce n'est, en effet, qu'aux peines perpétuelles que la loi attache, comme peine accessoire spéciale, l'incapacité de disposer à titre de donation ou de testament. Quant aux peines temporaires, si, pendant leur durée, cette incapacité existe, ce ne peut être que par l'effet de l'interdiction légale. Le Gouvernement étant saisi du pouvoir d'accorder mainlevée totale ou partielle de cette interdiction, il eût fallu excepter le droit de disposer entre-vifs ou par testament, si l'on eût voulu que l'exercice de ce droit ne pût être restitué au condamné. Le second paragraphe de l'art. 12 n'était pas nécessaire; il n'est qu'une application du paragraphe premier.

La loi des 30 mai-1er juin

La loi des 30 mai-1er juin 1854, ne changeant que le mode

d'exécution de la peine, a pu, sans rétroactivité, être appliquée aux condamnations antérieures à sa promulgation. Toutefois, l'obligation de la résidence, après l'exécution de la peine principale, n'ayant pas été attachée à ces condamnations par la loi sous l'empire de laquelle elles ont été prononcées, ne devait pas recevoir d'application ; elle eût constitué une véritable aggravation du sort du condamné ; elle eût eu le caractère d'une pénalité ajoutée après coup. Mais l'obligation de la résidence ne pourrait-elle pas, au moins, être imposée comme condition de lettres de grâce qui commueraient la peine des travaux forcés à perpétuité prononcée sous l'ancienne loi, en peine de travaux forcés à temps ? Je le croirais.

1854 a-t-elle pu être appliquée aux condamnations antérieures? *Quid* pour l'obligation de la résidence?

VINGT-HUITIÈME LEÇON.

PRESCRIPTION DE L'ACTION PUBLIQUE ET PRESCRIPTION DE LA PEINE. — Fondement philosophique de la prescription. — Rejet des causes assignées à la prescription de l'action publique par MM. Réal et Louvet, au Corps législatif, et admises par MM. Le Sellyer, Rodière et Faustin Helie. —Rejet des causes assignées à la prescription de la peine par MM. Réal et Louvet, et admises par MM. Boitard, Rodière, etc. — Indication de quelques-unes des conséquences de la solution à adopter sur cette question de principe. — Histoire. — Droit romain. —Ancien droit. — Droit intermédiaire. — Code pénal de l'Empire. —La durée de la prescription de la poursuite et de la prescription de la peine varie avec la classe de l'infraction à poursuivre ou de l'infraction jugée. — Durée de la prescription de la poursuite. —Pourquoi la prescription de la poursuite est-elle interrompue par un acte d'instruction, non-seulement à l'égard de l'agent poursuivi, mais encore à l'égard de l'agent non poursuivi? — Critique d'un criminaliste. — Réponse. — Point de départ de la prescription de la poursuite. —Infractions instantanées. —Infractions continues.— *Quid* du recel? — Le recéleur est-il protégé par la prescription qui protége le voleur? — Dissidence avec MM. Le Sellyer et Faustin Helie.—Infractions complexes.—Délit d'habitude d'usure.—Point de départ, pour ce délit, de la prescription de la poursuite.—Trois systèmes. —Influence de la loi du 19 décembre 1850.—Système de MM. Legraverend, Le Sellyer, Faustin Helie. — Système de M. Rauter et de la Cour de cassation. — Système intermédiaire. — Prescription de la peine. — Pourquoi la prescription de la peine est-elle plus longue que la prescription de la poursuite? — Point de départ de la prescription de la peine.—Condamnation contradictoire en matière criminelle.—Condamnation par contumace.— Quand la prescription de la peine est-elle substituée à la prescription de l'action? —L'éventualité du pourvoi en cassation contre une condamnation contradictoire en matière criminelle empêche-t-elle le cours de la prescription de la peine? — Le pourvoi, formé par le ministère public contre un arrêt d'absolution, interrompt-il la prescription de l'action publique? —La suspend-il? — Le pourvoi, formé par le condamné ou par le ministère public contre un arrêt de condamnation, interrompt-il la prescription de l'action publique? —La suspend-il? — Y a-t-il des distinctions à faire sous ce rapport, entre le pourvoi du condamné et le pourvoi du ministère public? —Rejet d'une

----

MESSIEURS,

Le temps, qui apporte l'oubli et finit par abolir la mémoire, ne doit-il pas avoir sur les infractions et les condamnations les effets de l'amnistie et de la grâce? Quand une longue suite d'années sépare de l'époque à laquelle la loi a pu être violée, n'y a-t-il pas, le plus souvent, impossibilité absolue de constater, soit l'existence ou le caractère de l'infraction, soit le lien qui unit à elle l'infracteur? N'y a-t-il pas toujours au moins difficulté excessive, chance d'erreur, dans la constatation? Comment ne pas tenir compte du péril de recherches qui remontent à un passé que tant de causes voilent et dérobent, qu'une obscurité, de jour en jour croissante, enveloppe et semble garantir contre les tentatives d'investigation? Les recherches, d'ailleurs, seraient-elles profitables à la société? Pourquoi des recherches qui feraient revivre le souvenir d'une violation des commandements sociaux restée impunie? L'impunité d'une infraction oubliée est sans danger. Cette impunité n'est pas une preuve de l'inefficacité de la sanction pénale, puisque l'existence de l'acte qui l'a encourue est au moins incertaine, et que la poursuite n'aboutirait fréquemment qu'à la démonstration officielle de la vanité des efforts de la société pour atteindre, la preuve de l'infraction une fois rapportée, l'agent responsable, le coupable. Pourquoi s'exposer à rappeler une infraction qui ne réclamait pas de châtiment?

Ce serait une singulière manière de rendre hommage à la

Fondement philosophique de la prescription.

loi que d'affronter gratuitement la chance de donner un témoignage public de son impuissance.

Supposez que, dans certaines hypothèses, la répression puisse être obtenue, et obtenue, je le veux, avec toutes les garanties d'une bonne justice : la conscience du juge sera en sécurité ; mais la conscience publique, la conscience de ceux qui n'auront pas pu peser les preuves, et ceux-là seront toujours le grand nombre, ne sera-t-elle pas inquiète, troublée? Ratifiera-t-elle la sentence ? La sentence ne doit pas seulement être juste ; il faut qu'aux yeux de tous, elle apparaisse telle, et la prudence de la loi lui commanderait encore de s'abstenir, quand elle aurait, dans quelques cas exceptionnels, la certitude d'atteindre le coupable. La société tout entière doit être convaincue que ses lois ne l'exposent pas à quelque funeste méprise.

D'ailleurs, et nous empruntons l'observation à un éminent et regretté magistrat, qui avait oublié, peut-être, parmi ses titres, un livre sur l'administration de la justice criminelle en France, M. Mesnard : « *Le châtiment trop éloigné* « *du délit n'en retrace plus qu'une incomplète idée. Ce* « *châtiment, se laissant voir seul et à part, produit un* « *très-grand mal : il semble injuste et excessif, car il devient* « *trop sévère de tout ce qu'il y a d'effacé ou d'oublié dans le* « *délit* (1). »

La prescription qui éteint l'action publique est fondée sur les considérations qui légitiment l'amnistie.

Ce n'est pas parce que l'agent a possédé, pendant une durée plus ou moins longue, l'impunité qu'il l'a acquise ; l'impunité n'engendre pas l'impunité, et de ce qu'un agent n'a pas encore été puni, il n'est pas permis de conclure qu'il ne doit pas être puni.

La prescription n'est pas non plus fondée sur une présomption d'expiation morale, parce que, l'expiation morale

_____

(1) Mesnard, p. 61. — Il est impossible de mieux traduire une idée que Beccaria et après lui Mirabeau avaient déjà mise en lumière (Beccaria, § 19 ; Mirabeau, *Observations sur Bicêtre*).

n'étant pas infligée par la société, le fait, même prouvé, de cette expiation, ne dispenserait pas de l'expiation sociale. Comment la présomption serait-elle efficace, quand la preuve serait elle-même impuissante ?

J'écarte la présomption d'expiation morale qu'admettent, avec M. Réal, dans l'exposé de motifs, avec M. Louvet dans son rapport au Corps législatif, MM. Le Sellyer, Rodière, Faustin Hélie (1). La prescription de l'action publique est, comme l'amnistie, établie, non dans l'intérêt individuel des agents qui en profitent, mais dans l'intérêt de la société ; c'est la renonciation, par des raisons d'ordre général, à la répression d'infractions dont l'existence est au moins un problème, et dont les auteurs ne pourraient être recherchés sans péril pour l'innocence, et, partant, sans trouble pour la sécurité sociale. La prescription ne suppose pas l'impossibilité de la culpabilité, mais l'impossibilité d'une vérification entièrement sûre.

Rejet du système de MM. Réal et Louvet sur la prescription de l'action publique.

Si le temps, à certaines conditions, produit quelques-uns des effets de l'amnistie, il ne les produit pas tous. Ainsi, il n'ébranle jamais la présomption de vérité attachée à la chose jugée ; il n'efface jamais une condamnation pénale. Sur les condamnations, il n'a pas plus de puissance que la grâce : il peut dispenser de l'exécution de la peine, mais il n'anéantit pas le titre qui l'inflige ; il respecte la cause, en faisant cesser la conséquence.

La prescription de la peine résultant, d'une condamnation devenue irrévocable, n'a pas pour base les extrêmes dangers de la preuve à faire, puisque la preuve est faite, et faite dans des conditions réputées offrir des garanties.

Rejet du système de MM. Réal et Louvet sur la proscription de la peine.

(1) Le Sellyer, t. VI, p. 173, n° 2310 ; Rodière, *Eléments de procédure*, p. 37 ; Faustin Hélie, *Instruction criminelle*, t. III, p. 675.

> ...*Prima est hœc ultio quod, se*
> *Judice, nemo nocens absolvitur.*

(Juvénal, *Sat.* 13.)

M. Brun de Villeret s'écarte avec nous de ces idées et demande à l'intérêt de la société l'explication de la prescription.

Quel est donc le fondement de la prescription de la peine? L'expiation morale présumée? Oui, disent l'exposé des motifs et le rapport au Corps législatif; et cette théorie est celle de Boitard et celle de M. Rodière (1). C'est là une des légitimes déductions du système qui fonde le droit de punir sur la justice morale, limitée par l'utilité sociale.

Je n'ai pas accepté ce fondement assigné à la pénalité; je n'accepte pas ce fondement assigné à la prescription. La preuve rapportée de l'expiation morale subie a-t-elle jamais exonéré un agent de la sanction pénale encourue, et prévenu une condamnation? A-t-elle jamais dispensé de l'exécution de la peine prononcée, sous le prétexte que le condamné avait subi cette peine, non pas en nature, mais par équivalent? Comment donc la *présomption* pourrait-elle avoir une efficacité, une force, qui seraient déniées à la preuve? Le fondement de la prescription n'est pas là; l'intérêt individuel de l'agent qu'elle couvre est étranger aux considérations qui la légitiment. L'intérêt public, base de la prescription de la poursuite : voilà la base de la prescription de la pénalité.

Quelle est la source de la légitimité de l'application et de l'exécution de la sanction pénale?

Le besoin d'assurer le respect de la loi, d'établir sa puissance : la violation du commandement social doit entraîner un châtiment social, ou le commandement cesserait d'être un commandement, et serait réduit au rôle de simple conseil.

L'oubli *présumé* de l'infraction *non jugée* dispense du jugement; l'oubli *présumé* de la condamnation *prononcée* doit dispenser de son exécution. — Pourquoi? Parce que l'intérêt de la loi n'impose plus la conséquence, lorsque la cause (l'infraction, pour la prescription de l'action publique, la condamnation, pour la prescription de la pénalité) n'a plus de vie, ne retentit plus dans la conscience publique. Evoquer le souvenir, soit de l'infraction, soit de la condamnation, ce se-

(1) *Leçons d'instruction criminelle*, n. 312. — *Procédure criminelle*, p. 534.—Voir aussi : Achille Morin, *Répertoire*, v° *Prescription*, n. 3, et M. Van-Hoorebeke, *Traité des prescriptions en matière pénale*, p. 54.

rait presque renouveler le mal social, sous le prétexte d'appliquer le remède.

Vous comprenez que la durée des deux prescriptions doit varier avec la gravité des infractions : la contravention s'oublie plus vite que le délit, et le délit plus vite que le crime.

Ce qui est vrai du fait *à prouver* est vrai encore du fait *prouvé* par la condamnation. Mais le fait *prouvé* laisse un plus long souvenir que le fait qui n'a pas été officiellement constaté. Donc, la prescription de la peine sera subordonnée à une durée plus longue que la prescription de l'action publique.

J'insiste sur cette question de principe, parce que sa solution entraîne des conséquences pratiques, et qu'en cette matière encore, nous allons voir plus d'une preuve que les théories sur les bases du droit de punir ont beaucoup d'importance.

Pour l'une comme pour l'autre prescription, il faudra s'attacher à la nature de l'infraction, et non à la nature de la pénalité encourue ou appliquée. Qu'importe, en effet, si la prescription a les bases que nous lui assignons, les qualités des agents, qui atténuent la responsabilité, amoindrissent l'imputabilité ? Qu'importe que l'admission d'excuses ou de circonstances atténuantes écarte une certaine nature de peines pour y substituer des peines d'une autre nature ? Oh ! sans doute, si la prescription était une faveur personnelle à l'agent, au condamné, si, surtout, elle était fondée sur la présomption d'une expiation par équivalent, elle devrait nécessairement varier, non-seulement avec le caractère de la peine, mais encore avec sa durée, avec sa quotité. Le condamné, pour *crime*, à une *peine correctionnelle*, ne devrait pas subir une expiation morale égale à celle qui servirait d'équivalent à une peine afflictive et infamante ; le condamné à une peine afflictive et infamante *temporaire* ne devrait pas subir une expiation morale égale à celle qui servirait d'équivalent à l'exécution d'une peine afflictive et infamante *perpétuelle*.

Etrangères à la position individuelle des agents ou des condamnés, la prescription de l'action publique et la prescription de la peine n'auront chacune que trois mesures diverses, parce qu'il n'y a que trois espèces d'infraction. Seulement, pour chacune des trois espèces d'infraction, la prescription de la condamnation sera d'une durée plus longue que la prescription de la poursuite.

Histoire. J'ai interrogé la philosophie du droit : j'interroge maintenant son histoire.

Droit romain. En droit romain, d'après la règle générale, et sauf les exceptions qui établissent des prescriptions plus courtes, le délai pour la poursuite des crimes était de vingt ans. Aucune prescription n'était admise pour la poursuite du parricide (1).

Les lois romaines étaient muettes sur la prescription de la peine : faut-il en conclure que la peine était imprescriptible? Non, la condamnation, une fois prononcée, engendrait une action *ex judicato*, soumise à la prescription trentenaire.

Ancien droit. La prescription de la poursuite et la prescription de la peine furent-elles connues et admises dans les deux premières périodes de l'histoire du droit pénal français? La prescription des crimes est mentionnée dans les Capitulaires (2); mais elle se conciliait peu avec un système de répression qui ne reposait pas sur un intérêt général. La loi des Wisigoths la consacrait expressément, et vous savez que cette loi était bien supérieure aux autres lois barbares.

La période féodale ne présente rien de constant et de fixe sur cette matière. Des prescriptions d'une mesure diverse, même la prescription annale, furent considérées comme causes d'extinction de l'action pour crime.

La charte d'Aigues-Mortes, renouvelée par saint Louis, en mai 1242, n'accordait que dix années pour la poursuite criminelle.

Les principes du droit romain devaient, sur ce point, comme sur tant d'autres, finir par prévaloir. Les légistes, et bientôt les arrêts développèrent et consacrèrent la règle que l'action

(1) L. 3, ff. *de requirendis vel absentibus damnandis.* — L. 12, C., *ad legem Corneliam, de falsis.*—L. 10, *de lege Pompeia, de parricidiis.*
(2) *Capitulaires*, l. VII, C. 248, et l. V, C. 389.

pour crime s'éteignait par le laps de vingt ans. Cette prescription était envisagée avec une faveur telle que les actes d'information et de poursuite, si ces actes n'avaient pas été continués sans interruption, ne la paralysaient pas (1).

L'assassinat, le parricide, l'incendie, les plus grands crimes étaient prescriptibles. Des exceptions, toutefois, étaient admises : par exemple, pour les crimes de lèse-majesté divine et humaine, pour le duel, quand il y avait eu plainte ou poursuite.

Quelques crimes étaient soumis à une prescription plus courte que celle de vingt ans.

La prescription courait en général du jour du crime, et non du jour de sa découverte ou de sa constatation.

Cette prescription avait-elle besoin d'être opposée par l'accusé ? Pouvait-elle, au contraire, devait-elle même, être suppléée d'office par le juge (2) ? Eteignait-elle, en même temps que l'action pénale, l'action civile ? Ces deux points étaient débattus ; mais la doctrine sur les principes fondamentaux était bien établie.

L'ordonnance de 1670, sur l'article 10, de laquelle Bornier donne quelques-uns de ces détails, était muette sur la prescription de la peine résultant de la condamnation, même de la condamnation par contumace, si cette condamnation avait été exécutée par effigie (3).

Le Code pénal du 25 septembre 1791 introduisit une prescription spéciale contre la peine :

Droit intermédiaire.

Art. 3 : « Aucun jugement de condamnation rendu par un « tribunal criminel ne pourra être mis à exécution, quant à « la peine, après un laps de vingt années révolues, à compter « du jour où ledit jugement aura été rendu (4). »

Quant à la prescription de la peine, il l'abrégea singulièrement :

(1) Bornier, I, p. 580.
(2) Voir dans un sens, Farinacius, *quæst.* 10, n. 35 ; et dans un autre sens, Carpzovius, *quæst.* 141, n. 30 et 31.
(3) Arrêt du 26 avril 1628.—Plaidoyer d'Omer-Talon, 1632.
(4) Titre VI, art. 3.

Art. 1ᵉʳ : « Il ne pourra être intenté aucune action crimi-
« nelle pour raison d'un crime, après trois années révolues,
« lorsque, dans cet intervalle, il n'aura été fait aucune pour-
« suite. »

Art. 2 : « Quand il aura été commencé des poursuites à
« raison d'un crime, nul ne pourra être poursuivi, pour rai-
« son dudit crime, après six années révolues, lorsque dans
« cet intervalle, aucun jury d'accusation n'aura déclaré qu'il
« y a lieu à accusation contre lui, soit qu'il ait été ou non
« impliqué dans les poursuites qui auront été faites. Les délais
« portés au présent article et au précédent, commenceront à
« courir du jour où l'existence du crime aura été connue ou
« légalement constatée (1). »

La dernière disposition de l'art. 2, contraire au principe de
notre ancien droit, était bien peu en harmonie avec les motifs
qui légitiment la prescription, à savoir : le temps qui affaiblit
et finit par détruire l'intérêt de la société à la répression, et
l'incertitude, les périls, pour ne pas dire l'impossibilité d'une
vérification séparée par tant d'années du fait sur lequel elle
doit porter.

Cette prescription, qui ne s'appliquait qu'à la poursuite des
crimes, fut, dans le silence du décret des 19-22 juillet 1791,
sur la police municipale et correctionnelle, étendue aux
délits.

Le Code du 3 brumaire an IV, dans ses art. 9 et 10, adopta,
pour la durée de la prescription, la solution du Code du 25 septembre 1791, et il l'appliqua aux crimes et aux délits ; il sou-
mit l'action publique et l'action civile, naissant de l'infraction,
à la même règle ; il subordonna le cours de la prescription à la
double condition, que l'infraction fût connue et légalement
constatée. C'était une aggravation.

Code pénal
de l'Empire.

Le Code pénal de l'Empire a consacré un système beaucoup
plus rationnel.

La durée
de la prescription

La durée de la prescription de la peine et de la prescription

(1) Titre IV, art. 1 et 2.

de la poursuite varie avec la nature de l'infraction : elle est de dix ans pour les crimes, à partir de leur perpétration et, s'il y a eu poursuites, à partir du dernier acte ; elle est de trois ans pour les délits, et son point de départ est le même que pour les crimes ; elle est d'un an pour les contraventions, alors même que les poursuites ont été faites (Art. 637, 638 et 640, C. instr. crim.) (1).

varie suivant les différentes classes d'infraction.

L'acte de poursuite est interruptif, non pas seulement à l'égard de l'agent poursuivi, mais à l'égard de l'agent non poursuivi (Art. 637, § 2, C. instr. crim.).

La prescription est interrompue par un acte de poursuite.

Pourquoi ? Cela serait une inconséquence, si la prescription était fondée sur des considérations personnelles aux agents, sur leur intérêt : comment, quand une procédure leur serait étrangère, pourrait-elle empirer leur condition, et prolonger la durée de leurs angoisses ?

Ces objections ont été développées : « Comment ! a dit un « savant criminaliste, l'instruction et les actes de poursuites « sont dirigés contre Pierre, et contre lui seul ; nul autre n'y

Critique d'un criminaliste.

(1) L'art. 67 et l'art. 70 du Code pénal de l'Empire d'Allemagne sont ainsi conçus : « La poursuite est prescrite par vingt années révolues, lorsqu'il s'agit de crimes punis de mort ou de la reclusion à perpétuité ; — par quinze années révolues, lorsqu'il s'agit de crimes punis au maximum d'une peine corporelle de plus de dix ans ; — par dix années révolues, lorsqu'il s'agit de crimes d'une peine corporelle de moindre durée. — La poursuite des délits punis au maximum d'un emprisonnement de plus de trois mois se prescrit par cinq ans ; celle des autres délits par trois ans. —La poursuite des contraventions se prescrit par trois mois. — La poursuite commence à courir le jour où l'acte a été commis, sans égard au moment où il a eu son effet. »

« Art. 70.— L'exécution des peines passées en force de chose jugée se prescrit : 1° Par trente années révolues, lorsqu'il s'agit de la peine de mort, de la reclusion à perpétuité ou de la détention à perpétuité ; 2° Par vingt années révolues, lorsqu'il s'agit de la reclusion de plus de dix ans ; 3° Par quinze années révolues, lorsqu'il s'agit de la reclusion jusqu'à dix ans, de la détention ou d'un emprisonnement de plus de cinq ans ; 4° Par dix années révolues, lorsqu'il s'agit de la détention ou d'un emprisonnement de deux à cinq ans ou d'une amende de plus de deux mille thalers : 5° Par cinq années révolues, lorsqu'il s'agit de la détention ou d'un emprisonnement jusqu'à deux ans ou d'une amende de plus de cinquante thalers jusqu'à deux mille thalers ; 6° Par deux années révolues, lorsqu'il s'agit des arrêts ou d'une amende de cinquante thalers.—La prescription commence à courir du jour où le jugement a acquis force de chose jugée. »

« a été impliqué; et longtemps après, on pourra poursuivre
« Paul, en opposant à son exception de prescription, qu'il y a
« eu interruption de prescription par tel acte d'instruction
« fait à l'égard d'un tiers, cela paraît étrange et barbare (1)! »

Réponse.

La disposition si vivement critiquée s'explique et se justifie parfaitement, si la prescription est fondée sur l'oubli social et la difficulté de la preuve. La poursuite, en effet, a ravivé le souvenir du crime ou du délit, et elle a dû favoriser la conservation des moyens de découvrir la culpabilité (2).

Point de départ de la prescription de la poursuite. — Infractions instantanées.— Infractions continues.

Le point de départ de la prescription de la poursuite n'offre pas d'incertitude, lorsqu'il s'agit d'infractions qui se consomment instantanément, qui n'ont pas un caractère de permanence, comme un vol, un assassinat. Mais il est des infractions qui peuvent durer, se perpétuer, et que, pour cette raison, certains auteurs appellent des *infractions successives*, mais auxquelles convient mieux encore la qualification d'*infractions continues :* la séquestration de personnes (art. 265, 341, 342, 343, C. P.), l'association de malfaiteurs, voilà des crimes *continus.* Pour les crimes *continus*, la prescription ne peut évidemment commencer à courir que du jour où le fait constitutif a cessé : autrement, ces crimes, se perpétuant pendant dix ans, conquerraient l'impunité (3). Mais un crime n'est pas

(1) Achille Morin, *Répertoire*, vᵒ *Prescriptions*, nᵒ 26.

(2) Le Code pénal de l'Empire d'Allemagne renferme une solution contraire dans son art. 68 : « L'interruption n'a lieu qu'à l'égard de celui des inculpés contre lequel l'acte a été dirigé ».

(3) L'art. 184 de la loi des 9 juin-5 août 1857 est ainsi conçu : « Les « dispositions du chap. v du tit. VII du liv. II du Code d'instruction « criminelle, relatives à la prescription, sont applicables à l'action pu- « blique résultant d'un crime ou délit de la compétence des juridictions « militaires, ainsi qu'aux peines résultant des jugements rendus par ces « tribunaux.

« Toutefois, la prescription contre l'action publique résultant de l'in- « soumission ou de la désertion, ne commence à courir que du jour où « l'insoumis ou le déserteur a atteint l'âge de quarante-sept ans.

« A quelque époque que l'insoumis ou le déserteur soit arrêté, il est « mis à la disposition du ministre de la guerre, pour compléter, s'il y a « lieu le temps de service qu'il doit encore à l'Etat. »

Voir art. 11 de la loi du 26 avril 1855, — et M. Foucher, *Comment.*, p. 556 et 557.

continu, par cela seul que l'agent bénéficie plus ou moins longtemps de sa conséquence. Ainsi, la bigamie n'est pas un crime continu : le crime ne dure pas tant que dure la cohabitation du bigame avec son nouveau conjoint; la bigamie résulte du fait du second mariage, contracté pendant l'existence d'une première union. Le crime est perpétré du moment où l'officier de l'état civil a été trompé ou séduit, et a prononcé, au nom de la loi, l'union à laquelle un premier mariage devait faire obstacle. La bigamie n'est pas l'adultère, et l'adultère lui-même n'est pas un délit successif (1).

L'auteur d'un acte faux, qui est protégé par la prescription à raison de la fabrication, peut-il faire impunément usage de l'acte qu'il a fabriqué? Non, parce que l'usage du faux constitue un crime distinct du crime de fabrication (art. 148 C. P.), et que la prescription de l'un des crimes n'entraîne pas la prescription de l'autre.

Le recel est un fait continu; il dure tant que le recéleur cache et garde la chose qu'il sait volée. Mais faut-il conclure de ce caractère du recel, comme le font de savants auteurs, M. Le Sellyer (2) et M. Faustin Hélie (3), que la prescription ne commence à courir au profit du recéleur que du jour où il s'est dessaisi du produit du vol? Oui, sans doute, si le recel était puni pour lui-même et comme constituant une infraction *sui generis*, une espèce spéciale de vol; mais le recel, dans le système de notre loi, n'est qu'un fait constitutif de complicité, et le complice n'est pas puni pour son fait, mais pour le fait d'autrui, pour le fait principal qu'il a secondé ou favorisé. Or, quand ce fait principal est couvert par la prescription, et la prescription court du jour du vol qui est une infraction instantanée, comment le fait accessoire, qui n'est pas punissable

Quid du recel?

---

(1) Voir Cass., 5 sept. 1812; 4 juillet 1816; 30 déc. 1819; Paris, 13 mai 1851 (Devill., 51.2.336).— *Contrà*, Le Sellyer, n. 2231. — Voir une dissertation de M. Ortolan sur les *Délits continus*, *Revue critique*, année 1854, p. 323. Voir notamment, p. 328.— Sur le caractère du délit d'adultère, voir Cass., 31 août 1855, et M. Brun de Villeret, n. 154.

(2) N. 2230.

(3) T. III, p. 705.—M. Brun de Villeret a adopté notre opinion, n. 142.

en lui-même, ne serait-il pas abrité, comme le vol lui-même, contre toute action? Sans doute, le complice peut être poursuivi en l'absence et malgré le décès de l'agent principal. Pourquoi? Parce que l'acte de cet agent conserve son caractère de fait punissable, et que ce caractère est susceptible de vérification. Mais, dans notre hypothèse, la poursuite à raison du vol étant prescrite, il n'y a plus de fait punissable, et, par conséquent, il en est de la complicité de ce fait comme de la complicité en France imputée à un Français d'un crime commis à l'étranger par un étranger; elle échappe à toute répression (1).

Infractions complexes.

La fixation du point de départ de la prescription n'est pas non plus sans difficulté pour les infractions qui, sans être continues, sont complexes, c'est-à-dire dont l'existence est subordonnée au concours de plusieurs éléments qui s'enchaînent, qui se succèdent, sans que chacun de ces éléments, considérés isolément, constitue un fait punissable. Ainsi, une stipulation usuraire ne constitue pas un délit; mais la loi punit comme délit l'habitude de l'usure (2).

Délit d'habitude d'usure.— Point de départ de la prescription de la poursuite. —Trois systèmes.

Eh bien! faut-il, pour que la poursuite à raison de l'habitude de l'usure ne soit pas écartée par la prescription, que toutes les différentes stipulations, dont la réunion constitue le délit, remontent à moins de trois ans, ou suffit-il qu'une seule stipulation usuraire ait moins de trois ans de date pour qu'on puisse y rattacher toutes les stipulations antérieures, quelle que soit leur ancienneté? Si toutes les stipulations usuraires ne doivent pas nécessairement s'être produites dans la dernière période de trois ans, ne faut-il pas au moins que les stipulations antérieures ne soient pas séparées de la dernière par un espace de plus de trois ans? MM. Legraverend, Le Sellyer et Faustin Helie professent le premier système. La Cour de cassation a jugé maintes fois que le fait d'usure, en dehors de la dernière période de trois ans, pourrait être pris en considération pour constituer l'habitude. Chaque nouvelle stipu-

(1) Voir notre seconde leçon sur la *complicité*.
(2) Loi du 3 sept. 1807, et loi du 19 déc. 1850.

lation usuraire vient faire obstacle à l'accomplissement de la prescription, puisqu'elle entre dans la composition du délit et s'y ajoute (1). Cette solution est très-juridique; mais la Cour de cassation l'a étendue, et elle a jugé, le 21 octobre 1841, qu'une simple stipulation usuraire, dans la dernière période de trois ans, pouvait être réunie à des stipulations usuraires qui en étaient séparées par une interruption de plus de trois ans. Il ne faut point, a-t-elle dit, s'arrêter à la date des divers faits, des divers prêts, pour écarter celui ou ceux qui seraient séparés des faits postérieurs par un intervalle de plus de trois ans (2).

M. Legraverend avait prévu cette théorie, qui ne s'était pas encore nettement produite avant la publication de son traité. Il avait objecté : « Que si cinq ou six faits d'usure peu-« vent être considérés comme en constituant l'habitude, un « homme qui, à la fin de sa carrière, aura fait un seul prêt « déclaré usuraire, pourra se voir condamné comme coupable « d'habitude d'usure, si, en recherchant dans tous les actes « de sa vie, on joint à ce prêt quatre ou cinq faits isolés, ou-« bliés de lui-même, et remontant à trente ou quarante ans « pour en former le délit d'habitude. »

M. Legraverend exagère la théorie dont il avait cru trouver le germe dans quelques arrêts antérieurs de la Cour de cassation. L'arrêt du 21 octobre 1841 ne dit pas que le long intervalle, qui pourra s'être écoulé entre les diverses stipulations usuraires, ne pourra jamais être exclusif de l'habitude constitutive du délit. Il décide seulement que le seul intervalle de trois ans écoulé entre le dernier fait usuraire et le nouveau fait, n'écarte pas nécessairement l'idée d'un lien entre ce fait et les faits antérieurs, et ne doit pas être considéré comme un obstacle absolu à l'existence de cette continuité d'actes illicites que la loi veut réprimer. La Cour de cassation n'a entendu

(1) Legraverend, t. Ier, p. 74; Le Sellyer, n. 2236; Faustin Hélie, t. III, p. 710.

(2) 21 octob., 1841 (Devill. et Car., 41.1.984).

39

appliquer que la théorie de M. Rauter, avec tous ses tempéraments (1).

Toutefois, j'hésiterais beaucoup à accepter cette théorie. La stipulation usuraire, qui se rencontre dans la dernière période de trois ans, ne constitue pas le délit d'habitude d'usure; elle n'est qu'un fait détaché. Quant aux faits antérieurs pris dans leur ensemble, mais isolés de la dernière stipulation, ils sont couverts par la prescription; mais s'ils sont, pris en eux-mêmes, à l'abri de toute poursuite, comment peuvent-ils tomber sous l'application de la pénalité à raison d'un fait qui, dans son isolement, n'est pas punissable? Pour que les divers faits usuraires puissent être rapprochés, ne faut-il pas qu'ils ne soient point séparés par un intervalle de plus de trois ans? C'est, dit-on, appliquer la prescription, non au délit, mais à chacun de ses éléments. Nullement : la prescription est si peu appliquée à chaque élément du délit complexe d'usure, qu'on tient compte, dans la composition du délit, d'éléments qui remontent à bien plus de trois ans; seulement, on ne tient compte de ces éléments qu'à la condition qu'il n'y ait eu absence absolue de stipulation usuraire pendant plus de trois ans depuis qu'ils se sont produits (2).

Influence de la loi du 19 déc. 1850. La loi du 19 décembre 1850, dans son art. 3, ne fournit-elle point un argument à l'appui de la solution de la Cour de cassation?

« Après une première condamnation pour habitude d'usure, « le nouveau délit résultera d'un fait postérieur, même uni-« que, s'il s'est accompli dans les cinq ans à partir du juge-« ment ou de l'arrêt de condamnation (art. 3). »

Le fait isolé qui, en lui-même, n'est pas un délit si on ne le rattache pas aux faits expiés, est puni comme un fait de

_____

(1) Rauter, II, n. 855. M. Brun de Villeret, n. 171, suit l'opinion de M. Rauter.

(2) Van-Hoorebeke, *Traité des prescriptions en matière pénale*, p. 76 et 77.

Sic, Achille Morin, *Répertoire*, v° *Prescript.*, n. 23. Voir dans le même sens, arrêt de rejet du 5 août 1826, *Journ. du Palais*, t. XX, p. 780, et *Revue critique de législation et de jurisprudence*, 1861, t. XIX, p. 172.

récidive, par cela seul qu'il se produit dans les cinq ans de la condamnation ; mais si des faits, qui ont déjà entraîné le châtiment auquel ils exposent l'agent, sont recherchés pour former l'habitude d'usure, comment des faits qui n'ont servi de base à aucune condamnation échapperaient-ils à toute recherche, par cela seul que, pendant trois ans, ils n'ont pas provoqué de poursuites ?

Je réponds que l'art. 3 de loi du 19 décembre 1850 est une disposition exceptionnelle, anormale, qui ne peut être transportée d'une matière à une autre sous prétexte d'analogie. L'analogie, d'ailleurs, n'existe pas. La prescription de trois ans est fondée, en matière de délits, sur la présomption des périls d'une vérification qui remonterait plus haut. La difficulté de renouer des faits séparés entre eux par plus de trois ans ne doit-elle pas, elle aussi, être présumée ? Sans doute, quand le lien n'a pas été rompu, et qu'aucune période de trois ans ne s'est écoulée sans stipulation usuraire, la poursuite atteint des éléments qui ont bien plus de trois ans de date. Pourquoi ? Parce que des faits nouveaux sont toujours venus raviver, avant le délai de la prescription, le souvenir des faits précédents. Mais la présomption d'oubli et d'impossibilité de vérification subsiste tout entière, quand le délai de la prescription s'est accompli sans faits d'usure ; et comment alors relier au présent un passé dont il n'y a plus de traces certaines ? Quand les faits usuraires ont, au contraire, été condamnés, il n'y a pas d'incertitude sur la culpabilité ancienne, et la loi répute que le condamné aurait dû, au moins, se souvenir de la condamnation pendant cinq ans.

Quoi qu'il en soit, la prescription court-elle pour le délit d'habitude d'usure du jour de la dernière stipulation ou du jour de la dernière perception usuraire ? Du jour de la dernière perception, a répondu la Cour de cassation (1).

C'est aussi la solution de M. Mangin (2).

(1) 25 fév. 1826 (Devill. et Car., 1826.1.138) ; 29 janvier 1842 (Devill. et Car., 1842.1.287.).
(2) N. 327.

N'est-ce point confondre l'élément générateur du délit et le profit tiré de cet élément? L'acte illicite est dans la stipulation : le délit est dans l'ensemble des stipulations ; c'est l'habitude de prêter à usure que la loi réprime. Le délit existe indépendamment de la perception des intérêts extra-légaux : et l'abandon de ces intérêts, avant toute poursuite, n'effacerait pas l'infraction.

La prescription de la peine est plus longue que la prescription de la poursuite.

Vous savez que la durée de la prescription de la condamnation doit être plus longue que la durée de la prescription de la poursuite : la preuve faite laisse plus de trace et de souvenir que le soupçon. Le Code de l'Empire a tenu compte de cette idée.

En matière criminelle, la prescription des condamnations pénales est de vingt ans.

En matière correctionnelle, la prescription des condamnations pénales est de cinq ans.

La prescription des condamnations pénales pour contravention est de deux ans.

Point de départ de la prescription de la peine.

Le point de départ de la prescription de la peine, pour les crimes, est le jour de la prononciation de la condamnation, que cette condamnation soit contradictoire ou par contumace. La condamnation par contumace est résoluble, sans doute, mais elle est définitive en ce sens qu'elle est susceptible d'exécution au moins par effigie. La peine est exécutoire : donc la prescription de la peine doit courir, et il n'y a plus de place pour la prescription d'ue poursuite jugée (1).

Effets de l'éventualité du pourvoi en cassation.

L'éventualité du pourvoi en cassation contre les condamnations contradictoires, n'empêche pas le cours de la prescription de la peine.

Du pourvoi formé par le ministère public contre un arrêt d'absolution.

Le pourvoi formé par le ministère public contre un arrêt d'absolution, interromprait la prescription de l'action publique, mais ne la suspendrait pas ; ce ne serait qu'un acte de poursuite (art. 409, Cod. inst. crim.).

(1) *Sic*, Cass., 6 mars 1835; 1er fév. 1839; 23 janv. 1840; 21 août 1845; Merlin, *Rép.*, v° *Prescription*; Mangin, n. 340; Le Sellyer, n. 2296; Brun de Villeret, n. 240.

Le pourvoi, formé par le condamné ou par le ministère public, contre un arrêt de condamnation, écarterait la prescription de la peine qu'il remettrait en question ; l'action publique, n'étant pas encore arrivée à son dénoûment, resterait encore soumise à la prescription décennale. Cette prescription serait interrompue par le pourvoi ; mais ne serait-elle pas suspendue tant que le pourvoi ne serait pas jugé ?

Devrait-on distinguer, pour accorder ou refuser l'effet suspensif, entre le pourvoi du condamné et le pourvoi du ministère public ? Je crois que le pourvoi, même celui du condamné, n'est pas suspensif de la prescription de l'action. Si l'action périclite, que son représentant presse la décision.

L'application de la prescription de l'action n'est pas subordonnée, comme le professe M. Rauter (1), à la réussite du recours. Si le pourvoi restait plus de dix ans impoursuivi, la condamnation serait réputée non avenue, sans qu'il fût besoin de faire statuer sur le mérite du recours, parce que l'exercice de ce recours exclut, non pas éventuellement, mais purement et simplement, la prescription de l'action.

Le point de départ de la prescription des peines, en matière correctionnelle ou de simple police, est le jour de la condamnation contradictoire, si elle a été prononcée ou confirmée par la juridiction d'appel. La loi ne tient pas compte de l'éventualité du pourvoi en cassation ; mais le pourvoi, qu'il fût formé par le ministère public ou par le prévenu, rendrait son empire à la prescription de la poursuite dont il serait une interruption.

Le point de départ de la prescription, pour les condamnations contradictoires, est l'expiration du délai d'appel, quand elles émanent de la juridiction de première instance.

Pour les matières correctionnelles et de police, la prescription de la peine ne court que du jour où les condamnations ne sont susceptibles ni d'opposition ni d'appel : aussi n'excluent-

Le pourvoi interjeté interrompt-il la prescription de l'action publique ?

Point de départ de la prescription des peines correctionnelles et de police. — Distinction.

(1) N. 854.

elles point la prescription de la poursuite, dont elles sont seulement des actes interruptifs.

Rejet de l'opinion de M. Rodière.

Un auteur (1) a pensé que les condamnations par défaut, quand elles ne sont pas signifiées, excluent la prescription de l'action publique, et laissent seulement place à la prescription de la peine ; il a assimilé ces condamnations aux condamnations par contumace ; l'assimilation est inadmissible ; les condamnations par défaut, tant qu'elles sont rapportables par suite d'opposition ou d'appel, ne peuvent s'exécuter. La condamnation par contumace peut, elle, s'exécuter par effigie : voilà pourquoi elle est exclusive de toute prescription autre que la prescription de la peine.

Interprétation de l'art. 640 du Code d'instruction criminelle.

L'art. 640 du Code d'instruction criminelle semble, au premier aspect, assigner au jugement de police susceptible d'appel, un effet autre qu'un effet interruptif de la prescription de la poursuite. Des auteurs ont cru que ce jugement, tant qu'il n'était pas frappé d'appel, excluait la prescription de l'action et ne comportait que la prescription de la peine. C'est sous l'empire de cette idée que M. Le Sellyer soutient qu'une année écoulée depuis le jugement, sans que ce jugement fût signifié, ne serait pas une cause d'extinction de l'action publique. M. Mangin (2) combat cette opinion par des raisons d'inconvénients, et notamment par l'impossibilité de supposer que le retard dans la signification, retard imputable au ministère public, puisse préjudicier à l'agent. La réponse à cette objection, c'est que l'appel peut précéder la signification de la condamnation. Pourquoi l'art. 640 dit-il que la prescription d'un an court du jour de la notification de l'appel ? Pourquoi expliquer

---

(1) M. Rodière, *Procédure criminelle*, p. 340.—*Contrà*, Cour de cass., 31 août 1827, Dalloz, 1827.1.484 ; Cass., 30 avril 1830, Dalloz, 1830.1. 258 ; Cass., 1er fév. 1833, Dalloz, 1833.1.161 ; Caen, 4e ch., 22 mai 1856 ; Caen, 4e ch., 6 juin 1862, et Cass., 28 nov. 1857 (Devill., et Car., 58.1. 171) ; Mangin, n. 338 ; Legraverend, t. II, p. 772 et 777 ; Sourdat, n. 393 ; Brun de Villeret, n. 239.—Voir, toutefois, l'article 641 du Code d'instruction criminelle.

(2) N. 361 et suiv. ; Boitard, n. 324 ; Le Sellyer, n. 2277 ; Achille Morin, *Répertoire*, v° *Prescription*, n. 34.

que l'appel a une puissance interruptive que la loi refuse, en
matière de simple police, aux actes d'instruction et de poursuite ; mais qu'il n'a aucun effet suspensif, qu'il est le point
de départ d'une nouvelle prescription annale. Ce n'est, sous
aucun rapport, pour reconnaître que le jugement, nonobstant
l'éventualité du recours, écarte la prescription de l'action et
ne laisse place qu'à la prescription de la peine : « Dans le cas
« de condamnation par un jugement de police susceptible d'ap-
« pel, a dit M. Achille Morin, *la prescription de la peine se
« confond avec la prescription de l'action* (1). » Non, la prescription n'a pas à repousser l'exécution d'une peine, elle n'a
qu'à éteindre une poursuite.

La voie de l'appel contre les jugements de simple police
est fermée au ministère public (art. 182, C. instr. crim.) ;
elle n'est ouverte qu'à la partie condamnée (2). Le pourvoi est,
au contraire, une voie de recours commune à la partie publique
et au prévenu (177). — L'art. 640 ne parle pas de l'effet du
pourvoi. Le pourvoi formé par le ministère public, contre un
jugement de police, est-il interruptif ? est-il suspensif ? La
jurisprudence de la Cour de cassation accorde au pourvoi un
double effet, un effet interruptif et un effet suspensif (3). La
jurisprudence belge n'attribue au pourvoi qu'un effet suspensif (4). Si le temps écoulé depuis la contravention, et le temps
écoulé depuis l'arrêt de cassation qui renvoie devant une autre
juridiction, forment plus d'une année, la prescription rend
toute condamnation impossible. A mon sens, le pourvoi du
ministère public n'est qu'un acte de poursuite, et la loi n'attache, en matière de simple police, l'effet interruptif qu'à la

Le pourvoi,
formé
par le
ministère public
contre
un jugement
de police,
est-il interruptif?
—Est-il
suspensif?

(1) *Sic*, Sourdat, *Traité de la Responsabilité*, t. Iᵉʳ, p. 301, n. 396,
M. Brun de Villeret, n. 239, combat, comme nous, l'opinion de MM. Le
Sellyer, Morin et Sourdat.

(2) Cass., 10 fév. 1848 (Devill. et Car., 48.1.576, et arrêts antérieurs).

(3) Cass., 21 oct. 1830, 16 juin 1836 (Devill. et Car., 31.1.367, 36.1.
869); Mangin, n. 362.

(4) 11 mars 1836, *Journ. du Palais*, t. XXVII, p. 1158.—M. Brun de
Villeret, n. 316 à 324, expose avec beaucoup de lucidité les divers systèmes que cette question a soulevés. Il adopte le système de la Cour de
cassation de Belgique.

condamnation et à l'appel du condamné. Quand à l'effet suspensif de la prescription, je le refuse au pourvoi contre les jugements de police, comme je l'ai refusé au pourvoi en matière criminelle et en matière correctionnelle (1).

La cassation même du jugement de police ne serait pas une cause d'interruption; la condamnation ne pourrait être prononcée par le tribunal de renvoi que dans l'année de la contravention (2).

Le pourvoi formé contre le jugement de police par la partie condamnée est-il au moins interruptif?

Le doute naît de ce que l'art. 640 ne parle que de l'appel, et vous savez que c'est de l'appel de la partie condamnée. Mais peut-il dépendre du prévenu, au moyen d'un pourvoi contre une condamnation intervenue dans l'année, de faire défaillir la condition de temps à laquelle son efficacité est subordonnée? Si le pourvoi du condamné laissait courir la prescription de l'action publique, sans l'interrompre, il pourrait se produire contre des jugements rendus, lorsque déjà l'année était près d'expirer, et, bien qu'il fût mal fondé, il y aurait danger de ne pas obtenir arrêt avant l'accomplissement de la prescription. Ce que l'art. 640 dit de l'appel du condamné, doit, par identité de raison, s'appliquer à son pourvoi; mais ce pourvoi n'est pas suspensif de la prescription de l'action.

La cassation de la condamnation ne serait pas une interruption; la juridiction de renvoi devrait statuer dans l'année du pourvoi.

Ainsi, la loi, pour écarter la prescription de la peine, tantôt se contente de l'éventualité d'une voie de recours contre la condamnation, tantôt exige l'exercice du recours.

Ces dispositions sont-elles bien en harmonie avec la disposition de l'art. 23 du Code pénal, qui, sauf les exceptions en cas de détention préventive dans les matières correctionnelles, ne fait courir les peines que du jour de l'irrévocabilité de la

La cassation du jugement de police est-elle une cause d'interruption?

Le pourvoi formé par la partie condamnée est-il au moins interruptif?— Est-il suspensif?

(1) Voir, dans notre sens, Le Sellyer, n. 2275.
(2) *Sic*, Sourdat, n. 398.

condamnation ? Comment peut-on imputer sur le délai requis pour la prescription, un temps qui ne s'imputerait pas sur la durée de la peine temporaire, alors même que le condamné ne se serait pas dérobé à cette peine par la fuite ? Comment prescrire une peine avant qu'elle soit exécutoire ?

La prescription de la peine ne court pas quand cette peine s'exécute : aussi le condamné à une peine afflictive et infamante d'une durée de vingt ans, s'il s'évade la dix-neuvième année, commence à prescrire, non du jour de sa condamnation, mais du jour de son évasion. Il peut donc être repris, non pas seulement pendant un an, mais pendant vingt ans. L'opinion contraire s'est toutefois produite (1) : elle invoque la lettre de l'art. 635 du Code d'instruction criminelle, qui assigne, sans distinction, pour point de départ à la prescription des peines portées par les arrêts ou jugements rendus en matière criminelle, la date des arrêts ou jugements. La jurisprudence et la doctrine ont, à juste titre, repoussé cette opinion. La loi ne s'est attachée qu'à l'hypothèse la plus simple, celle dans laquelle le condamné n'aurait pas commencé à subir sa peine : elle n'a pas prévu l'hypothèse d'une exécution partielle de la condamnation ; pour cette hypothèse, le point de départ de la prescription qui *libère* du châtiment, ne peut courir que du jour où le châtiment a cessé de frapper l'agent. L'exécution de la peine et la prescription qui affranchit de cette exécution ne peuvent concourir et produire simultanément leurs effets. Sans doute, si la prescription de la peine était fondée sur une présomption d'expiation morale, la prescription devrait être abrégée, quand l'agent aurait subi une partie de l'expiation sociale. Un des auteurs que je combats n'a pas négligé cette déduction de son principe. Mais vous savez que la loi ne tient pas compte de cette présomp-

> La prescription de la peine court-elle quand la peine s'exécute ?

---

(1) Vazeille, t. II, n. 456, 457 ; Van-Hoorebeke, professeur agrégé à l'Université de Bruxelles, *Traité des prescriptions en matière pénale*, n. 267.—*Contrà*, Cass., 20 juillet 1827 et 5 fév. 1835 ; Legraverend, t. II, p. 776 ; Boitard, n. 310 ; Rauter, n. 856 ; Rodière, p. 541 ; Brun de Villeret, n. 431 et 432.—Voir *suprà*, 14e leçon.

tion, et c'est bien pour cela que la prescription, qui n'a plus à exempter que d'une portion de la peine non subie, est aussi longue que la prescription qui aurait à dispenser de toute la peine (1).

Si la prescription courait à partir de l'arrêt de condamnation, nonobstant l'exécution de la peine, le condamné à une peine perpétuelle qui s'évaderait au bout de vingt ans serait à à l'abri de toute recherche. Ne faudrait-il pas même, en bonne logique, aller plus loin? Ne devrait-on pas nécessairement décider que, vingt ans après la condamnation, il aurait, indépendamment de toute évasion, droit acquis à la liberté, qu'il serait libéré du châtiment? Dans ce système, les peines perpétuelles seraient rayées de nos codes (2).

(1) L'art. 95 du Code pénal belge semble vouloir faire la part aux deux idées. « Si le condamné qui subissait sa peine est parvenu à s'évader, la prescription commence à courir du jour de l'évasion. Toutefois, dans ce cas, on imputera sur la durée de la prescription le temps pendant lequel le condamné a subi sa peine au delà de cinq ans, si c'est une peine criminelle temporaire, ou au delà de deux ans, si c'est une peine correctionnelle. »

(2) La prescription de la peine est-elle susceptible d'interruption? Un condamné à mort qui ne serait arrêté que quelques jours avant l'expiration des vingt ans pourrait-il être exécuté après l'accomplissement de ces vingt ans? L'arrestation est un acte d'exécution qui a ou interrompu ou suspendu la prescription.—L'art. 72 du Code pénal de l'empire d'Allemagne résout ainsi la question : « La prescription est interrompue par tout acte de l'autorité compétente tendant à faire exécuter la peine, ainsi que par l'arrestation du condamné. —Après l'interruption, une nouvelle prescription commence à courir. » L'art. 96 du Code pénal belge dit seulement. « La prescription de la peine sera interrompue par l'arrestation du condamné. » Dans notre droit français, quels seraient les actes qui, en dehors de l'arrestation, pourraient être considérés comme interruptifs de la prescription de la peine? Le dernier paragraphe de l'art. 637 du Code d'instruction criminelle ne définit que les actes interruptifs de la prescription de la poursuite. J'inclinerais à penser que l'arrestation ne constituerait qu'une *suspension* de la prescription de la peine. La question de savoir si l'arrestation aurait un caractère interruptif ou un caractère suspensif pourrait avoir une grande importance : un homme est condamné à vingt ans de travaux forcés; il se dérobe pendant dix ans à l'exécution de la peine; il est arrêté et subit sa peine pendant un an, puis il s'évade. A-t-il besoin de vingt ans ou seulement de dix ans de liberté pour être abrité contre une nouvelle arrestation?

VINGT-NEUVIÈME LEÇON.

PRESCRIPTION (*Suite*). — *Criterium* pour vérifier quelle est, soit en ce qui concerne l'action, soit en ce qui concerne la peine, la prescription applicable.— Est-ce la qualification de la poursuite qu'il faut consulter? Est-ce la nature de la juridiction saisie? Est-ce la nature de la peine prononcée? Est-ce la qualification imprimée aux faits par la condamnation?—Dissentiment avec M. Faustin Hélie et avec la Cour de cassation, pour la condamnation prononcée contre un agent mineur de seize ans au moment de l'infraction. — Dissentiment avec M. Faustin Hélie, dans le cas où l'admission des circonstances atténuantes substitue à la peine criminelle une peine correctionnelle.—*Quid*, dans l'hypothèse d'une condamnation par contumace, si ultérieurement une condamnation contradictoire reconnaît que le fait ne constitue qu'un simple délit, et que plus de cinq ans se soient écoulés entre les deux condamnations ? — Effets de la prescription.—Effets de la prescription de la poursuite.—Ne sont-ils pas les mêmes que les effets de l'amnistie?—L'action civile devant la juridiction civile est-elle éteinte par la prescription de l'action publique? —Rejet de la théorie accréditée ; ses anomalies, ses contradictions.— Effets de la prescription de la peine.—La prescription efface-t-elle les peines accessoires ? — *Quid* de l'interdiction légale aujourd'hui attachée aux peines perpétuelles ?—Interprétation de l'art. 641 du Code d'instruction criminelle.—Art. 635, art. 642.

MESSIEURS,

Nous ne sommes pas au terme de nos études sur la prescription en matière criminelle. Deux très-vastes questions restent à examiner :

1° La durée de la prescription, soit de la poursuite, soit de la peine, ayant trois mesures diverses, à quel *criterium* faut-il s'attacher pour déterminer la mesure applicable?

2° Quels sont les effets de la prescription ?

Division.

Chacune de ces deux questions se subdivise. Nous devons nous occuper séparément de la prescription de l'action et de la prescription de la peine.

Je continue à mettre en regard, pour toutes les questions, les deux prescriptions : c'est, à mon sens, le seul moyen de faire ressortir les affinités et les différences.

Quel est, en matière de prescription de la poursuite, le *criterium* pour savoir si c'est la prescription de dix ans, de trois ans ou d'un an, qui est applicable?

Quel est, en matière de prescription de la peine, le *criterium* auquel il faut s'attacher pour savoir si c'est la prescription de vingt ans, de cinq ans ou de deux ans qui doit être appliquée?

Criterium pour vérifier quelle est, en ce qui concerne l'action, la prescription applicable.

Pour la prescription de la poursuite, que faut-il consulter?

Est-ce la qualification donnée au fait par le poursuivant? Est-ce la nature de la juridiction saisie? Est-ce la nature de la peine prononcée? Est-ce la qualification imprimée aux faits par la condamnation?

Est-ce la qualification de la poursuite?

Il est bien évident, tout d'abord, que la qualification résultant de la poursuite ne saurait faire la règle. Le ministère public, lorsqu'il poursuit, par exemple, un vol simple, ne peut, en supposant qu'il ait été accompagné de circonstances aggravantes qui en feraient un crime, convertir la prescription de trois ans en une prescription de dix ans. Par la même raison, il faut dire que l'erreur du ministère public, qui a déféré, en le supposant aggravé de circonstances aggravantes, à la Cour d'assises, un vol simple, n'a pu écarter la prescription de trois ans : le verdict du jury qui exclut les circonstances aggravantes, exclut, par cela même, toute condamnation, si la poursuite du fait, envisagé avec le caractère de délit qui lui appartient, était prescrite (1).

_____

(1) *Sic*, Mangin, n. 297; Rauter, n. 254; Rodière, n. 40; Le Sellyer, n. 2303; Achille Morin, *Répertoire*, v° *Prescription*, n. 6; M. Brun de Villeret, n. 194.—Arrêts de cassation, des 2 fév. 1827, 17 janvier, 9 juill.

La nature de la juridiction saisie devrait-elle être sans influence sur l'espèce de prescription à appliquer, si le fait bien apprécié eût dû lui être déféré? Ainsi, le mineur de seize ans, traduit devant la juridiction correctionnelle pour un crime n'emportant ni la peine de mort, ni la peine des travaux forcés à perpétuité, ni la peine de la déportation, ne pourrait-il opposer la prescription de trois ans? Il serait bien étrange que la durée de la prescription, pour le mineur, variât suivant qu'il aurait ou non des complices au-dessus de seize ans; s'il avait des complices au-dessus de seize ans, il serait traduit devant la Cour d'assises. Pourquoi, dans un cas, la prescription serait-elle de dix ans, et, dans l'autre cas, seulement de trois ans?

Est-ce la nature de la juridiction saisie?

Mais la prescription ne devrait-elle pas, dans tous les cas, être pour le mineur une prescription de trois ans, en s'attachant, non à la nature de l'infraction, mais à la peine encourue? Cette peine ne pourrait être qu'une peine correctionnelle. C'est le système que développe un savant criminaliste, M. Faustin Helie (1), au moins en partie, car il parle aussi de la juridiction saisie comme élément de décision. C'est aussi le système qu'un arrêt de la Cour de cassation, du 22 mai 1841, consacre (2). Je crois que ce système doit être rejeté.

Est-ce la nature de la peine prononcée?

La minorité ne change pas le caractère de l'infraction; elle atténue le sort de l'agent, sans diminuer la gravité intrinsèque du fait. Or, la prescription est fondée, non sur des considérations personnelles aux agents, mais sur des considérations déduites de la durée plus ou moins longue du besoin d'appliquer une sanction au commandement violé; et le besoin dure plus ou moins longtemps, suivant le caractère de l'infraction. La prescription sera donc toujours de dix ans, puisqu'il s'agit de la poursuite d'un crime.

1829, 25 nov. 1830, 2 sept. 1831, 23 janv. 1840, 10 sept. 1846. —*Contrà*, Legraverend, t. Ier, n. 79.

(1) *Instruction criminelle*, t. III, p. 688, 693.

(2) Dalloz, 1841.1.405. — *Contrà*, Angers, 3 déc. 1849 (Devill. et Car., 1850.2.289) ; tribunal de Chaumont, 8 mars 1856 (Devill. et Car., 1856.2.417).

Si l'on s'attachait, non pas à la nature de l'infraction, mais à la nature de la peine appliquée ou applicable, l'admission de circonstances atténuantes par le jury pourrait souvent entraîner l'absolution de l'accusé, quand le fait n'aurait pas été poursuivi dans les trois ans de sa perpétration. M. Faustin Helie accepte cette conséquence, que la logique impose (1). La Cour de cassation, au contraire, n'admet pas que les circonstances atténuantes puissent changer la durée de la prescription (2).

La nature de l'infraction poursuivie, voilà la base de la prescription applicable. Le texte des articles 637, 638 et 640, C. instr. crim., commande, d'ailleurs, cette solution, puisqu'il fait varier la durée de la prescription, suivant qu'il s'agit d'un crime *de nature* à emporter une peine afflictive et infamante, ou d'un délit *de nature* à être puni correctionnellement, ou d'une simple contravention.

La question doit-elle être résolue de la même manière pour la prescription de la pénalité ?

Il est bien évident que la qualification de la poursuite et la nature de la juridiction saisie ne sauraient faire la règle : tous les motifs développés sur la question précédente se reproduisent. Mais ne semble-t-il pas que la nature de la peine appliquée doit seule déterminer la nature de la prescription qui affranchira de cette peine? Comment, pour affranchir de l'exécution d'une peine de simple police, faudrait-il une prescription de cinq ans? Comment, pour une peine correctionnelle, faudrait-il une prescription de vingt ans? Ce premier aperçu serait un aperçu trompeur. La prescription qui affranchit l'agent condamné de l'exécution de la peine n'est pas, plus que la prescription de la poursuite, fondée sur des considérations personnelles à cet agent; elle est basée sur le besoin

_____

(1) T. III, p. 691.
(2) Arrêts des 17 janv. 1833, 18 avril 1835 et 23 fév. 1839, cités par M. Achille Morin, *Répertoire*, v° *Prescription*, n. 6. — Cass., 11 avril et 30 mai 1839, 1er mars 1854 (Devill. et Car., 55.1.319). — Voir aussi Le Sellyer, n. 2302; Brun de Villeret, n. 198; *Revue critique de législation et de jurisprudence*, 1862, t. XXI, p. 321.

d'éprouver l'efficacité de la sanction sociale : or, ce besoin varie, non pas avec la pénalité infligée, mais avec la nature de l'acte qui la fait encourir : donc, la peine correctionnelle, prononcée pour crime, à raison des circonstances atténuantes, ou à raison de la minorité de seize ans du condamné, ne séra prescriptible que par vingt ans (1). Les art. 635, 636 et 639 du Code d'instruction criminelle résolvent la question en ce sens, puisqu'ils établissent une prescription de vingt ans pour les condamnations *en matière criminelle*, une prescription de cinq ans pour les condamnations *en matière correctionnelle*, et une prescription de deux ans pour les condamnations *en matière de simple police*.

Cette solution se concilierait difficilement avec le système qui fonde la prescription de la condamnation sur une présomption d'expiation par équivalent par suite d'inquiétudes et de tourments intérieurs : la prescription devrait, en effet, dans ce système, se mesurer sur le plus ou le moins de sévérité du châtiment social.

L'application des principes que je viens de vous exposer peut présenter des difficultés.

Voici une espèce sur laquelle la jurisprudence a eu à se prononcer. Un agent a été condamné par contumace à une peine afflictive et infamante : avant l'expiration des vingt ans qui l'abriteraient contre l'exécution de cette peine, il est arrêté ou se constitue prisonnier; il subit un débat contradictoire, et le jury reconnaît que le fait qui avait servi de base à la condamnation n'a pas les caractères d'un crime, qu'il n'a que les caractères d'un délit passible d'une peine correctionnelle : l'accusé peut-il soutenir que cette peine correctionnelle est prescrite, si plus de cinq ans se sont écoulés depuis la condamnation par contumace jusqu'à sa comparution volontaire ou jusqu'à son arrestation?

Dans le sens de la négative, il semble qu'on doit opposer à

Hypothèses controversées. Quid, si le condamné par contumace pour crime comparaît volontairement ou forcément après l'expiration de cinq ans, mais avant l'expiration de vingt ans et qu'il ne soit déclaré coupable que d'un délit?

(1) M. Rodière, *Procédure criminelle*, p. 537. — Cet auteur admet, cependant, que la prescription de la peine est basée sur des considérations personnelles à l'agent.

l'accusé ce dilemme : « Ou acceptez la première condamnation
« pour ce qu'elle est, et alors le temps requis pour la prescrip-
« tion des peines afflictives et infamantes n'est pas accompli ;
« ou bien attachez-vous à la seconde condamnation, et alors
« subissez la peine correctionnelle, car vous ne pouvez l'avoir
« prescrite avant qu'elle ait été prononcée. »

La Cour de cassation ne s'est pas arrêtée à cette objection.
Elle a jugé que la qualification, imprimée définitivement au
fait par l'appréciation souveraine du jury, remonte jusqu'à la
condamnation par contumace, et qu'à partir de cette condamnation elle règle tous les effets de la prescription, eu égard,
non pas à la peine infligée par l'arrêt de contumace, mais eu
égard à celle qui, d'après le résultat du verdict des jurés, était
seule applicable (1).

L'accusé ne pourrait-il pas même prétendre qu'il a prescrit,
non pas la peine, mais la poursuite, si trois ans s'étaient écoulés, sans acte interruptif, depuis la condamnation par contumace ? Non : la condamnation par contumace, à la différence
de la condamnation par défaut, n'est pas un simple acte interruptif de la prescription de l'action ; elle substitue à cette dernière prescription la prescription de la peine, et la substitution est irrévocable ; elle n'est pas subordonnée à la condition
que la condamnation par contumace ne soit pas remplacée par
une décision contradictoire (2).

Il est bien évident que si la condamnation contradictoire
ne substituait à la peine afflictive une peine correctionnelle
que par suite d'une excuse ou de l'admission des circonstances
atténuantes, la prescription serait, non de cinq ans, mais de
vingt ans, puisque la *matière serait criminelle*, et cette prescription ne courrait que du jour du nouvel arrêt.

Effets
de la prescription.

Quels sont les effets de la prescription ?

1° Quels sont les effets de la prescription de l'action ?

---

(1) Voir Cass., 9 fév. 1854 (Devill. et Car., 54.1.277).—*Sic*, Van-Hoorebeke, p. 209.—*Contrà*, Brun de Villeret, n. 106, 107 et 482.

(2) Cass., 1er fév. 1839, 23 janv. 1840 (Devill. et Car., 39.1.719, 40.1.
704).—Voir aussi Mangin, *De l'Action publique*, t. II, n. 340.

La prescription de l'action a les mêmes effets que l'amnistie : elle empêche la vérification, non-seulement du lien qui unit l'agent à l'infraction, mais du fait même de l'infraction.

La prescription qui éteint l'action publique, éteint-elle en même temps l'action civile?

Les contrats et les quasi-contrats donnent naissance à une action privée, dont la durée, en général, est de trente ans. L'action qui naît d'une infraction est-elle soumise à une prescription plus courte, à une prescription variant suivant la classe à laquelle elle appartient, c'est-à-dire suivant qu'elle constitue, ou un crime, ou un délit, ou une contravention? Les infractions blessent toujours l'intérêt social, que protège l'action publique; elles blessent le plus souvent aussi des intérêts privés, auxquels l'action civile assure une réparation.

L'action publique pour les crimes n'est mise en mouvement que par le ministère public ; pour les délits et pour les contraventions, l'action publique peut être mise en mouvement, non-seulement par le ministère public, mais encore par les parties lésées.

L'action civile peut être poursuivie en même temps et devant les mêmes juges que l'action publique; elle peut être poursuivie séparément, et elle est alors déférée aux juridictions civiles. Dans ce dernier cas, l'exercice de l'action civile est suspendu tant qu'il n'a pas été prononcé définitivement sur l'action publique.

Un point hors de doute, c'est que l'action civile ne peut être déférée aux juridictions répressives qu'accessoirement à l'action publique, et que, par conséquent, la prescription de l'action publique prive au moins l'action civile de l'une des deux juridictions qui ont compétence pour l'apprécier.

Mais la prescription de l'action publique entraîne-t-elle, pour la partie lésée, l'impossibilité d'obtenir, devant la juridiction civile, réparation du préjudice qui lui a été causé? L'affirmative prévaut dans la doctrine et dans la jurisprudence : MM. Merlin (1), Legraverend (2), Mangin (3), Boi-

Effets de la prescription de la poursuite.

L'action civile devant la juridiction civile est-elle éteinte par la prescription de l'action publique?

Rejet de la théorie accréditée. —Ses anomalies. —Discussion.

(1) *Répertoire*, v° *Prescription.* — (2) Tome Ier, p. 79. — (3) N. 363.

40

tard (1), Rauter (2), Le Sellyer (3), Rodière (4), Faustin Hélie (5), Cousturier, Van-Hoorebeke (6), Achille Morin (7), Sourdat (8), la développent ; et la Cour de cassation l'a adoptée dans plusieurs arrêts (9). La mort de l'agent éteint l'action publique ; elle n'éteint pas l'action civile contre les représentants de l'auteur de l'infraction. L'amnistie éteint aussi l'action publique, sans éteindre, au moins de plein droit, l'action civile. L'action civile peut donc survivre à l'action publique. Pourquoi la prescription de l'action publique aurait-elle sur l'action civile plus d'influence que n'en ont et la mort de l'agent et l'amnistie ? Serait-ce parce que la présomption d'incertitude et de périls dans la vérification, après un certain laps de temps, serait indivisible ? Mais c'est sur le fondement d'une présomption de ce genre qu'est fondée l'amnistie, et cependant on n'applique pas cette présomption à l'encontre des intérêts privés. Dirait-on que la prescription, abritant l'agent contre la condamnation pénale, doit l'abriter contre la flétrissure d'opinion que la poursuite à fin civile pourrait lui imprimer ? Je réponds que l'amnistie, qui abrite contre la condamnation pénale, n'abrite pas contre les atteintes auxquelles le procès civil expose la considération personnelle de l'agent : il n'y a pas de raison pour lier plutôt le sort de l'action civile au sort de l'action publique dans le cas de prescription que dans le cas d'amnistie. La différence de solution ne saurait être admise qu'autant que la loi, dans quelques dispositions précises, aurait exprimé sur ce point une volonté formelle, et cette volonté serait une volonté tout à fait arbitraire.

Je ne crois pas, en effet, que le motif assigné par l'auteur

(1) 19e leçon d'instruction criminelle, n. 319 et 320.
(2) N. 853.
(3) N. 2310.
(4) P. 36.
(5) Tome III, § 203.
(6) P. 214.
(7) V° Prescription, n. 5.
(8) 375-380.
(9) Cass., 5 août 1841, 20 avril 1846, 14 mars 1853, 21 nov. 1854 (Devill. et Car., 41.1.753, 46.1.413, 53.1.342, 54.1.725).

d'un savant livre sur le droit criminel, M. Le Sellyer, soit de
nature à satisfaire même les partisans du système qui fonde la
prescription de la poursuite sur une présomption d'expiation,
sur l'acquittement de la dette du coupable envers la justice
morale. « Si l'on n'admet pas que l'action civile soit prescrite
« devant les tribunaux civils en même temps qu'elle l'est de-
« vant les tribunaux criminels, il s'ensuivra qu'après l'expi-
« ration des délais fixés par les art. 637, 638 et 640, le cou-
« pable se trouvera encore, contrairement à la volonté de la
« loi, exposé, par suite du procès civil, à subir la peine mo-
« rale résultant du déshonneur que produira pour sa personne
« la condamnation civile. Cette peine morale s'ajoutera, chez
« lui, à la peine, morale aussi, des inquiétudes et des an-
« goisses qu'il a éprouvées, jusqu'à ce que la prescription de
« l'action criminelle fût accomplie, parce que le législateur
« l'a jugée suffisante pour l'expiation de son crime. Sous ce
« rapport, le but que s'est proposé le législateur en établiss-
« sant des délais particuliers de prescription pour les contra-
« ventions, les délits et les crimes, sera manqué (1). »

En supposant que la peine infligée ne fût légitime qu'à titre
d'acquit d'une dette envers la justice morale, et que les inquiétudes et les angoisses de l'agent pussent être acceptées, par
équivalent, comme expiation suffisante, comment les inquiétudes et les angoisses pourraient-elles être considérées comme
moyen de libération d'une dette civile? Comment les inquiétudes et les angoisses de l'agent pourraient-elles être offertes
en paiement à la partie lésée, pour laquelle elles ne sont d'aucun profit? Comment tiendraient-elles la place d'une réparation
pécuniaire?

Que disent les textes?

Art. 637 : « L'action publique et l'action civile, résultant
« d'un crime de nature à entraîner la peine de mort ou des
« peines afflictives perpétuelles, ou de tout autre crime em-

_____

(1) Le Sellyer, VI, n. 2310, p. 173.

« portant peine afflictive ou infamante, se prescriront après
« dix années révolues... »

Art. 638 : « Dans les deux cas exprimés en l'article précé-
« dent, et suivant les distinctions d'époque qui y sont établies,
« la durée de la prescription sera réduite à trois années révo-
« lues, s'il s'agit d'un délit de nature à être puni correction-
« nellement. »

Art. 640 : « L'action publique et l'action civile, pour une
« contravention de police, seront prescrites après une année
« révolue, à compter du jour où elle aura été commise, même
« lorsqu'il y aura eu procès-verbal, saisie, instruction ou pour-
« suite... »

L'action civile et l'action publique sont mises, dit-on, sur
la même ligne. Mais M. Mangin et M. Le Sellyer sont forcés
de reconnaître que, dans tous les cas, l'action civile n'est pas
soumise à la même prescription que l'action publique, puisque celle-ci peut être prescrite sans que celle-là le soit nécessairement. Il ne s'agit donc, dans leur système, que de
deux prescriptions distinctes qui ont seulement la même
durée. Mais alors, que deviennent, et la prétendue indivisibilité des effets de la prescription, et les motifs sur lesquels on
l'appuie? Une condamnation civile peut donc atteindre dans
son honneur un agent protégé par la prescription contre la
pénalité.

Un fait dont la justice répressive est présumée impuissante à vérifier le caractère criminel, peut donc être, de la
part de la justice civile, l'objet d'une vérification, pour savoir s'il doit être considéré comme une cause de dommages-
intérêts ou de restitution. M. Mangin reconnaît même que
l'action civile, une fois déférée à la juridiction civile, avant la
prescription de l'action publique, est sauvegardée par le principe : *Actiones semel inclusæ judicio sálvæ permanent.* Par
exemple, l'instance introduite devant les tribunaux civils pour
réclamer réparation du préjudice résultant d'une contravention, ne sera pas non avenue, parce qu'elle n'aura pas été
jugée dans l'année de l'infraction. Elle ne sera exposée qu'à

la péremption de trois ans de l'art. 397, Cod. procéd. (1). Mais, encore une fois, que deviennent, et la prétendue indivisibilité des effets de la prescription, et les motifs sur lesquels on l'appuie?

Si la prescription de l'action publique et la prescription de l'action civile ont la même durée, sont-elles soumises aux mêmes règles, aux mêmes conditions? La prescription de l'action publique est une prescription d'intérêt social : elle doit être suppléée d'office ; l'agent ne peut pas y renoncer. Quand l'action civile n'est pas déférée aux juridictions répressives accessoirement à l'action publique, qu'elle est suivie devant les juridictions civiles, ces principes sont-ils encore applicables, contrairement aux art. 2223 et 2224, C. civ., et, s'ils sont inapplicables, comment parler d'une prescription unique?

La Cour de cassation juge que la prescription de l'action civile ne peut être proposée pour la première fois devant elle, ce qui suppose que cette prescription n'est pas d'ordre public (2).

On puise aussi un argument dans l'art. 2 du Code d'instruction criminelle, qui semble avoir voulu mettre en opposition la prescription et le décès du prévenu, puisque après avoir déclaré que le décès de l'agent éteint l'action pour l'application de la peine *sans éteindre l'action civile*, il ajoute que l'une et l'autre action s'éteignent par la prescription. Mais l'art. 2 ne tranche pas la question, puisqu'il se réfère au titre *de la prescription* en disant : « *Ainsi qu'il est réglé au livre II,* « *titre VII, chap. V, de la prescription.* »

Lorsque le législateur, objecte-t-on encore, a voulu faire survivre l'action civile à l'action publique, il s'en est expliqué nettement ; par exemple, dans l'art. 29 de la loi du 26 mai

(1) *Sic*, Sourdat, n. 402.—*Secùs*, Van-Hoorebeke, p. 242.
(2) Cass., 28 fév. 1860. — *Contrà*, Paris, 24 fév. 1855 (Devill. et Car., 55.2.409, et 60.1.206). MM. Le Sellyer, n. 2211, et Sourdat, n. 403 et 408, appliquent les art. 2223 et 2224, lorsque l'action est soumise aux juridictions civiles.—Comparer Brun de Villeret, n. 361 et 362.

1822, dont la disposition exceptionnelle a été abrogée par le décret du 22 mars 1848.

Enfin, on fait remarquer que la question était ainsi résolue par les art. 9 et 10 du Code du 3 brumaire an IV. Le Code d'instruction criminelle n'a pas répudié cette solution.

Cette opinion très-accréditée, que je combats, doit, pour être logique, admettre que, lorsque l'action publique est prescrite, l'action civile ne peut jamais survivre. Mais, pour qu'il en soit ainsi, il faut que tout acte qui interrompt la prescription de l'une des deux actions, soit nécessairement un acte conservatoire de l'autre action. Des auteurs n'ont pas reculé devant cette conséquence (1). Il est cependant difficile de l'accepter. En effet, si l'on conçoit que les actes d'instruction et de poursuite, faits en vue de l'action publique, conservent l'action civile, surtout si cette action est déférée comme accessoire aux juridictions répressives, on comprend très-difficilement que les diligences faites par les parties lésées, en tant au moins qu'elles sont faites devant la juridiction civile, aient pour résultat de proroger la durée de l'action publique. Aussi MM. Mangin et Le Sellyer reconnaissent-ils que l'action civile peut être perpétuée par des actes de la partie publique, tandis qu'ils refusent à des actes faits dans l'intérêt de la partie civile, devant la juridiction civile, tout effet sur l'action publique.

Supposez que l'action publique ait été suivie séparément, et qu'il soit intervenu une condamnation : dans ce cas, appliquerait-on à l'action civile la prescription de dix ans, de trois ans, d'un an ? On n'aura pas à craindre de démentir une présomption d'innocence. La criminalité du fait a été vérifiée et constatée dans le délai utile. A l'aide de quel prétexte abrégerait-on la prescription ordinaire ? Plusieurs arrêts ont écarté, en ce cas, la prescription des art. 637, 638, 640 ; mais c'était

----

(1) Cousturier, n. 63 ; Van-Hoorebeke, p. 226 et suiv. Cass., 29 mars 1856 (Dall., 56.1.269); Cour de Metz, 30 mars 1870 (Dall. 70.2.112). — Rapprocher Mangin, n. 351, 354, 363 et 364; Le Sellyer, n. 2245 et 2246. —Sourdat, *De la Responsabilité*, n. 388.—Brun de Villeret, n. 366.

reconnaître que, lorsqu'on n'avait plus à craindre d'ébranler la présomption sur laquelle repose la prescription de l'action publique, l'action civile restait soumise à la prescription de droit commun.

La Cour de cassation n'a pas admis ce tempérament, parce qu'il était de nature à ruiner le système qu'il modifiait. Elle n'a vu dans la condamnation qu'un acte interruptif de la prescription de l'action civile, acte interruptif servant de point de départ, suivant la nature du fait, soit à une prescription de dix ans, soit à une prescription de trois ans, soit à une prescription d'un an. Effectivement, si, d'une part, la prescription de l'action publique ne repose pas sur une présomption d'innocence, mais sur une présomption d'impossibilité de vérifier la culpabilité, et si, d'autre part, la condamnation à titre de réparation civile n'implique que l'existence d'un fait matériel, dommageable et contraire au droit, en laissant absolument en dehors de toute appréciation et même de tout préjugé juridique les questions d'intention auxquelles la criminalité est subordonnée, pourquoi ne pas laisser, dans tous les cas, l'action civile sous l'empire des règles de la prescription civile, quand elle ne réclame que la protection des tribunaux civils ?

Supposez maintenant que l'action publique ait été poursuivie séparément, et qu'elle ait été déclarée mal fondée.

De deux choses l'une : ou l'action civile ne pourra plus être intentée, bien que le délai pour la prescription de l'action publique ne soit pas accompli, et ce, parce qu'elle pourrait avoir pour résultat de démentir la décision de la justice répressive ; ou elle pourra s'intenter après l'accomplissement de la prescription de l'action publique, puisque l'autorité de la prescription ne saurait avoir plus de puissance que l'autorité du jugement, et que la présomption prétendue d'innocence n'a pas, sans doute, plus de droit au respect que la chose jugée, qui est la vérité sociale.

Or, qui pourrait soutenir, en présence des articles 358 et 366 du Code d'instruction criminelle, qui autorise les Cours d'assises à prononcer des dommages-intérêts contre l'accusé, même en cas d'acquittement ou d'absolution, que l'action civile ne peut jamais survivre à une décision de la justice répressive déchargeant le prévenu de la poursuite? Est-ce que la responsabilité civile est toujours subordonnée à toutes les conditions de la responsabilité pénale? Ce que les Cours d'assises peuvent faire, les tribunaux civils peuvent aussi le faire, lorsque après l'acquittement ou l'absolution, l'action privée leur est soumise ; eux seuls même peuvent le faire, quand il s'agit d'actes à raison desquels l'action publique a été rejetée par les tribunaux de police simple ou correctionnelle, puisque ces tribunaux ne peuvent accorder aux parties lésées de dommages-intérêts qu'autant qu'ils constatent l'existence d'une infraction punissable.

Je vous ai dit qu'en soumettant l'action publique et l'action civile à une prescription de même durée, alors même que les deux actions sont déférées à des juridictions différentes, on n'arriverait pas pour cela à l'unité de prescription, si on n'admettait pas que les diligences de la partie civile suffisent pour perpétuer l'action publique.

L'unité de prescription entraînerait bien d'autres conséquences encore : la minorité de la partie lésée, son interdiction, ne seraient pas des causes suspensives de la prescription de l'action civile, alors même que cette action ne serait intentée que devant les tribunaux civils et après que la justice répressive aurait prononcé une condamnation. Mais pourquoi, dans cette hypothèse, écarter l'influence de la maxime : *Contrà non valentem agere non currit præscriptio ?* Pourquoi, du moment où l'action civile survit à l'action publique, continuer à appliquer des règles qui ne puisent leur raison d'être que dans un intérêt désormais hors de débat? Pourquoi l'action civile qui, une fois exercée, sera protégée par la maxime : *Actiones semel inclusæ judicio salvæ permanent,* ne serait-elle pas protégée, avant son exercice, par le principe que la prescription ne court pas contre les incapables? C'est là une contradiction dans laquelle tombe le système auquel je m'attaque.

Ce n'est pas la seule anomalie qu'offre ce système. Ainsi, il reconnaît, en général, que l'action qui résulte d'un contrat civil préexistant, contrat dont la violation constitue le délit, n'est pas soumise à une prescription de la même durée que la prescription de l'action publique. Ainsi, suivant lui, l'action résultant de la violation d'un dépôt, de l'abus d'un mandat, d'un détournement commis par des comptables, se prescrit par trente ans, bien que cette violation constitue le délit prévu par l'article 408 du Code pénal, et que l'action publique soit prescriptible par trois ans. La partie lésée, dit-on, a deux actions : l'une qui naît du délit, l'autre qui naît du contrat. La première peut être éteinte par la prescription, sans que la seconde soit, sous aucun rapport, modifiée ou compromise (1).

La même solution est encore appliquée aux actions nées de quasi-contrats ou d'obligations résultant de la seule autorité de la loi, aux termes de l'art. 1370, C. civ. Ainsi, on reconnaît que l'action du propriétaire contre l'individu qui s'est frauduleusement emparé d'un trésor que recélait un immeuble, n'est prescriptible que par trente ans; que la prescription de trois ans qui éteint l'action née du vol, n'éteint pas l'action née de l'article 716 du Code civil. (2).

Mais comment l'agent obligé civilement par un délit peut-il être de meilleure condition que l'agent obligé par un contrat ou par un quasi-contrat? Comment peut-il être admis à se faire une protection de l'existence de l'intention criminelle, sans laquelle il n'y a pas de délit? Est-ce qu'on ne peut pas lui dire que la prescription, qui éteint l'action naissant du délit, n'éteint pas l'action qui naît de l'art. 1382, C. civ. : « Tout fait quelconque de l'homme qui cause à autrui un « dommage, oblige celui par la faute duquel il est arrivé, à « le réparer? » Pourquoi l'étranger qui incendie ma maison ne sera-t-il exposé à mon action que pendant dix ans, tandis que le locataire qui est, *par un contrat*, obligé de jouir en bon

(1) Cass., 7 déc. 1839; Cass., 16 avril 1845 (Devill. et Car., 1840.1. 454, 1845.1.494); Mangin, n. 367; Rauter, n. 853; Sourdat, n. 376.

(2) Angers, 15 juillet 1851 (Devill. et Car., 1851.2.491); Sourdat, n. 377.

père de famille, sera responsable de l'incendie, même involontaire, pendant trente ans? Pourquoi l'action qui naît de
l'art. 1382 serait-elle traitée avec moins de faveur que l'action
qui naît, par exemple, de l'art. 716, C. civ.? Est-ce que ces
résultats sont avoués par la raison?

Ce n'est pas tout. Un tiers a soustrait un de mes meubles :
les partisans de la théorie dont j'essaye la réfutation décident,
en général, que mon action en restitution ne durera que trois
ans, si le vol ne constitue qu'un simple délit. Mais est-ce que
je ne puis pas dire, comme ils le disent dans le cas où le délit
consiste dans la violation d'un contrat : « Il y a deux actions :
« l'une qui naît du vol, l'autre qui naît du droit de propriété
« dont je me prévaux. La première est peut-être éteinte par
« la prescription triennale; mais la seconde, qui est une
« véritable revendication, doit durer trente ans? » Aussi, y
a-t-il des diversités d'opinions sur cette question spéciale
entre ceux qui professent que l'action civile, devant les juridictions civiles, est soumise à la même prescription que l'action publique (1). Mais justement, les diversités de solutions
auxquelles on arrive avec la solution mère, sont la meilleure
condamnation d'un principe dont les déductions excitent tant
d'hésitations et de tiraillements.

(1) Mangin, n. 366; Le Sellyer, n. 2311 et 2312; Zachariæ, t. III,
p. 193, note 2 ; Sourdat, n. 379 et 380; Brun de Villeret, n. 353, pen-
sent que l'action en restitution de la chose volée, même lorsqu'elle est
exercée contre le voleur ou ses représentants à titre universel, ne dure
que trois ans ou dix ans, suivant qu'il s'agit d'un vol simple ou d'un vol
qualifié. Je réponds que l'art. 2279 se réfère, non à la prescription du
Code d'instruction criminelle, mais à la prescription de *trois ans*, établie
par l'art. 9 du Code du 3 brumaire an IV, contre l'action civile naissant
d'un *délit*, et le mot *délit* était employé dans le sens d'*infraction*. L'art.
2279, d'ailleurs, ne s'applique qu'à l'ayant cause à titre singulier du voleur,
au tiers acquéreur de bonne foi.— Suivant M. Duranton, t. XIII, n. 707;
M. Troplong, *De la Prescription*, n. 1040; M. Marcadé, *De la Prescription*, n. 5, sur l'art. 2280, l'action en restitution contre le voleur dure
trente ans. L'article 149 du Code pénal italien porte : « La prescription de
l'action pénale entraîne celle de l'action civile, en ce qui concerne les dommages-intérêts de la partie lésée ou offensée; mais l'action en restitution
ou en revendication du corps du délit ou des choses qui en dérivent, ne
se prescrira que conformément aux lois civiles. »

Est-ce que le droit de prouver la fausseté d'un acte ne survit pas à la prescription de l'action publique contre le faux? L'art. 239 du Code de procédure ne suppose-t-il pas que l'inscription de faux incident est admissible, même quand le droit de poursuivre le crime est prescrit? Sans doute, M. Colmet-d'Aage suppose, pour expliquer la disposition de cet article, que, si l'action en rejet de la pièce pour faux survit devant la juridiction civile, c'est que la prescription de cette action a été interrompue, tandis que la prescription de l'action publique ne l'a pas été. Mais la loi n'a pas certainement eu en vue cette hypothèse exceptionnelle. Est-ce qu'il faudrait même admettre que l'expiration de dix ans, sans poursuites, depuis que le faussaire aurait fait usage de la pièce fausse, élèverait une présomption *juris et de jure* de vérité, inébranlable au civil pour tous les intéressés, quels qu'ils puissent être (1)? M. Demante a très-bien dit en parlant des infractions prévues par les articles 254 et 255 du Code pénal, c'est-à-dire des destructions de registres renfermés dans les dépôts publics, *que la prescription qui tend uniquement à soustraire l'auteur du fait punissable aux poursuites, n'empêche pas d'admettre, à d'autres fins, la preuve du fait punissable ou non* (2). Cependant M. Demante professe que la prescription de l'action publique entraîne la prescription de l'action civile.

Ne faudrait-il pas au moins reconnaître que la prescription de l'action publique n'élève une fin de non-recevoir contre l'action civile en dommages-intérêts qu'autant que ces dommages-intérêts ne pourraient être alloués qu'en attribuant à leur cause un caractère délictueux, qu'autant, en un mot, que la responsabilité civile ne pourrait être qu'une conséquence de la responsabilité pénale? La prescription, dans ce système, aurait l'autorité d'un acquittement ou d'une absolution, et c'est en vérité bien assez.

(1) Voir, en sens contraire, Duranton, t. XIII, p. 92, et Le Sellyer, t. 6, p. 47, à la note.

(2) Demante, *Cours analyt.*, t. I, p. 396.—Voir aussi un article sur la prescription de l'action privée pour contrefaçon, *Revue pratique*, t. III, p. 173.

La Cour de cassation, à travers quelques hésitations, semble incliner vers cette solution tempérée et en quelque sorte moyenne (1).

Pourquoi ne pas appliquer à l'action civile, en matière de prescription, les idées admises quand il s'agit de l'amnistie ou de la mort de l'auteur de l'infraction ? N'y a-t-il pas quelque chose de révoltant pour la raison et la conscience, dans une théorie qui permet à l'infracteur de se couvrir de son infraction, pour arriver à une prescription plus courte, et de s'exonérer ainsi, par la seule vertu de la mauvaise intention qu'il invoque, de la responsabilité de ses actes ?

Autre anomalie : Le fait de l'infraction peut être, d'après la théorie dont j'apprécie la solution, opposé au civil, à titre d'exception, après l'accomplissement de la prescription de l'action publique : « Supposons, dit M. Faustin Hélie (2), que « le fait d'un homicide soit imputé au légataire d'une personne « homicidée : la prescription de dix ans ne serait pas un ob- « stacle à cette exception. Jousse fonde cette décision sur la « maxime : *quæ sunt temporalia ad agendum, sunt perpetua* « *ad excipiendum.* La véritable raison est qu'il ne s'agit point « ici de l'exercice de l'action civile ... » Non, sans doute, il ne s'agit pas de l'action en réparation du dommage, dont le succès n'impliquerait pas nécessairement que l'homicide a été commis avec une intention coupable ; mais il s'agit d'une exception qui a une bien autre portée vraiment, et qui semble heurter bien plus profondément les considérations sur lesquelles repose la prescription de l'action publique. L'héritier du sang prétend que la justice civile doit constater la criminalité d'un fait dont la justice répressive est présumée impuissante à vérifier le caractère.

(1) Cass., 20 avril 1863 (Devill. et Car., 63.1.271) ; Cass., 5 mai 1863 (Devill. et Car., 63.1.301, Dalloz, 63.1.195). Rapprocher un arrêt de cassation du 30 juin 1859 (Dalloz, 59.1.439).

(2) Tome III, p. 796.—M. Brun de Villeret, n. 347, suit sur ce point l'opinion de M. Faustin Hélie et encourt, par conséquent, le même reproche. Voir M. Troplong, tome IV du *Commentaire des donations*, p. 377, et la citation de Tronchet.

J'admets volontiers, pour mon compte, la solution de l'éminent criminaliste. Mais pourquoi ? Parce que, dans la théorie que je vous propose, la prescription de l'action publique n'éteint que l'action pénale, l'action dans l'intérêt social, et qu'elle ne réagit point sur les intérêts civils. Avec la doctrine contraire, que M. Faustin Hélie appuie de son autorité, la solution qu'il adopte est bien plus difficile à expliquer.

Je veux signaler encore une anomalie dans le système que je repousse. En matière civile, le principe est que la loi en vigueur, au moment où la prescription commence, est la seule d'après laquelle on doit déterminer toutes les conditions nécessaires pour prescrire, et que, notamment, une loi nouvelle ne peut abréger le délai sur lequel comptait le titulaire du droit menacé. S'il en était autrement, une loi nouvelle pourrait, tout à coup et inopinément, réaliser par anticipation la menace dont l'accomplissement semblait éloigné, et enlever ainsi le moyen de conjurer le danger, sans que les représentants des intérêts ainsi surpris et sacrifiés fussent en faute.

Au contraire, en matière pénale, on admet aujourd'hui généralement que la loi, au moins quand elle abrége la prescription et améliore ainsi la condition de l'agent, est rétroactive. Supposez que la prescription de la poursuite pour les crimes soit réduite de dix ans à cinq ans : que deviendra la partie lésée, qui, au moment de la promulgation de la loi, avait déjà laissé passer six ans, parce qu'elle recherchait peut-être un dernier et surabondant élément de preuve ? La réduction de la durée de la prescription, ce sera l'anéantissement du droit aux dommages-intérêts. Soumettez l'action civile, même devant la juridiction civile, aux règles de la prescription de l'action publique, vous frappez, vous détruisez un droit, sans l'avoir averti ; le préjudice est consommé, sans que le péril ait été prévu, annoncé. Laissez, au contraire, l'action civile, devant les tribunaux civils, sous l'empire des règles de la prescription civile, tous les intérêts seront sauvegardés ; l'intérêt privé ne sera pas immolé, sans nécessité, à l'intérêt social.

M. Le Sellyer a compris combien il serait injuste de priver

la partie lésée du temps qui manquait à l'accomplissement de la prescription établie par la loi ancienne : aussi a-t-il reculé devant les conséquences de la théorie qu'il professe. Suivant ce jurisconsulte, dans ce cas exceptionnel, l'action civile survit à l'action publique (1). La raison corrige ici les déductions de la logique. Ne vaudrait-il pas mieux, toutefois, se rallier à une doctrine contre laquelle ne protesterait aucune de ses applications ?

Vous savez qu'on oppose à la solution que je vous propose, un argument *à contrario*, puisé dans l'art. 29 de la loi du 26 mai 1822.

A mon sens, cet article ne dérogeait au droit commun qu'en ce qu'il abrégeait la durée de la prescription civile ordinaire; la dérogation ne résultait pas de ce qu'il laissait l'action civile survivre à l'action publique. Le décret du 22 mars 1848, bien loin de contrarier mon opinion, la confirme. En effet, s'il dit, dans son art. 2, que l'action civile s'éteindra de plein droit par le seul fait de l'extinction de l'action publique, c'est qu'il décide en même temps que l'action civile ne pourra, dans aucun cas, être poursuivie séparément de l'action publique.

L'ancien droit nous a légué cette question. La doctrine et la jurisprudence offrent aux deux systèmes des autorités et des monuments. Rousseau de Lacombe et Jousse soumettaient l'action civile à la même prescription que l'action répressive; Julius Clarus, Farinacius, Serpillon, ne soumettaient l'action civile qu'à la prescription trentenaire.

Si les parlements de Paris, de Toulouse et de Bordeaux n'admettaient qu'une même prescription pour les deux actions, les parlements de Grenoble et de Dijon consacraient la doctrine contraire.

Dans le système d'une prescription unique pour les deux actions, on discutait sur beaucoup de distinctions, de limitations. Ainsi, dans ce système, l'action en restitution de la chose volée était-elle éteinte par la prescription de l'action

(1) N. 2316 et 2409.

publique? Le parlement de Paris avait d'abord adopté la négative (1), qu'il abandonna bientôt pour l'affirmative (2). Le parlement de Toulouse (3) resta fidèle à la négative, qui avait pour elle l'opinion de Jousse et de d'Argentré.

En cas de mort de l'accusé, avant l'accomplissement de la prescription de l'action publique, l'action civile contre les héritiers était soumise à toutes les conditions de la prescription civile, notamment à la condition d'une durée trentenaire (4).

Le Code du 3 brumaire an IV trancha toutes ces difficultés par des textes précis.

Le Code d'instruction criminelle est bien loin d'être aussi explicite; sa rédaction a fait et était de nature à faire renaître les controverses. Cependant la présomption n'est-elle pas que le Code d'instruction criminelle, c'est-à-dire la loi de procédure pénale, n'a entendu régir l'action civile qu'en tant qu'elle était déférée aux juridictions pénales, qu'en tant qu'elle était l'accessoire de l'action répressive?

Voilà bien des développements pour une question. Mais n'est-elle pas assez difficile et assez importante pour les justifier? Boitard a consacré à son examen une leçon presque tout entière (5), que je vous invite à lire, parce qu'elle est un vrai modèle d'exposition et de discussion. On n'apprécie jamais mieux Boitard que lorsqu'on essaye de le réfuter.

2° Quels sont les effets de la prescription de la peine?

La prescription de la peine produit quelques-uns des effets qu'entraîne la grâce : elle libère le condamné de l'exécution de la peine, de la peine pécuniaire comme de la peine corporelle (6).

Toutefois, la prescription n'est pas, sous le rapport de la réhabilitation, assimilée à l'exécuton de la condamnation ou à la remise de cette exécution. Les condamnés, qui se sont

Effets
de la prescription
de la peine.

(1) Arrêt du 22 mars 1572.
(2) Arrêts des 27 janv. 1596, 22 janv. 1600 et 11 fév. 1604.
(3) Arrêts des 14 août 1691, 7 mai 1693 et 22 juillet 1709.
(4) Jousse, p. 609.
(5) 19ᵉ leçon sur le Code d'instruction criminelle.
(6) Cass., 31 janv. 1834; Sir. 35.1.490.

dérobés assez longtemps à la peine pour la prescrire, ne sauraient être admis à se faire réhabiliter (1). Je vous ai déjà fait
remarquer que c'était là une preuve que la prescription de la
peine n'est pas fondée sur une présomption d'expiation par
équivalent.

Efface-t-elle les accessoires ?

La prescription de la peine laisse subsister toutes les incapacités résultant soit de l'irrévocabilité, soit de l'exécution de
la condamnation : la dégradation civique, le renvoi sous la
surveillance de la haute police, l'incapacité de transmettre et
de recevoir par donation entre-vifs ou par testament, attachée par l'art. 3 de la loi des 31 mai-3 juin 1854 aux peines
perpétuelles ; elle laissait subsister la mort civile (Art. 32 du
C. civ.) (2).

Quid de l'interdiction légale attachée aux peines perpétuelles ?

L'interdiction légale n'étant, d'après l'art. 29 du Code
pénal, attachée qu'à des peines temporaires, et ne devant
subsister que pendant leur durée, était toujours écartée, pour
l'avenir, par la prescription de la peine principale. Mais,
aujourd'hui, l'interdiction légale peut être perpétuelle, puisqu'elle est devenue l'accessoire de peines ayant le caractère
de la perpétuité. Eh bien ! quand la peine perpétuelle est
prescrite par vingt années d'inexécution, l'interdiction légale
survit-elle ?

Ne semble-t-il pas qu'on doive dire : « Le condamné, en se
« dérobant à l'exécution de la peine principale, ne s'est pas
« dérobé à l'interdiction légale, qui n'a cessé de paralyser sa

----

(1) Cour de Paris, 5 avril 1853 (Devill. et Car., 53.2.293) ; M. Cauvet,
Revue de la Législation, année 1849, t. Ier, p. 396.

(2) M. Blanche, première étude, n. 207, considère que la peine accessoire du renvoi sous la surveillance de la haute police est prescrite quand
la peine principale est elle-même prescrite. Nous avons déjà dit, *suprà*,
12e leçon, que la prescription de la peine principale n'a que les effets
de la grâce, et la grâce n'efface pas des incapacités. M. Blanche professe, comme nous, que la dégradation, comme peine accessoire, survit à
la prescription de la peine principale. V. dans notre sens, M. Brun de
Villeret, n. 412. Après la cessation de la peine principale, l'effet de la dégradation civique qui survit empêche-t-il le mari d'autoriser valablement
sa femme ? Comparer l'art. 221 du Code civil, et l'art. 34, § 4 du Code
pénal. Voir *suprà*, 13e leçon.

« liberté civile, et, partant, il n'a pas acquis par prescription
« une liberté qu'il n'a pas possédée ? »

Toutefois, quel est le but de l'interdiction légale ? C'est
d'enlever au condamné les moyens, soit de se soustraire à la
peine, soit de la dénaturer en convertissant un lieu d'expiation en un lieu de plaisir. « Il ne faut pas, comme il est trop
« souvent arrivé, disait Treilhard, dans l'exposé de motifs
« du 1er février 1810, que des profusions scandaleuses fassent
« d'un séjour d'humiliation et de deuil un théâtre de joie et
« de débauche. » Il avait déjà dit, dans la discussion au Conseil d'État (8 octobre 1808), « qu'*il serait scandaleux de
« laisser un condamné étaler un luxe insolent, et très-dange-
« reux de lui donner le moyen de corrompre ses gardes.* »

Si tel est le but de l'interdiction légale, il ne peut plus en
être question, quand la peine principale, qu'elle soit ou ne
soit pas perpétuelle, est prescrite. Enfin, d'après l'art. 29 du
Code pénal, auquel se réfèrent et la loi du 8 juin 1850 et la
loi du 2 mai 1854, l'interdiction dépend de la durée de la
peine à laquelle elle est attachée. Donc, l'interdiction, accessoire d'une peine perpétuelle, est éteinte en même temps que
la peine principale, et cela, dans le cas même où la prescription est la cause d'extinction (1).

Le projet du 13 janvier 1834 de MM. de Vaux et Taillandier, dans son art. 13, résolvait aussi la question, qui est
tranchée dans le même sens, dans le rapport de M. Richer
sur le projet qui est devenu la loi des 31 mai-3 juin 1854 :
« Quant à l'interdiction légale, elle exclut le condamné de
« toute administration et de toute jouissance de ses biens :
« mais elle n'a rien d'irrévocable ; *elle se plie aux change-
« ments de la situation du condamné ;* subordonnée à la durée
« de la peine, elle est levée par l'effet de la grâce *ou de la
« prescription.* »

(1) Voir, en ce sens, *Observations de M. Hauss sur le projet de Code
pénal belge. — Étude de législation pénale comparée,* p. 58. — Rapport
de M. Demante à l'Assemblée nationale législative, *Revue critique,* 1853,
p. 110.

La prescription de la peine diffère beaucoup de la prescription de la poursuite : elle en diffère, comme la grâce diffère de l'amnistie.

Art. 641
du Code d'instruc-
tion
criminelle.

Le bénéfice de la prescription ne peut pas plus être refusé que le bénéfice de la grâce. Instituée dans un intérêt social, elle n'a pas besoin de l'acquiescement des intérêts privés ; son application n'est subordonnée qu'à la volonté de la loi. De là, l'art. 641, Cod. instr. crim. : « En aucun cas, les condamnés « par défaut ou par contumace, dont la peine est prescrite, « ne pourront être admis à se présenter pour purger le dé- « faut ou la contumace. »

La condamnation par contumace n'est soumise à une condition résolutoire que pendant le délai dont l'expiration entraîne la prescription de la peine (Art. 476, Code inst. crim.).

Comment la condamnation par contumace n'aurait-elle pas été proclamée irrévocable, à une époque ou une nouvelle épreuve n'aurait pu autoriser la société à faire exécuter contre l'agent une pénalité quelconque ? L'irrévocabilité de la condamnation étant une conséquence de la prescription de la peine, si le condamné eût pu renoncer à la prescription, il eût pu réclamer un nouveau jugement.

Le contumax,
condamné
à une peine
correctionnelle,
peut-il
se représenter
après cinq ans
et avant
vingt ans?

Si le contumax n'avait été condamné qu'à une peine correctionnelle, puisque la prescription qui court est la prescription, non de la poursuite, mais de la peine, pourrait-il être arrêté ou se présenter volontairement après l'expiration de cinq ans, mais avant l'expiration de vingt ans ? Cette question est bien complexe. Elle soulève une difficulté de compétence : la question de savoir à quelle juridiction il appartient de juger contradictoirement, lorsqu'un agent, condamné par contumace pour un fait que la Cour d'assises a dépouillé du caractère de crime, comparaît volontairement ou forcément avant d'avoir prescrit sa peine. On s'accorde à reconnaître qu'aux termes de l'art. 476, Cod. inst. crim., la condamnation tombant, l'agent se trouve en face d'une accusation à raison d'un fait originairement qualifié crime, et que cette accusation doit nécessairement être soumise au jury. On s'accorde encore à reconnaître que la solution de la question de compétence implique de plus une autre solution, à savoir que le jury a toute sa liberté d'appréciation ; qu'interrogé sur l'existence d'un crime, il a le droit et le devoir de rendre un verdict affirmatif ; qu'il n'est nullement astreint, sous prétexte de ne pas aggraver une condamnation qui ne subsiste plus, à ne voir qu'un délit dans une infraction à laquelle l'arrêt par contumace aurait dénié sa véritable qualification. Mais alors, ne semble-t-il pas que le condamné par contumace peut demander après cinq ans à être jugé contradictoirement, puisqu'après tout il court la chance d'une peine afflictive ou infamante, si les débats peuvent être ouverts? La question de savoir si la prescription est accomplie n'est-elle pas subordonnée au caractère qui sera imprimé finalement au fait, et, partant, l'épreuve judiciaire n'est-elle pas une épreuve sérieuse ? C'est en ce sens que M. Legraverend (1) s'est prononcé ; mais sa doctrine a été condamnée par la Cour de cassation, le 2 février 1827, et la doctrine de la Cour de cassation a été approuvée par MM. Merlin (2), Duvergier (3), Rauter (4), Faustin Hélie (5) et Rodière (6).

J'adopte l'opinion de la Cour de cassation et de la majorité des auteurs. La comparution et l'arrestation du condamné ne sont une condition résolutoire qu'autant qu'elles se produisent tant que la peine est exécutoire ; or, la peine correctionnelle n'est exécutoire que pendant cinq ans, à partir du jour de l'arrêt.

Si la Cour d'assises, jugeant par contumace, n'avait prononcé une peine correctionnelle que par suite d'une excuse ou de l'admission de circonstances atténuantes, le condamné aurait vingt ans pour se présenter, parce que la condamnation serait prononcée en matière criminelle.

---

(1) Legraverend, t. II, p. 590, 591 et 592.
(2) Merlin, v° *Contumace*, § 5.
(3) Duvergier, p. 592.
(4) Rauter, t. II, p. 518.
(5) Faustin Hélie, t. III, p. 562.
(6) Rodière, p. 328.

Si le condamné par contumace à une peine afflictive ou même à une peine correctionnelle pour crime, se présentait volontairement ou était arrêté la dix-neuvième année, et qu'il vînt à s'évader avant le débat contradictoire, la première condamnation serait-elle résolue et devrait-elle être remplacée par un jugement nouveau, ou, au contraire, continuerait-elle de subsister ? Nous croyons, contrairement à l'opinion de MM. Merlin et Carnot, que l'art. 476 du Code d'instruction criminelle n'implique nullement la caducité absolue de la condamnation par contumace. Le sort de cette condamnation est subordonné à la condition que le condamné ne se dérobe pas à une épreuve nouvelle (1).

Ce n'est donc pas l'action, c'est la peine que l'agent a à prescrire, et nous disons avec un criminaliste que la prescription de la peine *reprend ou plutôt continue son cours*. Le point de départ de cette prescription, c'est la condamnation primitive, parce que si la loi admet des causes de suspension de la prescription de la peine, elle n'admet pas de cause d'interruption (2). Quiconque assignera aux sanctions sociales et aux causes exclusives de leur application leurs véritables motifs de légitimité, acceptera sans objection la solution législative.

Les condamnations par défaut peuvent-elles être purgées avant l'accomplissement de la prescription ? — Distinction.

Quant à la condamnation par défaut, de deux choses l'une : ou elle est encore susceptible d'appel, et alors elle n'exclut point la prescription de l'action dont elle est seulement un acte interruptif ; ou elle a acquis l'autorité de la chose jugée, et dans ce cas elle ne pourrait être purgée, alors même que la prescription de la peine ne serait pas accomplie. L'art. 641 ne devait donc parler que des condamnés par contumace.

L'Empereur peut imposer des conditions à la grâce : la loi peut imposer des conditions au condamné que la prescription affranchit de l'exécution de la peine.

Art. 635 du Code d'instruction criminelle.

« Le condamné, dit l'art. 635, C. inst. crim., ne pourra « résider dans le département où demeureraient, soit celui sur

(1) Legraverend, t. II, p. 595 ; M. Brun de Villeret, n. 244 ; M. Coin-Delisle, *Traité de la jouissance et de la privation des droits civils*, n. 3.
(2) Voir *suprà*, 28° leçon, p. 618 à la note.

« lequel ou contre la propriété duquel le *crime* aurait été com-
« mis, soit ses héritiers directs.

« Le Gouvernement pourra assigner au condamné le lieu de
« son domicile. »

Cette disposition, spéciale à la prescription des peines résultant de jugements ou arrêts *rendus en matière criminelle*, sera
souvent inutile, puisque la surveillance de la haute police sui-
vra, à titre de peine accessoire, et pendant toute sa vie, le
condamné à une peine afflictive ou infamante, qui l'aura subie
ou l'aura prescrite (art. 47, C. pén.) (1). Mais, d'une part, la
déclaration de circonstances atténuantes pourra amener l'application de peines correctionnelles, et la disposition finale de
l'article 635 aura de l'utilité ; d'autre part, le renvoi sous la
surveillance de la haute police, n'a pas toujours investi le Gouvernement du droit d'assigner un domicile au condamné libéré.
Sous l'empire de la loi du 28 avril 1832, le condamné conservait le droit de se choisir un domicile en dehors des lieux qui
ne lui étaient pas interdits. Avant le décret des 24-30 octobre
1870, l'art. 3 du décret des 8-12 décembre 1851, donnait au
Gouvernement le droit d'imposer une résidence déterminée aux
agents soumis à la surveillance de la haute police. Enfin, au
moment de la promulgation de l'art. 635 du Code d'instruction
criminelle (17 nov. et 16 déc. 1808), l'art. 44 du Code pénal
promulgué du 12 au 20 février 1810 n'était pas encore édicté (2).

L'art. 642 du Code d'instruction criminelle tranche expressément la question de savoir si les condamnations prononcées par les juridictions de répression, à titre de *réparations
civiles*, se prescrivent par deux, cinq ou vingt ans, comme les
condamnations pénales :

Art. 642
du
Code d'instruc-
tion criminelle.

« Les *condamnations civiles* portées par les arrêts ou par les
« jugements rendus en matière criminelle, correctionnelle ou
« de police, et devenues irrévocables, se prescriront d'après les
« règles établies par le Code civil. »

(1) Cass., 21 janv. 1834, Sir., 34.1.490.
(2) Voir *suprà*. L'Assemblée vient d'être saisie par M. le Garde des sceaux
d'un projet de loi sur le renvoi sous la surveillance de la haute police.

Ai-je besoin de vous dire que cet article ne fournit pas un argument *à contrario* contre ma solution sur la prescription de l'action civile ? Le Code d'instruction criminelle ne s'occupe et ne devait s'occuper naturellement que des conséquences, soit des actes faits devant les juridictions pénales, soit des décisions de ces juridictions. L'art. 642 ne détermine que les effets des décisions, au civil, des tribunaux répressifs ; il n'empiète pas sur la loi civile.

La détermination des bases philosophiques de la prescription de la peine est trop importante pour que nous ne disions pas quelques mots d'une explication qui a été présentée en 1861, lors de la discussion du Code pénal belge.

On a dit : Une différence immense sépare, au point de vue de l'influence extinctive exercée sur la peine, le temps pendant lequel le coupable a subi le châtiment de celui pendant lequel il a vécu dans la société. Ici, une épreuve s'est faite que la prison ne permet pas. N'y-a-t-il pas une garantie qui dissipe les craintes, calme les inquiétudes et rassure pour l'avenir, dans ces années d'une vie irréprochable écoulées après le crime ? (Rapport fait le 9 février 1861 à la Chambre des représentants de Belgique, par M. E. Permez.) Je ne crois pas que le succès des efforts du condamné pour se dérober à l'exécution de la peine, fasse présumer que sa vie a été irréprochable. La présomption contraire aurait plus de vraisemblance ; l'évadé n'a peut-être à l'étranger trouvé que dans des méfaits des moyens d'existence ; peut-être même a-t-il été condamné et privé de sa liberté sur le sol où il a cherché un refuge.

On a fait une objection pourtant : Le crime qui, depuis vingt ans, est expié au fond d'une maison de force, est-il moins oublié de ceux qu'il a effrayés, que le forfait de celui qui a cherché la liberté dans la fuite ? Eh bien ! si la condamnation est une condamnation à perpétuité, elle continue de s'exécuter malgré son oubli présumé.

Nous répondons : L'objection, si elle était fondée, conduirait à l'abolition es peines perpétuelles ; mais elle est dénuée de fondement : l'exécution de la condamnation en fait vivre le souvenir et elle est sa permanente constatation.

(Cette note eût dû régulièrement se placer sous les deux premières li nes de la page 601 *suprà*, 28° leçon.)

TRENTIÈME LEÇON.

EXTRADITION. — Son objet. — Division : Trois questions. — Légitimité de l'extradition.—Historique.—Objections contre la légitimité de l'extradition.—Réponse.—Conditions de l'extradition, quant à la nature des faits et quant aux personnes.— Décret du 23 octobre 1811.—Controverse sur le point de savoir s'il est abrogé.—Conflit de demandes d'extradition. —Exceptions contre la demande d'extradition.—Prescription de l'action publique ou de la peine.— Forme de l'extradition.— Ses conséquences. — Questions diverses. — A qui appartient-il d'interpréter la convention d'extradition? — L'extradé peut-il argumenter de l'irrégularité en la forme de l'extradition?—*Quid,* si le fait qualifié crime a revêtu pendant les débats le caractère de délit ? — Compétence en matière d'exceptions contre l'extradition opérée pour assurer l'exécution d'une condamnation prononcée.

MESSIEURS,

En vous expliquant l'étendue de l'empire de la loi française dans le rapport du territoire et sous le rapport des personnes, c'est-à-dire en l'étudiant comme *loi réelle* et comme *loi personnelle,* dans une certaine mesure, je vous ai fait connaître les articles 5, 6, 7, du Code d'instruction criminelle et les articles modificatifs de la loi du 27 juin 1866, qui se rattachent, à mon sens, bien plus à la loi pénale de fond qu'à la loi de procédure pénale. *Extradition.*

J'ai ajourné, comme prématurée, une explication, qui est une explication complémentaire de ces articles. Je veux parler de l'extradition, mesure qui se rattache tout à la fois à la loi pénale de fond, et à la loi pénale de forme, mais qui cependant n'est régie par aucune de ces deux lois.

Au nombre des causes qui empêchent, tantôt l'application

de la loi pénale, tantôt seulement l'exécution de la condamnation, il faut compter la résidence de l'agent infracteur sur un
territoire étranger à la loi qui prononce la sanction.

Objet
de l'extradition.
L'extradition est un moyen de paralyser cette cause. Un
Français commet un crime en France ; avant de tomber sous
le coup de la loi pénale, il se réfugie à l'étranger ; la souveraineté française expirant sur les limites réelles, ou au moins sur
les limites fictives de son territoire, l'agent semble à l'abri, sinon de tout jugement, puisqu'il peut être jugé par contumace,
au moins de l'exécution de toute peine. Condamné contradictoirement, il peut s'évader, et, grâce à l'hospitalité étrangère,
il peut braver la condamnation.

Le crime est-il commis en France par un étranger, deux
souverainetés sans doute peuvent être intéressées à la répression, à savoir : la souveraineté qui préside à la société dont
l'ordre a été troublé, et la souveraineté à laquelle l'infracteur
appartient par son origine, par sa nationalité, si tant est que
la loi de cette dernière souveraineté joigne à son caractère
essentiel de *réalité* un caractère de *personnalité*. Mais l'agent
ne peut-il pas échapper à ces deux souverainetés, en cherchant
un refuge sur un territoire que j'appellerai un territoire neutre,
sur un territoire ne relevant pas des deux lois dont les sanctions pourraient être appliquées ? Le violateur de la loi française est Belge ; il se réfugie en Suisse avant ou après la condamnation ; chacune des deux souverainetés intéressées à la
répression semble frappée d'impuissance : d'une part, la
police de chacune d'elles n'a pas de pouvoirs plus étendus que
les pouvoirs dont elle est une émanation ; elle est sans qualité,
sans compétence, sur le sol étranger ; d'autre part, les deux
souverainetés dont l'intérêt est en jeu ne sauraient donner
d'ordre à une souveraineté étrangère, puisque en droit au
moins, sinon en fait, les souverainetés sont égales entre elles
et sont indépendantes les unes des autres : elles cesseraient
d'être des souverainetés, si elles étaient subordonnées.

Cependant les principes de ce qu'on appelle *le droit international* ont admis, sous certaines conditions, dans des cir-

constances déterminées, que la souveraineté, sous l'égide de laquelle l'infracteur est allé demander un asile, peut le livrer, le restituer soit à la souveraineté du pays dans lequel l'infraction a été commise, soit à la souveraineté du pays dont l'infracteur est originaire.

Cette restitution à une souveraineté intéressée à la répression se nomme *extradition*.

Sur cette matière j'examinerai trois questions :

Division.
Trois questions.

1° L'extradition est-elle légitime, et peut-elle se justifier au point de vue des principes qui, suivant nous, servent de fondement au droit de punir ?

2° A quelles conditions l'extradition peut-elle être demandée et accordée ?

3° Quelle est la nature de l'extradition, dans quelle forme peut-elle être demandée et accordée, et quelles sont ses conséquences ?

Et d'abord l'extradition est-elle légitime ?

En fait, cette mesure, sous un nom ou sous un autre, remonte haut dans le passé, et il n'est pas de pays dont l'histoire, dans tous les âges, ne nous la montre pratiquée. Toutefois, cette mesure était, dans l'origine, une mesure tout à fait exceptionnelle ; elle était vue avec défaveur. La règle, c'était le droit d'asile, droit d'asile qui s'exerçait même primitivement au détriment de la souveraineté sociale dans des lieux qui semblaient soumis à son empire, dans des lieux dits consacrés. C'est que la souveraineté politique reconnaissait officiellement, sous certains rapports, une souveraineté plus haute qu'elle, la souveraineté religieuse.

Légitimité
de l'extradition.
Historique.

L'extension de cette immunité, à l'encontre de la loi pénale, et l'exagération des obligations résultant de l'hospitalité, tenaient à des causes diverses. Les rapports qui lient aujourd'hui les nations n'existaient pas, et la pensée des services réciproques qu'il leur importe de se rendre ne devait pas se produire. Il y avait, d'ailleurs, entre les peuples une si grande inégalité de civilisation, que la justice d'un pays ne pouvait avoir confiance dans la justice d'un autre pays. On ne comp-

tait guère de vérités juridiques ayant un caractère d'universalité !

La règle du droit d'asile a été successivement entamée, et
les brèches qui lui ont été faites se sont sans cesse agrandies.
Les crimes atroces, puis tous les crimes offrant un danger sérieux, ont été l'objet d'une exception. Au premier aspect, on
pourrait croire que la mesure de l'extradition devint le droit
commun en France pendant les xiᵉ et xiiᵉ siècles ; toutefois,
cette opinion serait le résultat d'une grave méprise. Sans doute,
pendant cette période de fractionnement et d'éparpillement du
pouvoir social, comme la souveraineté dérivait de la propriété,
chaque justice revendiquait les justiciables qui lui appartenaient presque *jure dominii ;* mais c'était une suite de l'organisation féodale, une conséquence des rapports et des droits
que cette organisation engendrait. La règle féodale amenait,
d'ailleurs, le contre-pied de ce qu'opère le plus souvent aujourd'hui l'extradition : je veux dire le triomphe de la personnalité de la loi sur la réalité. C'est seulement, vous vous le
rappelez, après la période du xiiiᵉ au xviᵉ siècle, et après
beaucoup de vicissitudes, que, par suite des efforts de centralisation de la royauté, le principe, d'après lequel la juridiction
du théâtre de l'infraction prime les autres juridictions, a prévalu. Je crois que la lutte entre les deux compétences est
étrangère à l'histoire de l'extradition. C'est qu'en effet, malgré
le morcellement de la souveraineté dans le pays qui est devenu
la France, les souverainetés locales ne pourraient être considérées comme étrangères l'une à l'autre, puisqu'il y avait un lien
qui en faisait un faisceau.

Le premier exemple de traités d'extradition en France se
trouve dans un traité entre Charles V et le comte de Savoie.
On voit d'autres exemples dans le xvᵉ siècle. Au xviiiᵉ siècle,
le système de l'extradition avait fait beaucoup de chemin (1) :

---

(1) 29 septembre 1765, Traité entre la France et l'Espagne ; — 3-9 décembre 1765, Traité entre la France et le duché de Wurtemberg ;—5 juillet 1783, Adhésion de la France au traité conclu le 1ᵉʳ mars 1778 entre
l'Espagne et le Portugal ; — 31 août 1787, Traité entre la France et la

il était formulé dans de nombreux traités diplomatiques. Aujourd'hui, ces traités se multiplient, et doivent se multiplier. L'Assemblée constituante, par sa loi du 19 février 1791, avait reconnu le principe de l'extradition, en demandant qu'il fût réglé par une loi spéciale : « L'Assemblée nationale décrète « que le comité de constitution se réunira incessamment au « comité diplomatique, pour proposer une loi sur l'extradition « réciproque des prévenus de certains crimes, entre la France « et les autres nations de l'Europe... »

Voilà pour le fait : voyons le droit.

On a essayé de jeter du doute sur la légitimité de l'extra- *Objection.* dition. Qu'elle soit légitime de la part de la souveraineté qui revendique l'infracteur, cela est difficile à contester : cette mesure a pour but la sanction du commandement violé, elle est un moyen d'assurer le respect de la loi. Mais de la part de la souveraineté qui restitue l'agent, l'extradition peut-elle être justifiée ? Le pouvoir social, dit-on, n'a pas mission de faire prévaloir l'ordre moral tout entier, et les lois dont cet ordre moral se compose, son unique mission, c'est de sauvegarder

---

Grande-Bretagne ; — 19 août 1798, Traité entre la France et la Suisse, il est renouvelé le 27 septembre 1803 et le 18 juillet 1828 ; — 27 mars 1802, Traité dit de la paix d'Amiens entre la Grande-Bretagne, la France et la République batave ; — 22 novembre 1834, Traité entre la France et la Belgique ; — 23 mai 1838, Traité entre la France et la Sardaigne ; — 13 février 1843, Traité entre la France et l'Angleterre.

Le traité de 1843 a été dénoncé en 1865 par le Gouvernement français, lorsque les magistrats anglais, sous le prétexte qu'ils ne pouvaient tenir aucun compte des procédures suivies en France, et qu'ils devaient réclamer des preuves suffisantes pour justifier en Angleterre le renvoi d'un accusé devant le jury, avaient montré tant de répugnance pour l'extradition que dans une période de vingt-deux ans un seul accusé avait été extradé par l'Angleterre. Un bill de 1866, voté d'abord pour une année et successivement prorogé, avait fini par admettre comme preuves les dépositions françaises lorsqu'elles étaient revêtues du sceau du ministre de la justice. Les conditions de l'extradition sont aujourd'hui réglées par un bill du 9 août 1870.

7 novembre 1844, Traité avec les Pays-Bas; — 21 juin et 20 août 1845, Traité avec la Prusse ;— 13 juillet 1854, Traité avec le Portugal ;—13 juin 1855 et 7 février 1856, Traité avec l'Autriche ;— 23 juin 1870, Traité entre la France et la Belgique.

celles des lois de l'ordre moral qui sont nécessaires au maintien et au développement de la société qu'il dirige. Le pouvoir social n'a donc de devoirs qu'envers la société à la tête de laquelle il est placé ; et il n'a de droits que sur elle, puisque ses droits ne dérivent que de ses devoirs. Comment donc se chargerait-il de faire réprimer une infraction à laquelle il est étranger ? S'il a un pouvoir direct de répression , qu'il en use ; mais qu'il ne donne pas son concours à une répression qu'il ne peut ni diriger ni surveiller.

Réponse. Sans doute, le pouvoir social n'a de devoirs étroits, rigoureux, qu'envers la société aux destinées de laquelle il est appelé à pourvoir. Mais les intérêts, bien entendus, de cette société peuvent exiger qu'il fasse certains actes dont le profit direct et immédiat semble recueilli par d'autres sociétés. La répression des faits dont la culpabilité est indépendante des circonstances et des lieux, parce qu'ils s'attaquent, non à une société particulière, mais à toutes les sociétés en général, parce qu'ils n'ont rien de relatif, et qu'ils sapent les fondements de toute civilisation, n'intéresse-t-elle donc que le territoire qui a été le théâtre de ces faits et la loi nationale à laquelle appartient l'agent ? N'y a-t-il pas des faits auxquels la conscience universelle et les lois de tous les pays impriment un caractère de crime ? N'y a-t-il pas des vérités morales, ou plutôt sociales, qui constituent un patrimoine commun si inviolable, que ceux qui y portent atteinte troublent, non-seulement la société à laquelle ils appartiennent ou au sein de laquelle ils ont agi, mais encore indirectement et par contre-coup, toutes les sociétés, considérées comme les branches d'une même famille ? Est-ce que, de nos jours surtout, lorsque la circulation et des hommes et des idées et des faits est si facile, si active, si rapide, il n'importe pas de déshériter les grands crimes de l'espoir de l'impunité ?

Remarquez, d'ailleurs, que le pouvoir social, de l'aveu de tous, a un intérêt incontestable à la répression des crimes commis sur son territoire : or, pour assurer cette répression, il faut que les nations étrangères lui accordent l'extradition ;

mais s'il la veut pour lui, il faut qu'il l'accorde aux autres nations, car la réciprocité, c'est la loi la plus respectée du droit
international (1).

A quelles conditions l'extradition peut-elle être demandée et
accordée ? Ces conditions sont-elles de nature à être déterminées par une loi positive ? Il s'agit d'un rapport de souveraineté
à souveraineté : or, des lois positives supposeraient un maître
commun sur la terre, au-dessus des diverses souverainetés ;
mais les souverainetés ne seraient plus les souverainetés, s'il y
avait un souverain qui les primât : donc, aucune loi positive
ne peut régler les conditions de l'extradition entre les nations.
Mais il peut y avoir entre elles des conventions, des traités
diplomatiques ; et c'est par ces sortes de contrats que sont
ordinairement réglées les conditions de l'extradition. A défaut
de traités, ces conditions sont fixées (j'emploie le mot consacré) par le droit international, c'est-à-dire par le résultat des
usages des nations civilisées, usages non pas immobiles, mais
qui participent à tous les progrès de la civilisation.

Il y a une condition essentielle et prédominante qui n'a pas
besoin d'être écrite parce qu'elle s'impose. Le gouvernement
qui extrade s'associe à une juridiction étrangère ; il facilite, il
assure son action ; cette participation volontaire à l'œuvre
d'institutions sur lesquelles il n'a aucune influence serait-elle
légitime, ne serait-elle pas empreinte d'inhumanité, si ces
institutions étaient une insulte à la civilisation, si elles étaient
en désaccord avec tous les principes de la raison, si par exemple leur moyen d'instruction était la torture ? Sans doute, pour
consentir un traité d'extradition, il n'est pas nécessaire que les
deux souverainetés qui contractent aient des organisations
judiciaires et des règles de procédure identiques ; mais il faut
du moins, si grandes que puissent être les différences, que le
mode d'administrer la justice chez une des nations ne révolte
pas la conscience publique de l'autre (2).

Conditions
de l'extradition.

(1) « Les lois d'extradition constituent une assurance mutuelle contre
le crime ». Edmond About, *Le Progrès*, ch. vi.

(2) Voir article de Prévost-Paradol, *Revue des deux mondes*, année 1866,
p. 1012.

Dans le silence des traités, quelles sont les autres conditions auxquelles, en général, l'extradition est subordonnée?

Ces conditions se rapportent, soit à la nature des faits qui provoquent l'extradition, soit à la qualité des personnes qui en sont l'objet.

Pour qu'une infraction donne lieu à l'extradition, trois conditions sont exigées :

Conditions relatives à la nature des faits. 1° Il faut que la peine infligée à l'infraction dans le pays qui réclame l'extradition soit une peine afflictive et infamante, une peine de la classe la plus élevée : l'extradition est, en effet, une mesure grave, il faut qu'il y ait la garantie d'un intérêt sérieux. S'il ne s'agissait que d'un délit, l'expatriation, la privation de la famille et des avantages garantis par la société à laquelle l'agent appartient, sembleraient, au point de vue de l'ordre général des sociétés, une expiation suffisante. M. Faustin Hélie objecte qu'il y a des délits qui intéressent la société en général, sans distinction de nation. Au premier aspect, cette critique semble fondée : on serait tenté de considérer l'extradition pour délits comme un progrès ; mais, suivant nous, la critique s'adresse à la mauvaise classification des pays qui appellent délit ce qu'ils devraient appeler crime.

2° Il faut que le fait soit puni, non-seulement par la loi du pays qui réclame l'extradition, mais par la législation des pays civilisés. Cette seconde condition diffère essentiellement de la première : l'accomplissement de la première condition ne prouve qu'une chose, l'opinion du pays qui revendique l'infracteur ; l'accomplissement de la seconde condition prouve la gravité absolue de l'infraction.

3° Il faut que le fait ne soit pas un fait purement politique ; il faut que ce soit un crime commun, ou au moins un crime mixte. C'est que les crimes politiques n'ont pas toujours et nécessairement un caractère de criminalité absolue : sans doute, ils l'ont bien souvent ; mais ils peuvent être l'objet d'appréciations diverses, même au sein du pays où ils se produisent, et, à plus forte raison, peuvent-ils être l'objet d'appréciations diverses dans les pays étrangers.

D'un autre côté, l'agent, en matière politique, éloigné du milieu où il était cause d'un mal social, n'offre plus le même danger : or, dans le pays où il s'est réfugié, il est presque toujours réduit à l'impuissance de nuire. Enfin, la légitimité de l'extradition, de la part du gouvernement qui l'accorde, n'est fondée que sur la foi dans la justice de la souveraineté qui la réclame : or, je ne veux pas dire, avec un grand écrivain, un orateur politique d'un jour, « que le crime politique est le « plus incertain des crimes, et la justice politique la plus in- « certaine des justices ». Non : la présomption d'ordre social qui protége les juridictions, les protége aussi bien pour les matières politiques que pour les autres matières, et cette présomption légale est, dans les situations normales, une vérité de fait ; mais cette présomption n'a pas d'autorité légale à l'étranger, et, en matière politique, elle a moins d'autorité morale (1).

(1) Sir Georges Cornewall Lewis assigne à cette solution du droit public des nations civilisées deux motifs : 1° Le gouvernement qui réclame l'extradition en matière politique n'offre pas de suffisantes garanties d'impartialité ; il serait juge et partie, puisque les crimes dont il voudrait poursuivre la répression, sont des actes d'agression contre lui ; 2° l'octroi de l'extradition constituerait une immixtion dans les affaires intérieures de l'Etat qui la sollicite ; le principe qui prévaut aujourd'hui n'a pas toujours été respecté ; les états généraux livrèrent à Charles II, qui les fit exécuter en Angleterre, trois régicides réfugiés dans les Pays-Bas ; et en 1798, un contumax condamné à mort pour trahison, Napper Tandy, fut livré par le Sénat de Hambourg au Gouvernement britannique, mais le dénoûment du débat contradictoire fut un acquittement prononcé par le jury ; si le roi de Bithynie consentit à livrer Annibal, Tite-Live, malgré son patriotisme, n'a pu s'abstenir de blâmer l'exigence de Rome et la faiblesse qui l'a subie. Dans une affaire qui a eu du retentissement, l'affaire de la Créole, l'Angleterre, conformément à l'avis des conseils judiciaires de la Couronne, et avec l'approbation de lord Brougham, de lord Denmann, de lord Campbell, a refusé aux Etats-Unis l'extradition d'esclaves qui dans la traversée de Richmond à la Nouvelle-Orléans, dans le détroit qui sépare la péninsule de la Floride des îles Bahames s'étaient révoltés, avaient assassiné leur maître, et conduit au port de Nassau le navire dont ils avaient mis le capitaine aux fers. Cette affaire a été l'objet d'une très-intéressante controverse entre le publiciste américain Wheaton, et un publiciste européen M. Rossi. Voir *Mélanges d'économie politique*, de M. Rossi, t. II, p. 90.

On foreign jurisdiction and the extradition of criminals, *by the Right Hon.* sir John Cornewall Lewis ; London, 1859, et *Belgique judiciaire*.

Remarquez que les traités peuvent dispenser d'une ou de plusieurs de ces conditions, et qu'ils peuvent même affranchir de toutes.

Quelles sont les conditions nécessaires, quant aux personnes, pour que l'extradition puisse être demandée et obtenue?

Et d'abord, peut-on demander à un gouvernement l'extradition d'un de ses nationaux? En général, on dit non (1); et, en effet, de deux choses l'une : ou l'agent est puni par la loi nationale, ou il n'est pas [puni; s'il est puni, la loi nationale peut l'atteindre, en vertu de sa personnalité; s'il n'est pas puni, pourquoi contribuer à faire punir par une nation étrangère un fait qui ne paraît pas digne de répression? Je sais bien que cette raison, avant la promulgation de la loi du 27 juin 1866, manquait pour notre loi française, puisque le crime commis hors de France par un Français, n'était punissable en France qu'autant qu'il avait été commis au préjudice d'un Français. C'est là ce qui explique, sans le justifier, un décret du 23 octobre 1811, par lequel l'Empereur se réservait le droit de livrer des Français aux justices étrangères : il faut s'empresser de dire que ce droit, l'Empereur s'est bien gardé de l'exercer.

numéro du 26 janv. 1860, compte rendu de G. Nypels.— Clark, Law of extradition.

« L'étranger prévenu d'un délit dans son pays, et réclamé par son gou-
« vernement doit lui être rendu, mais seulement dans des cas spécifiés
« d'avance, et pour des crimes manifestement attentatoires aux lois fon-
« damentales des sociétés et punis chez tous les peuples de peines capi-
« tales : l'extradition ne doit pas être accordée pour des délits locaux et
« politiques, et si le droit d'asile n'est plus attaché aux temples, l'univers
« entier est un temple pour l'homme infortuné. » M. de Bonald, *Législation primitive*, liv. II, ch. XVII.

L'art. 3 du bill voté par le Parlement anglais, le 9 août 1870, contient
sous le n. 1er une disposition ainsi conçue : « Un criminel en fuite ne sera
« pas livré à l'Etat qui le réclame si l'acte coupable à l'occasion duquel il
« est réclamé présente un caractère politique, ou s'il fournit la preuve au
« magistrat de police ou à la Cour devant laquelle il est mené en vertu de
« l'*Habeas corpus*, ou bien au secrétaire d'Etat, que la demande d'extra-
« dition a été faite en réalité avec la pensée de le poursuivre ou de le
« châtier pour un acte ayant un caractère politique.»

(1) *Sic*, Martens, liv. III, ch. III, § 5.— Heffter, *Droit international public
de l'Europe*, p. 135.— Circul. du garde des sceaux, du 5 avril 1841,— art. 9
du Code pénal de l'Empire d'Allemagne.—*Contrà*, Vattel, liv. II, ch. VI, § 76.

Le décret du 23 octobre 1811 est-il encore en vigueur ? La pratique de tous les Gouvernements qui ont succédé à l'Empire l'a complétement abandonné ; mais on ne prescrit pas contre la loi : aussi un savant jurisconsulte, qui, pendant de longues années, a été l'une des lumières de notre Faculté, a-t-il professé, en 1849, que le décret du 23 octobre 1811 était encore applicable, parce qu'il n'avait pas été abrogé (1).

On a soutenu, en sens contraire, que les art. 4 et 62 de la Charte de 1814, les art. 4 et 53 de la Charte de 1830, les art. 2, 3 et 4 de la Constitution du 4 novembre 1848, ne permettaient pas, dans le silence de la Constitution du 14 janvier 1852, d'invoquer une disposition anormale, exorbitante, déjà tombée en désuétude sous le Gouvernement même qui l'avait édictée.

Est-ce donc qu'il s'agit d'une question d'abrogation ? A l'égard des puissances étrangères, est-ce que le pouvoir français se lie par des lois ? Les lois sont des liens pour les nationaux ; mais le décret du 23 octobre 1811 n'impose pas d'obligation aux Français : il est une garantie contre eux, il n'est pas pour eux un droit acquis : il n'aurait de force qu'à l'égard du pouvoir ; mais on ne se lie pas soi-même. Ce n'est donc pas une question de législation, c'est une question d'honneur national, et l'honneur national exige qu'on ne livre pas, mais qu'on protége ses nationaux.

Un Gouvernement peut-il accorder l'extradition d'un agent qui n'est pas son national, mais qui a commis, au sein de la société qu'il dirige, un crime, au préjudice, soit d'un sujet de la puissance étrangère, soit de la puissance étrangère elle-même ? Il semble que, si le fait constitue une infraction punissable en vertu du caractère territorial de la loi pénale, il ne convient pas d'abdiquer un pouvoir de répression, dont on est saisi, au profit d'un autre pouvoir, sur lequel on sera dénué de toute influence ; que si le fait n'est pas punissable d'après

_____

(1) M. Georges Delisle, *Traité de l'interprétation juridique*, t. Ier, p. 377.

la loi du lieu où il s'est produit, comment autoriser et faciliter sa répression à l'étranger ? ne serait-ce pas accuser l'imperfection et les lacunes de la loi nationale ?

Un Gouvernement peut-il réclamer l'extradition de personnes qui ne lui appartiennent pas par le lien de la nationalité ?

Je suppose qu'il réclame l'extradition d'un Gouvernement dont l'agent n'est pas le sujet. Si la souveraineté à laquelle la demande est adressée livre ses nationaux, elle peut au même titre livrer des étrangers ; mais si elle ne livre pas ses nationaux, comment, dit-on, la même pensée de méfiance ne l'empêcherait-elle pas de livrer des étrangers ? Je réponds que le refus de livrer ses nationaux n'est pas toujours l'expression d'une idée de suspicion. La souveraineté nationale peut souvent les atteindre chez elle en vertu du principe de la personnalité ; elle n'a pas la même ressource pour des étrangers. Repoussât-elle le principe de la personnalité, une souveraineté, par un sentiment de dignité, et, si l'on veut, de susceptibilité, peut avoir pour ses sujets des ménagements qn'elle ne s'impose pas au profit des sujets d'une souveraineté tierce. Quelques publicistes se sont placés à un autre point de vue pour résoudre la question négativement ; ils ont soutenu que l'extradition est la restitution à une souveraineté d'un de ces sujets, qu'elle est l'exercice d'une sorte de droit de suite. Mais *commencer par définir, c'est commencer par conclure.* D'après nous, et aussi d'après la nécessité sociale, l'extradition, c'est la restitution à la justice répressive d'un pays : or, la justice répressive a des droits sur tous les agents qui ont attenté à sa loi, considérée comme loi *réelle* ou comme loi *personnelle,* quelle que soit la nationalité de ces agents (1).

(1) Sir John Lewis est d'avis contraire et voici son dilemme : « Ou la nation qui revendique l'agent n'offre pas de garanties sérieuses d'une bonne justice, ou, au contraire, elle offre ces garanties : dans le premier cas, il ne convient pas de lui livrer même ses propres sujets ; dans le second cas, pourquoi la nation à laquelle la demande d'extradition est adressée déroberait-elle ses nationaux à l'action d'une justice qui lui inspire confiance? Il fait remarquer que Rome accordait l'extradition des citoyens romains

Que si la souveraineté, à laquelle appartient l'auteur du crime, le revendique, n'aura-t-elle pas la préférence sur la souveraineté qui ne réclame l'extradition qu'au nom du pays théâtre du crime?

La question peut se présenter dans deux hypothèses : d'abord, dans l'hypothèse où il y a deux crimes distincts, l'un qu'une loi pénale peut tout à la fois atteindre en vertu de son caractère réel et de son caractère personnel, l'autre qui ne peut être atteint qu'en vertu de la réalité de la loi ; en second lieu, dans l'hypothèse où il n'y a qu'un crime à réprimer, soit par la loi d'origine de l'agent, soit par la loi du territoire où le crime a été commis.

Dans la première hypothèse, une raison de préférence entre les deux souverainetés peut se déduire, soit de la différence de gravité entre les deux crimes, afin d'assurer la répression du fait qu'il importe le plus de ne pas laisser impuni, soit de la priorité de demande d'extradition, si les infractions sont de la même classe. En général, on considère, lorsque l'intérêt à la répression est égal pour les deux faits, que la justice du pays auquel l'agent appartient est la justice qui offre le plus de garantie. Sans doute, si l'infracteur avait été saisi sur le lieu même du crime, on ne l'aurait pas renvoyé à sa justice nationale : le principe de la territorialité n'aurait pas abdiqué devant le principe de la personnalité. Mais il y a une puissance tierce, médiatrice, et, entre deux réclamations qui s'excluent, cette puissance peut choisir celle à laquelle elle donnera satisfaction avec le plus de sécurité. Il ne faut pas oublier que la souveraineté qui livre l'infracteur auquel elle a ouvert asile, obéit non pas tant à l'intérêt de la souveraineté revendiquante qu'à son intérêt à elle, bien que cet intérêt ne soit que médiat et indirect. Elle n'est pas l'instrument d'une puissance étrangère ; et, si elle est l'auxiliaire d'une répression qu'elle n'opère pas, elle agit cependant au profit du bon ordre qu'elle est chargée d'assurer chez elle.

qui s'étaient, sur le territoire de la République, rendus coupables de violences envers les ambassadeurs étrangers. » Loi 17, ff. *De legationibus.*

Dans la seconde hypothèse, lorsque le conflit entre la loi territoriale et la loi personnelle, naît à raison d'un même crime, il semble que le principe de la territorialité peut l'emporter. Toutefois, quoiqu'avec plus d'hésitation, nous croirions que la répression de la loi nationale de l'agent devrait être préférée, parce qu'elle doit être présumée plus impartiale, et qu'après tout la souveraineté qui livre n'a qu'un légitime intérêt, c'est que le crime ne reste pas impuni (1).

Le conflit entre des demandes d'extradition peut résulter encore de ce qu'une souveraineté revendique l'auteur d'une infraction pour le juger, et de ce qu'une autre souveraineté le revendique pour lui faire exécuter une condamnation aux effets de laquelle il s'est dérobé. De ces deux intérêts, lequel doit prévaloir ? Nous supposons qu'aucune des souverainetés n'est la souveraineté nationale de l'agent. La poursuite n'implique pas nécessairement la culpabilité, elle la suppose ; la condamnation la prouve. N'est-ce pas l'agent convaincu d'un crime, plutôt que l'agent inculpé, qui doit être tenu pour indigne de l'hospitalité ? Toutefois, il est bien difficile d'admettre des règles absolues. Si la condamnation avait pour cause un crime beaucoup moins grave que le crime objet de l'accusation, quelle que fût la date de ce crime, n'y aurait-il pas intérêt, par exemple, à préférer la poursuite de l'assassinat à l'exécution de la pénalité infligée pour vol ? Dans l'hypothèse inverse, si la condamnation s'appliquait au crime le plus grave, et que le crime non jugé fût antérieur à cette condamnation, est-ce qu'il ne faudrait pas tenir compte du grand principe du non-cumul des peines pour résoudre la difficulté de droit international ? Ce que nous voulons dire seulement, c'est qu'*à priori* on ne peut pas décider si c'est l'agent jugé ou l'agent à juger dont l'extradition doit être consentie.

(1) Voir article 6 du traité international des 2-7 fév. 1856 avec l'Autriche ; — art. 7 du traité international des 28 juin–5 juillet 1854 avec la principauté de Lippe ; art. 6 du traité international avec le Portugal, des 11-15 nov. 1854 ; — art. 7 du traité avec l'électorat de Hesse, même date. — Voir surtout l'art. 7 de la convention du 28 avril 1850 avec le royaume de Saxe, approuvée par la loi des 27 nov.-déc. 1850.

Lorsque l'individu réclamé est poursuivi ou détenu pour un crime ou délit qu'il a commis dans le pays où il s'est réfugié, son extradition semble devoir être différée jusqu'à ce qu'il ait subi sa peine. L'intérêt direct et immédiat doit avoir le dessus, et la satisfaction de l'intérêt indirect et médiat est ajournée. Mais si l'agent n'était poursuivi ou détenu qu'à raison d'obligations par lui contractées envers des particuliers, son extradition devrait avoir lieu, sauf la poursuite des droits privés devant l'autorité compétente : les intérêts particuliers s'effacent devant l'intérêt général.

Ces deux solutions sont écrites dans de nombreux traités, et notamment dans le traité avec le royaume de Saxe, du 28 avril 1850, traité sanctionné par une loi (1).

L'extradition peut-elle avoir lieu, si, depuis les faits imputés, la prescription de l'action ou de la peine est acquise, et à quelle loi faut-il s'attacher pour vérifier si les conditions de l'une ou de l'autre de ces prescriptions sont accomplies ?

Il est d'évidence que, si la répression n'est plus réclamée par l'intérêt social, le concours à cette répression serait illégitime. Seulement, il reste à examiner dans quels cas l'intérêt social est réputé ne plus avoir besoin, soit de la prononciation, soit de l'exécution de la peine; or notre principe, c'est que l'État, qui accorde l'extradition, obéit, non à l'intérêt de l'État qui la demande, mais à son propre intérêt : donc, c'est la loi du pays auquel s'adresse la revendication qui détermine si la prescription de l'action publique ou du châtiment est ou n'est pas acquise. C'est ce que décide l'art. 9 du traité du 28 avril 1850, que je cite parce qu'il a eu la sanction législative, et qu'il a, d'ailleurs, servi comme de type à tous les traités intervenus depuis. C'est aussi la solution de l'art. 1er de la loi

Exceptions contre la demande d'extradition.

Prescription de l'action publique ou de la peine.

(1) Voir aussi les traités diplomatiques cités à la note précédente.—Le bill du 9 août 1870 précité, dans son art. 3, n. 3, consacre cette solution : « Les fugitifs qui se trouvent sous le coup de poursuites quelconques exercées devant la justice anglaise à l'occasion d'un acte coupable autre que celui qui provoque la demande d'extradition, ne seront pas extradés avant d'avoir été acquittés ou d'avoir subi leur peine. »

de la Confédération germanique, en date du 26 janvier 1854, relative à l'extradition réciproque des malfaiteurs (1).

Forme de l'extradition.

Dans quelle forme l'extradition est-elle demandée et obtenue ?

L'extradition, n'étant pas l'exécution d'une loi, mais seulement l'exécution d'une convention ou la réalisation d'une inspiration de prudence et d'équité, ne peut concerner, quant à sa concession ou à son refus, l'autorité judiciaire. Il s'agit d'un rapport entre les gouvernements, entre les souverainetés qui ne sont liées entre elles que par les traités, ou par le sentiment d'une raison élevée. Le Gouvernement a donc seul qualité pour demander à l'étranger l'extradition, et le Gouvernement auquel on adresse cette demande a seul qualité pour l'octroyer.

L'extradition n'est pas soumise au principe de la non-rétroactivité ; elle peut avoir lieu à raison de faits commis antérieurement au traité qui l'autorise : qu'importe la date du traité, puisque l'extradition ne suppose pas l'existence d'un traité quelconque ?

En France, les procureurs généraux peuvent seulement correspondre avec les magistrats des pays voisins, afin d'obtenir des renseignements. Ils doivent transmettre à la chancellerie, avec lettre explicative, la requête d'extradition, accompagnée du mandat d'arrêt, ou de l'arrêt de la chambre des mises en accusation, ou d'un arrêt de condamnation contradictoire ou par contumace, suivant l'état de la procédure. L'arrêt de condamnation, ou l'arrêt de mise en accusation, ou le mandat d'arrêt, détermine la nature et la gravité de l'infraction, et c'est sur la foi de sa qualification que le Gouvernement auquel la réclamation est soumise doit statuer.

Si la demande d'extradition est adressée à la France par une souveraineté étrangère, elle est soumise au ministre des relations extérieures de France. Le Gouvernement français se prononce-t-il en faveur de l'extradition, le ministre de l'inté-

---

(1) *Revue critique*, t. **VI**, p. 95; Heffter, traduction de Bergson, p. 136, à la note.

rieur charge la *police administrative* de saisir l'agent, et de
le conduire à la frontière, pour le remettre à la police administrative de la souveraineté qui le réclame.

C'est aussi à l'autorité administrative française que doit être
remis l'extradé, poursuivi ou jugé en France. « Mais, et nous
« empruntons le texte d'une circulaire du 5 avril 1841, comme
« il importe qu'il soit le plus promptement possible à la dis-
« position de l'autorité judiciaire, le procureur général, dans
« le ressort duquel il est conduit, le reçoit des mains de l'au-
« torité administrative ; et si le jugement ne doit pas être
« rendu dans le ressort, il s'entend immédiatement avec le
« procureur général dans le ressort duquel l'accusation doit
« être purgée, pour que la translation soit opérée. L'autorité
« administrative remet l'ordre de conduite, ou tout autre do-
« cument équivalent, qui suffit pour saisir le procureur géné-
« ral du lieu où est transféré le prévenu. »

Quelles sont les conséquences de l'extradition à l'égard de
l'extradé, dans ses rapports avec la juridiction répressive française ?

Conséquences de l'extradition.

Cette difficulté doit être examinée dans deux hypothèses :
1° quand il s'agit de juger l'extradé ; 2° quand il s'agit de faire
exécuter une condamnation.

Première hypothèse. L'extradé est devant la Cour d'assises ;
il peut réclamer l'exécution de la convention d'extradition ;
il a qualité pour demander à n'être jugé que sur le fait qui a
motivé cette mesure. Si, pendant le procès sur le crime qui l'a
provoquée ou qui lui a été assigné pour cause, des preuves
d'un nouveau crime se sont produites, une nouvelle extradition
doit être obtenue.

Si les termes de cette convention offrent de l'équivoque et du
doute, l'autorité judiciaire, compétente pour l'appliquer, n'est
pas compétente pour l'interpréter : c'est aux deux gouvernements qu'il appartient de fixer le sens de leur œuvre commune (1).

De l'interprétation de la convention d'extradition.

(1) Cass., 4 sept. 1840 et 9 mai 1847 : *J. du Pal.*, 40, t. II, p. 591 ;
1847, t. I, p. 151.

L'extradé pourrait-il se plaindre de ce que la cause énoncée de son extradition, en supposant, bien entendu, l'existence des traités, n'est pas reconnue par eux ? Non : en l'absence de traités, est-ce que les deux souverainetés n'auraient pas une liberté absolue, pour s'entendre sur une extradition déterminée, et pour l'opérer, même à raison d'un simple délit ? Les traités ne sont un lien que pour elles : la stipulation, intervenue en dehors de ces traités, est ou une dérogation ou une addition, et elle est à l'abri des reproches de rétroactivité, parce qu'elle est un instrument pour assurer le respect du commandement social, et non pas une sanction édictée après coup (1).

Irrégularité en la forme de l'extradition.

L'extradé peut-il argumenter de l'irrégularité en la forme de l'extradition ? Au premier aspect, on pourrait croire que la Cour de cassation a dit successivement oui et non : il y a, sinon de la confusion, au moins quelque obscurité dans sa théorie (2). Il n'est peut-être pas impossible de concilier, sinon les motifs de solution, au moins les solutions elles-mêmes. Si l'irrégularité est telle qu'elle implique que la souveraineté du pays au sein duquel l'agent avait cherché un refuge n'a pas consenti à le livrer, et qu'il soit possible de penser qu'il a été enlevé par force ou par surprise, il y a là une exception qui fait obstacle au jugement. Mais si, au contraire, il y a preuve de l'adhésion de la souveraineté du droit de laquelle l'extradé excipe, qu'importe que cette preuve soit conforme aux conditions des traités ou des usages ? Du moment où elle est certaine, elle ne peut pas être sérieusement contestée.

L'extradé, pour un fait qui perd le caractère de crime et revêt

L'extradition a été accordée pour un fait qualifié crime ; mais le fait s'est métamorphosé pendant le débat, il a revêtu le caractère d'un simple délit : la Cour d'assises pourra-t-elle

_____

(1) *Sic.* Ch. crim., 4 mai 1865 (Car. et Gilb., 66.1.36). — Ch. crim., 6 juin 1867 (Dall. 1867, 1.463). — 4 juillet 1867 et 25 juillet 1867 (Dalloz, 67.1.281.287).

(2) Cass., 9 mai 1845, 11 mars 1847, 18 juillet 1851, 23 déc. 1852 (Devill. et Car., 45.1.396, 47.1.397, 52.1.157, 53.1.409. — Voy. Le Sellyer, *Traité du Droit criminel*, t. V, n. 1950.

appliquer la peine à l'accusé reconnu coupable de ce délit ? le caractère
de délit,
peut-il être
condamné ?
M. Faustin Helie résout la question affirmativement (1), et il
cite un arrêt de la Cour de cassation du 2 février 1845. Malheureusement, cet arrêt ne tranche pas la difficulté, puisqu'il
juge seulement que l'extradition pour un fait, qualifié de faux
en écriture de commerce, permet à la juridiction répressive
d'appliquer la peine au fait qualifié de faux en écriture privée.
L'infraction n'avait donc pas perdu le caractère de crime. —
Un auteur a adopté une solution contraire à la solution de
M. Faustin Helie, et il l'a appuyée sur un arrêt de la Cour de
cassation du 4 septembre 1840. Malheureusement aussi, cet arrêt
a encore peu d'influence sur la controverse, puisqu'il décide
seulement que l'extradition, pour un fait de banqueroute frauduleuse, ne permet pas de condamner pour des faits de banqueroute simple et d'abus de confiance. Cet arrêt ne suppose
nullement que ce fussent les faits mêmes, présentés d'abord
comme constitutifs d'un crime, qui fussent ensuite présentés
comme constitutifs de deux délits. Restent donc les arguments
de raison. Est-ce que l'erreur de qualification doit préjudicier
à l'extradé ? L'extradition n'eût pas été consentie si la poursuite n'eût eu lieu que pour un délit (2). Ne faut-il pas appliquer par analogie ce qu'on décide en matière de prescription
de l'action publique ? L'agent, poursuivi pour crime et convaincu seulement d'un délit, n'échappe-t-il pas à la peine, si
l'action pour délit était prescrite ?

Seconde hypothèse. L'agent a été extradé depuis une con- De la compétence
en matière
d'exceptions
contre
l'extradition
opérée
pour assurer
l'exécution d'une
condamnation
prononcée.
damnation contradictoire. Je fais les mêmes distinctions quant
à ses exceptions contre l'exécution de la peine, à raison des
vices de l'extradition : seulement ces exceptions auront pour
juge, non pas la Cour d'assises qui a statué sur l'action publique, mais le tribunal civil, soit du lieu où l'agent est remis
à l'autorité administrative française, soit du lieu où il est conduit pour subir le châtiment.

(1) Tome II, p. 721.
(2) *Sic*, Ch. crim., 23 juillet 1863 (Car. et Gilb., 63.1.549).

J'applique ici une théorie que j'ai déjà exposée dans ma quatorzième leçon.

APPENDICE.

ÉTUDE SUR LE DROIT DE PUNIR.

Qu'est-ce que le Droit pénal?

Le Droit pénal n'est-il qu'une arme au service d'un intérêt, une machine de guerre, *le droit* du plus fort, si tant est que ce ne soit pas une profanation d'appeler la force un droit?

Le Code pénal n'est-il, pour rappeler une heureuse expression de M. Thiers, qu'un instrument qui est *sifflet par un bout et fouet par l'autre?*

En d'autres termes, le pouvoir social, qui, de tout temps, a puni ceux qui violaient ses lois, a-t-il le droit de punir? S'il est investi de ce droit, à quel titre lui appartient-il? Est-ce en vertu d'une délégation de Dieu ou d'une convention humaine? N'en est-il point saisi de son chef, et parce que ce droit est inhérent à sa nature de pouvoir? Quelles sont, en un mot, l'origine et la base de la pénalité?

Ce n'est pas là une question oiseuse, purement spéculative. Elle domine tout le système pénal; sa solution importe, non-seulement à ceux qui font les lois positives, mais à ceux qui les interprètent et les appliquent. Aussi a-t-elle préoccupé et les philosophes, et les publicistes, et les hommes d'Etat, et les jurisconsultes. Dans ces derniers temps, MM. de Broglie, Guizot, Cousin, Rossi, de Rémusat, ne l'ont pas dédaignée.

Cette étude, Beccaria, Rousseau, Mably, Blackstone, Philipps, Romagnosi, Kant, Bentham, Portalis, l'avaient entreprise, et au nombre de leurs illustres devanciers ils comptaient Platon. La question a traversé les siècles; elle est toujours pleine d'actualité et de vie. A l'étranger, en Allemagne surtout, elle exerce les meilleurs esprits. En France, pour ne parler que de la littérature juridique, MM. Lerminier, Ortolan, Faustin Helie, Chauveau, Rauter, Tissot, etc., l'ont reprise et développée.

Tant que la science n'aura pas dit sur ce point son dernier mot, et elle le fera peut-être longtemps attendre, elle provoquera tous les dévouements, acceptera tous les concours, et tiendra compte à ses serviteurs les plus obscurs de ce qu'ils auront essayé de faire pour ses progrès.

A notre sens, on ne s'est pas toujours placé au véritable point de vue pour bien envisager le problème. On a trop, peut-être, cherché la légitimité de la peine en elle-même. La peine a, sans doute, des conditions de légitimité propre ; mais ses caractères principaux de légitimité sont extérieurs ; elle les emprunte aux lois dont elle a pour but d'assurer l'exécution (1).

_____

(1) Voir, pour mes nouveaux développements sur cette question, dans mon livre : *La liberté civile* (1864), le chapitre : *Le droit de punir et M. Franck.*

CHAPITRE Ier.

La société, la loi, le pouvoir, la pénalité.

La société, la loi, le pouvoir, la pénalité : voilà des notions qui sont intimement liées ; à vrai dire, elles ne constituent qu'une seule et complexe notion.

Il est impossible d'examiner le fondement du droit de punir, sans étudier le fondement du droit de commander : le droit de punir n'est, en effet, qu'un accessoire, qu'un instrument du droit de commander et d'imposer l'obéissance.

D'où dérive le droit de commander ? A qui appartient-il ? Quelle est, en un mot, la source de la souveraineté sociale ?

Ces questions, si souvent agitées, si peu éclaircies, de souveraineté populaire, de droit divin, de souveraineté de la raison, se présentent, et ne sauraient être écartées.

Pour les résoudre, il faut remonter au fondement de la société, se rendre compte des conditions essentielles de son existence et de son développement. Il y a, dans toute cette étude, un lien de filiation qu'il faut saisir, et c'est une sorte de tableau généalogique que j'entreprends.

Le fondement de la société est dans la nature et dans la destinée de l'homme.

La société n'est pas un accident, un fait qui pourrait être ou ne pas être ; ce n'est pas un état choisi, adopté, convenu : c'est un état nécessaire, inévitable, qui a commencé avec l'humanité et qui ne doit finir qu'avec elle.

Envisagez l'homme dans sa double nature d'être matériel et d'être moral... interrogez ses instincts, ses besoins, ses tendances, ses aspirations : ses infirmités, comme ses facultés les plus hautes, le prédestinent à la société.

La société est donc un état naturel : c'est une vérité qui n'est plus contestée aujourd'hui ; il n'est peut-être pas un homme éclairé, qui admette, à cette heure, la préexistence d'un prétendu état extra-social, que les hommes auraient abandonné, pour se créer un autre état par le résultat d'une délibération commune, d'une véritable convention, ou par l'usurpation de la force parvenue à dicter ses volontés comme des lois.

Le système du contrat social est désormais répudié de tous ; et cependant, il a exercé, et exerce encore, une funeste influence ; il est la cause, souvent ignorée, d'un grand nombre de préjugés politiques.

Si la société est un état imposé, un état providentiel, toutes les institutions, dont la société implique l'existence, sont légitimes, parce qu'elles ont la plus décisive des justifications : la nécessité.

L'origine de la société étant reconnue, examinons quelles sont les conditions essentielles de toute société.

Une société est une agrégation, plus ou moins nombreuse, d'hommes soutenant ensemble des rapports et constituant une unité à travers certaines diversités. Dans l'ordre historique, la société a été d'abord, a dû être la famille, puis la tribu, puis la nation...

Toute société suppose nécessairement trois éléments : une agrégation, une loi qui régisse les membres de cette agrégation, un pouvoir chargé de proclamer cette loi et de la faire respecter.

L'agrégation, aussitôt qu'elle cesse d'être circonscrite dans les étroites limites de la société primitive que l'homme contracte avec la femme pour mettre leur vie en commun et la perpétuer dans leur descendance, n'a pas pour origine une convention. Cette agrégation est déterminée par un ensemble de circonstances le plus souvent indépendantes de toute volonté, circonstances de sol, de climat, d'identité, ou au moins d'analogie de situation.

Une agrégation ne se stipule pas plus que la société en général...

Toute société, impliquant des rapports entre les membres qui la composent, implique, par cela même, une loi qui régisse ces rapports, une loi qui fixe les droits et les obligations. Il y

a, en effet, entre les être moraux et libres, des rapports nécessaires, comme il y en a entre les êtres physiques ; seulement,
le caractère de la nécessité n'est pas la même : la nécessité des
rapports que soutiennent les êtres physiques est une nécessité
physique ; la nécessité des rapports que soutiennent les êtres
moraux est une nécessité morale, c'est-à-dire une nécessité qui
ne les oblige que moralement et qui ne les contraint pas à l'o-
béissance. La loi qui règle tous les rapports moraux est la loi
morale ; elle est révélée par la conscience et par Dieu. Mais les
rapports moralement nécessaires n'ont pas tous, sans distinction, le caractère de nécessité sociale : or, il n'y a que les rapports socialement nécessaires qui puissent être imposés au nom
de la société. Le droit social, qui n'a ni le même principe ni le
même objet que la morale, reproduit cependant une partie de
ses dispositions ; s'il a le même centre que la morale, il n'a pas
la même circonférence.

La morale est la loi qui nous enseigne quels sont nos devoirs
envers Dieu, envers nous-mêmes, envers nos semblables, que
l'accomplissement de ces devoirs doive ou ne doive pas rester à
la discrétion de notre libre arbitre.

Le Droit social reproduit, dans un intérêt qui lui est propre,
cette partie de la loi morale au secours de laquelle la raison appelle des moyens de contrainte, parce qu'aux devoirs qu'elle
prescrit correspondent les droits, c'est-à-dire des titres tellement inviolables et sacrés qu'il serait inique de ne pas leur
donner de garanties.

Mais qui promulguera le Droit social? Si l'interprétation et
la promulgation du Droit social étaient exclusivement livrées
aux inspirations de la conscience et de la raison individuelle, si,
surtout, le soin d'en assurer l'observation était confié à chacun
des membres de l'agrégation, au lieu de l'ordre et de la paix,
conditions du développement de toute société, on n'aurait que
d'incessants conflits et tous les désordres de l'anarchie et de la
guerre ; c'est que toute société suppose une règle et un pouvoir
qui la proclame et la fasse respecter. « Où tout le monde peut
« faire ce qu'il veut, dit Bossuet, nul ne peut faire ce qu'il veut ;

« où il n'y a point de maître, tout le monde est maître ; où
« tout le monde est maître, tout le monde est esclave. »

Le pouvoir déclare la loi et la fait exécuter.

La loi ne serait pas une loi, mais un simple conseil, une
prière, le pouvoir ne serait pas un pouvoir, mais un simple
prédicateur, si leurs commandements pouvaient être sans risque et impunément violés : il est de l'essence de toute loi d'a-
voir une sanction ; il est de l'essence de tout pouvoir d'avoir
des moyens coercitifs. La pénalité est cette sanction : elle est
le complément de la loi, une suite nécessaire de sa violation
constatée : désobéissance à la loi et châtiment sont deux idées
qui s'appellent irrésistiblement... La conscience humaine atteste que la rétribution du mal par le mal, suivant une certaine
mesure, est chose juste en soi. — Le moyen sanctionnateur
n'a donc rien, par lui-même, d'illicite. Sans doute son emploi
ne serait pas permis d'égal à égal : il suppose un supérieur
impartial, désintéressé, qui apprécie sa justice et son utilité,
fixe sa limite. La légitimité de la pénalité n'existe, ne peut
exister que comme dépendance du droit de commander : la
loi, voilà le vrai fondement, la vraie source de la pénalité.

On a trop souvent confondu les effets de la pénalité avec la
base sur laquelle elle est assise. Ces effets sont ceux-ci : chaque membre de l'agrégation sait que, s'il viole la loi, les commandements du pouvoir, il subira un certain degré de souffrance, un certain mal, expiation sociale d'un tort social ; cette
conviction alimente et ravive le sentiment du bien et du mal,
de la liberté morale, du devoir de s'abstenir d'actes condamnés
par la loi, organe de la conscience publique ; enfin la pénalité
crée à chacun un intérêt, plus ou moins puissant, à faire ce
que la loi ordonne de faire, et à ne pas faire ce qu'elle défend (1).

(1) « On dit des législateurs et de leurs lois, qu'ils *obligent*, qu'ils *con-*
« *traignent* ; ce n'est pas que, par aucune violence réelle, ils assujettissent
« l'homme, de manière à le mettre dans l'impossibilité d'agir autrement
« qu'ils ne le prescrivent, ce que signifie strictement la contrainte : mais
« c'est parce qu'en décernant et publiant des peines contre les infracteurs,
« ils font en sorte qu'un homme ne puisse que difficilement se déterminer

La loi pénale met, il est vrai, en jeu l'intérêt de l'homme, lui fait appel. Mais elle n'a pas cet intérêt pour fondement : elle a pour fondement le devoir social, c'est-à-dire la loi de la société. La pénalité est, d'ailleurs, bien plus puissante par les idées morales qu'elle réveille, développe et fortifie, que par l'intimidation qu'elle répand. M. Guizot a éloquemment exprimé cette vérité : « Les lois puisent plus de force dans la « conscience des hommes que dans leurs peurs... (1). Si la « Providence n'avait imposé aux actions humaines d'autre frein « que la crainte de leurs résultats, si les hommes, uniquement « livrés aux conseils de leur intérêt ou à la voix de leurs pen- « chants, étaient dénués de ces convictions qui portent la « règle dans le trouble des passions et la lumière dans les in- « certitudes de la vie, le chaos envahirait bientôt le monde, et « le seul moyen d'y maintenir l'ordre serait l'abaissement su- « bit de notre nature par la perte absolue de la liberté. Mais « l'homme, par ses croyances morales, se lie et s'adapte aux « volontés de la Providence ; il est en rapport direct avec elle, « comprend le langage de ses lois, admet leurs principes, s'y « soumet librement, et, malgré la lutte qui l'agite, malgré « ses continuels écarts, n'a pas besoin que la force vienne à « chaque instant substituer l'esclavage à l'obéissance. »

Puisque la pénalité est l'instrument du pouvoir et l'accessoire de la loi, elle n'est légitime qu'autant que le pouvoir dont elle émane et le commandement dont elle est la sanction sont eux-mêmes légitimes.

De là, deux questions :

« à violer la loi, puisqu'à raison du châtiment qui le menace, il doit pré- « férer de beaucoup la soumission à la désobéissance. Et même, quand la « loi statue des récompenses et en même temps des peines, c'est principa- « lement par cette dernière partie que la loi contraint : car les récompenses « ne peuvent, de leur nature, *qu'induire et engager ;* les peines seules *con-* « *traignent.* » (Blackstone, *Commentaires sur les lois anglaises,* introduc- tion, sect. II. De la nature des lois en général, p. 84 de la traduction Chompré.)

(1) Non solùm propter iram, sed propter conscientiam (Voir d'Agues- seau. — *Essai d'une institution au droit public,* 2ᵉ partie, 5ᵉ vérité, 2ᵉ ré- flexion.

1° Quelles sont les conditions de la légitimité du pouvoir?

2° Quelles sont les conditions de la légitimité du commande-ment?

CHAPITRE II.

Conditions de légitimité du pouvoir et de la loi.

§ 1er. — *Quelles sont les conditions de la légitimité du pouvoir?*

La création du pouvoir, pas plus que la formation de l'agrégation qu'il dirige, n'est le résultat d'une convention, d'une délibération commune.

Le pouvoir, qui suppose une supériorité de justice, de raison, de lumières, est un fait avant de devenir un droit. C'est assez dire qu'il ne naît pas tout armé de forces régulières, de moyens coercitifs bien organisés, avec la surcharge et l'entrave de garanties au profit des subordonnés, sous prétexte de contrepoids. Il est, lui aussi, le produit des circonstances, varie avec elles dans sa forme et dans son étendue. Le pouvoir, surtout à son origine, *est, parce qu'il est.* Les chartes et les constitutions n'apparaissent pas aux premiers âges des sociétés ; elles n'apparaissent que beaucoup plus tard, et encore elles ne créent pas, elles déclarent, elles régularisent, elles limitent le pouvoir. Elles sont le plus souvent une transaction entre des influences diverses qui se disputent la jouissance de ce pouvoir. Elles ne sont jamais des contrats à proprement parler, des conventions impliquant le concours du consentement de tous les intéressés.

Le pouvoir n'appartient à qui que ce soit en vertu d'un droit propre ; il est bien l'œuvre de Dieu, en ce sens qu'il est une des nécessités de la société pour laquelle Dieu a créé l'homme ; mais Dieu n'a délégué un pouvoir déterminé à qui que ce soit, et il n'a rien préjugé ni sur son organisation ni sur ses formes.

Le pouvoir ne saurait être qu'un droit secondaire, dérivé des droits des membres de l'association. Ainsi, dans le système monarchique, le droit d'une dynastie ne repose que sur l'utilité nationale, qui exclut toute entreprise contre le principe de l'hérédité. Si ce principe est inviolable, il ne l'est qu'à titre de garantie d'ordre, de stabilité, d'unité, pour le pays qu'il protége. Ce n'est pas que la souveraineté s'incarne dans une famille, se fasse homme, et soit transmissible avec le sang. Chateaubriand l'a dit, *il n'y a pas de familles divines :* non ; mais il y a des nations monarchiques, et les conditions d'existence, les principes de vie de la monarchie, sont pour elles comme un patrimoine.

La légitimité de tel ou pouvoir, de telle ou telle forme gouvernementale, résulte de ses avantages sociaux.

Est légitime toute forme de gouvernement qui est en rapport avec les mœurs, les idées, les besoins de la nation à laquelle elle s'applique.

Quelle autorité sera compétente pour juger si le pouvoir établi satisfait ou ne satisfait pas à ces conditions ?

La raison. — Sans doute la raison n'a pas en ce monde d'interprète infaillible ; elle n'a même et ne peut avoir de tribunal officiel qui rende, en son nom, sur les questions de légitimité, des arrêts sans recours, parce que ce tribunal, s'il existait, serait supérieur au pouvoir ou plutôt serait lui-même le véritable pouvoir, le souverain, et appellerait à son tour un juge. Mais si le pouvoir social échappe, par son essence, au jugement de toute juridiction légale et régulière, il est une dictature qui plane sur lui, le poursuit de son incessant contrôle, le sanctionne ou le condamne, la suprême dictature de l'opinion publique.

Dans sa controverse avec Bossuet, Jurieu disait : « Il faut « qu'il y ait dans la société une certaine autorité qui n'ait pas « besoin d'avoir raison, pour valider ses actes, et cette autorité « n'est que dans le peuple. » La souveraineté, ainsi entendue, serait, ou pourrait au moins être, une monstrueuse dictature. Aucune autorité, qu'elle appartienne à la multitude ou à un roi, n'est dispensée d'avoir raison. Ce qui est vrai, c'est qu'il est nécessaire, pour le maintien de la société, que le pouvoir, quelle que soit son origine, soit *présumé* avoir raison.

La présomption de légitimité qui couvre le pouvoir établi

peut être combattue et renversée ; mais elle ne succombe qu'au prix des crises les plus douloureuses, des déchirements les plus cruels ; elle ne reçoit de démentis que de ces redoutables événements que l'histoire enregistre sous le nom de révolutions.

Les révolutions, même les plus justes, sont toujours grosses de périls.

« Il faut, écrivait M. Guizot en 1822, qu'un gouvernement « soit bien mauvais, et nul ne saurait dire d'avance à quel « point il sera assez mauvais, pour que la société ne doive pas « préférer les plus lentes espérances de réforme aux chances « terribles de la destruction (1). »

Les révolutions ne peuvent se légitimer que par leurs résultats. Elles sont bien rarement destinées à vivre, à fonder ; elles semblent, pour reproduire l'expression d'un éloquent publiciste, condamnées à détruire et à mourir en détruisant.

Est-ce à dire que le succès soit le seul juge, et qu'il faille nécessairement attendre qu'un pouvoir nouveau se soit assis et consolidé, ou qu'il ait été brisé, détruit, pour se prononcer sur sa légitimité ou son illégitimité ? Non, sans doute ; l'établissement et la durée d'un pouvoir ne sont que des indices, que des signes de légitimité. Que ces signes existent ou n'existent pas, la raison n'est point condamnée à ne consulter que ces éléments d'appréciation. L'objection à laquelle nous répondons n'a de force que contre la théorie des *faits accomplis*, qui voit une preuve indestructible dans ce qui n'est pour nous qu'une *présomption*.

_____

(1) « Une révolution, a dit Napoléon, est un des plus grands maux dont « le ciel puisse affliger la terre. C'est le fléau de la génération qui l'exé- « cute ; tous les avantages qu'elle procure ne sauraient égaler le trouble « dont elle remplit la vie de ses auteurs. Elle enrichit les pauvres, qui ne « sont pas satisfaits ; elle bouleverse tout ; dans les premiers moments, « elle *fait le malheur de tous, le bonheur de personne*. » (*Mémorial de Sainte-Hélène*, t. VI, p. 168, édit. de 1824.)

§ 2. — *Quelles sont les conditions de la légitimité du commandement ?*

Pour se rendre compte de la nature des commandements que le pouvoir peut armer de pénalités, il faut bien préciser ce qu'est la société.

Est-elle un but ou un moyen ?

Si la société est le but, les individus qui la composent n'ont que des devoirs envers elle ; ils sont déshérités de tous droits, ils n'agiront pas pour leur compte ; ils seront réduits au rôle d'instruments, de simples rouages. Dans ce système, le pouvoir aura pour mission, non pas de protéger l'accomplissement des destinées individuelles, puisque les individus s'effacent et disparaissent, n'ont plus de personnalité, mais d'assurer, par la contrainte, l'accomplissement de la destinée collective. Si la société est le but, la pénalité sera ou pourra être la compression ou la répression de toute initiative particulière, de tous mouvements non réglés à l'avance par le prévoyant despotisme de la loi.

Que si la société n'est pas un but, mais un moyen, une épreuve, une préparation à une autre vie dans laquelle l'homme sera définitivement rétribué selon ses œuvres, les prescriptions de la loi et les pénalités ne seront qu'un système de garanties propre à faciliter à chacun des membres de l'association le déploiement de ses facultés pour son compte et sous sa responsabilité.

Interrogeons sur cette question capitale la nature humaine.

L'homme a l'invincible conscience d'être doué de moralité et de liberté : il conçoit forcément, fatalement, la différence qui sépare le bien du mal, le juste de l'injuste ; il conçoit le devoir pour lui de préférer le bien au mal, le juste à l'injuste, quelles que soient les inspirations de ses passions ou de ses intérêts ; il a l'invincible sentiment d'être maître, à ses risques et périls, de refuser ou d'accorder cette obéissance à la loi du devoir qui n'enchaîne point, mais appelle sa volonté.

La liberté morale, en faisant l'homme capable de mérite ou de démérite, et par suite responsable, constitue sa valeur, sa dignité, son titre aux récompenses ou aux expiations de la vie à venir. Eh bien ! la loi morale et la liberté morale sont incompatibles avec l'immolation de l'individualité, de la personnalité de l'homme, sur l'autel de la société.

Il faut bien, d'ailleurs, se tenir en garde contre toute illusion de terminologie. L'être collectif appelé société n'est qu'un être de raison, une abstraction.

Dans une société, il y a des gouvernants, des gouvernés, des rapports liant, d'une part, les gouvernés entre eux, et, d'autre part, les gouvernés aux gouvernants. Il y a cela, et rien que cela. En dehors des gouvernés et des gouvernants, il n'y a pas de réalité vivante, fonctionnant, ayant une existence véritable. Seulement, il a fallu trouver un mot pour exprimer un certain ensemble d'individualités réunies sous la même loi, obéissant au même pouvoir.

La société, qui n'est, à proprement parler, qu'un lien, ne peut donc avoir de droits et d'intérêts indépendants des droits bien compris et des intérêts permanents, non pas de tels ou tels individus, mais de tous les individus que ce lien attache. Un lien, le lien social, ne peut pas être le but de l'humanité.

Si la vie terrestre n'est qu'une épreuve, et la société qu'un moyen pour la Providence de faire subir cette épreuve, de mettre l'homme aux prises avec la loi du devoir ; si chacun des membres de l'association est appelé à travailler pour lui-même, est chargé de sa destinée propre ; si son but terrestre est son amélioration intellectuelle et morale, les individus n'ont pas que des devoirs, ils ont des droits, des droits naturels et inaliénables (1).

Quels sont les droits naturels de l'homme ?

Tous les droits naturels de l'homme peuvent se résumer en un droit unique : la liberté. La liberté, c'est le droit de

(1) Voir Vacherot, *La Démocratie*, liv. II, ch. I, p. 226. « L'État n'est que le moyen, moyen nécessaire, il est vrai, à l'accomplissement des destinées individuelles. »

l'homme de faire ce qu'il veut, dans les limites de ce qu'il peut, sous la seule condition de ne pas porter atteinte au droit parallèle, collatéral, qui appartient à chaque membre de l'association ; c'est, en un mot, le droit, pour chacun, d'utiliser les facultés dont Dieu l'a doté, de les développer dans une mesure compatible avec l'existence de la société (1). La société, et le pouvoir qui la représente, ne peuvent légitimement supprimer ni même mutiler les droits naturels.

On parle souvent du sacrifice d'une partie de ces droits, qui aurait été consenti pour mieux assurer l'exercice des droits conservés.

Ces expressions manquent de vérité et de justesse ; elles sont un vestige d'un système abandonné, du système du contrat social. La société étant un fait nécessaire, contemporain de l'existence de l'homme, les individus n'ont jamais eu d'autres droits que ceux que l'état social n'exclut pas.

Il n'y a, il ne peut y avoir, de droits naturels inconciliables avec la société, véritable état de nature.

Sans doute, et en fait, parce qu'il est soumis à l'infirmité humaine, le pouvoir, qui a mission de proclamer et de garantir l'inviolabilité des droits naturels, est exposé à exagérer les nécessités sociales et à restreindre la mesure de la liberté.

Mais les vices de la loi positive ne prescrivent pas contre le droit naturel et social, que cette loi est chargée de traduire ; et la raison générale finit toujours par en triompher.

La liberté, que nous venons de définir, est autre chose que la liberté morale. La liberté morale n'est pas un droit, c'est un fait. Elle consiste dans la faculté de prendre une détermination, de concevoir une volonté pour le mal ou pour le bien, et non dans la faculté de réaliser cette détermination, cette volonté.

La liberté morale résiste à toute tentative de compression.

_____

(1) « Dans la liberté commune, nul n'a le droit de faire ce que la liberté « d'autrui lui interdit, et la vraie liberté n'est jamais destructive d'elle-« même. » (J.-J. Rousseau, *Lettres écrites de la Montagne,* partie II, lettre VIII, p. 437, édit. de 1828.)

L'homme garrotté est moralement libre ; mais la liberté morale, privée de l'espoir de parvenir à ses fins, et en dehors de ces conditions de lutte qui font son honneur, quand le devoir triomphe, sommeillerait dans le découragement et l'atonie.

La liberté n'est pas nécessairement la participation à la souveraineté, c'est-à-dire au droit de commander, ou, au moins, à la formation du pouvoir qui exerce ce droit. Tous les individus qui sont doués de liberté morale ont le droit de faire ce qu'ils veulent, dans les limites de ce qu'ils peuvent, sous la seule condition de ne pas nuire aux droits d'autrui. La souveraineté n'est pas un droit naturel pour tous.

Même sous le régime du suffrage universel, tous les membres de l'association ne sont pas appelés, sans distinction, à une part de souveraineté : il y a, et il doit y avoir beaucoup d'exceptions.

C'est donc que la participation à la souveraineté n'est pas essentielle à la liberté réelle. Elle ne suppose même pas toujours cette liberté, quoiqu'elle doive être considérée comme une des plus efficaces garanties qui puissent concourir, soit à la produire, soit à la cimenter.

Il résulte de ces principes sur les droits naturels de l'homme, que le pouvoir n'a pas le droit d'imposer, à peine de châtiment, l'accomplissement de toutes les prescriptions de la loi morale.

Sans doute l'observation de toutes les règles de la loi morale serait chose utile et vraiment excellente. Une société dont tous les membres obéiraient, dans leurs actes, dans leurs pensées, dans leurs affections, aux inspirations de la loi morale, serait un type de perfection.

Mais le pouvoir a la mission de conserver, non pas l'ordre moral, mais l'ordre social ; son titre est limité par l'intérêt terrestre et restreint, confié à sa vigilance ; il ne peut enlever au libre arbitre humain que ce qu'il ne peut lui laisser sans menacer, sans compromettre les conditions d'existence de la société (1).

_____

(1) « Tout ce qui est mal en morale est mal encore en politique; mais le

Si le pouvoir n'a pas qualité pour imposer toutes les conditions de la loi morale, ne peut-il rien commander qui soit contraire aux prescriptions de cette loi?

Il est certain qu'il n'a pas le droit de commander ce que la loi morale défend, et de défendre ce qu'elle commande.

Les intérêts vrais, durables, permanents de la société, et ce sont ceux-là seuls que le pouvoir doit avoir en vue, ne réclament jamais d'actes immoraux. S'il en était autrement, la grande, l'impérieuse loi de la sociabilité, à laquelle les hommes obéissent, serait en contradiction avec les autres lois de Dieu (1).

Mais il est des actes qui ne sont ni exigés ni prohibés par la loi morale, des actes indifférents en eux-mêmes, qui, envisagés au point de vue de la société, de son bien-être, de sa sûreté, de ses légitimes progrès, sont tellement avantageux ou tellement dangereux, qu'ils doivent être rendus obligatoires ou sévèrement proscrits.

Quant à ces actes neutres et sans caractère, si on les envisage, abstraction faite de la société, les ordres ou les prohibitions du pouvoir social dérivent, sinon directement, immédiatement, au moins indirectement, médiatement, de la loi morale, qui, en imposant la société à l'homme, lui a, implicitement et virtuellement, imposé tous les sacrifices nécessaires à cet état.

Nous avons indiqué la mesure des droits du pouvoir. Mais cette mesure, par la nature même de son principe, n'a rien d'invariable dans son application ; elle est subordonnée aux circonstances de temps, de lieu, et se modifie avec elles.

---

prédicateur ne voit que le mal personnel ; le magistrat ne voit que les conséquences publiques. » (Rousseau, *Lettre à d'Alembert.*)

(1) La justice est une nécessité sociale ; car le droit est la règle de l'association politique et la décision du juste est ce qui constitue le droit (Politique d'Aristote, livre 1er, chap. Ier, traduction de M. Barthélemy-Saint-Hilaire).

CHAPITRE III.

Systèmes divers sur la base de la pénalité.

La légitimité du pouvoir et de la loi est-elle la condition unique de la légitimité de la peine ?

Non, sans doute ; la peine doit satisfaire à d'autres conditions. Mais ici nous n'examinons pas les règles qui doivent présider à l'exercice du droit de punir ; nous cherchons la base, le fondement rationnel et philosophique de ce droit.

Pour nous, le droit de punir est un élément essentiel du droit de souveraineté, qui, dans toute société, a nécessairement un dépositaire, un interprète plus ou moins fidèle, un organe plus ou moins sûr ; il appartient au pouvoir social, parce qu'il est une condition inhérente à sa nature de pouvoir.

En quoi notre solution sur cette question diffère-t-elle des théories qui se sont produites, et spécialement de la théorie que l'école éclectique a accréditée de nos jours ?

Un regard rapide sur les principaux systèmes, qui ont traité de l'origine de la pénalité, nous permettra d'assigner les véritables caractères de notre explication.

Six théories principales ont été professées en Europe, dans le siècle dernier et dans le commencement de ce siècle, sur la base du droit de punir. Deux de ces théories, et ce sont peut-être celles qui ont exercé le plus d'influences sur la législation positive, ont un point de départ commun ; elles déduisent le droit de punir d'une convention primitive qui aurait précédé la formation de la société et qui serait tacitement ratifiée par les générations successives.

Ces deux théories, toutefois, malgré la communauté du point de départ, se distinguent profondément.

La première de ces théories dit : Chaque individu, dans l'état de nature, c'est-à-dire, d'après elle, dans l'état extra-social, avait, dans toute sa plénitude, le droit de se défendre contre les attaques dont il pouvait être l'objet : eh bien ! en consentant à entrer en société, il a délégué au pouvoir social son droit, pour qu'il fût plus efficacement exercé et n'entraînât pas des luttes journalières ; il ne s'est réservé à lui-même l'exercice direct et personnel du droit de défense que dans les cas d'extrême urgence, lorsque l'intervention du pouvoir ne saurait être réclamée à temps (1).

La seconde théorie dit : Ce n'est pas de la collection des droits dont les individus étaient saisis à l'encontre les uns des autres que le droit social se compose, mais bien des droits que les individus ont cédés sur eux-mêmes, en échange des avantages qu'ils espéraient retirer de l'association ; chaque individu est réputé avoir consenti, pour prix de la protection qu'il stipulait, à être puni par le pouvoir social s'il transgressait ses lois (2).

Ces deux théories ont un vice commun ; elles ont, de plus, chacune un vice particulier.

Elles ont un vice commun, puisque toutes deux déduisent le droit de punir d'une convention qui aurait mis fin à un prétendu état de nature, aussi contraire aux traditions historiques qu'à la véritable nature de l'homme.

Elles ont chacune un vice particulier :

La théorie qui forme le droit social de l'ensemble des droits de défense personnelle dont les individus se seraient dessaisis, confond deux principes distincts : le principe de la défense et le principe de la punition.

Trois différences principales séparent le droit de défense du droit de punition.

1° Le droit de défense naît d'un danger direct, flagrant, instantané, et il ne dure qu'autant que ce danger ; il ne survit

---

(1) Idcircò tamen judiciorum vigor, jurisque publici tutela videtur in medio instituta, ne quisquam sibi ipsi permittere valeat ultionem (L. 14, Cod. de Judiciis).

(2) Ipse te huic pœnæ subdidisti (L. 34, ff. de Jure fisci).

Nam ex quo sceleratissimum quis consilium cepit, exindè quodam modo suà mente punitus est (L. 3, Cod. Ad. legem juliam Majes).

pas au besoin de repousser l'attaque ; il cesse au moins, à coup sûr, quand l'agresseur est réduit à l'impuissance de renouveler son agression. Le droit de punir, lui, survit au fait illicite. Il peut être exercé longtemps après l'accomplissement de ce fait, et alors même que l'agent serait dans l'impossibilité de le reproduire.

2° Le droit de défense n'est pas subordonné à la condition que l'agresseur soit un être moral et libre et, par suite, responsable ; il est la conséquence du droit qui appartient à tout individu de conserver son existence et de l'abriter contre toute atteinte, la cause en fût-elle purement physique, fût-elle l'œuvre d'un agent irresponsable comme celle d'un animal furieux ou d'un fou. Au contraire, la punition suppose que l'agent auquel elle est infligée était doué de la moralité qui lui permettait d'apprécier son acte, et de la liberté qui lui permettait de s'en abstenir : la conscience humaine se révolterait à l'idée d'un châtiment infligé à un fou ; on désarme un fou, on le charge de liens, mais on ne le punit pas.

3° Le droit de défense ne suppose pas chez l'attaqué une supériorité de raison et de sagesse sur l'agresseur : c'est une réaction, légitime sans doute, mais c'est une réaction avec toutes ses chances de victoire et de défaite : c'est une réaction vive, passionnée, comme l'intérêt qui la dicte. Ce n'est pas l'intervention calme, désintéressée, d'un juge ; la défense n'est pas astreinte à la même impartialité, à la même mesure dans ses appréciations. La punition suppose que celui qui l'applique a une supériorité reconnue de force, de raison, sur celui auquel elle est appliquée, et par suite même de cette supériorité, il est obligé à n'employer que des moyens qui ne dépassent pas les exigences de la répression sociale.

M. de Broglie (*Revue française*, numéro de septembre 1828) a très-bien signalé les caractères qui différencient le droit de défense et le droit de punir, et M. Rossi, dans son *Traité de droit pénal*, a brillamment développé les aperçus de son devancier.

La confusion entre ces deux idées, l'idée de défense et

l'idée de punition, entraîne immédiatement des conséquences pratiques : la justice n'est plus la justice, c'est la guerre.

Écoutez plutôt Rousseau : « Tout malfaiteur, attaquant le « Droit social, devient par ses forfaits rebelle et traître à la pa- « trie; il cesse d'en être membre en violant ses lois, et même « il lui fait la guerre : alors la conservation de l'État est in- « compatible avec la sienne, il faut qu'un des deux périsse; « et quand on fait mourir le coupable, *c'est moins comme* « *citoyen que comme ennemi*. » Ainsi l'agent à punir est un vaincu et un ennemi, ce n'est pas un justiciable ; le pouvoir social n'est pas un juge, mais un athlète qui lutte pour le compte de la société.

Le second système, qui fait dériver le droit de punir d'une concession que chaque individu aurait faite éventuellement, sur lui-même et aux dépens de lui-même, au pouvoir social, indépendamment de l'origine conventionnelle qu'il attribue à la société, est entaché d'un défaut capital. Pour expliquer l'existence du droit de punir, il commence par supposer cette existence ; il se demande à quel titre le pouvoir social est saisi du droit de disposer de l'honneur, de la liberté et peut-être de la vie des individus. Au lieu de résoudre cette diffi-culté qui l'embarrasse, il la déplace, et il dit : C'est l'individu qui a accordé ce droit exorbitant sur lui-même au pouvoir social...

Mais, pour accorder ce droit sur lui-même, l'individu en était donc saisi ! Il avait donc éventuellement le droit de dis-poser de son honneur, de sa liberté, de sa vie !... Or, à quel titre était-il investi de ce droit de consentir, par anticipation et d'une manière conditionnelle, à cette immolation partielle ou absolue? Est-ce que le droit de stipuler sous condition sa mutilation ou sa mort, est plus aisé à établir chez l'individu que le droit de punir au profit du pouvoir? Que cette stipu-lation fût ou non accompagnée d'une pensée d'expiation, elle participerait toujours singulièrement au caractère d'un suicide, et on ne saurait la considérer comme obligatoire, alors même qu'on pourrait appliquer les principes qui régissent les conventions.

Un troisième système trouve le fondement du droit de punir dans un droit de défense appartenant à la société, de son chef, en vertu de son droit propre. La société, dit ce système, est une loi de la nature humaine ; elle a droit de se conserver, et, partant, de se défendre : elle n'a aucun moyen matériel d'empêcher la réalisation de tous les actes qui peuvent lui porter atteinte ; elle ne peut engager, sur tous les points du territoire, une lutte pour paralyser toutes les tentatives de crimes ou de délits. Son droit de défense doit donc être d'une nature autre que le droit de défense individuelle ; elle n'attend pas l'attaque, elle la prévient. La pénalité est un moyen répulsif qui a pour objet, non le passé, non le présent, mais l'avenir : en tant qu'elle n'est qu'à l'état de menace, elle a pour but de détourner des crimes ; en tant qu'elle est appliquée, qu'elle punit les crimes commis, elle a pour but de prévenir le retour de ces crimes, soit de la part des mêmes agents, soit de tous autres agents (1).

Ce système, que professent de nos jours MM. Charles Comte, Lucas, Rauter, a un premier défaut. Pour prouver que la société a le droit de punir, il dit que là société a le droit de se défendre par anticipation, et de combattre ce qui n'existe pas encore, ce qui n'a aucune réalité, une hypothèse, une éventualité, sous prétexte de vraisemblance.

D'abord, c'est singulièrement faire violence à l'acception usuelle des mots, que d'appeler défense une simple mesure de prévoyance, une sorte de défi jeté par le pouvoir social.....

Mais supposons qu'une pénalité qui peut être séparée, par un long intervalle, des faits futurs en prévision desquels elle a été édictée, puisse être appelée une défense à l'encontre de ces attaques non déterminées, qui peuvent sans doute se réaliser,

---

(1) « C'est un usage de nostre justice d'en condamner aucuns, pour
« l'advertissement des austres. De les condamner parce qu'ils ont failly,
« ce serait bestise, comme dict Platon ; car ce qui est faict ne se peust
« deffaire : mais c'est affin qu'ils ne faillent plus de mesme, ou qu'on fuye
« l'exemple de leur faute. On ne corrige pas celuy qu'on pend, on corrige
« les austres par luy. » (Montaigne, *Essais*, liv. II, chap. **VIII**.)

mais qui peuvent aussi ne pas se produire : restera toujours
la question de savoir à quel titre la société est investie de ce
droit qui a des caractères si différents du droit de défense individuelle.

Le système que nous apprécions, pour être conséquent, doit
voir dans l'exercice de toutes les attributions du pouvoir social,
quelles qu'elles soient, la mise en mouvement d'un droit de
défense : car toutes tendent ou doivent tendre à la conservation
ou au développement de la société.

Enfin, si l'application de la pénalité n'est qu'une défense
prévoyante pour l'avenir, si elle ne songe pas aux crimes passés qu'elle frappe, mais au retour éventuel du même crime,
elle devra être plus sévère, plus rigoureuse, pour les crimes
ordinaires, qui sont de nature à se reproduire chaque jour,
que pour les crimes, plus odieux, mais plus rares, qui n'apparaissent que de loin en loin, et qui ne constituent que de mons-
trueuses exceptions. La pénalité contre l'assassinat simple devra être plus dure, plus terrible, exercer une plus grande
puissance d'intimidation, que la pénalité contre le parricide.
Dans aucun cas, la pénalité ne pourra être critiquée comme
excessive, tant qu'elle n'aura pas atteint le degré d'efficacité
dont elle est susceptible. Si la pénalité n'est qu'un moyen de
défense, qu'un instrument de guerre, on ne saurait lui donner
trop d'intensité : la modération et l'humanité dans les lois pénales ne seront plus que des conquêtes de la civilisation, elles
ne seront plus que des tendances anti-sociales, et il faudra
étouffer nos sentiments, nos instincts de miséricorde et de pitié.

Un quatrième système fonde la pénalité sur l'utilité du plus
grand nombre.

Si, par ce mot d'utilité, ce système entendait l'observation
de la partie de la loi morale qui est nécessaire au maintien et
au développement de la société, on n'aurait à lui reprocher
que l'équivoque de sa formule : Mais l'utilité, pour Bentham,
le vulgarisateur, sinon le créateur de cette théorie, c'est l'utilité
matérielle, le bien-être de la majorité, la plus grande somme
de jouissances physiques. Bentham ne croit pas à une vie à

venir, ou au moins n'en a pas le souci pour les choses de ce monde. L'intérêt de la majorité n'est dominé par aucune loi; il est toute la loi, il est la raison unique. Si donc cet intérêt, plus ou moins bien compris, semble commander l'immolation en masse de la minorité, la minorité sera sans grâce et sans pitié immolée, et elle se prévaudra vainement de ce qu'on n'a aucune faute à lui reprocher. Les assassinats juridiques de 1793 ne sont plus des assassinats; ce sont de bons ou de mauvais calculs, voilà tout; l'histoire n'a pas le droit de les flétrir... Une pareille théorie se raconte, elle ne se réfute pas.

Un cinquième système, le système dont Kant a adopté le principe, mais en en déclinant ou en en tempérant du moins les conséquences, se présente. Ce système déduit le droit de punir d'une idée de justice absolue, qui exige que le mal moral soit expié et le bien moral rémunéré. Il n'est pas de conscience qui ne sente le besoin de cette rémunération ou de cette expiation; il y a désordre moral là où le crime n'appelle pas le châtiment : eh bien! le pouvoir social est chargé d'opérer le rétablissement de l'ordre, en châtiant tout mal moral dont il acquiert la preuve, et cela, sans distinction entre le mal moral qui est une atteinte à la société, et le mal moral qui n'a pas ce caractère. Dans ce système, le pouvoir social a sur la terre tous les droits de Dieu, il en est une sorte d'incarnation.

Les conséquences de cette explication du droit, et peut-être du devoir de punir, sont peu rassurantes. Il n'est plus laissé de champ au libre arbitre; l'intimidation terrestre, immédiate, domine la liberté humaine sur tous les points de la loi morale, sur ceux même qui se rattachent le moins à la société. La violation des devoirs de toute nature, devoirs envers Dieu, devoirs envers soi-même, tombe sous la prise de la pénalité. Le pouvoir, cumulant l'autorité religieuse et l'autorité sociale, exerce une véritable tyrannie, une inquisition intéressée à savoir, non-seulement tout ce qu'on fait, mais encore tout ce qu'on pense.... Il faudra pourtant accepter toutes les conséquences de ce système, malgré leur dureté, s'il est l'expression de la vérité.

Mais à quel titre le pouvoir social pourrait-il punir des torts

moraux qui ne compromettent pas la société? Son titre comme
pouvoir et son droit au commandement ne peuvent dériver que
de l'intérêt légitime de la société, et ses attributions ont également cet intérêt pour mesure; le pouvoir social n'a pas en
dépôt l'exercice de la justice de Dieu (1).

Enfin, si le pouvoir social était chargé d'imposer l'expiation
à tous les actes contraires à la loi morale, il serait nécessairement chargé de récompenser tous les actes conformes à cette
loi, puisque le même sentiment de justice qui appelle le châtiment pour le mal, appelle la rémunération pour le bien. Or,
il est bien évident que le pouvoir social ne pourrait suffire à
cette tâche.

Nous pourrions multiplier les objections; mais celles que
nous avons formulées sont, à notre sens, décisives. Au reste,
en discutant un sixième système, le système éclectique, nous
aurons occasion de produire des objections qui peuvent encore
servir à combattre le système de la justice absolue.

Arrivons au système éclectique. C'est le système de MM. de
Broglie, Guizot, Rossi, de Rémusat, Boitard, etc.

Le système éclectique déduit le droit de punir de la combinaison de deux idées : l'idée de justice morale et l'idée d'utilité sociale.

Trois propositions résument ce système :

1° Le pouvoir social n'a pas le droit de punir toute violation
de la loi morale;

2° Il ne peut punir que des actes contraires à la loi morale ;

3° Il n'a le droit de punir un acte contraire à la loi morale
qu'autant que cet acte lèse les intérêts de la société.

(1) « Ce que les tribunaux civils ont à défendre n'est pas l'ouvrage de
« Dieu, c'est l'ouvrage des hommes; ce n'est pas des âmes qu'ils sont
« chargés, c'est des corps; c'est de l'État, et non de l'Église qu'ils sont
« les vrais gardiens; et lorsqu'ils se mêlent des matières de religion, ce
« n'est qu'autant qu'elles sont du ressort des lois, autant que ces matières
« importent au bon ordre et à la sûreté publique. Voilà les saines maximes
« de la magistrature. » (J.-J. Rousseau, *Lettres écrites de la Montagne*,
partie I, lettre V, p. 347, édition de 1828.)—Voir aussi le dernier chapitre
du *Contrat social*.

Le droit de punir dérive donc de la justice morale, mais de la justice morale limitée par l'utilité sociale.

Il est juste que le mal moral soit expié, mais la société n'a qualité pour faire subir cette expiation que dans la mesure de son intérêt.

Ce système se recommande par une grande élévation de vues et par d'excellentes tendances. Toutefois, nous ne croyons pas qu'il satisfasse aux exigences d'une logique rigoureuse.

De la loi morale de l'expiation il conclut que le pouvoir social peut légitimement assumer sur lui la responsabilité d'appliquer cette loi toutes les fois que son application aura de l'utilité pour la société.... Une pareille conclusion est-elle fondée? N'est-ce pas supposer gratuitement que Dieu a délégué au pouvoir social le soin d'exercer sur la terre une partie de sa justice, sauf à lui à imputer, dans une autre vie, à la décharge des coupables, ce qu'ils auront souffert en ce monde par suite de leurs fautes?

Dans ce système, le pouvoir social, avant de punir, devrait apprécier si Dieu, qui n'attend pas toujours l'autre vie pour exercer sa justice, n'a pas déjà infligé, lui qui a tant de moyens à sa disposition, une expiation suffisante, une expiation qui ait effacé toute souillure morale.

La légitimité de la peine sociale n'est-elle fondée que sur la justice morale? Il faudra d'abord vérifier si celui qui est le suprême représentant de la justice morale n'a pas devancé le pouvoir, son prétendu mandataire, s'il n'a pas agi directement et sans intermédiaire.

Cet assassin que la société poursuit pour le punir, cet homme qui n'a pas respecté la vie de son semblable, et a joué, sans crainte, sa propre vie à laquelle il tient peu, n'avait qu'un intérêt dont le sacrifice fût pour lui un châtiment expiatoire, c'était l'existence de son enfant! et Dieu le lui a enlevé!... L'assassin a subi, dans la personne du père, le seul supplice qu'il redoutât; et la secousse a été si violente, le coup si rude, qu'une révolution s'est opérée dans son âme, dans ses sentiments, et que le voilà régénéré : il abhorre son crime, il s'abhorre lui-même.

Si le pouvoir n'a le droit de punir qu'autant qu'il reste quelque chose à expier, qui lui garantit que l'homme qu'il veut frapper n'a pas payé sa dette et n'est pas aujourd'hui pur devant Dieu (1)?

Le fondement de la pénalité sociale n'est pas dans l'expiation qu'exige la loi morale. Sans doute la pénalité sociale pourra être un à-compte pour la justice morale; mais elle ne puise pas sa raison d'existence dans le droit d'anticiper, à certaines conditions, sur cette justice. Le droit de punir ne résulte pas, au moins directement et immédiatement, de la loi morale; il résulte de l'essence de la loi positive et du pouvoir dont il est la sanction. Il n'est pas une émanation, un démembrement d'un autre droit de punir, qui est la sanction d'une loi plus haute; c'est un droit distinct et indépendant, qui dérive, comme conséquence, de l'état de société, et comme cet état est naturel à l'homme, le droit de punir est lui-même naturel.

Nous reviendrons sur ces idées, en essayant de réfuter le système de l'école éclectique sur la mesure de la pénalité.

Nous ne connaissons qu'un seul publiciste qui ait combattu l'idée d'une délégation divine, comme base du droit de punir, M. Tissot (*Revue de législation*, tome Ier de 1842, page 386). Ce publiciste voit dans la punition l'expression du principe de l'égalité. Le patient a le droit d'infliger à l'agent une lésion physique égale à celle qu'il a soufferte. « Nous pensons, dit-il, « que la punition, telle que nous l'entendons, c'est-à-dire l'é- « galité dans la lésion, est de droit naturel, *et que la société*

(1) M. Faustin Hélie a très-bien dit, dans son introduction à la 2e édit. du *Traité de Droit pénal* de M. Rossi (1855) : « Mais le juge d'ici-bas est- « il certain lui-même qu'au moment où il inflige la peine, la faute n'est « pas déjà moralement expiée? Comment s'y prendra-t-il pour s'assurer de « cette expiation anticipée et pour en tenir compte dans la mesure de la « peine juridique? » (p. 76.)

Joseph Chénier avait traduit l'objection dans ces deux beaux vers de son *Fénelon :*

Ce Dieu vous a-t-il dit : je veux être vengé?
Pourquoi punissez-vous, avant qu'il ait jugé?

« *ou un supérieur quelconque est inutile pour qu'elle puisse*
« *être licitement infligée.* Mais il n'y a guère de garantie
« qu'elle le sera sagement, justement, si elle part d'une main
« irritée. On a donc ici confondu le droit de punir avec les ga-
« ranties de la justice de la peine. Si l'individu n'avait pas le
« droit de punir, la société n'en pourrait être investie (1)... »

Nous considérons, nous, que le droit de punir suppose un
supérieur, puisqu'il n'est que la sanction du droit de commander (2).

---

(1) Voir, toutefois, Filangieri, liv. IV, ch. v, *in fine*, à la note, t. II,
p. 13 de l'édition de 1840 ; t. IV, p. 33 de l'édition de 1788.

(2) Voir, sur le caractère de la peine, *Revue de législation*, t. VIII,
p. 340 et 341, controverse de M. Hello et de M. Lucas.—Voir aussi *même
Revue*, t. IV, p. 229.

CHAPITRE IV.

De la mesure de la pénalité.

D'après quels principes doit être déterminée la mesure de la pénalité?

Doit-elle être proportionnée à l'importance du devoir social violé, ou à l'importance du devoir moral? Ne doit-on point, dans sa détermination, tenir compte tout à la fois et du tort social et du tort moral?

La théorie acceptée dans ces derniers temps, la théorie que l'école éclectique a fait prévaloir, est celle-ci :

La pénalité ne peut pas dépasser la mesure de souffrance et d'expiation qu'exige la loi morale. C'est là un maximum qui ne peut être franchi. Mais le pouvoir n'a pas toujours le droit de l'atteindre. Si l'intérêt social n'exige pas l'emploi, la dépense, s'il est permis de s'exprimer ainsi, de toute la portion d'expiation que la loi morale appelle, il ne peut pas l'infliger, et il est obligé de s'arrêter à la limite de l'intérêt qu'il représente. Si l'intérêt social exigeait plus, le pouvoir ne devrait pas lui accorder satisfaction.

« En premier lieu, le législateur dispose, dans l'intérêt de
« l'ordre extérieur et de la paix publique; ce que l'ordre exté-
« rieur et la paix publique n'exigent pas impérieusement est
« illégitime de sa part.

« Secondement, pour atteindre le but qui lui est assigné,
« pour cela, disons-nous, non pour autre chose, il attire à lui
« l'expiation, *il en hâte l'heure : donc, il faut qu'il y ait lieu*
« *à l'expiation; sans être tenu d'en épuiser la rigueur, il est*
« *tenu de ne la point dépasser. Il n'a de droit sur le délin-*
« *quant qu'autant qu'il y a faute morale, et dans la propor-*
« *tion de cette faute.* » (DE BROGLIE; *Revue française*, n° de septembre 1828, p. 49.)

M. Rossi exprime les mêmes idées :

« La justice, dans sa partie pénale, n'est que le mal rétri-

« bué par le mal, avec moralité et mesure ; en un mot, l'ex-
« piation. Donc, partout où l'idée d'expiation n'entre pour
« rien, il ne peut être question de justice. *L'emploi de ce mot*
« *n'est permis qu'à ceux qui regardent la justice sociale*
« *comme une émanation et un accomplissement partiel, sous*
« *certaines conditions, de la justice morale.* » Rossi, tome Ier,
p. 219.)

« Quel est donc le pouvoir discrétionnaire de l'autorité so-
« ciale ? C'est le pouvoir, non de dépasser, mais de ne pas
« atteindre les dernières bornes de la justice morale, le pou-
« voir de faire moins, de n'exercer la justice que partielle-
« ment. » (Rossi, tome Ier, p. 223.)

« Supposons que, par un moyen quelconque, on eût la
« certitude que le faux témoignage en matière civile mérite,
« *aux yeux de la justice morale,* une punition représentée
« par une amende d'une valeur quatre fois plus grande que
« celle de l'objet contesté : que pourrait le législateur ?

« Ajouter quelque chose à cette peine ? *Ne fût-ce qu'une*
« *obole, cette portion du châtiment ne serait qu'un fait sans*
« *moralité ; le condamné ne serait plus qu'un moyen entre les*
« *mains de la force, un pur instrument.*

« Appliquer au faux témoin la peine de l'amende dans toute
« son étendue ? Oui ; mais seulement si le besoin l'exige.

« C'est ici que se représentent les considérations du mal so-
« cial du délit, de la force de l'impulsion criminelle qu'on doit
« réprimer, en un mot, de toutes les circonstances politiques
« du pays auquel est destinée la loi pénale. C'est le champ de
« la latitude laissée au législateur. *L'amende d'une valeur*
« *quadruple et l'impunité sont les deux termes extrêmes.* Le
« choix entre ces deux termes n'est pas arbitraire, dans ce
« sens que le devoir commande au législateur de faire une
« appréciation vraie et équitable des exigences sociales et des
« imperfections de la justice humaine. Mais jusqu'au *maxi-*
« *mum* la peine est légitime en soi, le coupable ne saurait
« dire : je ne l'ai point méritée. » (Rossi, *Traité du droit*
pénal, tome III, p. 97, *in fine*.)

Nous pourrions multiplier ces citations.

M. Mignet nous est un sûr garant que nous avons bien saisi la pensée du livre. Dans sa notice sur la vie et les travaux de M. Rossi, le brillant écrivain a su résumer en une seule page tout le système du criminaliste éclectique.

« La peine est le redressement d'un désordre et l'expiation « d'un mal que la société, inséparable de la règle et fondée « sur le bien, inflige, *d'après les prescriptions de la justice* « *morale*, dans les limites de l'intérêt public. Hors de la com- « binaison de la justice avec l'utilité, il y a péril et il peut y « avoir excès. Si la justice morale n'a pas l'utilité sociale pour « mesure, elle peut faire de la loi, comme cela est arrivé quel- « quefois, un moyen d'expiation religieuse ; si l'utilité sociale « n'a pas la justice morale pour règle, elle peut faire de la « loi, comme cela s'est pratiqué souvent, un instrument de « tyrannie politique. Voulant éviter qu'on ne tombe dans ces « deux extrémités contraires, M. Rossi rapproche les deux « écoles du droit et de l'intérêt dans une sorte de juste milieu « pénal. »

Cette théorie, que protégent des noms si imposants, est-elle fondée ?

Si la pénalité est la sanction, non pas de la loi morale, mais de la loi sociale, il semble que le pouvoir ne doit tenir compte que des nécessités de la société. Pourquoi ne donnerait-il pas à la pénalité le degré que la raison indique comme seul propre à assurer le respect de la loi ? Le pouvoir humain n'a aucun moyen d'apprécier sûrement l'étendue d'expiation que la loi morale impose et qu'une justice qui n'est pas de ce monde peut appliquer... Répondrait-on à cette objection que la raison humaine n'a pas la certitude d'arriver à connaître, avec une exactitude parfaite, la quotité de châtiments en deçà de la- quelle les prescriptions de la loi positive pourraient être une lettre morte ?..... Si l'on veut dire qu'en tout et sur tout la raison humaine est sujette à l'erreur, nous n'élevons pas de contredit... Mais les chances d'erreur ne sont-elles pas plus ou moins grandes, suivant la nature des matières sur lesquelles elle s'exerce ? La raison humaine n'est-elle pas plus compétente pour apprécier les rapports terrestres, les exigences d'une nécessité humaine, que les rapports de la vie présente avec la vie à venir et les exigences d'une justice dont Dieu s'est réservé le secret (1) ?

D'ailleurs, en supposant même qu'il soit aussi facile à la raison de mesurer l'expiation due à la justice morale que l'expiation due à la société, quels moyens aura-t-elle de vérifier si l'agent n'a pas subi, en tout ou en partie, avant l'intervention de la justice humaine, le châtiment attaché à la violation de l'ordre moral, s'il n'a pas déjà été frappé d'une de ces pénalités qui ne sont pas écrites dans nos Codes, mais qui sont à la disposition de la puissance divine ? Si l'expiation sociale ne doit jamais dépasser l'expiation morale, il faudra confesser que le droit social expire là où il est vraisemblable qu'en dehors de la pénalité sociale l'agent a payé sa dette envers la loi morale.

Un homme pressé par le besoin et au milieu de circonstances très-atténuantes commet un vol minime, un vol de pain, par exemple : dans le cours de l'exécution de son délit, il se fait une blessure qui nécessite l'amputation d'un de ses membres : la souffrance qu'il éprouve paraît hors de toute proportion avec sa faute, et peut-être, si elle est acceptée avec résignation et repentir, sera-t-elle suffisante devant Dieu pour racheter le tort moral : la société perdra-t-elle le droit de punir le voleur suivant la loi sociale ?

Notre théorie n'a pas les inconvénients de la théorie qui voit dans la pénalité un moyen de défense contre les dangers de l'avenir : elle n'édicte en effet la pénalité que contre le fait accompli, la violation d'une des prescriptions du pouvoir, et elle veut seulement que le châtiment soit proportionné à l'importance sociale de la prescription.

L'infracteur de la loi sociale viole nécessairement deux de-

---

(1) Voir M. Faustin Hélie, introduction à la 2ᵉ édition du *Traité du Droit pénal* de Rossi, p. 77, 78 et 79.

voirs, son devoir social et son devoir moral, et cela, soit que
la loi sociale ne fasse que reproduire une prescription de la
loi morale, soit qu'elle introduise une prescription uniquement
fondée sur l'intérêt de la société, puisque cette dernière prescription est sanctionnée par la loi morale qui impose à
l'homme l'ordre social. Mais la société ne doit se préoccuper
que de la violation de sa loi, à elle. La loi morale, en tant que
loi morale, n'est pas sous sa sauvegarde, et elle n'a pas les
éléments du compte que cette loi réclame. Sans doute les deux
devoirs sont liés, et le châtiment qui expie la violation de l'un
expie, dans une certaine mesure, la violation de l'autre : nous
le reconnaissons volontiers. Ce que nous contestons, c'est l'aptitude du pouvoir humain pour une imputation dont il n'a pas
les éléments : Dieu seul est le maître et a le moyen sûr d'imputer, avec exactitude, l'expiation sociale sur l'expiation due à
la loi morale.

Est-ce à dire que la société ne doit pas prendre en grande
considération l'étendue du tort moral pour bien apprécier le
tort social ? Nullement. La gravité du tort moral implique, en
général, la gravité du tort social. Le tort social ne se réduit
pas au préjudice matériel résultant de l'infraction, à la lésion
directe qu'elle opère. La mesure de ce tort est subordonnée à
un grand nombre d'éléments que la conscience et la raison
doivent peser ; les causes impulsives de l'acte, le degré d'intelligence et de liberté de l'agent, ses habitudes, ont droit
à une part d'influence, parce que tout cela est de nature à
modifier le caractère intentionnel de la violation du commandement.

La conscience et la raison attestent que le mal doit être
rétribué par le mal ; mais, selon nous, elles ne sont aptes à
saisir, à indiquer, que le rapport entre le mal social qui a été
causé par l'infracteur de la loi humaine, et le mal social qui
lui doit être infligé.

La société, on en convient, ne réprime que le mal fait à
l'ordre social.

Elle ne le punit qu'au moyen d'un mal social.

Comment pourrait-elle être astreinte à chercher un autre rapport social existant entre le fait à réprimer et le moyen de répression ?

Comment serait-elle condamnée à scruter les desseins de Dieu sur l'échelle pénale céleste?

Vainement dirait-on que la théorie éclectique ne condamne pas le pouvoir social à rechercher l'économie des degrés de cette échelle, qu'elle lui impose seulement le droit d'examiner ce qu'il ferait, lui pouvoir, sous le rapport de la répression, en n'ayant égard qu'à l'ordre moral exclusivement... s'il était Dieu...

C'est en vérité bien trop demander à la raison humaine... c'est presque lui proposer d'escalader le ciel...

M. de Broglie, dans l'excellent article que nous avons cité et dont on ne saurait trop s'inspirer, a lui-même semblé abandonner un moment la théorie contre laquelle nous proposons des objections. Il reconnaît, en effet, que le législateur peut légitimement appliquer des peines très-graves à des faits qui ne sont pas directement contraires aux lois de l'ordre moral, qui ne tombent sous leurs prohibitions que médiatement et à raison des dangers qu'ils entraînent pour la société.

L'éminent publiciste admet donc que le châtiment peut se mesurer sur l'importance du devoir social violé, puisque, dans les hypothèses qu'il prévoit, c'est seulement l'importance sociale du commandement qui justifie la sanction rigoureuse dont il a été armé. La violation du devoir social revêt sans doute le caractère d'une faute morale, mais par voie de conséquence et de relation. Pourquoi recherchait-on, à travers de laborieux efforts de divination, le degré d'expiation dû à la loi morale qui n'est atteinte que par contre-coup? Le mal social est la cause et partant la mesure de la dette. Comment le mal moral, qui n'est ici que la dépendance du mal social, pourrait-il servir de base à la détermination de la pénalité ?

« Que penser des peines graves décernées, en temps ordi-
« naire, contre la violation des règlements sanitaires ?

« Que penser des peines graves décernées contre certains
« délits militaires qui n'enfreignent que la discipline ?

« Nous pourrions citer encore d'autres exemples.

« N'y a-t-il pas là disproportion entre la sévérité de la peine
« et la frivolité de la faute? S'il en est ainsi, il faudrait donc
« réduire la peine et la rendre très-légère. Mais si l'on rend la
« peine légère, elle deviendra illusoire ; plus de garantie pour
« la santé publique, plus de discipline dans l'armée.

« Nous présentons cette fois encore l'objection loyalement
« et dans toute sa force.

« Voici la réponse :

« Il ne faut pas confondre la criminalité substantielle d'un
« acte avec la culpabilité apparente ou réelle de l'agent auquel
« cet acte peut être imputé.

« Exposer toute une ville, exposer toute une province aux
« horreurs de la peste, pour se procurer un léger passe-temps ;
« livrer l'armée dont on fait partie, livrer le pays qu'on est
« chargé de défendre à l'ennemi, afin de s'exempter d'une
« demi-heure de faction, ou telle autre faute semblable ; ce
« sont là, chacun pris en soi, des actes très-criminels.

« Voulez-vous vous en convaincre?

« Figurez-vous, pour un instant, un homme risquant ainsi,
« en pleine connaissance de cause, la vie, la fortune, toute
« l'existence des autres hommes, dans un but de divertisse-
« ment frivole ; un tyran jouant à pair ou non la vie de ses
« sujets ; un colon essayant sur ses esclaves la portée de son
« fusil ; Gessler se donnant la joie de faire abattre à Guillaume
« Tell une pomme sur la tête de son fils ; Néron mettant le
« feu à Rome, et chantant la ruine de Troie à la lueur de ce
« vaste incendie.

« Voilà des actes tout pareils.

« Que manque-t-il aux infractions du régime sanitaire, que
« manque-t-il aux infractions à la discipline militaire ou ma-
« ritime, puisque ce sont là les exemples que nous avons choi-
« sis, pour inspirer la même indignation?

« Une seule chose. C'est que la liaison entre l'acte lui-

« même et ses conséquences n'est pas évidente ; c'est qu'elle
« échappe aux coupables ; c'est qu'elle échappe au public ;
« c'est que le législateur, qui voit de haut et de loin, est seul
« à l'apercevoir.

« Mais ce législateur, puisqu'il le voit, ce législateur, puis-
« qu'il contemple sous leur vrai jour les actes dont il s'agit,
« que peut-il faire, sinon de les proclamer ce qu'ils sont, sinon
« de les signaler à tous les yeux avec leur vrai caractère, sinon
« de les qualifier comme ils méritent de l'être ?

« Or, son moyen de les qualifier et de les faire connaître,
« c'est précisément de les ériger en crimes, et de les frapper
« d'une peine proportionnée à leur danger.

« Quand il l'a fait, nul ne peut en prétexter cause d'igno-
« rance.

« Ce n'est pas assez, dira-t-on. On voit bien là comment la
« peine, en pareil cas, n'est pas substantiellement inique.
« Mais, dans l'application, elle le sera toujours plus ou moins.
« Le législateur a beau avertir, le législateur a beau menacer :
« la conscience du coupable n'étant point éveillée, à l'égard
« d'actes de cette espèce, au même degré qu'à l'égard des
« autres actes criminels, — en théorie, la peine pourra cadrer
« avec la nature de l'acte, — en fait, elle sera disproportion-
« née à la culpabilité de l'individu.

« Manifestement, ceci change la thèse.

« Ce n'est plus la loi qui se trouve nécessairement illégi-
« time, ce sont les jugements rendus en conséquence de cette
« loi qui risquent de l'être.

« Or, ce danger d'une certaine disproportion possible entre
« la criminalité de l'acte et la culpabilité de l'agent, n'est point
« particulier à la nature de faits qui nous occupe ; la dispro-
« portion peut se trouver dans mille autres, elle est seulement
« ici plus en évidence.

« Le remède, c'est, d'une part, d'éclairer la conscience des
« hommes, et c'est ce que fait merveilleusement, par exemple,
« l'éducation des camps à l'égard des délits militaires ; de
« l'autre, c'est de n'appliquer, autant que possible, que des

« peines susceptibles de gradation. » (*Revue française*, 1828, n° de septembre, p. 57.)

M. de Broglie prétend, il est vrai, que l'agent, en commettant des infractions à la discipline militaire et au régime sanitaire, pourrait et devrait avoir conscience du mal qu'il s'expose à causer.

Qu'est-ce à dire ?

La punition n'a de droit que sur une intention prouvée, une volonté réalisée ; elle ne saurait atteindre un agent, à raison d'une intention qu'il aurait pu ou dû avoir, mais qu'enfin il n'a pas eue. Or, M. de Broglie suppose, avec nous, que l'agent a bien eu la volonté de violer la consigne ou le règlement sanitaire, mais qu'il n'a pas eu, de fait, la volonté de livrer ses compagnons d'armes à l'ennemi, ou d'apporter la contagion à ses concitoyens. La gravité de la peine ne peut donc se justifier que par l'extrême importance de la prescription ; la légitimité de la sanction gît dans le caractère de l'intérêt social qu'elle est chargée de protéger.

Nous nous écartons du système de l'école éclectique, en ce que nous n'exigeons point que la pénalité sociale ne dépasse pas le *maximum* de l'expiation due à la loi morale, *maximum* qui est pour nous *l'inconnu.*

Nous exigeons seulement, comme conditions de légitimité : 1° que la peine ne soit pas, en soi, dans sa nature intrinsèque, immorale, comme serait l'obligation imposée à une femme de se prostituer ; 2° qu'elle soit édictée par le dépositaire de la souveraineté sociale ; 3° qu'elle sanctionne, dans l'intérêt de la société, un commandement conforme aux inspirations immédiates ou seulement médiates de l'ordre moral ; 4° qu'elle n'excède pas le degré d'intensité nécessaire pour assurer le respect de ce commandement.

Interrogées sur le point de savoir si une peine réunit ces quatre conditions, la conscience publique et la raison générale trouveront en elles-mêmes les éléments de réponse. Mais comment, sans être associées aux secrets de Dieu, pourraient-elles dire qu'une peine n'est pas en dehors des limites de la justice céleste ?

La solution que nous combattons semble supposer que, toujours le pouvoir social, le législateur obtiendra la grâce d'une révélation divine.

Tout cela découle de cette idée, que le pouvoir humain est, dans la détermination et l'application des peines, le délégué, le mandataire conditionnel de Dieu : « Il n'usurpe pas sur « le droit du Très-Haut, dit M. de Broglie, en parlant du « législateur, il le sert au poste où il est placé, *il avance son* « *règne sur la terre.* » (*Revue française,* n° de septembre 1828, p. 41.)

M. Rossi est encore plus explicite, lorsqu'il parle de la justice humaine : « Émanation de l'ordre moral, c'est à l'ordre « moral qu'elle tend ; c'est pour leur rappeler les principes de « l'ordre moral qu'elle se manifeste aux hommes, et pour leur « fournir le moyen de s'élever eux-mêmes à la source céleste « d'où elle émane.

« Mais si telle est l'origine de la justice sociale, si l'on doit « voir en elle, je dirai presque, *une délégation de la justice* « *éternelle,* peut-on croire qu'elle puisse être exercée par un « pouvoir humain, sans conditions et sans règle ? »

Que la justice humaine soit soumise à des conditions et à des règles, c'est ce que nous proclamons avec l'école éclectique : nous subordonnons la légitimité du commandement à la double condition qu'il n'enfreigne pas la loi morale, et qu'il ait un intérêt social pour fondement ; mais la légitimité de la sanction n'a, pour nous, d'autre limite que la limite de l'intérêt de la société, apprécié par la raison publique dont le pouvoir est l'interprète.

CHAPITRE V.

Des diverses réfutations du. système qui fonde le droit de punir sur la justice morale limitée par l'utilité sociale.

La théorie qui fonde le droit de punir sur la justice morale limitée par l'utilité sociale, après avoir longtemps prévalu, grâce au puissant patronage de MM. de Broglie et Rossi, est aujourd'hui singulièrement ébranlée.

Qui lui a porté les premiers coups?

M. Faustin Hélie, dans sa récente et brillante introduction au *Traité de Droit pénal* de M. Rossi (1855), a revendiqué l'honneur d'avoir commencé une attaque, dans laquelle il pourrait avoir la plus grande part d'action, sans avoir pour cela l'initiative. Il m'a compté, comme il a compté M. Francis Lieber, l'auteur d'une dissertation imprimée à Philadelphie en 1838, au nombre des écrivains qui se sont ralliés à son drapeau et qui combattent, sous sa direction, la combinaison du principe de Kant avec le principe de Bentham.

M. Faustin Hélie n'est pas exempt peut-être de toute illusion : d'une part, il cite comme un de ses partisans M. Ortolan, qui reste fidèle au système éclectique dont il est l'un des plus solides défenseurs ; d'autre part, il revendique, à l'encontre de M. Lieber, et je n'ajoute pas à mon préjudice, une priorité au moins contestable. Suivant une ingénieuse remarque, *les découvertes se font plusieurs fois, et ce qui est découvert aujourd'hui, on le rencontrera peut-être demain dans sa bibliothèque* (Taine, sur Tite-Live, p. 102).

Je n'applique cette observation, qui n'a de paradoxal que l'apparence, ni à M. Faustin Hélie ni à moi, parce que, si nos systèmes sur le fondement de la pénalité ont quelques affinités, ils se distinguent par des différences profondes et essentielles : M. Faustin Hélie persiste à chercher en dehors du droit de commander la légitimité du droit d'édicter et d'infliger des peines ; il étudie, séparément du principal, ce qui, pour moi, n'est qu'un accessoire, un corollaire ; il s'attache à la conséquence, la regarde à part, lui assigne des titres spéciaux, en négligeant la cause qui est son vrai titre. Nous ne nous rapprochons guère que dans nos efforts pour démontrer le vice de l'idée qui fait de la justice sociale une délégation partielle de la justice divine ; nos objections, sous ce rapport, ont un caractère assez frappant de parenté ; si elles sont liées par un lien de filiation, ce qui importe bien peu à la science, cette difficulté généalogique est résolue par les dates.

J'ai aujourd'hui sous les yeux un opuscule de 1841, dont la théorie offre beaucoup de ressemblance avec la théorie que j'ai exposée. Il s'agit de quelques pages, riches de couleur, pleines d'éclat, dues à la plume d'un magistrat, qui, après avoir fourni une belle carrière dans le parquet, est aujourd'hui à la tête de la première Cour d'appel de la République.

L'Étude philosophique de M. Gilardin est-elle encore, a-t-elle jamais été dans le commerce ? je l'ignore. Jusqu'en 1857, je ne connaissais son existence que par un compte rendu de M. Tissot (*Revue de législation*, ancienne collection, t. XXV, p. 386). Je dois à l'obligeance d'un des anciens collègues de l'auteur la communication d'un précieux exemplaire ; et, si l'identité et même l'antériorité d'aperçus étaient pour moi, non une confirmation, mais une cause d'alarmes, je pourrais avoir des inquiétudes. Sans doute, entre M. Gilardin et moi il y a encore beaucoup de dissidences. Lorsqu'on lit, à la page 10 de son Étude, *que Dieu a délégué aux sociétés humaines la partie qu'il fallait de sa justice, pour qu'elles maintinssent dans leur sein les rapports moraux, sans lesquels le lien social ne pourrait exister*, on pourrait croire qu'il y a entre lui et moi toute la distance qui me sépare de la doctrine de M. de Broglie et de M. Rossi. Son point de départ paraît être le point de départ de l'école éclectique, et ce point de départ, M. Faustin Hélie et moi nous nous accordons pour le combattre. Mais si l'on s'attache au fond, à la réalité des idées, et non à leur superficie, on ne tarde pas à reconnaître que la délégation dont parle

M. Gilardin n'est pas une délégation directe, une délégation expresse, une sorte de mandat par voie de révélation, mais bien une délégation indirecte et virtuelle.

« Comme Dieu, en voulant les sociétés, n'a pu vouloir la fin
« sans vouloir les moyens, ne doit-on pas rigoureusement en
« inférer qu'il a remis aux sociétés l'exercice de la justice qui
« était la condition indispensable de leur existence ? Sondez,
« le plus avant que vous le pourrez, le fait de l'existence des
« sociétés, vous verrez que c'est sur une délibération divine
« que tout s'y organise. Qu'est-ce que la loi, sinon une ex-
« pression de Dieu ? Qu'est-ce que le pouvoir, sinon une force
« qui vient de Dieu ? Qu'est-ce, enfin, que la justice sociale,
« sinon *une imitation* de la justice absolue qui est l'attribut
« de Dieu ? »

A travers la forme oratoire, ne découvre-t-on pas facilement la pensée, que la société étant un fait providentiel, tout ce qui est nécessaire au maintien, au développement de ce fait parti-cipe au caractère de son origine, et que le droit de comman-der, et par suite de punir, étant essentiel à l'ordre social, y constitue implicitement une émanation du pouvoir de Dieu ? Sans doute encore, et indépendamment de l'équivoque à la-quelle prête l'expression de délégation, qui appelle, sinon absolument une correction, au moins une explication, la théo-rie de M. Gilardin pèche, à nos yeux, en ce sens, que, si la justice sociale est pour lui une portion de la justice divine, la fraction détachée semble devoir conserver le caractère du tout. Mais, par une heureuse contradiction, après avoir exprimé l'idée que Dieu s'est réservé, par suite de l'impossibilité même que sa perfection se communiquât à des êtres imparfaits, la plus grande, la meilleure partie de la justice, celle qui satis-fait aux conditions de l'ordre universel (ce qui paraît impliquer que la justice sociale n'est qu'une justice d'emprunt), M. Gi-lardin s'attache à bien différencier les deux justices, et à prou-ver que, non-seulement elles n'ont pas le même objet, ni la même mesure, mais qu'elles ne reposent pas sur les mêmes bases et qu'elles ont chacune un cachet si distinct, qu'en vérité il ne lui reste plus, pour être tout à fait du même avis que nous, qu'à confesser qu'elles n'ont pas la même origine et que la justice humaine n'est pas un élément de la justice divine.

M. Gilardin proclame que les sociétés ont le droit de punir : tout ce qui porte atteinte aux rapports en vertu desquels elles subsistent, elles le punissent, dit-il, parce qu'une peine est la condition *réparatrice* de tout ordre violé. La justice divine est absolue : son objet est absolu ; elle procure le triomphe universel du bien et la condamnation universelle du mal. La justice sociale, au contraire, est une justice dont l'objet est contingent, relatif, défini ; elle se propose uniquement la conservation de l'ordre social, et cet ordre est dans la dépendance d'une grande variété de causes, telles que *le site géographique, le climat, le principe des races, le drame de l'histoire, le développement de la religion, de l'art et de la science.* « S'il est « vrai, » et nous n'analysons plus, nous copions, « que, dans « la formation d'une société, il y a toujours un élément fixe, « parce qu'il y a des principes constituants sans lesquels aucun « ordre moral ne peut s'établir, en sorte que la règle du bien « et du mal domine nécessairement toutes les institutions « sociales quelconques, et que la justice organisée ici présente « toujours un fond de ressemblance avec la justice organisée « ailleurs, autour de cet élément fixe ne se groupe-t-il pas une « variété assez considérable d'autres éléments, pour donner à « toutes les sociétés éparses sur la surface du globe une diver- « sité très-réelle ? »

La justice absolue punit l'immoralité de l'intention, la criminalité du but ; la justice sociale voit l'action commise, elle s'attache à l'immoralité *ex effectu.* Elle n'exige pas qu'il y ait une délibération de conscience qui imprime au fait qu'elle a défendu l'empreinte d'une volonté perverse. Le mal social résultant de l'infraction au commandement, voilà ce qu'elle poursuit : et l'auteur ajoute éloquemment : « Le vice de cette « justice, s'il en est un, se répare par la justice placée sous la « garde de Dieu. »

M. Gilardin reconnaît que le mal social ne va jamais seul, et

que, toujours, à quelque degré, le mal moral l'accompagne ;
mais il a soutenu, avant nous et comme nous, que la peine
sociale est édictée contre le mal social. Il démontre aussi très-
bien que la mesure de l'expiation morale, c'est-à-dire la vraie
relation entre le châtiment final et la faute individuelle et subjective, ne saurait être la mesure de la pénalité sociale.

« Il n'est aucun homme d'État, aucun publiciste, aucun
« jurisconsulte, aucun homme ayant tant soit peu réfléchi sur
« les lois de son pays, qui ne sache que les peines dépendent
« de considérations diverses, entre lesquelles on tient compte
« de la facilité qu'il y a à commettre certains délits, et du
« ferment d'inquiétude que les délits peuvent jeter dans la
« société. Plus il y a lieu de redouter un délit, plus on en
« élève la peine. Il en est ainsi du vol domestique, réprimé
« plus sévèrement, à cause de la plus grande facilité de son
« exécution. Il en est ainsi encore du faux et du vol de grand
« chemin, qui ne sont atteints de peines si fortes que parce
« qu'ils sèment dans la société une défiance, une inquiétude
« dont il fallait l'affranchir. Les peines croissent donc en rai-
« son du danger qu'offrent certains délits. Or, ce n'est plus
« mesurer leur échelle à la culpabilité morale de l'agent, et les
« abaisser ou les élever suivant que dans l'action commise en-
« trera plus ou moins de mal moral absolu ; ce n'est plus se
« circonscrire dans le cercle de l'expiation, ni travailler à l'a-
« mendement moral du condamné ; c'est aller au delà, c'est
« agir le plus efficacement en faveur de la conservation sociale,
« c'est poursuivre un but évident d'intimidation. La peine
« sera, avant tout, menaçante ; elle montera à un degré tel
« que la pensée du délit, dans ceux qui pourraient être tentés
« d'y donner exécution, soit contre-balancée par une éner-
« gique impression de crainte. Qu'importe que, pour le vol
« domestique, une tentation trop immédiate puisse atténuer la
« faute du voleur ? Qu'importe que le faussaire, en falsifiant
« un titre de peu de valeur, n'ait pas péché par une intention
« plus criminelle que celui qui aurait commis un vol ou un
« abus de confiance ? Ce qui importe, c'est que la sécurité des

« rapports sociaux trouve dans la loi une garantie, et voilà
« précisément pourquoi la peine se haussera alors dans une
« proportion de sévérité capable d'opérer une intimidation qui
« détourne du délit. L'intimidation, certes, se sera produite
« comme la qualité dominante et principale de la peine. »
(Gilardin, p. 65.)

Je n'ai qu'un reproche à faire à ces développements : c'est
qu'ils demandent la justification de la peine bien plus à l'avenir qu'au passé ; c'est qu'ils font du condamné bien plus un
exemple et un épouvantail qu'un sujet que la loi frappe pour
lui-même et à raison d'une violation contre laquelle elle a tout
fait pour le prémunir. Ils ne tiennent pas assez compte de
l'idée de sanction, qui légitime, par sa seule puissance, l'application du châtiment à l'infracteur, indépendamment de tout
intérêt futur et de toute éventualité plus ou moins éloignée.
Mais, et sauf cette réserve, les développements de M. Gilardin
(et nous ne les avons pas tous reproduits), ne réfutent-ils pas,
ne condamnent-ils pas son principe, que la justice sociale est
une portion de la justice divine ? Est-ce que la justice divine
punit pour effrayer ? Est-ce qu'elle mesure la responsabilité de
l'agent sur l'étendue du mal qui a été ou qui a pu être accompli ? Est-ce qu'elle ne scrute pas surtout l'intimité de la pensée
et le secret de la volonté ? Pourquoi donc M. Gilardin main-
tient-il un principe contre lequel toutes ses conclusions protestent ? C'est que, lui aussi, il a tenté de séparer le droit de
punir du droit de commander ; c'est que, lui aussi, il a négligé la vraie cause, il a pris une analogie pour une identité,
et n'a pas vu que la justice et la pénalité sociales dérivent de
la souveraineté de la loi et du pouvoir terrestre, comme la
justice et la pénalité divines dérivent d'une souveraineté dont
la souveraineté de ce monde n'est qu'une imparfaite image. Si
la souveraineté sociale n'est pas une partie de la souveraineté
de Dieu, pourquoi la justice sociale serait-elle une partie de la
justice divine ?

Chose singulière ! ce sont les écrivains les plus hostiles à la
thèse de la souveraineté *du droit divin* qui demandent au *droit*

divin la légitimité de la pénalité sociale ! Des publicistes qui veulent la séparation ou au moins l'indépendance de l'État et de l'Église, la séparation ou au moins l'indépendance de la souveraineté sociale et de la souveraineté religieuse, sont les soutiens et comme les apôtres d'une théorie qui voit dans la répression une expiation morale ! Ils assignent à un châtiment d'un intérêt humain et tout terrestre le caractère du châti-ment canonique, et ils font ainsi appel, sans s'en rendre peut-être suffisamment compte, à la suprématie des religions posi-tives, qui, après tout, sont les seuls interprètes officiels de la loi morale.

A l'occasion d'une question spéciale de droit pénal, dans la discussion de la loi relative au sacrilège, Royer-Collard, avec son habituelle élévation de pensée et de langage, a proclamé la vérité générale qu'il faut maintenir : « Reléguée à jamais « aux choses de la terre, la loi humaine ne participe point aux « croyances religieuses ; dans sa capacité temporelle, elle ne « les connaît ni ne les comprend ; au delà des intérêts de cette « vie, elle est frappée d'ignorance et d'impuissance. Comme « la religion n'est pas de ce monde, la loi humaine n'est pas « du monde invisible : ces deux mondes qui se touchent ne « sauraient jamais se confondre ; le tombeau est leur limite. » (Chambre des députés, séance du 11 avril 1825.)

La confusion entre la justice morale et la justice sociale a, d'ailleurs, deux résultats funestes, qui sont en apparence con-tradictoires, mais qui, malheureusement, ne s'excluent pas : elle conduit à charger le pouvoir social d'attributions aux-quelles il n'a aucun titre, et à le dépouiller d'une partie de ses droits : usurpation et mutilation, voilà la double consé-quence.

Le plus grand publiciste de nos jours n'a pu se dérober à cette influence fatale de son principe. M. Guizot a écrit que la vraie liberté pour l'homme, la seule liberté qui lui appar-tienne légitimement, c'est le droit de se conformer à la raison et à la justice, c'est le droit de faire le bien ; que la liberté de faire le mal peut toujours licitement, et doit même être en-

levée par le Gouvernement. Or, si tout mal moral peut être
empêché par le pouvoir au nom de la société, c'est que la loi
morale tout entière peut être imposée (1).

 « La société ne peut exister que par l'obéissance des indi-
« vidus à une règle commune. Si la liberté de chaque homme
« est à elle-même sa loi, si toute restriction apportée à l'indé-
« pendance de la volonté individuelle est considérée comme
« illégitime, la société est impossible. La loi qui doit régir la
« société, selon la vérité et la justice, existe en dehors et indé-
« pendamment des volontés individuelles. Le but de la société
« est de découvrir cette loi supérieure et de n'imposer obéis-
« sance qu'à celle-là ; mais à cette loi-là est due l'obéissance ;
« la société n'est possible que par l'empire de la force ou par
« celui de la vraie loi. Si l'indépendance de l'individu est re-
« gardée comme la condition de la liberté, on peut être cer-
« tain que la force s'emparera de la société ; car il faut que la
« société subsiste, c'est le besoin impérieux de la nature hu-
« maine ; ce besoin recevra sa satisfaction de la force, s'il ne
« la reçoit pas de la justice et de la raison.

 « Le but du Gouvernement est donc double. Il se propose :
« 1° de rechercher et découvrir la vraie loi qui doit décider
« dans toutes les occasions que font naître les relations so-
« ciales, et de soumettre à cette loi les volontés individuelles
« qui lui sont contraires ; 2° d'empêcher que les individus ne
« soient soumis à d'autres lois que celle-là, c'est-à-dire à la
« volonté arbitraire d'autres individus plus forts. Le bon, le
« vrai Gouvernement n'est donc pas celui qui dit à chaque
« individu : « Tu ne seras soumis qu'à ton propre caprice, »
« car il n'y a point de société, point de Gouvernement à ce
« prix ; mais celui qui dit : « Tu ne seras soumis au caprice
« d'aucun autre individu, mais seulement à la raison et à la
« justice. » Les progrès de la civilisation consistent, d'une

---

(1) Montesquieu avant M. Guizot avait écrit : « La liberté consiste non
pas à faire ce que l'on veut, mais à pouvoir faire *ce que l'on doit vouloir* et
à n'être pas contraint de faire *ce que l'on ne doit point vouloir.* » (*Esprit
des Lois*, liv. XI, ch. III).

« part, à étendre l'autorité de la raison sur tous les individus,
« en ne négligeant rien pour que leur raison individuelle soit
« convaincue et leur obéissance volontaire ; d'autre part, à
« restreindre la portée de la volonté arbitraire des individus
« les uns sur les autres. Où prévaut la volonté arbitraire d'un
« ou de quelques individus, la liberté légitime n'est pas ; où
« prévaut l'indépendance isolée de chaque individu, la société
« n'est pas. » (*Histoire des origines du Gouvernement représentatif en Europe*, pages 248 à 250.)

J'ai essayé de réfuter ailleurs ces exagérations de sévérité
morale. Si l'obéissance était volontaire, spontanée, l'idéal de
M. Guizot serait la perfection. Sans doute, il conseille au pouvoir de ne négliger rien pour que la raison individuelle soit
convaincue ; mais il lui permet, si ses efforts restent sans succès, de comprimer des volontés qui n'attentent pas au lien
social. Je maintiens ma première formule : « L'homme en
« société doit garder, à ses périls et risques, la liberté de faire
« le mal qui ne nuit pas à ses semblables, le mal qui ne nuit,
« ni indirectement à la société dans la personne de ses mem-
« bres, ni directement à la société dans son ensemble. Une
« souveraineté, qui, en ce monde, aurait le droit d'imposer
« par la force l'observation des prescriptions de la loi morale
« étrangères à l'intérêt social, ne pourrait appartenir qu'à une
« théocratie se prétendant investie de tous les pouvoirs de Dieu.
« Avec une pareille souveraineté, y aurait-il une place suffi-
« sante sur la terre pour la lutte des passions et du devoir, et
« la vie serait-elle une épreuve ? » (Extrait de ma *Biographie
de Bodin*, p. 20.)

Je ne puis m'accoutumer à l'idée de tenir pour libre l'individu auquel on laisse seulement la puissance d'obéir à la vérité reconnue pour lui par le souverain. M. Oudot a traduit,
et peut-être aggravé encore, au préjudice de la liberté humaine, les idées de M. Guizot sur le rôle du pouvoir social (1).

---

(1) *Conscience et science du devoir*, t, II, p. 184 à 188.

Un auteur, qui a récemment écrit sur les principes du droit, a défini le droit : « La faculté pour chacun de faire ce que « le devoir prescrit. Comment, dit-il, concevrait-on que l'in- « dividu pût désirer légitimement plus qu'accomplir la loi du « devoir, ou qu'il dût consentir à faire moins (1) ? »

Mais, encore une fois, cette loi du devoir, qui la procla- mera ? Que le pouvoir promulgue la loi dont l'observation est indispensable à la conservation du lien social, rien de mieux ; mais les actes qui ne sont pas de nature à compromettre ce lien, à quel titre le pouvoir les interdirait-il, s'il ne se croit pas Dieu, ou au moins le représentant de Dieu sur la terre?

Je tiens pour plus libérale et j'aime bien mieux la définition qu'a donnée de la liberté un économiste, Quesnay : « La li- « berté de chaque homme étant également sacrée, le respect « pour celle des autres est la limite naturelle de l'usage licite « que chacun peut faire de la sienne. L'individu qui dépasse « cette limite se met en guerre avec ses semblables. La puni- « tion qu'il mérite n'est pas une atteinte à sa liberté, car il ne « pouvait réclamer celle de faire du mal (l'auteur ne dit pas « *le mal*) ; elle est, au contraire, un hommage rendu à la li- « berté de tous. »

M. Gilardin (j'y reviens), par une infidélité à son point de départ, que j'ai signalée, sans la lui reprocher, a dit avec beau- coup de raison, qu'un délit n'est délit qu'*à cause de la pertur- bation qui en résulte pour la société* (page 45) (2).

_____

(1) Thiercelin, p. 11 à 47, et p. 322.— Voir aussi, Aug. Nicolas, *L'Etat sans Dieu*, notamment p. 90 et 91.

(2) Quelques écrivains protestent avec énergie contre l'existence d'un droit à la liberté du mal. Je leur oppose l'autorité de saint Thomas d'Aquin et de M. de Montalembert :

« Non de actibus omnium virtutum lex humana præcipit, sed solum de illis quæ ordinabiles sunt ad bonum commune. » Saint Thomas.

« La société que représente le gouvernement, dans l'ordre matériel, me doit aide et protection dans l'exercice de mes droits, mais elle n'a pas pour mission de me contraindre à remplir mes devoirs. » (M. de Montalembert, *L'Eglise libre dans l'Etat libre.*)

M. Renan a pourtant écrit: « Pour le catholique, la liberté ne saurait être, comme pour le vrai libéral, le droit qu'a tout homme de croire et de

J'ai essayé de montrer comment la théorie que je combats a amené M. Guizot à faire trop bon marché de la liberté humaine, et à la sacrifier à un intérêt d'amélioration morale. Il me reste à prouver que cette théorie peut aboutir et aboutit à désarmer le pouvoir d'une portion de ses véritables prérogatives.

M. Guizot a subordonné le droit de punir à l'existence d'une violation de la loi morale. « Le délit moral est, a-t-il dit, la « condition fondamentale du châtiment. La justice humaine « l'exige impérieusement, pour admettre la légitimité de la « peine ; et la justice légalement, lorsque, pour s'affranchir « des exigences de la justice naturelle, elle s'attribue un autre « but, et prétend le trouver dans l'utilité. » (*De la peine de mort*, page 100.)

M. Guizot s'est lui-même, à l'avance, réfuté. Il venait de dire qu'il y avait deux choses dans toute action, la moralité de l'acte et la moralité de l'agent ; que la justice divine juge la moralité de l'agent, qui réside dans l'intention ; que la société juge, elle, la moralité de l'acte (j'aimerais mieux *le caractère nuisible de l'acte*) ; et il ajoute que la justice légale déclare certaines actions coupables, et les punit, sans s'inquiéter de savoir si celui qui les commettra sera ou non de son avis. C'est là une capitale différence entre la justice légale et la justice morale. Mais M. Guizot ne reconnaît pas que l'incrimination puisse atteindre ce qui n'est pas moralement mauvais, et c'est en cela qu'il restreint les droits du pouvoir. Il y a des actes qui, considérés dans la pensée de l'agent et pris en eux-mêmes, n'outragent pas la loi morale, et qui, cependant, à raison de leur péril pour la société, doivent être défendus ou réprimés, s'ils sont accomplis par des agents libres, c'est-à-dire responsables ; et vainement dirait-on que ces actes alors sont

faire ce que bon lui semble, dans les limites où le droit semblable des autres n'est point atteint : la liberté du catholique est toujours plus ou moins la liberté du bien, le droit de la vérité, c'est-à-dire évidemment de ce que le catholique regarde comme le bien et la vérité. » (*Essais de morale*, p. 159).

une atteinte indirecte et médiate à la loi morale, parce qu'ils constituent un trouble à l'ordre social imposé par la Providence, puisque, réduite à cette explication, la théorie n'a plus de portée.

M. Gilardin, en dépit de son système de délégation partielle de la justice divine, a indiqué des cas nombreux d'application de la justice sociale sans qu'il y ait une action intrinsèquement immorale. « Quel n'est pas l'embarras des publicistes dont je
« parle, quand ils sont en présence de cette classe nombreuse
« de contraventions et de délits, où il n'est pas possible de
« découvrir une action intrinsèquement immorale ! Les exem-
« ples des cas auxquels je fais allusion seraient faciles à mul-
« tiplier. J'aurais à citer, d'abord, les contraventions de sim-
« ple police, dans lesquelles il y a simplement infraction à des
« règlements établis pour éviter de l'encombrement, de la
« gêne, de l'insalubrité, des occasions de désordre. A entrer
« ensuite dans la classe des délits, je demanderais quel mal
« moral, absolu, commet celui qui mendie, celui qui traîne
« sa fantaisie dans le vagabondage, celui qui vend un poison
« en oubliant d'en faire inscription sur son registre, celui qui
« débite sans diplôme des médicaments d'ailleurs bien prépa-
« rés, celui qui détient de la poudre de guerre, celui qui fait le
« commerce au moyen de la contrebande, celui qui déserte
« son drapeau pour venir soigner les vieux jours d'une mère
« souffrante, celui qui se constitue en état de banqueroute
« parce qu'il aura omis de tenir régulièrement les livres de
« son négoce, etc. La liste de pareils délits serait longue à
« épuiser ; beaucoup d'autres seraient à ajouter au mendiant,
« au vagabond, au contrebandier, au déserteur, au pharma-
« cien non titré, au détenteur de poudre, au banqueroutier,
« et pour aucun on ne verrait le cas d'une action commise à
« mauvais escient, avec le dessein arrêté de violer un des pré-
« ceptes de la loi morale. Je sais bien qu'à prendre l'évène-
« ment par les suites et à constater ce que l'intérêt général de
« la société en reçoit d'atteintes, on n'aura pas de peine à faire
« ressortir un trouble dans des rapports moraux et à marquer

« ainsi d'une immoralité *ex effectu* l'action commise ; mais,
« encore une fois, là n'est pas la question, et par une subtilité
« on n'échappe pas à la saine logique. Ce que les auteurs que
« je réfute prétendent, c'est que nulle peine ne peut être
« édictée par la puissance sociale, si ce n'est contre un acte
« réellement immoral en soi ; tandis que je crois avoir prouvé,
« à l'encontre de leur sentiment, qu'avec l'adhésion univer-
« selle le législateur punit des actions dans lesquelles n'entre
« pas cet élément positif d'immoralité dont ils parlent » (pages
38 à 40).

M. Lerminier a formulé la théorie de M. Guizot, sans les
tempéraments qui la corrigent : « Je définirais volontiers le
« crime : une action en soi et socialement mauvaise ; car il
« faut les deux termes ; ôtez l'un d'eux, et les conditions né-
« cessaires du crime vous échappent. » (*Philosophie du Droit*,
p. 106, 3ᵉ édit.)

Que si l'on dit, au contraire, avec nous, que le droit de punir dérive du droit de commander, la question unique sera de
savoir ce que le souverain peut légitimement prescrire ou pro-
hiber, et de mesurer l'importance des sanctions à l'importance
des commandements. Tout ce que la conservation et le développement de l'ordre social exigeront, le souverain pourra
l'édicter, et il n'édictera jamais rien d'incompatible avec la loi
morale, parce qu'il n'y a pas d'ordre social en contradiction
avec cette loi.

On ne se demandera plus si un individu a, vis-à-vis d'un
autre individu, le droit de punir, si l'exercice de ce droit suppose la supériorité ou seulement l'égalité de position, parce
que personne ne contestera que le droit de commander n'existe
pas d'égal à égal, mais qu'il est l'apanage d'un supérieur, qu'il
constitue la prérogative du souverain.

Je suppose l'existence du droit de commander, parce que je
considère ce droit comme inhérent à la nature de la société,
comme résultant de son essence. On vient cependant de mettre
ce droit en question, et même de le nier, en soutenant qu'en

ce monde le droit de souveraineté n'existe pas (1). La souveraineté, dit-on, c'est le droit de tout faire, le droit de faire même le mal, et surtout le mal. Ce serait donc le droit de heurter et de détruire le droit, et il est impossible de concevoir un droit contre le droit. L'objection éprouve le besoin de définir l'idée de souveraineté pour la combattre. La souveraineté, c'est la puissance, non pas qui heurte le droit, mais qui le proclame et le traduit dans la loi. Le souverain, c'est le législateur ; le droit réclame un interprète, un organe ; toute société implique l'existence d'un pouvoir, qui peut se tromper sans doute, mais qui n'est pas réputé se tromper, et qui est, au contraire, abrité par la présomption qu'il ne se trompe pas. La souveraineté, bien loin d'être au-dessus de la raison et de la justice, est soumise à la raison et à la justice. Elle suppose nécessairement une supériorité de moralité et d'intelligence, puisqu'elle n'est que le droit de commander, et ce droit sans doute peut être concentré ou réparti sur plus ou moins de têtes ; il peut être attaché, par une constitution écrite ou non écrite, soit à la puissance du nombre, soit à une puissance une ou multiple d'une autre nature. Mais, sans ce droit de commander, placé ici ou là, la société n'existe pas, parce qu'il n'y a qu'anarchie et confusion. Si chaque individualité était appelée, pour son propre compte, à déclarer le droit et à le faire respecter, si chaque membre de la société était armé du droit de contrainte, qui est l'accessoire inséparable de la reconnaissance du droit, tout le monde serait maître, comme dit Bossuet ; c'est-à-dire qu'il n'y aurait pas de maître ; la force serait maîtresse souveraine (2).

(1) Thiercelin, *Principes du droit*, p. 183 à 256.
(2) Voir, *Sur le Droit de punir*, un article de M. Prévost-Paradol, *Journal des Débats*, du 27 février 1864.

FIN.

TABLE DES MATIÈRES.

COURS DE CODE PÉNAL.

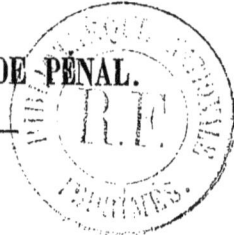

PREMIÈRE LEÇON.

DEUXIÈME LEÇON.

TROISIÈME LEÇON.

QUATRIÈME LEÇON.

CINQUIÈME LEÇON.

SIXIÈME LEÇON.

SEPTIÈME LEÇON.

HUITIÈME LEÇON.

46

NEUVIÈME LEÇON.

DIXIÈME LEÇON.

ONZIÈME LEÇON.

DOUZIÈME LEÇON.

TREIZIÈME LEÇON.

LOI DES 31 MAI-3 JUIN QUI ABOLIT LA MORT CIVILE. — Conséquences. — Les peines perpétuelles n'emporteront-elles pas au moins la dégradation civique et l'interdiction légale, qui sont attachées aux peines afflictives temporaires? — Controverse législative sur cette question. —Rapport de M. Moulin. —Rapport de M. Demante. — Rapport de M. Richer. —Conclusion. — Art. 1 et 2 de la loi des 31 mai-3 juin 1854. — Pourquoi la dégradation civique et l'interdiction légale sont-elles attachées à l'irrévocabilité de la condamnation, quand elle est contradictoire? A l'exécution par effigie, quand elle est par contumace? — L'interdiction légale est-elle attachée à la condamnation par contumace à une peine perpétuelle? — Peines accessoires spéciales attachées aux peines perpétuelles. — Incapacité de transmettre ou de recevoir par donation entre-vifs ou par testament. — Nullité du testament antérieur à la condamnation. — Cette nullité est-elle la conséquence d'une incapacité ou d'une indignité? — Opinion de M. Demolombe, applicable sous la loi nouvelle. — L'incapacité de recevoir par donation ou par testament est-elle une conséquence de l'interdiction légale? — Opinion du rapporteur de la loi des 31 mai-3 juin 1854. —Critique. —Opinion de M. Rouher. —Les institutions contractuelles, postérieures à la condamnation, faites par le condamné, sont-elles comprises sous l'expression de donation entre-vifs?— *Quid* des institutions contractuelles antérieures? — Pour les condamnations par contumace, l'incapacité ne frappe le condamné qu'après l'expiration de cinq ans. — En cas d'absence de toute nouvelle, l'application de l'art. 3 est-elle subordonnée à la preuve que le contumax condamné était encore en vie à l'expiration de la période quinquennale?—Le décès du contumax après les cinq ans, mais avant l'expiration d'une période de vingt ans, efface-t-il rétroactivement les incapacités? — *Quid* de la comparution ou de l'arrestation du condamné après cinq ans, mais avant vingt ans?—Quel est l'effet de la remise pour l'avenir de la mort civile attachée à des condamnations antérieures à la loi nouvelle? — Quel est notamment l'effet de cette remise sur le mariage?—*Quid* des créanciers du condamné relevé de la mort civile?—*Quid* de l'époux du condamné? — *Quid* de l'époux condamné? — Système du projet de loi proposé par M. Demante. — Les condamnés relevés de la mort civile sont soumis au régime de la loi des 31 mai-3 juin 1854. — La déportation pour crimes commis antérieurement à la loi des 31 mai-3 juin 1854, n'emportera ni l'incapacité de transmettre ou de recevoir par acte entre-vifs ou à cause de mort, ni la nullité du testament antérieur.—Les incapacités attachées aux peines perpétuelles sont-elles attachées à la peine de mort? — Inté-

QUATORZIÈME LEÇON.

QUINZIÈME LEÇON.

PRINCIPE DU NON-CUMUL DES PEINES. — Fondement rationnel. — Rapprochement de ce principe avec le principe de l'aggravation pour récidive. — Nécessité matérielle, nécessité morale du *non-cumul.* — Historique. — Ancien Droit. — Droit intermédiaire.—Art. 365 et 379, instr. crim. ; ces articles supposent l'existence du principe, ils l'appliquent, mais n'ont pas pour objet de le consacrer ou de déterminer sa portée. — Lorsque l'infraction antérieure à l'irrévocabilité de la première condamnation ne peut entraîner une peine plus grave que la peine prononcée,

SEIZIÈME LEÇON.

DIX-SEPTIÈME LEÇON.

DIX-HUITIÈME LEÇON.

DIX-NEUVIÈME LEÇON.

VINGTIÈME LEÇON.

VINGT ET UNIÈME LEÇON.

VINGT-DEUXIÈME LEÇON.

VINGT-TROISIÈME LEÇON.

LEÇONS DE LÉGISLATION CRIMINELLE.

VINGT-QUATRIÈME LEÇON.

VINGT-CINQUIÈME LEÇON.

VINGT-SIXIÈME LEÇON.

VINGT-SEPTIÈME LEÇON.

VINGT-HUITIÈME LEÇON.

VINGT-NEUVIÈME LEÇON.

TRENTIÈME LEÇON.

APPENDICE.

(1) Les sommaires n'indiquent pas les nombreuses questions traitées dans les notes.

FIN DE LA TABLE.

PARIS. — Imprimerie de J. DUMAINE, rue Christine, 2.